安徽省志

Chorography of Anhui Province

城乡建设志

Urban and Rural Construction

(1986—2007)

安徽省地方志编纂委员会办公室
Compilatory Commission of Anhui Chorography

方志出版社
Publishing House of Local Records

图书在版编目（CIP）数据

安徽省志．城乡建设志：1986—2007／安徽省地方志编纂委员会办公室编．—北京：方志出版社，2015.1
ISBN 978-7-5144-1514-8

Ⅰ．①安…　Ⅱ．①安…　Ⅲ．①安徽省—地方志②城乡建设—概况—安徽省—1986—2007　Ⅳ．①K295.4

中国版本图书馆CIP数据核字（2014）第313481号

安徽省志·城乡建设志（1986—2007）

编　　者： 安徽省地方志编纂委员会办公室
责任编辑： 王笃银

出 版 人： 冀祥德
出 版 者： 方志出版社
地址　北京市朝阳区潘家园东里9号（国家方志馆4层）
邮编　100021
网址　http://www.fzph.org
发　　行： 方志出版社发行中心
电话（010）67110500
经　　销： 各地新华书店
印　　刷： 安徽新华印刷股份有限公司

开　　本： 889×1194　1/16
印　　张： 36.75
字　　数： 738千字
版　　次： 2015年1月第1版　2015年1月第1次印刷
印　　数： 0001~1500册

ISBN 978-7-5144-1514-8／K·1240　定价：400.00元

安徽省地方志编纂委员会

曾任安徽省地方志编纂委员会成员

主　任:王金山（2006.12—2009.3）

王三运（2009.3—2012.5）

李　斌（2012.5—2013.6）

副主任:（按姓氏笔画为序）

王　信　田唯谦　仲建成　吕振凡　孙亚军　朱文根

吴　行　张武扬　张岳峰　夏邦文　董介林　谢广祥

委　员:（按姓氏笔画为序）

马新民　王　洵　王宇铭　王守亚　王佛生　王林建

王学银　王宜斌　方志华　邓顺华　叶如强　朱　宁

任兆祥　刘　泉　刘成典　刘志祥　刘战平　江刘伍

江明安　毕美家　孙永吉　李　明　李玉华　李抗美

李迎春　李明阳　李维勇　杨本清　杨绿章　肖桂兰

吴　浩　吴　静　吴韦人　吴世平　吴桂和　余　群

汪华东　汪建国　汪炳瑜　沈　毅　张　永　张少国

张正耀　张华建　张庆军　陈　平　陈亚萍　陈运才

陈素伟　林　红　罗　宏　罗建国　罗曙生　金　燕

俞凤翔　周　庆　周建春　郑　宏　郎　涛　赵卫弘

胡　冰　胡　沅　施立业　洪治社　洪禹侯　秦亚东

聂皖辉　聂庆义　莫　欣　夏育才　徐礼国　徐家声

郭　敏　郭本纯　高　莉　高俊文　高维岭　黄玉明

黄发友　黄红文　黄家华　曹承锋　崔海燕　董　庆

蒋传华　蒋福亮　楚建平　蔡建平　樊　勇

《安徽省志》总编室

《安徽省志·城乡建设志》审稿组

审查验收

《安徽省志·城乡建设志》编纂委员会

名誉主任： 倪　虹　李　明

主　　任： 侯淅珉

副 主 任： 李　建　吴晓勤　陈爱民　吴桂和　仲亚平
曹　剑　王必勇　宋直刚　陈扬年　陈幼年

委　　员：（以姓氏笔画为序）
卜建民　马前光　王　丽　王一建　王成球　王胜昔
王胜波　王树平　王晓魁　尹宗军　石　勇　刘　兰
刘　宇　刘　超　刘少为　刘道祥　汪恭文　张启兵
邹桂武　陈小满　杨　博　钟治峰　胡厚国　姚继冬
高冰松　袁　苹　景　焰　蔡新立　戴伟力

《安徽省志·城乡建设志》编辑室

主　编： 吴桂和

副主编： 姚继冬　於宏轩

编　辑： 於宏轩　谈善群　梅守洪　陈东明　夏　涛　曹丹勇
陆应晖　汪　实　吴　晓

《安徽省志·城乡建设志》撰稿人员名单

（排名不分先后）

江　莹	张　磊	连德宏	赵新泽	郭佑芹	李远疆
张敬玉	卢立新	叶宋铃	江　冰	李长青	程东海
丁金颖	颜大为	刘淑敏	黄　峰	蒋华明	晏绘华
牛　豫	唐　波	张红燕	李培培	马　丽	方国武
朱　敏	张宇洁	王立国	朱德开	胡　璞	叶雪清
刘家祥	陈　琳	沈昆卉	刘本定	陶汉文	刘　佳
朱　力	郭　峥	叶长青	李　璐	田晓勤	齐　悦
张卫华	林志诚	刘浩然			

1996年，合肥市五里墩立交桥竣工通车

2006年，合肥市安庆西路（下穿路）竣工，此项目获省建设工程“黄山杯”奖

2006年，宣城市凤凰桥竣工通车

2007 年，合肥市徽州大道改建拓宽工程竣工，安徽第一条 BRT 公交线路开通运营

2007年，安徽省第一条城市高架路——合肥市金寨路高架竣工通车

安徽省第一个自来水厂——安庆市第一自来水厂

1998年，安徽省第一座大型污水处理厂——合肥市王小郢污水处理厂建成运行，日处理能力30万立方米

合肥市中水回用补水后的雨花塘

1992 年,北京陶然亭公园内的风雨同舟纪念碑亭建成,这是安徽省人民政府为答谢全国人民特别是首都军民大力支援安徽战胜 1991 年特大洪涝灾害而建

合肥市政务文化新区天鹅湖景区

黄山市屯光大道上的“迎客松”彩灯

肥西县三河镇小南河景点

纪念碑馆

1990 年，泾县“皖南事变”烈士陵园建成，邓小平题写“皖南事变死难烈士永垂不朽”碑文

安庆市黄镇生平事迹陈列馆

安庆市严凤英纪念馆

1993 年，淮北市刘开渠纪念馆建成

合肥市环城公园包河景区

芜湖市滨江公园一角

黄山市昱中花园

马鞍山市园林绿化一角

颍上县迪沟镇农民公园一角

肥西县三岗村农民公园一角

城市广场

蚌埠市淮河文化广场

宣城市彩螺广场

亳州市魏武广场

芜湖市鸠兹广场

"鲲鹏志"（合肥市）

"鸠顶泽瑞"（芜湖市）

"四嬉铜娃"（铜陵市）

"起舞"（铜陵市）

"相王建城"（淮北市）

村镇建设

黟县宏村古民居

绩溪县龙川村

铜陵县大通镇灾后重建新貌

凤台县店集村民居

天长市秦栏镇电子产业园

梁柱接头钢筋安装规范

混凝土外光内实，节点方正，纵横梁横竖成线

高架重荷模板立杆间距均匀，构造措施合理

康居工程

1993年，合肥市琥珀山庄获建设部住宅小区金奖

2004年，马鞍山市西湖花园小区被评为“国家康居示范工程”

2005年，安庆香樟里·那水岸住宅小区建成

2007年，淮南市棚户区改造项目—劳动村小区建成

黄山迎客松

九华山莲华佛国

天柱山天柱峰

琅琊山醉翁亭

巢湖姥山

省级风景名胜区

霍山县佛子岭水库

萧县皇藏峪景区瑞云寺

岳西县司空山

1997年，由中国援建、安徽省外经建设(集团)有限公司承建的马达加斯加共和国塔那那利佛体育馆建成

2006年，由中国援建、安徽省外经建设(集团)有限公司承建的格林纳达体育场建成

2006年，由中国援建、安徽省外经建设(集团)有限公司承建的科特迪瓦共和国“议员之家”建成

1989年，中建园林公司安徽分公司承建的德国法兰克福市贝特曼公园内的徽派建筑——春华园建成

安徽古建园林公司承建的香港志莲净苑，1999年获香港“十大优秀建筑”称号，2000年，获香港首届“优质建筑大奖”综合奖项

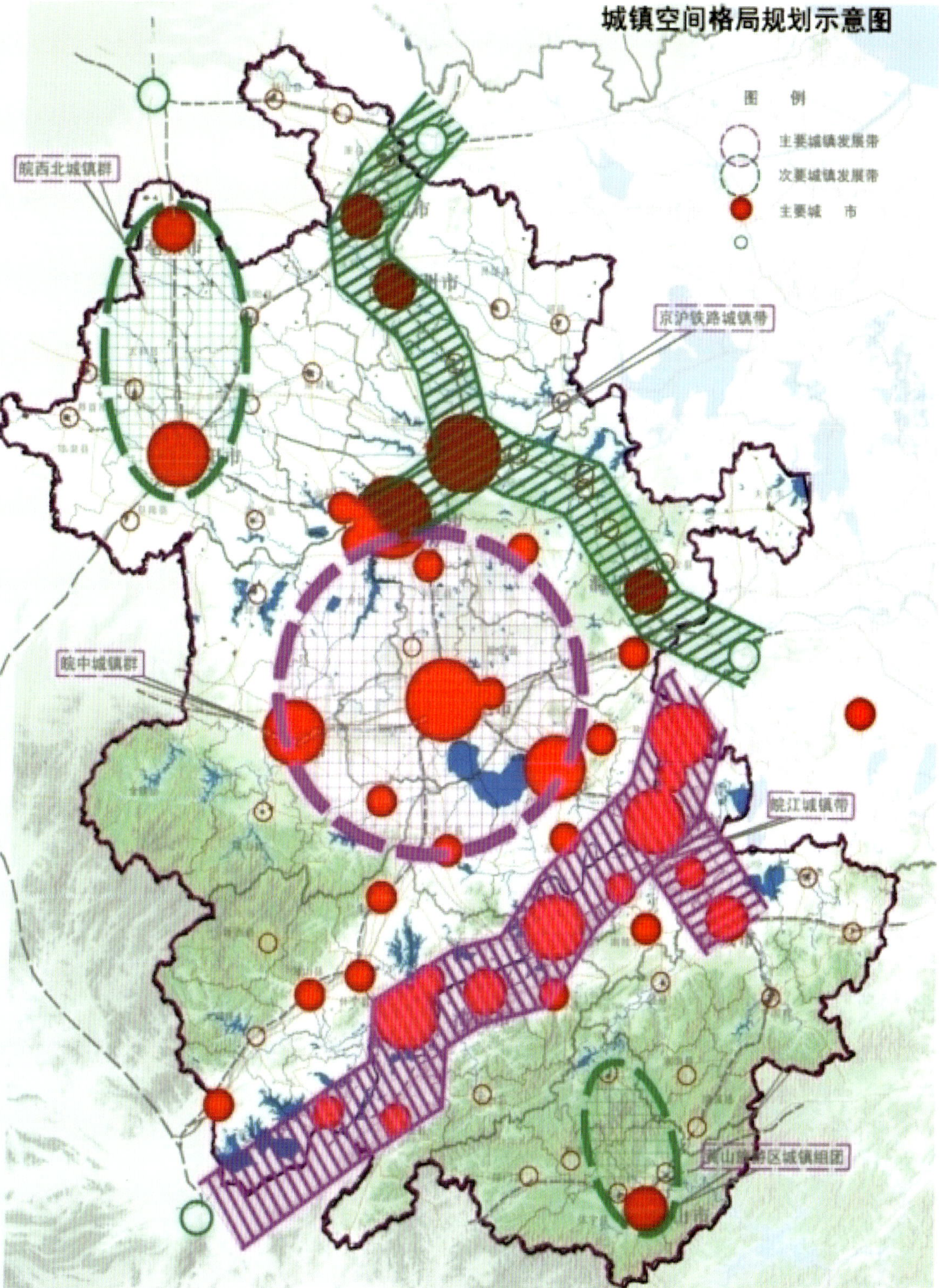

1995 年安徽省城镇体系规划图

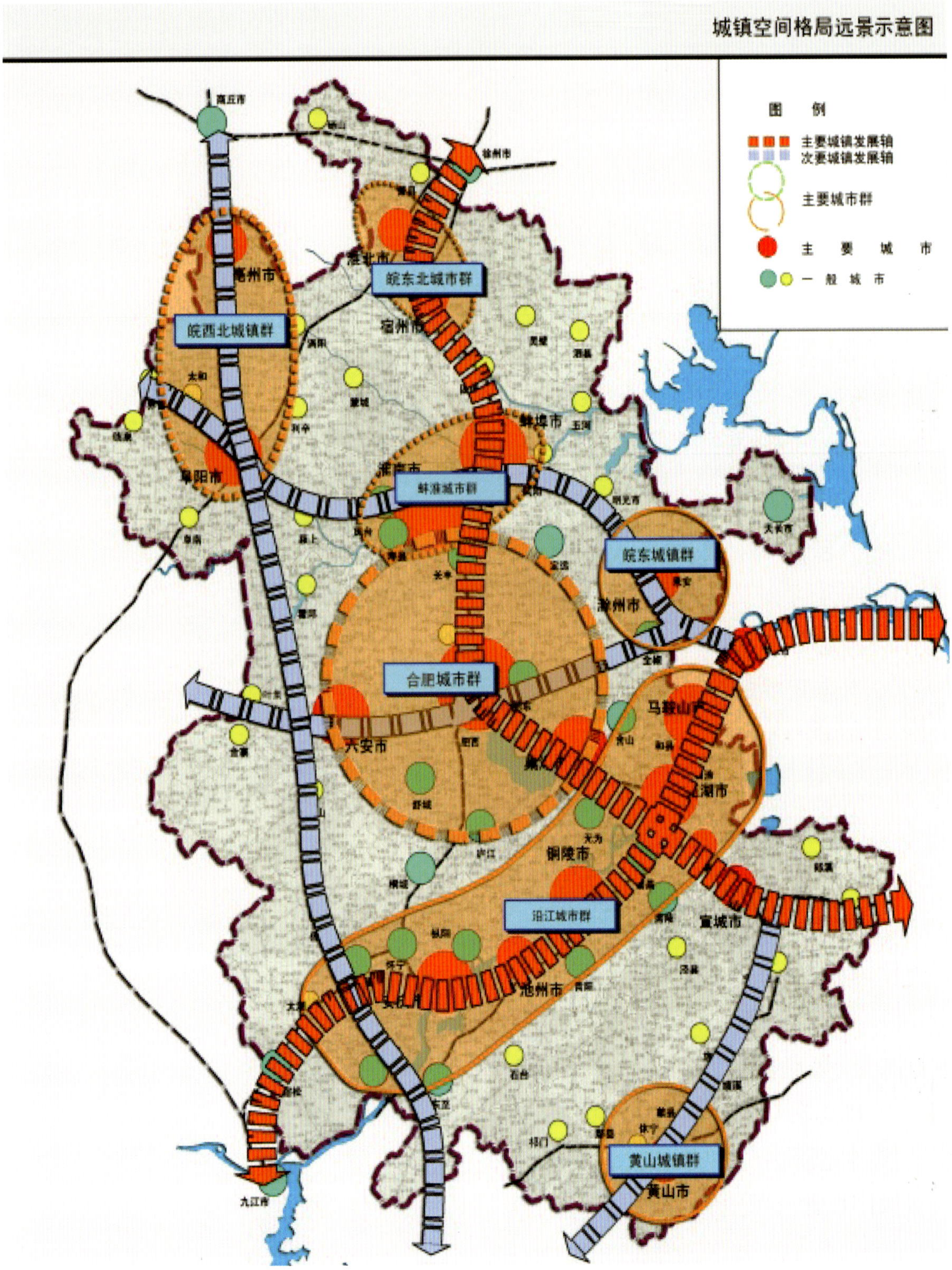

2006年安徽省城镇体系规划图

总　凡　例

一、《安徽省志（1986—2005）》以马克思列宁主义、毛泽东思想、邓小平理论、“三个代表”重要思想和科学发展观为指导，坚持辩证唯物主义和历史唯物主义，全面、客观、系统地记述1986—2005年间安徽省自然、政治、经济、文化、社会等方面的情况。

二、本志贯彻国务院《地方志工作条例》《安徽省地方志工作条例》，依法修志。

三、本志遵循中国地方志指导小组《地方志书质量规定》，力求存真求实、客观公正、全面系统，寓观点于记述之中。

四、本志各分志名称为《安徽省志·××志（1986—2005）》。

五、本志记述的地域范围为2005年的安徽省行政区域；时间上限为1986年，下限为2005年，少数分志的时限根据情况作适当上溯或下延，特色分志不设时限。

六、本志采用述、记、志、传、图、表、录等体裁，以志为主。各分志一般为篇章节条目体，部分为章节条目体，个别分志根据实际需要采用条目体。

七、入志人物坚持生不立传的原则。除人物志外，各分志坚持以事系人、人随事出的原则，不设人物录、人物简介。

八、本志采用规范书面语体文、记述体。表述力求严谨、朴实、简洁、流畅。语言文字、标点符号、计量单位等使用规范，按国家规定执行。

九、本志资料由各承编单位搜集整理，文中不注明出处。

十、本志采用省统计部门公布的法定数据，没有列入统计范围的，采用业务主管部门的统计数据。

十一、本志所涉组织、机构、法律法规、文件、会议等专有名称，第一次使用时用全称，简称括注于全称之后。各类译名以新华通讯社译文为准。

十二、本志所用地图均以安徽省测绘部门和有关部门绘制或审定的为准。

十三、本志设总凡例，各分志设凡例。

凡　例

一、《安徽省志·城乡建设志（1986—2007）》全面、客观、系统地记述1986—2007年期间，安徽省住房和城乡建设事业发展的历程和现状。

二、本志为续修志书。记述时限为1986—2007年，下限至2007年，正值改革开放30年，以彰显本轮志书的时代特色。少数内容依据需要出现上溯或下延，是为保持史料的连续性、完整性。

三、“徽派建筑”是安徽建筑界一颗“瑰宝”，本轮志书专设“徽派建筑”一章，对“徽派建筑”的形成、保护、设计和研究等方面作了较详尽记述，以突显地方特色。

四、志书建筑管理中的“有形建筑市场”（即建筑工程交易中心等）是经政府主管部门批准，为建筑工程交易活动提供服务的场所；“飞行检查”是行业主管部门跟踪检查的一种形式，指事先不通知实施的现场检查。

五、本志图表排列序号按其所在篇章及图表序编排，如“图1-1-1”即为第一篇第一章第一图；“表2-1-1”即为第二篇第一章第一表。统计数字图表存在的时限下延现象，是因按双年份统计和原始制图表所致，以完整保留2007年的数据。

六、截至2007年，安徽省含巢湖市共有17个省辖市，本志所述内容仍将巢湖市有关情况列入其中。

七、截至2007年，安徽省城市公交业务范围仍归安徽省建设厅所属，故本志城市建设篇中含有城市公交内容。

八、本志采用资料是厅机关各处室、厅直属单位和全省建设系统工作中所形成的资料、档案等，所有统计数据，均为本省城乡建设系统业务范围内所发生的数据。使用规划图是编制安徽省城镇体系规划时绘制的专业用图。

目　　录

Main Contents

概　述

安徽省位于中国中东部，境内江河横贯，公路铁路纵横交错，交通便捷，资源丰富，人杰地灵。1978 年，中共十一届三中全会后，在中共安徽省委、省政府的正确领导下，认真贯彻执行改革开放政策，全省经济社会进入快速发展的新时期，各项建设事业蓬勃发展。城市基础设施建设力度不断加大，城市整体功能逐步增强，人居环境显著改善，城镇化进程不断加快，城乡建设已成为促进安徽工业化、城镇化快速协调发展的重要支撑，成为推动安徽跨越式发展、加速崛起进程的重要力量。到 2005 年年末，占全省陆域面积 0.89% 的城市建成区容纳了全省 30%以上人口，创造全省二分之一以上国民生产总值。至 2007 年，全省 17 个省辖市市区实现地区生产总值 4798.28 亿元，占全省生产总值 52%；实现地方财政收入 430.8 亿元，占全省地方财政收入 64%；实现工业总产值 6924.86 亿元，占全省工业总产值的 64%；实现社会消费品零售总额 1693.83 亿元，占全省社会消费品零售总额 57%；完成固定资产投资 3755.93 亿元，占全社会固定资产投资总额 57%。

一

城镇化建设快速发展。1986—2007 年的 22 年间，安徽省城镇化建设经历了从复苏到稳步增长再到加速发展的历程，城市规模显著扩大，城市建成区面积由 1986 年 325.6 平方千米，增长到 2007 年 1201.6 平方千米；全省城市人口从 1952 年 227 万人，增加到 2007 年 2485 万人，增长 11 倍。至 2007 年城镇化率已达 38.7%。居全国 24 位。

进入新世纪以后，城镇化步入加速发展阶段。全省各省辖市积极实施城镇化战略，加快城市建设步伐，逐步掀起大建设高潮。城乡建设固定资产投资不断加大，1986 年为 6.5 亿元，2007 年达到 1364.5 亿元，增长 38.5%，其中房地产开发投资 891.5 亿元，城市建设投资 293 亿元，小城镇建设投资 180 亿元，城乡建设投资占全社会固定资产投资比例逐年增长。

城镇规模等级结构日趋合理。新中国成立初期，安徽城市小而少。1978 年年底，全省仅有 11 个建制城市。之后伴随着整体经济持续快速发展，一批新兴城市相继建立，城市规模不断扩大，一部分中等城市发展成为大城市，一批县级市升格为地级市，同时新增一批县级市和地级市，1986 年全省城市数量已增加到 16 个。到 2007 年年末，全省各级城镇总数990个，其中城市22个（地级市17个，县级市5个）、县城56个、其他建制镇912个。从城镇规模等级看，50万人口以上大城市5个，10万～50万人口中小城市17个，绝大多数县城非农人口多在2万～10万人之间，建制镇非农人口多在2万人以下。城镇规模等级序列呈“金字塔”式分布，大中小城市和小城镇基本实现协调发展。

二

城乡规划水平明显提高。充分发挥规划龙头作用，通过制订和实施城乡规划，促进安徽城镇布局和结构优化。20世纪80年代中期，多数市总体规划已按规定程序上报批准，有些市还着手编制居住小区规划、旧城改造规划以及交通、给排水、园林绿化等专项规划。1995年安徽省开始编制《安徽省城镇体系规划（1995—2010）》，2000年经国务院同意，由建设部批复实施。2005年，调整后的《安徽省城镇体系规划（1995—2010）》经省政府批准实施，成为指导全省城镇发展纲领性文件。为积极贯彻中共安徽省委、省政府实施东向发展战略，2006年安徽省建设厅完成《长三角城镇群规划（安徽省部分）》编制，推动全省融入长三角取得实质性进展；2007年启动《省会经济圈城镇体系规划》编制和《皖江城市带规划》编制前期研究，构筑区域经济增长极。全省78个市县新一轮城市总体规划编制基本完成，并经批准实施，对优化城市布局、统筹城乡发展、提高城市化质量发挥着重要作用。

中心城市地位显著提升。20世纪80年代后，省会合肥逐步发展为全省中心城市，成为省域城镇体系核心；芜湖、蚌埠是沿江、沿淮区域性中心城市，为省域城镇次核心；淮南、淮北、马鞍山、铜陵四市分别成为煤炭、钢铁、有色金属工业产业特色明显工矿城市，黄山是著名风景旅游城市。进入21世纪，全省中心城市地位得到显著提升，城市辐射带动能力进一步增强。

省域城镇体系格局基本形成。城市间区域融合不断加强，即以沿江、合徐—合芜—芜宣高速公路两线为城镇发展轴，省会经济圈、皖江城市带、沿淮城市群三片为城镇组合发展地区，各地级市为发展极核的“两线三片多极”省域城镇空间结构基本形成。以合肥为核心的省会经济圈，以马（马鞍山）芜（芜湖）铜（铜陵）为核心的皖江城市带，以淮北、亳州、宿州、蚌埠、阜阳、淮南为核心的沿淮城市群建设成效显著，成为带动区域经济发展核心。同时，合肥、芜湖、马鞍山等城市与周边江、浙、沪城市加强联合发展，成为承接长三角产业转移先行地区。皖江城市带、沿淮城市群、省会经济圈等城镇密集区城乡发展得到进一步统筹与协调，城乡空间关系总体上进入以城带乡阶段。

村镇规划得到加强。全省小城镇建设实现从无规划到有规划，从粗线条规划向高水平规划迈进，并在统一规划指导下有序进行。全省有92%以上小城镇已先后编制总体规划，对重要区域建设编制详细规划，为小城镇建设大发展提供科学依据。按照中共安徽省委、省政府对全省实施新农村建设“千村百镇”示范工程工作部署，全省村庄布点规划任务全部完成，“千村百镇”示范工程125个镇规划编制调整完善比率达到100%，1135个示范村建设规划编制工作全部完成。

三

城乡建设得到加强。新中国成立初期，安徽省城市基础实施较落后，随着改革开放向纵深推进，合肥、芜湖、蚌埠、淮南、安庆等市加大城市建设力度，在拓宽老城区主要街道同时，辟建城外新干道，以路网为骨架进行各项建设布局，拉开城市框架，为新区建设准备条件。到2007年年底，全省城市道路均为沥青路面或水泥路面，总里程为8771千米，总面积15072万平方米，人均城市道路面积13.55平方米，处于全国先进水平。共有城市桥梁929座，其中立交桥61座。安装照明路灯413084盏，安装路灯道路长度5592千米。

城市公共交通加快发展。在各级政府高度重视下，各市将优先发展城市公共交通纳入市政府工作重点，大力推进，至2007年年底，全省22个城市和45个县城开通城市公交营运线路，每万人拥有公交车辆设市城市为8.67标台，县城为2.92标台，公交车已经成为城市居民主要出行工具。为满足城市现代化发展需要，2007年5月18日，安徽首条BRT（大容量快速公交）一号线在合肥市开通运行；并设置公交移动电视、语音报站、无人售票、港湾式停靠站等配套设施。

自1986年开始，全省城市居民供水进入快速发展时期，日供水能力、供水管道长度、用水人口皆大幅增加，基本改变城市居民饮用江河井水老传统。至2007年年底，全省城市自来水普及率94.4%，县城自来水普及率78.8%。城市防洪和污水处理设施也都得到加固和改进，防洪标准有的已达到50年一遇甚至百年一遇。

全省城市燃气事业起步较晚，但发展较快。蚌埠市和马鞍山市是安徽省最早拥有燃气的城市。此后安庆、合肥两市相继建成石油液化气供应站。2000年，“西气东输”项目正式开工建设，主要干线沿安徽省境内阜阳、淮南、蚌埠、滁州等地穿过，总长360千米，并铺设定远—合肥、南京—马鞍山—芜湖两条支线。2003年，滁州市和合肥市东部地区率先用上天然气。到2007年年底，全省已有16个城市、14个县城供应天然气。当年全省城市煤气和天然气供应总量53746.63万立方米、液化气供应量6.03亿千克，燃气普及率达到83.2%，用气人口达到925.2万人。

城市环境综合整治成效明显。20世纪80年代开始，全省各市在环境综合整治方面不断推进环卫设施、环卫机械、环卫队伍、环境卫生管理等工作得到加强，城市卫生状况中“脏、混、差”现象得到治理改变。

同时着手开展城市绿化、美化工程，陆续辟建一批城市公园、街心绿地以及一些单位和居住区内园林绿地建设，培植花木，提高园林艺术水平。合肥市环城公园获1986

年度全国优秀设计评选一等奖。1992 年年底，合肥获得国家园林城市称号，成为首批 3 个国家园林城市（合肥、北京、珠海）之一。进入新世纪以来，全省城市园林绿化事业迅速发展。1992 年之后，全省已有合肥、马鞍山、安庆、黄山、淮北、铜陵、淮南等 7 个城市被授予国家园林城市称号。围绕人居环境建设，全省各地不断加大城市环境综合治理力度。自 2000 年以来，合肥、六安、马鞍山 3 个城市获“中国人居环境奖（水环境治理优秀范例城市）”；芜湖市等 14 个整治项目获“中国城市人居范例奖”。

风景名胜区规划建设管理加强。安徽省于 20 世纪 80—90 年代，加强对全省风景名胜区资源保护和管理，并按规划开辟一些新景点，完善基础设施建设，进一步提高风景名胜区服务质量和接待能力。省政府还于 1987 年整理完成《安徽省风景名胜资源调查评价报告》，并分别于 1987、1988 年分两批公布省级风景名胜区共 35 处（后有 7 处升格为国家级风景名胜区）。在此基础上于 1988—2005 年分四批向国务院申报国家级风景名胜区，国务院分别于 1988—2005 年分五批公布了安徽省 7 个国家级风景名胜区，加上原先公布的黄山、九华山、天柱山三个国家级风景名胜区，安徽省共有 10 个国家级风景名胜区，28 个省级风景名胜区，其中黄山风景名胜区于 1990 年 12 月被联合国教科文组织世界遗产委员会批准为世界文化遗产和自然遗产名录。

村镇建设在改革中发展。改革开放 30 年，是安徽村镇建设迅猛发展的 30 年。小城镇建设加快，1978 年，全省县城以下建制镇仅 100 多个，1990 年年末发展到 405 个，1995 年发展到 788 个，2007 年达到 856 个。建制镇建设规模扩大，社会服务功能增强，可与 30 年前县城相媲美。新农村建设工作稳步推进，为改变村容村貌，省建设厅从广大农民最迫切需要解决村庄环境整治问题入手，开展环境卫生整治工作，改善农村卫生面貌，改善农村人居环境。全省以“千村百镇”示范村镇村庄整治工作为重点，把农房、基础设施和村容环境整治作为村庄整治工作重要内容。制订相关技术要点，明确村庄整治目标，坚持规划先行、分类指导、典型引路、政府主导、农民自愿原则，积极推进村庄整治工作。通过整治，全省“千村百镇”试点工程村庄“脏乱差”状况得到较好治理，土地得到节约利用，农村居住环境得到初步改善，促进农村经济社会发展。

四

勘察设计事业迅速发展。1986—2007 年，全省勘察设计行业深化体制改革、坚持技术创新，呈现出蓬勃发展良好态势，基本形成开放竞争勘察设计市场，逐步建设成一支有较高业务素质勘察设计队伍。勘察设计单位积极适应市场需求，开拓省外和国外市场，业务领域向工程咨询、工程总承包、项目管理不断延伸。截至 2007 年年底，全省共有勘察设计单位 441 家，从业人员 2.58 万人，实现营业收入 112 亿元，人均营业收入 43 万元，居全国第 8 位，中部地区第 1 位。省建设厅、省人事厅共同组织开展安徽省工程勘察设计大师评选活动，选拔一批全省勘察设计行业技术领军人物。建筑勘察设计师们创作出大量造型新颖、功能完善、质量优良、环境优美、技术和科技含量高的勘察设计精品项目，成为展示城市形象新亮点。全省共获国家优秀勘察设计奖62项，省优秀勘察设计奖656项。

建筑业不断发展壮大。1986年，安徽建筑企业产值24.72亿元，房屋竣工面积625.26万平方米。随着改革开放不断深入，国民经济快速增长，社会主义市场经济不断完善，固定资产投资规模不断提高，全省建筑业发生巨大变化，2007年，全省建筑业企业总产值1486.7亿元，房屋竣工面积5916.5万平方米，建筑业产业规模不断壮大，综合实力明显增强，已成为国民经济支柱产业。

建筑企业改革成效显著。1978年，中共十一届三中全会后，建筑业作为经济体制改革突破口，率先进行体制改革，建筑企业走上自主经营、自我管理、自负盈亏、自我发展道路，安徽建筑业迎来全面发展新阶段。截至2007年，全省建筑企业改制面已达到85%以上，一批国有大中型骨干企业完成了股份化、民营化、集团化改组改造，市场竞争力明显提高。产业结构调整步伐加快，传统房屋建筑业，正向市政、交通、水利、电力等专业建筑业拓展；向房地产、新兴建材、服务业、制造业等相关产业延伸；向钢结构、路桥、防腐保温、装饰装修和智能化等新兴领域进军，产业结构基本形成大、中、小企业合理配置、各类型企业优势互补的发展格局。

建设工程招投标管理日益健全。自1986年开始，经过22年探索、改革和发展，相关法规、制度和标准日臻完善，招投标代理机构和评标专家队伍不断壮大，统一、开放、竞争、有序的建筑市场正在逐步形成。随着市场经济不断成熟，建筑市场经过多年治理整顿，市场秩序进一步规范，劳务用工制度不断完善。建筑市场开放程度进一步提高，实现所有建筑企业在省内自由流动、自主投标。加强劳务合同管理，完善劳务分包制度，建立劳务基地14个，劳务分包公司达1030家。

建筑企业积极创优，工程质量稳步提升。每年建筑工程新开工面积将近1亿平方米，为保证建筑工程质量，全省各级建设主管部门强调设计、施工和预制构件等单位端正业务工作指导思想，坚决纠正片面追求产值、利润，忽视工程质量倾向，认真贯彻“百年大计，质量第一”方针，以优质工程提高企业信誉和竞争力。在全省建筑业连续开展治理质量通病和“用户满意”工程活动，工程质量稳步提高，未发生重大工程质量事故，涌现出一大批优质精品工程。截至2007年，累计获得全国建筑工程“鲁班奖”29项，全国建筑工程装饰金奖24项。自1995年开始，开展全省建筑工程质量最高奖“黄山杯”评选工作，共有486项工程获得“黄山杯”奖。2003年以来，有90项装饰工程获得安徽省建筑工程装饰奖。

建筑安全管理得到进一步加强。1986—2007年，全省全面实施建筑安全生产目标管理，落实安全生产责任制，强化日常安全监督管理，深入开展建筑安全生产专项治理和建筑安全隐患排查，推进建筑安全标准化管理，建筑施工安全生产总体处于受控状态，在全省城乡大建设、大发展时期，事故总量得到控制，建筑业百元产值死亡率大幅下降。

徽派建筑文化建设推进。安徽建筑业历史悠久，“徽派建筑”成为著名建筑艺术之一，“徽派建筑”以黛瓦、粉壁、马头墙等表型特征，以砖雕、木雕、石雕等装饰特色，以高宅、深井、大厅等居家特点，徽州古民居形成独具一格的“徽派建筑”风格，古民居、古祠堂、古牌坊亦称“古建三绝”，更令人赞叹不已。大力弘扬“徽匠”精神，展现“皖军”风采，省建设厅提出“打造‘徽匠’新风采，续写建筑新辉煌”理念，全省建筑行业广大职工发扬“细腻规范的工作态度，吃苦耐劳的敬业精神，团结协作的合作意识，独具匠心创新思维”的“徽匠”精神，促进建筑业文化建设和发展。

五

城乡居民居住条件日趋改善。20 世纪 80 年代以来，全省城镇住房制度改革迈出历史性步伐，在住房分配、供应、金融、市场体制等方面，采取一系列卓有成效改革措施。历经近 30 年发展，老百姓从“忧居”到“有居”再到“优居”，居民住房条件发生翻天覆地变化。住房制度改革释放出巨大住房需求，促进房地产业发展，成为国民经济重要支柱产业。

20 世纪 80 年代居者“忧”其屋。1978 年前，由于长期实行计划经济体制，全省城镇职工住房实行的是住房产权公有、实物分配、低租金使用的福利性住房制度，职工解决住房完全依赖向单位等、靠、要。当时由于经济发展滞缓，住房标准普遍较低，全省城市居民人均居住面积仅 3.9 平方米，住房短缺成为严重社会问题。职工住房多为 50 年代建设的简易筒子楼、披厦房、小平房，且一房难求。老百姓为住房问题所困扰，政府和单位为建房、分房问题所头痛。

20 世纪 90 年代居者“有”其屋。在实行社会主义市场经济体制后，1995 年，安徽省政府连续印发《关于认真实施国务院关于深化城镇住房制度改革决定的通知》等三个具有重要意义房改文件，构建与社会主义市场经济体制相适应的新城镇住房制度框架，确立“三改四建”改革内容，实施综合配套政策，分阶段推进改革措施，重点是盘活存量公房，向城镇职工出售，加快住房建设，解决城镇住房困难问题。此后，房改开始在全省范围内全面推开，职工个人购买公房已成趋势。职工有个人产权住房后，改善住房愿望日益强烈，部分职工通过卖旧房、买新房，促进存量住房流动，扩大新建商品住房销售，激活房地产二级、三级市场发展，住房作为居民家庭最大资产之一，越来越多居民把买房作为投资，推动住房商品化、社会化进程。与此同时，住房公积金制度开始在全省所有市、县逐步建立；单位集资建房、国家安居工程、经济适用住房建设，促进住宅业发展，基本扭转全省城镇居民住房紧张状况。城镇居民居住水平有所提高，人均居住面积已上升到 6.3 平方米。

21 世纪居者“优”其屋。进入 21 世纪，住宅建设完成由计划经济型发展方式向市场导向型发展方式重大转折，不断深化住房制度改革，活力迸发的房地产业，引发城市人居环境“嬗变”，住房建设逐步走上统一规划设计、综合配套建设规范化发展道路。人们对住房需求，已不再满足于够住，而是趋向于更优。老百姓住房，变得更大、更美、更舒适，住宅产业进入持续、高速发展新时期。首先是面积标准上进一步提高，在此基础上，涌现一大批布局合理、环境优美、配套齐全、生活方便住宅小区。住房工程质量、功能质量和环境质量都有大幅度提高。1978—2007 年间，全省设市城市、县城、建制镇竣工住房面积 3.9 亿多平方米，570 多万户家庭住房问题得到解决。到 2007 年年底，全省城镇居民人均住房建筑面积达 25.5 平方米，是 1952 年的 10 倍多；全省新交付使用2万平方米以上房地产综合开发住宅小区1000多个，居民住宅成套率达到84%以上；物业管理覆盖率达到 82% 以上，物业管理企业发展到 3100 多家，从业人员 20 多万人；全省“节能省地环保”型住宅建设试点项目 32 个，国家康居示范工程项目 7 个，“四节一环保”集成技术与部品部件应用 60 多项。

农房建设持续发展。1979—1988 年，全省共兴建农民住宅 3.8 亿平方米，每年约有 5% 农民建新房。村庄住宅人均建筑面积由 1978 年 8.4 平方米提高到 2007 年年底 29 平方米。省建设厅为提高农房建设水平，组织编制并推广使用《安徽省灾民住房设计图集》《安徽省小康住房图集》和《安徽省社会主义新农村建设住房设计图集》，农房质量提高很快，楼房比例由 1986 年 8.4% 提高到 2007 年年末 35.5%。农民住房结构形式发生根本变化，1978 年，全省农房土草房所占比例为 76%，2007 年砖混以上结构房屋比率已达 70%。过去农民盼望“楼上楼下，电灯电话”梦想已在改革发展中变为现实。

六

建设科技水平不断提升。1986—2007 年，建设科技发展迅猛，在建筑技术上组织推广商品混凝土和散装水泥应用技术、粗直径钢筋连接技术、新型模板与脚手架应用技术等新技术，取得明显经济效益、社会效益和环境效益。创建一批国际建材知名品牌企业和产品，如安徽国通高新管业股份公司的“双壁波纹管”；芜湖海螺科技股份有限公司、安徽国风塑料建材有限公司的“PVC 塑料型材及塑料门窗”；华亚（芜湖）塑胶有限公司的“建筑给排水用硬聚氯乙烯（UPVC）管材管件”等领先产品，其产量和销售呈现良好态势。

建筑节能技术运用加快发展。可再生能源技术广泛应用，率先在国内编制完成地方标准《安徽省公共建筑节能设计标准》，修编完成《安徽省居住建筑节能设计标准》，达到国内领先水平。出台《安徽省建筑节能试点示范工程管理办法》，全省已有 36 项工程列入省级示范工程项目。已建成“安徽太阳湾老年社区”“铜陵世界花园三期三批住宅”“铜陵中房豪庭”等多项国家级节能示范工程。“科学家花园”等 4 个项目列入财政部、建设部可再生能源建筑应用项目。通过试点推进和政策资金扶持，一批太阳能、地热等可再生能源利用技术均名列全国前茅。

重大水污治理有新突破。2006年开始，国家投入数十亿元资金全面启动实施水体污染治理重大科技专项。省建设厅积极开展国家水污染整治项目，协调合肥、巢湖两市建设、规划等相关部门，联合同济大学开展巢湖污水治理项目申报工作，“巢湖流域城市水污染控制及水环境治理技术集成与综合示范”项目已成功申报“国家水体污染治理重大科技专项”，并组织实施。通过水专项研究和示范，带动合肥市和巢湖市城市水环境整治工程建设，形成一个“技术支撑－机制保障－系统管理”的巢湖流域城市及城镇群协同控污技术、经济、政策法规保障体系，保障城市水环境质量持续改善，创建人水和谐的城市水环境管理模式。

建设科研开发成果显著。为适应新形势下企业科技创新需要，安徽建工集团有限公司等建筑企业先后成立省级、市级技术开发中心，进行系统性、前瞻性、深层次技术研发，对提高建筑行业全面协调可持续发展起到重要作用。全省建设科技成果推广转化率达到80%，全省建筑工程新型墙体材料应用比例达到35%，建筑行业技术实力显著提高。1986—2007年期间，安徽建设系统共获省部级自然科学奖和各类科技进步奖多项，特别是2005以来，“F型钢承口钢筋混凝土排水管（顶管）”“混凝土多孔砖砌体工程施工及验收规程”等10个项目获得省科技进步奖。“安徽省建筑能耗分析及节能措施研究”“钢框架—支撑结构设计新方法与抗震性能研究”“合肥市智能公交系统示范工程”等17个项目列入建设部科学技术项目计划，一些单项技术已跻身国内先进水平，不断推动建筑科技进步。

2007年安徽省建设行业主要指标统计表

表 0-0-1

指标名称	数量
建筑业:	
企业个数(个)	3430
完成总产值(亿元)	1568.4
房屋建筑竣工面积(万平方米)	7787.5
利润总额(亿元)	39.3
完成增加值(亿元)	457.9
建筑业从业人员(万人)	148.3
勘察设计业:	
企业个数(个)	434
年末从业人数(万人)	2.62
勘察合同额(亿元)	4.18
岩土合同额(亿元)	1.60
设计合同额(亿元)	26.75
专项设计合同额(亿元)	1.90
施工图完成投资额(亿元)	643.12
施工图完成建设面积(万平方米)	6017.73
境外合同额(亿元)	15.49
营业收入(亿元)	112.88
利润总额(亿元)	8.82
建设监理业:	
企业个数(个)	195
年末从业人员(人)	14899
建设工程监理企业承揽合同额(亿元)	12.79
其中监理合同额(亿元)	8.93
其中招标代理合同额(亿元)	0.22
其中工程造价咨询合同额(亿元)	0.20
其中项目管理与咨询服务合同额(亿元)	3.41
其中其他业务合同额(亿元)	0.02
利润总额(亿元)	1.10
住房公积金:	
年末缴存总额(亿元)	468.45
年末缴存余额(亿元)	286.91
本年实缴职工人数(万人)	243.96
年末贷款总额(亿元)	228.38
年末贷款余额(亿元)	162.15
年末个人提取总额(亿元)	181.54
房地产业:	
房地产开发投资(亿元)	891.5
其中住宅(亿元)	662.3
商品房屋施工面积(万平方米)	8969.6
商品房屋竣工面积(万平方米)	2349.7
商品房屋销售建筑面积(万平方米)	3085.2
其中住宅(万平方米)	2777.4
人均住宅建筑面积(平方米/人)	25.5
城市建设:	
城镇化率(%)	38.70
设市城市(个)	22
城市建成区面积(平方千米)	1201.6
城市人均日生活用水量(升)	180.4
城市自来水普及率(%)	94.4
城市每万人拥有公交车辆(标台)	8.67
城市燃气普及率(%)	83.2
城市排水管道密度(千米/平方千米)	1.6
人均城市道路面积(平方米)	13.6
城市污水处理率(%)	73.6
城市人均公园绿地面积(平方米)	8.7
城市建成区绿化覆盖率(%)	36.1

续表 0-0-1

指标名称	数量	指标名称	数量
城市生活垃圾无害化处理率(%)	49.1	年供水总量（万立方米）	2854
村镇建设:		其中生活用水（万立方米）	1842
年末统计建制镇个数（个）	856	用水普及率（%）	34.87
年末镇建成区面积（万平方米）	166713	年末统计村庄个数(个)	228218
年末实有住宅建筑面积（万平方米）	18992	其中行政村个数(个)	17331
人均住宅建筑面积（平方米）	29	村庄现状用地面积(万平方米)	866756
年供水总量（万立方米）	25524	年末实有住宅建筑面积(万平方米)	125762
其中生活用水（万立方米）	18004	人均住宅建筑面积(平方米)	28.77
用水普及率（%）	58.31	建筑业、房地产业税收贡献:	
年末统计乡个数（个）	350	建筑业企业上缴税收（亿元）	47.51
年末乡建成区面积（万平方米）	32825	占全省地税收入比重（%）	16.31
年末实有住宅建筑面积（万平方米）	3572	房地产企业上缴税收（亿元）	63.00
人均住宅建筑面积（平方米）	26.17	占全省地税收入比重（%）	21.63

说明：房地产开发投资数据来源于《安徽统计年鉴》，建筑业、房地产业上缴税收数据来源于税务部门，其余数据均来源于历年《安徽建设统计年鉴》

安徽省建设投资统计表

表 0-0-2　　单位:亿元

年　份	城乡建设固定资产投资	同比增长（%）	其中：房地产开发投资	城市建设投资	小城镇建设投资
1986	6.5		4.8	1.8	—
1987	5.1	-22.4	3.0	2.1	—
1988	8.5	68.1	6.4	2.2	—
1989	7.4	-13.1	5.2	2.2	—
1990	22.4	203.0	4.8	2.7	14.9
1991	26.3	16.5	5.5	3.4	17.3
1992	32.3	23.7	9.3	5.4	17.6
1993	56.7	75.3	26.1	8.7	21.9
1994	84.8	49.6	34.9	7.9	42.0
1995	97.6	15.0	36.1	16.7	44.8
1996	132.9	36.2	42.4	21.8	68.7
1997	142.1	6.9	47.6	19.7	74.8
1998	160.6	13.1	57.8	26.1	76.7
1999	187.0	16.5	76.1	31.8	79.1
2000	212.1	13.4	87.9	37.4	86.8
2001	251.0	18.3	111.0	57.0	83.0
2002	306.0	21.9	147.0	69.0	90.0
2003	436.0	42.5	241.0	101.0	94.0
2004	582.5	33.6	363.5	121.0	98.0
2005	715.4	22.8	459.4	158.0	98.0
2006	985.5	37.8	637.5	198.0	150.0
2007	1364.5	38.5	891.5	293.0	180.0
合计	5823.4	34.2	3298.9	1186.8	1337.7

说明:表中几处无统计数字是当年无此统计数字记录

安徽省建设投资占全社会固定资产投资比例统计表

表 0–0–3　　单位:亿元

年　份	城乡建设固定资产投资	全社会固定资产投资	建设投资占全社会固投比例 (%)
1986	6.5	103.5	6.3
1987	5.1	117.2	4.3
1988	8.5	137.8	6.2
1989	7.4	114.4	6.5
1990	22.5	122.9	18.3
1991	26.2	137.3	19.1
1992	32.4	214.8	15.1
1993	56.7	321.0	17.7
1994	84.9	399.5	21.2
1995	97.6	532.5	18.3
1996	132.9	614.3	21.6
1997	142.0	687.3	20.7
1998	160.6	729.0	22.0
1999	187.0	773.8	24.2
2000	212.2	866.7	24.5
2001	251.0	964.1	26.0
2002	306.0	1133.3	27.0
2003	436.0	1477.7	29.5
2004	582.5	1914.2	30.4
2005	715.4	2299.2	31.1
2006	985.5	3544.7	27.8
2007	1364.5	5105.9	26.7
合计	5823.4	22311.1	26.1

安徽省城市建设完成指标统计表

表 0-0-4

年份	城镇化率(%)	设市城市(个)	建成区面积(平方千米)	人均日生活用水量(升)	用水普及率(%)	每万人拥有公交车辆(标台)	燃气普及率(%)	排水管道密度(千米/平方千米)	人均城市道路面积(平方米)	污水处理率(%)	人均公共绿地面积(平方米)	建成区绿化覆盖率(%)	生活垃圾无害化处理率(%)
1986	–	16	325.6	178.2	80.9	3.5	19.3	2.7	4.3	–	3.3	19.3	0.4
1987	–	17	342.9	173.4	88.8	3.5	19.8	2.9	4.4	–	7.3	19.4	0.1
1988	–	17	365.3	183.7	91.2	3.5	20.3	3.0	5.5	–	6.9	20.8	0.1
1989	–	17	372.0	180.4	92.2	3.4	24.7	3.1	5.6	–	5.4	22.4	–
1990	17.84	18	387.2	187.3	92.9	3.6	26.8	3.1	6.5	–	5.9	24.1	1.6
1991	17.96	18	410.6	188.4	95.6	4.0	30.0	3.1	4.9	40.1	5.5	24.0	4.6
1992	18.20	18	427.4	198.1	95.2	4.6	34.6	3.2	4.8	56.1	5.2	25.2	31.1
1993	18.48	18	482.4	204.1	95.5	4.9	39.7	3.4	5.8	47.5	5.6	25.2	31.1
1994	18.78	20	547.0	203.5	95.1	5.0	46.8	3.7	6.3	–	5.8	26.2	34.6
1995	19.09	20	657.3	194.3	93.3	5.0	55.6	4.6	7.4	27.0	6.1	26.8	55.1
1996	21.71	21	767.4	213.5	93.9	5.4	57.4	4.3	8.0	34.0	6.3	26.8	53.8
1997	22.02	22	808.4	221.3	92.6	6.2	65.1	4.4	8.5	42.7	6.5	26.5	51.3
1998	22.33	22	820.3	223.3	93.6	6.6	68.3	4.6	9.0	40.8	6.7	26.2	48.6
1999	26.00	22	836.0	216.3	92.8	7.0	73.2	4.8	9.1	44.1	6.7	26.3	47.6
2000	28.00	22	886.0	211.8	95.8	7.6	77.0	4.7	9.6	38.8	7.0	27.1	47.1
2001	29.30	22	915.4	214.6	78.0	5.6	57.7	5.0	8.4	43.5	4.8	25.5	46.1
2002	30.70	22	975.7	220.7	79.7	6.1	62.4	5.2	8.8	45.9	4.5	25.6	38.6
2003	32.00	22	1044.2	213.5	79.9	6.2	62.3	5.7	9.8	47.2	5.1	26.7	36.2
2004	33.50	22	1123.4	206.1	90.0	7.4	69.2	6.0	11.1	44.9	5.9	26.8	25.5
2005	35.50	22	1260.4	195.7	90.5	7.3	72.3	6.0	11.9	52.3	6.6	22.9	27.5
2006	37.10	22	1135.9	190.4	94.8	8.3	81.5	1.4	13.4	58.3	8.0	33.2	34.5
2007	38.70	22	1201.6	180.4	94.4	9.18	83.2	1.6	13.6	73.6	8.7	36.1	49.1

说明：表中几处无统计数字是当年无此统计数字记录

第一篇　城乡规划

20世纪80年代起，随着改革开放不断深化和国民经济全面复苏振兴，城乡建设速度加快，安徽城乡规划和管理工作得到进一步重视和加强。通过开展全省城乡规划相关重大问题的研究，规划编制与实施水平不断提高；通过制定有关规章制度，城乡规划法律法规体系与制度进一步完善，初步构筑有效的城乡规划协调、实施与监督机制；通过抓好有关规划编制，规划编制体系逐步完善，为城乡健康有序发展提供科学依据。城乡规划宏观调控作用得到切实发挥，引导全省城镇化健康快速发展，全省城镇化水平由1978年12.62%提高到2007年的38.7%，全省城镇数量、规模和体系结构发生显著变化，构成功能清晰、布局合理、衔接协调、稳步增长的省域城镇体系。

第一章 城市规划

安徽省城市建设和发展，坚持以规划为龙头，各市根据城市经济和社会发展目标制定城市规划，指导城市合理发展和建设管理，总领部署各项建设。

第一节 城镇发展战略

中共中央对城镇化发展极为重视，把它提升到战略高度进行部署，提出“中国特色城镇化道路”，中国城镇化发展进程是随着发展战略变化而不断推进。安徽省也适时提出城镇发展战略计划与纲要，提出推进城镇化政策措施。2001 年安徽省城镇化工作领导小组成立，在其领导下各市贯彻《安徽省省域城镇体系规划实施办法》，使安徽省城镇化得到较快发展。

安徽省城镇发展战略计划与纲要 1996 年 2 月 10 日，安徽省第八届人民代表大会第四次会议审议通过的《安徽省国民经济和社会发展“九五”计划和 2010 年远景目标纲要》中提出“加快发展大中城市，积极发展小城市，大力发展小城镇，加速推进农村城镇化进程。”

2001 年 1 月 19 日，安徽省第九届人民代表大会第四次会议审议通过的《安徽省国民经济和社会发展第十个五年计划纲要》中提出，“以加快城镇化和振兴县域经济为重点，促进区域经济协调发展”，并要求“把城镇化作为拉动经济增长和调整经济结构的战略支点，加快省会城市建设步伐，有步骤地发展新兴城市和重点小城镇，实行更积极的推进城镇化的政策措施。”

安徽省政府办公厅于 2001 年 11 月下发《关于印发安徽省城镇化发展纲要 2001—2010 年的通知》，明确提出城镇化战略是中共安徽省委、省政府确定的四大发展战略之一。全面实施城镇化战略，加快城镇化发展，是全面推进安徽省经济结构调整和加快现代化建设的重要抓手，是实现“加快发展，富民强省”目标的重要途径。

2006 年 2 月 28 日，安徽省第十届人民代表大会第四次会议通过的《安徽省国民经济和社会发展第十一个五年规划纲要》指出，“加快城镇化进程，促进区域协调发展”，并提出增强中心城市带动能力，加快合肥现代化大城市、以“马芜铜宜”为重点的皖江城市群、以“两淮一蚌”为重点的沿淮城市群建设步伐，加快资源型城市转型步伐，加强小城镇建设，强化产业支撑力、综合承载力和对人才吸引力，增强辐射带动作用，加快形成大中小城市和小城镇布局合理的城镇体系，建立健全城镇化发展的体制机制。

安徽省城镇发展战略实施

2001年，安徽省城镇化走上快速健康发展轨道，城镇化水平由2000年28%提高到2007年38.7%，平均每年保持1.6个百分点增速，成为新中国成立后城镇化发展最快时期，其中2001—2005年，就有400多万农业人口转变为城市居民。

城镇化发展　在城镇化较快发展同时，城镇经济也保持持续快速发展势头。其中作为城镇经济主体部分的城市经济增长强劲，占安徽省经济比重持续提高。"十五"期末，占安徽省陆域面积0.89%的城市建成区容纳了安徽省30%以上人口生活、工作，产出巨大的土地利用效益。2005年竞争力在全国居前200名的地级城市中，安徽省就有14个，其中合肥、芜湖、马鞍山3市连续四年均进入全国百强。自此，城镇化建设成为各级党委和政府重要任务，安徽省城镇化建设得到较快发展。

融入长三角　安徽省建设工作以城乡规划为龙头，通过制定和实施《安徽省城镇化发展纲要（2001—2010年）》《安徽省城镇体系规划（1995—2010年）》，促进安徽省城镇布局调整和结构优化。围绕"东向发展""中心城市带动"战略实施，加快城市群规划编制。以"马芜铜宜"为重点的皖江城市带规划编制进一步深化，完成沿淮城市群规划编制，启动省会经济圈规划编制。2006年，安徽省被建设部列为中部地区区域统筹协调发展唯一试点省份。建设部组织编制长三角城镇群规划在空间布局上，由"2+1"（江苏、浙江、上海）变为"3+1"（江苏、浙江、安徽、上海），安徽融入长三角、实施东向战略取得实质性进展。22个设市城市开展城市总体规划修编工作，12个城市总体规划经国务院或省政府批准实施，19个城市近期建设规划编制基本完成。

城市类型　2007年年末，安徽户籍人口6676万人，城镇990个，其中设市城市22个，县城56个，其他建制镇912个。从城镇规模等级来看，安徽省50万以上人口大城市有5个，10万至50万人口中小城市有17个，绝大多数县城非农人口多在2万至10万之间，建制镇非农人口多在2万以下。大城市、中小城市、县城、建制镇个数比大致是1 ∶ 3.4∶11.2 ∶ 183，城镇规模等级序列呈"金字塔"式分布，结构较为合理。全省城市分成8种职能类型，即省域中心城市——合肥；省级交通枢纽和加工工业城市——芜湖、蚌埠；工矿城市——淮南、淮北、马鞍山、铜陵；地区级综合型中心城市——安庆、滁州、宿州、六安、巢湖、宣城、亳州；风景旅游城市——黄山、池州；铁路枢纽城市——阜阳；县级综合型城市——界首、天长、明光、桐城、宁国等5个县级市和56个县城；多种类型小城镇——建制镇。

城镇化工作　为落实中共安徽省委、省政府关于城镇化战略决策，加快推进全省城镇化进程，2001年1月省政府第73次常务会议决定成立安徽省城镇化工作领导小组，领导小组办公室设在安徽省建设厅。在中共安徽省委、省政府领导下，省城镇化工作领导小组办公室重点抓好《安徽省城镇化发展纲要（2001—2010年）》起草工作。2001年11月，省政府将《安徽省城镇化发展纲要（2001—2010年）》印发全省执行，作为指导全省“十五”期间推进城镇化工作文件。

在省城镇化工作领导小组指导下，各市也积极开展贯彻落实工作，相应成立办事机构，制订城镇化发展目标和实施计划。省、市两级城镇化工作领导小组定期或不定期召开会议，研究并检查城镇化发展情况，提出每年度工作重点，使城镇化建设工作扎实开展。

自2002年起，中共安徽省委组织部、省建设厅连续3年举办全省领导干部城镇化知识培训班，使领导干部工作思路适应安徽省城镇化快速发展需要，共有300多人次的市、县（市、区）长和省级开发区分管领导参加培训。培训采取讲课和参观考察相结合方式，由国内著名城镇化和城市规划方面专家、教授授课，到城镇化发展迅速的长三角地区参观。合肥、宣城、蚌埠、铜陵等市也先后开展面向基层领导干部的城镇化知识培训工作。

安徽省制定一系列有关人口迁移、土地利用、社会保障、投融资、组织领导等方面政策措施，以加快城镇化发展，各地、各部门还相应制定有关配套办法，大大促进全省城镇化步伐。省政府办公厅于2001年4月下发《关于调整部分中心建制镇的通知》，明确调整后中心建制镇数量为200个；安徽省公安厅于2001年6月下发《关于进一步改进户籍管理推进城镇化进程的意见》，规定凡在改革实施范围内有合法固定住所、稳定职业或生活来源的人员及其共同居住生活的直系亲属，可根据本人意愿登记城镇常住户口；进一步放宽引进人才户口迁移管理限制，全面实行在城市投资、兴办实业、购买商品房人员登记户口政策等，对于促进人口向城镇集聚发挥重要作用。

第二节　城市总体规划编制、修编与审批

坚持科学编制、严格审批，充分发挥总体规划对土地资源集约和合理利用调控、引导作用，促进城乡经济、社会健康和可持续发展。1986—2007年，全省22个设市城市按照《中华人民共和国城市规划法》和《安徽省实施〈城市规划法〉办法》要求，对本市城市总体规划进行系统而全面修编和编制，并分别获得国务院和省人民政府批准。

1986—2007年，安徽省全面进行城市总体规划编制和修编。各级政府也迫切需要有一个科学的城市规划来指导城市社会经济健康、有序发展和建设。全省17个城市、53个县城已先后编制城市总体规划，并获得省政府（或省政府委托省建设厅）批准。

1988—1990年编制的规划，已不能适应新形势和发展需求，按1984年国务院颁布的《城市规划条例》规定和要求，对上轮总体规划进行认真总结，结合当时全省新情况，对原规划进行必要调整和修编，并经过审查批准。

1984年，国务院颁布的《城市规划条例》作为行政法规，难以保障城市规划工作重要法律地位。1989年12月26日，全国人大常委会颁布《中华人民共和国城市规划法》。随后省人大常委会颁布《安徽省实施 < 城市规划法 > 办法》（以下简称《实施办

法》)。随着全省行政体制改革普遍进行撤地建市,新成立 8 个地级市,同时成立若干县级市,也迫切要求编制新的城市总体规划。这个阶段全省 22 个城市总体规划按照《中华人民共和国城市规划法》和《实施办法》要求,进行系统而全面修编和编制,并分别获得国务院和省政府批准。(见表 1-1-1)

安徽省各市城市总体规划批复情况一览表

表 1-1-1

序号	城市	批准日期	批准文号	批准名称
1	黄山	1994.6.29	皖政秘〔1994〕94 号	安徽省人民政府关于黄山市城市总体规划的批复 (1995–2010 年)
2	铜陵	1995.4.22	皖政秘〔1995〕72 号	安徽省人民政府关于铜陵市城市总体规划的批复 (1995–2010 年)
3	淮北	1995.8.5	皖政秘〔1995〕94 号	安徽省人民政府关于淮北市城市总体规划的批复 (1995–2010 年)
4	宣州	1995.8.5	皖政秘〔1995〕153 号	安徽省人民政府关于宣州市城市总体规划的批复 (1995–2010 年)
5	滁州	1995.8.5	皖政秘〔1995〕154 号	安徽省人民政府关于滁州市城市总体规划的批复 (1995–2010 年)
6	天长	1996.3.26	皖政秘〔1996〕52 号	安徽省人民政府关于天长市城市总体规划的批复 (2000–2010 年)
7	芜湖	1996.3.26	皖政秘〔1996〕53 号	安徽省人民政府关于芜湖市城市总体规划的批复 (2000–2010 年)
8	安庆	1996.4.12	皖政秘〔1996〕67 号	安徽省人民政府关于安庆市城市总体规划的批复 (2000–2010 年)
9	明光	1996.4.12	皖政秘〔1996〕69 号	安徽省人民政府关于明光市城市总体规划的批复 (2000–2010 年)
10	贵池	1997.7.12	皖政秘〔1997〕108 号	安徽省人民政府关于贵池市城市总体规划的批复 (2000–2010 年)
11	宿州	1997.7.12	皖政秘〔1997〕109 号	安徽省人民政府关于宿州市城市总体规划的批复 (2000–2010 年)
12	六安	1997.7.12	皖政秘〔1997〕110 号	安徽省人民政府关于六安市城市总体规划的批复 (2000–2010 年)
13	蚌埠	1997.7.12	皖政秘〔1997〕111 号	安徽省人民政府关于蚌埠市城市总体规划的批复 (2000–2010 年)
14	亳州	1997.10.5	皖政秘〔1997〕167 号	安徽省人民政府关于亳州市城市总体规划的批复 (2000–2010 年)
15	桐城	1997.10.5	皖政秘〔1997〕168 号	安徽省人民政府关于桐城市城市总体规划的批复 (2000–2010 年)
16	界首	1997.10.5	皖政秘〔1997〕169 号	安徽省人民政府关于界首市城市总体规划的批复 (2000–2010 年)
17	阜阳	1997.10.15	皖政秘〔1997〕175 号	安徽省人民政府关于阜阳市城市总体规划的批复 (2000–2010 年)
18	马鞍山	1997.10.15	皖政秘〔1997〕176 号	安徽省人民政府关于马鞍山市城市总体规划的批复 (2000–2010 年)
19	淮南	1999.4.30	国办函〔1999〕34 号	国务院办公厅关于淮南市城市总体规划的批复 (1996–2010 年)
20	合肥	1999.6.3	国函〔1999〕42 号	国务院关于合肥市城市总体规划的批复 (1995–2010 年)
21	宁国	1999.9.25	皖政秘〔1999〕65 号	安徽省人民政府关于宁国市城市总体规划的批复 (2000–2010 年)
22	巢湖	2001.12.28	皖政秘〔2001〕200 号	安徽省人民政府关于巢湖市城市总体规划的批复 (2000–2010 年)

2001—2007 年,全国经济社会和城镇化进入快速发展期,国家一大批重点建设项目落户安徽省,安徽省国民经济"861 计划"战略项目在各地选址、建设,各地城市总体规划已不能适应这种快速发展的新形势,亟待对城市总体规划进行修编,全省城市及

县城进入新一轮总体规划制订工作。（见表 1–1–2）

安徽省新一轮城市总体规划批复情况一览表

表 1–1–2

序号	城市	批准日期	批准文号	批准名称
1	亳州	2003.5.9	皖政秘〔2003〕45 号	安徽省人民政府关于亳州市城市总体规划的批复 (2001–2020 年)
2	池州	2003.9.17	皖政秘〔2003〕93 号	安徽省人民政府关于池州市城市总体规划的批复 (2001–2020 年)
3	宿州	2003.9.17	皖政秘〔2009〕94 号	安徽省人民政府关于宿州市城市总体规划的批复 (2001–2020 年)
4	马鞍山	2003.12.12	皖政秘〔2003〕130 号	安徽省人民政府关于马鞍山市城市总体规划的批复 (2001–2020 年)
5	黄山	2003.12.24	皖政秘〔2003〕136 号	安徽省人民政府关于黄山市城市总体规划的批复 (2001–2020 年)
6	桐城	2004.1.20	皖政秘〔2004〕8 号	安徽省人民政府关于桐城市城市总体规划的批复 (2003–2020 年)
7	天长	2004.2.2	皖政秘〔2004〕10 号	安徽省人民政府关于天长市城市总体规划的批复 (2003–2020 年)
8	安庆	2004.2.23	皖政秘〔2004〕] 6 号	安徽省人民政府关于安庆市城市总体规划的批复 (2003–2020 年)
9	六安	2004.2.23	皖政秘〔2004〕27 号	安徽省人民政府关于六安市城市总体规划的批复 (2003–2020 年)
10	铜陵	2004.12.20	皖政秘〔2004〕170 号	安徽省人民政府关于铜陵市城市总体规划的批复 (2003–2020 年)
11	淮北	2006.11.6	国办函〔2006〕90 号	国务院办公厅关于批准淮北市城市总体规划的通知 (2006–2020 年)

第三节　省域城镇体系规划

《安徽省城镇体系规划（1995—2010 年）》于 1995 年 3 月开始编制，2000 年 7 月经国务院同意，由建设部批复实施。2003 年，由于社会经济背景和发展机遇等变化，省政府同意对城镇体系规划进行调整，形成《安徽省城镇体系规划调整（2004—2010 年）》（以下简称《规划》）的成果，该《规划》成果获得 2006 年度全国优秀城市规划设计项目一等奖。《规划》对于指导全省社会经济发展和区域空间格局重构起到较好作用。

规划编制　安徽省域城镇体系规划编制工作，一直走在全国前列，根据省人民政府工作部署，《安徽省城镇体系规划（1995—2010 年）》于 1995 年 3 月开始编制，1997 年 6 月完成，1997 年 9 月省政府第 137 次常务办公会审查通过并上报国务院。

2000 年 7 月经国务院同意，由建设部批复实施。2003 年，经建设部批准，同意对安徽省城镇体系规划进行调整，并列为 2004 年全国试点省份，2004 年，安徽省结合自身发展需要进行调整优化，2005 年 10 月省政府第 18 次省长办公会议审议通过《安徽省城镇体系规划》（以下简称《规划》），报建设部备案同意，于 2006 年 3 月颁布实施。这是全国第二个获得国务院批准的省域城镇体系规划，第一个进行规划调整的省份。该《规划》是引导和调控安徽省城镇化和城镇发展指导性文件，省域内城镇发展与布局、区域与城市生产力布局、基础设施和社会公共设施配置、生态建设与环境保护、资源开发、土地利用等均应遵守《规划》相关内容。《规划》同时指导省域内各级城镇体系规划、城市总体规划编制和大中型建设项目选址。2007 年 12 月 19 日,省人民政府第 60 次常务会议通过《安徽省省域城镇体系规划实施办法》,规范实施省域城镇体系规划,引导本省城镇化协调持续健康发展。

规划内容　《安徽省城镇体系规划(1995—2010 年)》(以下简称《规划》),针对安徽省情,突出重点,立足于建立同省域经济社会发展和城镇化水平相适应的城镇体系,提出城镇体系发展战略、城镇布局、各级城镇发展方向与发展规模控制目标、区域性基础设施建设布局原则等,《规划》获 2001 年度全国优秀城市规划设计三等奖。《规划》提出,安徽省初步形成"一带、一区、一中心"空间格局轮廓。"一带"即长江城镇带,"一区"即皖北城镇密集区,"一中心"即以合肥为中心的大城市地区。《规划》还提出"二带"(皖江和京沪铁路城镇带)、"二群"(皖中和皖西北城镇群)、"一组团"(黄山旅游区城镇组团)空间格局(详见 1995 年安徽省城镇体系规划彩图)。该《规划》实施期间,是安徽省历史上城镇化发展较快时期,全省城镇化水平由 1997 年 22.02% 增加到 2004 年 33.5%,增长 11 个百分点。

经过 1997 年后 10 年发展,安徽省社会经济背景发生诸多变化。各级规划陆续编制并提出新发展思路,如 2002—2003 年,省城镇化领导小组办公室,组织编制完成"两带一群"密集地区空间布局规划以及涉及全省城镇化发展重要课题专项研究,全省 11 个设市城市编制完成新一轮城镇体系规划和城市总体规划;部分区域性中心城市为提高集聚辐射功能,进行行政区划调整。2003 年,经省政府同意,安徽省建设厅向建设部上报《关于对〈安徽省城镇体系规划(1995—2010 年)进行调整的请示〉》,建设部以建规〔2003〕106 号复函同意。

《安徽省城镇体系规划调整(2004—2010 年)》主要是在空间格局上进行调整,"东向发展、奋力崛起"空间组织规划,采取"强化中心、据点开发、形成轴带、带动全省"不平衡城镇发展总体战略构想,总体空间结构调整为"两线三片多极"(两线——沿江城镇发展轴、合芜宣高速公路城镇发展轴;三片——合肥城市群、沿江城市群、蚌淮城市群;多极——各地级市)城镇空间结构。提出分时序空间推进战略要求。其中,2004—2010 年间,重点抓好五个方面空间战略,即:打造马芜铜和合巢芜"T"字型省域核心发展地带;加大城市密集地区建设与管理力度,强化城镇聚合轴发展;加快中心城市建设;积极推进各级城镇现代化进程;形成连接全省各级中心城市高速公路网。同时对省域城镇发展空间进行远景展望,提出以合肥为重心,合肥城市群、沿江城市群、蚌淮城市群为核心"大三角"省域核心发展区域,形成两主(长江、合徐—合芜—芜宣杭高速公路)、四副(宁西铁路、界阜蚌—蚌宁高速公路、商景高速公路、皖赣铁路)城镇拓展轴,在轴带交汇处增加皖西北城镇群、皖东北城镇群、皖东城镇群和黄山城镇群(详见 2006 年安徽省城镇体系规划彩图)。

该版规划被评为 2005 年度安徽省优秀城市规划设计一等奖,2006 年度全国优秀城市规划设计项目一等奖。

规划实施 《安徽省城镇体系规划调整（2004—2010年）》（以下简称《规划》）批复实施后，还制定《安徽省省域城镇体系规划实施办法》。在《规划》实施同时，编制《马芜铜城镇群规划》《合肥经济圈城镇体系规划》《沿淮城镇群城镇体系规划》《安徽省沿江城市群"十一五"经济社会发展规划纲要》《安徽省沿淮城市群"十一五"经济社会发展规划纲要》《安徽省会经济圈发展规划纲要》等一系列规划。同时在区域发展上，全省大力推进皖江城市带承接产业转移示范区建设，以黄山为龙头的徽州文化生态示范区和合芜蚌自主创新试验区正在积极推进。各地开展编制《滁来全城镇群规划》《黄山南部城镇群规划》《合淮同城化规划》等重点区域规划，并成立区域管理协调机制和机构，如市长联系会议、大滁城建设指挥办公室等促进区域协调机构。全省17个地级市、5个县级市、56个县城已完成总体规划和近期建设规划编制，重点镇总体规划均已编制，有效指导各地建设。城市用地规模严格执行省域城镇体系规模控制，有效控制省域城镇空间扩张，以具有法律效力的城市总体规划为依据，各项建设严格执行"一书两证"（建设项目选址意见书、建设项目用地许可证、建设工程规划许可证）制度。

随着安徽省基础设施建设迈入"双高"发展时代，严格执行规划明确的主要区域道路交通设施在规划、选址、建设空间规定和范围。促进区域性设施项目建设，编制高压输电线类：向家坝—上海特高压直流、山西—江苏特高压直流、皖电东送淮南—上海特高压交流、锡盟—上海特高压交流等跨市域特高压线路选线；铜陵电厂—铜贵变、皖南变—芜湖变、响水涧—繁昌变、颍州变—淮南开关站、铜陵电厂六期送出等省内500千伏线路选线；电厂类：合肥二电厂、马鞍山第三电厂、国电舒城电厂、凯迪公司生物质能发电厂等电厂选址；高速铁路类：合福铁路客运专线、皖赣铁路扩能改造、郑徐铁路客运专线等高速铁路选线；运河航道类：芜申运河青弋江航道整治；矿业场址选择：朱集矿选址、沙溪铜矿选址；景区索道：九华山花台索道、黄山云谷索道选址等各类选址论证报告，由省政府城乡规划主管部门根据省域城镇体系规划核发"选址意见书"。

第四节 融入长三角与"东向发展战略"规划编制

2005年，中共安徽省委、省政府提出"东向发展战略"，同年，建设部牵头组织开展《长三角规划》编制工作，认为安徽与苏浙沪共筑长三角城镇群是区域共同、可持续发展的选择。《长三角规划》（安徽部分）在全省"东向发展、奋力崛起"基础上形成差别化、特色化全面融入模式。安徽省是长三角潜在创新空间，在转变增长方式中将发挥重要作用，有利于生态、文化保护、旅游休闲功能整体性，是进一步增强长三角城镇群国际竞争力、充分发挥长三角成为带动中西部发展"龙头"作用重要途径之一，有利于长江流域整体发展和中部崛起。

战略决策　1990年,中共中央开发开放浦东重大战略实施和1992年中共十四大报告中,明确"一个龙头、三个中心"(以浦东开放为龙头,尽快把上海建成国际经济、金融、贸易中心),进一步开放长江沿岸城市,带动长江三角洲和整个长江流域经济新飞跃定位,使上海从此进入快速发展时期。安徽于1990年7月,率先提出"抓住时机、开发皖江、强化自身、呼应浦东、迎接辐射、带动全省"战略决策。中共安徽省委、省政府以科学发展观为统领,审时度势,于2005年3月,作出"实施东向发展战略,加快融入长三角"重大决策。在发展重要转折时期和关键阶段,提出加速融入长三角统领对外开放全局,第一次明确把东向发展作为全省对外开放基本取向。《安徽省国民经济和社会发展第十一个五年规划纲要》中,明确要重点实施工业强省、东向发展、创新推动、中心城市带动、城乡统筹和可持续发展六大发展战略。其中以"推进东向发展,提高对外开放水平"为战略要点,明确加速融入长江三角洲经济圈,充分发挥安徽省毗邻东部沿海发达地区的区位条件和长江三角洲经济圈优势,推进产业互补发展,提供资源支撑,主动迎接辐射,形成互利双赢开放格局。加强经济运行机制接轨,在招商引资、行政审批、激励机制等方面推行与东部地区相似或更加灵活适用政策。强化基础设施对接,大力建设与东部地区相连比较完善的综合交通网络体系。加快商品和要素市场一体化。利用安徽进入国家长江三角洲规划区契机,促进全方位、多领域交流与合作,把安徽建成长江三角洲经济圈加工制造业基地、原材料工业基地以及主要面向长江三角洲经济圈能源基地、配套产品基地、农副产品供应基地、旅游休闲目的地和劳务输出基地。加强与珠江三角洲、环渤海、中西部等地区经济技术合作,全方位扩大开放。要求提高利用外资水平、积极发展开发区、着力提高经济外向度。2006年,国家将皖江城市带纳入中部地区崛起战略重点发展区域,加速长三角等沿海发达地区产业向中西部辐射转移。建设部从区域规划角度,在与长三角三省一市(浙、苏、皖、沪)协商后提出编制长三角城镇群规划。

规划内容　安徽省城市规划,立足于制订全面反映安徽省发展战略。1985年,上海经济区规划办公室和建设部决定联合开展经济区城镇布局规划工作,由安徽省建设厅主持、安徽省规划院负责编制《上海经济区安徽省城镇布局规划纲要》(1985—2000年),并由城乡建设环境保护部城市规划局将上海经济区所属四省一市规划成果汇编成《上海经济区城镇布局规划纲要》(1985—2000年)。

《安徽省城镇体系规划调整(2004—2010年)》顺应融入长三角与"东向发展战略",明确对内整合城乡"中心集聚、分区调控、点轴推进、网络发展";对外融入长三角,"实施东向发展战略,梯度融入长三角";"坚持科学发展观下的健康城镇化道路,实现空间资源利用的集聚、集约";实现中部率先崛起,"抢抓机遇、乘势而上、奋力实现安徽省在中部区域的崛起"战略途径。

2005年,建设部牵头组织开展《长江三角洲城镇群规划》(以下简称《长三角规划》)编制工作,明确论证立足于三省一市范围,构筑新时期长三角城镇群的必要性和可行性，认为安徽与苏浙沪共筑长三角城镇群是区域共同、可持续发展的选择。《长三角规划》（安徽部分）明确提出安徽省回归长三角模式，立足于长三角城镇群空间重组、功能完善差别化、特色化的全面回归模式。对安徽省经济社会发展加强与长三角其他地区紧密度和空间联系，突出长三角城镇群空间重组、功能完善为重点，在全省“东向发展、奋力崛起”基础上形成差别化、特色化的全面融入模式。

中共安徽省委、省政府提出“抢抓机遇、乘势而上、奋力崛起”和“东向发展”战略，构筑全省层面上融入长三角空间网络体系：“东向发展、奋力崛起”。在全省“东向发展、奋力崛起”基础上形成以合肥、黄山为南北轴，沿江城市为东西轴，皖江流域作为长三角城镇群重点发展地区，引领全省东向发展龙头。这个区域板块包括长江流域合肥、安庆、池州、铜陵、巢湖、芜湖、宣城、马鞍山、滁州9市和新安江流域黄山市共十个城市。其中合肥地区为城镇群核心区，沿江地区为城镇密集区、皖南黄山区域为重点发展地区特殊功能区域。省域其他地区作为长三角城镇群特定功能区，突出自身特色，完善城镇群整体功能。通过重点地区发展带动省域其他区域经济发展，重点加强对以“两淮一蚌”为重点沿淮城市群的培育以及资源配置，充分发挥其作为长三角城镇群特定功能区，对提高长三角城镇群综合竞争力作用，承担更多区域分工与协作，并带动长三角城镇群整体健康良性发展。主要分为两淮能源保障功能区、皖北农业保障地区、沿淮及沿江行蓄洪功能区、大别山生态保障地区。并在产业分工协作、基础设施对接与共建、生态环境建设与共保、战略空间管治与协调做出全面规划。

第五节　城市群规划

国家把推进城镇化健康有序发展，作为实施城市群发展战略。安徽省于2006年制定并发布的《安徽省国民经济和社会发展第十一个五年规划纲要》中明确提出构建省会经济圈、马芜铜宜皖江城市带、“两淮一蚌”沿淮城市群区域总体发展战略。

省会经济圈城镇体系规划　为落实中共安徽省第八次代表大会精神，稳步推进全省城镇化，打造安徽跨越式发展战略支点，发挥城镇规划“龙头”作用，推动合肥、巢湖、六安一体化建设，形成具有较强辐射带动力的省会经济圈，全面提升省会经济圈综合竞争力，安徽省建设厅会同合肥、巢湖、六安三市政府于2007年5月启动《省会经济圈城镇体系规划》编制工作。成立由厅长任组长、三市城市规划行政主管部门主要领导任成员的规划领导组，同时成立协调组、编制组和专家组，制定《安徽省会经济圈城镇体系规划编制工作大纲》，召开多次协商会议，充分了解三市市委、市政府加快发展战略思想并将此吸纳到规划中。规划由合肥市规划设计研究院主编，巢湖市规划院、六安市规划院协编。通过开展调查研究与反复征求三市政府和有关部门意见，形成有关专题研究报告与规划文本、图集及说明书。

马、芜、铜城市群规划　2004年2月，安徽省建设厅开始组织编制《马芜铜城市群规划》,承担该项规划编制任务单位有马鞍山、芜湖、铜陵三市规划设计研究院。8月底完成规划纲要（初稿）和七项专题报告，9月,省建设厅在芜湖市主持召开《马芜铜城市群规划（纲要）》研讨会，2005年3月,完成规划纲要及综合报告（初稿），5月,完成规划评审稿，6月中旬,省建设厅在合肥市主持召开《马芜铜城市群规划》专家评审会,会后规划编制组在广泛吸收马芜铜三市市政府和各相关部门、有关专家意见基础上,经过多次修改，2005年9月,完成《马芜铜城市群规划》编制工作。

马芜铜城市群规划范围包括马鞍山、芜湖、铜陵三市全部行政区域以及跨江发展涉及到的和县、无为、枞阳三县部分沿江地区,总面积6114平方千米。规划年限为2004—2020年。其中,近期:2004—2010年;远期:2011—2020年。

沿淮城市群规划　安徽省人民政府将编制《沿淮城市群规划》列入2006年、2007年工作重点，2006年启动，2007年完成,由省建设厅负责。省建设厅组织沿淮七市规划部门启动《沿淮城市群规划》编制工作。2006年,省建设厅印发《关于印发沿淮城镇群规划工作大纲的通知》,成立规划领导组、协调组和编制组。《沿淮城市群规划》将立足落实省域空间管治要求,从理清沿淮城乡空间利用应重点解决的问题入手,分析区域城乡发展特点、机遇和动力,突出城市职能分工、区域空间定位、空间资源配置、布局形态、基础设施统筹等内容,提出城乡空间发展、生态环境保护、自然和历史文化遗产保护等目标和要求,确定区域重大基础设施和公共服务设施布局,制订区域城乡空间利用管制协调机制和途径。2007年完成六个专题研究报告撰写,并在六个专题报告基础上,编制完成《沿淮城市群规划》综合报告与规划文本,经过征求沿淮各市政府意见、专家评审、公示等程序,于2007年年底通过安徽省城乡规划委员会审查后上报省政府。

第六节　城镇化

1986—2007年,安徽省城镇化水平不断提升,人均GDP不断增长,人民生活水平普遍得到提高。安徽省适时调整产业结构、完善基础设施、发挥科技优势,大力推动城镇化进程。

总体情况　1986—2007年,安徽省非农人口由757万人增加到1467万人。1986年以后,推行设市、镇建设标准及相关配套措施等工作,使城市迅速发展,非农业人口比重从1986年14.51%增加到2000年19.59%,城镇化水平由1995年19.09%提高到2007年38.7%,年均增长1.63个百分点,是新中国成立以来全省城镇化发展最快时期。其中2002年全省城镇化水平达到30.7%,城镇化进入快速发展时期,步入工业化城镇化互促共进新时期。

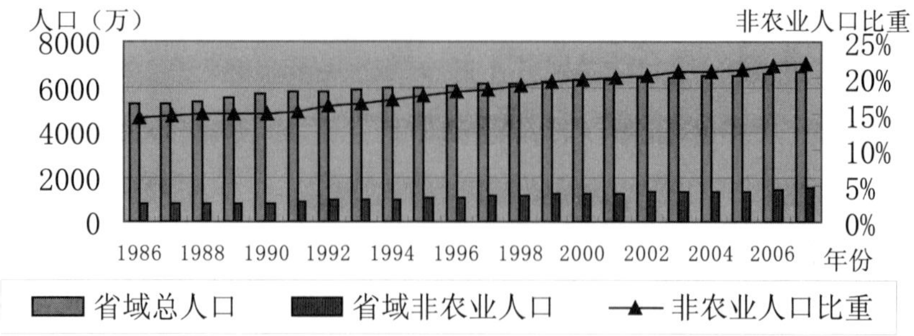

图 1-1-1 安徽省人口变化与非农业人口比重发展示意图

互动发展

1986—2000 年非农化水平稳步增长，城镇化发展步伐加快。人均 GDP 不断增长，1990 年人均 GDP 为 1182 元，1995 年为 3066 元，2000 年为 4780 元，2005 年为 8597 元，2007 年，安徽省人均 GDP 为 12045 元。正处于全面建设小康社会进程中的人民生活水平普遍得到提高，城镇居民家庭可支配收入 1990 年为 1354 元、1995 年为 3778 元、1996 年为 4493 元、2000 年为 5293 元、2005 年为 8470 元，城镇居民恩格尔系数也由 1990 年 57.8% 降低到 2006 年 42.4%，总体上呈现城镇化与经济社会互动发展态势，即城镇化促进社会经济加快发展，而随着社会经济和工业化加速发展，城镇化也同步加速发展。

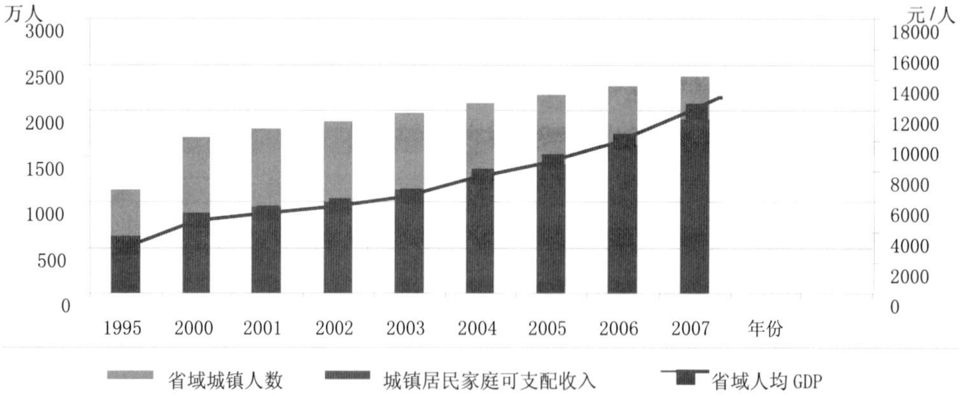

图 1-1-2 安徽省域城镇居民收入与城镇化发展示意图

发展动力 安徽省抓住农业发展、产业空间集聚与结构转换、城乡发展差距、技术进步和政策因素等方面，推动城镇化进程。安徽省是全国农业大省，又是全国农村改革先行地区，农村剩余劳动力较多（1500 万以上，其中 900 万流往省外）。2003 年开始按照中共十七届三中全会要求，由农业大省向农业强省迈进，扎实推进社会主义新农村建设。随着农业和农村生产力水平提高，农民（剩余劳动力）逐步从传统农业生产中释

放出来，走向城镇，伴随着乡镇企业、民营经济、现代服务业的快速发展，为安徽省城镇化建设提供初始动力。

安徽省适时进行产业结构调整升级，充分利用第三产业崛起和三大产业协调发展新形式的合力，大力推动城镇化进程。

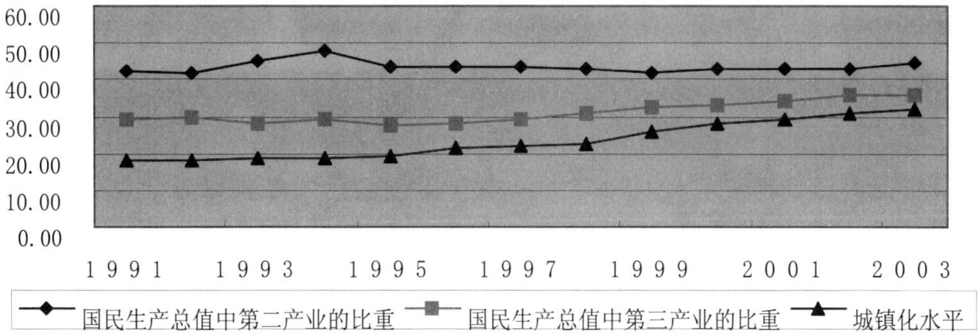

图 1-1-3　安徽省二、三产业比重与城镇化水平变化示意图

科技创新　安徽教育资源丰富，科技实力较强，拥有中国科学技术大学、中科院合肥分院等国内外著名科研院校单位，安徽省充分利用自主创新和品牌塑造方面优势，2006 年谋划以合肥为中心设立合肥——芜湖——蚌埠自主创新试验区，试验区旨在加强科技创新载体建设，加大技术中心建设力度，构建企业创新基础平台和创新体系。并致力于提高各产业中科技含量，通过优惠创业政策和良好生活环境吸引广大科技人员到安徽来，促进工业及第三产业水平提高，扩大规模，从而吸引更多就业人口，推进城镇化水平进一步提高。

基础设施改善　2006 年以来，安徽省交通网络通达性不断改善，各城镇间相互联系更加紧密，吸引省外投资，促进发展。在全省范围内，不断加快基础设施建设，尤其是重视区域基础设施协调发展。2004 年 1 月 6 日，西安至南京铁路合肥—南京段东西铁路通道建成并投入使用，铜陵至九江沿江铁路和合武铁路即将建成通车，宁宜城际铁路开工建设。公路建设将以完善高速公路骨架为重点，2007 年 9 月 28 日合铜黄高速已经通车，合淮阜高速即将建成通车。马鞍山、池州等长江大桥也加快建设和论证工作。此外港口、机场、通讯设施、电厂、污水处理厂、物流区等大型基础设施建设也在竞争中加快发展，区域性基础设施建设水平提高，促进城镇化进程。

第七节　省辖市规划选介

1995—2001 年，合肥、芜湖、淮南、马鞍山等 17 个省辖市总体规划按照《城市规划法》和《安徽省实施〈城市规划法〉办法》要求，进行系统的、全面的编制和修编，规划确定城市性质、规模、城市发展布局、合理利用城市土地、协调城市空间布局和各项建设综合部署及全面安排。

合肥市

1986年，开始对城市总体规划局部调整。1987年，编制东、北、西南城市分区规划和郊区风景区规划。1989年4月开始，陆续编制27项城市专业规划。1991年12月，将《合肥市城市总体规划（1979—2000年）局部调整规划》报安徽省人民政府批准、建设部备案，并开始编制覆盖城市控制性详细规划。1994年5月，合肥市人民政府作出要尽快把合肥建成现代化大城市战略决策，决定开展新一轮城市总体规划修编。

1995年开始编制《合肥城市总体规划（1995—2010年）》，1996年12月编制完成，上报安徽省人民政府和建设部审查。1999年6月3日，国务院批复实施。

2001年，完成编制城市5个分区规划。2002年1月，开始对城市总体规划局部调整；4月，开始编制《合肥市近期建设规划（2001—2005年）》，当月开展合肥市城市空间发展战略规划研究。

2003年，完成合肥经济圈城镇布局规划研究。同年4月，合肥市政府为继续推进现代化大城市建设，下达《合肥市千亿规划纲要》，对合肥城市总体规划提出新一轮修编要求。

城市性质与规模　安徽省省会，全国重要科研教育基地。城市人口规模，实际居住人口近期和远期分别控制在135万人和165万人之内；城市建设用地规模，近期和远期分别控制在125平方千米和150平方千米以内；人均建设用地标准，近期和远期分别控制在92平方米和90平方米。

城市发展目标　总目标：经16年努力，建设成为经济繁荣、科教发达、布局合理、设施完善、环境优美现代城市。区域协调发展目标：加强与上海、南京及武汉地区经济联系，成为华东和长江中下游地区重要中心城市之一；建立以合肥为中心，包括巢湖、六安、舒城、庐江、无为等市、县的合肥经济区，逐步形成合肥——南京——芜湖经济发达地区；建立以合肥为中心，巢湖市、六安市为次中心合肥城市群，加快城市化进程，与长江中下游城市带、长江三角洲地区城市群连片成为华东地区高度城市化地区；与相邻城市协调，共同治理巢湖污染源；合理开发资源，加强城市供水、供电设施建设，逐步实现区域性水源、电源供求平衡。经济社会发展目标：综合经济实力在全国大城市中达到中等水平；合理布局、健全社会保障体系，实现精神文明建设与物质文明建设协调发展；依法治理污染源、加强环境和历史文化古迹保护，实现城市大环境绿化，创造国家卫生城市和文明城市。城市建设发展目标：重视人居环境保护与发展，大力建设经济实用居民住宅；逐步形成区域性综合交通枢纽和综合性、国际化城市通讯网络；实现区域性金融、商贸、文化、信息中心以及皖中旅游中心战略目标；逐步实现城市人工环境与自然环境和谐发展，形成具有合肥特色城市风貌。

用地布局　以老城区为核心，向东、北、西南三翼伸展，保持“风扇”形城市用地形态，楔入农田、林地等绿色地带，在现有城市基础上，主要向西南方向发展，适当向东方向发展,有限地向北方向发展。城市分为 5 个分区,形成多中心城市空间结构。老城区土地面积 5.9 平方千米,人口规模控制在 11 万人,建设为全市商贸文化中心。东区土地面积 29.92 平方千米,人口规模控制在 35 万人,为城市东部发展综合区。在新火车站地区,形成服务全国金融、商业、信息和流通中心。北区土地面积 16.3 平方千米,人口规模控制在 17 万人,为全市大型仓储基地;发展建筑材料、有色冶金、能源等工业企业、城市物资储备流通中心。西南区土地面积 84.2 平方千米,人口规模控制在 88 万人,形成以机械、电子、家用电器为主工业区和科研教育区、高新技术产业基地以及蜀山风景区。新城区土地面积 13.4 平方千米,人口规模控制在 14 万人,发展外向型和技术密集型工业企业和第三产业,逐步形成工业、居住、仓储、公共服务设施全面发展综合新区。

芜湖市

按照"区域中心城市——小城市——中心镇——中心村"规划布局,以市区为中心、以县城为副中心,沿长江岸线、国道等交通干线,建设若干个设施完备、功能相对独立、人口相对集中、发展环境良好的中心镇,初步形成布局合理、交通顺畅、特色鲜明城镇体系。在实施城市总体建设规划中,以完善城市整体功能为目标,坚持把基础设施建设放在优先发展地位,保持城市功能适度超前。重点解决城市道路与外部快速通道和县城、中心镇之间有机衔接,实现城市出入口和城市道路之间顺畅、快捷;同时配套建设沿江高速和合杭高速公路在芜湖市出入口道路,完善城市道路网框架,加快水、电、气、信息干网改造速度,加大河湖水系整治力度和工业园区、商贸市场建设,提升中心城市功能。

1991 年,芜湖市启动城市总体规划修编工作,编制《芜湖市城市总体规划(1993—2010 年)》,并于 1996 年经省政府批准实施。其后芜湖市于 2000 年对规划进行局部调整,形成《芜湖市城市总体规划(2000—2020 年)2006 年版》。

城市性质与规模　长江中下游地区重要综合交通枢纽、区域性经济文化中心和先进制造业基地,滨江特色旅游城市。至 2020 年,中心城区城市人口规模 195 万人,城市建设用地规模 195 平方千米。

用地布局　中心城区总体空间结构为组团式,即"五大组团"。城中组团:城市商贸、商务文化、旅游服务中心;城北组团:以芜湖经济技术开发区为龙头先进制造产业区;城东组团:以现代工业、居住为主导综合型新城区;城南组团:以文化科教、高新技术产业为主城区;三山组团:以临港工业、能源产业为主导综合型新城区。

路网格局　为"三环+格网"。其中"三环"是指三条半环状快速路,分别为城区间快速环、过境客运交通快速环、过境货运交通快速环。"格网"是指"九纵九横"结构城市主干路网。规划形成以快速公交为骨架,地面常规公交为主体,旅游公交和出租车为辅助公共客运交通体系。其中,快速公交以轻轨环线与"两纵一横一环"快速公交线为基本组成。城市设芜湖客运站与芜湖客运南站一级公共交通枢纽两处,设二级公共交通枢纽十二处。

景观规划　规划市级综合公园十六处，争创国家园林城市。中心城区景观系统按“一带、三心、四轴、五区”空间格局进行综合控制和引导建设。规划期末，绿地率为39%，绿化覆盖率为45%，人均公共绿地为13.5平方米。

跨江发展构想　突出共建共享理念，积极探索芜湖市与巢湖市合作有效途径，充分发挥长江大桥、长江二桥、过江隧道等过江通道作用，在过江通道、港口、环保、旅游、综合配套服务等领域，统筹规划，合作建设，实现跨江联动发展。

蚌埠市

蚌埠市城市总体规划自1985年开始编制，随着经济技术发展，经过几轮修编后，直至1997年基本确定。

城市性质和布局　蚌埠市城市总体规划（1985—2005）于1985年1月获省政府批准。1993年对总体规划进行调整，下限期为2010年。规划明确城市性质为安徽省主要城市之一，皖东北地区商业贸易中心和交通运输枢纽，以轻纺、食品、机电工业为主的综合发展中心城市；在发展方向上，积极开发东南片，逐步建成西南片，改建完善中心片，合理发展河北片。1993年，重新编制1995—2010年的总体规划，1997年7月获省政府批准。城市性质为：安徽省重要交通枢纽，皖北商贸中心，综合性工业城市。该规划将城市分为中心片、锥子山片、张公山片、河北片，在中心片重点建设行政办公区，发展商贸、金融、科研、信息、文化、医疗、服务等行业；将锥子山片建成铁路运输枢纽、商贸次中心和重要工业区；在张公山片建设高新技术产业开发区、港区和综合工业区、商贸次中心；在河北片培育农副产品批发及工业产品交易市场，形成辐射周边地区的农副产品集散地和交易中心。

2003年年底，开始编制2005—2010年城市总体规划。重视体现城市生态环境建设和可持续发展，2004年经省政府批准。城市性质表述为华东地区交通枢纽城市之一，安徽省重要加工业基地，皖北中心城市。该规划将城市功能区划分为5个片区，其中中心片区继续强化中心功能，包括建设商务中心、行政中心、文化娱乐中心等；西部片区利用传统工业区和高新区，发展技术含量较高的专业机械制造、生物制药、新材料和电子产品等制造业，提升产业结构；东部片区依托未来京沪高铁的建设，加强与南京、上海等地区的经济合作，建设新兴产业；北部片区重点发展以农副产品为原料的加工业，并强化市场群的建设；南部片区利用公路、航空、铁路等多种交通设施，发展为物流加工园区。

城市规模　城市人口规模2000年80万人，2010年95万人；城市建设用地规模2000年64平方千米，2010年87平方千米。

专项规划　1986年起，在城市总体规划指导下，组织开展对城镇体系规划、分区规划及工业、交通、供水排水、园林绿化等各类专项规划编制工作。

2003年6月，组织编制完成《城市近期建设规划（2003—2005年）》，提出3年间城市建设重点，主要是继续推进旧城区改造，加快高新区、新城区、河北商贸区及东部行政高教区、南部物流加工区建设。

淮南市

淮南市曾于1957年、1979年和1996年编制过三版规划。《淮南市城市总体规划（1996—2010）》版，于1999年经国务院批准实施。实施以来，较好的指导淮南市城市建设，使淮南市在基础设施建设、城市面貌等方面都有较大提升。

1996年，城市总体规划编制完成之后，国家宏观经济形势、淮南市城市发展，都发生很大变化，2004年，淮南市人民政府适时调整城市发展战略，合理制订城市发展目标，在此基础上，中国城市规划设计研究院和淮南市城乡规划局编制完成《淮南市城市战略发展规划》，并经省建设厅组织专家评审论证通过后报经国务院批准。合肥市长丰县北部7个乡镇划入淮南市后，进行行政区划调整，2004年9月淮南市政府委托中国城市规划设计研究院开展新一轮淮南市城市总体规划修编工作。建设部于2005年9月，组织专家工作组对《淮南市城市总体规划纲要（2005—2020年）》进行审查，并形成审查意见。规划组根据建设部《关于反馈淮南市城市总体规划纲要审查意见的函》修改纲要，编制完成总体规划。

2006年8月，安徽省人民政府将《淮南城市总体规划（2005—2020年）》文件送建设部，提请国务院相关部委办局审查。

城市性质和布局　安徽省北部重要中心城市，国家重要能源基地。城镇空间结构：以中心城市、重点镇为节点，以高速公路和市域主干公路为依托，构建“一主两副”城镇空间发展结构。一主即一个中心城区；两副即凤台县和潘集区两个副中心。城市空间结构：构筑“三山鼎立、三水环抱、三城互动”的山水园林城市结构。三山即八公山、舜耕山、上窑山；三水即淮河、高塘湖、瓦埠湖；三城即东部城区、西部城区、山南新区。用地发展方向：淮南市中心城区主要向南发展，在舜耕山以南形成新城区。其他次要发展方向为西部城区向东南方向发展，东部城区向东发展。城市空间发展战略为“东进、南扩、西调、北联”。东进：扩大经济技术开发区规模，形成新型工业和物流产业基地。南扩：配合“合淮同城化”战略，在舜耕山以南建设山南新区。西调：优化西部城区城市用地布局，疏解旧城人口；对停产、破产企业用地实施“退二进三”；增强城市服务功能，积极发展服务业和旅游产业，改善交通条件，提升城市品质；新增城市用地主要用于疏解旧城人口，为新型产业提供发展空间。北联：加强中心城区与北部地区交通联系，新建多座淮河大桥，增加交通通道，提高道路等级，带动潘集区和凤台县城镇发展。功能结构：中心城区功能结构和功能分工为“三组团、多中心”结构，即东部城区组团主要功能为全市传统商业中心和装备制造业基地；西部城区组团主要功能为矿区生活服务和旅游服务中心、传统工业基地；山南新区组团主要功能为行政办公、文化、科研教育中心和高新技术产业基地。

基础设施　交通：总体规划中新增一些重大交通设施，包括淮蚌高速铁路及客运站、商杭高速铁路及客运站、孔集淮河大桥和平圩淮河二桥等；规划建设淮蚌高速、淮滁高速、济祁高速。落实淮蚌高速铁路及站场、商杭高速铁路及站场；调整原西部二通道位置；增加部分高塘湖滨水地区和滨淮地区道路路网。电力：总体规划中新增一批重大电力工程设施。

产业布局 落实“三大基地”建设目标，形成三大产业区块：依托潘集区西部、凤台县中部和北部建设煤炭采掘和加工基地；依托阜淮铁路淮南段和淮河、西淝河等水系建设电力工业走廊和煤化工发展基地；在淮河以南为综合服务功能区和现代制造业基地。建设淮南经济技术开发区、山南新区高新技术产业开发区、凤台—八公山产业走廊以及淮南工业园区等8个省级产业园区，作为未来淮南市接替产业发展重要载体，引导电子信息制造业、轻纺服装产业、矿山机械装备制造业、医药制药、新型环保建材制造、食品加工和现代物流业等产业聚集；培育煤化工基地（淮河南北区块），引导精细煤化工、日用化工产业向该区域聚集。

新区建设 实施山南新区规划，高起点、高品位、高标准规划建设以淮河大道和东西部第二通道为主轴的新区城市路网，形成与高速、高铁、国道、省道快速连接的立体交通体系。以高新技术产业和低碳经济发展以及承接长三角产业转移为导向，规划建设高新产业园、低碳产业园以及承接产业转移淮南集中区。实施大品牌、大项目带动战略，高效推进淮南文化产业动漫园从规划到实施，打造淮南文化产业发展龙头基地。保护和利用舜耕山生态资源，精心塑造水系、绿化、景区体系，创造良好生态环境，展现魅力山南现代化气息和优美形象。结合淮蚌高铁建设，启动高塘湖滨湖新区建设。结合石姚湾退堤工程，规划建设滨淮新区。启动皖江城市带承接长三角淮南集中区建设。

塌陷区治理 国家实施对煤矿城市返哺政策，把采煤塌陷区村庄搬迁及综合治理作为统筹城矿乡发展重中之重。编制和实施《淮南市采煤塌陷区土地综合整治规划》《淮南市西部塌陷区综合治理规划》，出台《关于采煤塌陷区加快村庄搬迁、推进综合治理工作的意见》《淮南市采煤塌陷区农村集体土地居民补偿搬迁安置暂行办法》等一系列政策性文件，对塌陷区村庄搬迁和综合治理实行“政策大倾斜、资金大投入、土地大流转、户籍大调整、生活大保障”。并提出采煤塌陷区治理原则为“集中式搬迁，发展式安置，开发式治理”。

在原规划中考虑采煤沉陷因素将顾桥镇与桂集镇合并，1996年版，将山王镇纳入西部城区城市建设用地。

近期建设 近期规划人口规模控制在155万人，用地规模控制为155平方千米。近期建设重点是落实城市空间发展战略和各城市组团功能定位及“两型城市”建设，打造五彩淮南、四宜城市，推进“1+6”空间发展布局，加快生态山南建设，实施滨高塘湖、滨淮河、滨凤凰湖、滨焦岗湖、滨瓦埠湖新区和北部新区开发。落实淮南工业开发区扩容升级战略，完善“4+7”产业园区布局，提升市里主抓4个、县区主抓7个园区功能。实施淮南采煤塌陷区综合治理工程，统筹“1+4”矿区综合治理和生态修复板块，加大潘谢新矿区综合治理，推进毛集、八公山、谢家集、大通等4个老矿区生态修复。落实淮南绿色建设理念,打造“山清、水秀、天蓝、景美”生态城市。落实淮南“全域”交通理念,构建内部成网、外部成环、内畅外联的交通体系。

马鞍山市

至1986年,马鞍山市总体规划先后作了六次较大修订,在德国专家帮助下,马鞍山市城市空间布局及发展主要构想是以金家庄为中心,宁芜路为发展轴,生活带与工业带并行发展,形成较为完整的一体化城市空间结构体系。在欧式形体规划思想指导下的一体化城市空间构想,给今天的马鞍山市留下较为合理发展框架。

拼贴状扩展　1986年,城市总体规划中,城市空间形成以城市生活区和马钢工业区沿宁芜铁路两侧平行向南发展,适当向东发展,保持依山环湖特色。城市用地扩展主要依托钢铁工业,开辟以机械加工制造为主的经济技术开发区、以化工为主的慈湖工业园区和江边电力工业。

城市结构　新兴马鞍山市有着丰富自然资源和人文历史,随着社会经济发展,马鞍山市城市发展目标进行相应调整。1996年,马鞍山城市总体规划方案,在城市空间结构形态方面提出多中心组团式规划构想:即以长江、城区水系和山体为纵横轴,以市内外若干生态绿地和生态走廊相互穿插,形成带状组团式城市生态空间结构。在城市地区确立以城区为核心,以外围4个重点镇为卫星城的圈层状城镇布局结构,初步提出城区外围向山、霍里、濮塘、银黄等卫星城镇规划建设,形成“一城四组团式”城市结构。

新一版总规　新一版城市总体规划为2002年总规2009年修改版,其规划指导思想是:以2007年中共十七大精神及十七大以来各项方针、政策为指导,深入贯彻落实科学发展观,积极探索区域协调与城乡一体化发展新路径,加快城乡空间增长方式转变,促进城市高效与可持续发展。树立区域整体观,处理好城市与区域发展关系;坚持可持续发展观,处理好现实需求与长远发展关系;突出生态环境观,处理好物质建设与环境建设,新区建设与旧城改造关系。

规划构想　近期:2002—2005年;远期:2006—2020年;远景:2021—2050年。本次规划推进“强化核心、据点开发、形成轴带、带动全市”城镇战略构想,强化市域城乡统筹,突出片区。市域形成沿江经济区、丹——博经济区和大公圩经济区3个城镇经济区。沿江经济区位于市域西部和西北部,包括马鞍山市区、当涂城关镇以及年陡镇、江心乡、太白镇,该区濒临长江黄金水道,交通条件极为优越,是市域生产力发展水平最高地区,也是重要棉、油产区和蔬菜基地;丹——博经济区位于市域中东部,包括当涂县丹阳、新市、博望等乡镇,该区为丘陵圩区,属综合产业区,交通较发达,是市域经济发展较强地区;大公圩经济区位于市域南部,包括当涂县湖阳、石桥、黄池、乌溪、塘南、大陇、护河等乡镇,该区属平原圩区,为全市粮棉油、水产养殖、家禽饲养等主要生产基地。规划内容包括市域城镇体系规划和中心城区规划。

空间格局　行政区划后马鞍山市域面积从原来的1686平方千米扩展至4042平方千米,市域空间格局实现从滨江向跨江、拥江的转变,需要本市在新的战略高度、新的区域视角、新的可支配资源、新的发展需求下重新审视全域空间发展，通过整合开发两岸资源，加快推进重大交通项目建设，大力承接产业转移，不断提升集聚力、承载力、辐射力和核心竞争力，推动“一江两岸”协调发展。

黄山市

黄山市城市总体规划（2002—2020 年）由中国城市规划设计研究院编制，2003 年获安徽省人民政府批复。

生态保护　确立生态保护区、生态旅游区、生态农业区和生态建设区；编制生态功能保护区发展规划，针对江河源头、野生动植物资源、风景名胜区保护和发展要求，确定 26 处不同生态功能保护区，占市域面积 15% 左右。

遗产保护　对世界自然与文化遗产地、风景名胜区、历史文化名城、历史文化保护区和文保单位做到保护、开发与利用；对市域内众多古村落保护进行专题研究。

发展战略　调整优化第一产业，发展壮大第二产业，全面提升第三产业。辐射和带动周边地区经济发展。到 2005 年，全市人口 148 万，城镇化水平 33%。

旅游发展　实行“东进、北拓、西联”战略。即东联沪、苏、杭，北拓合肥、南京，西联景德镇、九江、武汉。在市域内，形成“一轴两点，一环四片”多三角旅游空间格局，即以黄山为龙头，以屯溪为旅游基地，形成黄山——屯溪旅游服务轴，屯溪、黟县、甘棠、歙县环状四片旅游系统，黄山、黟县、歙县、屯溪旅游三角区。

城市性质　国际性旅游城市，著名自然与文化遗产地，皖南地区中心城市。

城市规模　到 2005 年，城市人口规模为 27.5 万，其中：屯溪区 18 万，黄山区 4.9 万，徽州区 4.6 万。到 2020 年，城市人口为 46 万，屯溪区 30 万，黄山区 8.5 万，徽州区 7.5 万。

用地规模　到 2020 年，屯溪为 30 平方千米，甘棠为 8.5 平方千米，岩寺为 7.5 平方千米。在屯溪区、徽州区、休宁县城之间设立经济技术开发区，作为新城，规划用地 10 平方千米，远景按 25.3 平方千米控制。

总体规划实施以来，对城市建设控制和指导发挥作用，黄山市城市发展逐步走向合理布局、规范建设轨道，人居环境得到明显改善，城市面貌发生较大变化。“十五”时期，黄山市先后获得全国首批优秀旅游城市、中国魅力城市、公众向往的中国城市、全国卫生先进城市、国家园林城市等称号。

池州市

2000 年撤地建市后，2001 年，市政府委托上海同济大学规划设计研究院编制《池州市城市总体规划（2001—2020 年）》。2003 年 9 月，安徽省人民政府批准该规划。

规划区范围　为池州主城区及周边地区包括池阳街道办事处、秋浦街道办事处，江口街道办事处、里山街道办事处和马衙镇辖区范围。含建设用地、风景区用地与生态绿地等，总面积 359 平方千米。

城市性质　皖江南岸中心城市之一；安徽省“两山一湖”旅游区北部服务中心；省级历史文化名城；现代化山水园林和港口城市。

人口规模　近期（2005年）城市人口15万，远期（2020年）城市人口25万。

建设用地规模　近期（2005年）城市建设用地15.84平方千米；远期（2020年）城市建设用地26.33平方千米（预留发展到30万人的用地条件）。人均城市建设用地为105.32平方米。

规划调整　2006年，经充分论证，并征得安徽省建设厅同意，池州市人民政府委托安徽省城乡规划设计研究院对《池州市城市总体规划（2001—2020年）》进行调整。该规划在城市发展目标、规划期限、近期建设内人口与用地规模、用地布局、规划结构等方面进行调整，确定城市发展总体思路与目标为：滨江环湖，一城五区，传承历史，体现生态。同时建议在“十一五”末期，对现行总体规划进行修编，以满足城市发展需要。城市发展目标：充分利用城市良好的环境特色，将池州建设成为环境优美宜人居住宜居城市；充分利用城市良好的生态现状，将池州建设成为可持续发展生态园林城市；充分利用城市良好的旅游资源，将池州建设成为优秀旅游城市；充分利用城市良好的历史文化底蕴，将池州建设成为特色显著历史文化名城。城市空间结构和总体布局：城市由主城区、青阳副城、九华山风景区“一主一副一区”组成。主城区：“一城五区、滨江环湖”“四大用地组团、五大功能板块”。具体面积为：中心城区25平方千米；站前区13平方千米；东部经济园区35平方千米；科教园区7平方千米；齐山—平天湖旅游区40平方千米。总框架面积120平方千米，可建设用地80平方千米，规划核定建设用地面积26.33平方千米。

第八节　县级市规划选介

1996—2007年，宁国市、天长市等5个县级市《城市总体规划》都按照《中华人民共和国城市规划法》和《安徽省实施〈城市规划法〉办法》要求，进行系统全面修编和编制，并获得批准实施，规划在城市性质、规模、发展方向、用地布局等方面起到很好的指导作用。

宁国市

宁国市前身是宁国县，1992年编制宁国县城总体规划，1997年撤县设市后，即开始编制城市总体规划，随着经济建设发展，2003年、2007年又经过调整修编，形成新的城市总体规划。

1997年，宁国市开始编制城市总体规划（即1997年版）。1999年经宣城地区行政公署批准实施，这是宁国市第一个正式经批准实施的城市总体规划。

城市性质　宁国市政治、经济、文化中心，皖东南地区副中心，新兴工贸城市。

用地布局　城市被东津河，皖赣铁路分成二大片，自然形成主城区组团和河沥溪组团。西津河、小南河绿带将主城区划分成三条带状用地，霞西路、济川路、宁阳路、迎宾路组成内环线将三片有机串联，城市外围结合山体、菜地布置生态绿地。

城市用地功能采用“五区一中心”布局方式，即：河沥溪综合区、车站商贸交通区、南门工业区、西、北生活区和城市中心区。

对外交通　铁路：规划将现铁路排轨场改建成货站，实现铁路客货两站，加快建设火车站前广场。公路：在现汽车站原址扩建，改为长途汽车站，在铁路客站广场南，河沥溪新增二处短途汽车站。在城区主要入口处（工业干道西南、河沥溪、环城西路）设置停车场和加油站。

道路交通　规划利用现状“人”字形（津河路、宁阳路）主干道，形成由济川路、霞西路、宁阳路、迎宾路组成环状主干道系统，将城市各组团有机串联，组团内部道路自成系统。规划在宁城路、人民大道交叉口东北处设市府广场（人民广场）、宁城路、北园路交叉口东南设休闲广场，火车站客站前设站前广场，滨河公园内设休闲广场，组团内设中心广场。规划在环城西路、宁阳路、工业大道交叉口处预留立交用地，在河沥溪现收费站交叉口预留立交用地。规划五条公交线路。

绿地系统　保留农田、菜地、周边山体、东津河、东津河西岸非建设用地，规划作为城市生态绿地。重点开发建设巫山岭公园和西津河滨河公园。巫山岭公园重点加强绿化和配套设施建设，西津河滨河公园重点建设休闲广场、游览设施等内容。结合小南河西南部用地建设公共绿地。加强城市绿化，沿小南河、宁城南路形成两条绿楔。

远景发展设想　宁国市远景发展期形成以宁国市城区为主（城区主要发展方向向西），平兴、汪溪、青龙、竹峰、港口湾镇等城镇协调发展城镇群，其中重点围绕港口建设进行。

2003 年开始新一轮城市总体规划编制工作，编制《宁国市城市总体规划（2003—2020 年）》（即 2003 年版），并于 2004 年经省人民政府批准实施。

城市性质　宁国市域政治、经济、文化中心，皖江经济带东部工业基地之一，皖浙边界生态工贸城市。

用地布局　城市总体布局形成“三轴，二带，五区一中心”空间结构形态。以芜屯路、宁国大道和双龙大道为城市发展主要轴线，沿宁国市区西津河和小南河两岸滨河绿化景观带，规划形成六个片区。城市中心区：以现有城市中心为基础，主要发展商业金融服务业，在这一地域形成商业服务中心。工业园区：在城市西南部，依托宁港线、宜黄线，在环城西路以西集中建设一片工业园区。城北新区：规划布置文化娱乐、科学教育和商贸市场用地，形成文教商贸综合区。凤形区：南伏凤形山下，北依西津河滨，利用优越的自然环境以发展一类居住为主，规划成为城市休闲服务区。西城区：　在城市中心区西边规划形成城市新区。河沥溪区：位于城市东隅，依托交通优势发展商贸，建设高新产业园和物流园区。

对外交通　公路：规划目标提高公路等级，加强城区对外交通联系便捷性，减少时空距离。改变主要公路穿越城区局面；保证主要对外出入口（高速公路、铁路站场）顺畅；建立完善公路交通体系。线路规划：规划中合杭高速公路、宜黄高速公路在城西南独山相交汇并设互通立交。S104、S213、S323 出城路段近期达到二级路标准，远期提高到一级路标准，建设东津河大桥和宁港线西津河大桥。站场布局：为适应长途客运交通发展，除现有客运站外，规划在河沥溪区新建 1 个长途汽车站，在城区入口处分别设置对外交通站场。建立信息指挥中心，以先进的技术、科学手段和规范管理，统筹安排各站场运作，以达到方便、快捷目标。铁路：规划改扩建宁国火车站。

道路交通　城市道路网规划由主干道（35 ~ 50 米）、次干道（24 ~ 30 米）、支路（15 ~ 20 米）三级构成。规划从城市形态特点出发，综合考虑对外交通线及主要出入口，构筑以"二纵二横"城市主干道为骨架的城市道路交通系统。以宁国大道、太平路等作为城市南北向主要道路；以济川路、芜屯路等组成城市东西向主要道路；以环城西路等组成城区环形交通线；各分区、组团之间通过次要道路、支路加以联系。

绿地系统　综合公园分为市级、区级 2 个层次，规划市级公园 6 处，除现有翠竹公园、宁阳公园外，在百亩冲水库、小南河沿线、西津河沿线另规划 4 处综合公园。街头绿地，以绿化为主的公共游憩场所，分布于街头、旧城改建区，面积不小于 400 平方米，绿化占地比例不小于 65%，可结合道路、三角形建设用地、居住区步行入口设置，或间插在沿街商业带中。

2007 年，宁国市启动城市总体规划修编工作，编制《宁国市城市总体规划（2007—2020 年）》（即 2007 年对 2004 年版的调整版），并于 2008 年经省人民政府批准实施。

城市性质　皖东南地区副中心，皖浙边界生态工贸城市。

城市规模　近期 2010 年，人口规模 20 万人，用地规模 19.2 平方千米，人均用地 96 平方米；远期 2020 年，人口规模 30 万人以上，用地规模 30 平方千米，人均用地 100 平方米。

用地布局　城市总体布局形成"三轴，二带，七区一中心"空间结构形态。以芜屯路、宁国大道和津河路为城市发展主要轴线，沿宁国市区西津河和东津河两岸滨河绿化景观带，规划形成八个片区。城市中心区：以现有城市中心为基础，主要发展商业金融服务业，在这一地域形成商业服务中心。南山片区：在城市西南部，依托宁港线、宜黄线，在环城西路以西集中建设一片以工业园区为主体的南山片区。城北新区：规划布置文化娱乐、科学教育和商贸市场用地，形成文教商贸综合区。凤形区：利用优越的自然环境以发展一类居住为主，规划成为城市休闲服务区。西城区：在城市中心区西边规划形成城市新区。河沥片区：位于城市东隅，完善商贸服务功能。依托交通优势发展商贸，建设高新产业园和物流园区。汪溪片区：位于城市北部，为新兴城市片区，主要承担工业和地区综合服务功能。竹峰片区：位于城市西南侧，依托原集镇区，统筹发展。

公路交通　规划目标提高公路等级，加强城区对外交通联系便捷性，减少时空距离。改变主要公路穿越城区局面；保证主要对外出入口（高速公路、铁路站场）顺畅；建立完善公路交通体系。线路规划：绩杨高速公路自广德杨滩方向入境后沿 S215 省道至宁国市河沥溪办事处八里亭，然后向南与宁宣杭高速公路共线 6.5 千米至沙埠。

为远期发展预留条件，S104、S215按一级公路标准控制用地，S323出城路段近期达到二级路标准，远期提高到一级路标准。建设东津河大桥和宁港线西津河大桥。为适应长途客运交通发展，除现有客运站外，规划在河沥溪区新建1个长途汽车站，在城区入口处分别设置对外交通站场。建立信息指挥中心，以先进的技术、科学手段和规范管理，统筹安排各站场运作，以达到方便、快捷目标。

铁路交通　规划中心城区段铁路向西北方向改线，在罗溪设新宁国站，由罗溪站引出，沿开发区西北经双溪、大村至竹峰。

城市交通　规划目标：逐步建立一种现代化，可持续发展，高效率，以公共交通为主城市交通模式。规划建设路网结构完善，并具有一定可操作性和弹性。城市交通政策导向：加强城市综合交通规划与管理。在交通需求管理（TDM）上逐步体现公交优先，为城市公交发展预留足够空间。适度调控私人小汽车和摩托车增长速度。合理引导自行车发展。合理调控出租车发展，建立经营竞争机制，开放出租车经营市场。逐步建立城市交通系统管理（TSM）体系。

路网规划　城市道路由主干道（35～50米）、次干道（24～30米）、支路（15～20米）三级构成。规划从城市形态特点出发，综合考虑对外交通线及主要出入口，构筑以“二纵二横”城市主干道为骨架的城市道路交通系统。以宁国大道、太平路等作为城市南北向主要道路；以济川路、芜屯路等组成城市东西向主要道路；以环城西路等组成城区环形交通线；各分区、组团之间通过次要道路、支路加以联系。

绿地系统　城市绿化系统以城市中水体为主框架，采用点线结合方法，以西津河和小南河为主组织绿地建设，沿岸布置带状公共绿地，并连接点状城市公园，形成环状绿化“廊道”，在主要过境道路布置20米宽防护绿地，树立入城通道式绿色形象，结合周围山体和田园布置生态绿地，营造良好城市生态景观环境。按照其结构特征进行布局，形成“一脉二带，六园七道”格局，实现“绿网织全城”效果。

天长市

1989年9月，天长县城乡建设环境保护局主持，委托安徽省城乡规划设计研究院，对1984年县城总体规划进行调整修编。其内容是以老城区为龙头，逐步改善老城；发展建设东路、南侧生活区、北侧工业区。形成以石梁路为商业中心新区，缓和老城区内交通压力，并适当增加服务设施。

1993年9月18日，国务院批准天长撤县设市，接着编制《天长市总体规划》（1994—2010年），1994年7月，通过专家论证，12月，天长市人大常委会审议通过，1995年10月，省规划审查委员会审查通过，1996年，省政府批准《天长市总体规划》（1994—2010年）。

规划内容　依托老城，向东南和西南方向为主，北部适当发展，远景跨越荭草湖，向西北和东南方向发展。

城市性质　滁州市域次中心城市，天长市域政治、经济、文化中心。以发展电子、仪表、食品、机械、纺织工业为主、工贸并进，滁州经济区新型工业城市。

专项规划　1995年元月，开始制订《天长市1995—2010年污水、雨水规划》，12月实施《天长市城市抗震防灾规划》。2005年，编制城市排水、防洪、森林公园建设和政务新区规划。

规划修编　2003年，进行新一轮城市总体规划修编，为适应城市建设的发展，落实国务院《关于加强城乡规划监督管理的通知》精神，2002年12月，中共天长市委、市政府决定修编新一轮城市总体规划，2003年7月，总体规划大纲通过专家评审，9月总体规划成果通过专家评审，2004年1月通过省规划评审委员会审查，2月2日，省政府批准《天长市城市总体规划》实施。

规划范围　完善主城，西进南扩，带状组团式发展，城市规划区面积395.5平方千米。天长街道办事处、城南街道办事处、永丰街道办事处、桥湾街道办事处、芦龙乡、关塘乡、十八集乡、万寿乡所辖的行政区范围划定为城市规划区，面积395.5平方千米。

人口规模　2005年城市人口规模14万人，2010年城市人口规模20万人，2020年城市人口规模30万人。

用地规模　近期建设用地规模14.5平方千米（人均控制在104平方米以内），远期控制在30平方千米内（人均控制在100平方米以内）。

第九节　大型建设项目规划选址

随着安徽省城镇化进程加快，跨市域和具有区域影响力的建设项目越来越多，为有效实施省域城镇体系规划，提高安徽省“861”项目等一批区域性重大项目选址的科学性，加快安徽省工业化进程，安徽省各级政府和城市规划行政主管部门，加强了投资项目选址的审查和管理。

选址规划审查　2004年，安徽省人民政府颁发《关于印发安徽省地方政府核准投资项目目录核准办法及企业投资项目备案暂行办法的通知》，要求改革项目审批制度。据此精神，2005年，安徽省建设厅下发《关于政府核准、备案的企业投资项目城市规划审查有关问题的通知》（以下简称《通知》），对政府核准、备案的企业投资项目规划选址工作进行规范。《通知》要求项目申请单位在向项目核准机关报送申请报告时，必须附送城市规划审查意见。《通知》指出，投资项目的城市规划审查采用分级审查制。需上报省级及省级以上政府进行核准、备案的项目，由省建设厅出具城市规划审查意见；由省以下地方政府核准、备案的项目，根据项目的核准权限，由同级城市规划行政主管部门出具审查意见。《通知》要求投资项目城市规划审查要严格执行经批准的城市规划。报省建设厅进行规划选址审查的项目，需首先向项目所在地的城市规划行政主管部门提出审查的申请，由项目所在地的城市规划行政主管部门初审，并提出是否符合经批准的城市规划的初步审查意见后，再上报省建设厅。《通知》规定，需核发选址意见书的投资项目在申请进行城市规划审查前，要进行选址的专题论证工作；并编制专题论证报告。选址的专题论证工作由项目申请单位委托具有相应资质的城市规划编制单位或规划技术服务单位进行。需核发选址意见书的投资项目，在报送城市规划审查时还需附送选址专题报告和专题报告的专家论证意见。《通知》还对报送审查需附送有关材料作了详细规定。

选址规划管理 1991年8月，建设部、国家计委为保障建设项目选址和布局与城市规划紧密结合，科学管理，提高综合效益，根据《中华人民共和国城市规划法》和国家基本建设程序的有关规定，联合下发《建设项目选址规划管理办法》，对在城市规划区内新建、扩建、改建工程项目，编制、审批项目建议书和设计任务书需要遵守的事项，作了明确规定，要求县级以上人民政府城市规划行政主管部门，负责本行政区域内建设项目选址和布局的规划管理；各级人民政府计划行政主管部门在审批项目建议书时，对安排在城市规划区内的建设项目，要征求同级人民政府城市规划行政主管部门的意见。安徽省各级人民政府计划和城市规划行政主管部门，进一步加强了投资审批和选址的规划审查。

选址分级管理 2007年年初，安徽省人民政府发布《安徽省城市规划管理暂行办法》等有关法规、规定，省建设厅亦于同年3月下发《关于进一步做好区域重大基础设施和区域性重大项目规划选址有关工作的通知》（以下简称《通知》），进一步明确“建设项目选址意见书实行分级管理，其中由省级及以上发展改革行政主管部门审批、核准的区域重大基础设施、区域性重大项目等建设项目选址意见书，由省建设厅核发”的有关具体程序和内容。各市、县规划主管部门认真贯彻落实《通知》要求，切实加强区域重大建设项目选址前期审核工作。凡在辖区内由省级及以上发展改革行政主管部门审批、核准的重大建设项目，各市、县规划行政主管部门，要依据经批准的城市总体规划、近期建设规划等法定规划，提出是否符合城市规划初步审查意见，上报省建设厅，申请核发建设项目选址意见书，并积极配合项目开展规划选址论证工作。

省建设厅严格按照“区域重大基础设施和区域性重大项目选址行政审批项目八公开内容”有关规定，认真做好区域重大基础设施和区域性重大项目选址意见书核发工作。一方面进一步优化办事流程，规范操作，另一方面切实做好项目申报材料审查与专题论证报告的评审工作，确保重大项目符合城市规划。

第十节　城市新区开发与旧城改造

1986年以来，伴随着农村剩余劳动力释放和国民经济持续高速发展，全省进入城市化快速发展时期。城市化快速推进带来结果是城市数目增加、城市人口和用地规模扩大，使得城市新区开发增多。至2007年，全省设市城市发展到22个，绝大部分都设立新区或开发区，同时开展煤矿棚户区改造、历史文化街区等旧城改造。

合肥市新区建设

1988年后，合肥市陆续建立国家级各类开发区，新区建设不断推进和发展。

合肥高新技术产业开发区 前身是合肥科技工业园，成立于1988年，同年9月完成《合肥科技工业园总体规划》，用地面积2.2平方千米。1991年，经国务院批准，合肥科技工业园更名为合肥高新技术产业开发区；同年3月被科技部批准为国家级高新技术产业开发区。1993年年初，对原《合肥科技工业园总体规划》进行调整，用地规模扩展到4.4平方千米；同年5月编制完成《合肥高新技术产业开发区总体规划》，用地规模增至18平方千米。2002年5月编制完成《合肥高新技术产业开发区近期建设规划》（2002—2005年），用地规模为17.9平方千米。2005年，建成区面积达到11.0平方千米，已形成“一区多园”格局，以发展高新技术产业为主，集科研、贸易、房地产业为一体综合工业园区。

合肥经济技术开发区 位于合肥市南郊、合安公路两侧地区。1993年4月经安徽省人民政府批准成立。1995年6月，省政府批准《合肥经济技术开发区总体规划》，用地面积9.85平方千米。2000年2月，国务院批准合肥经济技术开发区为国家级经济技术开发区。2002年8月编制完成《合肥经济技术开发区近期建设规划》（2002—2005年），用地面积31.3平方千米。2005年，建成区面积达到30.0平方千米，建成6大工业园区，以及以明珠广场和国际会展中心为代表的城市综合功能配套设施和大学城，构筑出一个现代化新城区框架。

合肥新站综合开发试验区 位于合肥市东郊、新火车站和七里塘镇地区，与合肥新客站同步开发建设。1994年12月，合肥市政府批准设立新火车站开发区，用地面积6平方千米。1995年4月，安徽省人民政府批准成立合肥新站综合开发试验区，实行省级开发区政策；同年10月，安徽省人民政府批准《合肥新站综合开发试验区总体规划》，用地面积10平方千米。1996年，被建设部批准为全国首家城市综合开发试点区。2002年9月，编制《合肥新站综合开发试验区近期建设规划》（2002—2005年），用地面积扩大到16.1平方千米。2005年，建成新火车站地区城市综合服务中心，并向北推进发展房地产业和物流业。

合肥市政务文化新区 位于城市西南部、合肥市高新技术产业开发区和合肥市经济技术开发区之间地区，占地面积12.67平方千米。1999年完成选址规划，2002年4月完成总体规划。

黄山市新城区建设 黄山市新城区，位于市中心城区屯溪区和休宁县、徽州区三地之间，总规划面积25.3平方千米，为黄山市以发展工业经济为主的城市功能分区。黄山市为国际性旅游城市，因此，新城区总体规划制定较高环境建设标准，将新城区产业发展方向定为：坚持走新型工业化道路，遵循无污染、低能耗、生态型、科技化原则，在严格环境控制标准、严禁污染企业入区前提下，依托黄山市丰富的旅游、文化、生态和物产四大资源，充分发挥毗邻浙江经济带和长三角经济圈区位优势，承接产业梯度转移，重点发展高新技术产业、旅游和农副产品深加工、机械电子、纺织服装和文教卫等相关产业，积极引进产业牵动型的龙头企业，注重发展循环经济和特色产业园区，以工业化带动城镇化和农业产业化。新城区按照“统一规划、分期开发、分步实施、滚动发展”原则，分三个阶段组织实施。第一阶段，用3～4年时间建设完成4平方千米左右起步区；第二阶段，用5～8年时间完成10平方千米规划建设任务；第三阶段，用8～10年左右时间完成25平方千米以上规划建设任务。

黄山市屯溪老街保护整治更新 屯溪老街已有500余年历史，现存街道长832米，有各类店铺227家。老街两侧有渔池巷、还淳巷等18条巷弄，为鱼骨式形态。屯溪老街价值在于它保持了明清时期传统风貌，是徽州地域文化一个重要组成部分，又是一条具有多时代特征、具有鲜明个性价值老街。屯溪老街保护整治更新是一种特殊城市更新，并且具有一定代表性。

黄山市于2001年编制屯溪老街保护整治更新规划。规划在1985年划定保护区、建设控制区、环境协调区基础上，将与老街隔江相望、与老街有着历史联系的黎阳、阳湖部分历史地段也纳入保护区范围。规划加强整体风貌保护，对用地功能结构和城市道路交通等提出具体、明确控制要求。

屯溪老街建筑分为五级，其中一、二、三类建筑均属保护建筑，四、五类建筑为整修和整治建筑。建筑保护与更新方式确定是根据建筑分级评定结果进行，分为保存、维护、修复、改善、保留、整修、改造、拆除等方式。规划还就老街街区整体环境、街巷格局、重要节点、附属设施、建筑小品、店铺陈设、民居利用，以及传统文化保护挖掘利用等内容提出措施建议。

屯溪老街街区更新包括用地功能结构调整，街区功能结构调整和民居保护更新利用；街区基础设施更新与改造等方面。结合城市总体规划要求，通过适当调整老街街区用地结构，以适当减低建筑密度，开放公共空间，挖掘街区潜在区位和文化优势，提升老街品质，激活街区内部潜能，对腹地民居进行保护、更新和再利用。通过挖掘历史文化内涵，对老街街区划分若干文化功能分区，以此提升老街文化功能品位，实现以老街为核心的文化、旅游、观光、休闲、商贸区规划目标。并确定各类公共展示和文化场所。

淮南煤矿棚户区改造工程

淮南煤矿棚户区共计78片，7.3万多户近24万人（含采煤沉陷区综合治理项目A、B级受灾居民），主要集中老矿区。棚户区房屋基本上为20世纪50～70年代建造，少量为20世纪80年代初建造。

为彻底改善棚户区职工居住条件和居住环境，2003年以来，中共淮南市委、市政府会同淮南矿业集团率先启动安徽省规模最大棚户区改造工程（安居工程），提出用10年左右时间新建约850万平方米住房。

建设方案　规划建设49个小区，搬迁居民73628户、24万人。主要采取原址新建和异地建设两种方式。棚户区改造分两期，一期2003—2007年，建设350万平方米，二期2008—2012年,建设350万平方米,到2012年全部竣工。改造项目总投资约100亿元。本着"个人出资、财政支持、政策优惠、企业补贴"原则,由国家、地方政府、企业、个人等方面出资,多渠道筹集改造资金。

进展 一期2003年启动,总开工面积339万平方米,共拆迁老住宅22456户、78万平方米;新建26个小区908幢、住宅30983套,总投资约40亿元。

成效 结束矿区居民三代住棚户区历史,改造区域户均面积由20～30平方米增加到87平方米,煤矿棚户区改造一期工程新建社区配套道路18条,新增城市绿地166万平方米,棚户区改造没占用一分农田。淮南煤矿棚户区改造工程,先后获中国煤矿康居建设小康奖、中国煤矿康居建设特殊贡献奖、安徽省绿色生态家园和感动淮南十佳事迹等荣誉称号。改造工程被中央人民广播电台和中央电视台等媒体多次报道,并受到国家领导人称赞。

第十一节 城市雕塑

城市雕塑主要是用于城市装饰和美化,它的出现使城市景观增加,丰富城市居民精神享受。作为城市组成部分,城市雕塑一般建立在城市公共场所,既可以单独存在,又可与建筑物结合在一起。安徽省在积极推进城镇化进程中,将城市雕塑作为城市公共环境的重要构成元素融入到城市规划和建设中,城市雕塑已成为提升城市品位内涵、展示城市形象、充实市民日常生活不可缺少的公共艺术和城市设施。

发展历程

安徽省城市雕塑起始于20世纪70年代。很多城市雕塑建设经历了一个从无到有、由少到多的过程。直至2007年,各城市的城市雕塑基本上都由市政府组织开展,但城市雕塑的指导思想还是明确的。合肥市、铜陵市成立有城市雕塑办公室,统一规划指导全市城市雕塑。

特色形成 起始阶段,城市雕塑多以英雄人物和革命事迹为题材,形式以纪念碑、人物雕像和浮雕为主,在宣扬革命传统和爱国主义教育上发挥了积极作用。改革开放初期至80年代末期,安徽省城市雕塑有了创新发展,一些城市将区域文化及环境特质作为雕塑创作的重要因素进行考虑,形成了自己的特色,在城市风貌建设中起到了画龙点睛的作用,如合肥市的《九狮》,芜湖市的《风帆》《鸠顶泽瑞》,铜陵市的《丰收》《起舞》等。这时期,安徽省城市雕塑在全国已具有一定影响力,并得到国家关注,合肥市并被列为全国四个重点建设雕塑建设城市之一。

模式确立 从20世纪90年代起,随着全省城市发展的不断加快,城市雕塑的公共环境建设得到进一步重视,并形成体系。城市雕塑也由传统的点缀和配景向点、线、面综合方向发展,形成较系统的布局模式,在塑造城市形象、美化环境中发挥重要作用。如合肥市环城公园系列动物雕塑、铜陵市铜都大道铜文化系列铜浮雕等。合肥、铜陵、芜湖、淮南、淮北、安庆、宣城等一些城市形成了一些代表作品。进入21世纪后，安徽省城市雕塑工作得到扎实推进。各地在坚持自我创新发展的基础上，通过不断汲取、借鉴国内外先进经验，进一步提升了理念和水平，创作手法突破传统模式，内容更加贴近生活，艺术形式更加多样。随着“铜陵市铜雕塑园”“芜湖雕塑公园”等精品工程建成，城市雕塑的影响力又有了大幅提升，雕塑在城市环境建设中的主导作用进一步发挥，集中展示了全省在新的发展阶段朝气蓬勃、开放崛起的新形象。

基本做法

随着全省城市雕塑不断兴起和发展，安徽省有关部门要求各市注重雕塑规划编制，注重城市雕塑多元化和制作手法多样化，注重对国内外城市雕塑建设先进理念吸收，不断开拓创新，同时做好人才培养。

科学推进　1997年，安徽省建设厅出台《城市雕塑规划建设管理暂行办法》（以下简称《办法》），为城市雕塑建设的有序推进提供了政策依据。该《办法》从协调城市雕塑的艺术属性和社会属性出发，提出应“坚持为城市创建工作和现代化建设服务”“高起点、高标准、高质量和雅俗共赏”开展雕塑创作工作，做到“正确的思想内容与完美的艺术形象相结合，雕塑与城市环境相协调”，将城市雕塑纳入城市建设的有机组成部分。通过加强雕塑管理充实、完善城市规划管理体系，在机构设立、管理职能、审批建设等方面分别从省、市两个层面与城市规划管理进行有机衔接。2000年，省建设厅会同省文化厅聘请专家组建了省城市雕塑创作设计评审委员会，合肥、芜湖、淮南等市在规划委员会的指导下积极开展城市雕塑工作。

编制规划　依据“城市雕塑应根据城市和社会发展目标，合理制定总体规划和建设计划，量力而行，有计划、有步骤地进行建设”的工作思路，安徽省鼓励各地在城市总体规划指导下，因地制宜的开展雕塑规划编制工作。20世纪90年代初，铜陵市规划建设管理部门便超前谋划，与浙江美院（现中国美院）联合编制《铜陵市城市雕塑规划》。该规划在对铜陵自然景观资源和人文资源进行调查分析基础上，确定铜陵城市雕塑建设指导思想、目标和原则，确定铜陵市城雕建设体系，首次提出以大型铜雕塑作为铜陵市骨干雕塑规划设想。虽然当时规划思路和编制方法不尽完善，但这个规划却是全国第一个城市雕塑专项规划，比国内大范围开展雕塑规划超前十余年。90年代末，芜湖市成为第二个编制城市雕塑规划的城市，两个规划对城市雕塑的近、远期建设进行了安排，实现了从城市总体层面对城市雕塑规划引导和控制，强化了可实施性。2005年，淮南市与中国城市规划设计研究院合作，编制完成《淮南市城市雕塑规划（2006–2020年）》，从突出地域文化特色出发，在人文历史、地域风情、城市发展、都市生活4个方面挖掘雕塑创作题材，明确分区建设主导思路。2006年，铜陵市规划局及时组织铜陵市规划院与中国美术学院合作编制了第二轮规划，此次规划更贴近城市实际，突出铜文化品牌意识，坚持注重城市自然特征与历史文化挖掘整理，注重环境艺术与城市社会经济的融合，注重城市雕塑题材的多元化和创作手法的多样化，注重对国内外城市雕塑建设先进理念的吸收。此外，池州、淮北、宣城等市也分别开展了主城区城市雕塑规划编制工作。

重点建设　为发挥城市雕塑在构建城市公共文化服务体系的基础作用，有效提升城市文化软实力、打造标志性的精品文化设施，安徽省在加快新型城镇化发展的工作中，加强了城市公共活动中心、特色商业街区、滨水地区、景观视廊等重点区域和城市出入口、机场、车站等重要节点的雕塑建设。形成了一批具有地域文化特征的、能反映城市历史、现在和未来信息的主题雕塑公园、雕塑广场以及由系列雕塑小品组成的街头游园。赋予了城市雕塑全新的内涵和功能，成为居民体验和感觉城市发展变化的、解读和诠释现代城市生活内涵的重要窗口。

培育力量　在突出政策管理与规划引导的同时，安徽省注重培育省内雕塑创作力量。2006年，安徽省成立了以安徽省美术家协会雕塑艺术委员会为主体的安徽省城市雕塑院。该院广泛开展课题研究、项目设计与艺术交流活动，创作范围涵盖北京、天津、大连等省外城市及合肥、蚌埠等省内城市，成为高水准的创作、制作、安装和艺术设计专业机构。合肥、铜陵、芜湖、巢湖等市也较早开展了地方创作力量的培养工作。在此基础上，积极与国内外高水平的机构进行合作交流。从20世纪90年代初铜陵与中国美术学院（原浙江美院）雕塑系合作创作第一批雕塑起，安徽省雕塑对外交流工作不断推进，交流范围由国内拓展到国外，在内容和形式上实现了不断创新。如2006年，铜陵市在全国城雕委指导下承办了“城市雕塑建设高层论坛”，此后，又成功承办了“首届中国（铜陵）国际铜雕艺术展”，在国内外产生了积极的影响。

部分城市雕塑简介

1986—2007年期间，安徽省城市雕塑处在积极发展中，有的市发展较快，如合肥、铜陵、芜湖等市，有的市雕塑品种和艺术水平有待进一步提高。

合肥市　20世纪80年代中期，合肥市成立了以副市长吴翼领导的城市雕塑领导小组办公室，成为全国最早的十大城市雕塑试点城市。此后还邀请了北京一些著名的雕塑家到合肥实地考察指导。1986年以后，陆续出现了一批象《九狮》和环城公园西山公园动物组雕以及不锈钢材质的《花园街雕塑》《鲲鹏志》铸铜和不锈钢相结合的城市雕塑优秀作品。2002年，合肥市建委组织实施南淝河两岸景观雕塑工程，合肥市园林局组织实施淮河路步行街雕塑工程，各企事业单位亦相应地建设了一些雕塑工程。截至2007年，合肥市城市雕塑共有108座，其中10米以上的大型雕塑7座，3～10米的中型雕塑32座，3米以下的小型雕塑69座。

铜陵市　20世纪90年代初以来，在中共铜陵市委、市政府高度重视和大力支持下，铜陵市规划建设部门精心策划，不懈努力，坚持高起点、高品位、高标准和宁缺勿滥的精品原则，在近乎空白基础上陆续建成60余座主题鲜明、风格独特城市雕塑，且都达到较高水平，铜陵因此由原来在雕塑界默默无闻，一跃而成为在国内享有一定知名度的“雕塑城”。从1992年开始，陆续建成一批风格独特、国内一流的城市雕塑，极大地弘扬和升华了青铜文化，为城市建设增添了光辉一页。这些雕塑以其规划合理、主题鲜明、立意新颖、设计巧妙，制作精致而获成功，深受广大市民和中外游客的好评。在1994年全国第二届城市雕塑优秀作品展上，铜陵选送5件作品在全国3000件送展作品中全部胜出，成功入选127件展出作品，其中《起舞》《春晓》《四嬉铜娃》3件作品获奖，获奖数量占全部获奖作品十二分之一，仅次于北京，与西安市并列全国第二，受到国家城雕委通报表扬，《人民日报》《解放日报》《新民晚报》《安徽日报》等多家媒体均作报导。铜陵城雕崭露头角。在2004年全国第三届城市雕塑建设成就展上，铜陵作品《丰收门》成为全国46件获奖作品之一，正式入编全国城市雕塑获奖作品画册，同时《丰收门》《起舞》两件作品被选入新时期城市雕塑代表作，在展览会前厅展出。其间，《起舞》雕塑还被国家邮政局选中作为邮票图案，面向全国发行。

2006年6月下旬，在全国城雕委隆重推出“首届年度最有影响力城市雕塑公众评选”活动中，铜陵市选送的《八宝柱》《凤鸣》不负众望，在全国近300件作品中胜出，获首届年度最有影响力十佳城市雕塑称号。

芜湖市　自20世纪90年代开始，芜湖市政府高度重视城市雕塑，在充分尊重专家、尊重艺术规律同时将城市雕塑与城市发展有机结合，城市雕塑不光是数量不断增加，质量也越来越高。截至2007年，芜湖市各种类型的大小城市雕塑共有40余座。像《鸠顶泽瑞》大型雕塑，位于芜湖市鸠兹广场中央，高33米，采用锡青铜铸造。芜湖古名“鸠兹”，距今2100多年，其义为“鸠鸟群居”的地方。该雕塑以古代芜湖图腾“鸠鸟”为题材，《鸠顶泽瑞》汇聚了两组姿态各异的“鸠鸟”，气势雄伟，扶摇直上，并托一闪闪发光金球，寓意古代芜湖群鸟聚居，今日芜湖是一颗冉冉升起的江城明珠。它是芜湖市标志性雕塑。该雕塑建成于2000年。

《芜湖猿人》《大禹导中江》《南陵古铜冶》《干将铸剑赤铸山》等城市公共空间雕塑在鸠兹广场中环形游览步道（历史发展轴）上，四尊高3米单体人物园雕较含蓄地反映古代芜湖人对人类历史的贡献。该组雕塑建于2000年。

6根圆形寓言成语典故系列浮雕柱，位于鸠兹广场南部镜湖畔临水平台，柱高8米，直径1.2米，南北两面石刻，具体内容为：女娲补天、夸父追日、愚公移山、断织劝字、悬梁刺股、凿壁借光、司马光砸缸、曹冲称象、张良拾履、囊萤映雪、闻鸡起舞、铁杵磨针。12幅画面故事生动，教育少年儿童胸怀大志、奋发学习、助人为乐、拼搏进取、奉献社会。高耸挺拔的浮雕柱，是广场景观重要组成部分。该组浮雕建于2000年。

闪光的芜湖历史系列浮雕位于鸠兹广场中部历史文化长廊，有24根方形廊柱，寓意古代芜湖240万年人类文明史，在前排12根廊柱上，布置抱柱式12块浮雕，每柱浮雕由四个面组成，以典型历史事件、宏伟场面、多人物多侧面反映芜湖历史文化，生动具体、一目了然。

芜湖市城市雕塑还设有名人肖像雕塑，如：宋代爱国词人张孝祥（公元1132—1170年）字安国，号“于湖居士”，芜湖历史上唯一状元，南宋爱国词人，与苏轼、辛弃疾齐名为宋代三大词人，著有《于湖集》《于湖词》等。张孝祥热爱家乡，体贴民情，临终嘱咐其子“将莲湖产业一百余亩捐给芜湖地方”，莲湖即今日“镜湖”。张孝祥“捐田百亩、汇而成湖”遂成佳话，并在芜湖广为流传。张孝祥雕像位于鸠兹广场文化艺术展馆西侧疏林铺地上，由中国著名雕像家钱绍武先生创作。塑像高1.5米，长3米，坐躺在船头，似乎在默默凝视芜湖今昔巨变。该雕塑建于2000年。

清代画家肖云从，该雕塑高3米，玻璃钢制作。肖云从，芜湖人，明末清初著名山水画家，“姑孰画派”创始人，其代表作“太平山水图”43幅和“离骚图”64幅，均刻版刊行，成为全国画家的临习样本。其绘画风格传到日本，对日本南宗文人画的形成，起到重要作用。该雕塑紧紧抓住人物心态，以概括语言，表达艺术大师形象。该雕塑建于1987年。

淮南市　20世纪80年代中期，淮南市即开始城市雕塑，首先在市龙湖公园等处建有《黄龙腾飞》《煤矿工人》等大型雕塑，后又在游园、花坛及街头绿地内建有各种类型雕塑共20余座。这些雕塑作品有的象征着时代风貌，具有地方性、历史性、人文性特征，丰富了城市景点中的艺术品位和文化底蕴。

淮北市　淮北是一代雕塑宗师刘开渠的故乡，为扩大淮北的知名度，在市区公园、广场、主要道路绿地内、单位和居民区等场所建设了形状各异的雕塑。比较有代表性的有：相山公园内的雄师雕塑、儿童乐园的“寓言”雕塑群，张衡塑像、雷锋半身塑像、踏步龙马精神雕塑群组、相王广场相王建城雕塑、濉溪路奉献——腾飞雕塑、火车站煤城之子雕塑、烈山区政府门前的时代超人雕塑、纺织一厂的黄道婆雕塑，东湖湿地公园以煤文化为主的雕塑群等共30余组（座），其中相王建城大型铜质雕塑现安放在相王广场内。3800年前，地处东方的商族已是一个强大的部族，到商朝始族契的孙子相土（后人称相王）继位时，其势力逐渐扩大，农业发达，国富民强。后来相王相土赶着马车来到现在的淮北一带定居，并在此建城，史称相城。《中国通史》记载，中国最早的马车就是相土发明的。《相王建城》铜塑由叶毓山设计，1997年安放在两宫广场内，2003年，移入相王广场。儿童乐园雕塑群，沿儿童乐园大门八米宽的中轴路，从南至北分布着浮雕骏马、少先队员组雕、雷锋半身像、学生读书雕塑、腾龙、奔马雕塑和四大发明浮雕为底座的中国古代伟大科学家张衡的高大雕塑。1993年建设。寓言雕塑群，1993年，在儿童乐园西侧的树林内设置岳母刺字、磨杵成针、卧薪尝胆、刻舟求剑、凿壁偷光、黄香扇枕、东施效颦、苏武牧羊、滥竽充数、愚公移山、掩耳盗铃、悬梁刺股十二组花岗岩质典故雕塑，构成寓教于乐的园林雕塑群，由浙江美术学院制作。后移到儿童乐园南门广场，宣传教育作用更加突出。

第十二节　城市测绘

1986—2007年，安徽省各城市应用新技术，根据城市规划建设的需要进行城市控制测量、城市地形图测绘、城市工程测量、城市地图编制等工作，为城市建设的科学性提供支撑,并取得一定的科研成果奖项。

城市控制测量

安徽省各城市测量控制网多数是20世纪50年代或20世纪60年代采用三角测量方法建立，进入20世纪90年代,根据城市规划建设需要，各地先后对控制网进行改造扩建,运用领先新技术设备,控制面积逐步增大,有效地为城市现代化建设服务。

合肥市　1999年,合肥市测绘设计研究院采用全球卫星定位系统（GPS）技术改造扩建原二、三等平面控制网,建立控制面积1600平方千米二、三等GPS控制网,2001年,在此基础上加密市区750平方千米四等“GPS”控制网;又于2002年重新建立控制面积约700平方千米合肥二等水准网。

芜湖市　20世纪50年代开始建立并维护芜湖市二、三等三角网、三、四等水准网资料。2002年2月自筹资金,购置三台美国天宝静态GPS接收机,全面开始使用GPS定位技术，2003年建成全市GPS平面控制网,控制面积1000平方千米。

蚌埠市　蚌埠市勘测院累计完成高程、平面控制网610平方千米、建立蚌埠市GPS一、二级导线、三、四等水准控制网。

城市地形图测绘

为适应经济建设发展需求,各市开展地形图测绘,使各项建设一开始即按规划进行,节省时间、节约土地。

合肥市　1993年4—7月,合肥市经济开发区全面启动规划建设,城市测绘协会组织全省城市测绘11支测绘队伍300余人,采用平板仪测图方法,测绘1∶1000地形图50平方千米。1995年,采用航空摄影测图法,更新市区二环内1/500地形图135平方千米。2000—2005年,采用航空摄影数字化测图方法测绘高新技术产业开发区、新站综合开发实验区、政务文化新区及包河、庐阳、瑶海、蜀山4个工业园1/1000地形图500平方千米。2006年6月,采用全数字航空摄影测图方法,完成滨

湖新区1/1000地形图200平方千米，2004—2006年,完成合肥市三河镇等25个省市重点乡镇1/1000地形图250平方千米。

芜湖市　20世纪50年代、60年代、70年代、80年代、90年代,测绘芜湖市各种比例尺地形图（1∶500，1∶1000，1∶2000，1∶5000，1∶10000）。

蚌埠市　各种比例尺地形图1万多幅、地下管网图617幅。从1978年起,蚌埠市对原有地形图进行大面积修测,并完成蚌埠市航测1∶1000数字化地形图和各种比例尺地形图1万多幅、地下管网图617幅,先后完成高新技术开发区、经济开发区、禹会工业园、淮上工业园、龙子湖工业园及怀远、固镇、五河、凤阳新农村建设1∶1000数字化地形图。

城市工程测量

1986—2007年,随着改革开放不断深化,全省城市建设迅速发展,各市普遍开展城市工程测量工作,城市市政基础设施建设按规划有序进行。

合肥市 1986—1989年,完成寿春路、蜀山路等10余条市政道路及南淝河、二里河等10余条市政工程测量，1990—1993年,完成各开发区道路网及芜湖路、望江路等20余条道路测量，1994—1997年,完成一环路、二环路等27条道路测量，1998—2000年,完成马鞍山路等21条道路测量，2001—2004年,完成科学大道等50条道路测量，2005年开始,为大建设提供多项市政工程测绘保障。同年完成合肥市五里墩立交桥工程测量、骆岗机场扩建工程测量，2007年完成合肥市奥体中心精密工程测量。合肥市第二次地下管线普查测量,始于1990年年初，1991年完成;合肥市成立地下管线普查办公室,其成员由市城建档案馆、市测绘队、市供水公司、市政公司、市供电局、市燃气公司等单位组成。普查范围为给水、排水、燃气、电信、电力、氯气、热力等管线埋设情况。普查方法,由市管线普查办公室统一组织协调,各管线埋设单位分别负责本种类管线调查、探测和测量工作,并测量标注管线管径尺寸、管顶标高、管道材料构成等。完成后,将资料交管线普查办公室进行检查验收、分类统计。合肥市测绘队负责将各类地下管线资料,按不同图示转绘到合肥市统一分幅的1 ∶ 500—1 ∶ 1000基本地形图上,形成合肥地下管线专题图。本次普查测量地下管线埋设道路及街巷237条,绘制地下管线专题图共40卷、1462幅。其中给水管线专题图479幅。排水管线专题图481幅,燃气管线专题图215幅,电信管线专题图173幅,电力管线专题图42幅,热力管线专题图26幅,氯气专题图4幅。合肥市征拨地测量，1985年后,随着测距仪、全站仪"GPS"系统使用,逐步改进解析法测量用地界界桩坐标及计算面积。

安徽省合肥市测绘院征拨地测量统计表

表1-1-3 单位:万平方米

年度	项目数	用地面积	年度	项目数	用地面积
1986	112	203.382	1997	196	468.552
1987	184	328.233	1998	230	813.032
1988	131	121.228	1999	155	2751.951
1989	93	200.356	2000	259	518.301
1990	73	93.538	2001	253	793.080
1991	115	1178.626	2002	343	38881.578
1992	166	635.459	2003	417	4059.388
1993	197	745.460	2004	343	1901.235
1994	177	732.013	2005	285	9951.424
1995	195	766.815	2006	305	2202.94
1996	204	528.578	2007	317	2396.732

芜湖市　2007年6月开工建设《芜湖市地下管网地理信息系统》，实现管线管理数字化，辅助管线规划设计，为城市发展提供决策支持信息为目标，实现芜湖市地下管线动态管理，使得芜湖市地下管线管理形成一个良性循环，即：科学规划——管线工程正确实施——现势地下管线信息管理，并通过专家验收组的验收。

安徽省芜湖市主要工程项目探测一览表

表1-1-4

测绘年限	主要工程测量项目
1986	五一广场、王稼祥纪念馆、新汽车站、长江路二号桥、九华街10KV供电线路及供水线路放线；团结西路纵横断面。
1987	建行大楼、延安路、胜利路、解放东路、长江路等放线、310国道（徐州—商丘）。
1988	科学会堂、税务局大楼等放线；裕溪口防汛测量。
1989	芜南路北段放线；轮渡路、黄山路、二环北路、解放西路纵横断面测量等。
1990	芜石路、来凤市场等放线。中华饭店、外贸中转仓库竣工图测量。
1991	航运大楼、经济技术开发区、新华书店综合楼竣工图测量。
1992	四水厂输电、输水管线、经济技术开发区界桩等放线，省物资局仓库综合楼等17处竣工图测量。
1993	芜湖南京新百大厦、开发区扬子集团界桩；四水厂输电、输水管线竣工测量等。
1994	芜湖广电中心、扬子一汽工程、招商大厦定位放线。
1995	工商银行、开发区海螺界桩、开发区高压输电线路、市少年宫多功能楼竣工图测量等。
1996	中江桥东、西匝道，大众影都，园丁小区放线；中江桥河床断面，神东垃圾场面积测算，开发区土方面积测量；长江路带状图测绘。
1997	迎客松广场、中山桥、海螺大厦、开发区银湖别墅、长江大桥南岸接线工程主线、连接线等断面测量、放线。芜湖新百大厦沉降测量。
1998	芜湖经济技术开发区、205国道（利民路至澛港）、镜湖公园花鸟市场、金三角商城、开发区海螺型材厂、长江路110KV变电所工程放线；湖滨小区5#楼沉降测量。
1999	长江大桥接线工程（1997.8—1999.4）、大富新村、新芜区法院大楼、开发区顺发空调有限公司等放线；中山路步行街放线（1999.1—1999.9）。
2000	市奥林匹克体育中心测量、沉降观测（2000—2001）、鸠兹广场（2000.6—2000.9）、吉和广场、长江市场园、凤凰美食一条街、中西友好花园放线；国货路建行营业楼沉降测量、杏园小区1#楼位移及沉降测量。中江桥荷载试验。
2001	长江市场园测量、南瑞新城、金鼎广场、奥林匹克公园、凤凰美食一条街、吉和广场放线、白蕊山庄放线。奥林匹克体育馆沉降测量、鸠兹广场主雕塑的倾斜测量。
2002	长江大桥南岸商务用地、九州市场放线、九华广场、北京东路人民银行大楼、长江厂现代城放线，航运大楼沉降测量。奥林匹克公园体育场跑道基线测量。长江大桥工业园测量。

续表 1-1-4

测绘年限	主要工程测量项目
2003	全市 GPS 平面控制网（控制面积 1000 平方千米）、滨江大道地形图修侧、228 千米四等水准测量、合肥紫蓬山 21.5 平方千米 1/1000 数字化地形图测绘等计 358 项测绘任务。
2004	城东规划区 110 平方千米航空摄影测量，保兴埠区域、长江路西侧及市区部分 1/500 地形图、280 千米城市一、二级导线网等 500 余项测绘任务。
2005	市中心区 63 幅、扁担河区 18 幅、裕溪口区 21 幅 1/1000 地形图、福建三明市、当涂丹阳镇、枞阳横埠镇、湾止镇、清水镇 1/1000 地形图等近 700 项测绘任务。
2006	扩建芜湖市 GPS 平面控制网，控制面积 410 平方千米；长江路测区、神山测区 1/1000 地形图 55 幅；三山、峨桥、荆山、火龙岗四镇 110 平方千米地形图测绘等；黄山风景区 400 平方千米航测 1/1000 地形图；南京一定远 158 千米带状图测绘等 1020 项测绘任务。
2007	神山测区、城南测区 1/1000 地形图 101 幅；江苏沛县地下管网探测 50 千米带状图等计 1241 项测绘任务。

城市地图编绘

全省各省辖市在总体规划指导下，根据经济建设和发展的需要，编制成各种类型的地图，以满足政府决策和市民生活需求。

合肥市　合肥市测绘设计研究院（队）对合肥市各个不同时期合肥市区地图、合肥市行政区划图、合肥市交通旅游图和各种不同类型专题图，进行编制发行。

芜湖市　1990 年 8 月，《中国城市地图集》“芜湖市图”编辑完毕，共编芜湖市区图、芜湖城市总体规划图、芜湖城市建设用地扩展图、芜湖市域图、芜湖城址变迁图、芜湖城郊图六个图种和一张芜湖鸟瞰图及 1000 字文字简介。1995 年 7 月，编制出版第一张专题地图:《芜湖工商交通导游图》。2002 年 6 月，编绘出版 1∶2 万彩色《芜湖市交通旅游图》。

蚌埠市　2003 年，蚌埠市勘测院成立蚌埠市基础地理信息中心，先后编制蚌埠市 2006 年、2007 年版交通旅游图，招商地图、城市管理行政执法区域分布图、辖区管理范围图、蚌埠市区人防工程分布图、蚌埠市人防警报器分布图等各种专题

地图，编绘完成蚌埠市交通图和 1∶2.5 万行政区划图。

城市测绘新技术应用及成果

1986—2007 年，PC1500 计算机等新技术、新设备在安徽省各城市测绘单位开始应用，各城市利用新技术进行城市测绘已全面展开，并取得一定成果。

新技术应用　1991 年，合肥市测绘院引进美国产 AST386 计算机，数字化仪和绘图仪各 1 台，开始由手工绘图转向计算机绘图，机助成图开始起步，到 1993 年机助成图工作在安徽省全面展开。1995 年，全站仪开始广泛应用。1997 年芜湖市勘测院，开始内业全部采用数字化仪，将外业成图数字化后存入电脑或光盘，然后用干板绘图仪绘出，不再手工描绘。2000 年，采用将外业成图扫描矢量化后，直接在电脑上进行数字化，制

成光盘对外提供。2001年，外业开始采用全站仪在野外直接采集、储存地形、地物数据，内业在电脑上利用成图软件进行编辑后成图。至2002年年底，已全部采用此方法成图，全省基本实现内外业一体化数字化地形图测绘。

1993年，合肥市测绘院引进美国ARC/INFO先进软件，开展地理信息系统研发工作。1995年，引进APS-P解析测图仪两台套，2002年，引进武汉适普全数字摄影测量系统。2005年，芜湖市勘测院、铜陵市规划设计院相继引进数字摄影测量系统，开展航空摄影测量内业工作。2002年以后，利用航摄数字化技术，全数字摄影技术，生产各种比例尺空间“4D”产品（“DEM”数字高程模型，“DOM”数字正射影像，“DRG”数字栅格图和“DLG”数字线划地图），并在此基础上建立城市三维景观模型。

2007年，合肥市测绘院建立“合肥市卫星定位综合服务系统”，12月，通过省国土资源厅验收；芜湖市勘测院建立“芜湖市卫星定位连续运行参考站系统”；蚌埠、阜阳等市也进行前期调研准备。

科研及成果 1996年，合肥市测绘院成功研制“合肥市规划管理信息系统”。

2001年，合肥市测绘院完成“合肥市二三等GPS控制网测量”，成果通过市科技局鉴定。

2005年，芜湖市勘测院完成“芜湖市GPS控制网”“芜湖市基础地理信息系统”，成果通过市科技局鉴定。合肥市测绘设计研究院研制“合肥之窗—城市地理信息应用”“合肥市区影像地图集”，通过合肥市科技局组织成果鉴定。

2007年，蚌埠市勘测院研制“数字化测图编码技术”“征地测量数据自动化处理”，通过市科技局成果鉴定。合肥市测绘设计研究院建设“合肥市卫星定位综合服务系统”，经中国工程院宁津生院士为主任委员的鉴定委员会鉴定，系统达国际先进水平。

重要获奖成果

1996—2007年期间，合肥、芜湖、蚌埠等市在进行城市测绘过程中，还开展一系列科研活动，有些科研项目还获得有关部门奖励。

合肥市测绘设计研究院重要科研成果获奖一览表

表1-1-5

获奖项目名称	获奖时间	获奖名称	授奖部门
合肥市地下管线动态管理系统	1996年	市科技进步三等奖	合肥市人民政府
合肥五里墩立交桥工程测量	1997年	全省城乡优秀勘测设计一等奖	安徽省建设厅
合肥市航空遥感综合应用	1997年	全国城市勘测优秀工程三等奖	中国城市规划协会
合肥市规划与建设管理系统	1998年	市科技进步二等奖、省科技进步三等奖	合肥市科学技术委员会、省科学技术委员会
新站综开发试验区1∶500数字化地形图测绘	1999年	全国城市勘测优秀工程三等奖	中国城市规划协会

续表 1-1-5

获奖项目名称	获奖时间	获奖名称	授奖部门
大房郢水库建设用地数字化测量	2000 年	全省城乡优秀勘测设计一等奖	安徽省建设厅
合肥市经济开发区控制网测量	2001 年	全省城乡优秀勘测设计二等奖	安徽省建设厅
合肥市二三等 GPS 控制网	2001 年	省科技进步三等奖	省科学技术委员会
西部四等 GPS 控制网测量	2001 年	城市勘测优秀工程三等奖	中国城市规划协会
南淝河改造工程测量	2001 年	全国城市勘测优秀工程三等奖	中国城市规划协会
十五里河改造工程测量	2001 年	城市勘测优秀工程二等奖	中国城市规划协会
遥感技术在城市规划建设中的应用	2003 年	全国城市勘测优秀工程一等奖	中国城市规划协会
合肥市二等水准网测量	2003 年	全国城市勘测优秀工程三等奖	中国城市规划协会
“合肥之窗”城市多媒体地理信息应用	2005 年	市科技进步奖、省科技进步三等奖	合肥市人民政府 安徽省人民政府
合肥市区影像地图集	2005 年	全国城市勘测优秀工程三等奖	中国城市规划协会
合肥市重点中心镇地形图	2006 年	全省城乡优秀勘测设计二等奖	安徽省建设厅

芜湖市勘测院重要科研成果获奖一览表

表 1 1–6

序号	项目名称	获奖时间	颁奖部门	等级
1	芜湖市利民路测区 1/500 地形图测量	1990 年 7 月	省经委	优质产品
2	芜湖市裕溪口测区 1/1000 地形图测量	1992 年 4 月	省测绘行业	优质产品
3	合肥市新城区 1/1000 地形图测量	1993 年 6 月	省城市测绘协会	一等奖
4	芜湖南京新百大厦工程勘察	1997 年 10 月	中国城市规划协会	二等奖
5	芜湖长江大桥测区 1/1000 数字化微机成图	1997 年 10 月	中国城市规划协会	三等奖
6	芜湖南京新百大厦沉降变形测量	1997 年 10 月	中国城市规划协会	三等奖
7	《中国城市地图集》“芜湖市图”	1998 年 7 月	建设部中国城市地图集编辑委员会	优质工程
8	芜湖广播电视中心工程勘察	1999 年 9 月	中国城市规划协会	二等奖
9	兴安花园小区工程勘察	1999 年 9 月	中国城市规划协会	三等奖
10	《芜宣高等级公路 GPS 四等控制测量》	1999 年 9 月	中国城市规划协会	三等奖
11	芜湖长江大桥芜湖岸公路接线工程勘察	2001 年 4 月	中国城市规划协会	二等奖
12	中山路步行街工程测量	2001 年 11 月	中国城市规划协会	表扬奖
13	中西友好花园工程勘察	2003 年 12 月	中国城市规划协会	二等奖

续表 1-1-6

序号	项目名称	获奖时间	颁奖部门	等级
14	马鞍山市经济技术开发区 1∶1000 数字化测图	2004 年 1 月	省建设厅	三等奖
15	芜湖市奥林匹克公园体育场跑道定位	2004 年 3 月	省建设厅	二等奖
16	芜湖市基础地理信息系统	2005 年 4 月	芜湖市人民政府	科技进步二等奖
17	芜湖市基础地理信息系统	2005 年 9 月	省科技厅	科技研究成果奖
18	应用数字水准仪新建芜湖市二等水准网	2005 年 12 月	中国城市规划协会	二等奖
19	世纪花园工程勘察	2005 年 12 月	中国城市规划协会	二等奖
20	芜湖市基础地理信息系统	2006 年 1 月	省建设厅	一等奖
21	芜湖市长江大桥南岸接线立交工程	2006 年 1 月	省建设厅	二等奖
22	使用 GPS 技术新建芜湖市 Ⅰ、Ⅱ级导线网	2007 年 3 月	省国土厅	二等奖
23	GPS 技术在芜湖市三、四等测量控制中的应用	2007 年 5 月	芜湖市人民政府	科技进步三等奖

蚌埠勘测院获奖一览表

表 1-1-7

序号	项目名称	颁奖部门	获奖时间	获奖证书名称及等级
1	蚌埠市胜利路中段拓宽改造工程测量	安徽省建设厅	1998 年	全省优秀城市规划设计（含城市测量）二等奖
2	蚌埠市珠园 1∶500 数字化测图	中国城市规划协会	1999 年	全国城市勘测优秀工程三等奖
3	胜利路、解放路立交桥测量	中国城市规划协会	2001 年	全国城市勘测优秀工程二等奖
4	胜利路、解放路立交桥测量	安徽省建设厅	2001 年	全省优秀城市规划设计（含城市测量）二等奖
5	蚌埠市大学园区 1∶1000 数字化测图	中国城市规划协会	2003 年	全国城市勘测优秀工程三等奖
6	蚌埠市大学园区 1∶1000 数字化测图	安徽省建设厅	2003 年	全省优秀城市规划设计（含城市测量）三等奖
7	蚌埠市蚌西路拓宽改造工程测量	安徽省建设厅	2003 年	全省优秀城市规划设计（含城市测量）表扬奖
8	蚌埠市 1∶1000 数字化地形测图	中国城市规划协会	2005 年	全国城市勘测优秀工程表扬奖
9	蚌埠市 1∶1000 数字化地形测图	安徽省建设厅	2005 年	全省优秀城市规划设计（含城市测量）二等奖
10	蚌埠市会展中心沉降观测	安徽省建设厅	2005 年	全省优秀城市规划设计（含城市测量）三等奖
11	蚌埠市 1∶1000 数字化地形测图	安徽省国土厅	2007 年	安徽省国土资源科学技术二等奖

第二章 村镇规划

1986年后,农村改革不断深化,农村经历从家庭联产承包责任制、发展乡镇企业、发展农村小城镇三个深化改革、加速发展阶段。

1993年6月29日,国务院颁发的《村庄和集镇规划建设管理条例》正式实施,村庄、集镇规划建设管理有序发展。2006年,中共安徽省委、省政府决定在全省实施新农村建设"千村百镇"示范工程,完成了125个新农村建设示范镇和1135个示范村规划编制工作,促进了新农村建设。

第一节 政策法规

1986—2007年期间,随着农村经济发展,全省小城镇建设亦进入快速发展时期,中共安徽省委、省人大常委会和省政府及时制订村庄、集镇规划建设方面的方针、政策和法规,用以指导全省村镇规划建设工作。

条例 1991年12月23日,安徽省七届人大常委会第二十七次会议审议通过、1992年4月1日正式实施《安徽省村镇规划建设管理条例》(以下简称《条例》)。《条例》规定,村镇建设必须坚持统一规划、节约用地、因地制宜、量力而行的原则,做到经济效益、社会效益和环境效益的统一。并规定各级政府及建设主管部门职责,即县级以上地方政府建设行政主管部门,负责本行政区域内的村镇规划建设管理工作;乡(镇)人民政府负责本乡(镇)的村镇规划建设管理工作,主要职责是:(一)贯彻执行村镇规划建设管理的法律、法规;(二)组织编制、申报和实施村镇建设规划;(三)负责村镇环境保护;(四)建立并管理村镇规划建设档案。乡(镇)政府应有专人负责村镇规划建设的日常管理工作。《条例》明确指出,村镇建设规划应当以国民经济和社会发展规划、城镇体系规划为依据,与国土规划、区域规划、江河流域规划、土地利用总体规划相协调。乡域总体规划内容包括:乡行政区域内村庄和集镇的布局、性质、规模、发展方向;交通、供电、供水、邮电、能源、文教卫生和生活服务设施的配置;主要生产项目的安排等。集镇建设规划和村庄建设规划的内容包括:村镇规模、发展方向;住宅、公共建筑、绿化、基础设施等项目建设布局;近期建设计划等。严格控制在行蓄洪区和低洼易涝地区规划建设村镇。严格控制在现有生产矿井、在建矿井及国家已批准建设的规划矿区范围内规划建设村庄和集镇。不得跨公路规划建设村庄和集镇,或以公路作为镇内道路,历史形成的跨公路村镇,应根据具体情况逐步调整改造。

《条例》还规定,在村镇范围内新建、扩建、改建的建筑物、构筑物,必须符合村庄和集镇的建设规划。在村庄、集镇范围内进行建设的单位或个人应申领建设用地规划许可证和建设工程规划许可证。村镇建设规划实施前,原有的建筑和实施与城镇建设规划不一致的,应逐步调整改造。村镇内较大的公共建筑、生产建筑和其他多层建筑,应由持有相应资质证书的设计单位、建筑企业进行设计和施工。村镇建设要保护村镇生态环境,防治污染,严格保护水源,保护风景名胜和文物古迹。

《条例》对村庄、集镇规划区内建设法律责任作了明确规定,同时明确规划建设管理人员应当廉政奉公,热心为群众服务,不得索贿受贿,徇私舞弊、玩忽职守。

意见 1999年7月,中共安徽省委、省人民政府下发《关于进一步加快我省小城镇发展的若干意见》(以下简称《意见》)。《意见》强调指出,小城镇建设必须紧紧抓住规划这个龙头,做到科学规划、合理布局。各级计划部门要会同建设等部门,从全省经济和社会协调发展的高度编制小城镇国民经济和社会发展规划;各级建设部门要重点抓好全省及区域城镇体系规划、小城镇总体布局规划和功能建设详细规划工作。小城镇规划编制要从区域经济发展的全局出发,科学界定其性质和经济功能,合理确定其人口、用地规模,充分考虑工业、商业、交通、文化、教育、住宅、环保和公用基础设施等方面的建设。

《意见》要求小城镇规划要因地制宜,突出特色,做到统一规划,分步实施;要结合当地实际,充分发挥优势,规划建设城郊结合型、交通枢纽型、乡镇企业主导型、旅游开发型、商贸型、综合开发型等多种类型、各具特色的小城镇。镇政府要严格按照规划组织实施,任何单位和个人都无权随意变更,不符合规划要求的项目,严禁开工建设。

办法 1999年8月17日和30日,安徽省建设厅分别制定印发《安徽省中心镇规划编制及管理办法》(以下简称《中编办法》)和《安徽省小城镇和村庄规划编制管理办法》(以下简称《小编办法》)。《中编办法》强调,中心镇规划应当贯彻国家和安徽省关于加快小城镇发展和建设的有关方针政策,符合国家和安徽省的相关技术规范,正确处理近期建设和远景发展的关系,坚持可持续发展原则。中心镇规划要立足现状,面向未来,发挥优势,突出特色。重在合理布局,完善功能,提高层次,壮大实力,体现高起点、高标准、高水平、有特色。编制中心镇规划应当对镇的国民经济与社会发展、自然条件、城镇建设的历史与现状情况,进行深入调查研究,取得准确的资料,进行归纳、分析,作为规划的编制基础。

《中编办法》指出,中心镇总体规划内容包括:镇域城镇体系规划;中心镇性质、人口和用地规模、规划范围;发展方向、建设和发展用地空间布局;确定主要公共服务设施、集贸市场及交通设施位置;供水、排水、防洪、供电、通讯、燃气、消防、环卫等设施发展目标和建设规模;河湖水系和园林绿地的整治和发展目标;布置防灾设施;风景名胜、文物古迹、传统街区保护范围和措施;旧区更新、整治及用地调整要求;近期建设目标、内容,实施规划对策和措施。

《小编办法》规定本办法适用于全省县城以下建制镇和农村集镇等规划编制工作。规定小城镇规划编制一般分为总体规划和详细规划二个阶段。村庄应在小城镇总体规划的基础上编制技术规划,乡(镇)人民政府在做好小城镇规划编制的同时,按照农村城镇化和农民奔小康的总体要求,认真贯彻“统一规划,相对集中,并小村为大村”的方针,加强村庄建设规划的编制工作。

《小编办法》要求小城镇规划编制必须坚持的原则:(一)因地制宜、突出特色。(二)合理布局、强化功能。(三)高标准、高起点。(四)可持续发展。(五)促进精神文明建设。《小编办法》还对编制小城镇总体规划的基础资料、乡(镇)域村镇体系包括的内容等,作了明确规定。

随后,省建设厅还印发《关于认真抓好全省200个中心镇规划编制调整完善工作的通知》等规范性文件,指导全省完善村镇规划工作。全省各地市政府乃至一些县政府亦研究制定适合本地的村镇规划建设办法、意见等,全省村镇规划建设步入健康有序向前发展。

第二节　小城镇规划

1986年,安徽省启动小城镇规划工作,至2007年,已经实现从无规划到有规划,从粗线条规划到高水平规划的迈进。为推动和规范村镇建设科学管理,有序发展,省人大常委会颁发《安徽省村镇规划建设管理条例》。省建设厅制定《安徽省中心镇规划编制管理办法》和《安徽省小城镇和村庄规划编制管理办法》,进一步指导全省村镇规划编制和修编工作。小城镇规划编制率已由1992年52%提高到2007年98.7%;在完成总体规划编制和调整基础上,加强重要街道和路段详细规划编制工作。

乡镇总体规划编制　20世纪80年代后期,淮南市率先完成3个建制镇总体规划、18个乡、镇粗线条规划和12个乡、镇总体规划的编制,90年代初又先后完成毛集等5个乡镇总体规划。

1994年,中共安徽省委、省政府在阜阳召开加快阜阳发展座谈会。阜阳市抓住机遇,掀起新一轮建制镇总体规划编制高潮,建制镇80%编制了总体规划和建设规划。全面修编示范镇总体规划,经过几年发展,至2000年,中共安徽省委、省政府在全省范围内推行以中心镇建设为重点的试点建设,大部分发展起来的示范镇升级为中心镇,再一次迎来发展机遇,小城镇总体规划修编再掀高潮。至“十五”计划末,全市所有建制镇编制或修编了总体规划,乡集镇70%也编制了建设规划。

1999年,铜陵市顺安镇被确定为省内200个重点试点建制镇之一,为科学、合理进行资源配置,编制《铜陵县顺安镇总体规划》。规划确定顺安镇为铜陵县中部地区商贸、文化、交通中心,铜陵市东部工业区服务基地。城镇规模近期为1.8万人,建设用地2.5

平方千米，远期为3.5万人，建设用地4.2平方千米。用地布局为两个相对独立的功能区，即顺安河以东为生活区，搬迁县化肥厂、合成氨厂等，改造顺安老街，加大商业服务设施用地比例，强化其商业中心和为东部工业区提供服务的职能；顺安河以西为工业区，主要安排二、三类工业用地。

2000年，合肥市完成13个试点小城镇规划修编工作，随后，抓住合肥市行政区划调整，稳步推进小城镇规划修编。2002年，省建设厅与省公安厅，联合印发《关于加快小城镇消防规划建设的实施意见》，明确小城镇消防规划建设基本原则，提出落实消防规划具体措施。小城镇消防站建设首次被列为小城镇建设重要内容。同年合肥市完成各县县城城镇体系规划，并组织对城区周边发展较快的小城镇总体规划进行修编。至2003年，合肥市小城镇规划（含建制镇、乡集镇）修编率达87%，村庄规划编制率达75%；长丰县南部经济区规划及旅游发展规划、双墩镇总体规划、吴山镇经济开发区规划，通过专家评审。三河镇、双墩镇、撮镇镇列入全省63个重点中心镇范围。2004年，以抓好小城镇产业规划编制为重点，完成肥西县高刘镇规划和15个试点小城镇规划编制工作，并对全市7个土地试点镇的总体规划进行新一轮修编。2005年，15个镇产业规划通过专家评审。

2004年起，马鞍山市开展第三轮乡镇总体规划修编和完善工作。在规划编制工作中，始终坚持乡镇规划突出以人为本原则和可持续发展战略；突出区域经济发展，经济效益原则；坚持小城镇基础设施和社会公共服务设施资源共享原则，体现规划科学性、超前性、具有可操作性，富有地方特色。按2003年修编的《马鞍山市总体规划》，将全市规划分为沿江经济区，丹—博经济区，大公圩经济区3个城镇经济分区。

滁州市对集镇规划提出“六图一书”具体要求。六图是指乡域村庄、集镇体系现状图，乡域村庄、集镇总体规划图，集镇建设现状图，集镇建设规划图（含近期建设规划内容），集镇建设工程设施规划图，集镇建设绿化规划图；一书是指乡镇总体规划说明书。使村镇规划既完整又可操作。2003年开始，对16个中心镇进行了航测，绘制了1∶1000的地形图，为规划修编提供翔实依据。2005年年底，全市乡镇规划已进行两轮修编，81个建制镇的规划已全部完成。

黄山市村镇规划立足于协调景区风貌和古村落保护，其他各市也都按照各市经济发展和市域情况，对市区范围内小城镇建设规划进行编制修编，全省范围内小城镇规划编制基本上做到全覆盖。

民族乡镇规划 省建设厅按照中共安徽省委、省政府加强民族工作若干意见要求，于2001年4月25日至26日在寿县召开全省少数民族乡小城镇规划建设工作座谈会，对少数民族乡小城镇规划工作进行专门部署。明确要求由具有甲级或乙级资质的规划设计单位进行编制。同时，省建设厅千方百计筹集资金，对少数民族乡给予支持，专门拨款15万元资金，专项用于全省9个少数民族乡小城镇规划编制工作。9月，全省九个少数民族乡规划编制工作全部完成，受到中共安徽省委、省政府领导高度肯定。

规划设计评选　1999年,建设部举办"迈向21世纪的中国住宅设计方案(村镇部分)"竞赛活动。在评选中,全国共评出17个二等奖,其中安徽省有1个;在59个三等奖中,安徽省占了2个, 47个表扬奖中安徽省有4个。在同年开展全省建设勘察设计优秀方案评选中,村镇规划获一等奖1个,二等奖2个,三等奖2个,表扬奖1个。

2001年度全省村镇规划优秀设计评选,繁昌县三山镇总体规划(清华大学建筑学院编制)、宣城市宣州区水东镇总体规划(安徽省城乡规划设计研究院编制)获得一等奖;获得二等奖项目4个;三等奖项目12个。

2002年度全省村镇建设优秀规划设计评选中有41个村镇规划项目参加评选,共有19个项目获奖,其中,一等奖1个(安徽省规划院编制的苏埠镇总体规划),二等奖3个,三等奖12个,表扬奖3个。

地形图测绘　2003年6月,开展地形图测绘调研工作,提出中心镇地形图测绘工作方案,为科学编制村镇规划提供基础资料。

2004年5月,省建设厅和省财政厅联合开展省中心镇地形图测绘工作,并采取"先测绘后补助"办法,对省中心镇地形图测绘给予补助。当年,完成省政府确定的63个重点中心镇地形图测绘。

2005年年底,完成全省200个中心镇地形图测绘。其他镇地形图测绘规划工作,各市、县根据当地情况也已着手编制。全省小城镇规划编制和调整完善率达92%。2006年,为落实中共安徽省委、省政府关于在全省实施"千村百镇"示范工程,中共安徽省委办公厅、省政府办公厅印发《关于新农村建设"千村百镇"示范工程实施意见》,根据各地选报最后确定示范镇125个,省建设厅及时组织完善调整这些示范镇规划。截至2007年年底,全省小城镇规划编制和调整完善率达98.7%。

第三节　村庄规划

1992年,村庄规划编制工作在安徽省全面启动,先规划后建设、无规划不建设理念不断深入,规划设计单位、高等院校等规划技术人员深入农村实际参与村庄规划编制工作,村庄规划编制进度及质量均有较大发展。截至2007年年底,村庄规划编制比率达到58%,涌现出一批村庄优秀规划范例,带动村庄规划工作发展。

业务培训与规划编制　1992年6月召开全省村庄规划编制工作会议,提出村庄规划编制10年发展目标。17个地、市及乙级以上规划编制单位出席会议。

1994年5月,举办村庄规划培训班, 17个地、市建设局村镇科长、38个县建设局村镇股长及200个乡镇长参加为期3天村庄规划编制培训。各地还组织80多场形式多样培训,培训一线技术人员6200多人。

1996年9月,在全省选择20个新村进行村庄规划编制工作试点,省级及市、县50余所乙级以上规划编制单位及2所高校组织近200名技术人员,深入农村进行为期2

个多月实际调研，为科学编制村庄规划奠定基础。

1997 年 4 月，完成黄山市黄山区翡翠新村、凤阳县小岗村等 16 个省级新村建设试点村村庄规划编制工作，试点新村按照规划进行科学建设初见成效。

规划管理 1999 年 6 月，省建设厅印发《安徽省村庄规划编制管理办法》，明确村庄规划编制组织实施、村庄规划编制资料收集及规划内容要求、规划编制成果格式及深度要求，指导各地开展村庄规划编制工作。8 月，组织编印《安徽省农村住宅设计图集》。全省各地、市也按照省建设厅要求，编印农村住宅设计图集。这些图集体现了不同区域、不同类型、不同自然条件和不同层次的特点，适应农民多方面需要，受到广大农民群众欢迎。对提高农房建设设计水平，引导全省农房建设健康发展，发挥积极作用。

2001 年 8 月，省建设厅下发《关于认真做好村庄和集镇建房规划选址的意见》，部署村庄和集镇建房规划选址工作，明确规定：不论单位和个人建房都应当严格按照规划执行，无规划不准建设，在选址上应避开易淹、易涝、易灾地段、行蓄洪区、低洼地带、被洪水冲毁淹没的村庄原地、易受山洪爆发、山体滑坡、泥石流等自然灾害侵袭的地方和其他复杂地形带。

2005 年 7 月 25 日，省政府召开专题会议，研究村镇规划工作。省长王金山出席会议并作讲话。会后，省政府办公厅印发省长王金山讲话和《全省乡村规划工作专题会议纪要》。会议确定，到 2007 年，初步解决全省乡集镇规划水平不高或无规划的问题，基本形成中心城市、建制镇、乡集镇、农村集镇和村庄有序分布、城乡一体、规模适度、各具特色的现代化城镇规划体系。

2005 年 7 月 28 日至 8 月 5 日，建设部部长汪光焘到安徽重点对村庄规划及整治工作进行专题调研。7 月 31 日下午，汪光焘在黄山市主持召开村镇规划建设工作座谈会，对安徽省村镇规划建设工作提出明确要求。

2006 年 2 月 10 日，省建设厅印发《安徽省村庄建设规划技术要点》，重点确定行政村域内村庄建设规模、范围和界限，规划分为改造扩建型、保护型和新建型三大类型。6 月，完成江淮分水岭地区新农村规划编制工作。12 月，全省村庄布点规划任务全部完成，“千村百镇”示范工程 1135 个示范村建设规划全部编制完成。

2007 年，积极推广使用新农村建设住房图集，深受农民欢迎，如淮北市杜集区在煤矿塌陷区移民迁建中，广泛使用本省编印图集中的方案，既“节能、节地、节材”，又安全、美观、适用。村庄建设规划编制率达 58%。

第三章　历史文化名城、名镇、名村保护

1992年,建设部和国家文物局下发《关于进一步加强历史文化名城保护的通知》,要求各地进一步提高对保护历史文化名城的认识,坚持以城市规划为龙头,指导房地产和城市各项建设合理发展,要加强管理,特别是涉及影响城市风貌和文物遗迹保护的建设项目审批,更应十分慎重,严格把关,依法行政。1993年10月,经国务院批准,建设部和国家文物局在湖北省襄樊市联合召开全国历史文化名城保护工作会议,各省、市、自治区建设委员会主任(建设厅长)、文化厅长、国家历史文化名城城市市长(县长)等参会。会议认真总结十一年来全国历史文化名城保护工作成绩和经验,研究探讨在新的历史条件下如何进一步做好历史文化名城保护工作。会后,安徽省在保护历史文化资源方面积极行动,组织对历史文化资源调查和认定,编制保护规划,制定相关的保护和管理法律法规。并分期分批申报和公布历史文化名城、名镇、名村及历史文化街区。

截至2007年,安徽省共有5个城市(县城)列入国家级历史文化名城,有2个镇列入中国历史文化名镇,有7个村庄列入中国历史文化名村。有9个省级历史文化名城、10个省级历史文化名镇、21个省级历史文化名村、3个省级历史文化街区。1990年,黄山作为一项文化与自然双重遗产被联合国教科文组织列入世界遗产名录,2000年,皖南古村落"西递、宏村"列入世界文化遗产名录。

第一节　申报与公布

1986—2007年,为更好地保护、继承、发展优秀历史文化资源,完善保护体系,安徽省组织有关部门和专家,对全省历史文化资源进行全面的调查评价和认定工作,在此基础上,积极申报国家历史文化名城、名镇、名村,并开展省级历史文化名城、名镇、名村和街区的认定和公布工作。

国家级历史文化名城、名镇、名村　20世纪80年代,为加强全国古城镇、古村落保护和管理,国务院开始审批和公布国家级历史文化名城、名镇、名村。其后,安徽省有关部门组织力量,在全省范围内,对古城镇、古村落进行调查评价,对具有一定影响和保护价值的历史文化名城、名镇、名村积极组织申报。1986年11月,国务院以国发〔1986〕104号文件,公布第二批国家级历史文化名城38个,安徽省歙县、寿县、亳州三个城市列入其中,成为安徽省首次命名的国家级历史文化名城,这对安徽省历史文化名城申

报、规划编制和审批及保护工作，产生很大促进作用。

2005年4月14日，国务院以国函〔2005〕28号文批准安徽省安庆市为国家历史文化名城，2007年3月18日，国务院以国函〔2007〕29号文批复同意将安徽省绩溪县列为国家历史文化名城。

国务院还于2007年公布了安徽省的毛坦厂镇、三河镇为中国历史文化名镇；2003年、2005年和2007年分三批公布了安徽省西递、宏村、江村、渔梁村、棠樾村、唐模村和屏山村为中国历史文化名村。

省级历史文化名城、名镇、名村 在积极申报国家级历史文化名城、名镇、名村的同时，安徽省建设厅会同安徽省文物局组织有关部门和专家，在对全省城市（县城）历史文化遗产进行全面调查评价后，提出安庆、黟县、桐城为安徽省第一批省级历史文化名城建议名录（安庆后升格为国家级历史文化名城）；其后又提出凤阳等7个县（区）为省级历史文化名城建议名录。另外，为加强对一些城市具有历史价值的街区、古镇保护，提出一些历史文化名镇、名村及保护区建议名录，如屯溪老街、休宁县万安古镇、泾县陈村古镇（含万村）、东至县东流古街、绩溪县大坑口—湖村—石勘头及绩溪县上庄—冯村等，并上报安徽省人民政府。省政府于1989年起，分批公布了以上省级历史文化名城、名镇、名村和历史文化保护区。2006年10月15日，省政府以皖政秘〔2006〕178号下发安徽省人民政府关于公布安徽省历史文化名镇、名村、街区的通知（以下简称《通知》)。《通知》指出“我省历史悠久，文化遗产丰富，文物古迹较多。为切实保护好我省历史文化遗产，弘扬优秀传统文化，在省建设厅、省文物局组织专家等有关方面考察、评审的基础上，省政府批准肥西县三河镇等8个镇为安徽省历史文化名镇，歙县棠樾村等19个村为安徽省历史文化名村，五河县城关镇顺河街为安徽省历史文化街区；同时，将1989年、1996年公布的11个省级历史文化保护区，分别更名为安徽省历史文化名镇、名村、街区，现一并公布”。其后三河镇、毛坦厂镇升格中国历史文化名镇，唐模村、棠樾村、屏山村等3个村升格中国历史文化名村。《通知》要求各地、各有关部门要切实加强对历史文化名镇、名村、街区的保护、建设和管理，认真编制完善保护规划，制定严格的保护措施，完善保护区内基础设施建设，整治文物古迹的周边环境，切实保持历史文化名镇、名村、街区的历史风貌。省建设厅和省文物局要加强工作指导，定期进行监督检查，发现历史文化风貌遭到破坏的，要立即责成整改；整改不力、达不到相关条件的，要提请省政府撤销其称号，情节严重的，要依法追究责任。截至2007年，安徽省已有省级历史文化名城9个、名镇10个、名村21个和3个省级历史文化街区。

鉴于安徽省历史文化街区多数已纳入历史文化名城、名镇、名村中的核心保护区进行保护管理，安徽省对其中的历史文化街区未再另行公布。但对黄山市屯溪区屯溪老街、东至县东流古街、五河县城关镇顺河街因区位等因素需单独设立保护的历史文化街区予以专文公布。

第二节　保护与管理

安徽省对历史文化名城、名镇、名村保护工作从20世纪80年代中期开始，在历次开展省级历史文化名城和历史文化保护区评选工作中，对历史文化名镇、名村均同时开展评选工作，并列入历史文化保护区内，由省政府命名公布。并向国家推荐上报2个名镇和7个名村，均获中国第三批历史文化名镇、名村称号。与此同时，省建设厅部署各地对历史文化名城、名镇、名村保护规划编制、审批工作，并在有关文件中，强调历史文化名城、名镇、名村保护管理工作。推动历史文化资源健康有序保护和管理。

制定法规政策

为加强对历史文化资源的保护，发挥其在社会主义物质文明和精神文明建设中的作用，安徽省根据有关法律法规，结合本省实际，制定了相关的历史文化资源保护管理的法规政策。

条例　1997年9月21日，安徽省第八届人民代表大会常务委员会第二十三次会议通过《安徽省皖南古民居保护条例》（以下简称《条例》），指出皖南古民居是本省境内长江以南地区具有历史、艺术、科学价值的民用建筑物，要求各级人民政府负责保护本行政区域内的古民居，按照有效保护、合理利用、加强管理的原则，把古民居保护纳入当地经济和社会发展规划，纳入城乡建设规划，由建设行政管理部门会同文物行政管理部门落实保护措施。《条例》强调各地人民政府应加强对历史文化保护区和古民居较多的村落的环境风貌的保护；在历史文化保护区内新建、拆建、改建建筑物，须经保护级别同级的文物行政管理部门同意后，方可按基本建设程序办理审批手续。《条例》的颁布，提高了各级政府、领导对古民居、古村落和历史文化保护区保护工作重要性的认识，加强保护工作，拯救了一大批珍贵古民居、古村落和历史文化保护区。

意见　1998年11月19日，安徽省建设厅制定《关于进一步加强历史文化保护区保护管理的意见》（以下简称《意见》），经省政府同意，省政府办公厅于1998年12月28日以皖政办〔1998〕52号文件，转发了省建设厅这个《意见》。《意见》对当时安徽省已颁布的国家级和省级历史文化名城，省级历史文化保护区保护管理工作做了总结，并指出存在的突出问题。

《意见》指出，历史文化名城和历史文化保护区是优秀的历史文化遗产，保护好这些遗产是社会主义物质文明和精神文明建设的重要组成部分，对于培养广大群众的民族自豪感和爱国主义精神具有十分重要的意义。在建立社会主义市场经济体制、加快改革开放和现代化建设的新形势下，正确处理好名城保护和发展的关系，是营造良好的投资环境，促进经济特别是旅游经济发展的重要条件。各级领导要充分认识做好历史文化名城保护工作的重要意义，以高度的历史责任感，保护好祖先留下的优秀历史文化遗产。要强化历史文化名城和历史文化保护区规划管理工作。凡列为省级以上历史文化名城和历史文化保护区的，要严格执行《城市规划法》规定的“一书两证”制度，使历史文化名城和历史文化保护区内的各项建设活动，严格按照批准的保护规划有序地进行。

《意见》要求各地应依据已经批准的新一轮城市总体规划，抓紧组织编制、完善历史文化名城和历史文化保护区的保护规划。要提高规划编制质量，增强规划的科学性和可操作性，有效地指导名城的保护和管理。保护规划要突出重点，兼顾一般，正确处理保护历史文化遗产和城市建设、经济发展的关系，达到既保护名城的风貌特色，继承和发扬城市传统文化，又有利于城市建设和发展的目的。历史文化名城和历史文化保护区保护规划已经编制完成的，要尽快组织审查，并按程序上报审批。

《意见》强调历史文化名城和历史文化保护区的保护重点是整体风貌，保护构成历史风貌的各个要素，除保护各类建筑物的形式外，还包括路面、院墙、历史遗迹、小品、河道、古树等。对传统建筑要尽量按原有形式修整，对其他建筑及街道、水系等，要按照原有风貌进行环境整治，使其能充分体现传统特色和历史文脉，要积极改善保护区内的基础设施，提高环境质量，满足居民的生活需求；在进行历史文化名城和保护区整治改造中，切忌大拆大建，要通过合理的保护和整治，使之既满足现代生活需要，又能使历史风貌特色得以保持和延续。

具体措施

安徽省现有国家级、省级历史文化名城 14 个、名镇 12 个、名村 28 个，省级历史文化保护区 3 个。这些名城和保护区自公布以来，各地加强了保护管理工作，积极编制保护总体规划、重点地段的详细规划，并纳入城市总体规划认真组织实施，取得了一定的经济、社会和环境效益。

编制保护规划　1999 年 3 月 3 日，省建设厅下发《关于加强历史文化名城和历史文化保护区保护管理的几点意见》，就进一步宣传历史文化名城和历史文化保护区保护管理工作重要性，抓紧组织编制历史文化名城和历史文化保护区保护规划，尽快界定历史文化保护区和历史文化名城中重点保护地段范围，积极做好重点保护地段详细规划编制工作，以及加强对重点历史文化保护地段内建设项目审查工作等方面，提出具体实施意见。皖政办〔1998〕52 号文件和省建设厅这个文件下发后，大大提高了全省各级政府和广大市民对保护历史文化名城、保护区重要性的认识，进一步加强了历史文化名城和历史文化保护区保护和管理工作。

根据省建设厅这一指导意见，寿县、歙县、安庆、亳州、绩溪等 5 个国家历史文化名城均组织编制了历史文化名城保护规划，其中安庆、亳州、寿县、歙县等 4 个历史文化名城已进行了再次修编，安庆、亳州、寿县 3 个历史文化名城保护规划已由省政府批复实施。从此，安徽省省级历史文化名城保护规划编制工作也得到积极推进。

提出保护办法　省人大常委会和省政府相关历史文化资源保护管理法规政策下发后，黄山市政府十分重视历史文化遗产保护管理工作，在全省乃至全国率先颁布《黄山

市屯溪老街历史文化保护区保护管理暂行办法》(以下简称《办法》),《办法》明确保护目的,对屯溪老街保护管理范围、核心保护区内建筑进行分区分类,提出相应保护和控制措施,并分别就规划管理、建筑管理、市政公共设施管理、市场管理及社会管理等提出针对性保护管理细则及罚则。《办法》得到建设部肯定,建设部于1997年8月以[97]建规字第18号文件,向全国转发了这个《办法》,明确将黄山市屯溪老街列为建设部历史文化保护区规划、管理综合试点,并指出历史文化保护区是国家文化遗产重要组成部分,是保护单体文物、历史文化保护区、历史文化名城这一完整体系中不可缺少的一个层次,也是历史文化名城保护工作重点之一。同时提出历史文化保护区特征、保护原则、保护方法等意见。在全国首次对历史文化保护区保护管理工作,提出科学系统的意见和实施办法,推动全国和安徽省历史文化保护区保护和管理工作顺利开展。

古建筑群保护　2001年6月25日,国务院下发《关于公布第五批全国重点文物保护单位和与现有全国重点文物保护单位合并项目的通知》,安徽省呈坎村古建筑群、宏村古建筑群、西递村古建筑群、查济古建筑群等被列为全国重点文物保护单位,首次将安徽省古建筑群、古村落等列为历史文化保护区,同时列为全国重点文物保护单位,从而大大增强对这些历史文化保护区保护管理工作力度,也为西递、宏村后来成功申报世界文化遗产,奠定坚实基础。

近现代建筑保护　2004年3月6日,建设部下发《关于加强对城市优秀近现代建筑规划保护的指导意见》(以下简称《指导意见》),指出城市优秀近现代建筑,是城市历史文化遗产重要组成部分,切实加强其保护工作,对于保持城市传统特色和风貌,具有十分重要意义,并对城市优秀近现代建筑的断代、界定、保护规划及保护管理和监督等方面,作了明确要求。安徽省建设厅于2004年4月9日,以建规〔2004〕108号文件转发建设部的《指导意见》,并就保护城市优秀近现代建筑重要性的宣传、调查整档工作、保护规划编制以及保护管理工作等方面,提出具体贯彻落实意见,推动全省城市优秀近现代建筑保护管理工作,也丰富了安徽省历史文化遗产保护内涵。

第三节　古村落申遗

徽派建筑群形成有近千年历史的黟县西递、宏村两处古村落,是皖南古村落的杰出代表,1995年起,开始进行黄山市黟县西递、宏村古村落申报世界文化遗产准备工作。

古建整治　1995年,为迎接世界遗产委员会国际专业中介机构对西递、宏村申遗进行实地考察,安徽省人民政府下发关于做好黟县西递、宏村古村落环境整治通知。黟县人民政府随即召开西递、宏村环境整治专题会议,并正式聘请万国庆和陈安生为专家顾问进行指导和帮助。安徽省建设厅还明确在环境整治过程中,每月一次派员到现场予以督促、检查,万国庆和陈安生主持制定西递、宏村环境整治方案。整治工作在整治方案统一指导下进行,并由富有古建经验的技术队伍负责施工。整治方案明确整治目的是:遗产的真实性;古村落风貌的完整性;建筑风格的统一性;文化氛围的独特性。整治原则是:凡属历史遗存的真实信息,包括石板道路、牌坊、祠堂、民居、围墙、院落、水井、堨坝等,均须保持原样;凡属新建、改建房屋,使用传统材料、传统工艺保持传统风貌,原则上予以保留,局部不协调予以调整;凡属新建、改建的建筑物和构筑物,使用的是新材料和新工艺,其风貌与传统相悖的,原则上予以拆除。少数经技术处理后不严重影响风貌统一性的,采取措施予以处理;建筑风貌不协调部位（虽然都属传统风貌,但制作方式、手法不统一的）,原则上予以调整统一,至少要做到小区域（景观视野范围内）统一;整治环境不是重建、新建,严禁借整治机会大拆大建,整治必须严格、规范操作,绝不允许粗枝大叶。建设部、国家文物局、中国城市规划设计院、联合国教科文组织中国委员会专家和省建设厅、省文物局负责人等到西递、宏村对环境整治效果进行检查、验收。检查组认为西递、宏村整体上基本达到验收标准。对少数不足之处,检查组也提出具体完善意见。

启动申报 1996年,在建设部和国家文物局关心支持下,西递、宏村被列为世界文化遗产预备名单。随后,国家文物局负责世界遗产申报的专家,在考察苏州周庄、同里（准备将该两处申报世界文化遗产）后,应安徽省建设厅、安徽省文物局邀请到西递、宏村考察。他们对西递、宏村古村落、古民居完好保护,深为感动,当即表示应将西递、宏村申报世界文化遗产（每年每个国家只受理一个项目的申报）。之后,省建设厅、省文物局多次赴京向建设部和国家文物局汇报西递、宏村有关情况,并正式启动申报工作。按照申报世界文化遗产纲要要求,省建设厅和省文物局会同黄山市、黟县政府,成立申遗工作组,制订周密的工作计划,进行现状调查、资料收集,准备申遗报告和相关附件、图册等材料,由省建设厅分管领导带队专程向建设部和国家文物局汇报。同时,省建设厅又组织强有力的专业队伍,抓紧编制西递、宏村古村落保护规划,并邀请建设部、国家文物局等领导和全国有关专家,对保护规划进行评审指导,为申遗工作奠定了良好的基础。经过省建设厅的努力,国家有关部门的评选,确定当年只将西递、宏村古村落作为典型古村落的代表,申报世界文化遗产。6月14日,省建设厅将申遗的相关资料报送建设部、国家文物局,经审查同意,于1996年7月3日正式报送到联合国教科文组织遗产中心总部——法国巴黎。

2000年年初,联合国教科文组织派专家到安徽省实地考察西递、宏村古村落。通过实地考察,联合国专家认为西递、宏村古村落文化底蕴丰富,整体保护完好,古村落风貌特色鲜明,堪称人类少有的文化遗产。11月30日,在联合国教科文组织世界遗产委员会成员国会议上,安徽省西递、宏村古村落申报世界文化遗产获得一致通过,被列入世界文化遗产名录。

遗产保护组织 2002年,为进一步加强安徽省世界遗产保护和管理,省政府办公厅下发《关于成立安徽省世界遗产管理委员会的通知》,由省长任委员会主任,两名副省长任副主任,委员会下设办公室,省建设厅厅长兼办公室主任。

安徽省列入世界文化遗产地、国家历史文化名城、名镇、名村一览表

表 1-3-1

类别 级别	数量	名称	批准年份	所在地
世界文化遗产地	2	黄山	1990	黄山市
		皖南古村落“西递、宏村”	2000	黄山市黟县
国家级历史文化名城	5	歙县	1986	黄山市
		寿县		六安市
		亳州		亳州市
		安庆	2005	安庆市
		绩溪	2007	宣城市
中国历史文化名镇	2	毛坦厂镇	2007	六安市金安区
		三河镇		合肥市肥西县
中国历史文化名村	7	西递	2003	黄山市黟县
		宏村		黄山市黟县
		江村	2005	宣城市旌德县
		渔梁村		黄山市歙县
		棠樾村	2007	黄山市歙县
		唐模村		黄山市徽州区
		屏山村		黄山市黟县

安徽省历史文化名城、名镇、名村及历史文化街区一览表

表 1-3-2

类别 级别	数量	名称	批准年份	所在地
安徽省历史文化名城	9	黟县	1989	黄山市
		桐城		安庆市
		凤阳	1990	滁州市
		潜山	1996	安庆市
		涡阳		亳州市
		蒙城		亳州市
		和县		巢湖市
		宣州（宣城）		宣城市
		贵池（池州）		池州市

续表 1-3-2

类别 级别	数量	名称	批准年份	所在地
安徽省历史文化名镇	10	水东镇	2006	宣城市宣州区
		万安镇		黄山市休宁县
		桃花潭镇（原陈村古镇）		宣城市泾县
		临涣古镇		淮北市濉溪县
		大通古镇（2006年由历史文化保护区更名）		铜陵市铜陵县
		响肠镇		安庆市岳西县
		潜口镇		黄山市徽州区
		孔城镇		安庆市桐城市
		西溪南镇		黄山市徽州区
		城父镇		亳州市谯城区
安徽省历史文化名村	21	许村镇	2006	黄山市歙县
		呈坎村		黄山市徽州区
		南屏村		黄山市黟县
		查济村		宣城市泾县
		关麓村		黄山市黟县
		黄村村		黄山市休宁县
		龙川村(原大坑口)—湖村—石勘头		宣城市绩溪县
		上庄—冯村（2006年由历史文化保护区更名）		宣城市绩溪县
		黄田村		宣城市泾县
		垓下村		蚌埠市固镇县
		瑶岗村		合肥市肥东县
		蚌山孙家圩子村		蚌埠市
		雄村		黄山市歙县
		右龙村		黄山市休宁县
		石家村		黄山市绩溪县
		小井庄村		合肥市肥西县
		昌溪村		黄山市歙县
		瞻淇村		黄山市歙县
		长淮卫村		蚌埠市龙子湖区
		启明村—新光村—鸽子笼村		合肥市肥西县
		小岗村		滁州市凤阳县
安徽省历史文化街区	3	黄山市屯溪区屯溪老街	2006	黄山市屯溪区
		东至县东流古街		池州市东至县
		五河县城关镇顺河街		蚌埠市五河县

第二篇　城市建设

新中国成立以来,特别是在1978年中共十一届三中全会以后,随着改革开放不断深入,国民经济持续快速发展,城镇化进程不断加快,城市基础设施建设也进入快速发展时期。除中央和地方财政积极扶持外,各级地方政府多方筹措资金,加大城市基础设施建设投入,1986—2007年城乡建设固定资产投资累计完成5823.4亿元,增长34.2%,其中房地产开发投资3298.9亿元,城市建设投资1186.8亿元。本着有利生产、方便生活,以人为本理念,大力发展市政公用事业。如城市供水,1949年前,安徽省仅有安庆、芜湖2座小水厂,供水能力仅0.3万立方米/日,居民饮用水多以河、塘、井水为主,城市供水几乎空白。新中国成立后,城市供水有了长足发展,各城市相继建立自来水厂,至2007年,安徽省城市供水能力已达到507万立方米/日,自来水普及率94.4%,县城自来水普及率也达到78.8%。城市道路也由新中国成立初期214千米,增长到2007年8771千米,人均城市道路面积13.55平方米,居全国先进水平。城市燃气发展也较快,20世纪70年代末,马鞍山利用焦炉煤气作为气源向城市供应煤气,是全省最早拥有燃气城市。随后安庆、合肥、蚌埠等市,开始筹建液化气供应设施,用气人口开始增加。2000年,国家正式实施"西气东输"工程,其后"川气东送"亦到达安徽省南部城市,燃气工程基本覆盖全省,至2007年,燃气普及率达83.15%。城市供热自合肥市1986年正式启动城市集中供热设施建设之后,又有淮南、淮北、阜阳、宿州、滁州、安庆等市利用热电联产的热源,逐步向城市集中供热。城市公交、市容环境、园林绿化、城市照明等,发展也很快,城市照明焕然一新,照明光源已由白炽灯发展到高压汞灯、高压钠灯以及汞灯和钠灯等混合光源,结束煤气油灯和白炽灯历史。

第一章　城市发展与管理

1986年后，改革开放进一步深入，安徽经济快速发展，城市发展亦进入全新阶段，不仅城市数量增加，城市规模也不断扩大，建成区面积急剧扩张，人口规模大幅提升。以合肥为例，市区人口1981年82.18万人，2007年达到200万人；城市建成区面积1978年为48.5平方千米，2007年为225平方千米。同时，全省各级政府把城市管理列入议事日程，市长挂帅，设立机构，制订管理法规、规章、编制城市建设专业规划，实施市政公用事业市场化改革，城市建设管理健康有序进行。

第一节　城市发展

安徽省地处祖国中东部，为内陆省，跨长江、淮河中下游、怀抱巢湖，四周邻江苏、浙江、江西、湖北、河南、山东等省，京浦、京九，宁芜铁路干线纵横境内，水、陆、空交通便捷，全省东西宽约450千米，南北长约570千米，总面积约13.96万平方千米，约占全国总面积1.45%。

城市设置　安徽省城市随着经济兴盛、繁荣而发展。新中国成立前夕，仅有蚌埠设市建制，1949年，设合肥、芜湖、淮南、安庆、屯溪5市，至此全省共6市。1952年，安徽省人民政府成立，直辖合肥、芜湖、蚌埠、淮南、安庆5市，撤销屯溪市，分设阜阳、宿县、滁县、六安、安庆、芜湖、徽州7个专区，省会设在合肥市。

1965年，为开发马鞍山矿产资源，发展钢铁工业，设立马鞍山市；为发展铜类有色金属工业，设立铜官山市（后改设铜陵特区），1971年更名为铜陵市。1960年，为加快闸河煤田开发，设立濉溪市，1971年更名为淮北市。1975年恢复屯溪市，增设阜阳市，1978年，增设六安市，均为地辖市。至1978年，安徽共有设市城市11个，其中省辖市7个，分别是合肥市、蚌埠市、芜湖市、马鞍山市、铜陵市、淮南市和淮北市；地辖市4个，分别是安庆市、屯溪市、阜阳市和六安市，同时设置阜阳、宿县、滁县、六安、安庆、池州、巢湖、芜湖、徽州9个专区。

1978年后，随着改革开放不断深入，安徽社会、经济建设事业得到快速发展，城市数量亦逐步得到调整和增加，先后设立黄山、宿州、亳州、滁州、巢湖、宣城、贵池、桐城、宁国、明光、天长、界首等县级市（地辖市），其间，宣城、宿州（宿县）、滁州（滁县）、芜湖、安庆、池州经历过撤销、恢复过程，后安庆、黄山、滁州、阜阳、宿州、六安、巢湖、亳州、池州、宣城相继设地级市（省辖市），全省所有行署（专区）撤销。

截至2007年，全省设市城市22个，其中地级（省辖）市17个，县级市5个。另有56个县，45个县级区。

安徽省城市数量一览表

表2-1-1

<table>
<tr><td colspan="2">年份</td><td>1949</td><td>1952</td><td>1978</td><td>2007</td></tr>
<tr><td colspan="2">城市数量</td><td>6</td><td>5</td><td>11</td><td>22</td></tr>
<tr><td rowspan="2">城市名称</td><td>地级市</td><td>合肥、芜湖、蚌埠、淮南、安庆、屯溪</td><td>合肥、芜湖、蚌埠、淮南、安庆</td><td>合肥、芜湖、蚌埠、马鞍山、铜陵、淮南、淮北</td><td>合肥、芜湖、蚌埠、淮南、马鞍山、淮北、铜陵、安庆、黄山、阜阳、宿州、滁州、六安、宣城、巢湖、池州、亳州</td></tr>
<tr><td>县级市</td><td></td><td></td><td>安庆、屯溪、阜阳、六安</td><td>桐城、界首、明光、天长、宁国</td></tr>
</table>

城市类型和分布

安徽省城市人口超过百万的为合肥市、淮南市。城市类型也各不相同，有平原城市、沿江城市、山地城市、工业城市、交通枢纽城市、港口城市和风景旅游城市，分布比较合理。新中国成立后，特别是1978年实行改革开放政策以来，在进行大规模社会主义建设中，结合自然资源优势和经济社会发展状况，形成几个各具特色的经济区域，生产力布局日趋合理，城市带动和促进区域经济发展中发挥了重要作用。

皖北地区　耕地面积和人口均占全省二分之一左右，盛产粮、棉、油等农副产品和中成药材，煤炭储量占全省总储量99%以上。经过改革开放后30多年建设，形成淮南、淮北、宿州、蚌埠、阜阳、亳州等大中城市为中心，以农业、药材为基础，以煤、电、化工、食品、电子等工业为骨干经济区域，并已成为全国重要能源基地。

沿江地区　江河纵横，湖泊密布，气候温和，雨量充沛，素有“鱼米之乡”之称。毗邻“长三角经济圈”，长江两岸的铁、铜等矿藏居全省之首，兴建和发展了马鞍山、芜湖、铜陵、安庆等工业城市，形成钢铁、有色金属、汽车、石油化工等工业比较发达等经济区域。

皖南地区　黄山、九华山、齐云山、花山谜窟—渐江、太平湖等风景名胜和世界文化遗产——西递、宏村位居其中，旅游资源十分丰富，交通运输亦很发达，正在形成以黄山为中心的皖南旅游区。

皖中地区　已形成以省会合肥为中心的政治、经济区域，汽车、电子、高新技术产业、机械、化工等已成为骨干工业的经济区域。

基础设施建设投入　20世纪80年代以来，安徽城市建设备受关注。至1995年，全社会固定资产投资超过50亿元，城市基础设施建设投入超过16.65亿元（首次突破并超过10亿元），占GDP比例和全社会固定资产投资比例分别为0.83%和3.13%。

1998 年，安徽紧紧抓住中央实施投资拉动、扩大内需政策机遇，共计争取 50 多亿元国债、200 多亿元银行贷款，集中精力开工兴建 200 个城市基础设施项目。1998—2000 年期间，安徽城市基础设施建设累计完成投资 192.8 亿元，约为安徽前 50 年城市建设投资总和。2001—2005 年期间，安徽城市基础设施投资增幅平均为 30.6%，5 年累计完成投资 505.33 亿元。全省城市的市政基础设施建设向提升品质、注重效益和改善人居环境方面转变。

安徽省城市基础设施水平统计表

表 2–1–2

年　　份	1978	2000	2001	2004	2007
人均日生活用水量（升）	138.60	211.84	214.59	206.17	180.40
用水普及率（%）	72.90	95.78	77.98	89.95	94.40
燃气普及率（%）	3.00	76.95	57.74	69.18	83.15
每万人拥有公交车辆(标台)	2.70	7.60	5.60	7.41	8.7
人均道路面积（平方米）	2.10	9.62	8.42	11.14	13.55
排水管道密度（千米 / 平方千米）	—	4.74	5.03	5.95	1.6
污水处理率（%）	—	38.77	43.49	44.86	73.57
人均公共绿地面积（平方米）	3.40	6.97	4.79	5.93	8.72
建成区绿地率（%）	—	21.81	21.51	22.19	32.17
建成区绿化覆盖率（%）	13.20	27.06	25.50	26.84	36.09
生活垃圾无害处理率（%）	—	—	46.10	25.52	49.10

说明：表中“—”为当年无此统计数字记录

第二节　市政公用事业市场化改革

2000—2007 年，市政公用事业通过创新管理模式，采取企业运营机制，坚持走市场化改革之路，其服务水平和运营效率得到改善和提高。

城市供水　1995 年，宿州市自来水公司率先在全省改制为股份制企业，合肥、蚌埠、淮南 3 市按照建立现代企业制度要求进行规范化公司制改造，改制为国有独资或国有控股、职工参股的供水有限公司。2002 年，以马鞍山市自来水公司与北京首创股份有限公司共同出资组建马鞍山首创水务有限公司，安徽省城市供水行业市场化改革进入加快发展时期。先后有北京首创、中环保水务投资有限公司、香港中华煤气、英国安格利安水务公司、深圳水务投资公司等企业单位采取合资、合作、股权转让、出售以及特许经营等方式，参与部分市、县供水企业市场化改革，引进境内外资金 10 多亿元人民币。改革后的供水企业，强化运营机制，运营效率得到提升，管理水平和服务水平较大提高，总体上得到社会肯定。

污水处理 2001—2007年，贯彻建设部《市政公用事业特许经营管理办法》，积极探索特许经营制度实施途径，提高项目管理水平，拓宽融资渠道。按照产业化要求，合肥、肥东、含山、怀远、固镇、太和等市、县污水处理厂委托专业化污水处理运营企业运营；合肥、马鞍山、阜阳、宿州、淮南、淮北、安庆、天长、无为、凤台、颍上、庐江、五河、寿县、舒城等40多个市、县，先后通过BOT（新型项目融资模式）、TOT（是BOT融资方式的新发展）、BT（建设移交）等方式进行污水处理设施市场化运作。

城市燃气 至2007年，全省现有不同经济成份的大小液化气企业300余家，完全按照市场化自主经营、自负盈亏、自我发展。城市管道燃气企业改革步伐加快，全省“西气东输”沿线城市天然气利用工程，基本按照市场化方式运作。已有马鞍山市、铜陵市、安庆市、黄山市、池州市、芜湖市、淮南市、宿州市、蚌埠市、滁州市、六安市、巢湖市、亳州市、淮北市和阜阳市等与香港中华煤气、中国燃气、新奥集团、华润集团、安徽国祯集团等，采取独资、合资等方式投资城市天然气工程建设和运营。通过引进市场机制和先进的管理理念，增强企业活力，并遵照市场经济规律实现可持续发展。

城市公交 2000年开始，安徽省公交行业引入市场竞争机制和先进管理模式，经政府特许经营（或许可），允许多种经济成分投资建设和运营城市公共交通线路和设施，按照国有主导、多方参与、规模经营、有序竞争的市场化思路进行探索和尝试。至2007年年底，全省已经有合肥、芜湖、淮北、马鞍山、淮南、安庆等市分别与香港白马巴士公司、澳门新福利巴士公司、南京中北（集团）股份公司等，采取合资、合作等方式，经营城市公交线路或市区部分公交线路；池州、宣城、巢湖等市引入民营资本，参与城市公交设施建设与线路运营，募集的资金近2.5亿元。公交场站设施和车辆状况得到进一步改善，营运服务水平明显提高。

市容环卫 环卫作业服务改革进一步深化。至2007年底，各市、县在道路清扫保洁、公厕管护、垃圾运输等环卫作业服务方面，基本实行内部承包制、内部招投标制和公开招投标制，新建城市道路、广场的清扫保洁和公厕管护等环卫作业服务实行市场化运作。

园林绿化 强化城市园林绿化行政管理职能，指导各市、县结合机构改革，合理配置城市园林绿化管理机构，积极引进技术人才。至2007年，各省辖市、大部分县级市、部分县城都配备了专门的城市园林绿化管理部门和相关专业管理人员，建立健全城市园林绿化管理机构。推行政企分开、建管分开，放开市场，引入竞争机制，推进园林绿化行业体制改革。支持园林行业管理部门集中精力行使政府职能，强化行业管理。

建设养护等经营性单位实施改制，走向市场。放开设计、施工、养护市场，通过招投标等方式，引入竞争机制，节约成本，提高水平，提升效能。1998年，根据建设部的统一部署，在全省推行园林绿化企业资质管理，并实施规模兴业战略，鼓励有条件的企业做大做强。至2007年，全省共有园林绿化资质企业近500家。其中一级企业3家，二级企业153家。部分高资质企业，正在进一步整合规划设计、施工管理、园林绿化植物培育和养护等力量，提升企业市场综合竞争力，创建企业品牌，力争走资本运作道路，推动绿色产业发展。园林绿化施工、养护市场已经基本成熟。

第三节　城市管理

1992年，邓小平视察南方谈话和中共十四大确立社会主义市场经济体制的新形势下，安徽省城市管理进入全新发展时期，改革创新不断，公共价值最大化、管理主体多元化、管理方法科学化等现代城市管理理念，逐渐成为主流。

法制建设　中共安徽省委、省人大常委会和省政府高度重视城市建设和管理，先后颁布《安徽省市政设施管理条例》《安徽省城市市容和环境卫生管理条例》《安徽省燃气管理条例》《安徽省城市节约用水管理办法》《安徽省城市公共客运交通管理办法》和《安徽省城市污水处理管理暂行办法》等地方性法规和政府规章。截至2007年，已实现一业一法规（或一规章）框架，全省城市建设管理工作进一步加强，依法行政、依法治建、依法治市力度加大。各市亦普遍设立城市管理机构，组建市容管理局（城市管理行政执法局）、城市管理局，并充实和加强了管理队伍，为安徽省城市管理工作奠定基础。

市容整治　按照构建和谐社会要求，各市建立起市长挂帅、城市建设主管部门负责、各有关部门协同运作、群众参与的城市建设管理体制，把涉及普通老百姓的身边小事，如城市沟、塘、河、渠、湖等水环境治理，公共绿地建设，城乡结合部，城中村和小街小巷整治改造，公厕建设，垃圾清运，市容市貌整治，公用事业温馨服务等，作为城市建设和管理的力量之一。20世纪90年代中期，全省设市城市和县城开展大范围、持续性市容环境卫生整治活动，特别是“把垃圾装起来、把马路让出来、把门前包起来”（即“三个起来”）活动的深入开展，城市居民随手随地乱扔、乱丢垃圾等不文明陋习得到转变。各地牢牢把握创建文明城市这一契机，坚持建管并重、综合治理，以城市综合整治为重点，开展道路工程、绿化工程、亮化工程、净化工程，初步实现“让道路畅起来，让城市绿起来、亮起来、美起来、净起来”的建设目标。

数字化管理

1986年以后，安徽省城镇化水平不断提高、城市规模不断扩大，传统的城市管理体系和运作机制已不适应信息时代城市发展需求。2006年起，安徽明确在全省推行数字化城市管理，作为拓展效能建设新内容，并列入省建设厅一项重要工作，制订分步试点、积极引导、逐步全面展开的目标要求，推动城市管理体制、机制创新。2007年4月，建设部下发《关于公布数字化城市管理第三批试点城市（城区）名单的通知》，安徽省合肥市、黄山市、淮北市、芜湖市和铜陵市等5个城市被列入全国数字化管理24个试点城市之中。5月，省建设厅转发建设部《关于公布数字化城市管理第三批试点城市（城区）

名单的函》，5个城市随即组织人员外出考察，并结合各市实际，制订数字化城市管理工作实施方案和计划，淮北市、黄山市和芜湖市进展较快。

淮北市　淮北市市容局投入600万元实施数字化监控项目一期工程，建设城市管理监控中心，总面积约400平方米。数字化城管主要有市容数字化监控系统、景观照明智能化控制系统、GPS定位系统三个系统组成。数字化监控系统设计安装33个点位视频监控，其中有一个移动监控点，车载移动摄像机主要设备正在安装，景观照明智能化控制系统设计安装27个亮化控制点。控制中心机房设备有机架式GPS服务器和数据库服务器，硬盘录像和VGA矩阵、视频服务器、GPS电源及4席连体操作台，同时设置8台29寸高清电视机和一台34寸数字电视机组成的屏幕墙，并在大厅内设有一个120寸演示大屏。

黄山市　黄山市于2005年在全省率先引进目前国内先进的城管电子监控系统，以此推动城管执法更好地开展，该系统在黄山市中心城区设置25个监控点，1个控制中心，2个中继站。控制中心设置视频并有矩阵控制系统一套，主控键盘2台，硬盘录像机2台，以及10台监视器并构成电视墙。此系统建立，实现对城市生活垃圾收集、运输、处理过程总监控，并将实时监控中心城区各主次干道市容市貌，实现对城市管理中出现的占道经营、流动摊点、违章停放等违法、违章行为证据保全和依法及时处理，并有助于公安部门对各类违章、违法案件处理。

芜湖市　芜湖市市容管理局与公安、电信部门合作，共同建立可视监控平台——"天眼"系统。目前拥有路面监控摄像头350个，平均每个摄像头监控范围大约为8～10平方千米，监控面积基本覆盖全市各主要路段。现有平台具有综合监控和快速指挥调度作用，可以广泛用于巡查城管路面问题，如卫生死角、流动摊贩、店外经营、违章广告、占道堆放、违章搭建、乱张贴、乱运渣土等问题。在监控平台建立过程中，致力于利用数字化技术打造信息平台，以此作为监控指挥中心工作的有力支撑。先后建立市容局对公网站、职工内部网站、行政执法投诉平台、市容邮件系统、市容OA系统、市容网格化管理系统、市容短信系统等一系列功能各异、行之有效的城市管理数字平台，形成初步的内部系统工作流系统，充分让城市管理人员体会到信息化建设的便捷。

城市环境提升　各市建设管理部门，坚持以人为本，加强整治和管理力度，城市环境治理取得显著成绩。继合肥市、马鞍山市之后，安庆市、黄山市、淮北市被建设部命名为国家园林城市，铜陵等5个城市被评为省级园林城市，凤台等9个县被评为园林县城，合肥、六安、马鞍山等3个城市获"中国人居环境奖"（水环境治理优秀城市）；马鞍山雨山湖治理及城市环境综合整治，芜湖市城市绿化及生态环境建设，铜陵市大通镇移民建镇，合肥市环城水系治理，六安市淠河总干渠城区级环境综合治理工程，淮南市毛集镇生态环境建设项目，淮北市沉陷区环境综合治理项目，黄山市南滨江滨水景观综合治理项目等8个项目获"中国城市人居环境范例奖"；合肥市被建设部、国家发改委命名为全国节水型城市；合肥市环城公园景观照明获建设部首批"十大绿色照明示范工程"

称号;合肥市进入首批 11 个“全国优先发展城市公共交通示范城市”行列。

第四节　城市建设专业规划

1993 年,安徽省建设厅颁发《安徽省城市建设有关专项规划编制纲要（试行）》,指导城市建设各专业规划编制工作。并在全国率先完成《安徽省城市给水工程专业规划编制纲要（试行）》等一整套城建八项专业规划编制纲要,明确城建项目立项必须以专业规划为前提。

专业规划编制　2000 年以后,全省各市城建专业规划编制进程加快,有利于城市基础设施建设项目科学合理有序地进行和行业管理,为安徽省后续项目建设提供科学依据。各市还根据法规、规范、标准和专项规划编制纲要或导则,依据《城市总体规划》纷纷完成供水、排水、燃气、公交、环卫和绿地系统等专业规划编制或修编工作。2002—2004 年,省建设厅先后组织编制《安徽省城镇供水管网改造规划》和《安徽省城市燃气管网改造规划》;2005 年,省建设厅会同省发改委、省环保局编制《安徽省城镇污水处理及再生利用设施“十一五”规划》。

专业规划提升　随着城市化进程的加快和城市建设水平的提高,城市规划理论、技术规范和标准已发生了一些新的变化,为进一步规范并指导各地编制修编好城市建设各类专业规划，2007 年省建设厅组织力量对《安徽省城市给水工程专业规划编制纲要（试行）》《安徽省城市排水工程专业规划编制纲要（试行）》《安徽省城市燃气工程专业规划编制纲要（试行）》《安徽省城市环境卫生工程专业规划编制纲要（试行）》等进行修订,并经专家审查后改为技术导则。2007 年 7 月 10 日,省建设厅将这些制订后的技术导则印发公布,以便于各有关部门在组织编制专业规划时参考执行。

第二章　城市建设投资

安徽省城市建设投融资体制，从统一集中的政府投资体制向由政府投资和市场融资相结合的多元化投融资体制转变，投资规模不断扩大，投资体制改革不断深化，投资结构不断优化，投资效益不断提高。

第一节　城市维护建设资金

安徽省城市维护建设资金包括城市维护建设税、公用事业附加、中央和地方财政拨款、国内贷款、债券收入、利用外资、土地出让转让收入、资产置换收入、市政公用企事业单位自筹资金、国家和省规定收取的用于城市维护建设的行政事业性收费、集资收入以及其它收入。

城建资金来源演变　1986年，全省城市维护建设资金中，城市维护建设税是主要来源，占52.6%；到1997年，城市维护建设税仍占城市维护建设资金的27.6%。随着多元化城市建设资金机制的建立，城市维护建设税收入占城市建设资金的比重也随之降低。到2007年，城市维护建设税收入占城市维护建设资金的比例仅为15.3%。

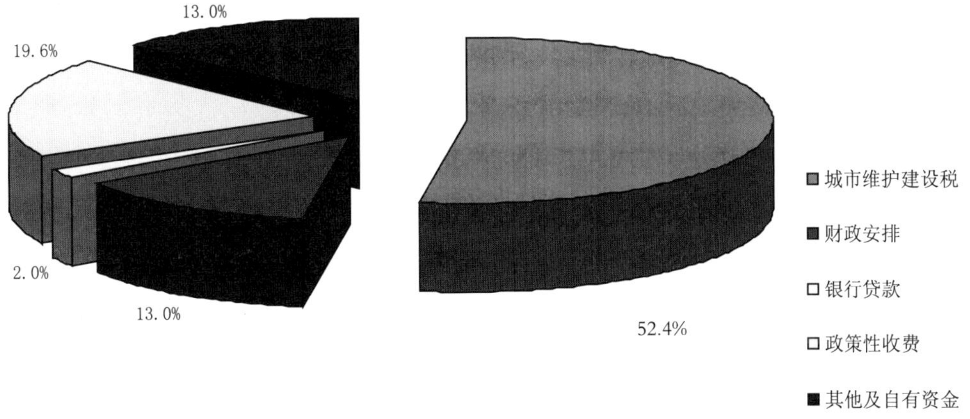

图2-2-1　1986年安徽省城市建设资金来源分解

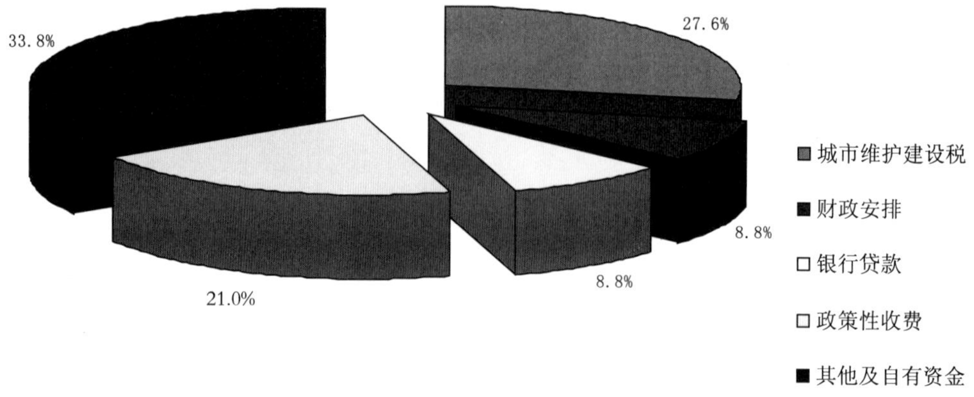

图 2-2-2　1997 年安徽省城市建设资金来源分解

多元化筹集城建资金　20 世纪 80 年代后，国民经济持续快速发展，城镇化进程不断加快，城市建设进入快速发展时期，城市维护建设资金需求也越来越大，各级地方政府在积极探索筹措城市建设资金渠道方面进行诸多探索，取得很大成效，筹集城市建设资金呈现多元化格局。

2001—2007 年，在城市维护建设资金来源中，土地转让收入和国内贷款所占比例较高，年平均分别达到 22.9% 和 21.5%；各项财政拨款年平均达到 13.9%，其中地方财政拨款占较大比例（平均 10% 左右）。

2007 年，城市维护建设资金总额为 117.74 亿元，其中土地出让转让收入 54.95 亿元，占 46.7%，城市维护建设税 18.04 亿元，占 15.3%，地方财政拨款 9.90 亿元，占 8.4%，市政公用设施配套费 8.27 亿元，占 7.0%，市政公用设施有偿使用费 4.37 亿元，占 3.7%，中央财政拨款 2.16 亿元，占 1.8%，城镇公用事业附加 0.69 亿元，占 0.6%，其他收入 11.38 亿元，占 9.7%。

城建资金来源递增

1986—2007 年，全省城市维护建设资金来源总额为 942.7 亿元。各个时期资金来源情况：“七五”（1986—1990 年）期间 18.71 亿元，“八五”（1991—1995 年）期间 55.58 亿元，为“七五”期间总额的 2.97 倍；“九五”（1996—2000 年）期间 151.72 亿元，为“八五”期间总额的 2.73 倍；“十五”（2001—2005 年）期间 379.48 亿元，为“九五”期间总额的 2.5 倍；“十一五”前两年 183.73 亿元，其中 2007 年的资金来源相当于 1986—1997 年 12 年的资金来源合计。

安徽省城市维护建设资金来源情况统计表

表 2-2-1　　单位:亿元

年份	合计	国家预算内投资	地方财政拨款	城市维护建设税	城镇公用事业附加	特殊政策收入	国内贷款	利用外资	企事业单位自筹	其他收入
1986	3.00	0.19	0.20	1.58	0.48	0.11	0.06	—	—	0.39
1987	3.20	0.19	0.27	1.72	0.38	0.20	0.15	—	—	0.29
1988	3.88	0.12	0.11	2.05	0.43	0.45	0.30	—	—	0.42
1989	4.14	0.07	0.18	2.37	0.40	0.53	0.02	—	—	0.56
1990	4.49	0.05	0.26	2.37	0.43	0.72	0.04	—	—	0.61
“七五”小计	18.71	0.62	1.02	10.09	2.12	2.01	0.57	0.00	0.00	2.26
1991	5.80	0.06	0.25	2.43	0.51	0.89	0.51	0.33	—	0.82
1992	7.43	0.07	0.54	2.62	0.48	1.17	0.93	0.22	0.33	1.08
1993	11.03	0.09	0.53	3.04	0.41	4.03	1.26	—	0.34	1.33
1994	11.76	0.03	0.52	3.61	0.44	3.50	1.04	0.38	—	2.24
1995	19.56	0.05	2.30	5.02	0.62	4.40	3.50	0.41	—	3.25
“八五”小计	55.58	0.30	4.14	16.72	2.46	13.99	7.24	1.34	0.67	8.71
1996	23.19	0.13	3.83	5.84	0.73	3.39	2.04	0.72	3.37	3.14
1997	24.01	0.02	2.10	6.63	0.62	4.39	2.12	1.19	2.95	3.97
1998	28.78	2.53	2.69	6.42	0.56	3.99	4.41	0.74	3.90	3.53
1999	34.89	6.16	2.90	7.04	0.61	3.72	7.95	0.99	3.25	2.28
2000	40.85	7.69	1.95	7.34	0.69	4.01	9.13	1.11	4.21	4.71
“九五”小计	151.72	16.54	13.47	33.28	3.21	19.51	25.66	4.75	17.68	17.63

说明:表中“—”为当年无此统计数字记录

安徽省城市维护建设资金来源情况统计表

表 2-2-2　　单位:亿元

年份	合计	中央财政拨款	地方财政拨款	城市维护建设税	城镇公用事业附加	市政公用设施配套费	市政公用设施有偿使用费	土地出让转让收入	国内贷款	利用外资	企事业单位自筹资金	其他收入
2001	53.76	2.47	3.88	7.66	0.66	0.46	1.11	2.89	18.99	1.49	5.94	8.20
2002	49.68	2.37	6.92	9.50	0.69	0.56	1.11	1.57	13.10	1.85	7.98	4.03
2003	77.56	0.98	11.10	9.42	0.47	0.71	1.77	11.28	28.93	1.02	8.29	3.59
2004	87.57	1.90	14.81	10.14	0.54	2.28	2.71	16.11	20.56	7.45	8.75	2.32

续表 2-2-2

年份	合计	中央财政拨款	地方财政拨款	城市维护建设税	城镇公用事业附加	市政公用设施配套费	市政公用设施有偿使用费	土地出让转让收入	国内贷款	利用外资	企事业单位自筹资金	其他收入
2005	110.92	2.86	6.66	12.85	0.70	4.01	3.41	20.46	39.42	2.42	12.36	5.75
“十五”小计	379.48	10.58	43.38	49.57	3.06	8.01	10.12	52.32	121.00	14.23	43.32	23.89
2006	65.98	2.37	9.67	11.50	0.63	5.16	3.49	21.70	—	—	—	11.46
2007	117.74	2.16	9.90	18.04	0.69	8.27	4.37	54.95	—	—	—	19.36
“十一五”前两年小计	183.72	4.53	19.57	29.54	1.32	13.43	7.86	76.65	0.00	0.00	0.00	30.82

说明：1. 特殊政策收入包括市政公用设施增容补助费、市政工程配套费、土地出让转让金、自来水建设附加、煤气附加等。

2. 其他收入中包括房租收入、园林收入、清洁卫生收入等。

3. 自 2006 年起，城市维护建设资金收入仅统计财政性资金，不含社会性融资资金。

4. 表中几处无统计数字是当年无此统计数字记录

第二节　市政公用基础设施建设投资

城市功能增强　1986 年后，全省城市市政公用基础设施建设以提高城市综合承载力和改善人居环境为重点，投资水平高于全省经济增长速度，呈现持续增长的态势。特别是“九五”（1996—2000 年）以后，全省城市基础设施建设进入快速增长阶段，年均增长达到 31.3%。随着全省一大批城市道路、污水和垃圾处理、公交、自来水、天然气、园林绿化等市政基础设施和环境设施项目相继建成使用，全省城市生态环境质量不断改善，人居环境持续得到优化，城镇综合承载能力显著提高，城市聚集和辐射功能增强，促进全省经济社会事业发展。

基础设施投资递增　1986—2007 年，全省城市市政公用基础设施建设完成投资总额为 1034.5 亿元，各个时期完成投资情况：“七五”（1986—1990 年）期间 10.7 亿元，“八五”（1991—1995 年）期间 42.1 亿元，为“七五”期间的 3.9 倍；“九五”（1996—2000 年）期间 136.8 亿元，为“八五”期间的 3.2 倍；“十五”（2001—2005 年）期间 429 亿元，为“九五”期间的 3.1 倍；“十一五”（2006—2010 年）前两年 415.8 亿元，2007 年，当年完成投资 246.3 亿元，相当于 1986—2001 年 16 年的总量。

安徽省城市市政公用基础设施投资统计表

表 2-2-3　　单位：亿元

年份	合计	供水	燃气	集中供热	公共交通	道路桥梁	排水	污水处理	防洪	园林绿化	市容环境卫生	垃圾处理	其他
1986	1.7	0.4	0.2		0.1	0.6	0.1		0.1	0.1	0.1		0.1
1987	2.1	0.6	0.4		0.1	0.5	0.1		0.1	0.1	0.0		0.1
1988	2.1	0.5	0.3		0.2	0.7	0.1		0.0	0.1	0.1		0.2
1989	2.1	0.5	0.3		0.2	0.6	0.1		0.1	0.1	0.1		0.2
1990	2.7	0.6	0.2		0.2	1.0	0.2		0.0	0.1	0.1		0.3
“七五”小计	10.7	2.6	1.4	0.0	0.8	3.4	0.6	0.0	0.3	0.5	0.4	0.0	0.9
1991	3.4	0.8	0.4		0.2	1.2	0.2		0.1	0.2	0.2		0.4
1992	5.4	1.5	0.6		0.3	1.5	0.2		0.3	0.2	0.4		0.4
1993	8.7	1.3	1.2		0.3	4.3	0.2		0.4	0.2	0.1		0.7
1994	7.9	1.9	0.8		0.3	3.0	0.2		0.2	0.2	0.2		1.1
1995	16.7	2.2	1.1		0.5	8.5	0.4		0.1	0.4	0.2		3.4
“八五”小计	42.1	7.7	4.1	0.0	1.6	18.5	1.2	0.0	1.1	1.2	1.1	0.0	6.0
1996	21.8	2.2	1.7	0.0	1.8	11.7	0.9		0.2	0.5	0.3		2.5
1997	19.7	2.3	1.3	0.0	1.0	8.4	1.5		0.8	1.1	0.6		2.7
1998	26.1	4.3	2.5	0.1	1.3	9.4	3.4		1.0	1.1	0.8		2.2
1999	31.9	3.9	1.1	0.0	1.4	14.2	5.9		1.0	1.9	1.5		1.0
2000	37.4	3.3	1.2	0.0	1.4	17.2	6.6		2.9	2.3	0.8		1.6
“九五”小计	136.9	16.0	7.8	0.1	6.9	60.9	18.3	0.0	5.9	6.9	4.0	0.0	10.0
2001	50.2	2.3	2.0		1.0	24.1	10.6	5.2	5.2	2.6	0.3	0.1	2.1
2002	60.0	3.4	2.8	0.3	1.5	28.9	8.5	3.9	7.1	2.5	2.2	1.6	2.8
2003	86.9	4.5	4.7	0.6	2.9	52.0	10.3	5.2	1.4	4.8	1.2	0.7	4.7
2004	101.8	4.3	7.5	1.3	2.8	54.1	13.0	4.9	2.0	5.6	2.1	1.5	9.1
2005	130.1	4.9	9.0	1.6	2.3	61.3	17.1	7.2	1.8	8.4	2.2	1.5	21.6
“十五”小计	429.0	19.4	26.0	3.8	10.5	220.4	59.5	26.4	17.5	23.9	8.0	5.4	40.3
2006	169.5	4.9	6.6	1.0	3.2	102.7	12.6	5.0	1.0	14.2	2.3	0.9	21.1
2007	246.3	7.8	6.7	1.1	3.9	174.8	9.8	4.4	1.3	19.6	2.7	1.5	18.5
“十一五”前两年小计	415.8	12.7	13.3	2.1	7.1	277.5	22.4	9.4	2.3	33.8	5.0	2.4	39.6

第三节 多种经济投资建设与特许经营

城市建设通常包括城市供水、供气、供热、公共交通等城市公用事业；城市道路、排水、污水处理、防洪、照明等市政工程；城市市容、公共场所和公共厕所保洁、垃圾和粪便清运处理等市容环境卫生事业；城市园林、绿化等园林绿化事业。城市建设内容多，需投入资金亦较大，1986年以来的20多年，在政府加大城市建设投资力度同时，多方筹集资金扩大投融资渠道，允许多种形式经营市政公用事业等，便成为城市建设投资体制改革的重要组成部分。

投资建设规模

1986—2007年，全省城市建设投资迅速增长，特别是在改革开放方针推动下，城市建设投资力度不断加大，投入总量呈逐年大幅攀升态势。详见表2–2–4。

安徽省设市城市建设固定资产投资额统计表

表2–2–4　　单位：万元

年　份	1990年	1998年	2000年	2005年	2007年
城市建设投资额	27092	261039	348875	1301174	2393573

安徽省城市建设投融资管理，按照城市建设资金筹集和使用情况，分为城市维护建设税投融资和多元化投融资两种模式。

城市维护建设税　20世纪80年代后，改革不断深化，对外开放逐步扩大，国民经济全面恢复，城市建设步伐加快，1985年国务院颁布《中华人民共和国城市维护建设税暂行条例》（以下简称《条例》），稳定和扩大城市建设资金来源，《条例》规定："凡缴纳产品税、增值税、营业税的单位和个人，都是城市维护建设税的纳税义务人，都应当依照本条例的规定缴纳城市维护建设税。"城建税税率为：纳税人所在地在市区的，税率为7%；纳税人所在地在县城、镇的，税率为5%；纳税人所在地不在市区、县城或镇的，税率为1%。开征城市维护建设税，为城市建设资金提供稳定来源，一度成为城市建设资金主要来源。之后，在"人民城市人民建"方针指导下，安徽省广泛进行多渠道筹集城市建设资金探索，出台了开征城市基础设施配套费、公用事业增容费、市政环卫设施有偿服务费等政策以及集资捐建等措施，筹措大量城市建设资金。直到1997年，全省城市建设投资中，城市维护建设税收入仍占25.1%。

多元化筹融资　1997年年底，东南亚金融危机爆发，并迅速影响到中国的宏观经济。1998年年初，为应对东南亚金融危机对中国经济影响，中共中央决定实施积极的财政政策和稳健的货币政策，作出扩大内需决策部署，增加发放中央特别国债，支持包括城市基础设施在内的重大基础设施建设，配套的有金融信贷政策以及建设方式和管理体制改革。安徽省在各级政府主导下，城市建设筹资融资规模迅速扩大，筹资来源呈现多样化发展。1998—2007 年，全省城市建设投资达到 272.29 亿元，年均增长 27%。

投融资体制改革

1986 年后，工业化城市化加快推进，对资本需求更加迫切，安徽省各地探索实践城市建设投融资体制改革，扩大城市建设融资规模，加快城市建设进程。全省经济体制改革深入推进，带动城市建设投融资体制改革不断深化。城市建设领域的市政公用企业改革围绕“深化三项改革、开放三个市场”逐步展开。

深化三项改革　深化城市市政公用企事业内部管理机制改革。以改革公用企业内部人事、用工和收入分配三项制度改革为基础，规范企业经营行为，加强经济核算，推行“经济承包责任制”“百元营运收入工资含量”等办法，重点是强化企业内部管理机制，提高服务水平。推进城市市政公用事业单位企业化改制。对城市市政、公用、绿化、环卫等生产性、经营性和作业性事业单位进行企业化改制，逐步使其成为独立的市场主体，将其承担的市场管理和监督等行政职能全部划归政府管理部门。市政养护单位实行“管养分离、事企分开”，组建成立市政管理处和市政公司，分别独立承担各自职能；改革城市市政公用企业产权制度，采取整体改制、引资改制、切块改制、国有股出让等多种形式，引入社会资本。推进城市市政公用企业产权制度改革。中小型供水、供气、供热、公交等企业，采取租赁、委托经营、股份合作或出让经营权等多种形式。

开放三个市场　2001 年，经省政府常务会议同意，省建设厅联合省经济、财政、物价、劳动保障、体改等省直 6 部门出台《关于加快市政公用事业改革和发展的指导意见》。打破垄断，开放市场，允许外资企业、境内外上市公司、民营企业、社会民间资金采取独资、合资、合作、股份制 BOT 和 TOT 等多种形式，参与城市基础设施投资建设与运营，全省市政公用行业市场化改革全面展开。鼓励外资和国内各类社会资本投资城市市政公用事业，实现投资主体多元化，加快城市市政公用基础设施建设步伐，运用 TOT（转让—运营—转让）等手段，将现有供水、供气、供热、污水处理、垃圾处理等企业的国有存量资产，进行整体或部分转让，提高存量资产运行效率；开放经营市场。城市供水、供气、供热、公共客运、污水处理、垃圾处理等具有自然垄断性的行业，实行特许经营，鼓励有资质企业通过公开竞标获取特许经营权，2004 年，合肥市采取 TOT 方式，通过国际招标整体出让王小郢污水处理厂资产和经营权，德国柏林水务等以 4.6 亿元高价取得王小郢污水处理厂经营权；放开作业市场。全面放开城市市政公用工程和设施的设计、施工、材料设备供应以及市政设施维护、城市绿化养护，道路清扫、垃圾清运、公厕保洁等作业市场，允许社会组建作业公司，通过公开竞争承接作业任务。

资金来源

安徽省随着改革开放相关政策和制度的变革，资金来源渠道及结构也发生变化。城市建设由城市维护建设税占居重要地位，逐步演变成多元化投融资机制。

银行贷款　1998 年芜湖市大规模利用国家开发银行贷款建设城市基础设施以后，

全省城市陆续强化利用银行贷款支持城市建设的途径，尤以利用国家开发银行贷款为最。20世纪90年代以后，国家开发银行投入安徽省城市建设贷款累计达到415亿元，约占全省城市建设总投入30%。利用贷款－加强合作模式不断创新，芜湖市政府探索以政府信用为基础，整合融资平台，与国家开发银行开展政银合作，实行“集合申贷”，被国家开发银行推广为“芜湖模式”。不断创新，创造性地嵌入“银团贷款”方式。其他商业银行亦开展银政企合作，扩大利用贷款规模。

利用外资　1984年由合肥市利用日本协力基金建设第四自来水厂之后，安徽省相继开展利用德国、西班牙、荷兰、澳大利亚、丹麦等国政府买方信贷，支持城市供水设施和污水处理设施建设，同时，安徽省部分城市还及时利用世界银行、亚洲开发银行、日元贷款等项目贷款，支持淮河、巢湖流域重点城市污水处理和部分城市道路建设。利用外资弥补建设资金不足，同时提升管理水平和技术水平。

发行企业债券　合肥市建设投资集团公司于2006年成功发行第一期10年期10亿元企业债券；芜湖市建设投资有限公司于2007年发行总额为10亿元的“2007年芜湖市建设投资有限公司公司债券”，用于市区4个基础设施项目建设，取得建设融资的重要突破。

融资渠道改革　通过有偿竞买办法，出让出租汽车经营权、公交线路专营权以及道路、广场、路灯、桥梁、停车场等市政公用设施冠名权、广告权、收费权，多渠道开发利用城市市政公用事业潜在资源，积极筹措建设资金。

筹资机制创新　中共合肥市委、市政府按照“立足现实、改革创新，完善机制、规范运行，统借统还、风险控制”原则，不断完善城市基础设施建设融资管理体系。相继建立决策机制，成立市投融资管理委员会，对投融资工作进行统一管理，负责审定投融资中长期规划和年度计划，决策投融资工作重大事项；健全管理机制，成立市投融资管理中心，具体负责管理政府项目投融资业务，编制年度政府投融资计划；强化执行机制，组建成立合肥市建设投资控股（集团）有限公司（以下简称建投公司），同时帮助其建立稳定的现金流；改革城市建设管理体制，实行建设项目规划、设计、立项、招标、融资、施工“六分开”，明确六个环节职责，分工明确，相互协作，相互监督，大大提升城市基础设施项目可控性、科学性和严谨性。合肥市通过资源整合，将原分属不同部门的市建投公司，交投公司，城投公司进行整合，成立“合肥市建设投资（控股）集团有限公司”（以下简称建投集团），具体从事城市建设资金筹集、使用、管理，代表政府运营、管理城市基础设施资产，市财政先行注入5亿元资金。通过整合，市建投集团注册资本达到56.03亿元。随后，政府又采取不断注入优质资产等方式，提高建投集团融资能力。公司于2006—2007年融资108亿元，债务结构由过去的流动资金贷款为主转变为以中长期项目贷款为主，平均贷款年限超过10年，有力地破解了城市建设资金难题，为现代化大城市建设奠定了雄厚的资金基础。

完善机制　20世纪90年代，价格管理体制改革步伐加快，1998年9月，国家计委、建设部下发《城市供水价格管理办法》,明确规定供水成本、利润率和价格组成,公用事业价格管理逐步走向法制化、规范化。2002 年 7 月,经省政府同意,省物价局、省财政厅、省建设厅、省环保局下发了《转发国家计委等四部门关于实行城市生活垃圾处理收费制度促进垃圾处理产业化的通知》,文件规定:所有城市要在 2003 年底前实行生活垃圾处理收费制度,生活垃圾处理收费制度实行后,各市财政要继续保持生活垃圾处理方面的经费投入;城市生活垃圾处理费为经营服务性收费,原生活垃圾处理费按行政事业性收费进行管理的,要创造条件,尽快向经营服务性收费转变。为确保城市生活垃圾处理费的收缴率,文件还规定:城市生活垃圾处理费暂由各城市市容环境卫生主管部门负责组织征收。各市城市市容环境卫生行政主管部门可采取委托物业管理、银行等有管理或服务职能的单位,与水费、电费、煤气费等一并征收,或委托街道办事处代收等方式征收。为加强资金管理,文件还规定:各地在按规定开征城市生活垃圾处理费时,要建立健全收费管理制度,确保征收的垃圾处理费用于垃圾的收集、运输和管理。2007 年 4 月,省政府颁发皖政〔2007〕4 号文,要求加大污水处理收费力度。规定"流域各地要严格执行《安徽省城市污水处理费管理暂行办法》,按照污水处理收费每吨不低于 0.8 元的标准,做到应收尽收。城市垃圾处理和污水处理收费政策不断完善,吸引了大量外资和民营资本参与公用事业经营和管理。

多元化筹资　1996 年以来,城市建设进入快速发展时期,城市建设资金需求也越来越庞大,各级地方政府在筹措城市建设资金渠道方面进行诸多探索,取得很大成效,筹集城市建设资金呈现多元化格局,详见图 2-2-3。

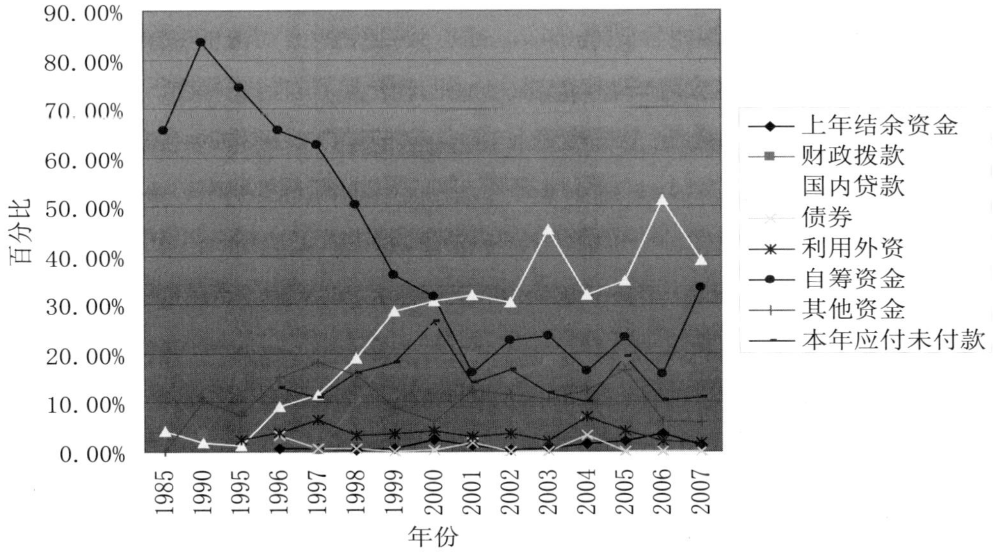

图 2-2-3　安徽省城市建设资金来源变化图

2001—2007 年,在城市建设固定资产投资资金来源中,国内贷款所占比例最高,在 2006 年国内贷款中,超过总资金来源的一半,达 51.24%,最低时的 2002 年也达

30.39%；各项财政拨款，尤其是地方财政拨款占较大比例（15%左右），中央财政拨款所占比例逐年下降，到2007年所占比重不到1%；地方自筹资金所占比例呈现提高趋势，到2007年达33.38%，地方政府的城市运营能力有很大提高，城市建设资金筹措良性循环机制初步建立。

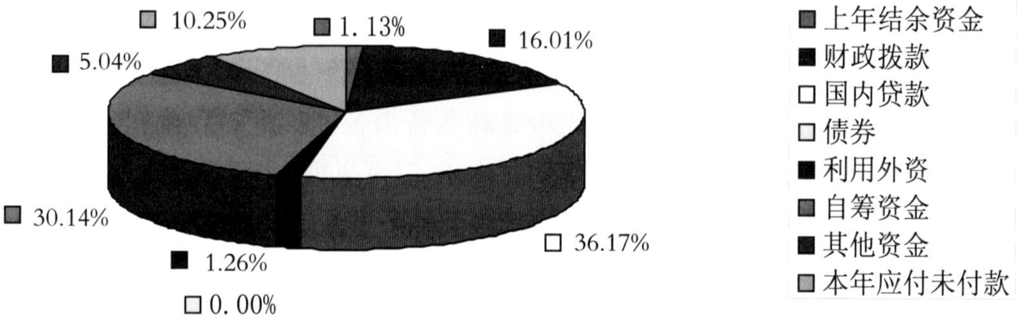

图 2-2-4　2007年安徽省城市建设资金来源结构图

资金投向结构　城市建设资金投向呈现时代特征，印证城市建设改革和发展的历史进程，详见表2-2-5。

安徽省城市建设资金投向结构比较统计表

表2-2-5　　单位：亿元

年份	总公投资合计		供水/公交/燃气等公用事业		市政道路桥梁		绿化等环境建设	
	投资额	占比	投资额	占总投资比	投资额	占总投资比	投资额	占总投资比
1978年	0.21	100%	0.13	61.9%	0.06	28.6%	0.02	9.5%
1988年	2.15	100%	1.02	47.4%	0.74	34.4%	0.39	18.2%
1998年	26.1	100%	8.19	31.4%	10.39	39.8%	7.52	28.8%
2007年	246.29	100%	19.61	7.9%	176.02	71.5%	50.66	20.6%

1978年以来，全省城市建设资金投向结构更优化，城市建设资金不断增加，在保障城市基本生活供水、燃气、公交等设施建设同时，逐步向加大城市道路建设投入，居民群众“吃水难、行路难、乘车难”等突出问题逐步得到解决，进而将城市建设资金向治理城市污水和垃圾等环境项目倾斜，全省城市建设资金投向呈现出由注重量的提高向质的提升转变、由满足市民基本生活需要向注重增强城市功能和改善城市环境方面转变，进一步体现以人为本，落实科学发展观的要求。

第四节　利用外资

1982年,安徽省开始利用国外贷款投入城市建设。1982—1991年期间,安徽省利用国外贷款项目数量较少,共计11个项目,主要集中在农业、工业、教育等领域。1991年以后,利用国外贷款项目的数量和规模开始上升。其间,全省建设系统抢抓机遇,积极谋划争取国外贷款项目。其中, 1991—2005年,全省建设领域共计利用国外贷款项目贷款总额为7.65亿美元,涉及环保、城市基础设施公用事业、城市基础设施等领域,主要包括城市供水、天然气、污水处理厂等建设内容,贷款来源包括国际金融组织贷款和外国政府贷款。其中,由省建设厅打捆组织实施的项目有1个,为安徽省淮河流域污水防治项目。

此后,省建设厅进一步加大申报使用国外贷款项目力度,积极与有关部门对接,谋划新的打捆项目。截至2007年年底,共计谋划两个打捆项目,分别为利用日元贷款安徽省城市生活垃圾处理项目和利用世行贷款安徽省中等城市道路交通项目。其中,利用日元贷款安徽省城市生活垃圾处理项目于2007年完成贷款签约工作,利用世行贷款安徽省中等城市道路交通项目于2007年被国家列入世界银行贷款2008—2010财年规划。

淮河流域污水防治项目　2001—2007年间,安徽省建设厅组织实施安徽省淮河流域污水防治项目。该项目总投资为11.1亿元,其中利用世行贷款7125万美元。原建设内容包括蚌埠、淮北、淮南、阜阳、亳州、宿州、六安、涡阳八个市、县670千米污水管网、27个泵站、2座日处理4万立方米的污水厂。2004年经中期调整后,项目建设内容为580千米污水管网、32个泵站和4座污水处理厂,初步设计凭证预算投资为14亿元。项目目标是建设污水收集设施;建立独立商业化运营排水公司,负责所建设施运营;建立城市污水治理长效机制。为加强项目管理,安徽省政府成立安徽省淮河流域水污染防治世界银行贷款项目领导小组。领导小组下设办公室,办公室设在省财政厅,负责指导各项目城市子项目实施,负责项目协调和管理等。同时,省建设厅专门成立安徽省淮河流域水污染防治世界银行贷款项目执行办公室,负责项目执行过程中各项具体工作。项目实施期间,国家有关部委、中共安徽省委、省政府及省直有关部门领导高度重视项目实施,多次赴子项目现场进行调研指导。项目建成后,有助于提高项目城市污水收集率和污水处理能力,较大程度地改善淮河流域水污染状况,充分发挥项目环境效益。同时,该项目实施及时引进国内外先进技术和经验以及世行规范的项目管理理念,培养和锻炼一大批人才,为地方项目建设积累许多宝贵经验。

城市生活垃圾处理项目　经积极争取,安徽省城市生活垃圾处理项目(2007年完成了项目评估)列入2007年度中国政府利用日本国际协力银行日元贷款项目计划,贷款额度68亿日元(全国只有6个省争取到此项目)。日元贷款安徽省城市生活垃圾处理项目，是日本政府对中国提供的最后一批援助性贷款项目之一，由六安、淮南、宿州、铜陵、霍山、霍邱、叶集等市、县（区）7个子项目打捆组成，总投资76795万元，其中日元贷款68亿日元（折合人民币43591万元）。项目建设内容包括生活垃圾填埋场5座，垃圾无害化焚烧厂1座，新建、改建垃圾中转站129座，购置垃圾清运设备等。预计项目建成后，可新增垃圾处理能力221.2万千克/日，清运能力300万千克/日，使全省城市垃圾处理率提高10个百分点以上，惠及城镇居民约240万人。该项目于2007年8月通过日本国际协力银行评估，并签署备忘录，同年12月21日，中日两国政府签署项目贷款协议。

中等城市道路交通项目　安徽省中等城市交通建设项目于2007年列入项目滚动计划，并于当年10月被国家列入世界银行贷款2008—2010财年规划。项目总投资约21亿元人民币，其中：世行贷款1亿美元。项目由芜湖、六安、安庆、淮北四城市道路、公交场站建设、交通安全改善、能力建设等内容组成。包括新、改建城市主、次道路30余千米，新建公交保养场4座，首末站4个，新、改建港湾式停靠站245个，以及城市道路交通信号、安全标志等设施。

安徽省建设领域利用国外贷款项目一览表

表2-2-6　单位：万美元、年

项目名称	行业	贷款额度	贷款来源	实施单位	项目时间
合肥市四水厂扩建工程	公共事业基础设施	2100	日本政府日元贷款	合肥市自来水公司	1991—2005
合肥市清溪路水厂工程	公共事业基础设施	325.8	挪威政府贷款	合肥市自来水公司	1991—2005
铜陵市长江大桥项目	交通基础设施	5926	日本政府日元贷款	铜陵市大桥局	1992—1995
芜湖市杨家门水厂	公共事业基础设施	460	挪威政府贷款	芜湖市杨家门水厂	1993—1996
城市煤气三期气源工程	公共事业基础设施	490	法国政府贷款	芜湖市煤气公司	1993—1997
深度水处理项目	公共事业基础设施	402.56	德国政府贷款	蚌埠市供水公司	1996—1998
安庆市三水厂	公共基础设施事业	700	德国政府贷款	安庆市自来水公司	1996—2000
利用外国政府贷款引进污水处理设备项目	环保	505	西班牙政府贷款	阜阳市污水处理厂	1998—2000
淮北市污水处理工程	环保	490	德国政府贷款	淮北市污水处理厂	1998—2001
界首市污水处理厂	环保	495	荷兰政府贷款	界首市污水处理厂	1998—2002
巢湖污水处理项目	环保	14000	亚行	省环保厅	1998—2003

续表 2-2-6

项目名称	行业	贷款额度	贷款来源	实施单位	项目时间
宿州市城南污水处理厂项目	环保	356.23	挪威政府贷款	宿州市城南污水处理厂	1998—2004
阜阳市茨淮新河给水工程（二水厂）	公共事业基础设施	400	德国政府贷款	阜阳市第二自来水厂	1999—2002
淮南市第一污水处理厂	环保	490	荷兰政府贷款	淮南市净化污水管理处	1999—2003
全椒县二水厂	公共事业基础设施	350	奥地利政府贷款	全椒县自来水公司	1999—2004
合肥市望塘污水处理厂	环保	385.44	荷兰政府贷款	合肥市污水处理管理处	2001—2002
马鞍山市第二污水处理厂里有荷兰政府贷款项目	环保	498	荷兰政府贷款	马鞍山市自来水公司	2001—2004
安徽省淮河流域污水治理项目	环保	7125	世行	安徽省建设厅	2001—2007
军二路西线改造	交通基础设施	580	世行	无为县公路局	2002—2004
安庆市城东污水处理厂	环保	400	德国政府贷款	安庆市自来水公司	2003—2006
滁州市城市环境综合改造项目	城市基础设施	3500	科威特政府贷款	滁州市城市建设基础设施有限公司	2004—2006
安徽省城市天然气管网工程	公共事业基础设施	15337.19	日本政府日元贷款	省计委	2004—2007
合肥五水厂扩建	公共事业基础设施	600	丹麦政府贷款	合肥市自来水公司	2005—2006
淮南市垃圾处理项目	环保	1800	日本政府日元贷款	淮南市市容局和凤台县市容局	2005—2007
安徽省城市生活垃圾处理项目	环保	8300	日本政府日元贷款	安徽省建设厅	2007
安徽省中等城市道路交通项目	城市基础设施	10000	世行	安徽省建设厅	2007

第三章 城建行业

1986年以来，国民经济的不断发展，城建行业建设获得前所未有的机遇，各市政府把抓城建行业建设管理列为任期责任目标和每年为人民办实事主要内容，市政设施水平和园林、绿化、环境卫生等得到极大提升。合肥市在总结推广长江路，金寨路改选经验的基础上，大力发展城市道路，城市排水，城市照明等市政设施建设和市容、环卫整治，一度在全国引起很大反响。“九五”期间，全省各市在市政设施建设和园林城市创建等方面，取得飞速发展，资金投入量逐年加大，其中用于市政设施建设的投资占城市基础设施总投资的50%以上。在市政设施和园林建设加速发展同时，管理亦逐步步入规范化、法制化轨道。全省绝大多数城市均实行集中统一管理，市政养护管理监察力量逐年增大。1997年10月1日，《安徽省市政设施管理条例》施行，各项配套政策逐步落实，对规范市政设施规划、建设、管理的各项行为和推动市政设施管理法制化起到积极作用。

第一节 城市道路

新中国成立初期，全省仅有城市道路214千米，且绝大多数为泥结碎石路和石板路，其中高级、次高级路面仅3千米，占道路总长度的1.4%。其后，各级政府逐步制订道路、排水设施规划，采取发动群众和以工代赈等形式兴建道路，同时对道路、排水设施进行翻修改造。合肥市拆除阻碍交通的城门、城墙，利用原城墙基础改建成环城路，扩建安徽第一路——长江路，该路是合肥市最早的沥青路面。

道路建设

20世纪60—70年代，虽然一度受到“先生产，后生活”局面的影响，但城市道路建设仍然取得较大成绩。合肥市建成全市第一条三块板道路——胜利路，扩建东西向蚌埠路和南北向明光路，道路逐步向西郊、北郊延伸，绝大多数为沥青路面和水泥混凝土路面；1977年年末，合肥市沥青路面和水泥混凝土路面面积占车行道总面积的85%。蚌埠、淮南、淮北等 市进行了主干道路网建设和城市排水设施完善。

改革开放以来，各市结合旧城改造，新建、改建城市干道，整修小区道路，路面结构大多改为沥青混凝土路面和水泥混凝土路面，彻底告别了泥结石、弹石、碎石等低级路面。

合肥市 1985年，合肥市共有市管道路73条，道路总长105.7千米，车行道铺装面积111.39万平方米。从1986年开始，道路建设逐步加快，以寿春路改造为起点，进行大规模的旧城改造，采取“以路带房、以房补路”方法，在拓宽道路同时，拆除沿线破旧建筑，兴建拆迁恢复楼。道路建设实行“一次规划、分步实施”，对地上杆线、地下管网和各类配套设施进行同步规划、建设，综合改造。至1991年年底，相继新建、拓宽改造寿春路等7条老城区主次干道和东、西、南三条出入口干道，初步形成老城区道路框架；1992年，提出“开放开发，再造新合肥”城市建设目标。道路建设以长江路改造为起点，在完善老城区路网同时，重点打通城市出入口干道。至1994年年底，先后打通合裕路等多条出入口干道；1995年，中共安徽省委、省政府提出要把合肥建设成为“大、快、美、强”现代化大城市。按照这一部署，道路建设总体思路是：以环路立交桥建设为重点，构筑“二环九射加方格网”道路框架，在机动车流量大的交通卡口部位和行人密集地段建成一批高标准立交桥和过街天桥，实现城区交通现代化和立体化。1995—1999年的5年间，先后打通一环、二环、蒙城路、马鞍山路中段，拓宽改造大通路、安庆西路等7条区间次干道，初步形成“二环九射加方格网”路网框架；从2000年开始，道路建设重点是打通断头路，完善主城区路网，同时构筑联系新老城区的交通网络。相继拓宽、改造、新建阜南西路等15条区间次干道，打通马鞍山南路等9条东西、南北向和出入口干道，使主城区路网基本成形。至2005年年底，全市共有市管道路125条，总长296千米，道路总面积达818万平方米。其中：混凝土路面592万平方米，沥青路面42万平方米，人行道182万平方米。

合肥市汲取“两路”（长江路、金寨路）改造经验，以打通扩建寿春路、蒙城路为突破口，对道路地下的供水、供气、供热、供电、排水、广播电视及地上的路灯一次性敷设，沿街建筑按统一规划组织实施，创造了“统一规划，合理布局，综合开发，配套建设”16字旧城改造经验，在全国引起很大反响。按照这一思路，合肥市先后改建各出入口道路，兴建一环、二环路，仅用9个月时间就建成五里墩立交桥。2005年，合肥市开展“大拆违”后，在全省率先掀起新一轮城市“大建设”，相继建成金寨路高架路、徽州大道、长江东大街等一大批市政设施重点工程。合肥市徽州大道于2007年5月改建完成。道路等级为城市快速路，全长12.4千米，规划红线宽度80米，设计时速60千米/小时，道路中央设BRT专用道，是公交系统全封闭管理和无障碍运行，配以人行天桥进行有效分流，整个道路实现人流、车流、物流立体分流效果，也是迄今为止国内设有BRT公交专用车道路幅最宽的城市Ⅰ级主干道，先后获安徽省“黄山杯”奖、“中国建设工程鲁班奖”（国家优质工程）等荣誉称号。

芜湖市　1995年，芜湖市全市道路总长261千米，面积234万平方米。1996年，完成长江路等9条城市道路建设任务。1997—2002年兴建和拓宽改造38条道路。至2002年，先后兴建二环路等一批城市主干道，改建扩建城区道路51条，道路长315.95千米，道路面积542.10万平方米，人行道面积83.70万平方米，人均拥有道路面积8.08平方米。通过每年兴建、拓宽和改造城市道路，不仅拉开了城市骨架，而且随路建设了供水、供气、供电、排水、排污、道路绿化等市政基础设施，大大地改善城市居住环境，使城市承载能力逐年增强。

淮南市　随着城市规模不断扩大，城市化进程加快，中共淮南市委、市政府根据总体规划蓝图提出“百里煤城路为先，先布经纬后织锦”的城市建设方针，加大对市政基础设施建设投入，突出解决城市主干道及其配套设施建设。在市区新建、扩建和改建主干道，广泛采用三块板型路面，断面均为 40 ～ 60 米，两侧人行道各 4 ～ 7.5 米宽，铺设水泥预制块板或彩色道板。道路两侧各设绿化带，中间视情设绿化带或绿化风景带。1979—2005 年，先后完成新建、改建和扩建市政工程道路 234 条，总里程 449.53 千米，总面积 726.37 万平方米，人行道 116.80 万平方米，其中新建道路 59 条，总里程 82.28 千米，总面积 160.33 万平方米，人行道 37.60 万平方米。

阜阳市　1978 年，改革开放初期，阜阳城市面积仅限于老城区，也只有人民路和解放大街两条主干道路。近 30 年来，阜阳城市基础建设以道路建设为突破口，先后建成多条城市新的主干道。1996 年二环路工程完成，使阜阳城市主框架进一步拉大；1999 年颍州路建设，使整个城市品位得到进一步提高；人民路等 12 条城市主次干道改造，改善了市民出行环境。至 2007 年年底，阜阳城市主干道总长度达到 594 千米，道路面积 229.7 万平方米。

池州市　1988 年池州地区复建时，贵池街道和道路共计 20 条，总长 24.21 千米，90% 为柏油和水泥路面。1996—1999 年，实施长江路、秋浦路等 8 条道路改造建设，2001 年，实施百荷公园整治工程和建设中路道路建设工程；2002 年，实施翠柏中路、九华山路改造项目和人民路建设工程；2003 年进行杏村西街、西门转盘、池口路拓宽改造项目和秋浦东路、翠柏北路建设工程；2004 年起又进行青阳路、九华山大道等 8 条道路改造建设；2005 年进行南外环、杏花大道拓宽改建、清溪大道拓宽改造（长 1.2 千米）。经过四年城市建设的快速发展，目前改扩建道路 52 条，新增道路里程 124 千米，人均道路面积 18.03 平方米， 2006 年以来，池州市以“大开放、大建设、大发展”为主题，按照“拉框架、完善功能、提升品位、特色发展”的总体思路，加快中心城市建设步伐，主城区新增道路 210 千米，现道路面积达 534 万平方米，主城区框架面积由 26 平方千米扩展到 120 平方千米，城市道路基本形成“三环、四横、五纵”的道路骨干网络，并逐步形成快速便捷的现代化主体交通网络。

巢湖市　2000 年，巢湖市本着总体规划、分步实施原则和按照“在集中建设半汤新城区的同时，改造、改善老城区的基础、公共设施，积极谋划滨湖旅游区的启动建设”的建设时序，重点安排新区道路框架和沟通新老城区道路建设。

2001—2002 年，先后扩建、改建长江东路等 6 条道路。2003 年，新建金湖大道等 10 条道路。通过新建、扩建城区道路，增强城市功能，提升城市品位，使老城区面貌焕然一新，城市规模扩张 12 平方千米，初步拉开新城区框架。同时，沟通了新老城区，分流过境车辆，减轻老城区交通压力。新增城市道路 20.518 千米，新增道路面积 105.382 万平方米，人均道路面积增加 3.91 平方米。

2004年，开工兴建以城市环路工程为重点的城市道路建设。完成金湖大道等9条道路的建设。2005年，进一步加大城市建设力度，打通城市一环路，进一步完善老城区和新区路网工程，围绕土地开发利用，加快道路网建设，重点实施新区道路框架和沟通新老城区道路建设，使城市道路逐步趋向“成网成环”格局。兴建裕溪路等7条道路，1座跨铁立交桥，道路及桥梁总长度17.6千米，总面积77万平方米。完成人民路、东风路人行道改造工程。巢湖中路4条道路维修于年底完成。

蚌埠市　1985年年底，蚌埠市区道路总长为168千米，道路面积105万平方米。此后经5年建设，到1990年道路长度增加18.3千米，道路面积增加56.35万平方米，主要是将胜利西路由八里桥向西延伸，治淮路由解放路向东延伸，并拓宽涂山路快慢车道等。主要建设城市外围道路，如圈堤东路、曹山西路、曹山路、东海大道（原凤怀路）等。1995年，蚌埠市高新技术产业开发区成立后，市政道路建设步伐加快。相继新建华光大道南段（原长征路）、兴中路（原长中路）、兴华路（原长华路）等。在老城区，市城建部门新建环湖西路，陆续改造了胜利东路、朝阳路、解放路，打通延安路北段、工农路南段、淮河路东西段等。城市道路建设进一步加快，至2005年，全市道路长度增加69.44千米，道路面积增加86.76万平方米，其间2002—2004年，在燕山路—合徐高速公路间建成总宽110米的丰原大道（蚌西路），是市区最宽的道路；同期按“品牌大道”规格，在老机场地区建成双向六车道的涂山东路。2007年，市政府实施城市南、北、西三大出入口改造，其中解放路南段、燕山路东段改造进展顺利，东海大道景观道路建成通车，淮河路、朝阳路、凤阳路、治淮路等四条道路示范段景观综合整治基本完成。

马鞍山市　从1988年起，按照城市规划要求建设城市道路。旧城区主干道的改造以城市东扩南进为主新建道路，其间，市区的湖东路等主干道路，都经过了重大改造，兴建了雨山东路等重要道路。2002—2003年，各区对所辖的二级干道和背街巷道进行了重点整治，同时为完善道路功能，美化市容市貌，方便行人通行，铺设人行道108.7万平方米。经过18年的建设，形成7纵7横的道路交通网络，城市道路疏密有度，宽阔平坦。至2007年年底，城市道路总长304.37千米，城市道路总面积741万平方米。

淮北市　1959年，因淮北矿区建设的需要，淮北煤炭系统修筑了一条濉溪县至杜集的交通便道，成为淮北市第一条城市道路（即淮海路的前身）。1991年后，城市道路发展较快，至2007年，城市道路总长574千米，城区主次干道共55条，全长145.5千米（含宿丁路宋町至渠沟桥段18.5千米）。其中车行道面积335.3万平方米，人行道面积102.1万平方米。

铜陵市　1986年以来，随着城市建设的发展和旧城改造，城市道路迅速增加。2000年年底，市政工程管理处管理的道路比1985年增加14条，总长度比1985年增长64%；道路总面积增长2倍以上。15年间城市道路建设大体可分三个阶段。1991年前，解决城市出入口交通，重点拓宽改造了“卡脖子”路段，如天桥北路等，改善了交通状况。同时配套完善新建成的北京西路和淮河北路。1996年前，加大新建道路力度，贯通、延伸主干道。逐步实现路网规划。4年间先后开通了路幅42米的天桥南路等3条道路。增加道路长度18千米。2000年前，紧紧把握国家加大城市基础设施建设的机遇，结合住宅开发，旧城改造，重点拓宽改建城区主干道。提高道路通行能力和路面等级，改建成三幅路，浇筑水泥混凝土路面。路灯、彩色道板等配套设施重新建设。大大提高了市政路容整体水平和城市道路的综合功能，如：拓宽改造了长江路等9条主干道，增加道路面积53.14万平方米。

至2007年年底，全市道路共有43条，总长度48.73千米，总面积78.42万平方米，其中：水泥混凝土路面39.24万平方米，沥青路面39.18万平方米，人行道面积24.92万平方米。

安庆市　1978年，安庆市区道路总长35.38千米，面积31.86万平方米。1988年以来，城市建设以道路建设为重点，改造老城，开发新区，拓展城市框架，增强城市服务功能。新建、改建主干道湖心北路、湖心南路、集贤北路；次干道德宽路、集贤南路、菱湖南路以及市经济技术开发区道路路网。到2007年年底，城区共有道路（街巷）355条，长度222千米，面积366万平方米。

黄山市　1991年，实施中心城区道路改造，1993—1997年，新建黄山东路、华山路，拓宽改造戴震路。1999年11月，实施中心城区“三路”改造工程。1998—2001年，共兴建、扩建、改造城市道路38条，总长17.83千米，总面积24.68万平方米。2001—2005年，兴建城市道路32条，扩建道路17条。2007年，中心城区有市政道路57条，道路总长61.503千米，道路面积125.61万平方米。其中，主干道14条，长28.063千米，面积70.68万平方米；次干道43条，长33.44千米，面积54.93万平方米。小街小巷87条，长7.63千米，面积2.29万平方米。

宿州市　1999年，市政道路建设共完成投资807.5万元，铺设水泥路面1.8万平方米、人行道板3.5万平方米，改造、建设慢车道2.85万平方米，铺筑绿化带及侧石7600米。建设滨河路，该路长1660米，主路面宽9米，为混凝土路面。2000年，全年共完成市政投资749万元。先后完成宿怀路、淮河东路、浍水西路和西昌路配套工程，主要是安装路灯，铺设彩板等。2000—2002年，完成港口路配套、东关大街改造等工程。继而抓紧实施汇源大道配套和东环改造工程。2003—2004年，共进行道路维修246.9万元、继完成环城路、汴河路、淮河路、烈士陵园道路和纺织路改造工程等。2005—2007年，完成宿怀路、西昌北路配套工程和东昌路、胜利路、汴河东路及滨河路等改造及运粮河道路新建、集网工程。

滁州市　1978年以前，城区道路主要以青石路面、泥结碎石路面为主。1980年以后，市政建设速度加快，陆续修建建设路等21条道路。1987年，修建扩建滁乌路等4条出城路段，年末共有城市道路42条，总长46.81千米，道路面积74.19万平方米，其中：混凝土路面长6.314千米，面积11.72万平方米；沥青路面长29.85千米，面积35.92万平方米。原有73条街巷，大多修建成混凝土路面，少数小巷改成弹石路面。东大街等

15 条主要街巷被拓宽。1992 年，建城区面积 14 平方千米，城市道路面积 76 万平方米。1993—2001 年，城市建设以旧城改造为主，改造凤凰西路等 7 条道路，修建南谯南路等 4 条道路。2001 年，育新路、体育路由沥青路面改为混凝土路面，人行道改用彩色道板铺设。2003 年，完成创业路等一批道路续建、改造工程。2004—2007 年，完成东大街等 5 条道路的改造工程和 100 条小街巷改造，修建花园路等 5 条道路。

六安市　20 世纪 80 年代，先后建成梅山路等 5 条道路，拓宽解放路，新老市区紧密相连、衔接自然、布局合理。撤地建市后，建成区面积迅速扩大，道路建设步伐加速，先后兴建道路 27 条，道路总长 34.178 千米，道路面积 41.3763 万平方米。同时，还先后兴建小街小巷道路 98 条，道路长 19.597 千米，道路面积 7.4 万平方米。2007 年，城区共有主干道路 20 条，全长 67.9 千米，总面积 178.38 万平方米；人行道 47.08 千米，面积 43.23 万平方米。

宣城市　2002—2007 年，新建、改建鳌峰路、状元路、叠嶂路、梅溪路、卜村南路、文鼎西路、宣湖南路、水阳江大道东南段和南段等 30 余条城市道路。

亳州市　1986—1995 年，亳州县级市设立后，新建、修复了一批路、街、巷。1996 年，主要是对州后街、站前路、魏武大道、幸福广场等进行配套设施建设，1998 年，将人民中路、青龙街柏油路面改铺为混凝土路面，并开工新建汤王大道；1999 年，开工新建希夷大道和新华北路。2000 年，市直管城区新华路、人民中路等 25 条主要城市道路，其余小街小巷划给谯城区规划、建设和管理。2000 年，亳州建市后，新建城市道路混凝土路面 16.4 千米、43 万平方米。2001 年投资 2379 万元，对城区 173 条小街小巷进行了硬化，全部改建为混凝土路面，总长 52 千米，总面积 21 万平方米。2002—2007 年修复断头路 7300 平方米，维修破损混凝土路面 7268 平方米，维修破损沥青路面 6860 平方米，维修路牙石 3860 米。

路网建设　至 2007 年年末，安徽省城市道路总长 8771 千米，总面积 15072 万平方米，人均城市道路面积 13.55 平方米，全省城市人均道路面积指标一直处于全国先进水平。安徽省各市城市道路主干路网基本形成，初步建成以快速路、一级主干路组成的城市快速通道系统，加大次干路和支路的覆盖范围，形成网络布局合理、功能完善、等级分明的道路系统，并与区域性交通节点，如机场、码头、车站、高速公路出入口形成通畅衔接。设市城市道路面积增加 40% 以上。

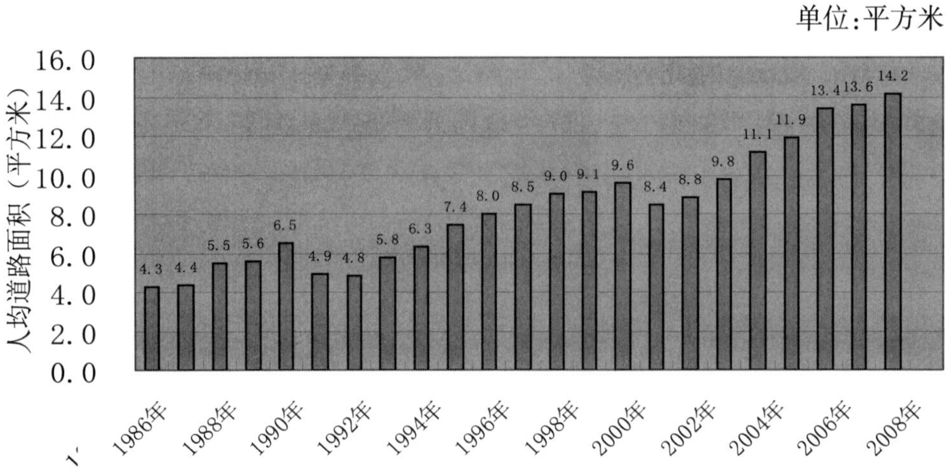

图 2-3-1　安徽省分年度人均城市道路面积

第二节　城市桥梁

新中国成立初期，桥梁多为土石结构、木石结构和土木结构的简易桥梁，荷载等级低，抗洪能力差。1978—1989 年间，对原有一批简易桥梁进行更新改造，又在交通要津和跨河、跨湖地段，新建一批多功能、永久性桥梁，基本满足城市交通和生产、生活的需要。

桥梁建设

1986 年后，城市建设快速发展，为改善城市交通，方便人车出行，全省各市在加快道路建设同时，加强桥梁建设，跨河桥、立交桥、人行天桥不断出现。

合肥市　1985 年年末，合肥市区共有跨河桥、公路铁路立交桥等各类桥梁 35 座。1986 年之后，随着道路拓宽改造，对跨南淝河及其支流的屯溪路桥等 4 座桥梁进行改建，并新建蒙城路桥等 8 座跨河桥；改建长江东路、长江西路 2 座铁路立交桥，兴建当涂路等 7 座铁路立交桥。1995 年，开始建设立体交通，相继建成五里墩立交桥等 3 座公路互通式立交桥、建成黄环立交桥，兴建 8 座人行天桥。2007 年，市区共有桥梁 58 座，桥梁面积 12.7 亿平方米，其中：跨河桥 40 座、公路互通式立交桥 3 座，铁路立交桥 3 座。

芜湖市　1986—2002 年，芜湖市随着城市人口增长，城市交通快速发展，城市道路建设加快，立交桥和人行过街天桥也随之配套建设。先后建成 7 座立交桥、过街人行桥。桥梁建设在造型、结构、科技含量上也有显著提高。先后兴建大、中、小型各类现代化桥梁 32 座。这些造型各异、颇具现代城市风格的桥梁不仅沟通了城市道路网络，而且为江城芜湖平添了现代城市的立体美感。

蚌埠市　1986 年，蚌埠市区道路桥梁 20 多座，主要包括胜利西路八里桥、涂山路跃进桥、燕山路迎河桥、淮河路天桥、胜利东路珍珠桥、凤怀路（东海大道）双龙桥等。1989 年 10 月，由公路部门建设的解放路淮河公路桥建成通车，全长 1660 米。11 月，为解决凤阳西路被火车阻拦问题，建成人行地下通道。1992 年 10 月，建成延安路与铁路线立交桥。1993年1月，在淮河路与中山街交叉口建成钢结构人行立交桥，为闹市区行人穿越道路提供了安全保障。1995年1月又建成胜利路与中山街交叉口的钢结构人行立交桥。1996年1月，为解决解放路铁路三角线地带火车拦道问题，历时两年，建成解放路高架立交桥一期工程，后又完成二三期工程，既改善了市区东部交通，也为城市增添一道景观。同年10月，配合东海大道的建设，新建张公山大桥，为42米宽三跨拱形桥，1998年年底竣工。2000年8月，由公路部门在朝阳路北首开工建设朝阳路淮河公路桥，全长1724.8米。2002年12月竣工通车。2003年12月，建设东海大道龙湖大桥，拆除原凤怀路双龙桥，2005年9月竣工通车。2007年，启动大庆路淮河大桥项目前期工作。年底，市区建成道路桥梁49座，其中立交桥8座。

淮南市　1979—2005年，淮南市先后建有淮河公铁两用大桥等12座桥梁、立交桥、人行天桥、闸桥、地下道。至2007年，全市新建、扩建桥涵331座，其中：桥206座，涵125座；立交桥30座（特大型立交桥2座、大型立交桥3座、中型立交桥7座，小型立交桥18座），总长度20.37千米，面积24.68万平方米。

黄山市　1990年，黄山市对位于中心城区的屯溪桥（镇海桥）进行全面维修，1989—2007年，先后兴建横江大桥等7座桥梁。其中：新安大桥，主桥全长547米，宽20米，主跨60米，南北河道为三跨悬浇变截面三维预应力单箱双室连续钢筋混凝土结构；横江大桥，全长340米，桥宽18米，主桥为钢筋混凝土双曲拱桥，引桥为混凝土园弧拱桥；率水大桥，全长565.3米，设计为三孔50米下承式刚性系杆拱，由系杆、拱肋、中横梁构成主要承重框架，主桥三跨协调相衬，其形如虹；广宇大桥，主、引桥长414米，跨径70米，宽20米，双向4车道，主桥采取五跨变截面预应力连续梁，该桥结构新颖，造型简洁，与沿江景区整体环境协调融洽；观光索桥，桥面全长290米，主跨达170米，主索间距4.5米，桥面净宽4.3米，两座主塔高出河面近40米，分别有两层观光平台。该桥宛如一道彩虹横跨新安江，是目前华东地区同类型最大的桥梁；闵口大桥，全长188.3米，宽8米，为四波五肋双曲拱桥结构。

六安市　六安市道路建设加速，促进桥梁建设步伐，先后拓宽改造、兴建新安大桥等12座桥梁。这些结构新颖，外观绚丽桥梁，不仅满足了交通需求，也美化了环境，提高了城市品位。窑岗嘴大桥，人行道净宽7米，全长333米，为全市桥长之最。师专浮桥正桥长92米，引桥长86米，正桥由17只钢筋混凝土舰型小船等距离排列，用桩柱固定浮于水面，托住钢板桥面，随水位涨落而升降，可通行小汽车，人行桥上有弹性之感。齿轮厂吊桥，凌空飞架，桥身无一桥墩，不误舟辑往来，桥全长100米，尽跨度80米，宽2.8米，桥面为水泥预制板铺就，整个桥身由两根铁索悬吊，两边有铁护栏，已成为滨河公园上的一处景观。

池州市　2000年池州地改市后，随着城市快速发展，市区道路框架网络拓展，桥涵建设数量激增，市区中大型桥涵数量达25座，总长2860.6米。主城区共有10米以上净跨的永久性桥梁24座，其中大桥12座，桥梁总长952米。城区内共有景观桥2座。

主要景观桥分别是汇景桥和烟柳园吊桥。

淮北市　淮北建市后，随着建设和交通事业的发展，为缓解市区的交通压力，至2007年，全市共建桥梁33座，主要为铁路公路立交桥和跨河大桥两类。主要桥梁有：人民路立交桥，跨度为11.5米+22米+11.5米，桥宽5.15米，1993年7月建成。东岗楼立交桥，位于淮北市中心干道淮海路、东山路、古城路与高岳路及符夹铁路的交汇点，是公路、铁路三层立交桥，1996年12月建造，是安徽省第二座全互通式城市道路立体交叉。该桥为部分苜蓿叶加半定向匝道三层全互通立交。顶层为淮海路高架桥，上跨东山路及符夹铁路，中层为东山路，底层为非机动车道和人行道系统。该桥设计荷载为汽-20，桥梁主线长451.5米、匝道长1226米。主桥最大跨径34米、匝道最大跨径24米，桥面主线宽16米、匝道宽7米，桥梁面积1.7万平方米。长山路立交桥，位于长山路，南北向跨越淮北市火车站，主桥下有7股铁路线，桥梁轴线与铁路线斜交55度。南引桥坡长293米，北引桥坡长191.75米。桥梁引道南连桓谭路，北接古城路。2001年10月建成。桥梁全长429.65米，桥面宽度20米，桥梁面积8593平方米。人民东路岱河桥，位于岱河相山区境内，2005年5月建成，属沉陷地段，为应急试验桥。桥梁全长48米，桥面宽度25米，车行道单面宽10.25米，人行道单面宽2.25米，桥梁面积1200平方米。

铜陵市　20世纪60年代前，市区道路没有桥梁，涵洞断面也很小，随着城市建设的发展，1976年，修建了胜利桥，1998年进行了改建。新建主要涵洞已有30道，其中1985年以来新建21道。保证了城市交通畅通。

安庆市　1964年，龙狮桥改建为市区第一座钢筋混凝土桥梁。1985年，石化厂新建集贤路双悬臂钢桥，成为城区第一座人行天桥。至1988年，城区有永久性桥梁6座。2000年年底，市区桥梁主要有：龙狮桥、芙蓉桥、集贤路天桥、人民路桥、滨江桥、市府路板桥、菱南桥、白稽豚人行天桥。龙狮桥，位于华中东路与华中西路交接处，跨越新河，为道路、航行、排水桥梁。1988年12月，改建双悬臂钢筋混凝土桥。桥长28.5米，桥宽21.2米（包括栏杆），其中车行道宽13.9米，两侧人行道各宽3.6米，面积为603.9平方米。芙蓉桥，位于湖心中路牌坊北200米，为道路、排水、景点桥梁。1986年，拆除旧钢筋混凝土桥，改建石拱桥，为大湖风景区建设项目之一。桥面长23米，宽15.5米，桥下3孔。1997年湖心中路拓建时，该桥改建为净跨6米、宽40米的板梁桥。集贤路桥，位于集贤南路与花亭路交界处，西与石化四号路相连。为人行天桥，1985年建造。桥面净高6米，长38米，主梁两端各挑出4.5米悬臂作盘旋式扶梯，桥下为单跨门式刚性结构。人民路桥，位于人民路东端，跨越新河，为道路、航行、排水桥梁，钢筋混凝土板桥。桥面高13.5米，长20米，宽20米。2002年9月，新河清淤整治，拆除老桥建设新桥，新桥为空腹式悬链线肋拱桥。桥长35.8米，净跨28米，桥面宽25米，拱跨比1∶6，桥面为钢筋混凝土结构。

阜阳市　1996年后，为进一步拉大阜阳城市主框架，在加强城市道路建设同时，也加大了城市桥梁建设力度，构成道路和水系互联互通，2006年，新建南京路泉河大桥为V型墩连续钢构桥，桥面全宽32米，长710米，总投资超亿元，成为阜阳城建史上造价最高的单体市政工程。同时，北三环路道路工程项目内的颍河大桥相继开工建设。至2007年，阜阳市新建城市桥梁174座。

滁州市　1978—1993年，建桥11座；1993—2005年，建桥3座。2004年，全面改造北关大桥，清流河大桥，清流路铁路立交桥。2007年，滁城有桥梁23座。

宣城市　2002—2007年城市桥梁建设工程随城市道路建设同步进行，新建宛溪河大桥、鳌峰东路水阳江大桥、跨铁大桥、改造凤凰桥等。1995年，市区有市政桥梁24座，2007年，已上升到50座。

亳州市　2000年建市后，新建2座涡河大桥，5座城市道路桥梁。市政府十分重视城市桥梁建设，鼓励开发商投资修建桥。2000年10月，古井房地产开发公司投资兴建涡河灵津渡大桥；市大地集团投资兴建涡河大地桥；市恒泰开发公司投资扩建幸福桥；2002年，市华龙房地产开发公司投资扩建光明路蚂蚱庙桥；2004年6月，市友阳房地产开发公司投资扩建希夷大道南关桥；市天润房地产开发公司投资开工扩建站前路桥。2000年11月，市财政投资开工扩建古泉路红旗桥，2005年8月竣工通车。2007年，先后两次对城区主干道桥梁的运行情况进行排查。经排查西关吊桥存在重大安全隐患，市政工程管理处对该危桥实施监控，设置警示标牌和防护桩，警示和限制大车、载重车通行，同时，编制该桥改造方案。

巢湖市　城市桥梁建设随道路建设同步进行，1999—2005年，修建钢筋混凝土的巢湖路皋城立交桥、裕溪河大桥、团结路立交桥、健康西路桥等共21座，其中以皋城立交桥最长，全长达300米，最短为贾塘圩桥，全长10米。

桥梁类型　安徽省桥梁结构类型有中承式拱桥、钢筋混凝土双曲拱、下承式钢管混凝土系杆拱桥、钢筋混凝土连续梁、预应力钢筋混凝土预制空心板梁、预应力钢筋混凝土预制空心板连续梁、钢筋混凝土拱索结构、变截面预应力混凝土连续梁等多种结构类型。特别是合肥市铜陵路桥采用独塔双索面无背索部分斜拉预应力混凝土梁组合结构体系，塔高60米，桥梁梁体采用肋式结构，基础为挖孔桩，结构新颖，外观靓丽，国内仅此一座。此外还有浮桥、吊桥等。

立交桥结构类型有预应力混凝土连续箱梁、箱形钢筋混凝土框架等多种结构类型。合肥市五里墩立交桥，采用双“Y”定向加环形匝道式，共4层，其中地上3层，地下1层，最高处A3匝道距地面高22米，由17个方向的机动车匝道和地下机动车道系统组成，机动车道全长5.893千米，非机动车道总长4.737千米，道路面积15.8255万平方米；桃花店铁路立交桥，箱形钢筋混凝土框架采用顶进工艺施工，为当时华东地区最大的铁路顶进立交桥。

人行天桥平面布置有“一”字形、“T”字形、“П”字形、“工”字形、“圆环”形等多种布置。结构类型有钢结构焊接箱形承重结构、热轧H型钢结构、圆环型箱形梁全钢结构、网架结构等多种结构类型。立柱有钢管混凝土、钢结构、现浇钢筋混凝土等多种结构类型。

合肥中国科学技术大学地下通道为单拱钢筋混凝土箱形结构，在通道东端的底部设有2台自动化排涝机泵。至2007年年末，安徽省城市桥梁929座，其中立交桥61座。

第三节 供水设施建设与节水、水源保护

安徽省城市供水，最早始于1911年安庆市地方士绅集资兴办的安庆水厂，至今已有近百年历史。1911—1949年39年间，安徽省仅有安庆、芜湖兴建了2座小水厂，铺设供水管道27千米，供水能力0.3万立方米/日，年供水量22万立方米。新中国成立前，居民饮用水以河塘、井水为主，城市供水几乎空白。新中国成立后，城市供水有了长足发展。合肥、蚌埠、淮南、淮北、马鞍山、铜陵等城市相继建设自来水厂，解决了城市部分生产用水和居民生活用水。1965年，当涂县在全省率先建成县城自来水厂。1978年年末，全省10个市建成自来水厂15座，日供水能力61.1万立方米，供水管道长度659千米，年供水总量20538万立方米，人均日生活用水量138.6升，设市城市自来水普及率72.9%，用水人口179.7万人。

2007年年末，安徽省设市城市供水管道长度8677千米，年供水总量77143万立方米，自来水普及率94.4%，用水人口930.27万人，人均生活用水量180.4升；县城公共供水能力达到167万立方米/日，供水管道长度5656千米，年供水总量27508万立方米，自来水普及率78.86%，用水人口456万人。（详见图2-3-2,2-3-3）

城市供水由解决基本需求为主转向以保障供给和提高质量，城市供水设施水平和质量明显提高，供水系统逐步完善，供水水质逐年提高，供水安全保障能力进一步加强，并统筹城乡、区域供水，改革发展成果惠及更广泛的城乡居民。

单位：升

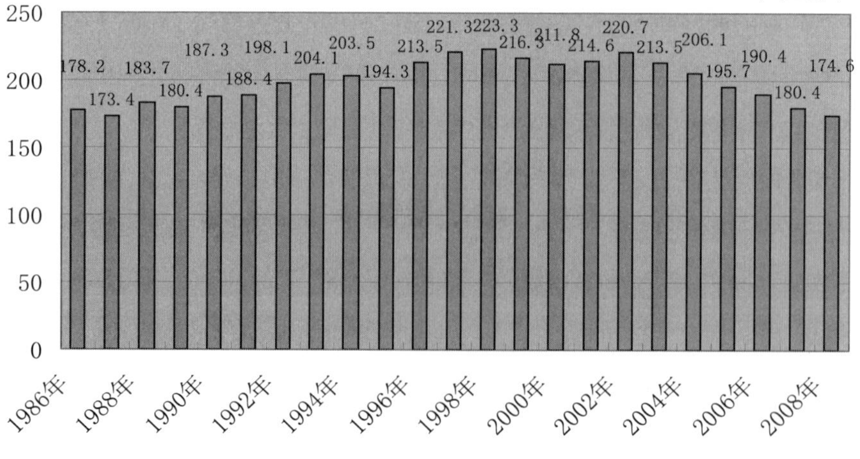

图2-3-2 安徽省分年度人均生活用水量

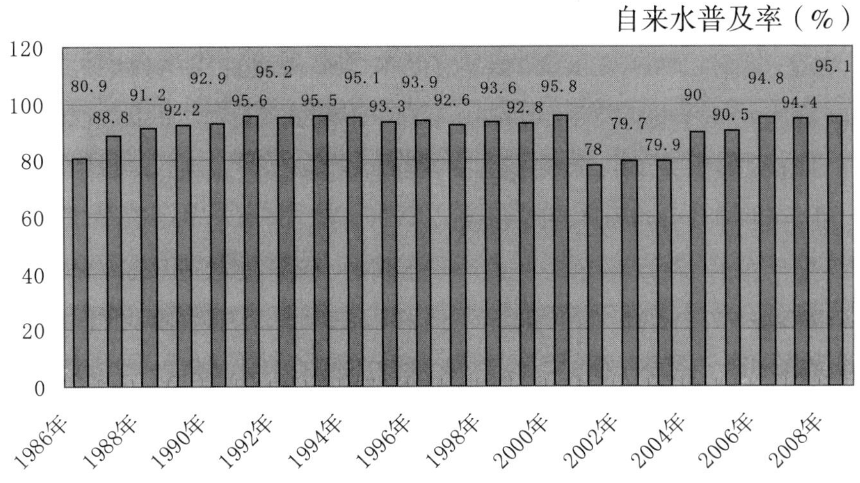

图 2-3-3　安徽省分年度城市自来水普及率

水厂建设

1978—1998 年的 20 年间，城市供水进入快速发展时期，供水能力比前 30 年增长 5 倍，用水人口扩大了 3 倍，自来水逐渐普及城镇广大区域，基本上解决了人民群众“吃水难”问题。1998 年年末，全省所有设市城市均建成自来水厂，共建有自来水厂 96 座，日供水能力 384.9 万立方米，供水管道长度 3889 千米，年供水总量 19376 万立方米，人均日生活用水量 223.3 升。至 2007 年年末，全省城市供水能力达到 507 万立方米 / 日，年供水总量 77143 万立方米。

合肥市　1986 年以来，合肥市供水事业得到快速发展，合肥市加强水厂建设管理，一水厂因不适合全市供水能力不断提高而停产。二水厂日供水能力由 10 万立方米经两次改造、扩建提高到 20 万立方米。四水厂经不断改建和技术改造，日供水能力由建厂初期的 12.5 万立方米提高到 27.5 万立方米。五水厂日供水能力 25 万立方米，是安徽省规模最大、自动化程度最高、生产能力最强的第一个现代化水厂。紫蓬山水厂日供水能力 2000 立方米，保障了紫蓬山风景区开发、建设和周边用户的需求。制水生产由手工作业与机械化生产相结合转变为自动化、智能化生产，实现了“有人管理、无人操作”。至 2007 年，日生产能力达 87.7 万立方米，比 1986 年增加了 62.7 万立方米，增长 251%。

芜湖市　1982 年，芜湖市城市日供水量仅 8 万立方米。随着城市建设加速发展，城市供水工程建设步伐也不断加速。1993 年，利民路水厂一期工程建成，日供水 10 万立方米，使河南地区用水得到改善。1994 年开始使用新型消毒剂二氧化氯。杨家门水厂一期工程竣工投产，日供水 15 万立方米，实现从取水、净化到送水全过程自动化供水。1996 年，供水总公司生产信息管理系统、杨家门水厂自控系统分别安装调试成功运行。同年，皖南水质检测中心落成。经 17 年发展，至 2007 年年底，拥有制水厂 4 座，日供水能力 47.50 万立方米，用水普及率 100%，水质合格率 100%。

淮北市　2007 年，淮北市渠沟工业园大型接水工程分两期实施，一期工程在新蔡镇开辟地下水源，打3口地下水源井，建设一座日供水能力为1.5万立方米的地下水厂；二期工程拟以塌陷区和化家湖水源为主，结合“南水北调”，建设一座日供水能力为2万立方米的地面净水厂。完成凤凰山工业园供水工程，打水井2口，铺设供水主干管8.2千米，园区内20多家企业用上自来水。同年10月，纺织社区供水改造工程完工，4693户居民用上市供自来水。并完成杨庄矿改水工程、杨庄村和吴山口村接水工程，通往刘庄、吴山口、陶瓷工业园区的主干管全部铺设到位，供水用户达9000余户。

蚌埠市　1987年4月，蚌埠市新建的三水厂一期工程开始供水，日供水规模10万立方米。1991年4月，新建三水厂二期工程投产，形成日供水规模20万立方米，市区日供水能力上升到34万立方米，用水普及率提高到73.1%。1992年年底，三水厂利用德国政府贷款，开始启动深度水处理项目。该项目是在常规水处理工艺的基础上增置活性碳滤池，以达到改善饮用水质的目的。日处理水能力达20万立方米。1994—1997年，三水厂扩建一期工程建成投产，供水规模为10万立方米/日，公司总供水能力达到43万立方米/日。1997—1999年，三水厂进行日供水能力20万立方米扩建工程，达到日供水40万立方米的能力。1998年5月，三水厂深度水处理项目建成，被评为“中德政府合作（发展）项目”示范工程。2001年，三水厂一、二期系统加氯自动化工程完成。2002—2003年，四水厂完成投资2020万元，泵房、道路等基建工程已完工。河北水厂完成泵站、滤池、管道铺设等主体工程。随后四水厂投资1200万元，完成沉淀池、清水池、送水泵房、吸水井、加矾间、配电房等土建主体和部分管道预埋。河北水厂投资300万元，完成厂区土建、滤池铺设和电器设备安装，已形成4000立方米/日供水能力。2004年，四水厂建设完成，优先建好水源泵房和厂区供配电系统，分别向三水厂水源泵房和净水厂区提供备用电源，同时对三水厂原有供配电系统进行了整体改造。2005年，市区有自来水厂2座，日供水能力41万立方米。供水人口67.5万人，用水普及率为74.6%。三县县城水厂经20年建设，规模均有扩大，按日综合生产能力计算，怀远水厂3.86万立方米，五河水厂1.11万立方米，固镇水厂6.2万立方米，用水普及率均达75%以上。2006年，投资控股的五河县城地表水厂于9月14日建成试运行，10月18日正式通水。地表水厂的建成通水从根本上改善了五河县城供水面貌。2007年，三水厂原水生物预处理项目开工。河北水厂清水池及附属设施建设主体竣工，清水池已具备试运行条件。

铜陵市　1992年全面改造一、二水厂，改造了一水厂1万立方米系统和二水厂滤池。1993年，对一水厂3万立方米净化系统进行全部的技术改造，日供水能力实现翻一番的预期目标，水质也达到国家规定的标准。新建两座1000立方米清水池，使2万立方米净化系统的清水储水能力增加两倍，首次试用管道加压供水取得成功，缓解了杨家山地区高地势高楼层用户的供水矛盾。1994年，完成设备大修，启用一条已停用的DN600毫米源水管道，使源水供水能力增加3万立方米/日。1995年，经过几年建设，三水厂正式投产，综合生产能力增加7.5万立方米/日，达到22.5万立方米/日，缺水局面得到极大缓解。1996年后，调整各水厂运行方式，采取恒压变量等先进控制技术，使全市管网始终处于最佳运行状态，公司始终把水质达标和“供好水、供足水”作为首要任务和重要职责紧抓不放，坚持对出厂水实行三级检验管理模式。通过改造工艺流程、提高职工操作技能、强化三级检验手段等多种措施，出厂水水质合格率保持在99%以上，出厂水平均浑浊度不断下降。

安庆市　为适应城市快速发展，1982年开始兴建第二水厂，分二期完成，1988年5月竣工投产。采用取水能力为5万立方米/日的泵船取水，安装3台水泵，缓解了城市部分区域供水紧张局面。1990年，开始扩建二水厂二期工程，总投资2789万元。二期工程可形成12.5万立方米/日供水能力。建有容量为7500立方米的清水池2座，出水总管与一期工程吸水井预留的DN（管材直径）800毫米管道连接；折板絮凝反应斜管沉淀池1座，净化能力7.5万立方米；虹吸滤池1座；排水泵房内径13米，集水井容积400立方米，为两个滤池的反冲洗水量；加药间配设进口加氯机一套，配有自动泄氯报警装置。为达到节能效果，根据长江水位季节变化，取水泵房采用四合一串调级调建装置。一、二期工程建设到1996年5月全部竣工并验收。在扩建二水厂二期工程期间，同步考虑新建第三水厂。第三水厂建设规模为日供水20万立方米，总投资1.7亿元，其中利用德国政府贷款700万美元。2000年12月1日送水，管网为并网试运行。三水厂是一座新型的现代化水厂，工艺先进，设备一流，节能省耗，可平衡全市供水管网压力、提高供水能力和水质，可以延伸向月山镇和高河（怀宁新县城）送水。

黄山市　市区（屯溪区、徽州区和黄山区）和县城、黄山风景区均建有标准化水厂。屯溪中心城区为一水厂、二水厂。一水厂供水规模每天3万立方米供水生产能力。二水厂供水规模为每天8万立方米。1997年，实施黄山市城市供水工程，建设规模为新增日供水能力11万立方米、黄山区自来水公司一水厂新增日供水能力1万立方米，二水厂新增日供水能力3万立方米；徽州区自来水公司一水厂二期新增日供水能力1万立方米。2005年总供水量1360万立方米，供水总户数为1.94万户，单位1235个（包括宿舍楼及个体经营户），已完成“一户一表”改造26104户，自来水普及率达到96%。2006年实现售水量1098.98万立方米，水质综合合格率达100%，管网水压合格率为100%。

滁州市　以城西水库蓄水为水源，全年供水17.3万立方米。1985年，实现日供水能力5万立方米。1987—1990年，又陆续扩建至日供水能力7万立方米。1992年，二水厂破土动工，1994年建成投产，日供水能力10万立方米。2007年，滁城日供水能力17万立方米，城市供水普及率达99%。

阜阳市　1987年设立调度室，做到每小时汇报水压一次；1988年4月，经市政府批准成立“阜阳市自来水公司”，下设一、二、三水厂；1991年改造化验室，扩充化验设备，中心化验室增建无菌室，水质监测项目提高到38项；2006年6月公司正式成立安全生产领导小组。公司每年都要投入大量资金对机泵设备进行大修、中修和小修，更换老化闸阀、井盖，对配电设施进行更新维修，新增设备。1987—1997年间，公司新凿深井36

眼；完成17个单位深井并网工作，并网深井3眼，累计投入深井并网改造资金97万元；2006年完成工程总额近1982万元，其中国债资金工程改造6.7千米，工程造价573万元，公司投入55万元对32个小区支管无偿更新管网；2007年修复重建因暴雨造成的水毁设施，抢修及时率100%。自市二水厂投入运营以来，日供水规模一直在1万立方米左右，拥有供水用户4万余户左右。

亳州市　截至2007年，亳州市共有两个制水厂。其中一水厂位于亳州市城西、和平西路北侧，始建于1982年，1984年正式供水，设计供水能力1万立方米/日，承担老城区的供水任务。2000年地级亳州市成立后，亳州的城市建设快速发展，一水厂供水设施、供水能力和供水水压满足不了城区群众的用水需要。市政府决定在城区南部105国道东侧建设供水能力5万立方米/日的第三水厂。2003年开工建设，2005年完成供水能力2.5万立方米/日的一期工程，并正式供水。至此，亳州城区的总供水能力达到了3.5万立方米/日，初步解决了亳州城区的供用水矛盾。

宿州市　2000—2001年，开工建设6万立方米供水厂及其配套的二级泵房、清水池、沉砂池、给水井、消毒车间和管网等。在地建公司附近新打深井2眼。2002—2003年，6万立方米供水厂及其配套项目建成并投入运营。在位于高速公路以东、西三里村、拂晓大道西侧新打深井10眼，完善10万立方米水厂建设，新建深井7眼，搞好经济区的三水厂建设，推进“一户一表，抄表到户”，提高城市供水能力。2004年，恢复4万立方米水厂建设（计划投资2700万元）；搬迁重建供水一厂（计划投资1800万元）；筹建开发区5万立方米水厂（计划投资3200万元）。

六安市　1986年，六安市自来水公司成立，同年二水厂投产运行，供水能力4万立方米/日。随着城市的不断发展，用水量需求不断增长，1998年，实施二水厂14万立方米/日的改扩建工程，同时城市输配水管网进行改造，满足了城市用水需求。2001年，兴建东城水厂向城东开发区供水。2007年，城市供水能力16.5万立方米/日，供水面积约32万平方千米，城市自来水普及率95%以上，水质综合合格率99%。在大力发展城市供水事业、保障城市用水的同时，精心构筑优质服务体系，各项工作步入省内先进行列。城市自来水水源取自淠河干渠，淠河干渠上游有佛子岭水库、磨子潭水库、响洪甸水库，集水面积4410平方千米，三大水库总库容34.644亿立方米。干渠全长104.5千米，六安市区段10.5千米。干渠水质好，水量丰富，是六安市的优良水源，也是省会城市合肥的水源之一，规划为二类地表水。

巢湖市　1999年，巢湖市供水有限公司下辖两座水厂，总供水能力8万立方米/日。一水厂经数次改、扩建，供水能力为4万立方米/日；二水厂供水能力为4万立方米/日，2002年，二水厂扩建，增加供水能力4万立方米/日。2004年，半汤路增压泵站建成运行，供水能力3万立方米/日，保证了向开发区区域的供水压力。同年，3万立方米/日的半汤增压泵站建成运行。随着供水规模和供水管网覆盖范围的扩大、用户的增加，市供水公司全年供水量由1991年的1241万立方米，增加到2005年的2316万立方米。

2005年后，市供水公司资产重组项目，与合肥供水集团达成初步合作意向，合资经营巢湖供水。

宣城市　1986年前，宣城自来水供水设施仅有一级泵房2座，日供水能力0.8万立方米。自来水供水普及率仅为其建成区人口的40%～50%。1995年，自来水公司先后两次实施自来水扩建技改工程，在玉山村水阳江段建成日供水能力15万立方米的泵房，新建0.2立方米和0.4立方米清水池各1座，使日供水能力提高至6.2万立方米，从而结束了宣城市民长期饮用宛溪河“循环水”的历史。2000年，地级宣城市建立，随着城市人口规模不断扩大和城市居民生产生活用水量的剧增，供水“瓶颈”日渐突显。2006年3月，宣城市供水总公司和深圳市水务投资有限公司合资成立宣城市水务有限公司，合资公司成立后开始建设第三水厂，目前市水务公司供水能力达10万立方米/日，年供水量约2450万立方米，供水服务区域约23.5平方千米，供水服务人口约25万。新建城市供水系统稳定正常，同时二次供水监督管理进一步完善。

马鞍山市　1988年，马鞍山市总供水能力增至18万立方米，全市供水紧张状况暂时得以缓解。随着城市建设不断东扩南进，自来水公司对水厂进行了大规模的扩建，并开工建设第四水厂。2005年，四水厂顺利实现通水试运行，公司日供水能力达到40万立方米。为解决城市高层和边缘地区水压低的矛盾，先后设置多座加压站和蓄水池。

池州市　池州市注重城市供水设施建设，加大投入，加强管理，保证了市民饮用水水质安全，保障了工业用水和生活用水正常供应。2007年，池州市主城区新建水厂一座（民生水厂），日供水能力8.5万立方米，主城区供水覆盖率达到100%，供水普及率达99.8%，水源符合并优于国标《地面水环境质量标准》二类水体标准，水质综合合格率达到100%。

淮南市　注重水厂建设，至2007年，全市建有自来水厂9座，日供水综合生产能力达58万立方米，人均日生活用水量141.6升，自来水普及率98.29%。

管网建设

供水管网是城市的一项重要基础设施。2001年以来，安徽省各地以“加快发展、富民强省”为主题，抓住国家持续实施积极的财政政策机遇，争取国债和中央预算内投资10亿多元，加快城市供水设施建设步伐，兴建了一大批城镇供水大、中型项目，新建和改造大量的城市供水管网。

合肥市　1986年，合肥市先后更新或增铺管道5千米，20世纪80年代后期，铺设供水管道22.51千米，铺设五水厂至巢湖直径为1400毫米的源水管道和通往市区的输水管道。到1992年年底，全市干管总长度达383千米。1993—1995年，完成43.9千米供水管道的铺设。1996年，完成13.24千米的管道安装任务，以及姚大塘解困小区等10个小区，蜀山路等15条道路的管道安装。1997—2001年，以实施小街巷改造为契机，重点完成合裕路等130多项重大供水管道工程建设，使全市供水管网建设日趋完善，提高供水能力，消除供水低压区，降低电耗，减低漏损率，为全市逐步实现向用户直接供水创造了条件。2003年以来，把进一步加强供水管网建设作为改善投资环境、服从服务于合肥千亿元发展规划的一项重要工作，以政务文化新区、大学城、科学岛等供水管网建设为重点，以小街小巷和低压区管网改造为主攻方向，以实现一户一表、消除二次供水为根本目标，先后完成管道安装、改造近200项，仅2005年，就完成芜湖路等道路管网建设工程180千米。自2004年起，陈旧管网改造和"一户一表，计量到户"的水表改造收效明显，二次供水状况得到根本改变，多层住宅直供水率达97%以上，其中新建多层住宅直供水率达到100%。20年来，城市供水管网本着新建与改造相结合原则，管网覆盖面逐步扩大、管网完好率逐年递增。截至2007年，自来水管网覆盖面达160平方千米，直径100毫米以上管网总长度达1236.6千米。直径100毫米以上管网总长度比1986年增长1000多千米。

芜湖市　1986年后，芜湖市管网及干管铺设主要是与市政工程配套建设，先后由市区铺设至大桥镇等周边城镇。供水管道材质主要采用铸铁管、预应力管、镀锌管、钢板管、UPVC（硬聚氯乙烯）管及球墨铸铁管。2000年7月起，全面停止使用镀锌管和普通铸铁管。为发展用户，解决周边城镇用水，1997—2002年，共投资5780万元，铺设给水管道65.40千米，解决了周边城镇、周边地区及沿途周边驻芜单位的用水。1986年管网总长为155千米。至2002年年底，增至669千米，净增加DN75毫米以上供水干管514千米。随着供水管网历年来的拓展、调整，城市供水半径也不断增长至马鞍山市毗邻等地界。

蚌埠市　1986年，蚌埠市区供水管道长162千米。1989年，配套铺设迎湖路清水管、江淮路以东供水管、工农路以东供水管、三水厂至第一中学供水干管、东站输水干管及30多千米的道路给水管道。管网总长度214千米。1995—1996年，配合胜利中路、解放路、朝阳路、燕山路等主干道拓宽，相应对管网进行改造，并新装南湖小区、青年街小区等供水管道10千米。天河备用应急水源工程供水管线7.7千米。1998—1999年间，相继对20多条道路36千米的管网进行安装或改装，并完成新机场供水工程，城市输水管道开始成批安装墨铸铁管。新增供水管网13.6千米。2000年，供水干管总长度已达444.5千米。2001—2002年，共施工安装道路供水管网48.2千米，主要是大学园区、新城区、高新区及东海大道等地区管道。并新增DN300毫米以上供水管道12千米。2003年，城市公共供水管网进一步完善。相继完成大庆南路、新城区内外环路、新淮路等路段以及光彩大市场接水工程等管道安装任务，新装、改装DN300毫米以上供水管道18千米；改造、更新老城区危旧管道6190米；完成朝阳路5号区、东方明珠小区等20个开发小区接水工程。为配合河北水厂建设，还铺设DN400毫米输水干管2千米。随后，相继完成红旗五路、航华路等五条主要道路DN800毫米—300毫米供水管道；在高新区安装了大庆路等6条道路DN250毫米管道；在大学城区安装了迎滨路、成业路、文化路、学府路等4条道路DN200毫米–500毫米供水管道。新增DN300毫米以上供水管道15.83千米。完成、更新老城区危旧管道1140米。完成世纪家园等34个新建续建住宅小区的接水工程,新发展用水户1万多户。2005年,除铺设燕山路等道路管道外,还新增DN100毫米以上的供水管网25千米;完成新新家苑、工农家园等16个居民住宅小区接水工程,新发展用户7500多户。供水管网总长554千米,是1986年的3.4倍。2006—2007年,新增供水管网长度56.12千米,还承接12个小高层住宅区室内上水管道安装工程,检出公共管网暗漏37处,城市东部公共供水工程敷设主管道16千米,2个自然村已通水。

淮北市 1992年,淮北市完成相濉、渠张、鹰山路供水管网改造,铺设相杜路管道近2000米。1993年,对人民路供水管网铺设。1994年,新铺设古城路供水管道550米。1996年,对黎苑小区进行供水管网铺设。1997年,铺设供水管道共7435米。"十五"(2001—2005年)期间,投资1500万元,完成梅苑路和长山南路供水管道改造,长6523米。完成东湖路供水工程,铺设直径600毫米管道6.8千米。2007年,完成渠沟工业园大型接水工程,铺设给水管道5700余米,工程投资700万元。总投资3000万元的烈山区域供水工程实施,铺设直径100毫米以上管网约35千米,可向2万余户居民及工业园区供水。

铜陵市 铜陵市城市供水分为加压水、普压水,加压水和普压水之间管道相连,可随时调节。20世纪80年代前,城区直径75毫米以上管线只有几十千米,供水覆盖面很小,管线网络为"枝状",安全性能较差。80年代中后期,公司对城市管网进行逐步改造,1989年,对全市加压站进行改造,铺设义安南路等6条大的输水管道。进入20世纪90年代,对城区主干道管线进行全面改造和调整。到2000年年底,直径75~1000毫米供水管线长达170多千米,供水区域达30多平方千米,南北向直径达30多千米,已经形成"环状"管网,供水安全得到有效保障。在管网设计和布局上,既考虑到近期需要,又考虑远期发展,为城市发展作了充分准备。

安庆市 1992年,安庆市经济技术开发区开工建设。为满足经济技术开发区供水要求,1992—1995年,建设开发区湖心北路DN600毫米、站南路DN400毫米、十巷(天柱山)路DN600毫米、DN300毫米给水管,初步在开发区形成二横一纵供水管网。1995—2002年,又相继铺设同安路、安枞路、站南西路、十巷路东段、广汇路东段、盛唐湾路等道路管网,使开发区供水面积扩展到7.2平方千米。1995年,老城区供水管网改造同时展开。到2002年,相继改造人民路DN400毫米管道、集贤北路DN600毫米管道、集贤南路DN600毫米管道、华中东路、华中西路DN600毫米管道、菱湖南路DN1000毫米管道、德宽路DN800毫米管道等。2002年,又进行设备改造,扩大供水能力,当年,DN100毫米以上管网长度已增加到260千米。

黄山市 2003年,黄山市动工建设中心城区供水管网改造工程,该工程属利用国债专项资金项目,工程累计完成投资1017.3万元,改造管网总长度26.1千米,改造DN100毫米以上管道18.67千米。管网总长度(DN75毫米以上)131千米,其中DN75~250毫米为66千米,DN300~500毫米为21千米,DN600~800毫米为12千米。2006年,市中心城区供水管道总长212千米,实现售水量109.9亿千克,水质综合合格率达

100%，管网水压合格率为100%，供水量、水质、水压都满足用户的需求。完成安装工程383项，水表安装6773只，完成DN100毫米以上管道安装长度25.8千米。

滁州市　20世纪60年代开始铺设城市供水管网，管径大都在400毫米以下。此后管网建设主要在老城区。1992年后，在加强主城区供水管网改造的同时，城市供水逐步向新城区和郊区城镇延伸。1994年，铺设全长1.7千米的城东工业园区管线；1995年，完成大王乡供水工程，铺设管线4.8千米；1998年，完成腰铺镇供水工程，铺设管线7.8千米；2000年，完成乌衣镇、担子乡供水工程，铺设管线11.5千米；2004年，开始铺设全长40千米的开发区管线；2007年，城区DN100毫米以上管线长264千米。

亳州市　老城区埋设的自来水管道基本上都是水泥管和灰口铸铁管，因年长日久，加之材质差，跑冒滴漏严重，严重影响供水水质和水压。2004年9月，亳州市开展供水管网改造工程，共改造管径25毫米以上管道约634千米（其中直径100毫米以上212千米），改造后的管道材质主要为PE（聚乙烯）管和球墨铸铁管，改造总规模和工程范围覆盖亳州市所有建成区，同时对部分没有供水管道的区域进行延伸，至2007年，基本实现亳州城区内道路修建到哪里，自来水管网就埋设到哪里。

宿州市　2000年起，宿州市调整城市局部管网，铺设南坪路、银河一路、银河二路输配水管道，延伸淮河东路、淮河西路、胜利路、汴河路、浍水路、淮海路供水管道，提高城市管网普及率。开工建设宿州经济开发区管网铺设，至2007年年底陆续铺设管道7.5千米。申请国债项目改造城区供水管网（计划投资1200万元）；完成一户一表改造1.6万户；加快西北行政新区、经济技术开发区、南坪路等处输配水管网建设。

巢湖市　1991年以来，管网及干管铺设主要是与市政工程配套建设。供水管网覆盖范围：南至望城镇；北至市第一人民医院；西至巢湖水泥厂；东至半汤镇。供水管道材质主要采用铸铁管、混凝土管、塑料管、钢板管、PE、PVC（聚氯乙烯）管及球墨铸铁管。自半汤增压泵站建设开始，已全面停止使用普通铸铁管。1991—2005年，兴建管网总长43.255千米。截至2007年年底，市区DN100毫米以上供水干管总长约为110千米。

马鞍山市　随着城市经济的发展，马鞍山市供水能力逐步提高，输配水管网的建设也取得了长足发展。2005年，输水管道直径100毫米以上的总长418千米。城市供水主干管网络已基本形成，管网布局趋于合理，运行更经济，输配水条件得到明显的改善。闸门和消防栓是控制自来水流量和提供城市消防用水的重要管网设施。2007年，管线闸门增至2597只，消防栓增至570只。闸门与消防栓布局趋于合理，基本符合城市管网水流量控制和消防用水的要求。为使管网处于完好状态，建立了供水管网维护管理制度。组织专业队伍负责对管道进行听漏、测压、冲洗，对闸门和消防栓进行巡查、保养，出现损坏，及时维修，保证管网运行正常。

六安市　城区供水管网布置的特点是“三纵五横、两斜八环”。“三纵五横”是沿南北向的3条道路以及东西向的5条道路铺设供水管道，“两斜八环”由佛子岭路、长安路两道斜线供水管道以及城区中心区域的八个供水环状骨架主管道，至2007年，供水管网口径 100 以上的长 161 千米。供水管网的合理布局，保证了城市供水安全可靠。

宣城市　2006 年，合资建设第三水厂后，开始铺设新管网，并加大对老城区供水管网改造，新建 DN100 毫米以上管网总长 230 千米，供水管网已基本覆盖城区范围。

淮南市　根据城市分散的特点，逐步完善新、老城区供水和排水管网建设，至 2007 年，已建城市供水管道总长 555 千米，城市排水管道总长 547.25 千米。

池州市　在供水水厂和污水处理厂建设同时，进行管网建设，截至 2007 年，已建 100 毫米以上供水主干道总长 200 多千米，新建污水管道 36.6 千米，污水收集干管 230 千米，保证了全市供水普及率 100% 和城市排水的需求。

阜阳市　1986 年以来，加大对供水管网建设资金投入，除市政府直接投资外，还争取到国债资金支持，20 年间，在管网建设中，累计完成投资近 5000 万元，主要是对老城区实施管网改造，对新建小区、开发区、后街小巷，教育院校和政府机关等依托新建和改建的主次干道埋设供水干管，具体管网埋设情况见表 2-3-1

阜阳市完成供水管网埋设情况一览表

表 2-3-1　　单位：米

年份	埋设干管长度			附　注
	总长	其中 DN100 毫米以上	其中 DN100 毫米以下	
1987	3500	3500		
1988	6200	6200		埋设颍上南路、大庆路、河滨路线路
1989	5320	5320		埋设含二水厂、东至火车站、西至颍西镇、南至红旗路、北至无线电厂线路
1990	2600	2600		
1991	3584	2025		埋设林带路、清河路线路
1992	6925	6925		对颍南井群到颍上路出水干管进行更换
1994	1973	1973		
1995	12759	9365		
1996	8588	8588		维修干管 128 处
1997	18400	14200	4200	另维修 DN100 毫米以上干管 406 处、DN100 毫米以下干管 1280 处
1998	18673	1209	6644	
1999	20725	12958	7767	完成二环路和市政府大院给水改造、实施二水厂区域配水、颍河西路干网埋设
2000	28600	20040		
2001	29572	18293	11234	对老城区管网改造

续表 2-3-1

年份	埋设干管长度			附注
	总长	其中 DN100 毫米以上	其中 DN100 毫米以下	
2002	26532	12233	14299	埋设西二环、阜临路、阜南路至教育学院、北京西路线路
2003	41532	15686	25846	完成颍河西路、人民西路、北京路、向阳路主干道等给水设施
2004	16000	12100		改造老管网及新铺设管道
2005	111039	24528	86511	
2006				对全城及小区管网全面检测、维修、更换
2007	80000	101500		完成开发区、河滨路、沙河路、颍上路、阜颍路、向阳路等给水建设

新技术应用 2001 年以来，微污染水处理技术及生物预处理、活性碳吸附、臭氧活性碳等处理工艺以及可视化自动控制系统、GIS 管网地理信息系统等新技术、新工艺、新设备和新材料开始在供水行业推广应用。城市供水水质监测能力和技术水平明显提高，2000 年以前，全省仅有 4 个市供水企业具备《生活饮用水卫生标准》中的 35 项水质指标的检测能力，到 2007 年，已经有 12 个市供水企业具备 42 项常规指标的检测能力，其中，省会合肥市供水集团具备新国标全部 106 项指标检测能力，9 个市供水企业化验室通过国家级或省级计量认证。城市供水技术的发展为应对水源污染、突发性事件以及改善供水水质提供了技术支撑。

由于淮河枯水期时间长污染严重，蚌埠市供水公司采取多点加矾、两次加氯、除污、除色等办法，以保证出厂水质符合要求。同时在 3 个水厂安装连续测定浊度仪，实现 24 小时对出厂水浊度的自动监测。如 1995 年 7 月，淮河干流发生大面积污染，2 亿立方米污水形成 50 多千米长的污染带。供水部门为保证出厂水符合要求，采取投加硫酸铝、聚合氯化铝、粉末活性炭等高效混凝剂办法作了处理，确保人民饮水安全。

2006 年 4 月，淮北市供水总公司微机室，克服技术上种种难题，自行研制成功恒压供水控制柜。新设备安装使用之后，整个操作过程全部实现自动化，恒压供水控制柜可以根据人工设置的压力参数值自动调节机泵，自行启动或关闭水泵。当水压不符合设定压力时，变频调速机会自动调整机泵使供水压力达到设定值，改变过去由人工控制供水压力方法，减少操作人员工作量，极大地提高自动化程度。

供水法规 1987 年开始，城市供水法制建设不断加强。安徽省相继颁发《安徽省城镇供水管理办法》《安徽省城镇生活饮用水水源环境保护条例》《安徽省二次供水工程技术标准》等法规、标准，还制定《安徽省城市供水系统重大事故应急预案》《安徽省城市给水专业规划编制技术导则》《安徽省城市居民用水实行计量到户的指导意见》

等技术政策，各地也制定出相关的供水管理法规，合肥市于1997年制定《关于修改〈合肥市城市供水管理规定〉的决定》。池州市为加强水质管理，确保饮用水安全，出台《池州市城市供用水管理办法》《池州市供水行业服务规范》，还制定《剧毒试剂管理制度》《池州市供排水有限责任公司生活饮用水标准检验方法》《无菌室管理制度》《各项仪器操作规程》《化学试剂安全制度》和《理化室安全制度》等制度和操作规程。初步形成安徽省城市供水法规、标准体系，城市供水逐步走上依法管理轨道。

供水管理

全省各地在城镇供水管理方面，都采取了措施，确保水质安全，自2000年起，每年组织开展一次全省城市供水水质专项检查，对各市、县供水企业的源水、出厂水、管网水水质以及水质检验机构、人员、设备、检测能力、水质管理制度等进行全面检查，并将检查结果内部通报各市、县人民政府和供水主管部门。促进各地政府和供水企业重视并加强城市供水管理，不断提高城市供水水质。2007年7月1日，安徽省在全国创新开展城市供水水质监测数据网上上报工作，各市供水企业可通过网站了解流域水源水质状况，省、市供水行政主管部门每日监控城市供水水质状况，《中国建设报》等主流媒体纷纷进行报道，建设部《工作信息与调研》专文介绍安徽省在城市供水管理方面所做的工作和取得的成效。

合肥市　1999年，合肥市开展占压供水设施专项整治活动，为供水设施安全和正常供水提供保障。供水集团成立4个区供水管理所及供水抢修中心、地理信息中心，对市内所有管网进行管理、维护、维修、抢修，做到"接险半个小时到达现场、直径100毫米以下的管道24小时内修复"。使供水漏损率始终保持在10%左右，低于全国同行业平均水平。供水集团以《供水服务承诺》《供水职工职业道德规范》为宗旨的一系列供水服务举措得到有效落实，基本实现"管理到水表、服务到龙头"。维修及时率、用户满意率平均达到98%以上。开通供水服务热线，实行供水抢修与"110"联动系统，装备了现代化的供水抢修应急送水车，坚持"施工在零点"的不扰民措施。2004年，用户在一个窗口就可以办理接水、缴费、查询等多项业务。10多年来，用户满意率始终保持在96%以上。自1986年的20多年来，科学技术在制水生产、供水管理、供水服务、水质检测等领域得到广泛应用。水质检测手段更加科学，检测项目由20年前的40项增加到153项，水质综合合格率始终优于国家饮用水规定的水质检测控制质量标准。供水生产自动化、管理现代化、信息网络化程度在安徽省同行业中始终处于领先水平。

芜湖市　供水总公司一直以"从用户出发，为用户着想"为服务、管理理念，努力为全市人民做好供水服务。1993年，向社会公布供水服务承诺制度，明确提出水质、水压以及管道、阀门、水表维修和施工管理等六个方面服务标准，主动接受社会监督。在内部管理上，推行经理（厂长）负责制，全员合同化管理和岗位技能工资制，促使企业向经营型转变。2001年3月，在省内供水行业首家通过ISO9002质量认证。

蚌埠市　1996年，蚌埠市成立供水承诺办公室，公开实行承诺服务制度，设立供水热线电话4033999。组建安徽省城市供水水质监测网蚌埠监测站，对水源水、生活饮用水、地面水和净水剂等进行检测，并提供具有公正性、准确性和权威性的数据。1999年年初，在全市率先实行“厂务公开、民主监督”制度。以群众满意为标准的“万人问卷调查活动”中，供水满意率达到82.33%，超过建设部规定的标准。成立快速服务和抢修、抢险队伍，实行24小时值班，全天候服务。截至年底，已受理群众求助、咨询、投诉、表扬、感谢等电话1.3万个，为群众办实事1.1万余件。2001年年底开始，对新建楼房水表实行“一户一表”，成立户表改装工作领导小组，专设户表办公室，新组建户表改装工程队，当年共改装户表5360户。并对老楼房户表进行改造。2003年，全年共帮助居民进行自来水测压和听漏730次。2007年，设立大用户管理所，负责全市用水大户的水费抄收和市场研究；编制《供水营销服务手册》；新开通邮政储蓄代收水费系统，在市区增设7个营业分所收费点并实行午间和休息日不间断工作制；建立预存水费欠费预告系统；严格执行水费通知、换表通知、停水通知与用户见面、用户签收制度，居民用户电话备案率达到70%。

马鞍山市　1998年，马鞍山市自来水公司开展“为人民服务，树立行业新风”活动，自觉接受社会监督，兑现服务承诺，不断提高供水经营服务质量。从1999年起，开始实施居民供水改表出户、计量到户。2004年，建设供水客户服务中心，开通服务热线电话，积极推行一站式服务，建立查询、报修、投诉、处理、反馈为一体的客服系统。

铜陵市　1986—1990年，铜陵市自来水公司狠抓基础管理，制定38项管理标准和16项技术标准，并建立一整套管理考核制度。以“优质供水、文明服务”为经营宗旨，充分展现让用户信赖的供水企业新形象。1993—2000年，出台《自来水公司服务工作规定》等规章和《市自来水公司供水承诺服务制度》。包括供水设计安装、管道维修、停水通知、水质水压、抄表收费、服务态度等六个方面，对抄表收费、管道维修和突发性抢修、用水安装、用户接待在时限、质量和态度上都提出严格规定，取得较好的社会效益。

安庆市　自来水公司加强水质管理，1986年，市自来水一厂成立化验室，1988年，自来水二厂成立化验室，依据国家颁布的《水污染防治法》《生活饮用水标准》《饮用水保护区污染管理条例》等法规，对长江水质进行严格监测。中心化验室每月对各厂源水、出厂水、管网水进行一次全分析，并报至卫生防疫站，厂部化验室每天对源水、出厂水进行一次常规分析，班组每小时对沉淀水浊度、余氯监测一次。大型管道通水前必须进行冲洗和消毒，安装管道必须进行防腐处理。1999年，中心化验室扩建为化验中心，开始对水源水、饮用水以及净水剂的所有规定项目完全实行自检。检测率100%。2000年1月，化验中心通过省级计量认证，分析项目由原来的28个增至65个。2000年后，化验中心通过媒体进行不定期水质公告，让市民了解供水水质。

阜阳市　自来水公司在供水工作中，始终坚持“服务第一，用户至上”的服务理念，1986年以来，逐步深化服务体系改革，提高服务质量，扩展服务内容，大力开展社会服务承诺宣传，创建文明行业，举办各种便民服务活动。1988年11月，成立职业道德举报中心;从1989年开始定期召开用户座谈会;1991年供水高峰期间对一些地方安装临时供水设施,调用洒水车、绿化车,组织职工义务送水到无水区;1992年,开始对文、教、卫等事业单位实施用水优惠政策,对社会福利厂、五保户进行免费安装自来水设施;1994年起,管道队和维修车间积极帮助一些村镇水厂铺设供水管道和维修机泵,为社会无偿服务。1996—1997年,在开展向徐虎、李素丽同志学习活动中,公司便民服务队在百货大楼设立服务点,接受用户咨询,为用户义务维修108处,换管、修换堵漏98处,公司成立用户服务部,解决用户无人抄表收费,在新闻媒体进行宣传,处理用户投诉,并在繁华地带设立宣传点解答用户疑问,创建办公室进行不定期检查、评比,便民服务队为用户义务维修160户,向全市广大用户发出征询意见信。1998年,投资14万元开发HPE50微机系统,方便用户查询缴费情况。2001年,成立文明创建领导小组,认真处理各种投诉,做到“来有迎声、问有答声、去有送声”。2002年,公司投资4万余元在《颍州晚报》开办专题栏目,并制作宣传牌和《城市供水宣传手册》,宣传供水法规和用水知识,维修队新配车辆24小时抢修服务;2004年,设立供水服务大厅,改进服务机制,实行“用水接待,工程勘察、费用结算”等一站式服务,开通24小时供水服务热线“2561234”,进一步完善社会承诺服务制度。2005年,实施银行代收水费系统,进一步方便用户。2006年,建立统一资金管理制度,与天丽鸟软件公司联合开发银行联网收费系统,方便用户就近缴费,成立政风行风热线办理工作领导小组。2007年,制定政风行风工作优质服务方案,开展“优质服务进社区”活动,并作为长效机制。在管理上,新修订和建立各项管理制度和各类人员岗位经济责任制、抄收员考核机制、中层干部实行公开竞聘和司务公开制、人才竞争激励机制;强化水费回收工作、生产泵房调度工作、制水“三耗”管理、营业售水管理等机制。

亳州市　自来水公司建立健全完善的服务与管理方面规章制度,细化管理办法,做到规范化、标准化、制度化管理。2007年,在原热线服务基础上,成立客户服务中心,将水费收缴、热线服务、用水安装申请、管线巡查、维修和业务咨询等服务职能部门集中办公,实行“一站式”服务,24小时值班制度,确保信息畅通,服务及时。开展创建文明窗口活动,制订窗口单位规章制度和岗位责任,明确“文明用语”及“服务禁语”,实行挂牌上岗。

淮北市　供水公司制定完善《水质管理制度》《药品管理制度》《安全防火制度》《卫生管理制度》《化验人员操作制度》和《化验室工作人员操作规范》等各项卫生管理制度。多次派化验员,赴南京、合肥、上海、巢湖等地学习,提高检测水平。坚持优质服务活动。1991年,供水总公司修订完善优质服务规范化条例,建立经理值班电话,节假日经理带班制度。1997年4月,在窗口行业率先发起“双休日义务便民服务”活动。由全国劳模李子明带领服务队,坚持每周到社区开展便民服务,现场为市民解惑答疑,及时处理各类故障。2003年6月,推出“供水服务首问负责制”,把社会承诺和责任意识,落实到每位员工,每个环节。用户报修处理率100%,用户满意率99.5%。2004年,建立三级值班制度（公司领导班子成员带班，中层干部全员轮流值班，李子明热线及管线所维修班24小时值班）、用户投诉制度、与建委“12319”服务热线及公安“110”联动制度，配备人员和车辆确保用户用水出现问题随叫随到。2006年5月，成立接水服务大厅，公开接水流程，推行“一站式”服务。

池州市　2000年以来，市区自来水由供排水公司化验室检测，实行公司、厂部化验室和车间化验室三级检验制度，同时，市建委和市卫生监督部门对饮用水水质进行检测和抽检；每年都按省建设厅要求，对全市水质进行一次大检查，主要包括源水、出厂水、管网水等多项进行检测，市卫生监督部门每月对饮用水质进行监督检查。市供排水公司在城区设立20多个供水水质监测点，动态取水检测，能检测常规检测项目32项，非常规检验项目4项，自检项目2项，污水检验项目4项，检验能力共达到42项。池州市供排水水质检测有限责任公司，投资70多万元购置了原子吸收光谱仪和原子荧光光度计两台大型仪器设备，提升池州市水质检测水平。

淮南市　加强城市供水规划管理，逐步增加城市供水工程建设，提升人均综合用水标准。

黄山市　自来水源均取自于地表河水，屯溪中心城区的水源为横江、率水，在供水管理方面注意加强水源保护，至2007年，横江水源水质基本满足2类水体标准，可继续作为生活饮用水水源。同时进行供水设施建设，已完成26104户“一户一表”安装。

宿州市　1986—2007年，根据城市发展需要，做好供水专项规划；根据地下水资源情况，科学合理开发，其间于2005—2006年，补打深井1眼，改造深井1眼。负责饮用水质监测检查和管理工作，依法管理水资源，加强水资源保护，确保水质，保障供水安全；负责全市各单位和居民用户的供水设施安装、供水及水费收缴工作，严格水价标准，公正、公开收费。负责公共供水设施的管理维护工作；健全完善服务机制，确保优质供水服务；查处无入户手续、私拉乱接、偷盗、破坏供水设施等违章用水行为；做好城市供水的应急救援工作。

滁州市　1992年撤地设市后，城市建设快速发展，1993年起，为适应城市供水需求，认真编制完成城市供水专项规划，加强水厂和供水设施建设，为了减少供水“跑、冒、滴、漏”现象，2000年开始，实施一户一表安装工程，至2007年，共安装一户一表用户2.195万户。

六安市　1999年建市后，市区建城区面积迅速扩大，为适应城市发展，在注意保护好淠河上游各大水库水质同时，加强水厂建设和供水管网铺设，保证居民生产、生活用水和经济区工业生产用水。

巢湖市　1999年建市后，供水规模不断扩大，一方面进行资产重组，引入资金合资经营巢湖供水，另一方面加强水价管理，城市供水水价执行政府指导性水价。

宣城市　2000年建市后，城市规模不断扩大，城市人口迅速增加，宣城市自来水公司加强做好供水服务工作，同时积极引进外资新建水厂和供水管网，增强供水能力，并加强二次供水监督管理,稳定城市居民生活用水和生产用水。

节水

加强城市节约用水,提高水资源利用率,已被全省各市、县政府普遍重视。安徽省城市节水工作起步于20世纪80年代初,1981年合肥、铜陵两市在全省率先成立城市节约用水办公室,此后大部分城市相继建立节约用水管理机构或水资源管理机构,配备专职人员,开展城市节约用水工作。1989年,安徽省建设厅成立城市节约用水办公室,负责城市节水和地下水资源管理工作,全省城市节水工作全面启动。

节水措施 1996年,省政府颁发《安徽省城市节约用水管理办法》;1997年省建设厅、省财政厅制定《安徽省城市节约用水奖励暂行规定》;1999年省建设厅、省建材局颁发《关于加强城市节约用水产品管理规定》;2000年,国务院印发《关于加强城市供水节水和水污染防治工作的通知》,安徽省城市节水进入一个新的发展时期。2001年省建设厅会同省计委出台《安徽省城市新建、改扩建工程项目节约用水“三同时、四到位”实施办法(暂行)》;2002年,省建设厅印发旨在促进节约用水的《安徽省城市居民用水实行计量到户的指导意见》;2003年,经省政府同意,省建设厅会同省计委、省财政厅转发建设部、国家计委、财政部《关于加快城市供水管网改造意见的通知》,对全省城市供水管网改造工作做了具体部署。合肥、淮北、马鞍山、安庆等一些城市人民政府还制定本地城市节约用水的法规、政策,安徽省城市节水工作纳入法制化、规范化轨道。各市节水管理机构根据有关法规、标准和行业用水定额,参照全市用水水平及节水潜力,在总量控制基础上拟定年度用水计划,报节水行政主管部门批准后下达,分季度考核。超计划(定额)的,按有关规定收取超计划用水加价费。如合肥市2000年制定《合肥市部分工业产品用水定额》,涉及冰箱、洗衣机、汽车、啤酒等49项大宗工业产品;2003年又制定《城市生活用水定额(试行)》,涉及居民生活、办公、学校、医院、基建、公共浴池、餐饮业、美容理发、影剧院、洗车等行业。坚持实施计划用水,使城市节水工作落到实处。“十五”计划(2001—2005年)以来,安徽省各地完成城市供水管网普查,建立完备的供水管网技术档案,编制全省城市供水管网改造规划,争取城市供水管网改造国债资金3亿元,大力改造城市供水管网,全省城市管网漏损率由平均31%下降到25%。各地积极宣传推广节水型器具,组织节水型用水器具检查,帮助用水大户开展水平衡测试,并提供优惠的维修更换服务,节水型用水器具已在全省得到普遍应用。合肥、黄山、淮北等市编制包括中水回用工程的节水规划,合肥市日处理10万立方米的王小郢中水回用工程投入运行。

节水成效 2001年以来,全省城市节约用水量28.75亿立方米,日均节水98万立方米;城市人均日生活用水量由2000年的211.84升降低至2007年的174.61升,人均日生活用水量低于全国平均水平。在城市经济增长同时,安徽省工业用水量不仅未增长,反而有所下降,实现“十五”计划提出的“严重缺水城市工业用水零增长”目标。2005年,合肥市获国家“节水型城市”称号。2007年,马鞍山钢铁股份有限公司“系统创新节水管理体系”获建设部“城市节水优秀范例奖”，合肥市节约用水办公室、黄山风景区供水有限公司获建设部“城市节水突出贡献奖”。

水源保护 安徽省采取围绕保护城市水源，制订流域和区域水资源规划时，优先考虑和安排城市用水，将城市水资源综合利用规划作为城市总体规划的组成部分，纳入城市经济和社会发展规划。根据水污染防治规划、饮用水源保护规划，严禁在依法划定的饮用水源保护区内进行各项开发建设活动，禁止一切污染行为。建立供水水源地水质旬报制度。对向湖滨、河岸、水体倾倒固体废弃物行为实行重罚。强化取水许可和排污许可制度，凡需办理取水许可的建设项目必须进行水资源论证。城市用水要做到先地表水，后地下水，先当地水，后过境水，严格控制和逐步减少地下水的开采量。城市大型公共建筑和公共供水管网覆盖范围以外的自备水源单位，限期建立中水系统，限定中水回收率，不能达标的单位，限制其用水量。

淮北市每年还委托市卫生管理部门进行水质全分析检测，确保水质符合国家饮用水卫生标准。公司还组织技术人员对源水井加氯消毒工作进行调研和反复实验，通过反复摸索实践，将药液直接注入井中，目前可用高压泵直接将消毒液打进泵的出水口，有效解决了对井壁管、设备、电缆等的腐蚀，消毒效果较好。为了确保供水安全，公司对每个水源井都安装了防护栏，配电室装设监控自动报警装置。制订保证供水一二级应急预案，做到防患于未然，实现安全生产无重大事故发生。

至2007年，全省各市都相继建立水源保护措施，有的还设置明显的保护标志和防护林带，确保供水安全。

第四节　城市排水与污水处理

排水设施建设

新中国成立前，安徽城市防洪、排涝能力几乎是零。逢雨必涝，有涝必灾。新中国成立初期，全省各市市区内基本没有系统的排水设施规划，只有少量的土、砖、石明沟，污水和雨水或靠自然蒸发，或顺自然地势流淌，形成冲沟进入江河湖塘，严重污染环境。

20世纪80年代后，各市政府在抓紧城市基础设施建设同时，根据排水规划，对排水设施进行翻修改造。将城市排水设施与新建城市道路同步铺设，分期分区建设，逐步形成网络，缓解排水、排污压力。合肥、芜湖、蚌埠等市在建设道路时，开始注重分区排水设施配套和排水体系完善，合肥市修筑防洪排涝设施，排涝能力1991年达到20年一遇的防洪标准，其中老城区（5.2平方千米）达到50年一遇的防洪标准。芜湖市1986年后，随着城市建设的发展，排涝服务区也同步增加。1991年，市区建成区28平方千米，排水服务区43.06平方千米，建有各类排涝泵站17座、立交桥提升泵站2座，装机80台套，装机容量6517千瓦，排水能力每秒71.46立方米。蚌埠市建成排水系统16个。至2007年年末，全省兴建污水管道2010千米，排水管道8161千米。（详见图2-3-4）

单位:千米 / 平方千米

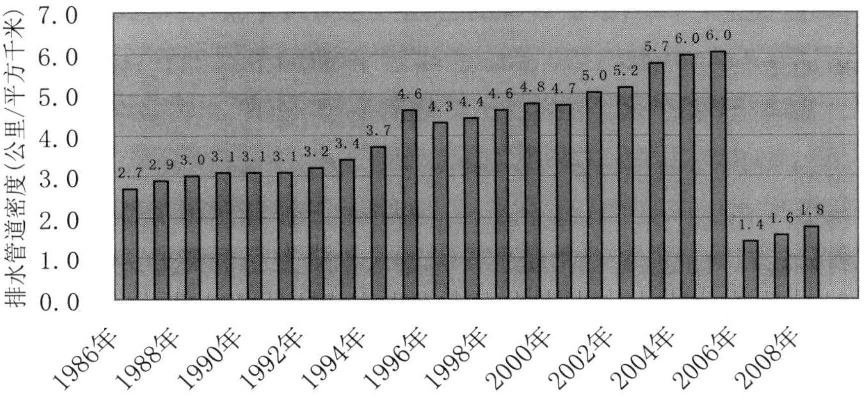

图 2-3-4　安徽省分年度城市道路排水管道密度

合肥市　1985—1993 年,合肥市随道路修建排水干管 51.18 千米,支管 34.27 千米,雨水检查井 1375 个,收水井 4960 个。1994 年,成立市排水工程管理所,开始实行养护维修专业化管理。1996 年,将排水(雨水)系统分成老城区等 12 个系统。其中老城区(5.2 平方千米)全部采用泵站排水,设计流量为 17 立方米 / 秒。1996 年以后,排水设施进入较快建设时期,特别是随着一环路等 60 多条道路陆续建成和南淝河等河流治理,排水管道相应铺设。到 2005 年,排水管道累计长 828 千米,其中雨水管道(含合流管)657 千米,市级管理的雨水管总长 479 千米(主干管 282 千米,支管 198 千米),检查井 8517 座,进水井 2.11 万座。到 2006 年,在南淝河 17.33 千米长的河道两侧建设排水管道,改造双河村等泵站。二里河下游 2.9 千米整治为盖板箱涵,两侧雨水管道和 7 座排涝泵站已建成,彻底解决了下游受涝问题。史家河进行了综合治理,下游改建成 1.32 千米长雨水箱涵。板桥河自铁路桥起河道两侧建设了防洪墙。沿河路新建板苑排涝泵站。市政工程管理处共管理雨水管道 489 千米,其中:干管 288 千米,支管 201 千米,井盖 3.02 万座(检查井 8629 座,收水井 2.16 万只)。截至 2007 年,全市共有排涝泵站 23 座(不含立交泵站),水泵设计流量 107.54 立方米 / 秒,汇水面积 26.28 平方千米,基本解决了主要地区排涝问题。

芜湖市　20 世纪 80 年代,芜湖市排涝工程建设有了长足发展。1986 年,分布在市区的沟渠湖塘共 11 条(处),排水水系管网共 20 条。随着城市建设发展,建成区面积逐年扩大,排涝服务区也同步增加。1991 年,市区建成区 28 平方千米,排水服务区 43.06 平方千米,建有各类排涝泵站 17 座、立交桥提升泵站 2 座,装机 80 台套,装机容量 6517 千瓦,排水能力每秒 71.46 立方米;管辖沟渠 46.89 千米,实有湖塘水面 8 平方千米。2002 年后,市区建成区面积 77.05 平方千米,排水服务区面积 164.78 平方千米,在排水服务区内建有各类泵站 37 座、立交桥提升泵站 3 座,装机 164 台套,装机容量 1.76 万千瓦,排水能力每秒 185.69 立方米;污水净化站 1 座;并建成各类排水管网 284

千米，窨井、雨水井 1.61 万座；管辖沟渠 101.89 千米，实有湖塘水面 11.4 平方千米；基本满足城市排涝需要。

蚌埠市　1986 年起，蚌埠市在城市总体规划指导下，编制排水专项规划，1991 年遭受特大洪涝灾害后，市规划部门配合水利部门对全市防汛抗洪规划作了修订，其后，亦加大了排水设施投资和建设。2002 年，全社会固定资产投资额（排水）296 万元，建设排水管道长度 311.44 千米，排水管道密度 6.25 千米 / 平方千米。此后每年在排水设施建设方面不断投入，有时投入量较大。2007 年，全社会固定资产投资完成排水设施建设 7858 万元，排水管道长度 485 千米，排水管道密度 5.82 千米 / 平方千米。

淮南市　2001 年后，对天然水系和排水管道进行清理，在长达三个月汛期里，共开机 2100 台时，抽排水 970 万立方米。截至 2007 年，淮河以南工矿围堤共 20 排涝站，总装 4.02 万千瓦，总排能力为 679.06 万立方米 / 日。市辖五个行政区及毛集实验区排水工程，根据市区分散的特点分片进行建设，自成体系均为合流制。新区排水体系采用分流制，老城区采用合流制。逐步完善污水管网系统建设，分流制排水尽量利用天然河道、采煤塌陷区和较大的湖塘作为排水主干渠。按照城市污水排水规划逐年铺设污水处理管网，至 2007 年年底，已铺设下水道 210.10 千米，完成污水管道建设 83.54 千米，城市排水管道总长度 547.25 千米，排水管道密度 5.93 千米 / 平方千米。

淮北市　市区排水体制为“雨污合流”和“雨污分流”两种体制。雨水和污水一部分直接就近排向排水沟，一部分沿着道路排水管排放，一般先就近排入地面水体，然后经排水沟排入外河。市区铁路以北老城区排水由 0# ~ 10# 排洪沟承担，为雨污合流，在铁路以南分别经各排涝大沟汇入老濉河；东部地区由排涝大沟分别汇入岱河、龙河；濉溪县城区排水经各排涝大沟分别排入萧濉新河和老濉河；烈山区雨污水一般排入龙岱河。市区道路雨水井均为立式石（砖）砌雨水井，分布在各条道路两侧立石内侧，每隔 30 米设置一处。雨水井座及雨水井篦子为水泥石预制，规格为内径 30 × 45 厘米，一般井深 1 ~ 1.8 米不等。雨水井与检查井之间为直径 30 厘米或直径 50 厘米的水泥混凝土预制管相连。根据不同地段和排水量需要，分别设置 2 联、4 联甚至十数联。全市道路上雨水井均是历年来市政工程管理处设计并施工修建。有的是与道路同时修建，有的是在道路形成后根据实际需要而补加。

道路上设置的检查井分布在人行道、慢车道和快车道上。一般为石砌和砖砌，底面积大小有 75 × 75 平方厘米和 90 × 90 平方厘米 2 种，上口为 45 × 45 平方厘米，并配有水泥混凝土预制盖板，在下水道转向处和雨水井连接处均布置有检查井、检查井深度随排水管埋设深度而定，一般在 1.5 ~ 2.5 米之间。根据 1993 年年底统计，老城区各道路共设有雨水井 4105 座、检查井 1125 座。

立交桥排水泵站是随着铁路桥修建而设置，主要是排除桥下地下水和地面雨水。从 20 世纪 80 年代到 2005 年先后设置 7 座 24 小时值守泵站，2007 年，又在濉溪路铁路桥设置一座无人看守泵，公路局又移交两座，总计 10 座排水泵站。排水泵总计 29 台、总功率功率986千瓦、总流量16945立方米/时。

马鞍山市 雨山湖地处城市腹中，面积81万平方米，在城市排水中，发挥着十分重要的调蓄功能，沿湖四周13万平方千米的雨水泾流直接汇入其中，蓄水量可达81万立方米。雨水通过雨山河排入长江。随着建成区不断扩大，雨山河已经不能满足城市排水需要。1999—2002年，实施雨山湖分流工程，在雨山湖南湖与采石河之间开辟一条全长5.36千米河道，形成新排水系统，分流汛期雨山湖的蓄水，并实现引水灌湖，使雨山湖“死水变活水”，改善了雨山湖水质。南排水系建成，开辟了城市向南排水新通道，城市排涝能力进一步提高。2007年年底，城市排水管道总长448千米，污水泵房和排涝泵房12个，能满足排污和排涝要求。

铜陵市 市区起伏地势，给城市防洪、排涝、道路排水带来压力。1986年开始，投入大量人力、物力，加高加固防洪堤。增建泵站，增加装机容量，提高排涝能力。随着城市道路建设需要，按排水规划要求，不断改造排水设施。对主干渠进行疏通、修建。市区地洼处，在进行老城改造时，适当抬高地面标高，根治内涝。暂时不能改造的积水区设泵排水。排水设施建设与城市道路规划和建设相协调。不论是新建道路，还是道路改建，坚持先地下，后地上施工原则，与城市道路同步建设。到2000年年末，拥有下水道73.22千米，是1985年的2.6倍，下水道采用钢筋混凝土管，一般埋设在道路分隔带下或人行道下，仍以雨、污合流为主，仅有北京东路等少数路段分设了雨、污管道，但市区未形成管网系统。黑砂河全长6千米，是市区一条东西向主排水渠，总汇水面积15.21平方千米。黑砂河原为天然小溪，顺自然地势流入长江。随着城市建设发展，分期治理，分段建设黑砂河排水渠。爱国渠全长21千米，汇水面积约3.3平方千米。穿3条道路与新光渠汇合，经铁路涵洞排入黑砂河干渠。其上游，1985年前已砌筑排水明沟。下游从1993年起分段治理、改建。1996年，对铜官路至淮河中路段进行排水渠改造，并在沟渠上建成商业街和布衣市场。新光渠长922米，总汇水面积约1.55平方千米。采用片石砌筑，钢筋混凝土盖板，盖板上加铺20厘米水泥混凝土，形成宽8米的路面，上为行车的新光路。幸福渠长2.2千米，汇水面积11.75平方千米。至2007年，北京西路过路涵洞上游已分期治理，修建明渠和暗渠。而下游仍为天然排水沟。1988年已将其中两段改为砌石墙、盖板暗渠，沟渠盖板上建商业网点。

安庆市 排水体制老城区采用雨污合流制，污水截留，新区采用雨污分流制。将城区分为28个雨水排水区，雨水收集后分别就近排入长江、石塘湖、秦潭湖等。在汛期因长江及湖水位升高各区雨水不能自排时，设终端雨水排涝泵站。

滁州市 1978年以前，滁州市排水体系以自然排水与明沟排水为主。1980年以后，陆续对原有排水阴沟进行改造，采用预制圆形混凝土涵管排水，排水体系基本形成。1993—1997年，新建排水工程7.8千米，其中直径1000毫米以上管道3.8千米。1997年，城市排水管道长125千米，密度6.26千米/平方千米，与1993年前相比，排水管道增长了12%，其中直径1000毫米以上管道长15千米。1998—2005年，新增排水管道

12.611 千米，排水明沟 280 米。2005 年后，全面改造市政排水阴沟，新建预制圆形混凝土涵管和钢筋混凝土涵道排水体系，排水管道密度 5.85 千米 / 平方千米。

阜阳市　2005 年，阜阳市成立专业排水公司，加大排水管网建设，以新建改造城市主次干道的排水干管为突破口，逐步完善城市排水网络。先后新建改造颍州路、清河东路、莲花路、颍上路、河滨路、人民西路、向阳路、颍河西路和二环路、三环路等城市主次干道的排水干管；新建改造小区排水设施，使之和排水干管相连接。2007 年，阜阳城区排水管道总长为 32 千米，污水处理总量上升到 8 万立方米 / 日。环境问题得到一定的改善，城内的河道正逐渐变成水体景观带。

六安市　排水分老城区、新市区两部分。十大水系，有分有合，其中有古代遗留，也有现代建造，亦有因地制宜，利用沟渠整治而成。走向多东南而西北，全部注入淠河，再由淠河流入淮河。虽局部地段存在排水受阻现象，但全市排水系统总体布局合理，只是完善不够。沿河大沟全长 1.5 千米，是西南片排水干道，上游明沟暗沟结合。暗沟改造前，四季污水，臭气熏天，春夏季杂草丛生，蚊蝇横飞，人称六安“龙须沟”。1981 年，市政府投资进行彻底改造，明沟用片石混凝土盖板构筑，暗沟盖板上建朝南商业门面房出租，门前开阔，形成市区最大农贸市场。银行大沟等 4 条大沟，经多次维修，排水良好。1999 年撤地建市后，创建中等城市的建设步伐加快，城区面积逐步向外延伸，促进排水体系和排水管网建设。至 2007 年，城区主要排水体系 14 条，全长 73.7 千米；道路排水管网长 137.23 千米。

宣城市　1978 年，市区仅有 8 条下水道，总长 4329 米。1999 年，扩展到 21 条，总长为 14.9 千米。另有明、暗沟 27 条，总长 10.9 千米，大量排水流入宛溪河。2000 年撤地建市后，随着城市道路新、扩、改建，城市排水功能设施逐步得到提升。2007 年，市区共敷设排水管道总长 244.7 千米，是 30 年前的 14 倍。

池州市　2004 年以前，池州市由于城市框架尚未完全拉开，建成区主要是老城区，城市排水也未做专业规划，已建成约 41 千米排水管道均是随路敷设的雨污合流管，污水直接排入城区河道，最终流入长江，污染了水环境。2005 年，随着城市框架快速拉开，城市规模不断扩大，池州市加大城市排水设施建设力度，努力改善城市环境，保护城市水体，坚决实现节能减排目标任务，并成立排水管理办公室，专门负责城市排水设施建设和管理。同时依据《池州市城市总体规划》，本着科学、节约、高效原则，编制《池州市城市排水专业规划》，要求新建的排水管道一律按雨污分流制实行统一规划、同步建设，同时配套建设城市污水处理厂。

黄山市　1998—2001 年，中心城区新增排水管道 15.11 千米；中心城区排水管道总长 69.127 千米；箱涵 17 条，长 11.5 千米。2007 年，全市排水管道总长 130 千米；其中中心城区排水管道 97.71 千米。

宿州市　2000 年 3 月，宿州市即成立排水公司，制订城市排水专业规划，对城市雨水和污水排放实施监督和管理，严禁擅自排放污水及毁坏排水设施。

巢湖市　城市排水和防洪排涝结合进行，2003—2007 年，城市防洪排涝设施进一步改进提高，先后投资改造了 2 所外排泵站，1 所换水站，1 所内涝泵站，使巢湖市的防洪排涝能力进一步提高。

亳州市　2000 年，亳州市即成立排水公司，统管城市雨水和污水排放，利用世行贷款建设排水管网和相关设施，完成工程投资 6624 万元，新建排水管网 54.78 千米，检查井 1494 座，中途提升泵站 4 座，还建有配电房、仓库、值班室等辅助设施。

污水处理举措

安徽省污水处理工作始于 20 世纪 80 年代末，安徽省建设厅组织编制了《安徽省城市排水专项规划编制试行纲要》，指导各地编制排水专项规划。成立淮河流域污染治理项目办公室，加强对市县污水处理设施建设指导和服务。2006 年以来，污水处理设施建设列入省政府年度目标考核，全省城镇污水处理设施建设步伐明显加快。

1997—2007 年，在国务院“三河三湖”水污染治理战略部署下，安徽省按照“科学规划、突出重点、分步推进”的建设原则，以淮河、巢湖流域市、县城市污水处理设施建设为重点，利用国债、外国政府和国际金融组织贷款、社会资金、征收污水费等多渠道筹集资金，着力推进长江、淮河流域的合肥、巢湖、淮北、亳州、宿州、蚌埠、阜阳、淮南、六安 9 市和肥东、涡阳、太和 3 县污水处理设施建设。至“十五”期末，全省建成污水处理厂 16 座，规模 129.5 万立方米 / 日。建成合肥市王小郢污水处理回用工程 1 座，规模 10 万立方米 / 日。淮河、巢湖流域实现所有市县均建成污水处理厂的目标。截至 2007 年，全省建成城市生活污水处理厂 66 座（含扩建 3 座），形成污水处理能力 313.5 万立方米 / 日，铺设污水管道 7612 千米。设市城市污水处理率达到 73.6%。全省 22 个设市城市中，19 个市污水处理厂已建成投运，3 个市在建；56 个县中，31 个县已建成，16 个县在建。

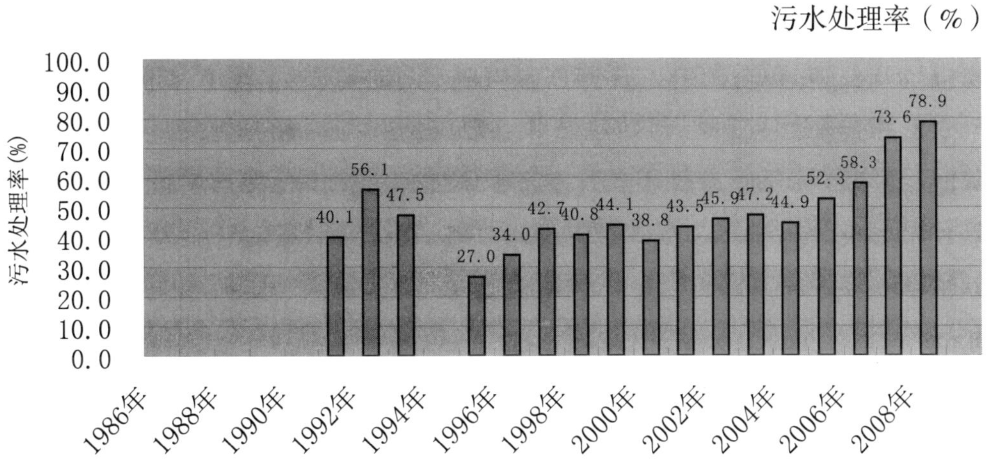

图 2–3–5　安徽省分年度城市污水处理率

编制污水处理规划　“九五”（1996—2000 年）计划初，按照国家“三河三湖”流域污水治理总体部署，省建设厅集中力量狠抓淮河和巢湖流域城市排水规划（污水治理规划）制订工作。根据各城市不同情况和地方财力实际承受能力，确定了“统一规划、分期实施”的城市污水处理项目建设目标，推动了第一批9个重点城市污水处理项目建设。“十五”（2001—2005年）计划初，省建设厅编制完成《淮河流域（安徽部分）城市污水处理工程“十五”计划》《巢湖流域城市污水处理工程“十五”计划》，为“十五”期间加快两个流域城市污水处理项目建设绘就了蓝图。2006年，省建设厅会同省发展和改革委员会、省环保局编制《安徽省城镇污水处理及再生利用设施“十一五”规划》，确定“十一五”（2006—2010年）计划期间全省城市污水处理设施建设规模、处理方式和发展目标。2007年，省建设厅制定《城市排水专业规划编制技术导则》，指导各地编制（修编）城市排水系统专业规划，为城市污水处理事业发展提供科学依据。

设施建设与投入　在城市污水处理工程建设中，把淮河和巢湖流域城市污水处理设施建设作为重点任务来抓；坚持“厂网并举、管网优先”，加快污水处理管网建设，提高污水收集率；在污水处理厂建设过程中，抓好项目开工率、投资完成率、运行负荷率和污水处理费征收率。目前，安徽省设市城市污水处理厂建成率和城镇污水处理厂平均运行负荷率均高于全国平均水平，居全国前14位，在中部省份中居第2位。

在污水处理设施建设中，积极争取国债及中央财政资金支持，城市污水处理设施建设项目累计获得国债及中央财政资金41.47亿元；积极争取外国政府贷款，先后获得世界银行贷款7900万美元，德国、荷兰、西班牙等外国政府贷款3200万美元，亚行贷款2700万美元；同时，实施以奖代补。2007年，安徽省财政按照每万立方米处理能力补助300万元的标准，对所有县级污水处理项目补助资金4.63亿元。中央和省财政资金支持对于加快污水处理设施建设起到十分明显促进作用。

污水处理费征收　2005年，安徽省政府在全国率先出台《安徽省城市污水处理费管理暂行办法》，规定在本省城市规划区范围内向城市污水集中处理设施排放污水的单位和个人，应当缴纳城市污水处理费。同年，省建设厅会同省财政厅印发《淮河和巢湖流域城市污水处理费征收管理实施细则》，制订淮河和巢湖流域城市公共供水、自备水源污水处理费征收率考核指标。2007年，省政府发布《关于进一步加强淮河流域水污染防治工作的通知》，要求各地按照污水处理费每吨不低于0.8元的标准，做到应收尽收。征收污水处理费4.91亿元，比上年增长30%。有关规章和配套政策逐步完善，使污水处理费征收在“扩大范围、提高标准、增加总量、规范管理”等方面取得明显实效，对于污水处理设施建设和运营，发挥了重要的经费保障作用。

运营和监管

2004年5月建设部颁发实施《市政公用事业特许经营管理办法》（以下简称《办法》，为贯彻《办法》，安徽省积极探索特许经营制度实施途径，提高项目管理水平，拓宽融资渠道。按照产业化要求，合肥、肥东、含山、怀远、固镇、太和等市、县污水处理厂委托专业化污水处理运营企业运营；合肥、马鞍山、阜阳、宿州、淮南、淮北、安庆、天长、无为、凤台、颍上、庐江、五河、寿县、舒城等40多个市、县，通过BOT、TOT、BT等方式进行污水处理设施市场化运作。

2004—2007年，省政府领导多次带队，实地检查督促污水处理工程建设；省建设厅对建设进度慢的污水处理厂进行驻点督查，每周编发污水处理建设督查情况简报，绘制污水处理工程建设运行情况动态表，完善月报表及督查制度，将污水处理工程建设目标层层分解，倒排工期，责任到人。安徽省建设厅还出台《安徽省城市污水处理运行监管实施细则（试行）》，明确监管主体、内容、程序和责任。已建成投运的污水处理设施均安装在线监测装置，对进出水质、水量进行实时监控。各地按时在网上上报在建和运营的污水处理项目信息，通过现代信息技术，提高监管效率。

合肥市　1986年以前，合肥市只有少量明渠排污，没有污水处理设施。随着社会经济快速发展，大量城市污水经南淝河、十五里河流入巢湖，对巢湖形成严重污染。1987年，成立污水处理厂筹备处（市污水处理管理处），开始城市污水处理设施建设、运行和管理工作。20年来，根据城市布局、发展规划以及地形、水系特点，对污水收集合理分区，使得全市大部分污水可以通过管道进入污水处理厂，排水体制也从“雨污合流”向“雨污分流”过渡。先后建成王小郢、望塘、朱砖井等3座污水处理厂，总处理能力43.5万立方米/日，建成污水干管280千米，污水提升泵站13座（中水提升泵站1座），市区56条道路建有污水管，占总道路44.8%。城市污水处理率达到60%以上，改善了水环境，减轻了对巢湖污染。1993年，合肥市在全省率先建成第一座日处理生活污水4000立方米的琥珀山庄污水处理厂。2000年，王小郢污水处理厂一期工程，获安徽省市政工程“银路杯”奖和中国建筑工程“鲁班奖”。合肥是华东地区首个建设中水回用工程的城市，被列为全国污水处理回用示范项目之一。中水处理厂一期工程处理能力10万立方米/日，主要为环城水体提供景观补水，2005年获安徽省市政优良工程“黄山杯”奖。

蚌埠市　1986年后，蚌埠市加强污水处理和排放。进入21世纪后，进一步加大污水处理设施建设投入，修建污水处理厂，铺设污水排放管道，仅2002—2007年，即铺设排污管道282.44千米，基本满足城市排污需求，污水排放量不断增加，污水处理率也不断提高，2007年，污水排放量已达到14292万立方米，污水处理率达50.54%，较2002年增加30.5%。

淮南市　1996年以前，淮南市城市污水处理还属于空白，污水不经处理直接排入淮河及其他河流中，严重危害源水水质。2001年，市第一污水处理厂建成投产。2004年，西部污水处理厂破土开工建设。截至2005年，污水处理设施日处理能力43万立方米，污水年处理量10611万立方米，污水处理率74.34%。

黄山市　黄山市中心城区污水处理厂工程属于安徽省酸雨控制与环境改善项目。项目一期建设规模为日处理污水5万立方米，远期建设规模为日处理污水10万立方米。整个工程由污水收集、污水管道系统、中途提升站等组成，建设内容包括污水、污泥处理部分，附属工程、电气、自控及总图工程和配套管网等。该工程污水处理采用奥伯尔氧化沟工艺，污泥处理采用机械浓缩脱水工艺，主要工艺构筑物有进水泵房、细格栅、沉砂池、厌氧池、氧化沟、二沉池、污泥泵房、污泥浓缩脱水机房。2005年7月，污水处理厂进水试运行。污水经过处理后，基本达到排放标准。2006年，共处理污水量9347万立方米，日最高处理量56.26万立方米，日均处理量27.98万立方米，各项出厂水指标达到《城镇污水处理厂污染物排放标准》中一级B类排放标准。

阜阳市　20世纪80年代，阜阳城区相继修建永久性封闭雨污水管道，下水道总长度为43千米，排污水量为5万立方米/日，但存在着排水设施不健全、设计不合理等缺陷，很多地方依然依靠自然坡排水。未经分离净化的污水排放地主要是颍河、泉河，造成河水污染严重，水体富营养化。随着城市不断发展，环保意识不断增强，排水设施日益完善。1998年，着手建设市污水处理厂，2003年投入运营，采用CASS即间接循环式活性污泥法工艺，设计规模为日处理污水10万立方米。2005年8月，天津创业环保股份有限公司以1.02亿元的报价，以及在污水处理方面的业绩、经验和雄厚的经济实力中标，取得市污水处理厂30年特许经营权。

宿州市　2000年3月，宿州市成立排水有限责任公司，负责全市污水管网、泵站、检查井的统一规划、设计、建设和运行管理；根据城市排水专业规划，制订污水管网、泵站等公共排水设施的年度建设计划并组织实施；对排入城市污水管网的水质、水量进行监测和监督；对未经批准、擅自向城市污水排放设施排放污水、或擅自拆卸、毁坏污水排放设施等违法行为进行制止并处以相应惩罚；发放排水许可证等。

巢湖市　污水处理厂一期及配套管网工程是亚行贷款治理“三河、三湖”污染的子项目之一。工程于2001年竣工，建成污水处理能力6万立方米/日污水处理厂一座、26.45千米污水主干管及两座提升泵站等设施。一期完善生化处理工程于2002年竣工，建成包括两组氧化沟、两座厌氧池、一座分配井以及相应的配套设施。污水配套管网完善工程建设内容包括完善旧城区支管17.4千米，建设半汤新区雨、污分流管网31.2千米及提升泵站一座，至2005年年底，已完成老城区污水截流管网6千米，半汤新区污水主干管随城市重点道路处于同步建设中。实际处理污水量为1530万立方米，日平均处理约4.2万立方米，达到设计能力的70%，出水水质达到GB18918—2002一级标准的B标准，目前，老城区排入环城河等水系85%的污水得到有效截流，城市生活污水集中处理率达到65%。

淮北市　1996年起，淮北市加快污水处理厂建设，1998年，国务院作出关于淮河还清的战略部署，并将淮北市丁楼污水处理厂纳入“三河”、“三湖”水污染治理重点项目之一。为此，市政府作出向世界银行贷款的战略决策，本着“综合治理，管治并举”，集中处理、雨污分流的原则，实施有关工程建设。丁楼污水处理厂一期8万立方米/日主体土建工程于2000年开工建设，次年竣工试运行。污水处理厂二期扩建工程于2007年开工建设，翌年竣工试运行。2003—2007年，动工建设污水管网工程，污水收集能力由原来的 7.5 万立方米 / 日提高至 9.5 万立方米 / 日，淮北市城区排放的污水基本纳入污水管网收集范围。经处理，濉河水质由原来的Ⅴ类变为Ⅳ类。为响应市政府打造山水生态城市号召，2007 年起实施相阳沟、老濉河和跃进河等河流污水截流工程，铺设截流管网约 9.9 千米，污水截流井 7 座，每天可截污约 4 万立方米左右，进一步提高市区污水收集率和处理率，充分发挥污水处理厂二期工程运行效益。

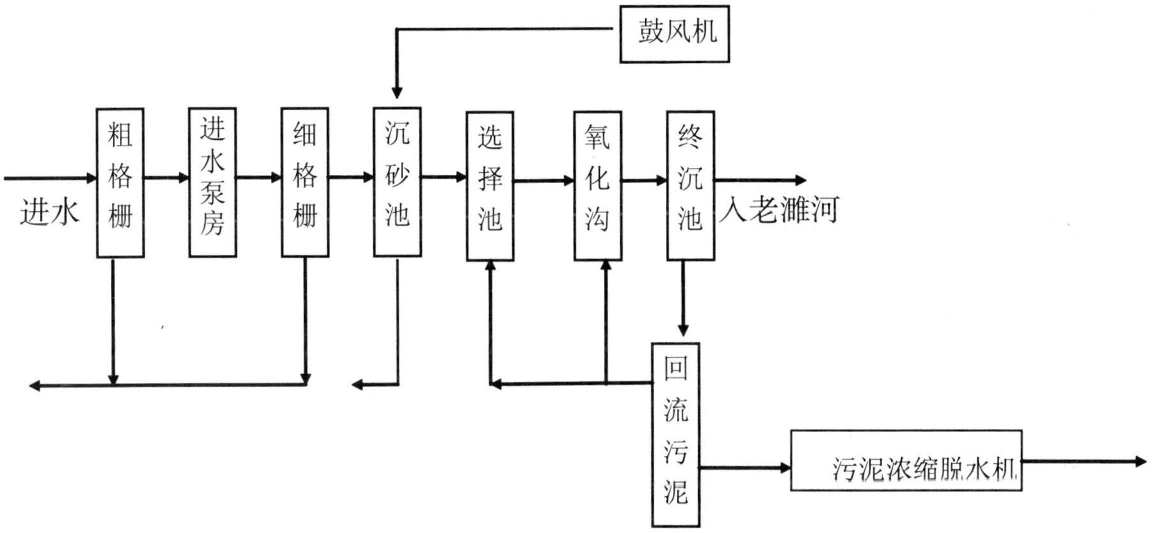

图 2-3-6　淮北市污水、污泥处理工艺流程图

池州市　池州市设计规模为日处理 8 万立方米的一期污水处理厂（日处理能力 4 万立方米）建成并投入使用。共完成投资约 1.4 亿元。2005 年后，城市 COD 实际排放量 3193.73 立方米，2006 年 COD 实际排放量 332.1 立方米，2007 年，污水处理厂建成使用，新建污水管道 36.6 千米和一座污水提升泵站，当年实现 COD 减排量 1263.9 立方米，相比 2005 年实际减排 39.75%。为进一步实现节能减排的目标，更好地发挥已建成污水处理厂的社会效益和经济效益，池州市对老城区雨污合流制管道实施分流改造。城市排水设施建设及老城区雨污分流改造工程均按规划组织实施，已建成污水处理厂一座（4 万立方米 / 日），污水提升泵站 3 座，污水收集干管 230 千米，雨水管 250 千米。

芜湖市　在排涝工程建设的同时，注重城市环境的综合整治。1997 年实施对胜利渠的综合整治，1998 年，分别实施镜湖截污和保兴埠水系一期治理，1999 年，实施镜湖清淤换水工程，2007 年城市中心区的环境得到明显的改善。

铜陵市　污水排放和雨水排放相结合处理，直至 2000 年，仍以雨、污合流为主，根据天然分水岭及多年排涝所形成的管网、渠道流向，城区已形成七个排水区，城区雨、污水都是通过合流制管道、干渠就近汇流排入长江。

滁州市　城市污水排放和城市排水结合处理，主要通过排水管道和排水明沟和排水阴沟进行，在新增排水管道同时，全面改造排水阴沟，新建钢筋混凝土涵道等排水体系，城市排水设施总长度由 1993 年的 53 千米发展到 2007 年的 125 千米，排水管道密度由 2.82 千米 / 平方千米发展到 5.85 千米 / 平方千米。

安庆市　城市污水采取分片集中处理办法。石化总厂全部工业废水及部分生活污水收集并传输到市化肥厂东侧石化污水处理厂进行集中处理后，排入长江。老峰工业区污水在该区西南侧的污水处理东二厂处理后排入长江。1996—2000 年期间，续建一条排污大沟的“8341”工程，担负老城区雨污水排放。2003 年后，扩建、新建一批排污专用泵站以及城区道路排水、排污设施。

六安市　1986—2007 年期间，多次进行排污设施治理，共砌筑 7 ~ 8 米宽大堰排水渠一条、建桥二座、倒虹吸一座、大小涵洞五座，退污还田 80 余亩，解决了多年排污老大难问题。

宣城市　污水配套管网采用道路配套建设或单独招标方式建设，同时配套建设污水提升泵站，并对宛溪河、泥河、道叉河、梅溪河 4 条河流部分河段实施污水截流工程。截至 2007 年，共完成主次干管铺设已累计达 200 千米。

亳州市　2000 年后，亳州市排水公司进行污水管网项目建设，该项目属于淮河流域污水治理项目之一，省计委批准总投资 13079.56 万元。工程建设规模为污水管网 68.3 千米（其中支管 10 千米），检查井 1909 座，整体管网工程分为一期管网工程、二期管网工程、泵站工程；管网分布在 32 条路段上，覆盖涡河以南，药都大道以北、铁路以西、三曹西路以东的新老城区。2002 年 11 月前，世行工程前期招标。一期工程于 2002 年 12 月 1 日开工建设，到 2004 年 3 月建设污水管网 16.65 千米。二期工程于 2004 年 2 月 28 日开工建设，至 2004 年 9 月建设污水管网 5.6 千米，宋汤河临时泵站 1 座（位于芍花路、宋汤河西岸）。2004 年 10 月，污水处理厂被国家发改委、国家环保局挂牌督办。2005 年建设污水管网 2.49 千米（木兰路、亳州东路、魏武大道接水支管）；光明路泵站于 10 月 26 日开工建设，亳州路泵站于 11 月 18 日泵站开工。2006 年，共建污水管网 21.6 千米，分布在和平东路等 11 条路段，中途提升泵站 4 座，其中光明路、亳州路两泵站每天向污水处理厂输送污水 2.5 万吨左右。2007 年，建设污水管网 8.3 千米，包括环城东路等及西部 10 家企业污水截流管网；建设光明路桥等污水截流井 9 座。每天向污水处理厂输送污水由 2006 年的 2.5 万立方米左右提高到 3.8 万立方米左右。

马鞍山市　污水处理和城市排水结合进行，修建了排污管道和污水泵房，满足排污需求。

第五节　园林绿化及人居环境

1986—2007 年，安徽省城市园林绿化工作取得较大进展，对改善城市生态环境，美化城市面貌，完善城市功能，促进城市开发、开放，提高城市综合效益等方面均起到积极作用，在城市园林绿化总量和园艺水平等方面均大幅提高。

城市园林绿化总量增加

1978年以后,全省各城市开始制订绿化规划,在绿化工作中实行大、中、小并举,小、多、匀分布,点、线、面相结合方针,既注意继承和发展古典艺术,又创造具有时代特征和地方特点、民族特色的园林工作;在街头巷尾、居民小区开辟小游园、绿化地、小街景;在河滨、路旁隙地建设各类小型园景和装饰性绿地。1990年年末,全省城市园林绿地面积达6473万平方米,其中公共绿地1770万平方米;城市建成区园林绿地总面积4805万平方米;建成区道路绿化覆盖面积661万平方米;建成城市公园38个,计1409.5万平方米,全省城市共植树723万株,建成苗圃428.5万平方米。20年来,安徽省城市园林绿化有关指标大幅增长。2007年年末,安徽省城市绿地面积59147万平方米,其中公园绿地面积9704万平方米,公园190个,全省城市建成区绿地率32.17%、绿化覆盖率36.09%、人均公园绿地8.72平方米。

合肥市　1987年,合肥市及时调整绿化重点,城市绿化面向近郊,开展城乡一体的大环境绿化建设。1989年,中共合肥市委、市政府提出"三年消灭荒山、五年绿化合肥"的绿化目标,有力的推动了合肥市大环境绿化建设的进展,初步形成了以环城公园为市内防护圈、以道路绿化为骨架,以庭院绿化为基础,以公园、游园为景点,以风景区森林和外环绿化带为主体,以六个出入口的绿化为纽带,与郊县绿化相连结的城乡一体的绿化体系。全市园林绿地平均每年以0.3平方千米的幅度递增,城市绿化覆盖率每年增加0.8个百分点,累计新发展园林绿地1.5平方千米。截至1991年年底,全市已发展园林绿地17.9平方千米,其中道路绿化133.7千米,公共绿地5.5平方千米,专用绿地7.68平方千米、生产绿地2.76平方千米、防护绿地0.39平方千米,郊区风景名胜区1.57平方千米。城市绿化覆盖率30.3%,城市绿地率25%,人均公共绿地面积7.3平方米。截至2007年年底,全市累计新建园林绿地8.67平方千米,城市建成区绿地率达到34.5%,绿化覆盖率达到39.5%,人均公共绿地面积10.15平方米。城市建成区绿地率增加了4.2个百分点,绿化覆盖率增加了14.5个百分点,人均公共绿地面积增加了2.85平方米。

芜湖市　园林绿化工程建设随着城市建设发展而发展,在园林绿地布局上,把绿化覆盖由点向面逐年扩展,以大手笔、大投入、大绿化为工作思路,年年拓展绿地,充实绿化品种,使城市园林绿化不仅在量上有较快发展,而且在绿化档次和品种上也有了前所未有突破。1985年,建成区面积26平方千米,园林绿地面积469万平方米,城市人口50.20万人,人均公共绿地2.6平方米;2007年,建成区面积77.05平方千米,绿化总面积增加至2505万平方米,城市人口增加至67.09万人,人均公共绿地已达7.57平方米。

蚌埠市　1986年起,在市区继续加强绿化工作,每年3月12日全国植树节前后,都广泛发动群众义务植树造林。1989年开始实施全省性的"五八"造林规划,到1993年,市规划区绿化覆盖面积达2195万平方米,其中建成区覆盖面积1005万平方米,占建成区总面积31.2%;园林绿化总面积为2074万平方米,公共绿地面积为217万平方米,人均占有公共绿地3.1平方米。1996年，随着城市道路大量改造和高新技术产业区建设，对原有道路绿化带和行道树进行更新，并投入新开发区绿化建设。市“五八”造林规划达标，通过省级验收。

1998年，市园林部门与部队和团市委、市妇联等部门联合发动营造“军民共建林”“青年林”“红领巾林”“三八林”等，并动员一些单位和个人认养公共绿地，推动全民办绿化新尝试。2002年起，随新城区和大学园区开发建设，绿化工作进一步向新城区延伸。至2005年，市规划区绿化覆盖面积达4605万平方米，其中建成区覆盖面积2179万平方米，由于新区面积增加较多，绿化相对滞后，建成区绿化覆盖面积占建成区总面积比率为28%，比1993年略有下降。2007年，市规划区园林绿化面积为4253万平方米，公共绿地面积为583万平方米，人均占有公共绿地为7.53平方米，是1993年的2.4倍。

淮南市　20世纪80年代，编制城市绿地系统规划，使绿化工程步入良性发展阶段。1990—2007年，淮南市政府不断加大对城市绿化投入，重新续建公园，加强道路绿化，发展街头绿地，建设园林景点。新建城市园林绿地面积360万平方米。建成区道路绿化覆盖面积62平方千米，建成区园林绿地总面积90.8平方千米，城市人均绿地13.45平方米，城市绿化覆盖率17.6%、绿地率11.52%，公共绿地12.3万平方米，人均公共绿地1.8平方米。2007年，全市绿地率达31.8%，绿化覆盖率达38.8%，人均公共绿地达7.1平方米。

淮北市　1991—2007年期间，随着淮北市经济快速增长，城市园林绿化事业实现跨越式发展。围绕创建国家园林城市，美化城市，改善人居环境为根本，认真贯彻《城市绿化条例》，依托“三山、六湖、九河”自然资源，按照“城市园林化、广场绿地化、城郊生态化、山水城一体化”的整体思路，在完善相山公园建设同时，先后建设老濉河公园、濉河生态公园、惠泽公园、桓谭公园、长山公园、世纪广场、古城广场、相王广场及相阳路、东山路、人民路等城市公共绿地和道路绿化工程，形成点、线、面相结合，山、水、林网交错，公共绿地布局合理的城市绿地系统，城市生态环境明显改善。2007年，城市绿地率41.45%，绿化覆盖率43.04%，人均公共绿地面积13.22平方米。淮北市先后获得安徽省园林城市、全国园林绿化先进城市、国家园林城市等荣誉称号。

马鞍山市　从1996年起，采取让地建园和无偿划拨土地等办法，在市区主要街头、闹市口和人口密集小区，建成大小园林广场16个，总面积20.7万平方米。自1993年起，相继实施98个新居住区绿化及旧住宅区和背街小巷综合整治工程。对新建小区，坚持高起点、高标准，做到同步规划、同步施工、同步使用，绿地率达不到35%不予开工建设，绿化工程不到位，不予验收。对老居住区和背街小巷则进行完善配套设施，绿化美化环境综合整治。对拆除后让出的空地，规定只准绿化，不准搞新的建设。1996—2005年，全市新增居住区绿地143.12万平方米，有26个居住区进入“市园林化居住区”行列。2007年，城市建成区各类绿地面积已发展到2665万平方米，其中公共绿地630万平方米。建成区绿地率40.39%；绿化覆盖率42.05%；人均公共绿地面积12.01平方米。全市基本形成以雨山湖为中心，以道路绿化为纽带，以城郊农田林网和山体绿化为依托，内外推进，城乡一体的大环境绿化格局。

安庆市　20世纪80年代以来，城市园林绿化按照城市总体规划逐步实施，并由单一的街道树栽植转向点（公园、小游园）、线（主干道街道树、绿化带）、面（单位绿地、街头花坛）相结合的绿化规格，重点建设大湖风景区。1985年，开辟莲湖公园。1988年年底，市区有公园3处，面积96.3万平方米，小游园1处（石化厂水上公园）；城区园林绿化面积441.78万平方米，绿化覆盖率24%，人均公共绿地4.51平方米。

道路绿化同步进行，结合道路改建，采取调整、充实、提高方针，更新树种，栽种常绿香樟、广玉兰、桂花、蜀柏、银杏等树种，代替法梧、大叶柳、刺槐等。城市道路绿化普及率达95%以上。1998—2000年，道路绿化大量增加花灌木比例，广种草坪，新区开发整体设计线条规范，图案简捷。行道绿化带遍布城区各条道路和街巷。干道绿化带面积超过道路总用地25%。分车绿带、花坛、绿岛面积共110973平方米。

市区现有苗圃6个，总面积60.43万平方米，占建成区面积的2.06%，共有苗木、花卉、盆景近200种、100万株（盆）。1996年，菱湖公园苗圃从外地引进多个切花品种，填补了市区切花生产空白。绿化苗木自给率达85%，不仅能满足本市绿化需要，而且还远销到省内外城市。2007年，市区绿地初步形成统一完整系统，拥有园林绿地面积5888万平方米，建成区绿化覆盖面积979万平方米，其中公共绿地面积261.5万平方米，人均公共绿地面积7.12平方米。

黄山市　1988年建市后，城市园林绿化进入迅速发展阶段。在加大对园林绿化建设投入同时，结合旧城改造、道路线型调整，新建广场，相继建成一批开放式公共绿地。2002年，城市园林绿化进入注重生态、提高品位阶段。2005年，城市建成区绿地总面积达到1056万平方米，公共绿地212万平方米，建成区绿化覆盖率达43.3%，绿地率达40.1%；人均公共绿地12.3平方米。2007年，全市建成区面积30.7平方千米，建成区绿化覆盖率达48.57%，绿化率达45.93%，人均公共绿地面积13.34平方米，获国家园林城市称号。

滁州市　20世纪80年代后，开始新建公共绿地，绿化城市干道，商店门前绿化。1992年，完成南湖公园等6处绿化建设，修建多处街头游园和绿地，市区园林绿地已达152万平方米，绿化覆盖面积354万平方米，绿化覆盖率4.1%，初步形成城市园林绿化基本格局。同时修建人民广场、琅琊古道等19处绿地，改造建设南湖公园等20处公园、游园、花园、绿地和道路的绿化，投入资金近亿元，新增绿化面积66.3万平方米。2005年，市区绿化总面积817.5万平方米，其中：公共绿地218.3万平方米，专用绿地364.3万平方米，风景、防护绿地224.8万平方米，道路绿化88.5千米，行道树1.57万株，绿化覆盖率29.44%，人均公共绿地7.28平方米。绿化植物品种增加至29种，并引进栽植栾树等8种花草树木。

阜阳市　20世纪80年代后，经济、社会、文化发展带动城市绿化建设，把建设生态绿化城市列为阜阳城区园林绿化事业目标。文峰公园扩建工程共投资5000万元，于2004年5月向市民开放，公园北起阜临路、南至二里井河、西起奎星路、东至文峰塔，总面积达14万平方米；清颍公园改建一期工程累计投资1272万元，于2006年5月向市民开放。文峰公园、清颍公园建成增大了城市绿地面积。截至2007年，阜阳城区现有各类绿地1447.66万平方米，其中公园绿地面积245万平方米，道路绿化总长度80千米，城市绿地率23.85%，绿化覆盖率25.32%，人均公共绿地面积4.71平方米。

亳州市　1986年，先后规划绿化和平路、谯陵南路、新华路、汤陵北路、喷泉等。1995年，先后规划绿化魏武大道、魏武小游园、人民路、站前路、建材街、药材街、老年大学游园、临涡憩园、望汤阁花园、州后街、人民南路、火车站广场花坛、曹氏公园、大寺牡丹园等。2000年，规划新栽或充实完善汤陵南路、交通路、新华北路、古泉西路、汤王大道、希夷大道、文帝路、魏武大道南段道路绿化。2003年11月，新规划绿化药都大道、古泉东路、魏武北路、花戏楼广场，明清老街，幸福桥游园花市、三曹路、建安路、魏武广场、宋汤河沿岸景观绿化，2007年，亳州市城区绿化总面积990公顷，人均绿地面积7.01平方米，绿地率31%，绿化覆盖率36%。

宿州市　1988—1992年，中共宿州市委、市政府多次召开会议研究绿化方案，召开全市绿化动员大会，并批准进行沱河滩地绿化，平整沱河20万平方米河滩地，栽植雪松、侧柏等1.2万余株。补植侧柏，新植柳树、雪松计2万多株。城市主次干道，除大量栽植行道树外，还在一些道路两侧绿化带建花坛105个和滨河苗圃，1993—1994年，滨河苗圃基地建设在1992年的基础上向东扩建2.53万平方米，育苗8万余株，城区第一个生产苗木基地初步建成。同时投资兴建占地0.57万平方米花圃基地，新开辟滨河滩地育苗地1万平方米，培育各类苗木4万株，使苗圃总用地达6.23万平方米。1995年，对胜利路等路段法梧树龄已达30年，树冠大，距离两侧建筑物较近，安全隐患较多，实施行道树抹头修剪工作。同时完成淮海北路和淮海南路绿化工程，绿化带全长1923米，绿化面积3850平方米。1997—1999年，市园林处同时进行道路绿化。对汴河路、淮海路、胜利路三路改造和北沱河桥进行综合改造和绿化，三条主干道绿化面积19910平方米，换土1035立方米，栽植行道树、紫薇、女贞1795株，栽植绿篱、月季等花灌木7.4万余株，铺设草坪1.7万余平方米。新增绿地面积达7200平方米，成为宿州北大门的亮点工程。2001—2002年，将“见缝插绿”工作列为绿化重点工程，最终有108个单位实施见缝插绿工程，市区新增绿地面积12万平方米，完成小街小巷绿化17条。实施见缝插绿二期工程。总投资460万元，新增绿地面积9.3万平方米。2004年，是宿州市绿化建设明显加快的一年，“一园一道四路”绿化相继建设完成。次年，开发区和政务新区路网建设和道路绿化建设全面铺开，“十里长廊”沱河景观带开始规划立项，2006—2007年，《宿州市城市绿地系统规划》经省建设厅专家评审和市政府常务会议讨论通过，并纳入城市总体规划。中共宿州市委、市政府出台《2006年宿城重点绿化工程实施方案》，启动银河公园建设和雪枫公园改造一期工程。实施城市主干道增荫工程和环城河、运粮河水系增绿工程。

六安市　1986年，城区14条道路绿化共有行道树8304株，主要树种法梧、火炬松、意杨。街头游园以自播草花为主，分车带以草坪满铺、上植少量黄杨球和海桐球点缀。商家和单位自建自管的街头绿地花坛69个，总面积3374.47平方米。市园林处直管的城区道路绿化面积3.07万平方米，行道树3020株，沿街花坛游园6600平方米。在市政府"打通干道、拉开框架、完善设施、强化功能"的工作目标指导下，城市道路绿化工作有了量的发展、质的飞跃。2006年，城区道路绿化长33.9千米，绿化带、绿化坛及小块绿地70.79万平方米，25个品种，改变道路绿化形象，为绿化上品位、上档次奠定基础。20世纪90年代，各种经济类型苗圃应运而生。2007年，苗圃已达30多家，总面积420万平方米。

巢湖市　城市绿化从20世纪80年代初起步，当时城内仅有不足10千米的行道树和一个设施不完善的卧牛山公园。1990年，全市绿地总面积仅148.6万平方米，城区绿地率、绿化覆盖率、人均公共绿地分别为11.2%、16.9%和3.26平方米。进入20世纪90年代中期以后，城市绿化建设步伐明显加快，城市绿化总量增长迅猛。2007年，建成区绿地总面积801万平方米，绿地率26.7%，绿化覆盖率30.3%，人均公共绿地6.2平方米。

池州市　20世纪80年代起，以翠微路建设为契机，拉开城市园林绿化序幕，道路绿化除行道树种植外，开始分车带绿化和人行道外排绿地绿化。到1988年年底，城区绿化总面积为101万平方米，绿化覆盖率为19%，人均公共绿地面积为3平方米。城区街道和道路共计20条，总长24.21千米，绿化仍以梧桐为主。2000年年底，城区建成道路共有25条，总里程为59千米，城市绿化开始注重道路绿化、街头绿地和居住区绿化建设。2005年，城市绿化在注重量化同时注重质量，同时建成百荷南园、杏花村古井文化园、秀山门广场等小广场，开展清溪河环境综合整治。城区公园绿地面积达162万平方米，道路绿化面积达40万平方米，单位、居住区绿地达111.8万平方米，绿化覆盖率达32%，人均公用绿地达9平方米。2006年起至2007年年底，城市发展目标明确定位，重新调整城市总体规划，以"利用自然山水、传承历史文脉、展示现代文明"为原则，提出"滨江环湖、组团布局、传承历史、体现生态"的城市发展绿化新思路，明确建设最佳宜居城市、山水园林城市、优秀旅游城市、历史文化名城的目标，确定"一主一副一区"组团式城市空间形态和"滨江环湖、一城五区"的主城区发展布局；相继展开路网建设与管网配套、园林景观与环境整治、大型公建与市场建设、文物保护与文化传承等四大类一百多个项目的建设，道路建设注重拉开框架，道路绿化面积达90万平方米。

2006年以来，为保证城市园林绿化对各类苗木、花卉、草坪需求，各类园林苗圃也随着园林绿化事业发展而发展，私营苗圃建设不断发展壮大。国营、集体苗圃与私营苗圃之间进行优势互补。20世纪90年代初建成苗圃5.70万平方米，2007年发展到71.6万平方米，占建成区面积2.72%（不包括各区零星的苗圃、花圃等生产绿地），建设、林业行政主管部门所属苗圃达50余万平方米。经过多年苗圃建设，池州市生产苗木可以满足本市园林绿化建设需要。全市苗圃内苗木品种达60余个，乔、灌、花各种规格植物种类齐全，可直接用于绿化工程施工，适合公共绿地、道路、单位、庭院等各种绿化用苗，苗木自给率可达82%以上。

宣城市　随着城市建设加快发展，城市绿化建设也进入快速发展阶段。宣城市在修订完善的《关于加强城市绿化建设的实施意见》等指导性文件下发后，规划区园林绿地建设面积迅速增长。1991年后，城区绿地面积88万平方米，公园绿地11万平方米，绿化覆盖率5.7%，人均公园绿地面积1.2平方米。2000年年底，建成区共有各类绿地面积396万平方米，公园绿地43.2万平方米，道路绿地3.47万平方米。经过几年绿化建设，至2007年，道路绿地面积已达86.67万平方米。同时开展"大树进城"建设工作，共计栽植直径30厘米以上大树104棵。

铜陵市　1986年，铜陵市植树造林运动逐步兴起。1989年，铜陵市确定5个绿化基地及公路、铁路、沿江堤岸3条绿化带，市政府制定《全民义务植树实施细则》，每年绿化经费突破100万元。铜陵市绿化分道路绿化、厂矿绿化、居民村绿化、全民义务植树等形式，并通过市领导绿化示范点、创建绿化合格单位、花园式单位等方法推动绿化工作。2004年植树21.5万株，植草坪1.88万平方米，植绿篱5288米。完成了井湖路、建设路、义安南路等道路补栽任务。2005—2006年，铜陵市长江路鲜花大道工程建成。至2006年年底，市区有公园、游园、广场等公共绿地30余处，市区49条主次干道的绿化普及率100%，达标率100%。2007年，铜陵市建成区绿化覆盖面积达1453万平方米，绿化覆盖率42.58%，绿地面积1344万平方米，绿地率37.99%，公共绿地面积438.28万平方米，人均公共绿地面积12.52平方米。

城市绿化质量提高

在注重城市园林绿化面积增长同时，安徽省各级城市园林绿化质量有了较大提高。一批设计新颖、施工精细、管理规范、艺术价值较高，综合效益明显并且有一定知名度的园林绿化精品工程相继建成。如：合肥市芜湖路综合改造工程、政务文化新区中心湖区绿化景观工程、蜀山森林公园西扩工程、马鞍山索溪河环境综合整治、六安市淠河总干渠城区段环境综合治理工程、安庆市菱湖风景区环境综合整治等。注重发挥城市自然环境特色，积极开展以水环境治理为主的城市人居环境建设。通过编制城市绿地系统规划，强化城市水系、水域景观建设，特别是在城市山水景观环境整治与建设、城市湿地控制与保护、自然生态环境保护等方面具有鲜明特色。大力实施如合肥市环城公园建设、马鞍山市雨山湖及锁溪河环境综合整治、安庆市菱湖风景区环境治理、六安市淠河城区段环境综合整治、芜湖市镜湖公园建设、铜陵市天井湖公园建设、黄山市南滨江环境综合治理、池州市清溪河环境治理和平天湖湿地自然景观保护等一系列以水环境治理的城市生态环境综合治理。

合肥市　1986年合肥市在昔日城廓和护城河的基础上，建成了全长8.7千米、面积达1.38平方千米的环城公园,使合肥初步构建了"城在园中,园在城中,城园交融,浑然一体"的独特城市园林风貌。开敞式的环城公园将风格各异的包河景区、银河景区、西山景区、环西景区(即琥珀潭——黑池坝景区)、环北景区、环东景区等六大景区有机地串联在一块,被市民亲切地誉为一条镶着数颗明珠的"翡翠项链"。以环城公园修建为标志,合肥市园林绿化建设水平逐步提升。1989年,合肥市园林绿化由过去以市区为重点的点、带、块状绿地建设,逐渐向市郊和城市外围延伸。合肥市苗圃、植物园以及蜀山公园等西郊景区和城乡环境绿化一体化建设步伐加快。1994年7月,《合肥市大环境绿化规划》(森林城市建设项目)经林业部正式批准,作为南方的试点城市给予立项。此后,合肥市逐年实施"森林城"建设,将城市作为一个大园林对待,紧密依托自身自然环境,大力实施城区绿化美化和城郊大环境绿化。按照市政府提出的"道路绿化上档次,公园绿化上水平,景点绿化出精品,社会绿化上规模"的要求,合肥市自1999年起开始在城区大造绿化,启动实施拆墙透绿、拆违建绿和"大树进城、鲜花上路"工程,全市诸多沿街、沿路单位纷纷拆除围墙和违法搭建,将单位、庭院内的美丽风景呈现给市民,提高了城市的绿视率;道路绿化也呈现出四季有花、色彩丰富的良好风貌。2000—2001年,以租地绿化形式,在城市外围北二环、南二环租地绿化1.53平方千米,不断促进"森林城"建设。并相继建成合肥植物园、野生动物园、杏花公园、和平广场、市政府广场、琥珀潭—黑池坝、徽园、黄山路、包河大道等重点园林绿化工程。

芜湖市 进入90年代后,公共绿地建设和园林绿化倍受重视,尤其是1996—2002年,道路绿化、广场和绿地建设年年拓展,成为市区一大亮点。2002年,建城区68条道路总长101.27千米,种植行道树2.72万株,分车带绿化面积30.66万平方米。辟建广场绿地48处,总面积30.55万平方米。公共绿地61.20万平方米。同时,城市小区建设如雨后春笋,公共绿地面积逐年扩大。全市小区总数207个,占地面积420万平方米,其中绿化面积126万平方米。同时开展义务植树活动,1996后年,平均每年参加义务植树人数达4万人次。义务植树使市区基本消灭了荒山野地,对神山公园、赭山公园等公园的风景林建设和开发区环境建设起到重要作用。

蚌埠市 蚌埠市在进行城市绿化同时,还先后建有大塘公园(后改为珠园)、南山儿童公园、张公山公园及龙子湖风景区。前3个公园总占地68.5万平方米,龙子湖风景区规划面积608万平方米。大塘公园(珠园),位于胜利中路与中荣街东北交叉口处,始建于1957年8月,占地6.9万平方米。1985年前进行了多次改造。1986年5月,在园中新建占地1255平方米的醉仙楼酒店。1994年5月历时4个月,对塘水全面清淤,改善了水质。1999年5月,经对公园进行为期5个月的彻底改造,面貌一新,并更名为"珠园",对市民免费开放。南山儿童公园,位于南山路南侧,前身为中山公园,占地5万平方米。1986年,在原有"戏珠"雕塑、盆景区、亭廊、露天游泳池的基础上,在山顶中央新建占地265平方米的旋转"圆球厅"。20年间还陆续建成桂花园、棕榈园、桃园。全园有各类乔木、花灌木2000余株。2006年,公园再次进行维修改造,拆除有安全隐患的山顶圆球厅，并回复地坪。对园内上下水、用电线路进行改造；增加路灯、座凳、垃圾箱等。同年6月1日，正式免费开放。张公山公园，位于涂山路南侧，1983年7月建成开放，占地56.6万平方米。1987年在园内建成望淮塔、园中园等主要景点。望淮塔高35.35米，七层八角，建筑面积820平方米。园中园系江南古典式园林建筑，占地面积1.4万平方米。大塘公园动物园移至该园。同年建成占地1.8万平方米的月季园。1993年1月建成园中喷泉水景。1996年1月在园中园建成淮河碑廊，镶有多位书法名家碑刻49块。2001年4月，公园南大门建成使用。2002年建成占地近0.67万平方米的“怡情园”，有蒙古包、木桥、亭、廊、鸽场等。至2007年，公园有各类树木近万株；动物园占地2.5万平方米，有笼舍75间，饲养动物50余头。龙子湖风景区，位于市区东部，规划面积608万平方米，主要景点为汤和墓。1992年8月，在曹山建成革命烈士纪念碑和革命历史陈列馆。1995年在龙子湖西北岸建成民营“淮河风情园”，占地6.6万平方米，内有反映淮河流域文化和风土人情的雕塑近10个。1996年7月，靠近“风情园”处又建成水上乐园。1997年7月设立龙子湖风景区管理委员会，将锥子山森林公园等纳入景区，范围扩大为1411万平方米。1998年在龙子湖西岸辟建景区绿地，面积1.6万平方米，栽植乔木灌木2万余株，铺草坪1.3万平方米，并建有亭、廊等建筑小品。1999年新城综合开发区设立后，龙湖风景区管理委员会移交该区。2005年9月建成横跨湖面的东海大道龙湖大桥。

在大规模改造和建设公园的同时，利用街头路边的小地块、小水面，建立一些游园，至2007年，小游园已发展到20多处，一面美化城市，一面供居民和游人休闲小憩。淮河游园，位于淮河路西段。1999年7月开工建设，10月建成游园，占地4500平方米，主要设施有欧式管理房、鸵鸟雕塑、文化石、喷泉以及灯光照明设施等。栽植各种乔木近500株、小灌木1000株，植草坪4000平方米。大庆游园，1983年随大庆生活区建设而建成。2003年，市园林部门对其全面改造，占地扩大到6300平方米，其中绿化面积2100平方米。园中设有喷泉及灯光照明设施，栽植女贞、香樟、龙柏等树木，绿化面积1860平方米，花坛面积420平方米。东海游园，位于市区东南部，始建于1985年。2005年经重新改建，占地面积6000平方米，绿化面积2100平方米，栽植合欢、石榴、石楠球等树木200多株。张公山水榭，位于涂山路南侧，始建于2001年，主要设施有六角亭、四角方亭和曲桥等。占地面积3670平方米，绿化面积1400平方米，其中草坪1185平方米，栽植黄杨球、河南侩、女贞等树木。雪华风荷园，位于胜利东路北侧、雪华山麓，始建于1982年，为占地约3亩的路边小游园，因水塘内荷叶满塘而得名。2005年6月，对该园基础设施进行了改造，并调整植物种类，有各种树木500余株。

1986年，对市郊有大小30座山头全部绿化，总占地面积2000万平方米。园林部门还对老化树种进行更新改造，至1995年共更换树木8万余株，主要树种为火炬松、侧柏、麻栎、女贞、水杉等。后增加品种有椿树、楝树、紫薇、雪松、红叶李、广玉兰等。至2007年，又累计更新树木20余万株，改造树木成活率占85%以上。

淮北市　1986—2007年,淮北市在进行城市绿化同时,充分利用相山山脉、采煤塌陷湿地和河流坡地等独特的自然资源进行园林建设,并坚持生态建园、文化建园,注重人与自然的亲和,大力开发城市公园建设。依相山建设长山公园、西部景区及惠泽公园、;依托市内河流建设老濉河公园、濉河生态公园,利用采煤沉陷湿地建设了桓谭公园等。长山公园,规划用地分为三块,面积15.9万平方米,栽植市树、朴树等乔木300余株,铺设麦冬草坪5000余平方米;西部景区:公园西门扩建包括西山隧道至惠泽公园和惠泽山庄至基督教堂。公园西门扩建项目用地面积约1.8万平方米。西山隧道至惠泽公园,用地面积约4.2万平方米。惠泽山庄至基督教堂,总用地面积约5.6万平方米。清运垃圾8.4万立方米,回填土6万立方米,栽植大型乔、灌木1.1万余株,地被、草坪4.9万平方米,完成广场铺装7800平方米;惠泽公园,位于环山西路惠泽山庄西侧,面积约5万平方米,依山建园。2007年11月投入使用。惠泽公园建有慕夏亭等景观,栽植乔、灌、草,常绿树种与落叶植物配置协调,花色品种较多,全园共栽植各类苗木约2万余株,其中大型花木700余株,小花灌木1.9万余株,草坪、地被7000余平方米。惠泽公园的建成,拓展了相山景区的空间。相山公园、长山公园、西部景区的建设,使整个相山成为一条美丽独特的风景彩带。老濉河公园,位于淮北市市区与濉溪县城交界处。1998年开工建设, 1999年7月竣工,宽130米,总面积20万平方米,为市级全方位开放式公园,全园以老濉河为相对轴心,以宽40米水面为视线走廊,沿岸布置丰富多彩的植物景观。通过流线型游园步道使园中各要素相互融合,以疏林草地为主,水榭、码头、挑台浑然一体,成为水陆交融、草青水蓝的开放型河滨公园。濉河生态公园,位于淮北市城区西部,沿新濉河,北起淮海西路桥,南到南黎路桥。长5000米,河东岸平均宽度90米、西岸平均宽度80米、河面平均宽度85米。总面积120万平方米。2005年5月建成。公园建设因地制宜,坚持以人为本,生态开发为主,注重河流的综合功能,将生态学原理与景观规划有机结合,较好的改善城市生态环境。全园分为松风听涛、古河新柳、菱叶萦波、秋叶晨霜、濉浦夕照五大景区。每个景区各有特色,植物选择各有侧重,注重植物群落的季相变化,突出不同景区的景观特色,同时满足河道的防洪功能。

铜陵市　1986—2007年期间,在城市绿化建设中,注意景区景点绿化,以丰富人文景观资源。皖江游园面积1.5万平方米,大面积坡地场绿化,还设有花池、铺地等。铜都广场面积2.9万平方米,其中绿地面积占1.4万平方米,景观以铺地和绿化为主体。笔架山广场面积0.66万平方米,以植物造景为主体,水景作点缀,公园大门入口处斜坡建大花坛等。2003年后,围绕打造“中国生态山水铜都”,规划将天井湖、西湖作为城市公共绿地核心重点建设,形成“城市客厅”;加强城市道路绿带建设,形成六条“绿色走廊”;建设铜官山森林公园和东湖湿地公园,形成主、副城区间多功能的“楔形”生态绿地;沿三个城区外缘设置绿带,形成三个绿环;并以显山露水、弘扬文化为原则,加强风景名胜保护和城市风貌控制。

黄山市　1988年建市后,实施道路绿化建设,共完成灌木组块栽植12万余株,各类乔木1.1万余株，铺设草坪8300平方米，各类绿化品种40余种，共完成绿化面积1.5万平方米。全市主干道24条，绿化率均在25%以上，全市城市道路总长196.79千米，绿化普及率达96%。2005—2007年，全市各单位注意单位内附属绿地绿化建设，面积达到219万平方米，绿地率超过30%的有38家，接近30%的有10家，高于25%的有20余家。高尔夫酒店等单位绿地率均超过43%，绿化覆盖率达到46%以上。中共黄山市委、市政府大院内四季常青，绿树成荫，花开不断，率先获得市级“园林式单位”称号。黄山学院等企事业单位的绿化，功能实用，简洁明朗、特色鲜明，或闲庭移步，或小桥流水，不仅有较大绿量，更有相当艺术格调。

宣城市　1992—2007年，宣城市在城市绿化方面，先后制定《宣城市城市绿地系统规划》《宣城市城市园林景观设计导则》等规范性文件，用以指导城市绿化和园林建设。2000年，宣城建市后，新增城市道路绿地面积约25万平方米。其中滨湖路、响山路延伸段、滨河路、双塔东路、水阳江大道西南段行道树栽植、鳌峰东路等五条市政道路行道树栽植等绿化面积达11万平方米，栽植大乔木1.1万余棵，小乔木0.8万余棵，球类植物0.3万余株。安装城市绿岛护栏0.85万米。同时加强敬亭山公园、梅溪公园、宛溪河一期滨河绿带、鳌峰公园、响山公园、烈士陵园、谢眺公园等7个公园景点建设。并建设了彩螺广场、大坝塘游园等一些广场及街头绿地，以满足市民休闲娱乐的需求。

巢湖市　1995年以后，重点加强公园绿地和道路绿地建设，先后完成一系列重点绿化工程，城区面貌发生显著变化，不仅大大提高了城市绿量，同时不断完善了城市景观。1995年，是道路绿化建设年，重点完成巢湖南路等十余条道路绿化建设，并先后高标准建成世纪大道等道路绿化；1996—1997年，实施“公园工程”，新建并完善湖滨公园等8个公园；1999年，高标准建设环城河公园；2000年生产绿地建设初具规模。市园林处先后租地近20万平方米，建设园林苗圃。2002年，已繁殖各类苗木近百万株，使苗木自给率达60%，为园林走向市场奠定了良好的基础。2003—2007年，重点建成世纪广场等3个绿地广场。

亳州市　1986—2007年期间，先是按规划重点进行城市道路绿化，为提高城市品位，后又陆续建立几处公园，重点是1998年修建曹氏公园，后改为曹操公园，该园以曹操家族墓群自然地势兴建。公园占地约20万平方米，园林绿化建设为19.5万平方米，为仿汉建筑，气势恢弘。公园共分为纪念区、陵墓区、静休区、游乐区四部分。纪念区以曹操纪念为主体，面积2200平方米，内置曹操塑像及展品，反映曹操政治、军事、文学方面的千秋功业。陵墓区是曹操家族墓群，建有碑林、碑廊、甬道等，游人来此凭吊，尽抒怀古幽思，“四冢”为曹氏公园内南北弧形分布的四座土丘，高者约8米，低者约5米，面积共约2500平方米，系曹氏家族墓葬，民间称“曹四孤堆”。墓群周围遍植松柏，夜深人静，风动枝叶，飒飒作响，犹如大海波涛，故有“四冢松涛”之说。

淮南市　2001—2007年，结合创建国家园林城市，把淮南市建成“绿色城市”和“生态城市”。坚持高标准建设，新建一批城市广场、街头游园、景观大道，拆墙透绿。通过数年努力，已建成城市道路交通绿岛 14 处，面积 2.2 万平方米。花坛、游园、街头绿地增至 43 处，面积 90.74 万平方米。园林式单位（小区）已达到 276 个。并以新建和扩建道路为骨架，以街头景点为重点，实行点、线、面相结合，乔、灌、花、草相结合，一路一树为格局，形成多层次、多景点、多品种的绿化系统，在普及中提高，在品种上求多、求精，逐步走向绿化、美化、香化、园林化新阶段。2004 年，经省政府专家组验收，淮南市被评为省级园林绿化城市。

马鞍山市　抓重点工程、抓园林特色、抓薄弱环节，园林建设步入空前发展历史时期。雨山湖中心绿地建设，被列为全市园林建设重点，先后进行五次大规模清淤和综合整治。兴建“柳林小憩”等 10 处景点和三大临湖游园，使一个垃圾遍地，污水横流的重污染区，变成了环境优美开放式园林绿地。同时加强城市公园建设和路网绿化，1990 年以来，先后兴建 6 座大型公园，总面积 92 公顷。道路绿化是城市绿化的纽带。随着市区先后兴建改建一批道路，加宽 40 多条道路红线，也加宽了道路绿线，主次干道两侧绿线分别控制在 10 米和 5 米以上，为道路绿化拓展空间。为缓解公共绿地不尽合理矛盾，从 1996 年起，采取让地建园和无偿划拨土地等办法，在市区主要街头、闹市口和人口密集小区，建成大小园林广场 16 个，总面积 20.7 万平方米。

安庆市　着重加强大湖风景区开发，城市主干道分车绿化带、城市公园、街头绿地、小游园和庭院绿化建设。城区除原有公园外，还充分利用自然环境，开发森林旅游资源，建设城乡一体大园林。依托北郊 10 千米处大龙山林场，建成总面积 132 平方千米大龙山国家森林公园。在城市绿化中，把妥善保护名胜古迹与开发历史、人文资源结合起来，先后修建 21.7 万平方米的独秀公园，投资 20 万元兴建纪念孙中山来安庆焚烟的纪念亭，投资 100 万元修复和扩建邓石如碑馆，建成严凤英纪念馆和黄镇生平事迹陈列馆。在热电厂以东江滩和石化厂区，分别建设长江防护林和卫生防护林带。总面积达 174.31 万平方米的两条防护林带，蜿蜒数十千米，宛如两道绿色屏障，以防洪御灾，降低环境污染，大湖综合整治项目获得全国城市环境综合整治优秀项目奖。

滁州市　2005 年，城区有 4 个公园、1 个儿童乐园、3 个生产性苗圃。人民广场内建有世纪门、彩虹门、喷泉、四季亭、观景廊柱、音乐舞台、升旗台、十二生肖柱等多处景点。世纪门为广场主入口，以弧形坡道面向凤凰路，雄伟壮观。喷泉水池以喷出的水幕配以彩电灯光形成滁州市地形图为外形，主喷高度 21 米。十二生肖柱高度 9.9 米，中间圆柱直径 1.28 米，选用汉白玉石料制成，具有浓郁的传统文化气息。音乐舞台为下沉式结构，外型呈弧形，上为半球状玻璃顶棚。56 根观景廊柱喻意全国 56 个民族大团结。四季亭是整个广场的 4 个支点，春、夏、秋、冬四季特色各异。为维护广场整体气氛不受破坏，在广场周边干道旁栽植广玉兰、香樟、紫叶李、灌木球类等植物，形成较为封闭的绿化带，使广场内环境幽静。在四季园及广场周边绿地中，植物配置以乔、灌、草、色、带为主，形成多层次多色彩植物生态群落，以达到突出各亭、园季节性特色的效果，营造优美宜人的绿化景观，为市民提供休闲、娱乐、锻炼好场所。

阜阳市　在城市绿化中，注重道路绿化和公园绿地建设更加具有合理性、生态性、方便性。庭台楼榭掩映在植物之中，雕塑，座椅，汀步星罗于绿地各处，园林建筑与植物搭配的统一性，不仅改善了城市的环境，更为人们提供了娱乐、休息、学习的场所。2006年起，相继实施清颍公园一期改造，南城河一期、二期建设，火车站广场综合改造，西三角游园建设，西清河、二道河环境综合治理等重点工程，对城区道路绿化进行全面整治、改造，提高城市绿化水平和环境质量。

宿州市　2000年起，滨河景观路绿化建设被市政府列为当年市十大重点工程之一，滨河路绿化带长近1000米，宽14米，面积1.4万平方米，采用青石雕花护栏，彩砖人行道板，拱形砌石护坡，花岗岩贴面，以鲜花为点缀，与“鹏程”雕塑周围游园绿化相呼应，在宿州市北大门形成了以雕塑为中心的绿化群体景观。

六安市　1989年，通过“国家、集体、个人三者结合”的方法，建成人民公园，又在长安北路新河沿岸筹建青年公园。1994年，市政府从创文明、抓整治入手，建起了占地8800平方米的皋城广场。2002年，动工兴建滨河公园，开拓公园建设新的里程碑。在总结经验基础上，又先后兴建北塔公园等4个公园，改造扩建皖西烈士陵园纪念馆等3个广场、游园。截至2006年年底，新建、改造、扩建公园、广场、游园62.3万平方米。

池州市　不断加大对公共绿地建设投入，加快园林景观建设步伐，城区基本形成综合公园、市级公园、区级公园、专题公园、专类公园、小游园、街旁游园、街头绿地等城市公园绿地网络。至2007年，城市公园绿地面积已达298.35万平方米，建成以秀山门广场为代表的街头绿地，以百荷园为代表的街心公园，以杏花村古井文化园为代表的古典园林。在建设中，坚持突出植物景观，乔灌草相结合，建筑小品、城市雕塑穿插其中，充分展示着城市历史文化风貌，绿化面积占园区陆地总面积达70%以上。城市公共绿地在服务半径达到500米要求的同时，形成五个特色：①以河带园。穿城而过的清溪河公园于2007年建成，沿河新增60万平方米的绿地，串联清溪广场、百荷公园、烟柳园公园、杏花村古典文化园，成为主城区绿色轴线；②在齐山建成齐山公园，保护月亮湖湿地，同时建设齐山湿地生态广场；③在百牙山南北分别建成百荷南园、百荷北园，成为中心城区开放式公园，形成一山襟两园的独特景观；④在三台山，结合义务植树基地建设，建成森林公园；⑤在杏花村建成古井文化园，位于杏花村古井遗址。园区占地面积约13520平方米，主景区由黄公井院、酿酒坊、杏花亭、村志馆、焕园等组成。城东建成清溪广场，城西建成爱国主义园林基地，城南有站前综合广场和站前公园，城北有滨江广场。在城市中心，沿路建成30余处街头绿地、广场；沿街形成近30个通透式园林单位。建筑小品、城市雕塑穿插其中，充分展示着城市文化风貌。建成清溪河公园、百荷北园、齐山公园、包山森林公园、杏花村古井文化园、三台山公园、站前公园等十余处城市大型广场、公园，并将人文景观与自然景观融为一体。

绿化管理

强化城市园林绿化行政管理职能，指导各市、县结合机构改革，合理配置城市园林绿化管理机构，积极引进技术人才。各省辖市、大部分县级市、部分县城都配备专门城市园林绿化管理部门和相关专业管理人员，建立健全城市园林绿化管理机构。推行政企分开、建管分开，放开市场，引入竞争机制，推进园林绿化行业体制改革。支持园林行业管理部门集中精力行使政府职能，强化行业管理；建设养护等经营性单位实施改制，走向市场；放开设计、施工、养护市场，通过招投标等方式，引入竞争机制，节约成本，提高水平，提升效能。实施规模兴业战略，鼓励有条件企业做大作强。截至2007年，安徽省共有城市园林绿化资质企业近500家，其中一级企业3家，二级企业153家。部分高资质企业，正在进一步整合规划设计、施工管理、园林绿化植物培育和养护等力量，提升企业市场综合竞争力，创建企业品牌，力争走资本运作道路，推动绿色产业发展。

合肥市　1951年，即成立市园林管理处，其后，先后更名为市园林局、市园林处等名，1988年9月，市园林处改为市园林管理局。主要负责城市绿化规划、建设和管理，制订全市城市绿化的发展战略、中长期规划和政策措施；实施城市绿线的划定和保护，依法开展绿化行政审批，保护古树名木；审查城市各类绿化建设项目设计方案，审批城市园林绿化企业资质，指导城市各类建设项目绿化建设和竣工验收；评选表彰花园式单位、绿化先进单位和先进个人等。

20世纪80年代编制了《合肥市城市绿地系统规划》，并按规划要求先后建成环城公园、花冲公园、植物园、瑶海公园等一批骨干公园。1985—1995年，先后对城市绿地系统规划进行调整，1994年4月编制完成《1994—2010年合肥市城市绿地系统规划》。后根据城市发展规模的扩大，于1996年12月对上述规划进行修编。2000年编制完成《合肥市城乡绿化一体化发展规划》。2002—2003年，编制《合肥市城市绿地系统规划（2001—2010年）》。截至2007年，城市绿地形成环形、放射加楔型的绿地系统结构，初步建成总量适宜、分布合理、植物多样、景观优美的城市绿地系统。同时把“绿线”管理制度作为主要内容编入规划中，明确规定：今后城市规划建设全面实行“绿线”管制制度，不允许任何单位和个人侵占规划绿线。城市绿线要由城市绿化和城市规划主管部门根据城市总体规划、城市绿地系统规划和城市土地利用总体规划予以界定和管理。此外，还制定园林绿化管理法规和办法，1987年，市人大常委会颁布《合肥市环城公园环境管理办法》。明确规定在公园保护区禁止非公园设施建设，在公园控制区内不得新建、扩建破坏景观、污染环境、妨碍游览的建筑和设施。1994年，市政府出台《合肥市城市园林绿化工程管理规定》。1997年11月，经省人大常委会批准颁布了《合肥市城市绿化管理条例》。指出任何单位与个人不得擅自改变城市绿化规划，城市各类建设项目均应安排相应的绿化用地，城市各类绿化工程的设计、施工，应当委托有相应资质等级证书的设计、施工单位承担。城市绿化实行专业人员与群众管理相结合。任何单位和个人不得擅自占用城市绿化用地。2003年5月，市政府以办公厅文件形式下发了《关于加强城市绿线管理的通知》，规定城市绿线分为现状绿线和规划绿线，现状绿线作为保护线，绿线范围内不得进行非绿化建设；规划绿线作为控制线，绿线范围内必须按照规划进行绿化建设，不得改作它用。在城市总体规划、城市绿地系统规划和各层次规划编制过程中，要同时划定城市绿线。批准后的城市绿线向社会公布，接受社会监督。1986—2007年期间，合肥园林绿化工作实行分级管理，专群结合。公园园林景点、绿地由各公园自行负责管理；市区道路绿化、街头游园等公共绿地由市绿管处养护管理，定期进行修剪、除草、中耕、去枯、除杂、打药等；居住区和小街巷绿化，由区绿化管理部门或产权单位管理；单位庭院绿化和门前责任地段绿化，由各单位或经营点负责维护；城市生产绿地和防护林地，由经营者或所有者管理维护。1990年后，按照"谁建设、谁管理"的原则，开发区内部道路、居住区、单位绿化，由各开发区自己负责管理。

芜湖市　1986年以后，在城市绿化养护和管理上，以绿化管理向现代化、科学化方向发展为目标，对全市的绿化进行不间断养护和管理。成立园林绿化执法中队，及时查处毁绿行为，加强对园林绿化养护与管理工作力度，并在全社会广泛开展爱绿、护绿全民教育活动，着力提高市民护绿意识。同时，开展企事业单位对街头绿地认养活动，以认养承包责任制形式，动员全社会参与绿化养护与管理，收到较好效果。在绿化综合管理上，按照绿化养护标准，以长效养护与管理为目标，坚持每月现场考核，并将考核结果与经济挂钩，促进绿化养护工作可持续发展。

蚌埠市　1986年，市区道路绿化实行分级负责的办法，主、次干道由市园林部门承担，支路和里巷由区城建部门负责。是年，市规划区道路绿化总长度为135千米，占全部道路的80.4%。1996年起，配合城市道路改造，凡路面拓宽，原有行道树或砍伐或移除，在道路基本建成后，重新栽植新品种树木。至2000年，相继对改造的胜利路、凤阳路、朝阳路、工农路、大庆路、涂山路、淮河路、延安路、解放路等主干道重新绿化，5年间新植行道树总长度达54.9千米，力求每条路形成各自特色。随后，配合对治淮路、长征路、宏业路、东海大道、纬四路、交通路等道路改造和大学园区、新城区一批新道路建设进行绿化，仅主次干道新植行道树总长24千米。为弥补主干道上大树不足，2003—2004年，从江西、湖南等地引进大树9174株，陆续投入栽植。2005年，市园林管理处承担23条主干道绿化，市规划区全部道路绿化总长度252.6千米。

淮北市　自1986年的20多年来，淮北市城市道路绿化快速发展。设计时强调适地适树，以乡土树种为主，注重外地优良行道树种的引进，做到一路一景，一路一个特色；施工时做到大穴换土，精细施工；后期管理中，注重道路绿化功能发挥，培育绿荫，最大程度发挥生态效能。从1996年开始，园林局对辖区内古树名木进行调查、鉴定、定级、登记、编号和建立档案，制定古树名木相关保护管理措施。实行专业养护管理部门保护和单位、个人保护相结合办法，园林部门技术人员负责古树名木技术管理，古树名木所在地单位做好古树名木养护。对狭小古树名木树池进行拓宽重建，及时清理树身搭挂现象，加强病虫害防治，对枯空、倾斜严重树木实施加固、支撑、围栏、疏枝等维护手段。1999年，为加强相山公园管理，增加游园面积和景点，拆迁704电视发射台大院、公园南门内西侧居民区、动物园内居民107户，建设科普园及南门内侧大草坪，相山公园一次增加可游面积4公顷。同年5月，在动物园北侧建设科普园，占地8000平方米。科普园有国家一级树种水杉、二级保护树种银杏、金钱松，有园林植物140余种，其中常绿植物40余种，主要树种还悬挂了说明牌，成为大中学生园林植物科普场地。2002年后，淮北市城市建设投资公司负责新建道路绿化，后移交园林局管理。2005年，在原挂牌基础上，设立保护标志，建档立卡，对古树名木进行登记造册。

铜陵市　1989年，中共铜陵市委、市政府确定了5个绿化基地以及公路、铁路、沿江堤岸3条绿色线。随后于1990年发布《铜陵市"三五八"绿化美化规划》，市政府还制定《全民义务植树实施细则》，作为保证规划实施的管理措施。1991年，铜陵市将园林管理处和绿化办合署办公，制订了铜陵市绿化、美化"十年规划"和"八五"计划。1994年，天井湖公园进行事业单位企业化管理改革试点，城市绿化队实行目标责任制改革，采取包死基数，节约创收归己的办法。1996年，将城市绿化和园林建设与创建文明城市、园林城市工作结合起来，并制订了针对性的实施方案，以创建带动绿化带和园林建设工作。2000年，铜陵市围绕创建省级园林城市目标组织达标验收准备工作，开工建设义安园整治工程，推进原新建乡苗木基地建设，完成安徽铜陵园工程并通过省级达标验收。2005年，出台《铜陵城市绿化管理办法》《铜陵市绿化工程管理办法》《铜陵市绿地认建、认养、认管实施办法》等规范性文件。2006年，铜陵市完成了市建新村、长江东村、商南社区等18个小区的绿化改造工程。

马鞍山市　城市绿化实行市、区、街道三级管理，市级园林部门主要负责市区主干道、市级公园、园林广场和大型开放式绿地等绿化规划、建设与管理，区级园林部门负责市区次干道、区级公园建设与管理，街道负责居住区绿化管理。制定《马鞍山市城市绿化管理办法》等较为完善的绿化规章体系。园林绿化部门负责绿化监察，市、区行政执法局负责查处等行政执法。实行园林养护目标管理，通过制定《园林养护奖惩办法》，签定《养护保洁目标管理责任书》等形式，加强园林养护管理。

安庆市　1998年，道路绿化改造工程实行市场化运作。2000年，湖心中路、集贤南路、宜城路等主干道绿化进行高质量施工管理，一路一景，各具特色。同时加快广场绿地小游园建设，先后建成十几座广场小游园。城市绿化管理大队负责建城区内公共绿地、街心游园、交通安全小岛、分车带、行道树、小区绿化等绿化养护管理。由过去粗放式逐步向标准化过渡。层层落实分片、分点、分段承包，全天保洁，确保绿化区内无杂草、枯枝、垃圾，苗木、草坪完好率达90%以上，无大面积斑秃现象发生。对主、次干道行道树进行修枝、整形、清除枯枝死树、冬季防病涂白、缺棵补棵、移植等日常管理，及时处理因风雨、车辆造成的倒树突发险情，对分车带、交通岛、街心花园花灌木及草坪进行补栽、修剪、整形，对园林设施进行维护、维修等。

对古树名木原则上由树木所在单位负责养护和管理，园林部门定期检查指导。单株古树名木保护范围必须同时满足树冠垂直投影及其外侧10～20米宽和树干基部外缘水平距离为胸径的20倍以内，在此范围内不得损坏和改变地表高度。不得设置建筑物、构筑物及架（埋）设各种过境管线，不得栽植缠绕树木的藤本植物，不得设置造成树木处于阴影下的高大物体和危及树木的有害水、气设施。通过各种渠道大力宣传，对古树名木进行统一登记，编号造册，建立档案，挂牌以资识别和保护。对散落在大街小巷的古树名木，都与属地单位和个人签订管理责任书。

依据国务院《城市绿化条例》和《安徽省城市建设监察条例》及《安庆市城市园林绿化管理规定》等法律法规，市园林绿化管理部门依法进行绿化建设和管理。1999年1月，成立绿化监察科，在市规划区内行使城市绿化管理行政执法权。配备人员及交通、通讯工具，统一着装。绿化执法人员严格执法，按照分片巡查、谁管理谁负责的原则。1992年以来，共纠正和处理绿化违规事件100余起，处理来信来访281件，挽回经济损失近40万元，收回被侵占的绿地1000多平方米。

滁州市　园林绿化管理处负责市区绿化工程建设和养护管理，承担城区4个公园、31条道路绿化带、1.5716万株行道树、62.5万平方米公共绿地养护管理工作；承担公共绿地卫生清理、新栽植物生长养护管理、抗旱、浇水、除草、植物病虫害防治、行道树修剪、草坪修剪、小灌木、绿篱修剪造型、行道树刷白、裹草绳等冬季养护、城市道路两侧及重要景点花卉布置摆放等工作。管理实行分片包干，责任到人，定期检查。

宿州市　截至2007年9月底，新建和扩建公园3个、8个小型广场、3个街头绿地、1个景观带，新建道路绿化17条，城区栽植银杏、香樟、法梧等大树5000余棵，其中树龄50年以上的100余棵。市园林部门按照“一路一树、一街一品”要求对8条道路绿化进行改造建设，原有法梧整形疏枝扩冠，提高绿化覆盖率，绿化带内补植常绿树种，提高绿视率，行道树进行加密补植乔木，拓展绿化空间，确保城市干道四季长青、三季有花，其中迎宾大道、金海大道、拂晓大道已建设成为宿城园林式景观大道。

六安市　1993年成立监察队，主要职责是负责城区道路绿化、游园的绿化保护，查处乱砍树木、偷伐树木和随意侵占绿地行为。1994年，市行政主管部门下发《关于调整〈六安市砍伐、移植、损伤树木花草和占用、损坏园林绿地、设施赔偿标准〉的通知》。监察队成立伊始，参照安庆做法，对树木修剪、绿地占用，采取审批制，由当事人申请、填写申请表、监察队现场勘查、提出初步意见、生技科审核并提出赔偿标准、由处领导审批。这一程序的执行，遏制了当时经商大潮中乱占花坛开门面、乱砍树木（枝）搞门面装潢等现象。

2002年，对传统的管理模式进行改革，打破传统的“一统式”管理，将原有绿化队划分为三个队，每队承担城区12.97万平米道路绿化养护任务。在分片切块同时，市园林处与队长签订绿化养护管理责任状，将绿化养护按管养面积和养护级别测算的经费按月划拨队部，放权到基层。为切实保证这一崭新管理模式落在实处，还配套出台《六安市园林绿化养护质量标准及考核评分办法》，成立考核小组，考核扣分直接从队里的次月养护经费中扣除（队从当事人工资中扣除）。在加强制度建设同时，为每队购置绿篱割灌机等绿化养护设备。三个队长在与市园林处签订责任状后，及时与队属职工签订养护责任书,实行定岗定人定责。责权利下放,工作重心下移,使园林绿化养护管理工作有了一个质的变化。为巩固养护管理成绩,进一步提高城区绿化养护水平,市园林处使用扣分所得经费,每年组织绿化队队长与相关人员到省内外参加学习,提高感性认识。2005年,新建的滨河公园、皋城广场等相继竣工并移交物业公司招标管理。为使管理规范化、制度化,市行政主管部门下发《关于实施〈六安市园林绿化管理考核办法〉的通知》。文件出台,对加强园林绿化规划建设和保护管理,提高养护管理水平,规范园林绿化监督考核,发挥了积极作用。同年,新竣工的道路绿化实施公开招标养护。自此,经常化、制度化、科学化管理模式已经形成。

池州市　池州市园林绿化建设从少到多,从普及到提高,稳步发展、快速提升,在管理方面,坚持在老城区管理好林荫路。为改善百姓出行条件,满足城市居民出行需要,更多的关注道路绿化使用功能,做到高大乔木与低矮灌木之间高低错落,层次分明,建设成林荫路,为池州市增添亮点。优化老城区居民生活区绿化环境。根据池州市老城区建筑密度大,道路狭窄,可用于绿化的土地少等特点,建设小型绿地或种植乔木,提高居住区绿化率,实施"绿色图章"管理制度,增强市民对绿化重视,新建小区实行物业管理,建立健全绿化养护责任制,把绿化工作落实到人。坚持丰富道路绿化层次,形成多功能复合结构绿色网络。坚持依法治绿,根据国务院《城市绿化条例》,结合池州市实际,制定适合池州市绿化管理制度。同时吸收国内一些城市绿化管理先进经验,加强树木修剪、施肥、灌水,打药、治虫、病虫害防治等大量日常化管理工作,确保绿化植物成活率和保存率,保持树木、花草美观繁茂及绿化设施完好。市区内还建立古树名木编号、挂牌,进行重点保护。在所建各小区内有绿化的地方设置"小草有生命,足下留青""绿草茵茵,足下留青"等40多块告示牌,建立建全各项绿化管理制度,确保居住区内业主生活环境得到改善。

淮南市　将城市道路建设与绿化建设同步进行,续建公园、街头景点、小游园等绿地。1996年后,公共绿地建设进一步加快,同时扩建街头绿地,凡新建小区和旧城改造居民区,都按绿地标准预留绿化用地,并同步规划设计、同步施工、同步验收。2007年,交通绿岛花坛、游园、街头绿地已达43处,总面积为90.74万平方米。风景林地总面积达4917.55公顷,市区已形成天然绿色屏障。

黄山市　黄山市结合风景名胜区特点,加大园林绿化建设投入,1988年后,坚持按城市规划进行绿化建设,实施退城还绿、退房建绿。在园林绿化同时,做好古典水口园林保护,人文景观保护、古树名木保护和横江、新安江城市入口的湿地保护,保持徽州水口园林和地方文化的鲜明特色。直至2007年,黄山市按国家园林城市标准进行园林绿化建设管理。

阜阳市　1996年,阜阳市升格地级市后,将城市绿化管理列入议事日程,城区绿化遵循因地制宜、适地适树的原则建成稳定的人工植物群落。在植物的选择上以乔木树种为主,乔灌花草藤并举;乡土树木为主,与外来树种相结合;速生树和长寿树兼顾发展，并注重特色表现。2002 年 6 月后，阜阳市开展阜城沟河塘治理，在河水净化、河岸硬化的基础上、开创河坡绿化以增加城市绿化总量和绿化水平。

宣城市　2000 年，宣城建市后，遵照城市绿化“三分栽、七分管”的原则，在新建绿地的同时，强化城市绿地养护管理工作，制定宣城市绿化养护、卫生保洁考核内容与标准绿化养护操作规范。对养护单位采取评分方式进行考核，督促各养护单位按时对绿地进行管养，不断促进城市道路、广场、绿地管养水平的提高。

巢湖市　巢湖市在开展城市绿化时，积极组织居民义务植树活动，1990—1999 年，重点在近郊的龟山等山场开展义务植树活动，共植树约 50 万株，昔日的荒岗披上了绿装。2000—2007 年，在近郊放王岗等处义务栽植银杏等树木近 15 万株，并指派专业队伍负责后期养护管理，使义务植树的成活率和保存率得到切实保证，有效地发挥了义务植树资金的使用效益。

亳州市　2000 年，亳州建市后，注重城市绿化和公园绿化建设，成立亳州市园林管理处统管全市绿化工程，2003 年 11 月，撤销市园林管理处，由亳州市公用事业管理处统一管理，市区有 60 万平方米园林绿化。

园林城市创建

1992 年，建设部在全国开展创建国家“园林城市”活动，安徽省各地积极响应。

合肥作为第一批 3 个国家园林城市之一，在全行业中产生很大影响。在及时总结、积极推广基础上，于 1996 年争取省政府出台《关于进一步加强我省城市园林绿化工作意见的通知》，省建设厅组织制定《安徽省园林城市暂行标准》《安徽省园林城市评选办法》《安徽省园林式单位标准》和《安徽省园林式单位评选办法》，要求在全省开展省级园林城市、园林式单位创建活动。2006 年，根据建设部的部署，省建设厅又制定《安徽省园林县城评选标准》，组织开展省级园林县城创建工作。至 2007 年年底，安徽省有 7 个国家园林城市（合肥、马鞍山、安庆、黄山、淮北、淮南、铜陵），1 个国家园林县城（凤台），1 个国家园林城镇（颍上县迪沟镇），同时还有省级园林城市 6 个（芜湖、池州、宁国、宿州、六安、巢湖），省级园林县城 10 个（霍山、肥东、蒙城、歙县、庐江、五河、颍上、泾县、肥西、无为）。

合肥市　1985 年起，合肥市开始评选绿化先进单位。1990 年，制定绿化达标及“花园式单位”标准。1991 年，开展 100 个重点单位绿化达标及创建“花园式单位”活动。市园林绿化部门每年对绿化达标单位及“花园式单位”申报单位进行检查评比。为改善城区绿量小、绿化用地不足的状况，2004 年，合肥在创建“花园单位”的基础上，新开展创建拆墙透绿、垂直绿化、屋顶绿化先进单位活动，引导社会单位实施垂直绿化，提高城市绿视率。在园林系统内部管理方面，市园林局实行创建检查制度，针对存在的问题及时要求相关单位加以整改，并通报检查结果、兑现奖惩。同时，局属各单位也均制定了本单位的绿化管理制度，并定期与不定期的开展园容园貌自查。

2006 年，以创建国家生态园林城市为统揽，持续加快城市园林绿化建设。完成一批大建设道路绿化工程、高压走廊一期绿化及磨店乡租地绿化工程，实施环城公园及周边地区拆违建绿与综合整治，建成凸显三国文化特色的三国遗址公园及三国历史文化馆，快速推进社会及园区绿化建设，全年累计新建各类园林绿地约5.34平方千米，积极配合金寨路、安庆西路等市政道路拓建、改建等重点工程的苗木移植工作，已累计移植各类乔灌木150多万株、草坪2.5万平方米。同时进一步创新园林创建检查管理办法，完善奖惩通报机制，文明创建工作步入稳定的良性循环。2007年，按照争创国家生态园林城市，加快"绿色合肥"建设，展现"山水城林"城市风貌的总体要求，新建园林绿地。并新建一批街头游园绿地，高标准实施各开发园区园林景观建设，加强屋顶绿化、拆墙透绿工作，为建设现代化滨湖大城市提供生态环境支撑。

在园林城市创建中，合肥市多次被评为省级绿化先进城市，并于1984、1989、1991年连续三次获全国绿化先进城市光荣称号。1992年获全国绿化委员会颁发的"燕南杯"绿化二等奖，获建设部授予的"园林城市"称号。

蚌埠市　1990年，在各基层单位倡导开展绿化美化工作，创建花园式单位，一些机关、企事业单位和院校立足于改善环境，也主动在绿化布局和配置上下功夫。市不定期对绿化先进单位进行表彰，于1992年9月首次命名35个单位为"花园式单位"。1998年起，大量生活小区投入建设，并都进行绿化配置，以改善居住环境。部分小区除大面积种植草坪外，还栽植乔木、花灌木，建有假山、亭、廊、喷泉等。2005年，全市被命名的园林式单位、花园式单位（含住宅小区）共113个，其中省级20个、市级93个。较具代表性的有驻蚌车管学院、坦克学院、安徽绿雨农业有限公司、蚌埠行知学校、安徽财经大学、蚌埠工人疗养院、第九中学、安徽电子信息职业技术学院、市委党校、二一四研究所、锦江大酒店等。上述单位除绿化覆盖率较高外，单位内还设有喷泉、雕塑、假山、长廊、水池、花园、花坛、花房等。

淮南市　1986年，中央绿化委员会授予淮南市人民政府机关大院、淮南矿务局机关大院为绿化先进单位。1996年，获中央400家绿化先进单位有3家，省级绿化先进单位31家。规范各项工程建设项目配套绿化用地，均按规定的绿地标准一次性提供，统一征用。凡是新建小区绿地率必须达到35%，并坚决实施与主体工程同步规划、同步征地、同步建设、同步验收，由于严格把关，绿地建设得到普遍提高。2005年，住宅区小区绿地总量2865万平方米，其中创建省市级园林式小区24家。

淮北市　1999年，开始园林城市创建工作，在完善相山公园同时，建设老濉河公园并进行人民路绿化、龙山路绿化、淮海西路绿化、孟山南路绿化工程，2001年，获得安徽省首批园林城市称号。2002年8月25日，中共淮北市委、市人民政府出台《关于创建国家园林城市的意见》，按照"城区园林化、广场绿地化、城郊生态化、山水城一体化，满足总量，打造精品"的思路，力争在三年内使淮北市成为国家园林城市。2003年，被建设部授予"全国园林绿化先进城市"称号。2005年5月16日，南湖湿地公园被建设部授予"国家城市湿地公园"称号。2006年9月26日，建设部授予淮北市"国家园林城市”荣誉称号。同时抓紧相山风景区4A级旅游景区创建，相山风景区面积12.7平方千米，包括：相山公园、刘开渠纪念馆、惠泽公园、儿童乐园、动物园、长山公园及西部景区等多个主题公园，以古、奇、秀、幽为特点。规划为“一心、二翼、五区”，即以相山公园为核心，向两翼发展，形成山林生态保育区、田园生态度假区、文化休闲区、康体运动区等五个功能区域。

铜陵市　1986—1989年，铜陵市明确提出了“三年消灭荒山，五年绿化铜陵，八年美化城市”的目标，市区公用绿地、街道绿地、机关、学校、工厂、居民村的专用绿地和防护林带逐步扩大。至1990年年底，建成区绿化覆盖率26.27%，人均公共绿化面积8.8平方米。其间，天井湖公园、螺蛳山青年公园、笔架山工人公园、板栗山儿童公园和育秀公园及20多处游园建成开放。1993年，铜陵市消灭宜林荒山通过省级验收，铜陵县平原绿化达标通过市、省级验收。10个县以上领导干部绿化示范点绿化规划任务全面完成。全市有国家级绿化先进单位1个，省级花园式单位1个，红旗单位2个，市级绿化合格单位50个。2000年，完成了天井湖环湖灯饰工程，总投资约500万元，安装1800套近20个品种的灯具，装饰各类彩管2500米，夜幕下的天井湖成为城市新的旅游景点之一。2001年，铜陵市通过省级现场考核验收，认定铜陵市在城市绿化率、人均占有率等指标达到或超过了省园林城市标准，被授予“安徽省园林城市”称号，成为安徽省第一批公布的省级园林城市之一。2001—2002年冬，全市植树57.7万株，新铺草坪20.2万平方米。大通镇获“中国人居环境范例奖”。2004年，继续开展创建园林式、花园式单位活动，加强了中心城区的绿化工作。同年年底，铜陵市获全国创建园林城市先进单位称号。2006年，全市评比产生绿化达标单位150个，其中，国家级绿化单位2个，省级“园林式单位”31个，市级“花园单位”77个。

马鞍山市　1993年10月，中共马鞍山市委、市政府提出“在2至3年内创建国家园林城市”的奋斗目标。创建立足生态环境改善，积极构建大绿化体系，营造大园林景观。城市园林绿化建设进入快速发展历史时期，生态环境明显改善，园林景观效果大幅提升。继1984年取得“全国绿化先进城市”称号之后，1994年又获“全国园林绿化先进城市”称号。1996年5月，马鞍山市成功摘取“国家园林城市”金牌，成为第三批跨入国家园林城市行列的城市，是当时全国仅有8个国家园林城市之一。

黄山市　2005年3月，黄山市获得省级园林城市称号。2005年10月，国家园林城市现场考察专家组对黄山市创建国家园林城市工作进行现场考察，专家组认为：“各项主要指标均达到国家园林城市标准”“黄山市坚持城市生态环境保护和园林绿化建设协调发展的思路、坚持城市大环境与城市建设和谐发展的原则，初步形成山抱城、城抱水、山水城相融的城市园林绿化格局，在全国具有示范作用”。2006年，黄山市继续开展创建“国家园林城市”活动，新建花圃面积1.67万平方米。完成南滨江湿地公园建设，共栽植灌木组块10万余株，乔灌木4150株，水生植物1万余株，铺设园林道路2870平方米，公园面积9.25万平方米，共计完成投资756.4万元。南滨江水景观综合整治项目以其生态、和谐、徽韵特色及创造良好的人居环境，被建设部授予2006年度“中国人居环境范例奖”荣誉称号。11月，黄山市被正式授予“国家园林城市”称号。

宿州市　20世纪90年代，宿州市以创建省级园林城市，全面贯彻落实城市绿地系统规划，通过开展全民绿化活动，大幅度增加绿量，全面提升档次，掀起宿城建设史上第一次大规模城市绿化建设高潮，具体实施十大工程，分别是：公园绿地建设工程；城市干道绿化建设和改造工程；园林式单位、小区建设工程；生态绿环、生态廊道建设工程；垂直绿化工程；城市节点、街头绿地建设工程；绿色街巷建设工程；全民义务绿化工程；蓝天、碧水工程；市政公用基础设施建设工程。园林式单位、小区建设已完成58家，新增绿地22万平方米，拆墙透绿1000余米，绿色街巷绿化建设已完成34条街巷，风景林地和防护林带绿化总面积达57.6万平方米。2003年，市园林处因工作突出，被省建设厅授予“十五发展创新工程”先进单位荣誉称号，并获“宿州市创建文明行业活动先进单位”“宿州市创建文明行业活动文明集体”“全省2003年度园林理事先进单位”。为了有效保护创建成果，市园林处、市创建办起草的《宿州市城市绿化包保责任制管理暂行规定》，于2007年8月27日经市政府36次常务会议审议通过。

巢湖市　自1990年以来，开展创建园林式单位（小区）活动，取得显著成绩。2005年，共有9家获省级“园林式单位”称号，67家获市级“园林式单位”称号，13家获市“园林小区”称号，园林式单位达标率达30%。

池州市　2005年以来，中共池州市委、市政府牢固树立科学发展观，大力实施“生态立市”战略，认真贯彻国务院《城市绿化条例》和《国务院关于加强城市绿化建设的通知》，积极开展创建国家园林城市工作。编制实施《池州市城市绿地系统规划》，2006年出台《池州市委、市政府关于创建国家园林城市的意见》；2007年批准实施《池州市城市绿线规划》，印发《关于加强城市绿化建设的通知》。同时，建立健全各项建设管理制度，扎实有效地推进创建工作，按照“一环两带、二轴三块五园，绿心东踞、绿廊导风，公园棋布、森林围城，组团隔离、绿环相扣”的绿地空间布局，通过园林绿化、生态环境、市政设施及环境综合整治等工程项目建设，基本形成“以水为脉，以绿为衣，以文为蕴”城市园林景观。

芜湖市　1986—2007年期间，在开展创建园林城市活动中，加大城市绿化投入，不断拓展绿地建设和园林建设，使城市园林绿地建设不仅数量上快速增加，绿化水平也不断提高，并结合创建国家卫生城市和文明城市活动，开展一系列创建活动，尤其是1994年开始的“市长上路”，每周四下午由市长、常务副市长、分管副市长轮流上路，现场查看，检查各行业的城市管理情况，针对存在问题现场办公，面对面领导，及时解决问题。2002年以后，“市长上路”制度改为每两周一次，各区、各相关部门参照“市长上路”形式，开展“区长上路”“局长上路”，形成制度。通过一系列活动，芜湖市1999年，分别获“全国城市环境综合整治优秀城市”“全国园林绿化先进城市”称号；2000年，再次获“全国园林绿化先进城市”称号；2001年，获“安徽省园林城市”称号。

安庆市　为开展园林城市创建，1992年，颁布实施《安庆市城市园林绿化管理规定》，1997年3月，通过省绿化委组织的“五·八”绿化达标检查验收，受到中共安徽省委、省政府表彰。20世纪90年代末，市政府多次召开全市创建、绿化工作会议，对城市创建、绿化工作进行动员和部署，明确市建委具体负责，市绿化办、园林、规划、环保、市容等部门配合，齐抓共管。制作《绿染宜城》等城市绿化专题片在电视台播放，开展绿化知识竞赛活动，印发《绿化常识》宣传手册，在报纸上刊登绿化科普文章。同时，抓紧绿化规划编制，加大资金投入，规范绿化工程建设，全面推行绿化工程招标工作。

阜阳市　1996年，阜阳建市后，在开展园林城市创建中，围绕“水”和“绿”字做文章，大力推进“水环境”综合治理，积极开展园林绿化建设，打造滨水园林生态城市。全市现拥有3个国家AAAA级旅游景区、1个AAA级旅游景区、2个AA级旅游景区和1个国家级湿地公园。并加强对唐、宋、明、清以来的历代名胜颍州西湖和享誉省内外的迪沟生态园、阜阳生态园的保护、建设和管理。新建的南湖公园是全国最大的农民公园，该公园和以生态农业闻名的小张庄都被联合国授予生态环境“全球500佳”称号。

滁州市　1992年建市后，在制订滁州市城市规划时，就将绿化与环境保护、生态建设相结合，形成点、线、面、带、环、网相结合的绿化网络，改善规划区的生态环境和城区的生活环境，建设绿色生态城市。

宣城市　2000年宣城建市后，按照“通起来、绿起来、亮起来、活起来、雅起来”的指导思想开展园林城市创建，城市建设紧紧围绕融入苏浙沪和大力发展“一主两翼”的战略决策，以拉开城市框架、完善城市功能、提高城市品位、塑造城市特色和加强城市管理为目标，城市建设投入逐年加大，城市框架逐步拉开，城市功能逐步完善。并围绕山水园林城市建设，完成宛溪河、泥河、道叉河、扬子鳄湖（暂定名）景观规划和水阳江概念性规划编制。为提升城市品位，完成梅溪路、宝城路等城市设计工作。开展城市建筑风貌规划研究，同时还进行梅溪公园、敬亭山南大门以及城市出入口等城市公园、城市重要节点的景观规划编制。

人居环境建设　自20世纪80年代开始，安徽省在建设系统注重发挥城市自然环境特色，通过编制城市绿地系统规划，开展人居环境建设，安徽省大部分城市强化城市水系、水域景观建设，特别是在城市山水景观环境整治与建设、城市湿地控制与保护、自然生态环境保护等方面充分发挥既有的鲜明特色。在人居环境方面，联合国人居委员会设有“联合国人类居住环境奖”及“迪拜国际改善居住环境最佳范例奖”，为实施联合国奖项评选，更好地推动全国城乡人居环境建设和提高人居环境质量，2000年，建设部决定设立“中国人居环境奖”，并明确相关申报和评选办法。2002年，建设部修订有关申报和评选办法，提出人居环境奖、人居环境范例奖分类申报的基本原则，2006年又对申报和评选办法进行修订。2007年，为扩大中国人居环境奖的影响，推进安徽省人居环境建设，参照建设部标准，安徽省建设厅出台《关于开展“安徽人居环境奖”和“安徽人居环境范例奖”评选工作的通知》，开始“安徽人居环境奖”和“安徽人居环境范例奖”评选。

截至2007年，在全国252个中国人居环境范例奖获奖项目中，安徽省占14个（含中国人居环境奖特别奖项目1个），安徽省评出人居环境奖3个，人居环境范例奖26个。

第六节　市容环境卫生

安徽解放前，省内城市少，城区面积小，街道狭窄，路面凹凸不平，垃圾遍地，污水横流，城市环境卫生无专门机构和专业队伍管理，没有经费、没有设施。因城市环境卫生太差，经常暴发各种流行性传染病。

新中国成立后，中国共产党和各级政府高度重视人民群众身体健康，城市环境卫生工作发展较快。城市市容环境卫生工作管理机构和管理队伍进一步加强，地位和作用得到提升。全省市容管理和城市环境都迅速好转。

行业改革

1986—2007年期间，随着全省城镇化、工业化的强力推进以及中共安徽省委、省政府关于建设生态安徽、和谐安徽目标的提出，城市市容环境卫生工作步入法制化、规范化轨道。行业法制建设不断完善，专业规划工作得到重视，环卫基础设施建设步伐加快，行业管理体制、机制改革不断推进。

法规制订　1997年11月21日，安徽省政府颁布《安徽省城市市容和环境卫生管理暂行办法》，改变了长期以来全省市容环卫行业管理工作无法可依局面。2003年，省人大常委会颁布《安徽省城市市容环境卫生管理条例》，成为安徽省城市市容环境卫生行业规划、建设和管理首部地方性法规，使行业管理工作做到有法可依。

改革实施　1986年后，环卫行业和城市管理实行一系列改革，从而达到环卫水平提高，市容面貌改观。通过深化管理体制改革，全省环境卫生作业服务在坚持政企、事企分开、管干分离的原则下，基本实现企业化管理、市场化运作，政府变以前“以钱养人”为现在“以钱养事”，行业服务水平得到进一步提高；通过深化行业投融资体制改革，落实城市生活垃圾处理收费政策，全省环卫基础设施建设融资路子逐步拓宽，形成政府投入为主、社会资金积极参与环卫设施建设的良好局面；通过以创建国家级、省级人居环境奖、园林城市、文明城市、卫生城市、环保模范城市为目标，加大城市市容环境整治工作力度；通过城市大拆违，背街小巷、破旧小区改造，城市水环境治理，整治城乡结合部、占道经营、牛皮癣、户外广告、工程渣土、城市街道立面等，使城市容貌发生显著变化，全省涌现出一批全国文明城市、国家级和省级园林城市、卫生城市、创建文明城市工作先进城市；通过运用数字化城市管理信息技术，实现城市管理体制、机制创新，实现“第一时间发现、第一时间处置、第一时间反馈”城市管理快速反应机制，城市管理水平进一步提升。安徽省合肥、淮北、黄山、芜湖、铜陵等5城市被列为全国数字化城市管理试点城市。淮北、黄山、六安、芜湖、铜陵等城市数字城管系统已投入运行。

执法机构与队伍 在注重行业立法同时,全省各市建立健全城市市容环境管理机构和执法队伍,提升城市形象和行业管理服务水平。1990 年 12 月,蚌埠市城市管理监察大队更名为城市规划建设管理监察大队,同时成立市容卫生管理监察大队,在 4 个区设立中队。1997 年,重新统一建立市城建监察支队,下辖规划、市政、市容、园林、建管等 5 个监察大队。同年 3 月,在高新技术产业开发区设立城建监察大队。2000 年 2 月,各区城建监察中队改为大队。为解决在城市管理中存在多头执法、职权交叉等问题,2002 年 1 月正式统一组建市城市管理行政执法局,在 4 个区相应设立区级城市管理行政执法局。1997 年,阜阳市成立精神文明督查大队成立,负责全市创建文明城市督查工作。2002—2005 年,市文明办从建设、公安、工商、文化、卫生、交通、环保等涉城管理部门抽派人员组成综合执法队伍,集中整治阜城脏乱差问题。2005 年年底,将原市建设委员会城建监察支队、市园林局监察大队、市环卫局监察大队、市市政工程管理处监察大队、市建设委员会民警二分队、市文明办督查大队整合为市城管行政执法局执法支队。综合行使市容、环境卫生、规划、环保、绿化、市政、工商和公安交通的全部或部分行政处罚权。2005 年 11 月,阜阳市政府出台《关于开展城市管理相对集中行政处罚权工作的决定》和《阜阳市城市管理相对集中行政处罚权暂行规定》。从此,全市相对集中行政处罚权工作全面展开。2006 年,颍州、颍泉、颍东三区政府和市开发区管委会相继成立城管执法队伍。2007 年,市管理执法支队三次公开招聘 60 名"协管员",弥补城管执法力量。

环卫设施建设 统筹城乡市政公用设施建设和资源共享,鼓励各地建设区域性生活垃圾处理中心,带动周边城乡环境改善。合肥、马鞍山、芜湖、黄山等市生活垃圾处理场(厂)已逐渐发展成为区域性垃圾处理中心,在社会主义新农村建设中发挥重要作用。充分发挥已建垃圾处理场综合效益,避免垃圾收运过程中产生二次污染。各市在环境卫生专业规划指导下,积极推进压缩式垃圾转运站新建和改造工作,垃圾收运设施、设备条件有较大改善,并已取得显著的环境效益和社会效益。依据现行国家标准和技术规范,对周边环境产生污染影响的废弃简易垃圾填埋场,进行有效环境综合治理。六安、合肥等废弃垃圾填埋场封场治理工作已完成,其中,合肥市清溪路垃圾填埋场综合治理工程获得"安徽人居环境范例奖"和"中国人居环境范例奖",在行业中起到很好示范作用。

垃圾处理 20 世纪 70 年代以前,因缺少城市环境卫生管理队伍,城市生活垃圾无法做到日产日清,垃圾在城中、城在垃圾中现象普遍存在。1986 年以来,随着城镇化进程加快和城市社会经济不断发展,城市生活垃圾收运处理工作逐步得到政府重视,各市在垃圾收运设施上逐步加大投入,建设简易垃圾转运站,在城市主次干道设置垃圾桶、垃圾房,购置垃圾运输车辆,将城市生活垃圾收集转运到城市周边低洼处作简易填埋或堆放处理。20 世纪 80 年代中后期和 90 年代,随着创建卫生城市、园林城市和城市环境综合整治活动深入开展,垃圾收运处理工作基本做到日产日清,合肥、芜湖、马鞍山、六安、安庆等城市建设简易垃圾填埋场，夏季基本做到定期消虫灭蝇。鉴于当时的垃圾处理技术和经济发展水平，各市建设的垃圾填埋场无防渗、渗沥液处理、填埋气导排等工程设施，造成局部范围内地表水、地下水和大气污染。"十五"（2001—2005 年）计划以来，节能减排工作强力推进，各级政府和主管部门对做好城市生活垃圾处理工作重要性和紧迫性认识不断提高，责任感和紧迫感不断增强，城市生活垃圾处理设施建设逐步摆上政府议事日程，列入为民办实事、办好事的民心工程、德政工程。全省通过实施编制环境卫生专业规划，科学指导垃圾处理设施建设；拓展融资渠道，加大垃圾处理设施建设投入；深化改革，提高垃圾处理服务质量等，加快全省城市生活垃圾处理设施建设步伐。截至 2007 年年末，全省 22 座设市城市中，已有 13 座城市建成 14 座垃圾处理设施，形成 734.7 万千克 / 日处理能力，城市生活垃圾处理率 94.75%，无害化处理率 49.1%(详见图 2–3–7)。全省建城市生活垃圾处理场（厂）42 座，设计处理能力 1100 万千克 / 日。

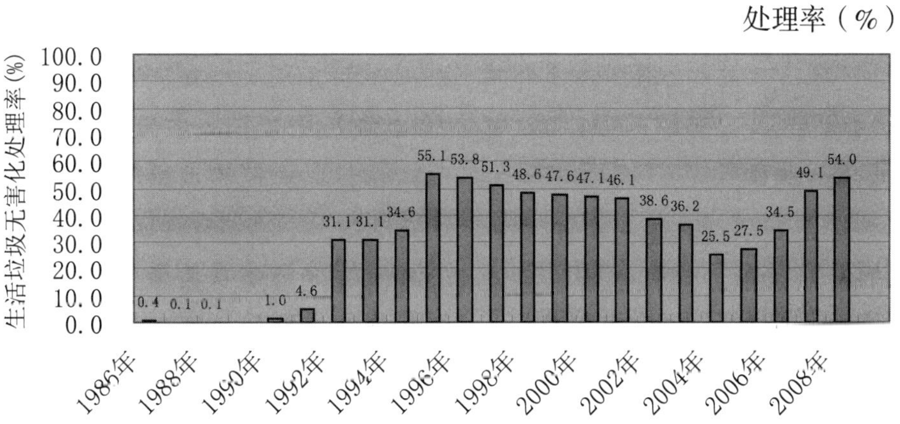

图 2–3–7　安徽省分年度城市生活垃圾无害化处理率

回收利用　加快推进全省城市生活垃圾处理设施建设，同时开展垃圾减量化和资源回收利用工作。芜湖市利用社会资金建设处理能力 60 万千克 / 日的垃圾焚烧发电厂已运行 6 年；马鞍山市生活垃圾填埋场填埋气体收集用于医疗垃圾焚烧处理；合肥市龙泉山生活垃圾填埋场填埋气发电工程已基本建成；铜陵、淮北、安庆等市生活垃圾焚烧厂已开工建设。全省城市生活垃圾处理工作正朝着无害化、减量化、资源化目标迈进。

经费保障　在推进全省城市生活垃圾处理设施建设工作进程中，全省各市认真做好项目储备，建立项目库，为多渠道筹措建设资金奠定良好基础。截至 2007 年全省共有 39 个市、县、区垃圾处理设施建设项目获得国债及中央预算内资金补助 7.01 亿元，4 个市、县垃圾处理设施建设项目获得中央污染减排专项资金补助 4076 万元；2 个垃圾处理设施建设项目获得省财政巢湖流域污染治理专项资金支持 1270 万元；7 个垃圾处理设施建设（含转运系统）获得日本协力银行贷款资金折合人民币 4.8 亿元；2 个垃圾处理设施建设项目获得亚行贷款支持；5 个垃圾处理设施项目通过 BOT 方式建设。

2007年，在推进全省城市生活垃圾处理市场化、产业化中，省建设厅会同省物价局出台《安徽省城市生活垃圾处理收费管理暂行办法》。部分市、县积极落实城市生活垃圾处理收费政策，通过收取生活垃圾处理费，为垃圾处理设施建设和运营提供一定经费保障。

环卫管理措施

20世纪80年代后，随着城镇化进程加快，各市相继成立环境卫生管理机构，即各市、县建委（建设局）主管环境卫生工作，下设环境卫生管理处；合肥、芜湖、马鞍山、黄山等城市还成立城市管理委员会，下设城管办，具体负责城市市容管理工作。合肥、马鞍山、阜阳、淮北、铜陵、蚌埠、亳州等市采取各种形式，多方筹措环卫基础设施建设资金，即国家投一点、单位集一点、群众支持一点的办法，兴建和改造部分垃圾中转站、公共厕所和其他环卫设施，购置垃圾收集、清运车辆和设备，初步改变城市长期存在"脏、乱、差"面貌，缓解群众倒垃圾难、上厕难等矛盾；为解决垃圾乱扔、乱倒等环境卫生陋习问题，各城市购置大量果皮箱放置在城市主次干道，清洁城市，方便群众。同时注重抓好城市环境卫生专业规划的编制工作，坚持以规划为引领，指导城市垃圾中转站、公厕、垃圾处理设施等工程建设和行业管理工作。

20世纪90年代后，城镇化进程加速推进，各市深入开展创建园林城市、卫生城市、文明城市活动，并加强行业法制建设、机构队伍建设、环卫设施建设，在中共安徽省委、省政府重视下，全省设市城市和县城开展大范围、持续性市容环境卫生整治活动，特别是"把垃圾装起来、把马路让出来、把门前包起来"（即"三个起来"）活动深入开展，改变城市居民随手随地乱扔、乱丢垃圾等陋习。全省涌现出合肥市、芜湖市、马鞍山市、阜阳市等一批"全国城市环境综合整治优秀城市"。1997年，合肥市被中共中央宣传部作为中西部地区创建文明城市的一个典型推向全国，11月份中央10大新闻媒体集中宣传报道了合肥市市容环境卫生整治和文明创建工作。

2007年年末，全省城市道路清扫保洁面积118.97万平方千米，其中机械化清扫面积1766万平方米；年清运垃圾约40亿千克，生活垃圾处理量36.6亿千克，生活垃圾处理率94.75%；建成并投入使用的设市城市垃圾无害化处理场（厂）12座，无害化处理能力近600万千克／日，无害化处理率49.07%；全省城市公共厕所2719座，其中三级以上公厕2026座；市容环卫专用车辆设备总数达1117台。

合肥市　1986年，市政府首批在15条主要道路设置600个"百米一岗"，落实"门前三包"（包卫生、包绿化、包秩序）工作。启用清溪路垃圾处理场和北郊生活垃圾处理总场。1991年7月1日，《合肥市环境卫生管理办法》颁布施行；8月，颁发《合肥市城市环境卫生管理办法实施细则》。1992年6月，编制实施《合肥市环境卫生专业发展规划（1992—2000年）》。1996年5月，首次在全市的53条主要路段推行"两班制"清扫保洁作业方式，作业班夜间担负清扫，白天负责保洁。同年9月，合肥市将每年10月26日定为合肥市"环卫工人节"。1996年始，合肥市开展生活垃圾袋装战役，在33

条主次干道设置2014只高档新型袋装收集废物箱，新建标准生活垃圾收集房1047座，设置盖封流动垃圾收集车1388辆，短时间内全市完成拆毁垃圾池、封闭楼房垃圾通道行动，取而代之的是封闭式生活垃圾收集房、收集车及废物箱，单位、居民生活区垃圾一律要求袋装，并陆续在12条路段增设2000多只废物箱和1.1万多只“门前三包”容器。1997年，安徽省人大常委会批准实施的《合肥市市容和环境卫生管理条例》第一次把“门前三包”工作写入法规，以法规的形式确立“门前三包”地位。同年7月，又在长江中路等3条繁华路段试行了“三班制”作业方式，清扫一班人，保洁一班人，夜晚保洁再上一班人，全天清扫保洁时间长达17小时。1998年4月，合肥市生活垃圾处理费收取工作办公室成立，负责全市生活垃圾处理费的收取工作。2000年6月，《合肥市征收生活垃圾处理费实施办法》出台。2001年，购置2台后装式压缩运输车，对一环内的生活垃圾直接收运，减少污染。其后又新购后装式垃圾运输车10辆，同时，将拉臂式垃圾转运站、集装箱式垃圾转运站统一改建成新型压缩式垃圾转运站，全市生活垃圾基本实现压缩转运，提高运输效能，基本杜绝运输过程中的泼洒滴漏现象。1994年，全市直管公厕161座，其中旱厕40座。1996年，新建10座高标准水冲式公厕，全市二类以上公厕达到29座，占公厕总数的20%。1998—2002年，新改建公厕12座，设置流动公厕10座，对一环内市管旱厕进行集中改造，消除一环内所有旱厕。2005年，全市直管公厕177座，其中旱厕仅1座（一环外），大大缓解市民入厕难的问题，粪便清运基本采用机械化操作。同年4月，市政府下发《关于南淝河城南粪库建设问题的意见》，规划新建一座占地3万平方米的粪便无害化处理场。

2005年3月，市政府出台《合肥市“门前三包”责任制管理办法》，进一步明确“门前三包”责任主体管理范围；同时开展“门前三包”社会化管理和单位自治试点工作。禁止占道经营界定摊群点位置，共取缔流动摊点3.5万多处，解决了“二手机”市场、宁国路大龙虾、破旧占道亭棚、新疆羊肉串、藏民地摊等难点问题。

芜湖市　1986—2002年，环卫事业发展较快。2001年，建成马头山垃圾处理厂，使垃圾无害化处理达到国内先进水平。2002年，引进资金在城北建成一座利用垃圾焚烧余热的发电厂，日焚烧垃圾60万千克，提高垃圾处理无害化、减量化、资源化水平。当年，环卫改革全面开展，建立以提高清扫质量和城市维护费使用效率为核心，理顺体制、转换职能、培育市场、强化管理，逐步建立“政企分开、管干分离、市场竞争、政府考核”的全新管理体制和运行机制。按照“作业市场化、经营企业化、服务社会化、管理法制化”方向进行尝试，得到上级肯定，芜湖市被确定为全省环卫改革试点城市。

自20世纪80年代起，芜湖市环卫管理部门对道路清扫、保洁提出“三净两光一通”标准，“三净”即墙根净、树根（电线杆下）净、路牙净；“两光”即路面光、人行道光；“一通”即下水窨井口通畅，此标准简洁概括易记，一直沿用至今。1996年，全市推行马路卫生质量承包责任制，2000年，实施市区80条路段晚间保洁、收运垃圾制度。全面实施垃圾袋装化，防止生活垃圾在暴露状态下转运而产生二次污染。在实施生活垃圾袋装化同时，市区住宅楼垃圾通道、垃圾箱（池）均予封闭、拆除，垃圾投放点设有垃圾桶、垃圾屋、垃圾小板车等容器。2002年，全市有垃圾中转站23座，其中：液压式8座，集装箱式7座，升降吊斗式5座，“土台”3座；机械化率87%；日平均中转垃圾50万千克左右。市区118座公厕“旱改水”工程全部完工，提升了公厕卫生标准。市区引进2座环保型流动公厕，2辆公交车移动式公厕在新市口、两站广场定点服务。至2002年年底，市区共有公厕183座（不含流动公厕），全部为水冲式。

蚌埠市　1986年，配合文明城市创建，蚌埠市政府颁布《蚌埠市城市管理若干暂行规定》，明令禁止各类违法建筑、乱搭乱建。对各类违法建筑予以强拆，至2001年，共拆除违法建筑近20万平方米。中共蚌埠市委、市政府决定用3～4年时间实施“集中拆违”行动，彻底改善市容环境，并成立市拆除违法建筑整治市容环境指挥部，分年度出台实施方案，与各区签订拆违目标责任书。2002年拆违在城市出入口、主干道、城乡接合部和重点居民小区全面铺开，带头拆除市直机关住宅区内违法建筑。对一部分拒不拆除违法建筑的“钉子户”，耐心细致地做说服解释工作；对抗拒执法，依法予以处置。2003年起，集中拆违行动向次干道、小街小巷两侧及乡镇延伸，并加大力度控制新生违法建筑，使市容环境得到明显改善。2005年，拆违由突击性转为经常性。2006年，防控新生违建拆除违章搭建棚亭等违法建筑。截至2007年，防控新生违建748处、13.4万平方米，拆除违章搭建棚亭559处、1.12万平方米，强制拆除违法建筑482处、8.4万平方米。

1986年，明确规定城市主干道的快慢车道和人行道上不得摆摊设点，不准设置停车场，不准堆物作业或从事其他妨碍交通活动。1996年，市公安局发出《关于整顿市区道路交通秩序的通知》，市工商局发出《关于取缔无照经营和禁止占道经营的通告》，各方配合，共查处主干道上占道经营摊点5万多个（次），2002—2007年，累计清理或取缔违章占道摊点37.85万处，拆除占道经营棚亭7122处约17万平方米，纠正清理乱停乱放车辆40143起。在市容管理中，将在市区主干道两侧设置的画廊、广告栏、标牌、橱窗等列入管理范围，要求按城建部门批准的地点、规格设置，并定期维修和粉饰。对过期、陈旧破损的广告牌匾、灯箱及有碍观瞻的墙体广告，均要求业主自行拆除或更新，拒不执行的则强制拆除。1991年，市、区城建部门和邮政部门开始审批零售报刊摊亭设置，2002年，着手对零售报刊亭进行集中整顿，按照城市规划，采取竞标方式重新布点和设置。至2003年9月，市区共配置式样统一新颖的新零售报刊亭239个，旧亭全部拆除。并将“小广告”顽疾列为文明城市创建“治乱”重要工作之一，2006年起，通过巡查、蹲守等方式加大对非法小广告查处力度。截至2007年，查处制作假证窝点7处、非法贩卖假证人员192人、各类违法张贴涂写小广告714起、777人。同时把控制噪声扰民纳入行政执法职责范围，先后对数十处噪声扰民点进行查处，对一部分单位下达整改通知书，要求限期整改。蚌埠市政府还出台《蚌埠市烟尘管理暂行规定》，除环保部门加大大气污染治理力度外，城管监察机构对一些浴池、餐馆、旅社、小型作坊燃煤排放的浓烟进行检查，动员业主改燃煤为燃气或燃油，一时整改不了的则限时排放；对随意焚烧垃圾和废弃物的及时加以制止。至2007年，累计查处油烟污染3712起，查处烟尘污染2125起。

淮北市 2000年年底开始，淮北市城管支队坚持组织执法人员，通过散发宣传单、设立执法咨询点，举办演讲比赛等形式，向社会大力宣传国务院颁发的《城市市容和环境卫生条例》和《安徽省城市市容和环境卫生管理条例》《淮北市城市市容和环境卫生管理办法》等法律性文件，使广大市民熟悉、认同城市管理的相关规定，奠定城市市容管理良性发展基础。2005年以来，通过广播电视、报刊杂志等各种媒介广泛宣传城管执法动态、新法新规；结合“五五”普法规划，定期组织街头宣传，不断提高市民城市管理法律、法规及文明创建知识水平。积极开展“城管六进”（进学校、进社区、进工地、进机关、进商户、进家庭）、“一日小城管”“管理对象当城管”等活动，促进市民参与城市管理。同时对户外广告进行规范化管理，开展户外广告整治活动。按照“布局合理、总量消减、安全美观”原则，严把审批关，采取提供效果图和现场实地勘察方式，要求广告牌外观尺寸、颜色搭配、图案内容等与周边环境相协调。同时开展店面招牌专项整治，拆除不规范店招和户外广告4582块，规范安装3698块。

2001年10月，省文明委确定淮北市为治理“两薄（薄弱时段、薄弱环节）”试点城市，为此，淮北市出台《关于社区摊点管理的实施方案》，明确摊点管理总体目标和治理措施。集中时间、集中力量对城市管理薄弱时段、薄弱环节进行集中整治，做到主干道严禁、次干道严控、小街小巷规范，初步实现良性发展；同时建设分类市场，引摊入市，定点定位，规范经营，严格规范管理。还先后开展四次城市环境综合整治活动，集中开展“建设绿色家园”环境整治活动和“美化、净化、亮化”大会战，拆除市区主干道上违章建筑26处，电话亭18个和治安岗亭3个，取缔12个临时市场，清理市区各类非法小广告和各类非法张贴物；11月份，集中开展“治理两薄会战月”活动。2002年8月，在全市范围内开展整治乱摆乱放、整治交通秩序、整治违章建筑、整治空中垃圾和整治环境污染等五项整治活动，同时启动城市亮点建设工程，建设淮海广场、古城路街心花园和夜市改造等工作。集中整治“马路市场”，把全市主次干道上的流动摊点有计划、有步骤地引导到居民生活区。2004年，开展集中拆墙透绿、小街小巷改造、城市亮化、规范户外广告、交通秩序治理等五项整治活动，督促、协调各有关单位完成绿化综合整治点221处，其中改建栅栏围墙13处，文化围墙42处，刷新166处。2005年以来，联合环保、工商、卫生等部门，对市区233家不符合市容环境卫生要求的中小餐饮店进行专项治理，共改造179家，转产20家，取缔34家，较好地解决了噪音污染、油烟污染、乱扔垃圾、乱泼污水等问题。当年8月5日，淮北市城市管理行政执法局正式成立，与市文明办、市容管理局、市爱卫办合署办公。具体行使市容、市政、绿化、规划管理方面法律、法规、规章规定的行政处罚权；行使公安、环保、工商管理方面法律、法规、规章规定的部分行政处罚权；履行省、市人民政府规定的其他职权。2006年，联合公安、运管部门开展车辆泄漏遗撒专项治理，强化源头管理、规范车辆运输散装货物，加大处罚力度。

马鞍山市　市区道路实行三级清扫，组成三级清扫网，采取划片包干、分级管理、各负其责的管理模式。城区道路和社区卫生实行三级管理，即一、二级道路由区环境卫生管理部门负责清扫保洁，街巷道路和居民生活垃圾的清扫保洁，由街道办事处负责、居委会组织实施。实行物业管理的居住区，按照物业管理规定进行清扫保洁。居民生活垃圾由三级网清洁工负责收集，送到各垃圾中转站；集贸市场产生的垃圾，由集贸市场自行负责收集；商业网点、机关、学校、企事业单位的生活垃圾，有清运能力的自行负责清运，凡无清运能力的委托环卫专业队伍代收代运，实行有偿服务。三级清扫网将当天收集的生活垃圾送到各中转站，市环卫处将中转站的垃圾运送到向山生活垃圾填埋场进行处置，清运率达100%，各中转站日产日清。

为适应创建国家环保模范城市需要，投入2850万元对垃圾处理场进行一系列扩建、改造。向山生活垃圾填埋场沼气回收利用，是由联合国环境基金(GEF)资助，是全国建设的生活垃圾填埋气回收利用3个示范工程之一。回收的沼气用于焚烧医疗垃圾，医疗垃圾焚烧炉处理能力为每小时600千克。2004年6月16日，GEF项目竣工并经GEF组织及国家环保总局验收通过。该项目为同类型、同规模城市生活垃圾、医疗垃圾处理，提供了示范指导意义。

环卫部门直接管辖的公厕146座，其中二类公厕14座，三类公厕116座，水冲式公厕占总数89%，二类公厕占总数9.6%(风景区旅游公厕不在统计之列)。市区水冲式公厕全部采用三格式化粪池处理粪便，处理后的粪液进入城市污水处理系统，化粪池沉积物由粪便清运车运至粪库再次进行无害化处理。2005年，拥有垃圾转运站24座，市区平均2.5平方千米设置1座垃圾转运站，每座转运站服务人口约3万人。24座垃圾转运站中，集装箱式10座，压缩式11座，拉臂式1座，吊斗式2座，全部实行机械化作业，

城管部门采取摊点疏堵结合、全天候管理、规范管理与商业开发相结合、解决车辆乱停乱放等管理方式，市容秩序得到明显改观。全市14条主干道全面推行“门前三包”管理。1990年，马鞍山市获“全国十佳地级卫生城市”“全国卫生城市”“环境保护先进城市”和“卫生城市市长奖”。1993年，被国家爱卫会命名为“国家卫生城市”。1995年，市环卫处获建设部“全国城市市容环境卫生先进单位”称号。

铜陵市　1996年，依法对城市主次干道、支路等市政设施进行管理，实施行政执法监察，依法办理城市道路占用、挖掘许可证，依法查处违章、违法占用、挖掘城市道路和损坏、破坏市政设施行为。20世纪90年代以来，按照“管养并重”方针，坚持依法管理，加大执法监察力度，并结合文明城市创建活动，公开办事程序，加大违法查处力度，按照社会服务承诺要求，认真履行职责，不断提高服务质量和水平，根据违章现象新特点，采取夜间、节假休息日上路巡查等多种形式，加强动态管理。因特殊情况需要临时占用城市道路，须经市政工程行政主管部门和公安交通管理部门批准，方可占用。因工程建设需要挖掘城市道路的，应当持城市规划部门批准签发的文件和有关设计文件，到市政

工程主管部门和公安交通管理部门办理审批手续，批准后方可按照规定挖掘。新建、扩建、改建的城市道路交付使用5年内，大修的城市道路竣工后3年内不得挖掘，因特殊情况需要挖掘，须经县级以上人民政府批准。

1989年，先后设立路灯管理所、道路养护管理所、排水设施养护管理所、泵站管理所。道路养护管理所承担全市道路管理，路面、人行道及其附属设施养护维修。排水设施养护管理所承担全市排水设施维修和管理，道路排水、主干渠疏浚和清淤。泵站管理所承担泵站维修和日常管理，确保汛期排涝设备安全运行。路灯管理所承担全市城市路灯管理和维修，保证路灯明亮率。

安庆市　1995年，中共安庆市委、市政府作出《关于开展创建全国卫生城市的决定》，提出以美化城镇容貌为重点开展综合整治活动，改变脏、乱、差状况，努力创造文明、卫生、安全、舒适的环境。8月，成立以市委书记、市长为首的市创建指挥部，建立办事机构。同时，市政府统一调度卫生防疫、环卫、公安巡警和交警队伍，发挥各有关部门在城市管理中统筹协调和执法作用。市政府制定《安庆市创建国家卫生城市规划》，同市辖3区及有关部门签订创建责任书。全市形成以领导分管责任制、路段长责任制、门前"三包"责任制为主要内容的创建工作机制，大力进行宣传，召开全市创建动员大会，各区和有关部门又召开再动员会议，广泛宣传创建意义、目标和任务。市一报三台发挥舆论导向作用，设立创建专栏，及时宣传、报道创建进展情况。1996年，中共安庆市委先后6次召开常委会议，专题研究创建工作。并先后制定《实施门前三包、门内达标责任制暂行规定》《文明施工管理规定》《固体生活垃圾袋装管理暂行规定》《文明示范路管理办法》等7个文件，使创建工作逐步走上经常化、制度化、规范化轨道。全年印发《安庆市民行为八不一做到》和《黄山松精神》卡片20多万张，制作近3万块规格不等长久性创建宣传标牌，在机关大院、公共场所、道路两旁、居民生活区等明显位置悬挂。编印《文明市民读本》，开办文明市民学校，对市民进行文明素质教育和培训。

黄山市　1997年11月，黄山市市容环境管理局成立，完善中心城区三级清扫保洁网络，实行分级负责，专业管理与群众管理相结合。市环卫处负责中心城区主次干道清扫保洁，屯溪区市容办负责中心城区背街小巷清扫保洁，各乡镇政府负责城乡结合部及乡镇道路清扫保洁，市房管局负责物管居民小区清扫保洁。2002—2005年，建成5座卧式压缩型垃圾中转站并投入使用，中心城区垃圾全部运入东关垃圾填埋场填埋。2004年，在徽州区石亭新建市生活垃圾处理场，总填埋库区621万立方米，日处理生活垃圾33万千克，使用年限32年。2000—2003年，市容环境管理局致力于摊点管理突破和综合执法突破。为规范摊点管理，制定《中心城区摊点规范化管理标准》及《中心城区摊点群责任区域公示》，并设置大型灯箱劝告牌，告诫市民及游客应遵守市容管理规定。重点对中心城区所有摊点进行登记、分类、统计。取缔骑路市场、小商品市场、夜市饮食群、夜市小商品地摊群。2004年，单位和个人设置户外广告，必须依据《户外广告设施设置管理暂行办法》到市容大队办理广告审批手续，并按规定式样、格式设置。

2005年，市文明委印发《黄山市城乡建筑物及公路沿线村庄非规范户外广告清理整治方案》，市城管执法局依法强制拆除非规范户外广告、灯箱480余处。

滁州市　1997年，市政府对城区环境卫生责任范围进行划分和明确，市建委环卫处负责24条主次干道清扫保洁（路宽14米以上），琅琊区负责城区小街巷卫生管理，单位卫生实行门前“三包”，门内达标。随后又有部分道路和公共场所被纳入保洁范围，至2006年，保洁道路达35条。

至2006年年底，市容局行政许可范围逐渐增至九项：大型户外广告设置许可；在城市建筑物、构筑物和其他设施上悬挂、张贴宣传品许可；在城市道路和公共场地搭建非永久性建筑物、构筑物或者其他设施，或者临时摆摊设点、堆放物料许可；城市市区因特殊需要饲养家禽家畜许可；因特殊需要占用城市环境卫生设施用地或者改变其使用性质许可；拆除、迁移城市环境卫生设施许可；城市建筑垃圾处置核准；从事城市生活垃圾经营性清扫、收集、运输、处理服务审批；临时占用城市道路许可。在公安等单位大力协助下，经过艰苦细致工作，成功取缔了老环城路骑路花鸟市场、琅琊路狗市、四牌楼排档群、紫薇区域流动摊点，并将经营户引导进市场，真正做到还路于民，将这些脏乱差典型，变成城市文明亮点。

阜阳市　2006年，阜阳市城管行政执法局及其城管执法支队在阜城范围内开展市容集中整治活动，对影响市容的各类违章行为进行整治。先后对“五小四乱”、洗车场点、流动摊贩、出店经营、废弃公用设施、乱倒垃圾、乱拨污水、人行道斜坡、夜市大排档、早市餐饮摊点、户外广告、机动车上人行道等十几项工作开展专项整治。共清理“五小四乱”2448处；取缔不规范夜市大排挡、早市餐饮摊点71处；拆除有碍市容的电话亭、售货亭130个；取缔洗车场点65个；清理落地灯箱635个次；取缔流动摊点、出店经营7386处；清理废旧公用设施1383个；清理户外广告3277处；处罚机动车上人行道1355例；处罚乱倒垃圾、乱拨污水705起；处罚噪音污染23例。

20世纪90年代末，启动拆除违法建设，成立阜阳市拆违指挥部，抽调人员集中办公，建立市区两级指挥部联席会议制度，中共阜阳市委、市政府先后召开拆违工作大会，出台一些政策性文件，2005年拆违工作主要有三项内容：第一是制止新建违法建设，掀起第一个拆违高潮；第二是拆除市政基础设施建设用地范围内违法建设，掀起第二个拆违高潮；第三是拆除沟河塘沿岸规划绿地范围内违法建设及其他违法建设，掀起第三个拆违高潮。2006年，围绕创建文明城市工作，阜阳城区拆违工作转入拆除主次干道两侧违法建设。2007年，阜阳城区拆违工作由主次干道向小街巷延伸，进一步把全市拆违工作推向深入。当年，经市编办批准成立阜阳市建筑渣土管理办公室，出台《阜阳市建筑垃圾管理办法》，负责阜城三区、开发区建筑垃圾排放、运输、中转、回填、消纳、利用等处置活动的监督、检查、管理工作；负责审核建筑垃圾处置计划，统一调剂建筑垃圾余缺，建筑垃圾纳入市容局行政审批项目，到市行政服务中心统一受理。

亳州市　2005年5月，组建亳州市城市管理行政执法局，行使城市规划区70平方千米范围内的市容环卫、城市规划等工作,加强摊群点规范管理,先后拆除单位和个人占道围墙4万多米,没收占道广告牌5000多块,拆除各种蛇皮棚上万处,落实“门前三包”2000多户。集中拆除陈旧电话亭500多座,重新布点新型报刊亭200多座。通过“抓、扰、停、涂”四个办法,开展专项治理工作,彻底切断非法小广告源头。发动执法队员使用排刷涂抹,清除小广告。2007年,全面落实“门前三包”责任制,制发5000张“门前三包”标示牌,并与沿街铺面商户签定责任书;发放5000份城市生活垃圾定时定点倾倒《告知书》,使垃圾乱倒问题得到较好解决。

亳州市为严厉打击规划区内私搭乱建现象,成立专项治理工作指挥部,市政府还印发《亳州市关于开展制止私搭乱建专项治理活动的通告》及《亳州市开展制止私搭乱建专项治理工作方案》,对辖区内违法建筑依法进行强制拆除。

宿州市 1999年,环卫处新购垃圾自卸车5部,确保市区垃圾日产日清、及时清运。为解决城区垃圾出路问题,着手筹建北杨寨乡前付村城市垃圾综合处理场。投资近亿元,日处理生活垃圾40万千克。2001年,投入资金50万元,购置3辆摆臂式垃圾车及配套垃圾集装箱12只。完成北关沱河桥垃圾中转站主体工程(20万元)。进行公厕建设投融资体制改革,先后吸引社会资金35万元建设火车站广场公厕及南环公厕,打破环卫设施长期以来一直完全依靠政府投入的被动局面。

2005年,制定《环卫处作业管理考核实施细则》和《环卫处督察管理办法》,对环卫清扫保洁等作业管理实施“日有记录、周有小结、月有评比、年有总结”的严格考核。强化清扫保洁措施落实和量化、细化管理,做到“人员、质量、时间、路段”四落实,道路实行一日四清扫、16小时不间断卫生保洁,5月至10月坚持洒水降尘,使卫生质量基本做到经常化、常态化。2006年,中共宿州市委、市政府提出三年创建省级文明城市工作目标,开展“抓三包、治五乱”路段长包保责任制,在新增道路市场化改革同时,对公厕管理也进行拍包,划分旱厕管理、水厕管理和作业服务三个管理队,依据工作任务共设定39个不同工作岗位。公厕管理大队现有人员按自身情况全面参与竞岗,厕所管理全面实行承包责任制,彻底根治西昌南路长达十年的脏、乱、差局面,并对市区大型户外广告设置进行规范。对夜市摊点进行统一规划,在全省率先实行“摊点群自治”管理模式,制定“五化、五统一”管理标准。2001年,成立广场管理处,对中心广场、火车站广场管理,划片分区、定人定岗定责,确保设施完好,改变脏、乱、差局面,做到车辆停放有序、摊点摆放整齐、卫生整洁,并按照“疏堵结合,标本兼治”原则,顺利搬迁宿州花市、宠物市场,疏通环城北路、环城东路。

六安市 1981年制定《六安市环境卫生管理暂行规定》,1985年,发布《六安市城市环境卫生管理的通告》,并在全市范围内实行“门前三包”(包卫生、包秩序、包绿化)。1998年,发布《六安市市容和环境卫生管理实施办法》,2000年,发布《六安市城市市容和环境卫生管理试行办法》,城区环境卫生管理逐步走上制度化、规范化轨道。2002年开始,将新增清扫保洁任务面向社会公开招标,中标的保洁公司负责中标路段作业。清扫保洁实行招标管理后，制定《六安城区清扫保洁考核与奖惩实施细则》，明确清扫保洁质量考核标准，做到“六净六无”，即：路牙石净、墙基净、树根净、电线杆净、果皮箱净、窨井口净；路面无垃圾、无泥土、无砂石、无污水、无树叶、无果皮纸屑。并将管理和作业分开，环卫处成立督查队伍，每日上路巡查清扫情况。至2006年，除保留11万平方米仍让环卫处正式环卫工清扫外，其余道路保洁权全部面向社会招标。全市设有两座垃圾临时中转场，两座永久性垃圾中转场，然后再用清运机动车辆送往郊外垃圾场集中填埋。全市公厕粪便亦由清运队专门机动粪便车运到宝丰寺粪便处理场贮存出售。2006年，已有垃圾中转站15座。兴建大型垃圾压缩站5座，婆山岭规范垃圾卫生填埋场投入使用。城市建设投资的增加，垃圾清运机械化水平逐年提高，机动垃圾车、汽车、洒水车等机动车辆不断增加和更新。同时对17座老式旱厕进行维修。2006年，市区已有公厕83座。公厕保洁实行一人一厕、一日三冲四扫，公厕保洁基本达到无尿垢、无漫溢、无网尘、无堆放杂物、无乱扔纸屑、无蝇蛆标准。

宣城市　1990年，在距市中心西10千米处建造1座垃圾填埋场，每日填埋近10万千克垃圾。1995年8月，在距市中心11千米处再建造1座占地6670平方米的垃圾处理场。生活垃圾无害化处理工程经国家发改委批准列入国债资金支持的垃圾处理产业化项目。该工程设计日处理生活垃圾25万～40万千克，占地17.1万平方米，总填埋量448万立方米，可使用25年。

2000年，撤地建市初期，城区街道清扫保洁分三级管理。环卫处主要负责一级清扫网管理，每天早晨7点之前普扫一次，全天保洁；各街道办事处负责二级清扫网管理，居委会负责三级清扫网管理，即背街后巷里面清扫。2007年，环卫体制改革，道路实行“两普扫、全天保洁、配合道路冲洗”，作业时间为5:00～21:00，道路清扫保洁作业还涵盖绿岛保洁和下水道窨井口的日常清掏。

巢湖市　1990年，原县级巢湖市环卫处主要负责市区10条主、次干道路面清扫，以后陆续增加到18条主、次干道路面清扫、保洁，总面积达206万平方米；1995年，原县级巢湖市政府出台《巢湖市城市市容和环境卫生管理暂行办法》《巢湖市城市工程渣土和建筑垃圾处置管理办法》，为市区环境卫生管理提供依据。环卫处实行路面清扫、保洁“一天四次清扫，主干道全天保洁，次干道重点保洁”。1997年，市区实行垃圾袋装化，年底市区主干道垃圾袋装率已达到90%。当年，环卫处成立水上清洁队，主要负责市区“两河一池”（环城河、天河、洗耳池）的河面打捞，总面积达150万平方米，每天实行2次打捞，垃圾及时清运，及时有效改善环城河水质。1999年，第四次全国卫生城市检查，原县级巢湖市在全省地辖市获第一名；2000年，地级巢湖市出台《巢湖市城市市容和环境卫生管理暂行办法》；2002年12月，市环卫处将市区卧牛、城南、城北、朝阳四个办事处和半汤镇所有112条小街小巷（包括南巢商业街），面积为119.8万平方米收回由市环卫处统一作业、管理。2003年，出台《巢湖市环卫体制改革方案》，核心内容是：统一管理、统一收费、统一作业、统一考评，推行环卫作业市场化。2004年，出台《巢湖市城市建筑垃圾和工程渣土管理规定》。市容管理局将世纪广场、世纪大道、东塘路、太湖山路、新三中路等广场和道路总面积29.5万平方米的清扫、保洁权以每年15万元拍卖给西峰乡下场村民委员会。2005年7月,市市容管理局将市区主次干道(含道路两旁的绿化带)、小街小巷清扫保洁、垃圾清运及水面打捞作业管理、卫生服务费收取等环卫作业任务、工具、人员全部移交给居巢区人民政府管理,实现环卫作业重心下移,形成市、区街道办事处相互联动、齐抓共管的环卫管理体制。

2005年,市环卫处置有自卸垃圾运输车、吸粪车、洒水车、推土机等垃圾清运工具。市区共有公厕40座,全部为水冲式公厕,大部分达到二类公厕标准;共有垃圾转运站8座,巢湖市生活垃圾日清运量达240 ~ 250千千克,全年垃圾清运量为10万千千克左右。市区生活垃圾处理方式主要是居民将垃圾投放到附近的垃圾房、垃圾箱或临时收集点,由环卫工将其拖送到垃圾转运站,然后用垃圾运输车运往万山生活垃圾填埋场简易填埋处置。

第七节　城市燃气与供热

1976年12月,马鞍山市利用马钢焦炉煤气作为气源正式开始供应城市煤气,成为安徽省最早拥有城市燃气的城市。随后安庆、合肥、蚌埠开始筹建液化气供应设施,从安庆炼油厂购进液化石油气供应城市。

燃气供应

1978年年末,全省煤气供气总量627.1万立方米,用气人口6.35万人;液化气供气量210千千克,用气人口0.94万人。全省总用气人口7.29万人,燃气普及率3.0%。20世纪80年代以来,全省城市燃气事业取得长足发展。

煤气　1985年7月8日,《国务院办公厅转发城乡建设环境保护部关于加快发展城市煤气事业的报告的通知》,提出贯彻多种气源、多种途径、因地制宜和合理利用能源的城市煤气发展方针。在国家方针和余气利用节能资金补助政策引导下,合肥、芜湖、铜陵、淮北、濉溪等市县纷纷利用钢厂、焦化厂焦炉煤气发展城市煤气,淮南、六安、滁州、灵璧等市县利用化肥厂弛放气发展城市煤气。1988年10月1日,安徽省第一个城市煤气厂——合肥市煤制气厂正式投产;淮南、芜湖、铜陵、滁州等地建设水煤气厂,掺混焦炉气和弛放气扩大或补充气源。与此同时,蚌埠、安庆、合肥液化气供应达到一定规模,部分大型事业单位和工矿企业纷纷建立了内部液化气供应站。经过15年的发展,至1991年年末,全省煤气供气总量19766万立方米,用气人口93.5万人;液化气供气量1869.4万千克,用气人口44.3万人。全省总用气人口达137.8万人,燃气普及率达到30%。

液化石油气　1989年5月7日,建设部、劳动部、公安部联合发布《关于整顿液化石油气贮灌厂(站)的通知》,建设、劳动、公安部门密切配合,开展大规模整顿液化石

油气贮灌厂（站）活动，逐步将液化石油气贮灌厂（站）建设和管理工作纳入到由建设部门统一管理轨道。液化气行业投资小、见效快，经过整顿，发展更快；正是以此次液化石油气贮灌厂（站）整顿为起点，液化气发展如雨后春笋般在全省迅速发展起来，进入全社会兴办液化气事业高峰期。与煤气发展计划经济色彩较浓相比，国家逐步取消液化气供应计划指标，开放市场，液化气投资、经营主体开始向市场化方向发展，液化气行业成为公用事业最早走向市场化行业。1992 年开始，广东等沿海省市率先从国外引进液化气，国外液化气进入中国市场，弥补和补充国内液化气气源，稳定液化气价格，对液化气迅速发展起到助推作用。2001 年年末，全省煤气供气总量 24508.66 万立方米，用气人口 185.39 万人；液化气供气量 4.5 亿千克，用气人口 641.89 万人。全省总用气人口 827.28 万人，燃气普及率达到 57.74%。

天然气　2000 年，国家正式开始实施“西气东输”工程战略，决定建设新疆到上海的天然气长输管线。“西气东输”主干线沿安徽省境内阜阳、淮南、蚌埠、滁州等地穿过，总长约 360 千米，并敷设定远—合肥、南京—马鞍山—芜湖两条支线。根据国家和省政府部署，合肥、阜阳、蚌埠、淮南、巢湖、滁州、马鞍山和芜湖 8 个城市列入首批用气城市；亳州、淮北、宿州、铜陵、宣城、池州、安庆等市天然气工程纷纷立项。天然气是国际公认的最洁净气体燃料，自 2003 年 11 月 23 日，合肥局部地区居民率先使用上天然气后，全省已经有 18 个城市、16 个县城供应天然气，标志着全省城市燃气规划、建设和管理工作进入新的历史发展时期。2007 年年末，全省煤气供气总量 5826.63 万立方米，用气人口 45.23 万人；天然气供气总量 47920 万立方米，用气人口 328.45 万人；液化气供气量 6.03 亿千克，用气人口 551.52 万人。燃气普及率达到 83.15%。（详见图 2-3-8）

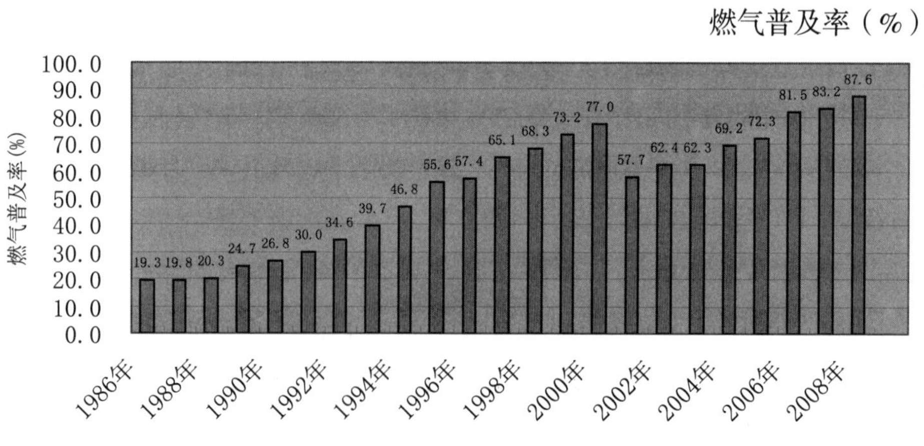

图 2-3-8　安徽省分年度城市燃气普及率

燃气管理

安徽省燃气事业起始于 20 世纪 70—80 年代，当时供应的主要是液化气和煤气，继 2002 年“西气东输”和 2007 年“川气东送”后，天然气先后达到安徽省境内的滁州、合肥、安庆、宣城、池州等市，并加快推进“西气东输”“川气东送”沿线城市及有条件的县城天然气工程建设，进一步改善了全省城市能源结构、促进产业结构调整和提升城市人居环境质量。安徽省为确保燃气事业顺利发展，加强了燃气管理。

建章立法 1995年1月，安徽省人民政府颁发《安徽省液化石油气管理办法》（以下简称《液化气办法》），随后于10月颁发《安徽省城市管道燃气管理暂行办法（以下简称《管道燃气办法》），2006年4月，省十届人大常委会第二十三次会议审议通过《安徽省燃气管理条例》（以下简称《条例》）。安徽省多部地方性法规颁布实施，对加强全省燃气行业管理，保障燃气安全运行，促进燃气事业发展，发挥了重要作用。

《液化气办法》明确指出液化气管理应贯彻安全第一、预防为主的方针，实行统一规划、合理布局。并规定液化气供应单位新建、改建、扩建液化气贮灌站、气化站和供应站，必须符合城市规划、消防安全等要求，根据液化气供应单位的经营性质，按照有关规定，办理基建报批手续。对液化气工程的设计、施工，必须由持有相应资质证书的单位承担，严格遵守国家有关安全的规定。工程竣工后，应当进行验收，未经验收或验收不合格的，不得交付使用。《液化气办法》还强调从事液化气供应业务，必须具备相关条件，应根据液化气供应单位的经营性质，按照相关程序，分别由省建设厅或行署、市建设行政主管部门进行资质审查，符合条件的营业单位发给“经营许可证”，非营业单位发给“自管许可证”。《液化气办法》还对安全管理和应遵循的纪律等，提出了明确要求。

《管道燃气办法》规定任何单位和个人都有保护管道燃气设施的义务，有检举、揭发破坏、盗窃管道燃气设施行为的权利。还规定管道燃气净化站、储配站、调压站、气化站等设施的选址及沿城市道路敷设的燃气管道，必须符合城市规划、消防安全、环境保护等要求，并按规定申领建设工程规划许可证。其工程的设计、施工，必须由持有相应资质证书的单位承担，严格遵守国家有关标准和技术规范。工程的设计，应由建设行政主管部门组织劳动、公安消防等部门和有关专家进行论证，按设计程序进行审查。强调燃气管道应符合国家规定的标准，不符合标准的要逐步更换。穿越铁路、沟涵、河流、桥梁及城市道路的地下燃气管道，应有保护套管。使用新型管材，须经省建设厅组织专家论证后方可实施。管道燃气工程的通气作业，必须有严格的安全防范措施，并按照通气作业的范围大小，实行分级负责制度。工程竣工后，实行分级验收制度，未经验收或验收不合格的，不得交付使用。《管道燃气办法》对管道燃气设施和器具管理、安全管理等提出明确要求，管道燃气经营单位应建立健全管道燃气设施器具的维护管理制度，确定专业人员定期进行检查、维修；城市规划行政管理部门在核发各类建设工程规划许可证时，应当按照国家和本省有关规定，处理好建设工程与施工地界内原有管道燃气设施的关系，保障管道燃气设施的安全；管道燃气经营单位必须严格执行国家有关安全管理规定和安全技术标准，建立相应安全组织，配备专职安全员，并建立健全安全管理、防火防爆等责任制度。同时，还明确了相关的纪律和法则。

《条例》是安徽省燃气管理方面第一部地方性法规，首先指出发展燃气事业，应当遵循统一规划、配套建设的原则。燃气的经营和使用，应当坚持安全第一、预防为主的方针，做到保障供应、规范服务、方便用户。县级以上人民政府应当采取措施，逐步普及燃气使用，优先发展管道燃气，加强燃气安全使用教育，提高燃气管理水平。发展燃气事业要根据当地经济、社会发展需要和城市总体规划，编制燃气专业规划，经上一级建设行政主管部门组织论证后，报本级人民政府批准并组织实施。设区的市、县（市）人民政府建设行政主管部门应当根据城乡统筹、布局合理的原则，按照燃气专业规划的要求，对瓶装燃气供应站点进行城乡统一规划，报本级人民政府批准。城市新区开发和旧区改建，应当按照燃气专业规划，配套建设燃气设施或者预留燃气设施配套建设用地。预留的燃气设施配套建设用地，未经法定程序批准不得改变用途。在管道燃气供气规划区域内，新建、改建、扩建市政工程和居民住宅等，应当配套建设管道燃气设施，并与主体工程同时设计、同时施工、同时竣工验收。《条例》还强调了经营管理，要求燃气企业应当具备国家规定的条件，经所在城市的市人民政府建设行政主管部门批准，取得燃气经营许可证。燃气经营权应当通过招标投标等公开、公平的方式取得。燃气企业、瓶装燃气供应站点从事气瓶充装活动的，应当依法取得气瓶充装许可证。燃气企业、瓶装燃气供应站点应当建立燃气质量检测制度，保证燃气质量和供气压力符合国家规定的标准。燃气企业、瓶装燃气供应站点应当保证燃气正常供应，不得擅自停止供气、更换气种或者迁移燃气供应站点；确需停止供气、更换气种或者迁移燃气供应站点的，应当报经核发燃气经营许可证或者瓶装燃气经营许可证的建设行政主管部门批准。同时，还就管道燃气使用、燃气器具管理作了明确规定，尤其是在安全管理方面，强调燃气企业应当建立安全管理责任制度，健全安全管理措施，发现事故隐患应当及时排除。燃气企业应当向用户提供服务手册，宣传安全使用燃气的规则和常识，指导用户安全使用燃气。并严肃了法律责任。

加强制度建设　全省各市按照安徽省相关文件精神的指导，在积极发展燃气事业同时，不断强化管理制度建设，使燃气事业健康有序发展，管理科学规范。1996 年 6 月，安庆市结合燃气企业实际，制定一整套安全管理制度，编印《安庆市煤气公司安全管理制度汇编》，收编了企业内部 39 项安全管理责任制，23 项安全管理工作职责，21 项安全操作规程等安全管理制度。1997 年 10 月，为加强对 ABC 危险源点分析控制，编印《安全管理制度汇编》，重点对公司 82 个危险源（点）分级管理、控制，将管理层次及责任直接与经济效益挂钩，以保障各项管理制度有效落实。2000 年，池州建市后，即明确了燃气管理机构，2003 年 10 月，出台了《关于进一步加强池州市城市管道燃气和天然气利用工程配套建设的意见》。2007 年 4 月，池州市还成立了公用事业管理局，负责全市燃气市场日常管理工作，随后又相继出台天然气利用工程规划和燃气行业服务规范。

提升服务水平　20 世纪 90 年代起，安徽省燃气事业得到快速发展，各市、各企业在管理中，重点放在增强安全意识和提升服务水平上。

1995 年 3 月，安庆市煤气公司坚持加强安全建设，成立安全生产委员会，并设专门科室落实具体工作，配备专职安全员，明确各要害部位安全责任人，形成以各级主要领导为责任人的安全管理网络。并与社区、“110”联动，建立燃气泄漏社会报警网络。还成立义务消防队和抢险队。同时抓职工安全知识普及教育和城市居民安全教育。每年有计划地组织职工上安全教育课，观看宣传教育片，竞答安全知识题，参加安全、消防技能培训，并积极参加“安全生产月”“安全生产周”和“安康杯”竞赛等活动；将管道煤气安全使用常识印在用户证上发给每位用户，并通过报纸、电台、电视台信息频道向居民宣传燃气安全知识。每年组织有关技术人员走上街头，深入居民小区义务为居民提供燃气具维修和安全咨询服务，并与社区居民联手加强燃气安全教育、宣传和监控，使燃气安全人人关心、安全防范家喻户晓。针对燃气运行设施的腐蚀、自然老化等因素不断出现安全隐患，公司不断增加投入，加强整改力度，1998年7月，投入308万元对一号煤气储柜进行大修。2000年，投入32万元对二号煤气储柜进行防腐，投入19万元对液化气公司电气线路、消防设施、罐区设施进行整改。将占压煤气管线的建筑物作为安全隐患整改的重点，争取市建委、消防等部门的支持配合，对41处违章占压煤气设施的建（构）筑物进行整治。由于煤气腐蚀、车辆辗压、违规施工等因素，造成煤气运行管道泄漏时有发生，对此，及时发现、及时排除险情，确保在第一时间内化险为夷。自煤气运行以来，公司抢修抢险队经历了千余次大大小小的抢修抢险，由于抢修抢险及时，全市煤气自运行以来尚未发生重大安全事故。

合肥市燃气集团秉承“为用户办顺心事、让用户用放心气”的服务宗旨，推出社会服务承诺制度，相继开通服务热线，并建立与110、120联动的24小时服务机制。2001年，引入CIS数据管理系统，实现地下管网动态的电子化管理。

2002年，马鞍山市积极引入外资，加快建立现代企业制度步伐，市燃气总公司抓住“西气东输”机遇，按照市场化、公开化、规范化、系统化的规划开发建设。并与香港中华煤气公司合资组建成立马鞍山港华燃气有限公司，共同建设开发利用天然气。

省辖市燃气事业发展简介

燃气事业发展直接关系到城市居民生活质量的提高，全省各市政府都高度重视，多方筹集资金，不断扩大气源，铺设供气管道，燃气已普及到千家万户，城市居民彻底摆脱依靠烧煤球生活传统。

合肥市　1976年，合肥市液化气供应站（液化气公司）成立初期，采取多种渠道购进零星液化气，随进随供。1993年，年供气能力190万千克，用户1.5万户。2001年，液化石油气储罐总容积6000立方米，年供液化气3540.5万千克，用气户发展到15.29万户，用气人口49.05万人，气化率44.3%，液化气主要以瓶装方式供应，管道液化气用户约4000户。1985年，利用合钢煤气一期工程向首批122户居民供气，1986年，气化率达到12%。1990年起，合钢因内部用气增加，停止向市区供气。煤气二期工程主体是建设炼焦制气厂，1989年建成，日产煤气11.82万立方米，居民用户2.4万户、工业用户3户、公共福利用户110户。从此，煤气供应部门有了自己独立气源，城市煤气气化率由此提高到31%。煤气三期工程日产煤气10万立方米，1993年竣工供气后，共发展居民燃气用户5万户，城市煤气气化率达到47%，同时还供应部分工业、营业用户。2002年，天然气利用工程在肥东三十埠开工建设，2003年，新站试验区首批6610户居民用上高效、清洁的天然气。由于天然气与人工煤气的化学、物理性质差别很大，其燃烧特性及动力特性也存在很大差异，表具及燃具必须更换或改造，以适应天然气供应需要，置换按计划分批分区进行。当年，全市管道燃气用户都已使用上天然气。2005年，已建成燃气中压管网978千米，管道燃气用户25.0129万户，气化率86.93%，年供气量1亿立方米。

芜湖市　1983年，芜湖市煤气公司成立，城市燃气进入建设和发展轨道。1986年，年供气960万立方米，拥有管道气用户2万户。至2002年，城市供气建有5.4万立方米储气柜3座、调压站45座，煤气中低压干管297千米，拥有管道煤气用户7.4825万户，年供气量2755万立方米。1992年，市液化气公司成立。1996年，先后又有3家液化气经营企业落户芜湖，年供气能力2亿千克，液化气市场出现供大于求局面。2002年，液化气用户7900户，另有10余户工业用户。为拓展液化石油气利用领域，市液化石油气公司实施推广使用液化气双燃料汽车项目，2002年，投入运营的双燃料公交车以及单位自备车达60辆。随着国家“西气东输”工程全面展开。市燃气总公司根据天然气项目技术标准组织施工建设，并加紧实施对老管网改造，积极为天然气入芜作准备。天然气入芜，推动燃气事业跃上一个新的发展阶段。城市煤气输配管网系统采用中低两级压力制供气，燃气经过加压后，送入城市管网。为保证城市用气，实施双气柜对置式和双环路供气，建成储配站两座，分别设在城市南北。2002年，全市中低压管网总长度386千米，其中中压管道约100千米，形成6个大的中压环网，输配管网可供气能力为每日27万立方米以上。

蚌埠市　1986年，蚌埠市液化气供应已发展用户2万余户，用气人口7.5万人，年供气量184万千克。之后，燃气供应向各县城关镇延伸。1994年年底，液化气公司增加供气量，市区供气人口已达到31.6万人，年销售液化气1410万千克。1998年，安液集团公司（市液化气公司）开始启动管道液化气工程，瓶装气和管道气同时供应。市区用气人口上升到40.5万人，年供气量2210万千克。同年，省内第一辆使用液化石油气作燃料的汽车在安液集团改装成功。这是安液集团和台湾鑫楠企业有限公司合作，采用技术先进、质量可靠的美国英渡克套件和澳洲APA钢瓶改装成功的。改装后的汽车，既可使用液化气作燃料，也可使用汽油作燃料，被称为双燃料汽车和绿色环保汽车。2001年1月，市油品燃气有限公司将液化气经营移交给市安液集团公司（市液化气公司）。当年，全市液化气用户总数为15万户。2002年5月，国家“西气东输”工程实施，市区开始供应天然气。市新奥燃气公司承建天然气利用工程。由于天然气气源更有保证，价格比液化气低，用户量逐年大幅度上升。新奥燃气有限公司在保障全市液化气用户正常供气前提下，积极推进城市天然气利用工程建设。年内新发展液化气用户 1790 户，累计用户数为 14.8 万户。天然气利用工程年内投资 1254 万元，管道建设 29656 米，累计建设 54306 米。发展天然气居民用户 2.7 万户，工商业用户 8596 立方米 / 日。年底，共有 6122 户居民使用管道液化气，日供气量 2142.7 立方米。2004 年 12 月，市新奥燃气五河液化气配送中心挂牌成立，成功获得五河县液化气和管道燃气经营许可权。蚌埠市民用液化气市场逐步“退城进郊”，加快向城镇和农村拓展液化气市场。2005 年，市区使用液化气、天然气总户数达到 19.5 万户，其中家庭户占 99.9%，用气人口达 66.2 万人。市区用气普及率为 73.9%，全年供应液化气 2690 万千克，其中家庭用量 1620 万千克；供应天然气 648 万立方米，其中家庭用量 254 万立方米。三县县城用气达 5.5 万户。至 2007 年，市区使用液化气、天然气总户数达到 19.7 万户。其中天然气用户 4.8 万户。市区天然气输气管道近 500 千米，基本做到居民小区建到哪里，管道燃气就通到哪里。蚌埠市公交车“油改气”项目已正式启动，278 台公交汽车将分期分批改装。

淮南市　1982 年，组建淮南市煤气公司（淮南市煤气建设筹备处），为尽快发展城市民用煤气，采取统一规划，因地制宜，分片建设，逐步扩展的措施，首先利用东部地区各化肥厂生产合成氨伴生的弛放气和焦炉气为气源，专供民用。1984 年，施工建设调试成功。东部气源能力为 22.35 万立方米 / 日，西部气源供气能力为 41.6 万立方米 / 日。1998 年，在洞山地区试用管道煤气掺混液化气，以提高燃气热值，获得成功。1999 年，在原煤气公司净化站基础上改扩建中部制气厂，进行液化气混空气制气，运行良好。1999—2000 年，燃气分三批将人工煤气置换为天然气供应，民用燃气供气告别了煤制气供气的历史。天然气利用工程于 2003 年开工建设，项目总投资 3.088 亿元，截至 2005 年年底，累计完成投资 1.9 亿元。2005 年 1 月，“西气东输”天然气顺利进入燃气城市管网，天然气供应量达 728 万立方米。全市供气管道总长度 176 千米，其中天然气供气管道长度 170 千米，液化石油气供气管道长度 4 千米，人工煤气管道长度 2 千米，用气户数 17.73 万户，其中家庭用户 17.64 万户，用气人口 60.7 万人，燃气普及率 56.18%。

铜陵市　1979 年 12 月，市煤气会战指挥部利用焦炉富余焦炉气，一期工程 2 万立方米气柜及配套系统点火成功，首批 184 户居民用上了管道煤气。1984 年煤气用户发展到 2.12 万户，远超设计方案 3778 户。市煤气公司对高炉煤气、液化气、水煤气等 3 种气源与焦炉气掺混供应进行可行性研究，以弥补焦炉煤气的不足。1985 年成立液化气站，建成水煤气发生炉，缓解供气紧张状况。同时，引进高炉煤气，建立和完善以焦炉煤气为主，水煤气、高炉煤气、液化气为辅的气源体系，基本保障全市居民的用气。1991—1992 年，建成了 5.4 万立方米气柜和高、焦炉气掺混系统及配套设施，气柜一次性换气成功，投入运行。煤气三期工程完成投资 1500 多万元，日供高炉煤气 15 万 ~ 30 万立方米，三期工程投入运行后，铜陵市基本实现煤气全天供应。1993 年，铜陵市燃气总公司成立。全市管道气用户 57 万户，中低压管网有 220 千米。储量 200 万千克液化气大站竣工，燃气总公司液化气储存能力达到了260万千克。此后每年还靠船运进2000万千克液化气。销售液化气2080万千克，新增用户1001户，市区管道液化气用户56户，新铺中低压管网1.28万米。液化气钢瓶销售44654只，掺混液化气12.7万千克。位于市经济开发区的管道煤气第二储配站5.4万立方米煤气柜及配套设施竣工。至2000年年末，铺设管道278.3千米，管道气用户增至7.22万户，液化气2.56万户，液化气钢瓶用户25605户，管道液化气用户2403户。300万千克液化气装卸船码头竣工投产，第二座液化气混气站主体工程完工。2001年，管道煤气供应2391万立方米，液化石油气销售5670万千克。由于主气源管道煤气不足，掺混液化气203.6万千克。2002年，铜陵市争取到天然气“西气东输”工程南京—马鞍山—芜湖支干线延至铜陵市，争取到省计委对天然气利用工程的审批立项。2003年，先后完成天然气门站的规划、征地、勘查设计、土石方工程及土建主体工程，湖东路、泰山大道、黄海大道、芜铜路东段等天然气中压管线共7千米施工完毕。2004年，完成天然气进铜工程完成门站工艺管网安装、门站至第二煤气储配站等23千米管线安装。2006年9月，天然气进入铜陵。10月，香港中华煤气有限公司与铜陵市燃气总公司共同投资组建的铜陵港华燃气有限公司揭牌暨天然气工程通气点火仪式在首家工业用户——金威铜业举行。12月13日，在市二冶梅塘新村对1356户居民客户进行了首次天然气置换。

淮北市　市管道燃气工程于1984年12月竣工送气，至1990年年底，，用气总户数1.92万户，城区气化率21.9%，固定资产1519.78万元。2006年11月，市公用事业资产运营公司与香港华润石化集团合资成立淮北华润燃气有限公司（分别控股40%和60%），共同经营淮北城市燃气。2007年，淮北天然气利用工程开工建设，全市天然气置换顺利完成，燃气用户达到12.65万户，增加6.6倍，日供气能力达85万立方米。供气覆盖相山主城区及龙湖工业园、九一零厂、凤凰工业园区、濉溪县工业园区、烈山陶瓷工业园区等，主城区气化率达97%。

马鞍山市　1990年，全市有煤气用户7万余户。气化率达到81.12%。不仅保持华东地区之首位次，还位居全国第五位。根据国家“西气东输”工程的总体部署，马鞍山市被列为全国首批33个天然气用气城市之一。2001—2002年，市燃气总公司重点对输配干管进行改造和调压改造。同时设置必要的专用门阀。2003—2004年，对全市总长度为800千米的燃气用户立管进行改造。同时将燃气表从户内移至户外，把燃气表和表前阀门等设施漏气的安全隐患降到最低限度，从而提升燃气使用效率及天然气置换的安全性能。2004年天然气的引入利用，液化气市场经营范围也逐步缩小，重点供应城市周边地区零星居民用户。2005年，全市13万户煤气用户全部置换用上清洁高效的天然气。全市拥有日供气能力37万立方米的天然气门站1座，中—中压站3座，中—低调压站74座，拥有高、中低等级地下管网321千米。

安庆市　20世纪80年代中期，市长牵头成立煤气领导小组和煤气工程指挥部，设立办公室。1986年7月，经省计委批准立项，工程为一次规划，分期实施，供气范围主要是城市民用和部分福利、工业用户。供气能力5.49万户规模。煤气一期工程于1991年2月动工，1992年春节前通气，二期工程于1993年实施。全部工程资金从三个方面筹集：市财政机动财力，用户集资，争取国家和省给予补助。截至2001年2月底，煤气共筹资9263.6万元。

主气源为市氮肥厂生产的半水煤气，辅助气源则利用市化肥厂合成氨装置放出的施放气，经掺混后形成供气气源。1991年10月经协商，将石化总厂的干气回收供应居民使用，将甲烷气化方案调整为回收石化总厂的干气掺混市氮肥厂生产的半水煤气的气化方案，不足部分由液化气混空气补充，干气检修时，全部供应液化气。供气热值由2850大卡／立方米提高到3500大卡／立方米。1992年7月，市煤气公司挂牌成立。2001年5月，利用煤气大楼开辟营业大厅，办理各类煤气业务，对煤气开户缴费、安装、维修、移改装等实行一站式服务。

20世纪80年代前，液化气气源主要来自安庆石化，不足部分从外省购进。1992年以后，市液化气公司和其他自管站气源均就近在安庆石化总厂购进。年购气量随市场销售量而定。2000年，煤气公司自筹60多万元，铺设从石化总厂化肥厂罐区至液化气公司罐区总长744米液化气输送管线，结束了液化气车运历史，使气源购进稳定快捷，安全可靠。

滁州市　1987年，制订“提高城市气化率，优先发展管道燃气”的产业政策，同年管道煤气一期工程开工建设。市石油公司建成25立方米液化气贮罐站1座，向居民供应液化气。1989年，建成2万立方米低压湿式储气柜1座，2.8千米输气管网及少量市政配气管线，开始供应管道燃气。1995年，建成400立方米液化气球形贮罐站2座、50立方米残液罐1座，年设计供应能力800万～1000万千克。2005年，全市有液化气站8家，年供应量约600万千克，满足了市场需求。

2002年，环城供气管网基本形成，水煤气用户1.3万户，年供水煤气300万立方米。同年国家“西气东输”工程干线途经滁州，2003年1月完成过渡气源LNG场站建设，2月置业花园开始供应天然气。当年，天然气引入滁州新奥天然气门站，成为安徽省率先使用“西气东输”气源的城市。2004年，1.3万水煤气用户全部转换为天然气用户，从此告别水煤气，进入利用清洁能源新时代。2007年，天然气民用用户2.5万余户，工商业用户60余家。

阜阳市　1987年，燃气进入阜阳市居民家庭，成为代替蜂窝煤的新型清洁燃料。1988年，阜阳成立第一家燃气公司，随着液化石油气普及运用，燃气管道网覆盖面积不断扩大。国家西气东输工程全面实施，新的清洁能源天然气进入阜阳，到2007年，全市已经有3.5万户家庭使用天然气，长达56千米的天然气管网建成，方便居民生活和企业生产，燃气使用率得到进一步提高。

亳州市　亳州市液化气总公司成立于1992年6月，当时仅有职工10多人，储备量为100立方米，日供气在2000千克左右。随着对石油液化气需求的倍增，亳州市液化气总公司决定搬迁至工业园区淮河路南侧，加大投入，更新设备，现占地约1.4万平方米，储量500立方米的新公司已经投入使用。现有职工60多人，固定用户近6万户，日销量2万千克左右。并建有最先进的呼叫中心，开通六部免费送气热线，真正做到电话一打通，运气到家中。2002年8月，经亳州市人民政府批准，亳州市天然气利用工程项目领导小组成立。同年11月，经亳州市对外贸易经济合作局批准，新奥安徽投资有限公司与亳州城市建设投资有限公司合资成立亳州新奥燃气有限公司，总投资1332万美元，注册资本400万美元。截至2007年，亳州新奥燃气公司建成日供气量12万立方米的天然气储配站1座，汽车加气液压子站1座，铺设城市燃气中低压管网近166千米，市区主要干道均敷设了天然气管道。共安装民用户11416户，亳州市丰水源、富荣花园、御花园等大型住宅区实现全面气化。接驳安装50余户工商用户，开口气量累计达到9971立方米/日。全年天然气销售总量达330万立方米。

宿州市　宿州市管道燃气起源于宿州城市煤气一期工程，项目设计规模日供气6万立方米，利用宿州市化工总厂驰放气和水煤气作为气源。1999年，城市燃气工程在中共宿州市委、市政府领导下迅速发展。项目气源采用液化气混空气和化肥厂驰放气，经近二年施工建设，2001年，宿州燃气管网首次向城区北苑小区供气。2004年，宿州中燃城市燃气发展有限公司成立，中国燃气控股比例占75%，地方占25%。承接宿州市区内城市燃气运营。2005年，宿州中燃自筹资金新建的CNG接收站开始接收天然气，同年正式向城区输送供应天然气，宿州市市民首次用上了清洁、安全、经济的优质天然气，标志着宿州城市燃气发展进入了一个新阶段。

为加快利用西气东输天然气步伐，在长输管线供气正式实施前，宿州中燃城市燃气发展有限公司在充分利用现有设备的基础上，投资200余万元，通过技术改造，将宿州中燃原有供应空混气的门站改造为压缩天然气接收站，利用撬车从淮南，运输压缩天然气至现有门站，通过现有管网供应给用户，作为长输管线到达宿州前的气源供应，年供气量达到400万立方米。

城市燃气输配管网系统，采用中低压两级压力制供气，燃气在站区经过减压后，送入城市管网。为了保证城市用气，沿城区主干道管网成环路供气。截至2007年年底，全市中低压管网总长235千米，其中中压管道长105千米，管网已覆盖城市主要城区，输配管网供气能力7.2万立方米/日以上。

巢湖市　2001年以前，市民生活用燃料主要是液化石油气和蜂窝煤及其他燃料。2001年，“巢湖市城市天然气利用工程”立项。项目建设内容包括天然气城市门站及储配站、天然气加气母站、LNG（液化天然气）储存气化站、城市输配管网、专用调压站（柜）及调压箱、SCADA系统、后方设施等。2003年，LNG储配站、城市管网全面动工，已铺设市区中压管网近10千米，建成日最大供气能力12万立方米的LNG储存气化站及金码头城小区等用户的天然气配套安装。2004年1月，LNG气化站一次点火成功，实现了2004年春节前向部分市区居民供应管道天然气。截至2005年年底，已配套完成市区主干中压燃气管道的铺设,所有新建小区一次性配套到位,共铺设中低压燃气管网约60千米。随着“西气东输”项目的开展,巢湖市于2007年使用上管道天然气。

宣城市 2000年前,宣城市只有液化石油气,当时年供气量为410.2万千克,用气户数为2.8万户,用气人口为9.2万人,用气普及率为71.9%,用气形式主要是罐装。2004年,天然气利用工程开始启动,市政府与上海中油企业集团签订《合作协议书》,成立市城市燃气有限公司建立天然气门站。初期采用撬车运输,从芜湖等地母站购气,城市管道天然气供气量约900万立方米,通气工商业用户94家,居民用户12960户,铺设管道天然气中压管道约150千米,管道天然气覆盖率83.61%,其余老小区的管道液化气置换工作已经启动,进展顺利。

2007年,宣城市开始发展车用燃气及加气站。已建成正常运营宝城路、宣湖路、九州大道三座CNG车用燃气加气站。总供气能力达6万立方米/日,主要用户为733辆出租车及少量社会车辆,全年车用燃气供气量约850万立方米。车用燃气发展,促进宣城市能源结构优化,节约车辆运营成本。

池州市 1992年以前,主要使用煤作为燃料。随后,原池州地区行署成立地区液化气公司,拉开城市燃气发展序幕。1997年,经安徽省建设厅批准成立池州地区液化气公司管道分公司和江南工贸液化气公司,并在城区安居示范小区“翠微苑小区”实施管道燃气工程,采用独立瓶装间工艺供应管道液化气。1998年,池州地区液化气公司改制成民营液化气公司,即市城建液化气有限公司。2002年4月,在江南工贸液化气公司基础上成立池州市燃气有限公司。2003年9月,为改善城市能源结构,对城市燃气有限公司进行改制,引进外资成立池州市百江燃气有限公司(现更名为池州港华燃气有限公司),合资公司成立后,立即着手实施天然气利用工程项目,加大燃气基础设施建设,形成管道燃气供应网络。随着天然气利用工程和“川气东送”的实施,池州市燃气事业得到快速发展。目前,池州市主城区各类城市燃气用户已达6.67万户,天然气普及率达到53.7%,建有天然气接收门站、汽车加气站及配套城市管网,现建成天然气管道212千米。2007年4月,完成主城区全部4650户置换任务。9月,《池州市城市天然气利用工程城市燃气规划》经专家评审通过。随即争取到“川气东送”天然气在池州留口及气源供应等事项,完成池州天然气接收门站建设项目立项、可行性报告、门站选址规划等工作。通过天然气接收门站向池州市居民、商业、工业用户开始使用管输天然气。后又建设市区汽车加气站,其中管道燃气用户为3.58万户(含工商业用户92户),液化石油气用户为3.09万户;城区天然气年供应量达1270万立方米,液化气年供应量达308.8万千克。城市供气正由天然气、管道液化气和瓶装液化气多种类型,逐步向以天然气为主、瓶装液化石油气相结合的方式转变。

黄山市 1989年,建成屯溪燃料公司储灌站,随后,建成屯溪三江液化气公司储灌站。其他区县也相继建成大小不一的液化石油气储灌站。1997年,全市供气总量

265.1 万千克，用气户数 2.4 万户，其中家庭用户 2.27 万户，用气人口 7.12 万人。用气普及率为 56.55%。2007 年，中心城区设有供气网点 29 个，钢瓶约 6 万只，年供气量 880 万千克。中心城区已建成管道供气小区 27 个，管道总长度 16 千米，用气人数 11.7 万人，燃气普及率 98%。

六安市　燃气是在原有化肥厂尾气施放气收集利用的基础上发展起来的，1999 年撤地设市后，开始燃气管道建设工程，至 2007 年，规模以上的居住小区基本上开通管道燃气供应，管网总长达 100 多千米，主城区燃气普及率达 85% 以上。

供热发展概况　城镇供热是城市基础设施之一，安徽省随着城市经济、社会发展和城市居民生活水平的提高，城镇供热建设与发展已逐步纳入城市建设议事日程。1986 年合肥市正式启动城市集中供热设施建设以来，全省已有合肥、淮南、淮北、阜阳、宿州、滁州、安庆等市利用热电联产的热源，逐步向城市集中供热，全省城市集中供热行业建设和发展已经初显雏形。2007 年年末，全省供热总量 1700 万吉焦，热力管道干管长度 265 千米，供热面积 919.7 万平方米，其中住宅 437.1 万平方米。

供热设施与服务　安徽省属非强制供热地区，城市集中供热起步较晚，热源及管网建设主要依靠企业自筹，并逐渐形成分区域经营、市场化运作的竞争局面。以多个热电联产厂作为集中供热热源保障建设和发展城市集中供热事业，部分城市集中供热管网已基本覆盖中心城区主要干道，进入 21 世纪，随着对城市供热需求不断增加，供热事业进入快速发展期，并从最初的单纯为企事业单位和居民提供采暖服务，发展到为宾馆、医院、写字楼、工矿企业、居民小区、浴场等终端客户提供不同需求和服务，用途拓展到为工业生产、医院消毒蒸煮，洗浴、冬季采暖、夏季制冷，提供生活热水等。

城市供热选介　合肥市集中供热已初显规模，有些做法和经验得到同行肯定（如国进民退的资本和产权扩张方式，体现了政府对公用事业控制力和执政为民理念），并在全国产生影响。2002 年 12 月 23 日合肥市政府发布《合肥市城市集中供热管理暂行办法》，标志着合肥市城市集中供热的规划、建设、经营、使用和管理工作正逐步走向法制化、规范化轨道。2005 年，合肥市三家供热企业，各自已拥有相对固定的供热辐射区域。集中供热实施后，每年节约标准煤约 1.1 亿千克，减少灰渣约 3000 万千克，减少煤、灰渣运输约 1.4 亿千克，减少飘尘排放量约 230 万千克，减少二氧化硫排放量约 5.4 万千克。

2005 年年底，拥有热水管网约 4 千米，蒸汽管网合计约 170 千米，集中供热企业的总供热能力约 100 万千克 / 小时。

安庆市城市供热采取区域集中与分散相结合原则；中心组团利用原安庆电厂、石化热电厂、氮肥厂作为供热源；老峰、龙山—月山、高河城市组团分别设置一个供热源；石化总厂及其生活区供热自成系统。各组团区域供热管网自成系统，相互独立。

第八节 城市公共交通

1956年2月1日，合肥市率先开通城市公共交通线路，当时仅有1条线路，7辆车。经过50多年建设与发展，特别是1978年改革开放以来，随着城市建设快速发展和城镇化进程加快，安徽省各级政府均加大公交营运设施和维修场（站）资金投入，全省城市公交行业投资逐年加大，公交场站、车辆等设施水平显著提高。部分市、县逐步开放公交客运市场，全省城市公共客运交通事业发展迅速，城市居民“出行难、乘车难”得到缓解。

公交发展概况

1957年年末，全省城市公交运营车辆数、运营线路长度、年客运总量分别为56辆、104千米、1938万人次；1978年年末，全省城市公交运营车辆数、运营线路长度、年客运总量分别为584辆、937千米、26880万人次。2007年年末，全省22个设市城市和45个县城开通城市公交营运线路，城市公交运营车辆数为12532辆，分别是1957年、1978年的223.8倍和21.5倍；运营线路网长度5772千米，分别是1957年、1978年的55.5倍和6.2倍；年客运总量超过178524万人次，分别是1957年、1978年的92倍和6.6倍。2007年，全省城市公共交通行业固定资产投资总额52963万元；每万人拥有公交车辆，设市城市为8.7标台（城市公共交通建设专业名词），县城为2.94标台。1980年合肥市建委组建出租汽车旅游公司，率先在全省发展出租汽车行业，经过近30年发展，出租汽车行业已普及到各市、县，全省出租汽车数量由1980年当初的22辆发展到2007年的47143辆，增长2143倍。

单位：标台

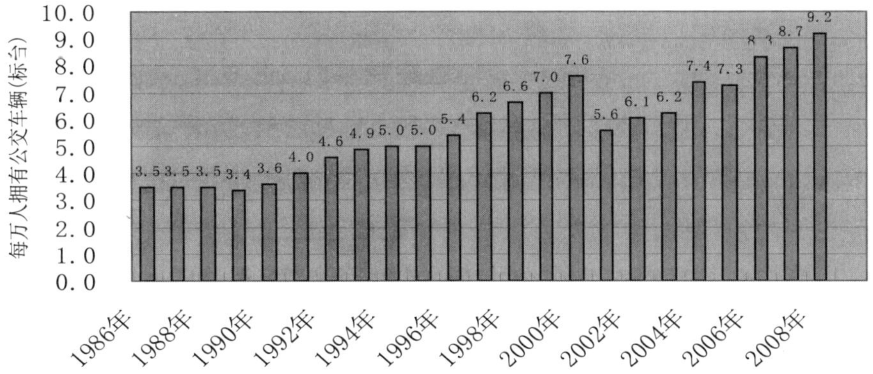

图2-3-9 安徽省分年度每万人拥有公交车辆

合肥市 1984年，公交线路仅20条，按照“有路就有公交车”的发展思路，1986年，公交线路逐渐增多。1989年起，为方便市民出行，弥补公交营运政策性亏损，相继开通34条小公共汽车线路，在全国首创“以小补大”的经营模式，形成大公交线、小公交线互为补充的格局。进入21世纪，随着城市道路建设加快，人口增多，实施增车辟线、优化线网，平均每年新开辟公交线路5～7条，并逐渐向居民小区、高等院校、旅游景点、大型商贸集散地、周边乡镇延伸。2003年，开通1条夜间线路，1条通宵线路，填补了无夜间线路的空白。至2005年，公交线路总数已达105条，线路总长1554千米，年客运里程1.69亿千米，日客运量120万人次，年客运量4.6亿人次。为实施城市畅通工程，缓解老城区道路拥堵，减少公交线路重复系数，2002年以来，实施公交线网优化工程，使公交线网布局逐步形成“网格＋放射＋环型”格局。

1986年前，公交公司仅有2个停车保养场，停车保养能力250台（标台）。1986年后，相继兴建100余个首末站房，改建、扩建原有站房，兴建26个首末站回车道，共建成港湾式首末站停车坪3.78万平方米。公交车停靠站也由1986年前立柱加站牌式简易停靠站，逐步过渡到带有候车雨棚、“花伞式”候车亭、塑料彩板候车亭。1990—2003年，先后建成5个停保场，使车辆停保能力增至1400标准台，缓解了公交车夜间下线后的“停车难”“修车难”问题。1999年，采取招标方法，将公交站亭建设整体租赁给广告公司，由广告公司通过经营广告业务，建设不锈钢灯箱式候车亭。至2005年，已有灯箱式候车亭786座。

芜湖市　1986年前，市公共交通总公司在册车辆147台，线路11条，营运线路长度164千米。1988年，抓住城市道路建设改造机遇，设法筹集资金，购置车辆，开辟线路，推行服务承诺制，实行无人售票，推广IC卡电子月票和双燃料公交车，开通夜间公交环线，旅游专线和空调专线，逐步占领客运市场。至2002年年末，公交运行网络已覆盖全市，市公交总公司拥有资产7535万元，上缴税费669万元；拥有车辆675台，万人拥有公交车辆9.39台（标台），营运线路42条，年营运里程4055万千米，安全间隔里程676万千米；年客运量1.06亿人次，年营业收入7761万元。1988—2002年，先后兴建了9个停车场、调车场和多处调度楼、修理车间。公交调度室和站台设置更趋合理。

蚌埠市　1986年，市公共交通公司有职工1337人，公交车辆141辆。1998年8月更名为市公共交通总公司。于2002年3月划归市交通局管理。2005年，总公司辖4个客运公司和修理厂、公交广告公司、印刷厂等单位，全部在职职工1587人，拥有营运公交车辆437辆，营运线路18条，单程全长156千米。1986年，市区开行6条公交线路，市郊开行9条线路，合计15条线路，总长度155千米（含市郊）。合计开行16条线路，总长度181千米。此后因线路走向和起讫点不断调整，线路长度亦时有变化。至2005年，城市主城区共拥有公共汽车21条线路，单程总长180.3千米（不含市郊），共设单边站点316个。20年内，主城区线路共增加15条，线路长度增加约130千米。2005年无人售票线路共12条。1996年6月，怀远县最早在县城开通公交线路。随后，1997年11月、2003年9月，五河、固镇县城亦分别开通公交车。2005年，三县县城共有公交车线路9条，运行总里程75千米。同时开通城际公交线路，首先是蚌埠至怀远首条城际间公交线路开通，运行里程12.5千米，共投入26辆高档次车辆。紧接着又开通蚌埠至凤阳公交线路，运行里程25千米。

淮南市　城市公交经过多年发展，至2007年，营运线路总长已达190千米，营运车辆914辆（812标台），每万人拥有公共汽车7.52标台，年客运总量1.39亿人次，城市出租汽车2316辆。

马鞍山市　1988—2005年，是公共交通快速发展的18年。营运车辆由111台增至428台，营运线路由13条增至40条，线路长度由161千米增至425千米，其中最长线路22.72千米，最短线路4.67千米，平均站距560米。行驶里程由606万千米增至2520万千米，客运总量由4596万人次增至1.09亿人次。

1988—2005年，先后建设七个调车场、停车场、停车保养场，基本解决公交车停放、保养问题。公交线路站点均设有站棚或站牌，站棚设在市区主要路段。2005年年末，全市有玻璃钢质站棚8个，铁质站棚19个，铝合金站棚17个，不锈钢站棚59个。1998—2005年，车辆更新速度加快，新增车辆445台，报废201台，净增244台，平均每年净增车辆30台。2005年，共有车辆449台（其中营运车辆428台）。

铜陵市　1986年，仅有运营车辆67台，运营线7条，其中：单车41台，铰接车26台。进入90年代，城市道路建设步伐加快，市政府加大对公交投入，每年都拨出专款用于购置新车，解决公交运力不足矛盾。由于大部分运营车辆已到使用年限逐年报废和新线路开通等原因，车辆缺口仍然很大。鉴于此况，公交公司通过职工集资、在客车生产厂家先提车后分期付款的形式，购进一些新车，基本上满足了日益增长客流量需要。市公共汽车公司，占地6.3万平方米，拥有1万平方米停车场，办公楼和生产车间6345平方米，是一个集营运、保养、修理、广告发布的社会公用事业。1994年，购进14台面包车，首次引入竞争机制，公开对社会拍租承包经营。1996年，推行无人售票运营。1997年，实行社会服务承诺制度，公开接受社会监督。1998年，公交运营线路增加到11条。2001年5月，3路公交线延伸到铜陵县城北。2003年5月，12路公交车开通运营。2004年4月18日，4路公交车延伸至鸡矿，每天开通6次。2005年1月，公交6路线终点站由长江路调度室延伸到长江东路，东村始发，班次不变，线路延长1.3千米。公交7路线调整由磷铵厂延伸到横港，线路延长2.2千米。2005年3月，公交11路线开通全程8.1千米。7月1日起，公交公司对铜陵市70周岁以上的公民凭证在全市范围内实行老年人免费乘坐公交汽车；8月1日起，公交所有线路均实行对现役军人和革命伤残军人免费乘坐公交车。8月6日，公交6路开通首条空调公交线。2007年4月30日，铜陵市公共交通总公司搬迁位于铜都大道北段与铜井路交叉口3579号，占地面积4万平方米。2007年，铜陵市实施“公交优先战略”，市政府投资1500万元，购置44辆大型客车（天然气为动力），投入到公交1路、3路和6路运营。

安庆市　1985年，成立市公共交通公司（以下简称市公交公司）。1988年底，市公交公司拥有公共汽车83辆，大小出租汽车16辆，营运线路8条，总长129.6千米，全年营运收入278万元。2000年年底，公交营运线路14条，营运车辆220台，公交线路总长度200千米，年客运总量1869万人次，营运收入1606万元，运行1464个班次。到

2002年运营线路日班16条、夜班4条。线网长度达231.1千米。日班营运里程共200多千米，基本覆盖全城，夜班营运时间为18：00至21：30。每班次间隔时间10分钟。根据客运需要，另增一些短途专线和晚班专线。此外，为适应公交车辆营运方便，还修建菱湖北路、菱湖南路、黄土坑、火车站和长青5处车场，15处调度站和3处加油站。

黄山市　1987年，仅有公共汽车线路7条。1997年，引进和自筹资金，增购客车，拓展线路，公交线路调整为8条，线路总长由15千米延伸至27千米。2000年起，逐步投入和更新56辆中巴车，增开3条公交线路。2003年，实行对现役军人、70岁以上老人免费乘车。2005年年底，市公共汽车公司拥有营运车辆85辆，其中无人售票大型公交车15辆，中巴公交车70辆。共有公交线路13条，线路总长74千米，101个候车亭，79个站点，年运营850万千米。2006年，构建和完善公交运营管理网络，建设现代化的公交运营调度指挥中心，充分利用GPS卫星定位系统等高科技手段，实现网络化、智能化实时调度。进一步构建和完善公交IC卡营销网络。结合市民出行需求相应调整营运线路，开通市区豪华型双层旅游观光大巴及旅游直通车，所有公交车上安装语音提示刷卡机。建成一批公共交通基础设施，做到公交到学校、到车站机场、到旅游景点，全市城区公交运营线路16条，公共汽车量达96辆。

滁州市　1992年后，公交车辆增至33台，运营线路长80千米。市公共汽车公司为搞活经营，推行内部单车线路承包责任制，公交车辆实行单车承包责任经营。其经营模式成效显著，得到全国公交协会认可，并在全国公交行业推广。2000年，所有营运车辆实行无人售票，票价均为1元。2005年，开通城东工业园10路公交车。2006年，投资购置21台新型低地板、节能、环保大巴车投入运行；开通营运线路10条，方便老城区及城东工业园区市民和职工出行；建成公交IC卡收费系统并投入使用。根据市政府要求，为70岁以上老年人办理免费乘车IC卡，并对现役军人、革命伤残军人、盲人等群体实行免费乘车。2006年，实有公交运营车辆117台，营运线路10条，每万人拥有公交车辆6标台。全部公交车辆安装GPS卫星定位自动报站器，并在城区内兴建样式新颖，美观大方的公交候车亭和停靠站点。

宿州市　2000年，在改革开放政策推动下，宿州市公交公司想方设法搞好经营，拓宽公司服务经营思路，更新车辆，2000—2005年添置新车120辆，特别注重中、大型公交车辆发展，以满足营运需求。为确保车辆营运安全，还投资20万元，添置维修专用设备。2000年，投入营运车辆132台，营运485万千米；2001年，营运车辆142台，营运620万千米；2003年，营运车辆150辆，营运780万千米；2004年，营运车辆165台，营运800万千米；2005年营运车辆175台，营运850万千米。营运车辆增加后，在巩固城市公交客运市场主导地位基础上，积极调整和开辟新的公交营运线路。先后调整延伸9路线，新辟公交11路线和公交13路线，并将公交线路向重点郊区和矿区延伸，线路增加总长度13千米。解决城区部分路段乘车难问题，满足市民乘车需求，亦增加收入。2006年，公司投资1000余万元，购置新车60辆，开辟新线路，先后调整线路走向9条，完成公交车与开发区、政务中心、车站、商场、文化等客流集散点的对接。

六安市　1979年，市公共汽车公司成立，与20世纪80年代兴起的出租车、个体载客三轮机动车以及企业自备车辆，构成城区客运交通四大要素。1991年，公司共有车辆38台，线路发展到17条。1997年购进14辆中巴车，增加公交营运车辆，公司固定资产原值656万元，共有营运车辆50台，发展线路7条，职工450人，年营运收入436万元，公司营运步入良性发展阶段。2006年，公司实有公交营运车辆180台，线路12条，农班线路1条，行驶里程950万千米，客运人次约2300万；公交营运收入2200万元，创利税70万元，固定资产1900万元，比2005年增值15%；10年来，固定资产增加2.9倍，车辆增加3.6倍，公交营运收入增加5.5倍，职工增加2.7倍，人均工资增加5倍多。

2000年，实行70岁以上老人持证免费乘车。2002年，试行公交车定期消毒制度，后推广至全市所有公交车。2003年，发行“本票”，并扩大学生月票发行量，同时在车上安装电子显示屏，提高国有公交服务品位。2005年，所有营运车辆均实行无人售票。2006年，开通公交热线，全面提升服务质量和服务水平。

巢湖市　1976年，市公交公司只有3台车，1条公交线路。1998年，转变经营机制，完善服务、提高效益，公司抓住发展机遇，迈上快速、有序良性发展轨道。2005年，公交运行线路扩展到13条，运行线路长134.6千米。2006年，巢湖公交与辽宁嘉胜集团公司共同组建“巢湖市公共交通有限公司”。企业改制的顺利实施以及民营资本的入注，为企业发展注入新的活力，增强了公交企业发展后劲。依靠科技进步，以及硬件设施的创新和改善，加强技术开发力量和加大资金投入，提高城市公交科技含量，增加技术装备，促进科技成果向现代生产力转化。先后推行无人售票、刷卡乘车，车上配备后门监控系统，车载硬盘播放器以及GPS卫星定位报站器等，确保公交服务更具现代化和时效性。

宣城市　1991年以前，宣城公共交通只有营运车辆10台（标台），出租车10辆，年客运量148万人次。1999年，公交车增至90标台，客运总量增至660万人次，出租车增至400辆。随着城市规模扩大，城市人口急剧增加和文明城市建设需求，城市公交得到快速发展。2007年年底，宣城公交车达到122标台，客运总量达到1010万人次，出租汽车增至733辆。当年起对70周岁以上老年人、伤残军人、盲人实行免费乘车，对市区中小学生实行半票乘车，并推行IC卡制度。

池州市　池州市城市公交公司始建于1991年，原有两家公交企业，一家系原贵池市招商引入合肥今世缘发展有限公司投资成立的池州市贵池区公交有限公司，主要负责1路运营；另一家池州市公共交通公司于1991年6月成立的国有企业，改制前公司拥有2部公交车，资产总计336.21万元。截至2007年，市内公交营运车辆169台，公交线路14条，公交营运总里程达205.5千米，候车亭147座，指示牌165块。

亳州市　2000年建市后，首先开通1路、2路、3路公交车运营，2002年增开5路公交车运营线路，2003年取消1路小公交，全部更新为中巴公交，自动投币，市公交公司统一管理运营。

公交发展政策 2004年3月,省建设厅《转发建设部〈关于优先发展城市公共交通的意见〉的通知》。8月,省政府以第174号令发布《安徽省城市公共客运交通管理办法》(自10月1日起实施)。12月,省十届人大常委会第十三次会议审议批准《合肥市城市公共汽车客运管理条例》。2005年12月,安徽省政府办公厅《转发国务院办公厅转发建设部等部门关于优先发展城市公共交通意见的通知》,明确把加快公共交通优先车道、专用车道建设作为近期工作重点,加大对公共交通基础设施建设投入和政策扶持,建立规范的经济补贴和补偿制度。2006年12月,省建设厅、省发改委、省财政厅、省物价局、省劳动保障厅联合印发《转发建设部、国家发展和改革委员会、财政部、劳动和社会保障部〈关于优先发展城市公共交通若干经济政策的意见〉的通知》。

2006年12月,合肥市被评为全国11个优先发展城市公共交通示范城市。2007年5月18日,合肥市首条BRT投入试运行,投入BRT运营车辆10台,由滨湖新区经徽州大道至原市政府广场的BRT1号专线,全程18.7千米;随后又开通金寨路BRT2号专线,长江路BRT专线即将建成投运;《合肥市城市快速轨道交通建设规划》和建设项目已经上报国家有关部委待批。同时,推动城市公交线路向郊区邻近乡镇覆盖和延伸,合肥市有一半的镇开通了城市公交车。

2007年9月,省建设厅认真组织并重点指导合肥、芜湖、蚌埠、淮南、马鞍山、安庆等6个承诺城市,成功举办中国首届城市公共交通周及无车日活动(全国109个城市向建设部承诺组织开展此项活动),省领导、省建设厅领导和6市市委书记、市长亲自带头参加,广大市民和社会各界积极响应,从而呼吁全体公众对于城市交通问题的关注,扩大了公交优先发展战略理念的宣传和影响。

国家扶持政策 城市公共交通企业因执行低票价政策,承担月票和现役军人、革命伤残军人、因公致残的人民警察、盲人、二级以上肢体残疾人和70岁以上老年人免费乘车等社会公益性服务和政府指令性任务,一直处于政策性亏损运营,为此,当地政府每年给予适度财政补贴。截至2007年,全省22个设市城市公交企业累计亏损超过3亿元,地方财政实际补贴1.3亿元,中央财政燃油补贴2.74亿元。自2006年中央实施成品油价格形成机制改革和燃油税费政策改革后,中央财政对城市公交行业燃油价格上涨部分给予全额补贴。2006年、2007年,全省城市公交得到中央财政燃油补贴专项资金分别为7288万元、11602万元。由于中央财政对城市公交燃油有专项补贴,保证了安徽省城市公交运营稳定和行业稳定,为进一步推动公交优先发展战略实施奠定了坚实基础。

第九节 城市照明

1986—2007年,随着改革开放政策继续深入,城市快速发展,城市照明路灯数量增加,照明光源改进,节能环保意识提高,城市夜晚更加亮化美化,城市形象和品位得到提升。

路灯建设

新中国成立前，全省城市照明极为落后，仅有道路照明路灯 2524 盏。新中国成立后，城市照明由白帜灯逐步取代了煤汽油灯历史。20 世纪 60—70 年代，路灯建设加快，1986 年以来，城市照明面貌焕然一新，照明光源从白炽灯逐步过渡、发展到高压汞灯、高压钠灯以及汞灯和白炽灯、汞灯与钠灯的混合光源，增强了照明效果。不少城市对道路照明灯型、灯臂、灯架亦进行了改进；灯具灯架不再依附电线杆，独立设置，材质各异，以金属杆为主，灯具灯架造型多样，不仅为路灯架设提供方便，也增加城市美感。

合肥市　从 1986 年开始，路灯建设逐步加快，至 2007 年，路灯建设已初具规模。以寿春路改造为起点，配合道路建设，相继完成长江中路等 11 条老城区主次干道道路的路灯改造工程。1996 年，全市路灯已有 1.2499 万盏；1996—2005 年，路灯建设快速增长，10 年时间新建路灯盏数超过新中国成立后 40 多年路灯的总盏数。相继改建胜利路等 9 条道路的路灯，新建蒙城北路等一大批道路的路灯工程。总计新建灯柱 744 柱、路灯 1417 盏。2005 年，路灯已达 3.12 万盏，新增路灯 1.8665 万盏。与 1996 年相比，增长了 1.49 倍。市区主干道、大部分次干道以及 2004—2005 年改造的 300 余条小街巷的路灯已全部达到国家一级照明标准。

1986 年以前，路灯“有灯无身”，全部借用供电部门的水泥杆栖身。1987 年首次采用专用圆杆金属灯杆后，市区 100 余条主次干道先后改造成六棱、八棱热镀锌金属杆。灯杆总数达 8000 余柱。从此，路灯不再依附于供电部门的电杆。路灯灯具、灯架也发生了很大变化，灯具、灯罩由最初的搪瓷、玻璃发展到各种金属复合材料制品，灯罩由过去敞开式发展到有机玻璃和钢化玻璃。1987 年开始，路灯灯具品种由单一琵琶单挑灯发展到敞开式球形灯、比利时式、双挑奥斯特纳式灯、飞碟式、双挑方箱式灯、双挑菲利蒲式灯、隧道灯（地下通道）、投射灯（立交桥）等多种灯具，其形状多姿多彩，造型各异。

1986 年以后，高压纳灯逐步成为主功能光源，2005 年，高压钠灯已达 22.4195 万盏，高压汞灯降至为 2405 盏；2004—2005 年，在部分道路开始安装第四代光源路灯——金属卤素路灯，其显色性，光效节能明显增强；灯泡功率由以前的 50 瓦、100 瓦上升到 400 瓦、1000 瓦以上，大大增加了照明亮度；同时在环城路改装了 LED 绿色节能环保灯，颜色柔和，具有一定装饰功能。

芜湖市　1986—2007 年，城市路灯发展较快，至 2007 年，全市路灯总线路 285.6 千米，开关箱 132 座，路灯 1.0876 万盏，总功率 1962 千瓦，灯杆 2999 根，总功率 1547.62 千瓦。随着城市道路逐年拓宽和改建，城市道路两侧高层建筑群也随之增多。为营造色彩斑斓、富有动感的城市夜间形象，继中山路步行街实施灯饰亮化后，先后对城区主要道路两侧高层建筑、广场、风景区、桥梁、防洪墙及宝塔等实施亮化，初步形成以城市繁华中心区为主体的灯饰亮化体系，使夜幕下的江城更加靓丽多彩。对路灯光源不断更新换代，高压钠灯因其使用寿命长、光效高、光照度均匀、透雾性强而被广泛采用，

2002年，全市路灯使用高压钠灯6053盏。

1986年前，路灯安装是与供电线路同杆架设，1987年以后，在城市道路改造过程中，路灯杆与供电线路杆分开，以金属杆为主。1988年，市区养护路灯线路长133千米，布线方式是架空、地缆并用；架空导线长114千米，地缆导线长19千米；路灯3436盏，灯型为普灯、钠灯、汞灯；路灯杆338根，杆型为钢管灯杆、木杆、水泥杆。2000年，公用杆2214根，专用杆2822根，市区54条主要道路路灯基本是专用杆，部分小街小巷为同杆架设。1987年以前路灯线路布线方式是架空布设，1996年以后，随着城市道路改造工程全面展开，架空线路全部改为地缆埋设。

蚌埠市　1986年，市区共有路灯3240盏，之后几年随城市建设需要，先后进行涂山路、胜利路、朝阳路等路段路灯新建改建工程。1990年，市区路灯增加到4767盏。1993年开始实施绿色照明工程推广使用节能灯具。1995年后，路灯新建改建步伐更快，胜利路、东海大道、淮河路、工农路、长征路（华光大道）、凤阳路、圾阳路等主干道路灯陆续得到改造，并同步实施火车站广场、珠园、角园、梧园、淮河游园等灯饰亮化工程。1998年，市区路灯达11171盏。2001—2005年，路灯使用节能灯的比例达76%，各式新灯具如轮廓灯、草坪灯、射灯等陆续出现。开工建设胜利路槐花景观灯76柱8208盏，使胜利路主要路段夜间观瞻与美化效果得到提升。是年市区路灯，增加到23412盏。路灯建设改由市城市建设投资公司主要负责运作，开始对市区支路和小街小巷道路路灯作大面积改造。2005年年底，不包括新城区、高新区、淮上区，市区路灯共26089盏，是1986年的8倍。

1986年，市区路灯有架空线128千米。翌年起，在增加架空线同时，开始铺设地下电缆线，以逐步净化城市上空。后线路向西沿涂山路延伸至八里沟，向北沿解放路延伸至淮河公路桥，向东沿淮河路、凤阳路延伸至东圈堤，向南沿朝阳路延伸至陶店。1990年年底，路灯架空线路长152千米，电缆线路长9千米。1995年，随着城市建设框架拉大，路灯线路向西沿胜利西路延伸至黑虎山路，向南延伸至长征南路，向东、向北也有所延伸，主干道线路逐渐被改造成电缆线路。1998年，市区路灯线路电缆线长度首次超过架空线路，长96千米，占总长度的55.8%。2001年起，进一步加快老城区路灯改造，并将线路向西南延伸至合徐高速公路入口处，向东南延伸至大学园区。2005年，市区路灯线路不包括高新区、新城区、淮上区，计有电缆线长219千米，架空线长14.2千米。

1986—1990年，城市主次道路照明光源以高压钠灯为主，功率以250瓦居多，少量150瓦、110瓦。街巷小区照明光源以白炽灯和汞灯为主，功率以60瓦、125瓦居多。1990—2002年，城市主次道路照明光源以高压钠灯为主，功率以250瓦居多，少量400瓦、150瓦、110瓦。街巷小区照明光源以汞灯为主，功率以125瓦居多。2002—2007年，城市主次道路照明光源以高压钠灯为主，功率以250瓦居多，少量400瓦、150瓦、110瓦。街巷小区照明光源以节能灯和金卤灯为主，功率以45瓦、110瓦居多。景观照明光源以节能灯为主，功率以14瓦居多。

淮南市 1986年后,以洞山路等为代表的城市主干道得到新建、扩建和改善,与此相配套的路灯建设亦同步进行。截至2007年年底,全市共有路灯线路103条,线路总长282.72千米,灯杆5386柱,路灯13623盏,其中钠灯9894盏,汞灯438盏,节能灯1821盏。

20世纪80年代以前,全市路灯光源主要为高压汞灯、白炽灯、混合光源灯等。从20世纪80年代起,推广使用高压钠灯。进入"七五"(1985—1990年)计划时期,为让城市亮起来,创建美好城市夜景,路灯逐步更新为110 ~ 400瓦钠灯,灯型有琵琶灯等多种。全市路灯光源经逐年更新后,其显色度,光照度,照明质量明显提高。光源以高压钠灯为主,节能美观。

淮北市 1963年下半年,淮北矿务局在淮海路相山会堂前和市供电局门前安装了两盏250瓦汞灯,故有"一条马路两盏灯,一个喇叭两头听"之说。1990年年底,市城区安装路灯1443盏,路灯网络基本形成。1991年. 在东山路(东岗楼至爆破研究所路段)安装94盏V型双排挑路灯;1992—1993年,为彻底改造淮海路的面貌,市市政工程管理处成立路灯管理所,市政府拨款110万元,对路灯进行改造。由原来的单排单挑改为双排双挑设置,架空电缆改为地埋线路,完成安装路灯115柱542盏。每到夜幕降临的淮海路,整个道路灯火通明,如一条彩色发光的珍珠,镶嵌在煤城的夜空中,集照明与观赏于一体,蔚为壮观。同时,在鹰山南路安装单排反弓型17柱、花园路安装六角双挑式9柱18盏、相阳路东侧安装双挑杆式49柱98盏、相杜路安装圆球双挑型67柱134盏,洪山南路安装单挑混光型6柱。2007年,对康复路、教堂路等14个背街巷道安装路灯41柱,简易灯21盏。使沿线近千户居民受惠。

20世纪90年代前,路灯建设初期使用汞灯,随着科技进步,政府越来越重视节能,路灯逐渐改用节能灯、高压钠灯,之后使用LED、无极灯、金卤灯。

马鞍山市 1988—1995年,路灯建设开始发展。1996—1999年,改造路灯2568盏。进入2000年后,城市大发展拉开帷幕,路灯建设节奏明显加快,投入在城市亮化上的资金每年以20% ~ 40%速度递增。路灯的灯具灯型不断变化。金属灯杆完全取代了木制灯杆,灯架有双臂悬挑灯、单挑灯、花灯、庭院式步道灯等。新装路灯的线路,绝大部分采用地下电缆铺设。在灯具的选配上十分考究,形成一路一景。2003年,地埋线全长达178千米。至2007年,全市路灯已有1.4万多盏,照明线路总长达205千米,在满足城市亮化需要基础上,朝着美化城市方向发展,促进城市品位提高。

铜陵市 1986年开始,在旧城改造,建设城市道路同时,对城市照明建设投入大量资金。802盏路灯分布在市中心的各条道路上。2000年,全市18条主干道路有6条道路兴建安装路灯,其余12条道路全部进行路灯重新改造;12条次干道有9条道路进行新装路灯或改造;全市13条支路,在已建成小区的6条道路上进行路灯更新或新装路灯。在路灯建设中,改变以往依托供电局,利用供电杆安装路灯。这不仅影响亮度和美观,主要还受供电部门的制约,不利于路灯管理和维修。到2000年,全市主干道、次干道全部实现独立路灯杆，并按规划要求铺路灯专用线路，仅在部分支路仍依托供电杆。至2007年，全市路灯总计4923盏，比1985年增长5.1倍。全市路灯立杆1736杆，线路总长81.71千米，其中：地下埋设电缆线64.73千米，架空线16.98千米。照明光源采用高效光源，更多使用钠灯汞灯及其混合光源。既增加亮度又节能，提高照明效果。

安庆市　1981年成立路灯管理所，负责全市路灯设施管理与维护等。1988年，全市共有路灯1880盏。路灯线路全长65千米，亮灯率97%。1994年年底，路灯为2524盏。其后在人民路中段安装不锈钢庭院灯24柱120盏，在人民路广场转盘处安装8柱四火中杆灯32盏，在龙门口安装三叉圆球路灯45盏，在吴越街安装彩虹式跨街路灯4跨合计454盏，在安庆大酒店附近新装不锈钢三叉圆球灯53柱159盏，在菱湖北路新装不锈钢四叉鲁纹灯45柱180盏，8柱两叉鲁纹灯16盏。1997年年底，城区共有路灯4582盏，线路96千米，开关52处。1998年，新装路灯583柱1180盏。2000年，新安装路灯284柱计581盏，其中宜城路安装帆船型路灯90柱，还安装了其他品牌路灯。至2007年，市区路灯总量达1万多柱3万余盏。路灯光源有钠灯、LED、全卤灯、汞灯，以高压钠灯为主要光源。全市287条道路和小街、巷灯型多达几十种，杆高8～12米，间距30～35米。

黄山市　1995年，中心城区增加路灯密度，更新灯型。在路灯设置中注重景观照明，自1998年起，在前园路、黄山西路安装24架拱型（龙门架）彩灯，夜晚成为一条亮丽的风景线。1998—2001年，新增和改装路灯988盏。此后，在中心城区主要路段和主要交通桥梁实施“亮化”工程。着重体现徽派建筑特色，沿江护栏“亮化”注重体现新安江自然景观。在屯光大道设“迎客松”彩灯，表达黄山人民热情好客心情。2007年，中心城区有路灯1.2万盏，其中节能灯2108盏，保证亮化率达98%以上。

滁州市　1984年，路灯管理站成立，在琅琊大道、滁乌路交叉口建起城区第一组（也是安徽省第一组）28.5米的高杆灯。1987年，路灯线路发展到44条，线路长25.405千米，路灯764盏。1988—1991年，路灯盏数发展到1359盏。1992年撤地设市后，路灯建设快速发展，路灯建设快速发展，到2007年年底已达15523盏，较1993年前增长76%，另增加三组30米的高杆灯，路灯专用线路发展到279.4千米。路灯灯型丰富多彩，世纪之星、棕榈灯、梅花灯、彩球组合灯千姿百态。

2005年前，路灯安装多以电线杆为主，2007年年底，全市路灯设专用线路279.399千米，其中：地埋电缆190.3千米，架空线路80.9千米，路灯无线监控点46处，路灯控制柜108台，专用电表222块，专用变压器20台。

阜阳市　20世纪80年代，阜阳市城区路灯总数为654盏，种类较为单一，主要为白炽灯，造型上也很单调，多为圆型。其后20年间，阜阳城区在路灯照明设施上加大了投资力度，不仅增添路灯，在广场、景点也增添很多照明灯。路灯在数量上从1987年654盏增加到2007年9701盏，种类上从以前单一白炽灯变成高压汞灯、钠灯等多种类型，造型上从以前单一圆形变成琵琶型、玉兰型等多种，色彩上也从以前单一色彩增添为五颜六色。路灯作用也不仅仅局限于照明，更多地融入景观之中，与各种城市建筑、植物、水体共同构成城市景观。

六安市　1986年，对全市路灯又进行一次全面检修。全市路灯317盏，线路总长18.5千米，历年总投资45.8万元。随着道路建设加快，路灯建设进入发展新阶段。2007年，全市路灯线路长近70千米，路灯9428盏，路灯完好率在95%以上。

宣城市　1982年以前，城市路灯由供电部门代管，1986年移交城建部门管理，有路灯370盏；至1991年，宣城市区有路灯1031盏。2006—2007年新增路灯7200余盏，灯杆约3100杆。为与道路建设相配套，市区路灯总数迅速增长，至2007年道路照明灯达到9703盏，景观灯3万余盏。完成89条背街后巷亮化工程，实现路灯亮灯率96%以上，主要街道亮灯率在98%以上，光源全部为高压钠灯。

池州市　20世纪90年代末，城市主城区路灯达到3.7万盏。2000年，池州市路灯数量达到2200盏，870杆，路灯控制箱28台。撤地建市后，池州市加大对城市路灯建设投入，先后完成杏花大道、清溪大道、齐山大道、九华山大道等路灯安装。至2005年，主城区路灯数量已达1778杆、7200盏，路灯控制箱70余台。2006年后，池州市城市路灯建设快速发展，先后完成长江路、石城大道、杏花大道等多条道路路灯安装，至2007年，主城区路灯达到3888杆，16192盏，路灯专用变压器21台，电缆长度约200千米。

宿州市　1997年，在市政道路建设同时加强路灯建设，改造安装路灯298柱，华灯8柱。2000—2002年，先后完成道路配套设施和宿怀路路灯改造工程，更新安装170柱造型新颖、美观大方的新式路灯。2005—2007年，完成银河三路、宿怀南路10条道路路灯安装，共1000多柱，累计投资385万元。

巢湖市　路灯建设随着道路建设同步发展，保持城市亮化、美化。

亳州市　路灯安装和城市道路建设同步进行，2005年以来，亳州市路灯事业紧随新城建设、老城改造的步伐进入快速发展期，至2007年全市路灯达到23000余盏，道路亮化率达98%。新建路灯全部使用新型光源，老城区部分路灯全面更换了新型光源，做到低碳、绿色、环保、节能。

2007年年末，全省已安装路灯道路5592千米，道路照明灯盏数发展到41308万盏。

节电与管理

1986年以后，城市发展，路灯增加，用电也不断增长，为了节电，各市采取措施控制路灯照明时段，如安装节能柜，推广微机监控系统等，在保证城市照明亮化、美化同时，做到节能降耗。

合肥市　从1986年开始，在设计路灯时，采用上半夜照明满载，下半夜半载，路灯控制采用全夜灯、半夜灯、节日灯的控制方式。1990年开始，在路灯设计时考虑路灯灯具内的电器配置，增加路灯电容器，大大降低无功损耗。1991年，开发有线监控系统，1997年，研制成CAN现场总线控制系统，2000年，开发推广微机监控系统，同时保留原来的手动控制方式。1995 年，一环路路灯建设，首次单独架设路灯专用变压器。此后，多条道路路灯建设中均采取该措施。1999 年，建室内变电站一座。2002 年，在市郊道路安装节能柜。2004 年，开发城市路灯节电系统，并逐步推广。2005 年后，安装节能柜 80 台。市管道路共架设路灯专用变压器 55 台。随着路灯用电需求逐渐增长，加强路灯的节电工作。

蚌埠市　1986 年，市区路灯控制已使用机械式石英控制钟（非智能方式），总控制室和总开关有专人负责，可根据季节按夜间时间长短，适当调整启闭时间。1995 年后，智能化方式初期产品——电子式微电脑控制仪逐步代替机械式石英控制钟。1998 年开始采用智能化控制较为成熟的产品——微电脑式经纬控制仪，该产品可根据所在地的经纬度，自动调整路灯启闭时间。2005 年，开始建设路灯照明无线监控系统，首期主要建设主控机房，并分别建设 15 个终端监控点。该系统是集控制与监视为一体的光、时控结合的高端路灯控制方式。

淮北市　2000 年以来，淮北市路灯节能采取优化控制手段，安装节电器，节能达 32% 以上；安装 5 台功率补偿器，提高功率因数达 90%，有效减少无功功率；安装 HID 大功率电子调光镇流器，能够在上半夜、下半夜的不同时段进行自动调光，从而节省电能。并采用智能终端机控制路灯，进一步提高路灯开关时间的精确性，减少电能浪费。路灯控制主要分远程终端控制和微电脑控制仪控制，终端自动巡查报警对出现大面积断电和事故时，会自动警告值班人员，做到及时维修和路灯节能。同时科学安排“全夜灯”和“半夜灯”。对部分负荷大、夜间行人车辆少的主次干道实行“半夜灯”方式，以满足道路基本照明要求为标准，每晚下半夜只开一半路灯。

滁州市　为提高路灯现代化管理水平，建成路灯控制中心。研制开发安徽省第一台“路灯无线监控系统”，填补安徽省空白，将传统被动巡灯制度改为值班制度，确保路灯线路正常运行，路灯亮灯率 96%，节电 39.5%。

芜湖市　1986—2007 年，在路灯快速发展的同时，也加强了节电和管理，城市路灯的灯型和光源变化较大，管理和控制方式也逐步得到改进。路灯灯型由原来的敞开式改为现在的密封式，减少了灯的眩光。路灯控制方式也由人控制发展为钟控、微电脑控制。

淮南市　20 世纪 80 年代起，加强了路灯建设，同时在路灯启闭方式上采用光电控制器，电子自动控制设备，随自然光线而变化，充分利用自然光照，进一步达到准时、节能。

马鞍山市　2000 年后，在路灯控制上，采用电脑控制，由电脑直接设定路灯开启关闭时间，以达到节电目的。

铜陵市　1988 年成立路灯管理所，进一步加强城市路灯管理。安装控制装置，变推闸刀控制为光控、时控和光时控。并拥有升降高度为 15 米、8 米高架车，提高了安装、维修速度。15 年来，在投入资金新建、改造路灯的同时，进行市区灯饰工程建设。沿街建筑物，有条件的单位都安装各式灯箱，霓虹灯等，美化、亮化铜陵。1995 年，“以开发开放铜陵，增誉古铜都”为主体，编制灯饰方案，于当年 12 月 26 日正式亮灯。

黄山市　1995 年起，在路灯建设时，即注意更新改造和维修管理并重，增设镇流器 2384 只，触发器 3977 只，节能灯 2108 只，做到亮化、节能。

六安市　1999 年，六安建市后，城市建设加快，路灯建设也快速推进，与此同时，加强路灯管理，主干道路灯要有故障，修复时间不超过 24 小时，次干道不超过 3 天。

宣城市　2006—2007 年，新建路灯无线智能监控系统并投入使用，将过去钟控开关变成光控开关路灯、景观灯，不仅省时省力，而且较以前更加节电、更加人性化，并不断加强路灯维修工作。

池州市　1991 年，城市路灯管理由供电部门移交至城建部门，成立路灯所，当时路灯仅 163 盏，一台石英时间控制箱，后成立专门机构，明确亮化范围，坚持规划引导，按照建设标准，统一实施。2007 年，建成照明监控系统，实现对主城区路灯和景观灯远程集中控制，具备遥控、遥测、遥信、遥调、遥视五项功能，达到提高城市照明科技管理水平和绿色照明节能功能。

安庆市　为进一步提升城市道路照明管理水平，安庆市于 2001 年开始会同电子工业部第五十研究所共同研制完成了路灯无线监控系统的建设，于 2002 年 9 月开始投入运行。数字化管理系统运用 GPRS 控制方式，采用 GIS 平台，使用 GPS 定位系统，实现管理对象的精确定位和照明管理的流程化，实时测量电压、电流数值、自动报警以及巡测、选测功能，使调度人员可以在故障发生后及时了解故障的地点和状态，为及时进行修复提供了有力保障。数字化系统实现精准、高效、全时段、全方位覆盖的城市照明管理，成为全市数字化城市建设中的重要组成部分。

阜阳、宿州、巢湖、亳州等市亦都加强路灯管理，主要是控制开关和检查维修，达到既亮化又节电。

“十五”（2001—2005 年）计划期间，全省城市道路照明大力推广绿色节能环保照明新光源，实施照明工程智能控制系统。2004 年，合肥市环城公园景观照明获建设部首批“十大绿色照明示范工程”称号。

第十节　城市防洪

20 世纪 80 年代开始，各市抓住经济不断发展机遇，大力实施防洪工程建设，合肥、安庆、铜陵、芜湖、马鞍山等城市，设置防洪工作机构，提高设防标准，对堤防、排涝设施进行修筑完善。

防洪举措

新中国成立前，安徽省城市防洪、排涝能力几乎为零。新中国成立后，各级政府加大对城市防洪工作力度，成立组织，兴建防洪工程，兴建、扩建排涝设施，不断提高城市防洪能力和水平。

合肥市　1984 年 10 月至次年 7 月，全市 30 万党政军民共挖运土方 15 万立方米，修筑防洪堤（墙）4.4 千米，改造跨河阻水桥梁 4 座，兴建、扩建排涝泵站 7 座，排涝能力增加到 41 立方米 / 秒。以后又陆续对南淝河亳州路桥以下 1.1 千米段河道进行疏竣拓宽治理，使老城区、东区形成一个较为完整的防洪封闭圈。同时对环城河、南淝河、二里河等市区河道进行清淤清障和河道改造，对防洪堤进行加高加固、护砌边坡。达到 20 年一遇防洪标准，其中老城区（5.2 平方千米）达到 50 年一遇防洪标准。1991 年大水以后，对已经形成的防洪体系进行完善和投资建设，使设防范围由 24.5 平方千米扩大到 40 多平方千米。1996—1998 年，采取“统一规划，综合开发，引资治水”办法，对二里河中下游段进行全面综合治理，使沿河两岸近 10 万居民告别了年复一年的水灾忧患，提高了城市整体防洪标准，同时也改善了周边环境。1998 年以来，积极争取城市防洪综合治理重点工程项目投资，继续对南淝河及其支流板桥河和二里河、史家河等部分地段进行综合治理和对已建防洪设施进行完善和投资建设。2003 年，大房郢水库全面建成并投入使用。至 2005 年年底，疏竣市区河道 20 多千米，修筑堤防 32.85 千米，兴建泵站 31 座。城市防洪标准提高到 50 ~ 100 年一遇。

蚌埠市　蚌埠市地处中国南北分界线，淮河穿城而过，防汛任务较重。为确保城市安全度汛，城建、水利、农委、气象等部门实行联动。在市防汛指挥部的统一领导下，加强与防洪相关单位联动，实现信息、资源等共享。在每年汛期到来之前，制定防汛方案，明确组织领导和各单位的责任，加强应急演练，提高实战能力。并加强地下防洪设施建设与管理。1986—2007 年间，共计建成城市排水雨水管网 420 千米，新建和改造雨水排涝泵站 14 座，管道直径为 400 ~ 2000 毫米，设计标准为 1 年重现期，老城区部分路段只能达到半年重现期。

蚌埠城市建设的快速发展，带动了城市排水设施的更新改善。1986—2007 年间，还改扩建了部分旧站，拆除了部分旧站，在原址建设了新站。总装机容量由 1986 年的 2395 千瓦增加到 5781 千瓦，抽排能力由 1986 年的 11.07 平方米 / 秒增加到 47.09 平方米 / 秒。每年汛期来临之前，认真组织防洪设施管养单位修缮装备，清理管道，储备物资。防洪排涝能力得到大幅度提升，在抗击淮河 1991 年和 2003 年特大洪水及淮河主汛期城市防洪排涝中发挥了巨大作用。

铜陵市　城区防洪圈从羊山矶到铜陵县城关镇余家桥，长江岸线长约 12.2 千米。经过多年对防洪堤修建，已形成横港防洪堤圈，新民圩堤圈和铜陵县城关堤圈。根据天然分水岭及多年排涝所形成的管网、渠道、流向，城区已形成七个排水区。城区雨、污水都是通过合流制管道、干渠就近汇流排入长江。以自排水为主，机排为辅，分片治理的原则。汛期长江水位较高时，大部份排水区利用泵站排江。城区现有排涝泵站 8 座，总装机 32 台套，总容量 2550 千瓦，排涝流量 26.74 立方米 / 秒。

设立城区防汛指挥部研究部署每年城市防汛排涝预案，由各单位、各泵站负责各自辖区的防洪排涝工作，统一调度和协调管理。主城区排涝标准为10年一遇，二日内排出。确保汛期机泵、涵、闸运作正常，在发生设防标准内的雨量时，确保不发生内涝。每年从三、四月份起，着重对市区下水道、雨水口不间断，反复疏通。对主干渠和泵站蓄水池进行清淤，确保排水畅通。对泵站设备维修保养，一遇险情及时开泵排涝，确保汛期安全运行。每年5～9月组织24小时防汛值班，及时掌握汛情动态，督查各泵站设备运行状况和各单位辖区内防洪排涝工作。组织专业人员成立抢险突击队，保证所有专用设备完好，备足防汛物资，及时调度使用。

安庆市　20世纪80年代开始，为解决城区防洪、排水、排污问题，对新城区道路埋设地下排水管线，逐步形成地下排水网络系统。城区排水系统由干管、支管、河塘、泵站4部分组成。主要排水设施有：沿江排水泵站4座，通江涵闸7座，总装机14台套，1984—2003年，扩建、新建金家闸排涝站、大南门泵站、同安河泵站等。泵站污水排放专用干管4.7千米及城区道路的其他排水、排污设施，是老城区雨污水排放的主渠道。

黄山市　1987年开始，经过历年修筑，屯溪新安江防洪驳岸总长度为3450米基本竣工。1995年建设华山路，配套建设华山路防洪护岸。1997年开始，相继建成横江沙洲防洪护岸，长850米、高9米；滨江东路一期防洪护岸，长1512米、高9米；滨江东路二期防洪护岸，长1307米、高9米。该工程完工后，不但消除城北东区水患，还造地4公顷，为建设世纪广场和滨江游园提供建设用地。2005年，中心城区防洪护岸总长20千米。

巢湖市　1980年，城市防洪排涝管理站成立时装机容量330千瓦，设计排涝流量每秒3立方米，机泵6台，排涝保护面积2.99平方千米。1991年改造扩建，到1998年总装机容量扩大为804千瓦。1999年，接收中心城区周边街道办事处7所农田排灌站，1所换水站，新建1所铁路立交泵站。2003—2005年，防洪排涝设施标准进一步提高，先后投资改造2所外排泵站，1所换水站，1所内排泵站，使巢湖市防洪排涝能力有了一定提高。2005年，已有泵站13所，装机33台，总装机容量2921千瓦，供电变压器10台，实际排涝流量每秒24.52立方米，排涝保护面积18.11平方千米。保护范围分为5大片区，沟渠8条，总长17.6千米，铺设排水管网14.283千米。

宣城市　宣城是一个洪水多发地区，近500多年来出现大小洪涝灾害160多次，平均每3年多一次。为提高城市防洪能力，1983年洪灾后，由省拨款4.8万元堵口复堤，宣城市拨款3.8万元、城关镇集资1万元，重建北门街头大闸。1992年，宣州市政府立项总投资2261万元，建设宛溪河防洪工程。1996年后，陆续修建建防洪墙600

米和装机65千瓦排涝站及济川桥组合式钢闸各1座。截至2007年，结合排水、排污，市区共铺设排水管网24.47万千米。

芜湖市　1991年，特大洪涝灾害，芜湖市排涝服务区在6～7月份出现27处积水。大水过后，为改变城市排水基础设施严重滞后现状，决定用两个“五年计划”时间，投资建设防洪排水设施，结合城市排水修筑城市排水管网和泵站，建设城市防洪堤98.05

千米，满足城市防洪排涝需求。

淮南市　淮南市地处淮河中游，市区内河道全长87千米，南高北低，易受洪涝灾害。1991—2000年，对全市5大片16个排水区进行系统治理，新建泵站3座，装机2900千瓦，新增排水流量16.24立方米/秒，新增排水管道78.51千米。排涝站16个，总装机1.4332万千瓦，总排水能力为80.13立方米/秒，服务面积137.46平方千米。2001年，一、二期城市防洪墙工程建设基本完成，城市防洪墙工程总长计1.638千米，总投资6700万元。2005年，对龙王沟泵站前蓄水区进行大规模清淤和改造，共清除淤泥10多万立方米，新建溢流坝3座，泄洪闸1座，大大增强改蓄水区对城区汇水调控能力。2006—2007年，编制防洪规划，防洪标准不低于200年一遇，主城区的排涝标准为20年一遇。

淮北市　在城市防洪中，主要是加强排水设施建设，在道路修建同时，就近建设路旁排水沟渠、排水管道、安装雨水井和检查井，同时修建排水泵站，尤其是立交桥排水泵站，加快城市防洪排涝。

阜阳市　2005年后，城市道路建设时，加强主次干道排水干道建设和改造，完善城市排水网络设施，增强排涝能力。

宿州市　2000年3月，成立宿州市排水公司，制订排水规划，加强排水管网、泵站等设施建设，负责全市排水和防洪排涝管理。

滁州市　1986年建成投入使用了滁州市清流路立交桥泵站，打通了清流路东西走向，穿越津浦线的雨水通道。泵站总装机容量为60千瓦，总设计流量为0.6立方米/秒，汇水面积0.6平方千米。1992年建成投入使用了滁州市面粉厂泵站，主要解决城河小区等低洼区及易涝区的内涝问题。泵站总装机容量为240千瓦，总设计流量为3.3立方米/秒，汇水面积1.56平方千米。2007年开工建设了滁州市湖心一站，主要收集排放滁州市城东工业园区的汛期雨水。泵站总装机容量为1260千瓦，总设计流量为19.2立方米/秒，汇水面积11.5平方千米。2007年年底，滁州市规划设计了西南撇洪沟，主要拦截滁州市西面的山洪。

六安市　1999年撤地建市后，在城市道路建设快速推进同时，制定防洪排涝规划。充分利用淠河上游、大别山区建有的响洪甸、佛子岭、磨子潭三大水库的蓄水能力，对汛期洪峰进行控制。对在水库以下，横排头枢纽以上，尚有1130平方千米和淠河总干渠两侧297平方千米的花水，横排头滚水坝只能作有限控制，在水位过大即翻坝而下，泻入淠河，低洼地段常受洪水内涝灾害的问题。在规划时，将城市防洪设计标准采用20年一遇的洪水位，流量4210秒立方米，水位39.42米。将两岸河堤设计标准和施工统一规划设计，功能上以堤防为主。同时对大雁河和苏大堰贯穿新市区的两条支流水系走向进行改变，实行人为控制，变害为利，并拓宽河道，辟建消防通道。苏大堰结合环境保护，防洪排涝实行综合治理，疏道畅流，改造桥涵，裁弯取直。解决多年积涝成灾的老大难问题。

池州市　池州市（主城区）城市防洪工程主要由防洪、排涝和清溪河引水三大体系组成。主城区防洪体系由东南湖江堤、白洋河堤、平天湖堤及池口防洪工程组成，堤防工程全长15.81千米，其中城区江堤（二级堤防、长2.87千米）、白洋河堤（二级堤防、长7.22千米）、白沙湖堤（三级堤防、长4.15千米）和池口防洪墙（三级堤防、长1.57千米），堤防上有相应穿堤建筑物11座，其中下清溪闸为沿江中型涵闸，设计流量131立方米/秒。主城区排涝体系为杏村、南湖、平天湖（原白沙站）、池口4座排涝泵站（总装机22台5270千瓦，排涝流量56.91立方米/秒）和总长51.54千米的排涝沟渠（干沟34.26千米、支沟17.28千米）及25座渠系涵闸组成，其中平天湖站、南湖站和池口站为新建泵站，杏村站为技改泵站。排涝总面积为120.61平方千米。清溪河引水工程包括橡胶坝长60米、充水泵房1座、暗渠与明渠、控制闸工程等。

1986—2007年期间，池州市成立城市防汛抗洪指挥部，并出台实施《池州市（主城区）城市防洪应急预案》《池州市（主城区）小区排水应急预案》等，城市防洪工程不断有序实施。1991年，以民兵大会战方式，对平天湖大堤加高培厚，稳固堤防。1995年，处理管涌3处，开挖导渗沟710米，加固老河口横埂，完成土方2万立方米，投资20万元；提前对平天湖进行了分排，抽排水量500万立方米，水位预降0.4米。1996年7月，长江流域大水，最高水位达16.23米，组织近400民工对平天湖堤低洼处挑土加高。同时组织城区军民8000余人对平天湖堤全线加高0.5米。防止城区水涝。1998年，长江全流域大水，城防指挥部决定构筑下清溪闸养水盆，封堵五孔闸、引江水抬高闸下水位，减小下清溪闸内外水位差；封堵江堤五〇七穿堤道路；封堵云子畈闸；同时封堵白洋河堤内侧居民冒沙水井3口；处理老河口管涌群2处；加高培厚小江堤150米，确保小江堤安全稳固。1999年3月，利用水利国债开工建设防洪工程，2003年8月竣工。先后加固堤防14.24千米、新建防洪堤0.49千米、新建防洪墙1.09千米，填塘固基14.24千米，混凝土护坡5.6千米，锥探灌浆13.94千米，新建和加固穿堤建筑物9座，城防水利国债工程共完成投资13914.02万元，其中堤防工程完成投资10962.04万元，泵站工程完成总投资2951.98万元。由中央投资8291万元，省级配套400万元，转贷拨款58.7万元，余下为地方自筹，投资主要来源于国债资金。经水利国债工程建设后，城市防洪保安能力显著增强，更好地保障城区人民生命财产安全。1999—2005年期间，平天湖堤先后由6米拓宽至7米，然后加宽至9米，最终拓宽至11米，并全线加高，有力保障了平天湖防洪安全。2003—2004年，完成清溪河治理长4.01千米，主要包括河道渠底清淤，两岸块石护砌，共完成国家投资投资505万元。同时，市政府自筹资金，打通了南门大转盘和农科所两处拦河坝，确保清溪河水系畅通。2005—2006年8月，完成云子畈引水渠道工程，主要包括长2120米引水渠道的开挖及护砌，交通桥1座，农用桥2座，人行栈桥5座，排水涵洞41座，铸铁管渡槽8座，机耕路2127米，沉螺池1座。共完成投资402.4万元，均为市政府投资。工程建成后，有效地达到防洪排涝，还改善清溪河水质。

亳州市　成立城市防汛防洪工作领导小组，制订城市防汛防洪预案。定期对城区排水管道实施全面清淤，并对所有排涝泵站的设备进行维护保养。建立防汛值班制度，汛期实行每天24小时值班。至2007年，已配备防汛抢险指挥车2辆，运输工具车3辆；备用固定式发电机1台，移动式发动机1台。照明电筒、铁镐、铁锹、沙袋、雨衣、胶鞋等防汛应急物资准备充足。

防洪成效 1991年，安徽遭受特大洪涝灾害，各城市在总结防洪设施水毁严重教训基础上，纷纷编制修复和加固规划，投入大量资金，积极修复水毁设施，兴建城市防洪和排水工程。到年底，全省18个市城区防洪堤有423千米。

1998年，合肥市等11个省辖市城市防洪堤总长1055．45千米。当年虽发生特大洪水，沿江城市江水位均超过了1954年历史最高洪水位，由于广大军民共同奋战确保长江大堤，使安庆、贵池、铜陵、芜湖和马鞍山市得到保护而未遭受重大损失。

2007年年末，全省城市防洪堤增至1111千米，其中百年一遇标准133千米，50年一遇标准457千米。

第三篇　村镇建设

1978年中共十一届三中全会后,安徽农村率先实行农业家庭联产承包责任制,促进农村经济迅速恢复和发展,随着农业生产发展和农民温饱问题解决,村镇建设得到加强。结合村镇建设面临新形势和新任务,1998年,安徽省适时提出全省村镇建设“三带动一提高”指导思想:村镇建设带动农村产业结构优化和生产力水平提高,带动农村经济发展,带动农民收入增加,提高农村城镇化水平,适应全省村镇发展需要,改善农村人居环境面貌,促进农村经济社会发展。

2006年,中共安徽省委、省政府决定在全省实施新农村建设“千村百镇”示范工程,中共安徽省委办公厅、省政府办公厅印发《关于新农村建设“千村百镇”示范工程实施意见》。据此意见精神,全省共选择确定示范镇125个,示范村1135个,这些示范村镇正在按规划进行建设,推进全省村镇建设有序发展。

第一章 小城镇建设

1978 年,全省县城以下建制镇有 100 多个，1986 年后,在改革开放大潮推动下,全省城镇水平不断提高,小城镇建设普遍得到重视,基础设施建设加快,功能增强。1990 年年末小城镇发展到 405 个，1995 年年末发展到 788 个，2007 年达到 856 个。1984 年,全省小城镇建成区面积 1 ~ 2 平方千米的有 78 个，2 平方千米以上的只有 17 个;到 2007 年年底,全省小城镇建成区面积 1 ~ 2 平方千米已有 315 个，2 ~ 3 平方千米的有 204 个，3 平方千米以上 171 个。1984 年 1 万 ~ 2 万人口的小城镇全省有 40 个，2 万人以上小城镇 22 个;到 2007 年年底，1 万 ~ 2 万人口的小城镇 205 个，2 万 ~ 3 万人口小城镇有 53 个，3 万人口以上小城镇达到 23 个。全省小城镇规模不断扩大,基础设施日趋完善,综合服务功能不断增强。

第一节 建设历程

安徽省小城镇建设伴随着国家不同时期建设重点和发展政策,呈现出不同发展特点。随着改革开放政策不断深化,小城镇建设步伐加快,建设质量、建设品位得到提高,示范镇在全省各地陆续出现,乡镇工业发展,市场经济繁荣,促进农村经济发展和进步。

小城镇发展研究

1978 年以后,在解放思想、放宽政策、搞活经济方针指引下,安徽省较早推行农业家庭联产承包责任制,调动农民积极性,农村商品生产迅猛发展,小城镇建设蓬勃兴起。1984 年,安徽省在合肥首次召开小城镇建设会议,著名社会学家费孝通与会作报告,率先提出“小城镇·大问题”著名论断,大大推动全国小城镇问题研究。人们目光开始聚焦小城镇,引起国家有关部门重视,并与加强农业基础地位、农村剩余劳动力转移、促进农民增收和城镇化发展相联系,把小城镇问题提到“小城镇·大战略”高度,展开小城镇理论探讨和改革实践。

省建设厅承担省级重点科学研究项目《安徽省小城镇建设对策研究》,探索在新形势下小城镇如何更好、更快发展。在大量调查研究基础上,提出一系列科学对策,具有较强科学性、权威性、指导性和可操作性,受到专家和社会好评,获省科技进步三等奖。

小城镇建设模式　进入 20 世纪 90 年代以后,安徽省经济社会发展进入新的历史时期,伴随着农村经济和农村剩余劳动力转移步伐的加快,小城镇建设和发展出现第二次高潮。1996 年 5 月，组织开展村镇建设工程质量监管工作，省建设厅首次提出村镇建设较大项目，有条件的一律实行招投标办法择优选择设计、施工单位；明确全省村镇建设工程严禁无证设计、无照施工、越级施工和工程层层转包，各项工程设计、施工一定要由相应资质设计单位和施工企业承担。对村镇建设工程质量不合格的，所在县三年内不得参加全省村镇建设先进单位申报，二年内不得申报争取村镇建设专项贷款。1999 年，中共安徽省委、省政府召开全省小城镇发展工作会议，并下发《关于进一步加快我省小城镇发展的若干意见》，提出安徽省小城镇建设和发展要实现四个转变：由注重小城镇外延粗放式发展，转变为注重质量集约型发展，依靠科技和人才，提升小城镇内涵，促进产业升级和功能开发；由单纯注重小城镇建设规模和人口数量，转变为注重发展经济，发挥小城镇经济积聚和辐射功能；由单纯注重小城镇自身完善和发展，转变为注重城镇之间相互联动和开放式发展，形成全省统一、布局合理城镇网络体系，在经济发达县（市）实现城乡一体化；由主要通过政府行政手段推动城镇化，转变为主要依靠市场经济办法和多方面力量，促进城镇化发展。1999 年 12 月，省政府确定 200 个中心建制镇作为发展重点，优先扶持。通过试点引路和典型示范，安徽省小城镇建设与发展逐渐摆脱以传统农业为主的发展状况，转变为发展特色农业型、工业型、城郊型、工贸型、旅游型等特色城镇，全省小城镇改革进入加速发展的新阶段。

小城镇示范镇建设　1993 年 2 月，安徽省建设厅对稳定村镇建设队伍、加强村镇建设工作进行安排，提出村镇建设工作不能削弱，村镇建设队伍必须稳定，要求乡镇要有专人负责村镇规划建设管理工作。中共安徽省委书记卢荣景作出重要批示，要求把村镇建设作为农村深化经济体制改革一项重要内容，各级领导要把村镇建设工作摆上位置，抓好典型，分类指导。3 月，由省建设厅主编，省计委、省农经委、省科委、省教委参与编辑的《安徽百家小集镇》一书正式出版。该书既总结小城镇建设经验，又成为宣传小集镇建设一个窗口，受到社会各界广泛好评。同年 4 月，在阜阳召开全省村镇建设工作会议，除建设系统外，6 位地市专员、市长，10 位县长、20 位镇长、5 位村长和省计委、省体改委、省科委、省财政厅、省农经委、省政府发展中心等领导参加会议。会议明确村镇建设为乡镇工业服务，为市场繁荣服务，为安排农村富余劳动力服务，为农村深化改革服务的指导思想。

1994年5月，在全省村镇建设工作中开展“双百”活动，即重点抓好100个集镇建设，以树立典型，总结经验，指导全局，促进和推动全省村镇建设工作上档次、上水平。当年确定重点建设 100 个集镇。

1994 年安徽省确定重点建设 100 个集镇一览表

表 3-1-1

地　市	集　　镇　　名　录
合肥	郊区常青镇、七里塘镇，肥西县三河镇，长丰县曹庵镇，肥东县石塘镇
芜湖	繁昌县荻港镇、新港镇，南陵县三里镇、弋江镇，芜湖县清水镇，鸠江区湾里镇
蚌埠	怀远县长坟镇、双桥集镇，固镇县王庄镇、曹老集镇，五河县新集镇、小圩镇
淮南	田家庵区上窑镇，凤台县朱马店镇
马鞍山	当涂县龙山桥镇、丹阳镇、博望镇，向山区卜塘镇
淮北	濉溪县临涣镇、韩村镇，杜集区高岳镇，相山区渠沟镇，烈山区烈山镇
铜陵	铜陵县钟鸣镇
安庆	怀宁县高河镇，潜山县源潭镇，枞阳县周潭镇，桐城县吕亭乡，太湖县徐桥镇，宿松县复兴镇，望江县华阳镇，岳西县店前镇
黄山	黄山区汤口镇，歙县深渡镇，祁门县金字牌镇
阜阳	阜阳市插花镇、宁老庄镇，阜南县三塔镇，颍上县南照镇，太和县皮条孙镇，临泉县邢塘镇，界首市光武镇
宿州	宿州市符离镇、朱仙庄镇、时村镇，灵璧县冯庙镇，砀山县李庄镇、葛集镇，泗县大庄镇，萧县杨楼镇、黄口镇
滁州	天长市铜城镇、秦栏镇、汊涧镇，南谯区乌衣镇、沙河镇，全椒县古河镇、二郎口镇，凤阳县临淮镇，明光市官店镇，来安县半塔镇，定远县炉桥镇、张桥镇
六安	六安市苏埠镇，霍邱县叶集镇，金寨县南溪镇、江店镇，舒城县杭埠镇，寿县板桥镇，霍山县落儿岭镇，舒城县孔集镇
宣城	广德县邱村镇，郎溪县梅渚镇、定埠镇，宁国县中溪镇
巢湖	巢湖市柘皋镇，含山县林头镇，无为县严桥镇、江坝镇，庐江县金牛镇，和县西埠镇、乌江镇
池州	贵池市殷汇镇、马衙镇，青阳县五溪镇、朱备乡，石台县小河镇，东至县东流镇、大渡口镇
亳州	亳州市古井镇、双沟镇，蒙城县双铜镇，涡阳县义门镇、高炉镇，利辛县阚疃镇

1994 年 6 月，安徽省肥西县三河镇、长丰县双墩镇、繁昌县孙村镇、怀远县长坟镇、凤台县毛集镇、当涂县博望镇、濉溪县临涣镇、铜陵县大通镇、桐城市新渡镇、望江县华阳镇、黄山市黄山区汤口镇、天长市秦栏镇、界首市光武镇、萧县黄口镇、亳州市古井镇、霍邱县姚李镇、六安市苏埠镇、巢湖市柘皋镇、宣州市水东镇、贵池县殷汇镇等 20 个镇被建设部列入全国小城镇建设试点镇。进入 20 世纪 90 年代中期以后，芜湖市在房地产开发与经营城镇理念带动下，村镇建设资金来源逐步实现多元化，投入不断加大，村镇基础设施逐步配套完善，社会事业同步发展，居民生产、生活条件得到较大的改善。共有 9 个村镇分别被联合国开发计划署、国家体改委、财政部、国土资源部、建设部及省建设厅列为试点，有 17 个小城镇被列为市政府重点发展的中心镇。这些不同类型、不同经济发展水平的村镇被列为试点后，根据村镇总体规划，投入大量资金，完善基础

设施，加快商品流通和市场体系建设，改善投资环境，促进二、三产业发展，加速农村剩余劳动力转移，为提高全市村镇建设水平起到很好示范作用。芜湖县清水镇于 1995 年被建设部命名为全国 500 家村镇建设示范镇，2000 年，又被国土资源部批准为全国土地流转试点镇。繁昌县三山镇 1997 年被确定为安徽省村镇建设试点镇；荻港镇 1994 年被确定为全国村镇建设试点镇，1995 年被确定为国家 11 个部委综合改革试点镇、联合国计划开发署综合改革试点镇；孙村镇 1997 年被确定为安徽省村镇建设试点镇，1999 年被确定为全国村镇建设先进镇，鸠江区大桥镇被列为国家体改委、财政部综合改革试点镇。

提升建设水平　1996 年 1 月 29 日，中共安徽省委、省人民政府部署加快农村城镇化建设工作，提出城镇化建设户籍管理制度、土地使用制度、社会保障制度、劳动就业制度、政府机构设置等改革措施，促进农村城镇化建设。11 月，由建设部和财政部联合举办《全国小城镇和村庄建设成就展》活动在北京举办。刘华清、迟浩田、布赫、费孝通、李贵鲜、陈慕华等党和国家领导人亲临安徽展台参观，对安徽小城镇建设成效给予高度评价。安徽在这次展览中，由于内容丰富，特色突出，小城镇建设成效大，获全国小城镇和村庄建设成就展一等奖，安徽省建设厅、安徽省财政厅受到建设部、财政部联合通报表彰。

1997 年 2 月，省建设厅对小城镇绿化工作进行全面部署，提出“八五”人均绿地面积 3 平方米，绿化覆盖率达到 20% 的目标任务。同时，制定《关于组织建制镇实施绿化达标的意见》，明确要求：在建制镇规划区内所有新建、扩建、改建各类建设项目，必须留足绿化用地，绿化用地占建筑用地总面积比例一律不得低于 25%，对虽已预留绿化用地项目，但未能与土建工程同步完成，建设行政主管部门也不予组织验收。

2002 年，中共十六大提出全面建设小康社会的宏伟目标，中共安徽省委、省人民政府在小城镇发展战略上注重以人为本，注重科学发展和可持续发展，把新农村建设和城镇化发展更好地结合起来，依托中心城市和城市群发展规划，发挥综合交通枢纽连接作用，建设一批特色鲜明、功能齐全、环境优美小城镇。以县城和中心镇为重点，加大财政引导资金对小城镇基础设施建设投入，鼓励工商企业和个私经济投身小城镇建设，依托城镇发展农村非农产业和园区经济，实现与县域经济有效对接，增强城镇产业集聚功能和吸纳就业能力，涌现出无为县高沟镇、天长市秦栏镇、当涂县博望镇等一批全国千强乡镇，成为一定区域内，农村人口、产业、市场、文化、信息适度集中的经济社会发展平台，充分发挥承接城市、带动乡村桥梁纽带作用，促进安徽大中小城市和小城镇协调发展。通过撤乡并镇，小城镇在数量和质量上都发生很大变化，人口规模进一步增加，经济实力进一步增强，产业特色进一步彰显，生产生活条件进一步改善，城乡互动更加紧密。

小城镇建设成果　1999 年 1 月，为全面总结改革开放二十年来安徽省小城镇建设所取得成效，总结经验，坚定信心，明确目标，加大力度，加快发展，安徽省建设厅组织编辑《发展中的安徽小城镇》一书。该书从不同侧面反映改革开放，特别是中共十一届三中全会以来，安徽省小城镇建设迅猛发展的状况。翔实数据和大量图片，客观、全面地介绍安徽省小城镇崛起和振兴，促进和推动农村经济社会的发展和进步。

1999年6月，中共安徽省委、省人民政府在六安市叶集镇召开全省小城镇工作会议。会议提出安徽省小城镇建设发展指导思想，明确具体目标和措施，全面部署安徽省小城镇建设工作。这次会议对促进和推动安徽省小城镇建设工作产生重要影响。省委书记回良玉、省长王太华、省人大常委会主任孟富林、副省长张平、省政协副主席张润霞自始至终参加会议。回良玉、王太华分别作重要讲话。同年7月，中共安徽省委、安徽省人民政府下发《关于进一步加快我省小城镇发展的若干意见》。该意见明确全省小城镇建设工作基本思路、指导思想、基本方针和发展目标，并对小城镇规划、小城镇功能、户籍制度改革、土地使用制度改革、建立多元化投入机制、小城镇管理体制、小城镇精神文明建设等方面提出明确要求和具体措施。8月，省建设厅印发《关于扎扎实实全面完成小城镇建设各项任务的意见》，要求各地在认真贯彻执行省委、省政府6月召开的全省小城镇工作会议和7月下发的《关于进一步加快我省小城镇发展的若干意见》时，要有强烈的工作责任感，抓好小城镇规划、建设、管理的各项工作，强化小城镇功能建设，切实提高小城镇建设总体水平，为农村经济发展和社会进步创造更好的条件。

1999年，在国庆50周年前夕，由中共安徽省委、省人民政府组织，中共安徽省委宣传部、省计委、省经贸委、安徽日报社联合举办“辉煌50年·安徽省十五大建设成就”征文评选工作活动，有几百个项目参加角逐，经全省人民自由投票后，“安徽省小城镇建设有序、蓬勃发展”在评选中以高票入选，位次名列前茅。建设部在获悉这一消息后，专门发来贺电，对安徽省小城镇建设取得成效给予高度评价，指出：“近年来，安徽省小城镇建设长足发展，取得了很大成效，促进了全省经济社会发展，同时也为推动全国小城镇建设做出了一定贡献。”

2000年6月，霍邱县姚李镇、淮南市毛集镇、安庆市高河镇被建设部确定为“全国小城镇建设示范镇”。

2001年2月，安徽省建设厅对小城镇绿化工作进行部署，要求各地对小城镇绿化工作提高认识，加强领导，强化规划指导作用，进一步明确小城镇在省“万里绿色长廊”工程中的任务。8月，省人大常委会组织开展全省小城镇建设专题调研工作，并把这一调研列为当年省人大常委会重要活动。调研分四个组进行，省人大常委会主任孟富林和三名副主任分别担任组长，带领省直部门负责人深入到市、县、镇，全面调查小城镇建设和经济发展情况，研究存在问题，总结小城镇建设特别是小城镇建设带动农村经济发展基本经验，探索促进全省小城镇快速发展的基本对策。

2002年4月15日，省建设厅印发《关于对安徽省全国小城镇建设试点镇实行动态管理的若干意见》，鼓励先进，鞭策落后，推进安徽省全国小城镇建设试点镇发展。

2003年1月，黟县宏村镇、固镇县王庄镇被建设部批准为全国小城镇建设试点镇。2月，建设部、国家发展和改革委员会、民政部、国土资源部、农业部、科技部公布全国重点镇名单，确定安徽省 91 个小城镇为全国重点镇。

2005 年 2 月 11 日，省建设厅印发《关于加快安徽省交通沿线小城镇建设意见》，提出在规划布局上，小城镇要逐渐向交通干线靠拢，借助交通干线优势，发展小城镇。7 月，建设部批准当涂县博望镇、天长市秦栏镇、黄山市黄山区汤口镇、亳州市谯城区古井镇为全国小城镇建设示范镇。

第二节　住房建设

随着改革开放的深入和经济社会的发展，小城镇住房建设快速发展。1991 年后，乡镇工业发展加快，农民进镇人数增加，小城镇居民收入普遍提高，居民私人建房和房地产开发进入良性发展时期，按照统一规划、合理布局、综合开发、配套建设原则，加大小城镇房地产开发力度，建设规模逐渐扩大。小城镇载体功能和集聚功能日臻完善，民间资本及外资纷纷加入小城镇房地产开发，到 2005 年年底，全省小城镇新建住宅建筑面积在 1400 万平方米以上，每年有近 5% 农户搬入新居。小城镇居住水平不断提高，楼房率达 78%，比 1992 年提高 60%；小城镇居民住房面积由 1992 年人均 15 平方米提升到 2007 年 29 平方米。

在小城镇住房建设中，全省各地按照规划选址实施建房，不仅消灭了草房、土坯房，而且相继形成一批设计新颖、结构优化、布局合理、功能齐全的新型居住小区，同时也带动农房成套率提高。1992 年，明确小城镇住房建设以居住小区建设为目标，不断加大资金投入，住房建筑面积逐年增加，建筑质量不断提高。

安徽省小城镇住房建设统计表

表 3-1-2　　单位：万户、万平方米

年份	年建房户	建房面积		混合结构		砖木结构	
		总面积	其中：楼房	总面积	其中：楼房	总面积	其中：楼房
1992	6.68	501	261	351	181	112	11
1993	5.98	487	246	343	228	126	17
1994	7.23	598	338	441	281	117	18
1995	7.51	623	364	462	294	171	22
1996	7.83	748	394	503	321	145	19
1997	8.33	752	443	557	342	151	22
1998	9.02	774	540	612	403	133	20
2000	9.80	959	745	835	733	123	21
2001	9.66	929	753	866	760	158	20

续表 3-1-2

年份	年建房户	建房面积		混合结构		砖木结构	
		总面积	其中:楼房	总面积	其中:楼房	总面积	其中:楼房
2002	9.34	931	766	877	769	161	22
2003	9.32	918	770	883	788	154	24
2004	9.17	911	792	854	702	167	31
2005	8.21	978	804	902	793	159	32
2006	8.17	966	811	896	787	142	33
2007	8.34	943	906	912	820	156	36

第三节　公用设施建设

小城镇公用设施建设，立足于贯彻落实中央关于农村建设部署和中共安徽省委、省政府决定，以“千村百镇”示范工程为重点，集中财力建设一批具有示范效应的公用设施项目。

在集中财力实施小城镇公用设施建设中，各省辖市投入资金不断增加。合肥市2002年起，对试点镇建设累计投资近2亿元，完成各类公用设施建设项目69个，吸纳1.3万人进城务工经商。2004年，加快城郊路网、道路等基础设施建设。2005年，全力推进城市基础设施建设向县乡范围覆盖和延伸，启动天然气工程，公交线路继续向县城、郊区和工业园区延伸。2006年，积极推进城市道路、供水、道排管网等公用设施向村镇延伸覆盖。芜湖市将村镇基础设施建设和村镇住宅建设同步发展。村镇道路总长591.23千米，道路面积525.33万平方米；村镇水厂54个，日供水能力95252立方米，自来水受益乡镇59个，用水人口29.32万人；排水管道长328.75千米；建制镇绿化覆盖面积874万平方米，公共绿地面积102万平方米，人均公共绿地面积3.65平方米。淮北市在全省率先实施“清洁乡村、美化家园”活动。至2007年阜阳市在村镇基础设施建设中已投资近40亿元，主要用于道路改造、供水、绿化、亮化等配套建设，镇区公园绿化建设日新月异，乡镇建设公园、游园23个，绿地面积122.56万平方米，小城镇环境得到改善。同时推进小城镇自来水建设市场化进程，建制镇自来水普及率80%以上。全市78个镇、273个村建设使用沼气，太阳能亦得到广泛应用。

2007年，在总结2006年完成“千村百镇”示范村镇规划编制经验基础上，各地以村镇规划为指导，以加强基础设施建设和整治农村“脏、乱、差、散”为重点，实施改路、改水、改厕和一些公用设施建设。

建设投入　全省小城镇建设投入逐年增加，由1992年63.78亿元，增加到2007年109.77亿元。

安徽省小城镇建设投入统计表

表 3-1-3　　　　单位:亿元

年份	住宅建设	公共建筑	生产建筑	公用设施	合计
1992	38.2	11.78	9.14	4.66	63.78
1993	40.5	12.11	10.23	4.78	67.62
1994	40.1	12.82	11.21	4.98	69.11
1995	42.2	13.11	12.13	5.11	72.55
1996	43.3	13.21	12.55	5.37	74.43
1997	43.4	13.41	12.64	5.34	74.79
1998	43.87	15.48	9.74	7.59	76.68
1999	48.55	12.47	9.73	8.37	79.12
2000	49.80	11.82	8.60	10.38	80.60
2001	52.80	11.24	9.48	10.28	83.80
2002	53.22	11.98	9.78	11.22	86.20
2003	54.11	12.14	10.15	12.35	88.75
2004	54.89	13.05	11.22	12.99	92.15
2005	55.22	14.21	12.34	13.42	95.19
2006	57.13	14.99	14.25	15.01	101.38
2007	60.47	16.11	15.98	17.21	109.77

供水　2004—2007 年,在小城镇公用设施建设同时,小城镇自来水厂和供水设施建设得到快速发展,合肥市在加大城郊供水管网建设投入同时,继续通过“以奖代补”形式,加快推进小城镇居民供水工程,全市小城镇新增供水管道 25 千米,自来水普及率 88%。宿州市 2002 年自来水厂仅 26 个,到 2006 年已达 76 个。黄山市克服山区建设困难,50 个建制镇中,已建自来水厂 38 个,淮北市在村村通工程中,注重改善镇村饮用水安全设施建设,池州市基本实现“村村通”自来水。全省各省辖市把小城镇供水作为民生工程重要内容,截至 2007 年,安徽省政府确定的 200 个中心镇,已全部通上自来水,建城区供水普及率都在 70% 以上,马鞍山市高达 95%。全省小城镇(含集镇)自来水厂个数已由 1992 年年底的 1125 个提高到 2007 年 1303 个,居民用水普及率已由 1992 年年底 40.63% 提高到 2007 年的 53.65%。

安徽省小城镇自来水建设统计表

表 3-1-4　　单位:个、万人

年份	自来水厂数		用水人数		自来水普及率
	建制镇	集镇	建制镇	集镇	
1992	720	405	360.15	91.45	40.63%
1993	723	420	376.24	94.29	40.72%
1994	730	426	380.33	96.87	41.34%
1995	735	428	382.52	99.23	41.86%
1996	738	431	387．44	101.83	42.16%
1997	740	433	395.14	105.72	42.88%
1998	742	442	399.27	113.11	43.13%
1999	751	438	404.23	116.87	43.98%
2000	755	440	411.89	119.17	44.12%
2001	756	441	424.14	121.77	45.82%
2002	781	453	450.9	126.43	47.12%
2003	784	463	481.95	147.41	49.58%
2004	752	530	503.52	160.76	52.28%
2005	753	532	508.12	166．21	52.63%
2006	751	537	523.11	168.89	53.11%
2007	753	550	526.37	172.43	53.65%

道路　土地实行家庭联产承包制后,进一步带动小城镇发展,城镇化进展加快。各市在推进“村村通”工程中,首先加大道路建设投入,安庆市在抓紧小城镇公用设施建设时,把道路建设作为重点。小城镇道路建设不仅长度增加面积扩大,质量普遍提高,大多数都是混凝土路面和沥青路面。马鞍山市小城镇还拥有高级、次高级道路。合肥市通过“以奖代补”形式,推进小城镇道路建设，2004 年道路铺装率已达 90.8%。至 2007 年,全省道路铺装率 86%。全省小城镇道路总长度已由 1992 年的 11721 千米发展到 2007 年的 22842 千米,道路铺装率由 1992 年的 46.87% 提高到 2007 年的 53.42%。

安徽省小城镇道路建设统计表

表 3–1–5 单位:千米、万平方米

年份	道路长度		道路面积		小城镇道路铺装率
	建制镇	集镇	建制镇	集镇	
1992	5896	5825	7653	5539	46.87%
1993	7123	6202	7985	5721	47.26%
1994	7650	6481	8268	5842	47.65%
1995	7976	6754	8557	6129	47.96%
1996	8013	7011	8615	6325	48.25%
1997	8145	7312	8876	6599	48.79%
1998	8211	7564	9114	6876	49.23%
1999	8227	7632	9223	7105	49.88%
2000	8312	7842	9312	7321	50.21%
2001	8333	7946	9419	7568	50.70%
2002	8914	8060	9957	7618	51.54%
2003	9493	8330	10666	7853	52.15%
2004	10614	8139	11450	8748	52.18%
2005	10982	8345	12101	8849	52.33%
2006	11476	8678	13217	8924	53.11%
2007	13820	9022	14026	10332	53.42(%)

绿化 小城镇绿化和道路建设同步,既绿化道路,又美化小城镇。各市坚持城乡一体化、农村现代化的指导思想,注重小城镇(含集镇)绿化。阜阳市建有乡镇公园和游乐园,增加绿地面积,改善小城镇居民生活环境,提高居民生活质量。全省小城镇人均公共绿地面已由 1992 年年底的 2.42 平方米发展到 2007 年的 3.04 平方米,绿化覆盖率由 1992 年年底的 18.25% 发展到 2007 年的 23.36%。

安徽省小城镇绿化情况统计表

表 3–1–6 单位:平方千米、平方米

年份	建制镇			集镇		
	绿化覆盖面积	人均公共绿地	绿化覆盖率	绿化覆盖面积	人均公共绿地	绿化覆盖率
1992	175.12	3.02	17.3%	100.93	1.98	19.53%
1993	176.64	3.04	17.5%	108.37	2.05	20.27%

续表 3-1-6

年份	建制镇			集镇		
	绿化覆盖面积	人均公共绿地	绿化覆盖率	绿化覆盖面积	人均公共绿地	绿化覆盖率
1994	182.89	3.06	18.1%	109.22	2.06	21.08%
1995	183.71	3.07	18.2%	111.03	2.08	21.65%
1996	185.75	3.07	18.7%	113.19	2.09	22.02%
1997	186.41	3.09	19.0%	116.12	2.21	21.89%
1998	187.23	3.11	19.3%	119.45	2.29	22.16%
1999	190.02	3.08	19.2%	121.03	2.28	22.87%
2000	191.37	3.15	19.6%	120.96	2.30	23.04%
2001	193.35	3.15	19.9%	131.76	2.29	23.19%
2002	200.29	3.33	19.5%	141.08	2.32	24.84%
2003	209.55	3.51	19.5%	143.25	2.37	24.9%
2004	220.58	3.38	20.2%	144.19	2.62	24.05%
2005	243.66	3.40	20.8%	149.86	2.64	24.09%
2006	252.73	3.41	21.1%	151.42	2.66	24.71%
2007	266.84	3.43	22.0%	158.87	2.71	25.11%

公用事业

设施建设　小城镇社会综合服务功能进一步加强，教文卫等社会公益服务设施建设迅猛发展，不仅学校、敬老院，而且幼儿园、医院、金融机构、文化活动中心、党员活动场所等基本设施一应俱全。一些发展快的小城镇还建成农民游泳池、农民溜冰场、农民公园、职业培训中心，城市有小城镇也有。小城镇居民已开始和城市人一样享受着现代城市文明生活。合肥市至 2002 年，试点镇建设累计投资近 2 亿元，完成各类建设项目 69 个，吸纳 1.3 万人进城务工经商。2004 年起，在加大城郊路网、供水管网建设投入的同时，继续通过“以奖代补”的形式，加快推进小城镇供水、道路等基础设施建设。芜湖市加强小城镇基础设施水平和综合服务能力的完善，在加快小城镇自来水厂和道路建设的同时，还注意小城镇绿化及文化、教育、医疗卫生与体育设施的基本配套建设。淮北市推进“村村通”和农村安全饮水工程，服务民生。共完成“村村通”公路建设 1200 千米，实现全市所有乡镇半小时通达高速公路、全部行政村通等级柏油路、全部行政村通客运班车的“三通”目标。新建 115 处集中式农村饮水安全工程，全市农村集中式供水受益人口达 46.3 万人。马鞍山市至 2007 年年末，小城镇拥有高级、次高级道路 120 千米，绿化覆盖面积 4.60 平方千米，建制镇人均公共绿地 3.9 平方米，建制镇自来水普及率 95%，各乡镇设有液化气供应站、点，用气率 60%，科技、文化、教育、卫生、医疗等社会事业建设全面起启动，幼儿园、学校、医院、敬老院、文化站、广播站、邮政、通讯等公益设施配套齐全，为进镇农民提供了较好的生产、生活环境。安庆市自80年代起，小城镇（含县城、一般建制镇、乡集镇）市政公用基础设施建设主要以道路建设为重点，配套建设供水、排水、电力、电信、路灯、绿化、环卫等设施，逐步拉开城镇框架。滁州市在小城镇道路建设同时，注意其他基础设施建设，至2007年，小城镇排水管道879千米，路灯9926盏，公厕1585座，小自来水厂137个，100%通电通邮，涌现一批商贸型、工贸型、个体私营型、城郊结合型等各具特色的小城镇。至2007年，阜阳市村镇基础设施建设总投资近40亿元，道路改造建设着重硬化和供排水、绿化、亮化等配套建设，建制镇人均道路面积16.8平方米。镇区公园绿地建设日新月异，大批农民公园纷纷涌现，乡镇建设公园、游园23个，绿地面积122.56万平方米。全市有78个乡镇273个村建设使用了沼气，太阳能在乡镇也得到广泛应用。宣城市至2007年，行政村道路通畅率为100%，基本实现全市所有乡镇通三级以上油路或水泥路。全市28个乡镇逐步实施农村清洁工程。

促进经济发展　小城镇经济繁荣和日益改善的生产、生活环境，吸引了大批农民进镇务工经商、居住、生活。1997—2007年11年间，全省小城镇共吸纳农村富余劳动力303万人，到2007年年底，全省小城镇建成区居住人口已达986万人。

全省小城镇建设抓住机遇，加快营造发展经济环境，为个体私营经济向小城镇集中、各种生产要素向小城镇聚集创造条件，带动个体私营经济发展，促进财政收入增加。小城镇发展带动农村产业结构调整，促进农民增收，同时也带动农村市场建设，促进农村经济繁荣。全省小城镇承载着大小规模不等的综合市场从2000年851个增加到2007年1083个，专业市场从2000年1156个增加到2007年1367个。小城镇发展正在培育农村新经济增长点，全省呈现以小城镇为载体，以乡镇企业为“龙头”，小城镇与农村经济共同发展新格局。

第四节　中心镇发展

1999年11月，经自下而上推荐和审核，省政府确定全省200个中心建制镇作为发展重点，优先扶持，以此带动周边乡镇，提高全省城镇化水平。同时明确省建设厅为此项工作牵头责任单位。截至2007年年底，全省中心镇建成区面积692平方千米，中心镇平均建成区面积是一般镇2.3倍；中心镇全部通上自来水，建成区自来水普及率达81%；中心镇镇区道路铺装率达95%以上；中心镇镇区绿化覆盖率达21.7%。中心镇建设发展，有效改善中心镇居民生产和生活条件，优化投资环境，促进产业集聚发展，提高就近吸纳农村劳动力就业能力，促进县域经济发展，也对全省小城镇发展起到积极引导和示范带动作用。

1999年安徽省人民政府公布200个发展重点中心镇一览表

表3-1-7

地市	中心镇名单
合肥	撮镇镇、梁园镇、三河镇、山南镇、双墩镇、下塘镇、大杨镇、义城镇
芜湖	大桥镇、清水镇、鲁港镇、火龙岗镇、孙村镇、三山镇、荻港镇、弋江镇、三里镇
蚌埠	常坟镇、鲍集镇、五岔镇、王庄镇、刘集镇、新集镇、双忠庙镇、沫河口镇、长淮卫镇、曹老集镇、龙亢农场、新集镇
淮南	朱马店镇、上窑镇、李郢孜镇、毛集镇
马鞍山	博望镇、丹阳镇、黄池镇、石桥镇、向山镇
淮北	临涣镇、百善镇、南坪镇、渠沟镇、烈山镇、石台镇、高岳镇
铜陵	钟鸣镇、顺安镇、大通镇
安庆	新渡镇、孔城镇、青草镇、双港镇、月山镇、黄墩镇、石牌镇、华阳镇、长岭镇、徐桥镇、小池镇、源潭镇、天柱山镇、横埠镇、汤沟镇、店前镇、温泉镇、复兴镇、汇口镇、杨桥镇
黄山	深渡镇、北岸镇、万安镇、齐云山镇、闪里镇、渔亭镇、西递镇、汤口镇、黎阳镇
滁州	秦栏镇、铜城镇、汊涧镇、张八岭镇、管店镇、古河镇、二郎口镇、大墅镇、武店镇、门台子镇、汊河镇、水口镇、炉桥镇、藕塘镇、张桥镇、乌衣镇
阜阳	光武镇、泉阳镇、陶庙镇、三堂镇、李兴镇、旧县镇、南照镇、谢桥镇、六十铺镇、杨湖镇、杨桥镇、庙岔镇、鲖城镇、滑集镇、田集镇、三塔集镇、曹集镇、程集镇、王店镇、伍明镇、闻集镇、插花镇、袁寨镇
宿州	黄口镇、新庄镇、赵庄镇、张庄寨镇、李庄镇、葛集镇、渔沟镇、冯庙镇、朝阳镇、大庄镇、草沟镇、符离镇、芦岭镇、蕲县镇
亳州	古井镇、双沟镇、十八里镇、大杨镇、古城镇、十河镇、义门镇、青疃镇、高炉镇、板桥集镇、岳坊镇、双涧镇、阚疃镇、张村镇、江集镇
六安	正阳镇、安丰镇、迎河镇、姚李镇、马店镇、长集镇、杭埠镇、龙河镇、南港镇、南溪镇、双河镇、诸佛庵镇、与儿街镇、佛子岭镇、三十铺镇、张店镇、苏埠镇、固镇镇、叶集镇
巢湖	柘皋镇、黄麓镇、槐林镇、二坝镇、襄安镇、高沟镇、姚沟镇、沈巷镇、乌江镇、林头镇、运漕镇、泥河镇、汤池镇、石头镇
宣城	水东镇、水阳镇、孙埠镇、港口镇、梅林镇、十字镇、新发镇、上庄镇、新杭镇、邱村镇、茂林镇、榔桥镇、白地镇
池州	殷汇镇、乌沙镇、马衙镇、东流镇、龙泉镇、木镇镇、丁桥镇、九华镇、七都镇

2000年2月，省政府下发《关于切实加强200个中心镇建设的意见》，提出对中心镇实行动态管理。2003年7月，省政府在继续抓好200个中心镇建设基础上，确定肥东县撮镇镇等63个为重点中心镇加以发展。

2003年省政府确定63个重点中心镇一览表

表3-1-8

市	重点中心镇名单
合肥	肥东县撮镇镇、肥西县三河镇、长丰县双墩镇
芜湖	繁昌县三山镇、南陵县弋江镇、鸠江区清水镇
蚌埠	怀远县常坟镇、固镇县王庄镇、五河县沫河口镇
淮南	凤台县朱马店镇、毛集试验区毛集镇
马鞍山	当涂县博望镇
淮北	濉溪县百善镇
铜陵	铜陵县顺安镇
安庆	桐城市新渡镇、怀宁县石牌镇、太湖县徐桥镇、潜山县源潭镇、枞阳县横埠镇、岳西县店前镇、宿松县复兴镇
黄山	歙县深渡镇、祁门县闪里镇、黟县西递镇
滁州	天长市秦栏镇、全椒县古河镇、凤阳县武店镇、定远县炉桥镇、南谯区乌衣镇
阜阳	界首市光武镇、太和县三堂镇、颍上县南照镇、临泉县杨桥镇、阜南县田集镇
宿州	萧县张庄寨镇、砀山县李庄镇、灵璧县渔沟镇、泗县大庄镇、埇桥区符离镇、
亳州	谯城区古井镇、涡阳县义门镇、蒙城县板桥镇、利辛县阚疃镇
六安	寿县正阳镇、霍邱县姚李镇、叶集镇、舒城县杭埠镇、霍山县诸佛庵镇、裕安区苏埠镇
巢湖	居巢区柘皋镇、无为县二坝镇、和县沈巷镇、含山县林头镇、庐江县汤池镇
宣城	宣州区水东镇、宁国市港口镇　、绩溪县上庄镇、广德县新杭镇、泾县茂林镇、旌德县白地镇
池州	贵池区殷汇镇、东至县东流镇、青阳县木镇镇

第五节　文明村镇创建

在村镇建设中，省建设厅始终把文明村镇创建作为村镇建设一项重要工作来抓，按照制订措施、明确思路、标本兼治、常抓不懈工作思路，结合小城镇实际，突出治理脏、乱、差，把创建活动深入到大街小巷，并向村庄延伸，涌现出一大批基础设施完善、环境优美、管理有序的文明村镇。

创建标准　1997年3月，省建设厅印发《安徽省文明村镇建设管理标准》，从村镇规划、建筑工程设计与施工、基础设施建设、绿化、村容镇貌、建设管理等六个方面对文明村镇创建提出具体要求，指导和推进全省文明村镇建设工作。

2003年7月，省建设厅和省文明办联合向各市建委、文明办下发《关于在全省开展创建文明小城镇活动的意见》，并随文印发《安徽省文明小城镇创建标准》（以下简称《标准》），对小城镇和村庄创建工作规划、基础设施建设、绿化、村容镇貌、建设管理等提出具体要求。并结合该《标准》实施，下大力气治理脏、乱、差，创造整洁、优美生产和生活环境，提高小城镇文明程度。

考评表彰 2004年6月20日，省建设厅与省文明办组织了第一批“安徽省文明小城镇”考评和确定工作。经对照标准，严格筛选，省精神文明指导委员会下发《关于表彰第一批安徽省文明小城镇的通知》，授予肥西县三河镇、芜湖县清水镇、固镇县曹老集镇、巢湖市居巢区黄麓镇、濉溪县百善镇、亳州市谯城区古井镇、潜山县源潭镇、桐城市范岗镇、金寨县南溪镇、六安市裕安区苏埠镇、淮南市凤台县夏集镇、天长市秦栏镇、颍上县南照镇、黟县西递镇、宏村镇、铜陵县大通镇、当涂县博望镇、宿州市埇桥区符离镇、宣城市宣州区水东镇等19个镇为“安徽省文明小城镇”称号。9月14日，省文明办、省建设厅在合肥举行第一批安徽省文明小城镇授牌仪式，获“安徽省文明小城镇”称号的19个镇负责人参加会议。

第六节 特色小城镇

1986年以来，随着改革开放不断深入发展，安徽省原来一些经济、文化基础较好的小城镇，建设投入力度加大，发展很快，有的成为旅游名镇、有的成为经济强镇，在全省乃至全国形成颇具特色的小城镇。

世界遗产地——西递、宏村镇 1999年，联合国教科文组织第二十四届世界遗产委员会上，安徽省黄山市黟县西递、宏村两处古民居以其保存良好的传统风貌被列入世界文化遗产名录，这是黄山市内自然与文化景观继黄山后第二次登录世界文化遗产名录，也是中国继北京市后第二座同时拥有两处以上世界遗产名录的城市，同时也是世界上第一次把民居列入世界遗产名录。位于黟县境内的西递和宏村，是安徽省南部民居中最具有代表性的两座古村落，它们以世外桃源般田园风光、保存完好村落形态、工艺精湛徽派民居和丰富多彩的历史文化内涵而闻名于世。

旅游名镇——肥西县三河镇 三河镇历史悠久，文化灿烂、人杰地灵，境内名胜古迹众多，历史名人辈出。自1986年以来，三河镇政治、经济、社会、文化各项事业在改革开放大潮推动下，发展很快，城乡规划管理、环境保护、镇容镇貌和综合整治也都发生明显变化。三河古镇以“千年古镇、生态水乡、名人故里、美食天堂”而闻名，以打造省内一流“经济强镇、旅游名镇、生态古镇”为发展目标，坚持“以旅游业为中心，以工业和新农村建设为基本点”，按照“拉框架、做基础、建精品、抓特色、扩市场”发展思路，坚持“围绕旅游抓城建，抓好城建促旅游”发展战略不动摇，不断加快城镇建设步伐，改善旅游基础设施建设，城镇化水平不断提高，小城镇建设和新农村建设面貌不断改观。三河已建设成为合肥“后花园”，滨湖新城“副中心”和巢湖岸畔璀璨明珠。先后获“全国文明村镇”“全国小城镇建设重点镇”“国家AAAA级旅游景区”“中国历史文化名镇”“国家发展改革试点镇”等荣誉和称号。

中国电子名镇——天长市秦栏镇　秦栏镇位于安徽省天长市最东部，地处苏皖两省、三市（天长、仪征、高邮）、六个乡镇交界处，西距天长市区25千米，东距扬州36千米，南距南京100千米。镇域面积108平方千米，耕地4333.3万平方米，辖9个村和4个社区，307个村民小组，总人口7.2万人，其中户籍人口4.2万人。2007年全镇实现工农业总产值48亿元，其中工业总产值45亿元，财政收入9355万元，农民人均收入6380元，直接出口创汇1.1亿美元。

1986年以来，中共秦栏镇委和镇政府坚持“民营化、工业化、城镇化”发展战略，按照“以产业兴城镇，以城镇促发展”思路，依托小城镇，大力发展民营经济，大力创建文明城镇，在实践中“以民营化带动工业化，以工业化促进城镇化，以城镇化推动文明化”。

秦栏镇是全国重点镇、全国文明村镇、全国小城镇建设示范镇、全国发展改革试点镇、安徽省新农村建设示范镇、安徽省村镇建设“十佳镇”、安徽省科技创新示范镇、安徽省首批文明小城镇、安徽省农民小康住宅示范村、安徽省民营科技企业示范区。2001年7月，中共秦栏镇委被中组部授予“全国先进基层党组织”荣誉称号，2004年，被中共安徽省委、省政府列为全省重点宣传单位，被省主要媒体誉为安徽的“温州模式”“安徽省发展私营经济第一镇”。2005年，中共秦栏镇委被中共安徽省委组织部授予“五个好乡镇党委”称号。

国家园林镇——颍上县迪沟镇　迪沟镇位于阜阳市颍上县东北部，与亳州市利辛、淮南市凤台两县接壤。总面积58.8平方千米，辖7个行政村、2个社区居委会，人口4.2万人，耕地5.1万亩。中共迪沟镇委和镇政府始终坚持“可持续发展”理念，围绕小城镇建设，完善供排水系统，开通程控电话、有线电视网，建成移动、联通两个通讯基站，实现道路、供水、供电、排水、移动通讯、程控电话、有线电视、公共交通等八通。又建成绿化带14条和农民公园，草坪10.7万平方米，绿化覆盖率达54%，人均占有绿地90多平方米。

迪沟镇已成为独具特色生态旅游风景区，2006年年初，被评为国家AAAA级景区和全国环境优美乡镇。

刃具之乡——当涂县博望镇　博望镇位于当涂县东部，与江苏省溧水县接壤，距南京市禄口国际机场25千米，地处“马芜铜经济圈”与“南京都市圈”联结点，是安徽省东向发展“桥头堡”。全镇辖3个社区，25个村，镇域面积133平方千米，人口近9万人。建成区面积7.6平方千米，镇区集聚人口近4万人。

博望镇始建于南朝梁时，清乾隆年间，博望铁业已享有盛名，农户多擅长打制各种韧性较强农具和刃具。农忙种田，农闲结伙外出打铁为镇农户沿袭200多年传统。全镇已形成刃模具、机床和筑路工程机械配件生产三大支柱产业，有工业企业520多家，其中年销售收入超500万元70家，拥有自营出口权企业35家，出口创汇企业20多家，有省著名商标和名牌产品15个，产业工人1.8万人，推销员1.3万人，被誉为“中国刃具第一镇”。2007年，全镇完成工农业生产总产值54.5亿元，其中工业总产值52.3亿元。固定资产投资完成10.8亿元，财政收入1.65亿元，农民人均纯收入7324元。先后获“全国小城镇建设试点镇”“全国小城镇建设示范镇”“全国文明村镇”“全国环境优美乡镇”和“全国重点镇”等荣誉称号。

第二章　村庄建设

1986—2007年,改革开放政策向纵深推进,安徽省各地村庄建设发展迅猛,村庄房屋和基础设施建设不断完善,村容村貌和人居环境发生巨大改善和变化,涌现出一批小康示范村。

第一节　建设历程

进入20世纪90年代,安徽省村庄建设进展较快,由于开展“双百”活动,以典型引路,进一步推动全省村庄建设速度。安徽省建设厅在村庄建设工作中,及时实行“一书一证”管理制度和减轻农民负担等措施,从实际出发,统一规划,分步实施,全省村庄建设工作扎实推进。

村庄演变　安徽地域广阔,地貌不同,有山区,有平原,有水乡,有丘陵。由于生产方式不同,生活习惯各异,村庄规模也有很大差别。平原地区一般自然村50～100户,中心村200～300户,有些富庶地区则是千户连宇;丘陵地区自然村,多为40～50户;水乡20～30户;山区10～30户。村庄名称,多为村、庄、集、寨;有的也称郢、圩。许多村庄是以部族姓氏定名的,如张村、杨寨、李庄等;有的以交通要塞命名,如临淮关、正阳关、西山驿等;有的以古迹定名,如陶庙、徐桥、潘楼、三塔等;也有随地理定名,如湖沟、乌江、双涧等。较大村庄演变为集镇,集镇是商品经济发展的产物。安徽集镇,星罗棋布;千年古镇,遍及全省。皖中和淮北地区多为隔日逢集,有二、五、八、十逢集,有一、四、七或三、六、九逢集,日中而市,日落而归,有的大镇终日成市。农村庙会是集市一种最高形式。每逢庙会,伴有演戏、说书、耍猴、变戏法等具有浓郁地方特色文娱活动,农民可以借机享受多种娱乐,兼带购买社会商品和出售自己的农副土特产品。皖南因村镇规模较小,多为早市,群众称之为露水集。集市逐步繁荣,随之出现屯积货物栈房、手工业作坊和常年经营店铺。“徽商”较早进入流通领域,明、清时期就流传着“无徽不成镇”之说。商品经销突破地域局限,有些经营者不惜重金进行店铺建设,搞得屋宇雄壮,门面豪华。集镇是在不同社会、经济和地理条件下形成和发展起来的,较大集镇则形成线状或点状商业街。

小康示范村评定　1994年5月,在全省村镇建设工作中开展“双百”活动,即重点抓好100个小康示范村建设,以典型引路,促进和推动全省村庄建设。100个示范村遍布全省16个市。

1994年安徽省100个示范村一览表

表3-2-1

地　市	示范村名录
合肥	郊区骆岗镇王大郢村、骆岗镇花园村、杏花村镇藕塘村、姚公镇十八岗村、城东乡花冲村，蜀山镇南新庄村、蜀山镇二十三村，肥东县长乐乡涧南村、龙塘乡唐安村，肥西县烟墩乡卫前村，长丰县左店乡路桥村
淮南	淮南市东山乡王郢村，凤台县毛集镇中心村
蚌埠	固镇县刘集镇刘集村、濠城乡濠城村，怀远县马城镇庙前新村、唐集镇汪街村、万福镇湖东村、项桥乡张庄村，五河县朱顶乡新丰村、大新乡费府村、东流集镇顺河村
芜湖	芜湖县清水镇军滩村、三元乡鲁村，繁昌县新港镇克里村、荻港镇莱村，南陵县黄墓镇许镇村、峨岭乡峨岭村
安庆	太湖县晋熙镇岔路村，宿松县洲头乡乌池村，望江县雷阳镇护城村，岳西县温泉镇凤形村
铜陵	铜陵县西湖镇狮子山村
黄山	黄山区甘棠镇民主村，歙县深渡镇新杨村
淮北	濉溪县濉溪镇城西村，杜集区高岳镇高岳村、瓦房村
滁州	凤阳县小溪河镇小岗村，全椒县武岗镇中心村，来安县新安镇毛桥村，定远县池河镇红心柿村、严桥乡红岗村，嘉山县石坝镇方涧、潘村镇赵庙村，天长市官桥乡赵巷村、铜城镇铜南村，南谯区施集乡长洼村
马鞍山	当涂县龙山桥镇太仓村、黄池镇福光村
阜阳	阜阳市老庙镇郭湖村、杨楼乡杨楼村，亳州市蚂虾庙村，界首市芦村镇路洼村、光武镇黄寨村、陶庙镇大朱寨村、砖集镇刘楼村，蒙城县双涧镇老集村、辛集乡杂姓村，涡阳县牌坊镇门李村，阜南县王家坝镇闸西村、郜台乡刘店村、三塔镇袁庄村、城关镇前贾村，颍上县城关镇詹家岗村，利辛县阚疃镇崔园村、旧城镇代园村，太和县苗老集镇张老家村，临泉县单桥乡张老庄村
巢湖	含山县环峰镇一统碑村，无为县无城镇仔洲村，和县百桥镇周贵仕村，庐江县水关乡长岗村，巢湖市环城乡灯塔村、槐林镇大汪村
宿县	砀山县葛集镇白腊园村、赵屯乡苇子园村、葛集镇张马吴村，宿州市北杨寨乡刘合村、永安镇吕湖村，萧县酒店乡郝楼基层村、新庄镇肥庄基层村，泗县草沟镇孙巷村，灵璧县大庙乡寿口村
六安	六安市城南镇十里桥村，霍山县落儿岭镇落儿岭村，霍邱县叶集镇关山村，金寨县江店镇百禄桥村，寿县九龙乡古堆村，舒城县城关镇古城村
宣城	宣州市向阳乡河北村、周王镇井边村，郎溪县梅渚镇李家庄村
池州	石台县丁香镇新中村、占大镇占坡村，贵池市涓桥镇三有村、梅街镇桃坡村，青阳县丁桥镇独龙村，东至县胜利镇江心村

建设指导　1996年9月，省建设厅对村庄和集镇建设工程项目实行“一书一证”管理措施，要求在村庄和集镇规划区内进行建设的单位或个人必须领取“一书一证”（《村镇规划选址意见书》和“村镇建设工程规划许可证”），“一书一证”包括各种附图和附件，是村镇建设许可证书配套文件，具有同等法定效力。

1997年4月，省建设厅在部署村镇建设中，为减轻农民负担，要求村镇建设一定要和当地经济发展水平和农民实际承受能力相适应，不可盲目攀比；要从实际出发，统一规划，分步实施；明确农民建房中坚决停止向农民收取村镇规划建设管理费，并作为一条政治纪律来执行，谁收谁负责。各级村镇建设主管部门一定要在规划、设计、施工等方面给予技术指导和服务，使新建农房做到布局合理、造型新颖、结构安全。为此，全省有16个地市，编印1000余套农村小康住宅图集，供农民建房选用。5月，省建设厅部署村镇建设中继续抓好节约用地、保护土地工作，强调在村庄建设中，无规划不准建设。明确新村建设在统一规划指导下合理布局，坚持并小村为大村、相对集中的方针，新建村一般规模要控制在50户以上。同时要求各级建设行政主管部门，积极主动协助做好退宅还耕工作，积极支持鼓励在村镇建设中大力推广使用轻质、高强、空心墙体材料，切实落实国家墙改政策，逐步淘汰、逐年减少粘土实心砖使用量。

2002年11月，安徽省建设厅下发《关于切实做好对农民建房收费自查自纠工作的通知》，明确指出："今后，凡是涉及我厅向农民建房乱收费的，我厅将直接追究处室主要负责人的责任，并严肃处理"。同时要求各级建设主管部门"要按照省委、省政府的规定和部署，开展对农民建房收费项目的自查工作。对违反规定的收费项目，要立即取消。已收的要全额退还。以后再发现向农民建房乱收费的，无论涉及省、市、县何部门、何单位、何人，我厅将协助有关部门严肃查处"。

第二节　住房与公用设施建设

农房建设　进入20世纪80年代，农房建设有较大发展，农村由自发随意建房逐步向在规划指导下科学建房转变，房屋结构由土草房向砖瓦房结构转变，建房方式由"亲帮亲，邻帮邻"传统建房方式向统一组织建设方式转变。90年代初期，省建设厅提出"统一规划、相对集中、并小村为大村"农房建设方针。在具体实施中，确保规划落实，有效节约土地，改变全省农房建设分散、随意建造的陋习，促进农房建设规划有序发展。2006年7月，省建设厅组织编印《安徽省灾民住房设计图集》《安徽省小康住房图集》和《安徽省社会主义新农村建设住房设计图集》推广使用。为适应新农村建设需要，尽快提升全省农房建筑质量和水平。2006年，省建设厅组织全省240多家建筑设计单位800多名设计人员深入农村实际进行农房设计调研，并从设计人员提供的1000多个适应安徽不同地域特征住宅图样中选出109款作品汇编成《安徽省社会主义新农村住房图集》，向全省每个乡镇和行政村免费发放，为提高农民建房技术含量、改善农民居住条件提供有力支持，为全省农房建设水平提高奠定良好基础。淮北市建设部门亦组织建筑设计部门为农民建房设计标准化图集，供农民选用，并设计村级组织用房和农村基层司法所用房标准图集；定期举办农村建房安全和质量管理技术培训班。农房建设质量提高很快，楼房比例也不断增加，已由1986年8.4%，提高到2007年75%。2007年农民人均住房面积达到33平方米，是1992年的3倍。

公用设施建设 20世纪90年代初，随着农村经济实力增强，农民收入水平不断提高为村庄建设提供强大物质保证。多年连续增加投入，村庄基础设施逐步完善，方便群众生产生活。在国家实施小城镇建设投资同时，各地根据自己情况，采取多种方式，投资村庄建设，除投资住房建设和生产建筑外，多为公用设施建设。合肥市在实施农村道路、供水建设中，按照先建后补原则，落实土地整理和村内主干道及道排管网建设奖补资金，申报以奖代补项目12个。1998—2002年，芜湖市乡镇工业发展加快，乡镇综合实力得以提高，集镇基础设施建设投入加大，二、三产业得以发展，农民进镇人数增加，居民收入普遍提高，居民私人建房及房地产开发进入良性发展阶段，建设规模不断扩大。集镇的载体功能和集聚功能更加完善，民间资本及外资纷纷加入房地产开发行业之中，村镇住宅建设进入高速发展阶段。

2007年，全省村庄建设投入增加到280亿元，是1992年6.2倍。全省村庄道路总长度已由1992年63120千米发展到2007年的140226千米；自来水受益村庄个数已由1992年年底2695个提高到2007年的10780个，受益人口由1992年年底118万人提高到2007年392万人。

第三节 建设措施

建设概况 1986—2007年的22年间，是村庄建设大发展时期，撤小村并大村，退宅还耕，按规划建村、建房和基础设施建设，各地根据当地情况和条件，采取相应措施，使村庄建设健康有序发展。

1989年，滁州市完成全区所有集镇粗线条规划。1992年，完成168个集镇规划调整工作，占应调整总数的64%。对村庄规划提出“六图一书”具体要求。六图是指村庄体系现状图，村庄体系规划图（布点规划），中心村建设现状图，中心村建设规划图，基层村建设现状图，基层村建设规划图；一书是指行政村域总体规划说明书。2006年，池州市对试点村提出以“四清四通四改”（即清垃圾、清淤泥、清路障、清庭院；通水、通路、通电话、通有线电视；改厨、改厕、改圈、改园）为重点的村庄整治目标，对条件较好的村庄提出村口和村公共活动中心等公共空间的建设整治要求；各类村庄按照“新建型、改造型、保护型”等不同类型进行规划分类，走出一条具有池州特色的村庄建设路子。自2006年以来，累计已有3000多个自然村、200多个行政村完成整治工作，占全市行政村总数的36%，有效地改变了农村“脏、乱、差”环境；目前全市各行政村已村村通等级公路，基本村村通上了自来水，农村环境得到改善。各市在村庄建设中，都有适应农村经济发展的规划和措施。

建设实施 20世纪80年代中期起，淮南市政府加强乡村建设管理，发文确定村镇建设管理政策及实施办法，乡村建设逐渐步入良性发展轨道。设有区（县）、乡、村三级管理机构,并有土地、规划、建设、管理专职人员,自上而下形成管理网络,依法管理,严格控制占地标准,控制村庄盲目外延发展,少占或不占耕地。因国家建设用地涉及的搬迁户,由市建委根据市规划区管理原则,按城乡一体化进程,统一征地、统筹规划、合理布局、配套建设。在城市主干道旁建房者均需办理申请,报市建委批准。为加快对村镇建设的管理,各区、乡、镇建设管理办公室对辖区内进行巡回监视,对违法建筑、违法占地,一律拆除还田,同时,加强建筑质量管理,编制下发《淮南市农村住宅通用图集》。

1986 年以来,宿州市切实抓好乡村规划建设和管理工作,增强乡村的综合服务功能,深入开展村庄规划建设和村庄整治工作,推进社会主义新农村建设,继续加大建设投入。通过对农村深化改革和加大工作力度,保持建设投入适度加快增长,促进投资结构优化和投资效益的提高,尤其是加大对农村道路、供水、排水和公共服务设施的投入。努力实现乡村环境明显改善,各项基础设施功能明显增强。2000 多个行政村编制建设规划达到 60% 以上。坚持统筹城乡区域发展,充分发挥城乡规划综合调控作用和指导服务功能。科学规划,严格管理,构建布局合理的城乡体系。

至 1998 年年底,马鞍山市编制完成全市 12 个建制镇和 16 个集镇总体规划。随着区化调整,撤乡并镇,开展全市域村庄布点规划和村庄建设性详规编制工作,并于 2006 年在全省率先完成此项工作。

2000 年,淮北市在认真实施《村庄集镇规划建设管理条例》前提下,根据淮北市实际情况,中共淮北市委、市政府先后出台《关于开展城乡一体化综合配套改革的决定》《关于统筹建设农民集中居住区工作的实施意见》和《淮北市“清洁乡村、美化家园”活动实施方案》,支持村镇建设发展。规划部门对村镇规划编制进行技术指导和帮扶,市各有关部门也根据自身业务性质,对口指导和服务镇村建设业务工作。在村庄建设中,按照统筹推进城乡规划布局“一体化”要求,将全市规划为城郊、近郊、远郊三个圈层,积极推进农民集中居住区建设。根据淮北市特点,分别采取多种模式建设农民集中居住区,有以相山区仁和小区为代表的采煤塌陷搬迁模式,以濉溪县芦沟村集中居住区为代表的集镇改造开发模式,以烈山区华家湖集中居住区为代表的建设征地搬迁模式,以相山区张集子集中居住区为代表的空心村整治模式,以濉溪县黄新庄农民集中居住区为代表的并村自建模式。重点建设 14 个农民集中居住区,总投资 10.6 亿元(其中政府性投资 0.7 亿元,商业投资 4.6 亿元,农民自主投资近 5.3 亿元)。占地 375 万平方米,建筑面积 109 万平方米,安置农民 8.8 万人,置换节约土地 867 公顷,新建 7 个农民集中居住区,进展顺利。农民集中居住区道路、排水、供水、绿化、环卫设施、广播电视、休闲广场等基础设施配套齐全,实现农民集中居住区社区化管理。

2000 年,池州撤地建市后,加强村庄建设管理,对圩区村庄和山区村庄分别处置。对圩区村庄大多是街巷式布局形态,根据建筑与地形、道路的不同组合关系,树枝状展开,形成既统一又有变化的村庄布局形态,主街和次巷脉络清晰,这种村庄内聚性强,又易于随着村庄扩大逐步沿路拓展延伸。街巷内部空间较为封闭内向,街巷在村庄中承担着交通联系和组织村民生活的公共空间作用，成为公共和半公共线性交往空间和交通联系通道，在一些水乡村庄，还常有河路并行的水街水巷。山区村庄：大多是散点式布局形态，体现与自然和谐共生特点，自然散点分部于起伏的乡村聚居地，这种模式并不试图改造自然，也不大规模平整土地，不强求规划一致布局，表面看来缺乏规划，随意性强，建筑虽散点分布，却又凝聚于某个中心，如晒谷场、池塘等，于稳定统一中体现着开放与多元。由于房屋间距较大，所以显得较浪费土地，但这种布局形式的村庄与周围自然环境融为一体，如棠溪镇石门高村。

合肥市坚持以城带乡，集中财力建设一批具有示范效应的农村基础设施项目。在原有投资建设基础上，2005年，再全力推进城市基础设施向县乡范围覆盖和延伸，启动天然气工程，公交线路继续向县城、郊区和工业园区延伸。2006年，开通至烟墩乡等15条城乡公交线路。建设岗集工业区污水管网。制定出台《合肥市加快小城镇建设实施意见》和《合肥市农村集中居住区建设管理暂行规定》等法规文件，进一步规范小城镇建设“以奖代补”项目和资金管理。积极推进城市道路、供水、道排管网等公共设施向农村延伸覆盖。同时，大力发展乡村旅游，开展创建“农家乐旅游区（点）”活动，增加农民经济收入。

2005年后，六安市积极参加全国特色景观旅游示范镇（村）评选工作；组织制定《六安市新型农民居住区建设实施方案》，结合土地整理、库区移民、村庄整治、地质灾害治理和重点工程移民搬迁，开展好新型农民居住区建设；加强村镇建设管理，推动村镇建设管理机构建设，组织村镇规划建设管理知识培训；开展以农村垃圾治理为重点的“农村清洁工程”试点，探索建立农村垃圾治理和卫生保洁长效机制。

2006年，黄山市按照社会主义新农村建设的统一部署，继续推进建制镇规划和村民布点规划的编制以及基础设施建设工作。各区县建设规划部门及时布置，组织开展村庄布点规划现状调研和基础资料收集工作。各编制单位深入基层组织调查，充分征求村民意见和建议，因地制宜，合理撤并整合自然村落。各区县对一些重要地段建设，实行市、区或县、乡镇联席审批制度。汤口镇所有建设项目采取市、区、镇三级联合审批，使其建设体量和风格与黄山风景区景观相协调。歙县深渡镇在审批农村建设用地时，采取与建房户签订协议办法，控制其建筑风貌，摸索乡镇规划建设管理新路子。

第三章 新农村建设

中共十六届五中全会确定建设社会主义新农村重大决策，按照“生产发展、生活宽裕、乡风文明、村容整洁、管理民主”总体要求，全省各地以村庄规划为龙头，加强农村人居环境整治，推进新农村建设，改变农村生产生活条件和整体面貌。

第一节 村庄整治

示范工程建设 2005年以来，安徽省建设厅在贯彻落实中共安徽省委、省政府部署新农村建设实施“千村百镇”示范工程中，把村庄整治工作作为社会主义新农村建设突破口，按照中共安徽省委办公厅、省政府办公厅《关于新农村建设“千村百镇”示范工程实施意见》精神，要求县、市（市、区）原则上选择1个示范镇和1个示范村进行示范规划建设。

2006年开始，在全省开展村庄整治工作，从广大农民最迫切需要解决村庄环境整治入手，以“千村百镇”示范村整治为重点，把农房、基础设施和村容环境整治作为村庄整治重要内容。制订相关技术要点，明确村庄整治目标，让农民群众能走平坦路、喝干净水、上卫生厕、住整洁房。重点开展“治乱”，清理乱搭乱建，影响居民出行的建筑物、构筑物和无人居住危旧房；“治脏”，重点抓好房前屋后、猪圈牛栏、厕所粪坑等地方环境卫生整治，同时建立卫生保洁制度；“治路”，结合“村村通”工程，解决好村庄对外交通问题；“治水”，主要是解决村庄饮水和排水问题，按照“水清、河畅、岸绿、景美”要求，对村内外水系进行综合整治，切实改变村庄水环境。在村庄整治过程中，省建设厅坚持规划先行、分类指导、典型引路、政府主导、农民自愿原则，积极推进村庄整治工作。

村庄综合治理 各市在村庄整治工作中，明确内容，抓住重点进行。合肥市在10个乡镇实施首批农村清洁工程，清理违法违章项目251个，抓好5个市级乡村旅游示范点建设和城乡旅游市场建设，全面启动合巢芜、合铜黄高速沿线村庄整治，改造农村危房1.3万户，整治村庄340个。淮南市在乡村建设中，加强管理，严查乱建乱占耕地现象，使乡村建设步入良性发展轨道。淮北市在推进“村村通”工程中，重点实施道路和自来水建设，实现全市所有乡镇半小时通达高速公路、全部行政村通等级柏油路、通客运班车的“三通”目标；新建115处集中式农村饮用水安全工程，全市农村集中式供水受益人口达46.3万人。宣城市在全省率先进行行政村撤并，使行政村数由2000年年底的1606个减少到777个。扩大乡镇规模，增强集聚效应，推进城镇化建设，促进乡镇经济发展。2006年，制定下发《市建委关于全面推进我市新农村工作的目标和措施》《关于加强村镇建设，推进社会主义新农村建设的实施意见》《关于新农村建设“中心镇培育工程”的实施意见》等，为全市新农村建设提供政策引导和技术支持。上报的10个镇、104个村被列入全省“千村百镇示范工程”示范镇、村。组织开展全市新农村优秀住宅设计方案征集活动，并将评选出的10套具有代表性的新农村优秀住宅设计方案汇编成册，无偿提供给农民。池州市坚持规划先行、因地制宜、注重特色，扎实推进“十镇百村”试点工作，对“十镇百村”试点村、镇的近期建设规划，提出“四一”“五化”整治指导性要求，即“建设整治好集镇的一个入口、一个镇区中心、一处镇区公共绿化广场、一条集镇主街道”，达到“硬化、绿化、美化、亮化、净化”标准。

村庄环境建设 2006年，阜阳市推进新农村建设中，主要结合土地整理项目，围绕农村危房改造村庄住宅改造更新，进行村庄环境整治。采取适合当地实际方式方法，调整土地，稳步推进村庄建设规划实施。乡村住宅建设逐步从零星建设、小康村建设，走向更加成熟的以农民意愿为出发点、按照规划实施建房的新农村建设路子，不仅消灭了草房、土胚房，而且相继形成一批设计新颖、结构优化、布局合理、功能齐全的新型农村社区，农房成套率显著提高，人均住房面积达20.93平方米。也涌现出一批依托特色农业、观光农业村和产业园区村庄。颍州区白行村结合西湖景区治理和土地整理，归并居民点，集中迁建，完善配套设施，形成新型农民社区；颍上县红星镇大谢村结合土地整理和旧村庄改造，连片改造村庄房屋和道路排水设施，形成入住200多户的新型居民点；黄桥镇三王村合并7个自然村，退宅还耕，将土地整理出来，形成一个相对集中的大型居民点，江店孜镇姜岳村、八里河镇渔民新村以及颍泉区伍明镇梁郢村结合新农村建设，改造民房，完善道路、排水设施，使旧村庄焕然一新。2007年，六安市把振兴产业作为小城镇建设的核心，通过农民双向创业，推动小城镇快速健康发展。以乡镇环卫体制改革为突破口，招商引资，着力改善村镇人居环境，千方百计加大村镇基础设施建设投入。开展村庄整治试点和农村垃圾污水处理试点。全市涌现出一批交通型、工业园区型、红色或绿色生态旅游型、工矿型、农业产业化型等区域中心镇和各具特色的新型小城镇。

截至2007年，全省整治村庄道路42万千米，清运垃圾、残土590万千千克，清理柴草、粪堆39万多处，治理池塘4万多个，整治乱搭乱建31万平方米。“千村百镇”试点工程村庄“脏乱差”状况得到较好治理，土地得到节约利用，农村居住环境得到初步改善。

第二节 移民建镇

安徽省长江、淮河流域低洼地带和淮南、淮北等地采煤塌陷区，易受水涝灾害，这些地区居民饱受灾难之苦。中共安徽省委、省政府及各地为使这些地区居民能长期安居乐业，实施移民建镇工程，广大干群喻为是一项德政工程。

水淹区移建　安徽省移民建镇工作，始于1991年水灾之后，大多是1998年水灾后开始移民建镇。

芜湖市为彻底解决长江沿线洲、滩、圩反复遭受水灾的问题，让长江沿线广大人民群众能够长期安居乐业、充分享受党中央、国务院实施德政工程，自1998年开始，共实施四期移民建镇工程。移民建镇工程涉及3县2区、35个圩垸、41个乡镇、176个移民点，计划新建安置住宅房总面积157万平方米。曹姑洲整体移民建曹姑新村，共514户，2165人。移民安置采取自建与统建相结合形式。曹姑移民建镇项目，计划总投资3925万元。曹姑新村共建六层砖混结构住宅楼12幢，共计384户，建筑面积3.2032万平方米，均为统一建设，公开招标确定施工队伍。移民于1999年8月开始陆续搬迁入住。1999年以来，小洲乡共实施四期移民建镇工程，计划安排1592户，总投资7474.8万元，建设地点在小洲新镇。2002年，移民已全部在小洲新镇落户，人口约7000人。由于该新区公共服务设施配套到位，基础设施齐全，房屋造型别致、排列有序，四周绿树成荫，道路宽敞通畅，落户移民对此十分满意。

马鞍山市移民建镇工作亦于1998年汛后启动，在省有关部门大力支持下，1998—2001年汛后，共完成4批移民建镇投资计划，移民3817户，1.3728万人，涉及当涂县、金家庄区、雨山区等7个乡镇8个圩垸。截至2002年6月底，全市累计完成投资1.831亿元，占总投资100%。完成移民安置3833户，占计划移民户数100.4%。移民建镇项目实施，增强了行蓄洪能力。移民建镇、平垸行洪，使长江沿岸扩大行蓄洪面积18.9平方千米，增加行蓄洪容积0.61亿立方米；彻底解决了小黄洲等圩垸居民长期受洪涝灾害困扰问题，有效改善移民生产生活条件，增加移民收入，促进移民致富奔小康步伐，促进农村经济发展和小城镇建设。

1998年，铜陵市大通镇总受淹面积275万平方米，受灾户3939户，被淹户926户，总共倒房351户，总受灾人口1.0957万人，占大通镇总人口的86.1%。灾后，为保障大通镇人民生命财产安全，决定将老镇区居民及两个江心洲村民全部迁移到海拔18米（黄海高程）以上新区。规划用地范围4.2平方千米，建设用地2.6平方千米。规划期限：近期至2003年，远期至2010年。

安庆市在国家实施"平垸行洪、退田还湖、移民建镇"国债工程中，安排四期移民建镇任务，移民总户数20449户、82935人。移民建镇总投资80084.1万元，其中中央补助资金33669.9万元，基础设施补助资金855万元，四期累计扩建村镇82个，新建村镇3个，总建筑面积204万平方米。通过实施移民建镇工程，吸引农民向小城镇和中心城市集中，城镇规模不断扩大。

巢湖市自1998年开始，共实施4期移民建镇工程，移民建镇工程涉及10个乡镇和8个洲、54个移民点，共迁移9952户，3.5166万人。至2003年年底，经市、县质量监督部门检验，移民建镇工程质量全部合格，一部分达到优质工程，入住群众较为满意。

1998年，池州市部分县、区遭遇长江特大洪水袭击，池州市小城镇建设抓住国家退田还湖、移民建镇的政策机遇，通过争取国家专项资金扶持，大力配套建设集镇基础设施，扩大镇区规模，使集镇面貌及建设品位明显提升，涌现出一批新型、特色小城镇。1998年开始，贵池区先后实施两批移民建镇计划。项目总投资为4.61亿元，其中国债资金1.6亿元，地方自筹资金3.01亿元，移民9951户。至2000年，贵池区移民建镇工程新建成梅龙、高坦2个集镇，扩建牛头山、唐田、乌沙、马衙等17个集镇，建新村11个，扩建村37个。重点集镇配套建设一批道路、给排水设施、教学楼和卫生设施用房，初步达到设施较完善、功能较齐全、十年不落后的标准。1998—2001年，东至先后在长江流域和升金湖沿岸实施四批移民建镇计划，涉及73个圩口，16个乡镇，移民总计划10582户，总人口42274人，总投资4.1957亿元，基础设施配套建设总投资4891.1万元，重点安排修建道路58千米，给排水设施70处，架设供电、通讯线路1万米等与移民生活息息相关的工程。

淮南市毛集镇毛集东风湖行蓄洪区总面积45平方千米，区内耕地面积4000公顷，居住人口3000人，由于庄台面积小，行洪频繁，群众居住环境恶劣，生活质量低下。经过1991年特大水灾之后，于1994年，开始启动行洪区内何台等4村居民计1947户，7631人，分期分批迁入毛集镇区。1998—2005年，正式实施移民建村工程，总投资计划2055.2万元，迁圩1个，搬迁移民536户，2113人，建居民住房38960平方米和相关配套基础设施建设以及东风湖农场移民建村工程。

1999年，阜南县实施移民建镇一期工程，曹集镇移民建镇工程，是经国家计委批准在淮河流域的试点工程，安置1501户，建筑面积12万多平方米，修筑六条混凝土道路，铺设排水、供水干管；2001年，又实施阜南县移民建镇二期工程，完成4008户移民安置工作。2003年，阜南濛洼蓄洪库结合淮河水利治理项目，新建王家坝、郜台、曹集、老观4个保庄圩，迁移濛洼蓄洪区中部安全庄台上的居民，经过多年建设，保庄圩内按照建设规划，新建或改造一批农民住宅，逐步完善基础设施和公共服务设施，现居住人口已达3万余人。

塌陷区移建 淮南、淮北等地采煤塌陷区居民，常受水涝灾害侵袭，这些地方政府在中央和安徽省有关移民迁建方针政策指引下，从20世纪70—80年代起就尝试移民建镇，进入90年代，加大移民建镇工作力度，切实有效地解决了这些塌陷区居民生活问题。

淮南市因煤矿开采而形成一些塌陷区，加之淮河每逢大水之年易积涝成灾，一些常年居住在低洼地区百姓也时而迁徙。移民建镇工作是淮南市城乡建设中一项十分繁重的任务。淮南市移民建村工程始于20世纪70年代中期，为使需要搬迁村庄群众安居乐业，当地政府以统一安置办法建设新农村，资金由建设单位按照国家规定的土地、农作物、房屋补偿办法一次性支付，居民搬迁由所在地方政府负责，实行统一规划，统一综合开发配套建设，建设模式具有崭新的时代特征，规划以集镇为中心组织与中心村连接。1985年，建成的田集新村成为淮南市农民新村建设样板，1987年，已建新村24个，1990年年底，统计移民建村工程已达到30个新村，占地面积1.85平方千米，建筑总面积为31.84万平方米，解决住户4083户。1997年，新庄矿因采煤而搬迁的有钱湖、淮滨二村，新迁占地面积0.74平方千米，建筑面积18160平方米，解决住户689户，仍用排排式组合，砖墙瓦顶，排栋间建有道路，道路两侧设砖砌箱涵明沟排水，新村内设有幼儿园，村办公室，公厕等。2000年年底，移民建镇工程已上升到43个，占地面积1.6平方千米，房屋建筑总面积34.79万平方米，解决住户4930户。进入“十五”(2001—2005年)计划时期，淮南市综合经济实力明显增强，出现大建设，大发展时期，市、区、乡三级政府坚持以人为本和科学发展观，在移民建镇工程中，坚持规划领先，把移民安置与小城镇建设相结合，加快城乡一体化进程。截至2005年年底，淮南市累计移民建村120个，占地面积6.78平方千米，建筑面积203.42万平方米，解决住户22902户。毛集镇夏集乡3个村因采煤塌陷移民建镇工程正在稳步推进，2004年已完成移民建镇一、二期工程，共24栋199套，建筑面积19260平方米。三期移民建镇工程正在扎实推进。

阜阳市移民新区建设主要针对谢桥煤矿、刘庄煤矿、口孜东矿等采煤塌陷区内的村民搬迁安置，相继建成多个集中搬迁安置新村。如，颍上县迪沟镇结合小城镇建设，将塌陷区农民逐步搬迁安置在镇区，建成4个集中安置居住小区；颍东区杨楼孜镇、口孜镇也结合口孜东矿塌陷区搬迁安置项目，建成几个移民新村；颍上县江口镇、古城镇部分村民受刘庄煤矿和口孜东矿的采煤塌陷影响，规划建设于莲村集中安置区，至2007年年底，600套农民住宅及道路排水路灯等基础设施已建成，同时配置公厕、活动室、管理房等。这些集中规划建设的塌陷区搬迁安置新区，形成一批设计新颖、设施配套的新型农村社区。

淮北市根据采煤塌陷区特点，编制完成采煤塌陷区村庄搬迁规划，并建立采煤塌陷区搬迁模式。

移民建镇工程实施带动了建筑、建材、运输等行业发展，完善了有关基础设施和服务功能，大批移民进入集镇，促进集镇消费和经济发展，扩张城镇规模；防洪减灾效益也明显，减轻圩垸防洪压力，减少防洪资金物资消耗，减少受灾人口，受到广大农户和移民的拥护、理解和支持。

第三节　“千村百镇”示范村

安徽省地形地貌各异，特色村庄遍布各地，1986年开始，村庄建设按照中共安徽省委办公厅、省政府办公厅关于新农村建设“千村百镇”示范工程实施意见，进一步加强规划建设管理，基本达到“生活宽裕、乡风文明、村容整洁、管理民主”的总体要求，使其更具农村特色，适宜农村旅游和开展农家乐活动。

龙川村 龙川村位于绩溪县东北部瀛洲乡，坐落于登源河畔，距县城12千米，村域面积19平方千米，龙川村交通便利，华龙公路、坑岭公路在此交汇，登源河、龙川河穿村而过。全村有常住人口2316人，暂住人口237人。龙川村历史悠久，人才辈出。2000年开始，龙川村大力开发村内旅游资源，依托航佳旅游公司，相继开发胡氏宗祠、奕世尚书坊、胡炳衡故居、灵山庵、“二十四个门阙”、龙川潭流、石镜等一大批旅游景点。2005年，又修建坑口水街和龙川景区游客接待中心，龙川胡氏宗祠还获国家AAAA级旅游景区称号，截至2007年年底已接待旅客近40万人次。

2006年，龙川村被列入全省“千村百镇”示范村和绩溪县建设社会主义新农村重点示范村，全村广大干部群众凝心聚力，抢抓机遇，以“建设优美龙川”为载体，推行村庄整治工作，使全村饮水、卫生等方面得到极大改观。结合景区规划，推行徽派建筑，增强村庄徽派特色。2007年全村人均收入6500元，龙川村被评为全省“十大美丽乡村”称号。龙川村在各级领导关怀下，通过自身不懈努力，正一步步发展成为一个特色旅游村，一个品牌村和绩溪县对外展示形象的重要窗口。

新民村 新民村位于合肥市包河区大圩镇东南，南淝河依村而过，面积4.4平方千米，辖12个村民小组，423户，1348人，耕地面积2.6平方千米，其中水面0.23平方千米。2000年以来，新民村在中共包河区大圩镇委员会和镇政府带领下，大力推行农业产业结构调整，重点发展葡萄、蔬菜种植和畜禽养殖，生产有较大发展，是大圩镇每年举办“菜花节”“葡萄节”的核心活动区，“农家乐”旅游服务业发展迅猛，农民收入大幅度增加。2007年，全村人均纯收入达到8000多元。

2005年11月，新民村被确定为全镇社会主义新农村建设试点村，中共大圩镇委、镇政府以改变村庄面貌为突破口，紧紧围绕“因地制宜、量力而行、区镇扶持、村民自改”16字方针，创新思路，扎实工作，较快启动并推进新农村建设步伐。葡萄园农庄成为大圩“菜花节暨新农村一日游”主景区，每年接待游客8万多人（次）。先后接待省长王金山等各级领导和越南社科代表团、日本前首相桥本龙太郎带领的经贸代表团等外宾，并接受中央电视台等七家媒体联合采访。

霄坑村 池州市贵池区梅村镇霄坑村位于皖南山区，属九华山脉，地处高山峡谷之中，平均海拔700米，最高海拔1021米，是省级老山自然保护区核心园，省高效与持续发展农业科技示范区茶叶科技示范园。全村12个村民组，428户，1632人，人均耕地仅有200.1平方米，山场总面积48平方千米，其中天然林25平方千米，人工林6.7平方千米，毛竹林7.7平方千米，有机茶园2.8平方千米。森林覆盖率达94%以上，自然植被保存完好。2007年度，人均纯收入达7500余元。从20世纪80年代初开始，开展大规模封山育林，禁止砍伐天然林，实施退耕还林、退耕还茶。进入20世纪90年代，霄坑村彻底关闭木材加工厂、地板条厂，严禁伐林烧炭；在全村范围内禁止使用化肥、农药、除草剂、生长激素等人工合成物；依托茶叶资源，通过“公司+基地+农户”的经营模式发展茶叶经济；以“吃农家饭、品有机茶、玩生态游”一体化旅游服务发展生态旅游。

幸福村　幸福村位于舒城县城南郊，206 国道 1112 公碑处，马安公路穿村而过，地势平坦，交通便捷。全县十大名塘之一的 0.35 平方千米大官塘座落在村最南部，舒庐干渠支流与大官塘相通。全村 3.2 平方千米，826 户，2860 人，可耕面积 1.37 平方千米，人均 7 分地。1992 年成立中共幸福村总支委员会和幸福农工商总公司与村委会形成“一个班子三块牌子”新格局。拥有集体产权企业 11 家，千亩生态农业科技园 1 个。2007 年村集体经济纯收入 37 万元，农民人均纯收入 4960 元。2004 年 11 月，国务院总理温家宝曾到幸福村视察。幸福村先后被授予国家旱作农业示范点、全国民主法制示范村、全国敬老模范村、全省百佳生态村、全省机械化耕作示范村、全省“五个好”村中国共产党组织标兵、全省思想政治工作十佳典型。

三岗村　三岗村地处肥西县城上派镇西南，由原来的阮岗、松岗和孔岗三个村合并而成，是农业部确定的全国 35 个新农村建设示范村之一，也是安徽省“千村百镇”示范村。全村地域面积 10.67 平方千米，有 48 个村民组，1231 户，人口 5000 多人。2005 年，经中共肥西县委批准设立村级党委，成为肥西县第一个村级党委。三岗村生态环境优美，全村苗木花卉面积近 10 平方千米，是全县苗木花卉发源地，素有“中国花木之乡”之称，四季花香，景色怡人，空气清新，是天然氧吧和理想休闲胜地。境内有面积各达 200 余亩的宣湾和谢塘两座小型水库，旅游资源丰富，发展乡村旅游实力强劲。

凤凰山村　凤凰山村位于铜陵县东南部，隶属于顺安镇，与南陵县交界，属丘陵地区，总面积 33 平方千米，所辖 59 个村民组，2007 年有人口 6700 余人，是省市级“一村一品”和“新农村建设”重点示范村。是名贵中药材凤丹原产地，境内旅游、矿产资源极其丰富，拥有省级著名金牛洞古采遗址和相思树等人文自然景观。有色凤凰山铜矿座落于本村，村办集体和私营企业比较发达，主要以金、银、铜、铁等金属矿石开采和加工为主，凤丹种植和企业劳务收入是当地农民家庭主要收入来源。2007 年全村农民人均纯收入达 6200 元，村集体收入达 600 万元。顺凤公路与九凤公路在本村境内交汇。凤凰山村新农村规划建设于 2006 年全面起动，先后完成金牛小区和凤凰新村规划建设，共有 220 户农民在规划区内建房落户。大门楼小区规划建设也于 2007 年 9 月份开工建设，规划为 110 户单门独院的徽派建筑居民区。

店集村　店集村地处凤台县城西 32 千米处，南靠西淝河，东与钱庙乡陈圩村、关庄村接壤，北连本乡中塘、彭庄村，全村辖七个自然庄，土地 3.3 平方千米，人口 3247 人，2007 年人均收入 4700 元，是杨村乡最大的行政村之一，典型的农业村。2006 年被列为全省新农村建设“千村百镇”示范村。

2005 年 10 月，按照中共十六届五中全会提出建设社会主义新农村的工作目标，在淝河北岸统一规划 0.1 平方千米土地的店集新村，对原有老村庄 0.8 平方千米低洼地经过治理，即整理出旱涝保收农田 0.4 平方千米，净节约土地 0.3 平方千米，又开挖精养渔塘 0.27 平方千米，每年为村净增社会产值 160 万元，纯利 40 万元，增加了村民收入，壮大了集体经济。

新村建设了科普中心、文化广场、农民休闲中心、迎宾公园、上水冲式公厕等公共配套设施，实现了道路硬化、路灯亮化、村庄绿化、环境美化，呈现出“村在林中，房在树中，人在绿中”新景象。为了方便村民办事，确保一方平安，村里建成了警务室、卫生室、为民服务全程代办点，解决了村民办事难、看病难现象。特别是村卫生室，建筑面积600平方米，有22个标准床位，不仅解决了本村村民就医，并覆盖周边乡镇上万群众。

第四章　灾后重建

安徽省是自然灾害频发地区，结合国家实施长江流域、淮河流域移民建镇和扶贫移民等工程，统筹推进灾后重建，对饱受水灾之苦农民进行迁建，使灾区和灾民的生产环境、生活水平明显提高，人居环境得到较好改善。

第一节　1991年灾后重建

1991年，安徽遭受特大洪涝灾害，全省境内灾情之重实为历史罕见。

灾情和住房重建　1991年的大水，淹没43779个村庄，892万人被水围困，全省淹没农田面积28075.33平方千米，占耕地面积64.4%，全年粮食减产109亿千克，油料减产4.5亿千克，棉花减产160万担，受灾人口4314.7万人。农村278万间房屋被水淹倒塌，其中50万全倒户倒房165万间。

为及时解决灾民住房问题，1991年6月，省政协副主席、省救灾指挥部副指挥长赵怀寿主持召开全省灾民建房座谈会议，省长傅锡寿出席并在会上提出灾民建房工作三原则：一是保证灾民安全过冬；二是尽量少花二次钱；三是利用重建家园机会，争取安徽省村镇建设有个好起点。8月，赵怀寿再次主持召开会议研究灾民住房建设问题，建设、民政、水利、税务、土地等部门负责人参加会议。同月，中共安徽省委下发《关于进一步做好灾民生活安排和恢复生产重建家园工作的通知》，安徽省人民政府下发《批转省建设厅关于灾后重建家园工作意见的通知》，对安徽省灾后重建家园工作作出全面部署和具体实施意见。在中共中央、国务院关怀和社会各界大力支持下，在中共安徽省委、省政府直接领导下，全省灾区广大干群经过三个多月艰苦努力，使全省60.18万“全倒户”过冬住房以三种形式全部解决。一是按“一步到位，分步实施”灾民建房方针，建成灾民过冬房94.57万间，解决38.29万户灾民过冬住房。二是不具备一步到位条件采取两步到位，先建灾民应急过冬住房，有条件时再建造永久性住房，全省已搭建这种过冬住房21.13万间，解决11.72万户灾民过冬问题。三是个别地方少量灾民可筹建永久性住房。通过安排住公房，住儿女亲戚房屋、暂借他人房屋居住等途径，基本解决灾民过冬住房。在大雪寒冬到来之前，全省灾民普遍都有过冬住房，在1991年冬季大雪期间，各级干部深入灾区及时组织清扫屋面积雪，对个别地方出现危房采取得力措施，及时组织群众撤退到安全地方，全省灾民过冬经受住第一场大雪考验，实现中央提出不冻死人目标。

重建成效 1991年9月，建设部组织西北建工学院、哈尔滨建工学院、重庆建工学院等部属院校500名师生深入安徽省六安、阜阳、滁县、巢湖等四个地区，帮助编制261个村镇建设点规划。10月，在淮南市召开全省灾民建房规划情况交流会，省灾民住房建设办公室主任许鸣天主持会议，省政协副主席、省救灾指挥部副指挥长赵怀寿以及省建设厅、省民政厅主要负责人等参会。

全省坚持加强对灾后重建工作领导、管理和组织，统一规划，分步实施。政府有效组织、群众积极参与，抗灾避灾与改善农民生活、居住环境并行，成效明显。1996年6月，联合国在土耳其伊斯坦布尔召开第二次人类居住大会，“安徽农村灾后重建项目”获联合国“改善人类居住环境杰出奖”。这是安徽省也是中国第一次获此殊荣。

第二节 1998年灾后重建

灾情 1998年，安徽省又遭受历史上罕见洪涝灾害、山体滑坡等自然灾害，持续时间之长，影响范围之广，损失之严重前所未有。全省17个地、市有15个地、市受灾。据建设部门不完全统计，共淹没圩垸525个，面积3200平方千米，淹没村镇3973个，受灾户数72.11万户，受灾人口493万人，毁损房屋38.86万间，其中安徽长江流域倒塌房屋26.9万间，4.03万全倒户倒房11.28万间。仅农民住房这一项，经济损失就达23亿元。损毁学校、医院、办公楼、市场等各类公共建筑136.5万平方米。损毁道路109.5万米、水厂75个、管道21.4万米、桥涵2328座。

灾后重建实施 1998年9月，安徽省人民政府下发《关于做好灾后重建家园工作的通知》，对灾后重建家园工作进行全面部署，明确灾后重建指导思想、目标和任务以及基本措施。提出“三个有利于”：有利于防汛抗灾；有利于发展生产；有利于沿江、沿河、沿湖农民长期安居乐业。“四项原则”：高起点、低起步原则；统一规划、分步实施、先急后缓、先重点后一般、逐步配套和逐步完善原则；一次搬迁安置到位、巩固发展移民成果原则；在实施移民搬迁中坚持可持续发展原则。“四个不准”：不准在易淹、易涝、易灾地段建新村；不准在行蓄洪区、低洼地带建新村；不准在被洪水冲毁淹没村庄原地重建；不准在易受山洪暴发、山体滑坡、泥石流等灾害侵袭地方和其他复杂地形地带建新村。“五个确保”：确保移民建镇工程质量；确保移民计划按时完成；确保移民生产生活出路安排得以切实落实；确保原洲滩圩房屋按时拆除；确保移民建镇补助资金合理使用。

1998年11月，召开全省沿江地区灾后重建家园、移民建镇工作会议，总结灾民倒房重建情况，研究部署下一阶段工作。省人民政府副省长、省灾后重建家园领导小组组长张平到会讲话。同月，安徽省灾后重建家园领导小组办公室下发《关于开展移民建镇检查工作的通知》，由省民政厅、省建设厅、省水利厅组成检查组，督促加快移民建镇进度，确保移民建镇质量。

1998 年,安徽省实施移民建镇工作,按照中共中央、国务院关于“平垸行洪、退田还湖、以工代赈、移民建镇”部署,在中共安徽省委、省政府领导下,安徽省开展移民建镇工程。通过移民建镇工程实施,共建新村 200 个,扩建村 388 个,新建镇 9 个,扩建镇 110 个,10 余万群众彻底摆脱洪涝灾害之苦,过上安定生活。在移民建镇工作中,省建设厅提出“四个结合”:移民建镇与农村小康住宅新村建设相结合;与小城镇建设相结合;与农民奔小康、实现农村城镇化相结合;与培育农村新的增长点、发展振兴农村经济、推动农村社会进步相结合。坚决执行省政府提出的“三个有利于”“四项原则”“四个不准”和“五个确保”。确保移民搬迁一次成功,以投入下限为依据,使农民具有基本生活条件、生产条件和生活环境,住宅、公共建筑、生产建筑、公用设施等逐步配套。安徽灾后重建指导思想和移民建镇(村)基本措施,受到国家有关部委充分肯定。1999 年 5 月,省建设厅下发《关于印发〈安徽省移民建镇工作验收细则〉的通知》,对移民建镇验收工作验收内容、验收组织与实施、验收义务与责任、验收上报与评定等均作出明确规定。

1996 年,建设部在全国各地上报项目基础上,经考察,推荐《安徽省移民建镇项目》上报联合国,联合国从全球中报的 700 多个项目中,评选出 357 个优秀项目,中国安徽移民建镇被授予“改善人类居住环境最佳范例”奖。

第三节　2003 年淮河流域灾后重建

灾情　2003 年,淮河流域发生自 1954 年以来最大洪水,安徽省洪涝灾害受灾人口 2805.57 万人,其中成灾 2066.36 万人,因灾倒塌房屋 32.7 万户、80.7 万间;毁坏水利设施 12.34 万处。

灾后重建实施　2003 年 8 月 22 日,安徽省政府下发《关于切实做好灾区建房工作的通知》(以下简称《通知》),要求“切实做好我省行蓄洪区、淮河河滩地和其它地区灾民建房工作,确保灾民在入冬前搬进新居。坚持‘统一规划,适当集中,兑现政策,自主建房’重建原则,将移民安置与村镇建设相结合,采用建保庄圩和外迁到安全区的安置方式,将居住在行蓄洪区、淮河河滩地的群众迁移到安全地区,确保人民群众安居乐业”。《通知》对安置范围作了原则规定,当年完成从 15 处行蓄洪区和淮河河滩地上紧急转移出来的 8 万户、30 万灾民的住房重建工作。《通知》还指出,建设标准是保庄圩面积按人均 60 ~ 100 平方米控制,内部排水采用 7 ~ 10 年一遇标准。移民安置建设包括群众住房和公共设施两部分,住房按每人 20 平方米,砖瓦房结构。公共设施包括生产和生活道路、供水、卫生、教育等。

2003 年 8 月 26 日,安徽省建设厅下发《关于切实做好灾区规划建设工作的通知》,提出凡被省水利厅明确的行蓄洪区同时实施移民迁建的,当地建设主管部门要积极配合水利部门,在当地政府领导下,认真做好相关工作。其他地区水灾中分散倒房重建工作，当地建设部门要积极配合民政部门，在当地政府领导下，做好相关工作。行蓄洪区移民迁建新村和其他地区灾后新建新村规划必须由具有资质规划设计单位编制，履行法定审批程序。要高度重视行蓄洪区移民迁建新村和灾后新建新村建筑设计工作，新村建筑设计必须由具有资质的设计单位设计。9月20日，安徽省建设厅组织行蓄洪区市、县建设主管部门和建筑设计单位，编印20套布局合理、造型新颖、具有地方特色的农房设计方案，供灾民建房选用。10月，省建设厅组织蚌埠市规划设计研究院编制《安徽省淮河流域移民建房村镇规划、设计、建设指导手册》，下发各有关市（县）区，供移民建房参考。此项工作受到建设部、省政府领导和省有关部门高度评价，较好地促进灾后重建工作。

第四篇　建筑业

新中国成立以来，安徽建筑业从废墟中艰难起步，建筑队伍逐步发展壮大，在国民经济中的支柱产业地位也日益凸显，中共十一届三中全会后，安徽建筑业解放思想，锐意进取，深化改革，基本实现了市场化的产业，全面推行建筑项目投资包干责任制，积极实施工程招投标承包制，完善建筑业资质、资格管理和质量监督等职能，推动企业用工改革，使建筑业焕发生机，大幅度提高了劳动生产率，有力地促进了建筑业发展。1997年11月，全国人大常委会发布《中华人民共和国建筑法》，省人大常委会于1995年12月通过、2004年6月第二次修订的《安徽省建筑市场管理条例》等法律法规实施后，建筑市场开发、竞争、有序的市场秩序逐步形成，建筑队伍和建筑业完成的总产值也不断壮大和提高，建筑业呈现出持续、快速、健康发展的良好局面。

第一章　勘察设计

随着全省城镇化建设不断推进，勘察设计咨询业得到快速发展，到2007年勘察设计企业已达到441家，其中甲、乙级勘察设计单位210家，占勘察设计企业的46%，从业人员达2.58万人，具有高级职称的专业技术人员6750人，占26.5%，中级职称8343人，具有各类注册执业资格4170人。勘察设计咨询业作为技术密集型行业，专业技术人员占全行业从业人员80%以上。2007年，全省营业收入112亿元，人均营业收入43万元，营业税金及附加3.2亿元，完成施工图投资额643亿元，施工图建筑面积6017万平方米，居全国第8位。

在改革开放政策的推动下，勘察设计咨询业1987年开始实行企业化管理，2001年省政府出台《安徽省工程勘察设计单位体制改革若干意见》，进一步深化勘察设计企业体制改革，以市场为导向，以科技进步、自主创新为突破，全面提升企业活力和竞争力。经过近十年的体制改革探索和实践，逐步建立起现代企业制度，勘察设计企业类型呈现多样化发展态势，国有独资、国有控股、股份制、民营等多组织形态并存，百花齐放。

安徽省建设厅、安徽省人事厅根据建设部、人事部注册建筑师、注册结构工程师等勘察设计注册工程师有关执业资格制度要求及工作需要，1995年组织成立由省建设厅、省人事厅、省直有关部门、部分地市主管部门负责人及设计专家组成安徽省注册建筑师管理委员会，负责注册建筑师考试和注册等具体工作。委员会下设办公室，办公室设在省建设厅设计科技处。1997年，成立由省建设厅、省人事厅、省直有关部门、部分地市主管部门负责人及设计专家组成的安徽省注册结构工程师管理委员会，负责注册结构工程师考试和注册等具体工作。委员会下设办公室，办公室设在省建设厅设计科技处。2002年，成立由省建设厅、省人事厅、省直有关部门、部分地市主管部门负责人及设计专家组成的安徽省勘察设计注册工程师管理委员会，负责勘察设计注册工程师框架中各类别工程师的考试和注册等具体工作。委员会下设办公室，办公室设在省建设厅勘察设计与标准定额处。

第一节　企业体制改革

20世纪90年代，安徽省勘察设计单位正处于改革转型期，面对市场竞争带来的激烈挑战和人员流动等巨大压力，在改革开放不断深入的发展中，勘察设计单位主动、积极采取措施寻找出路。随着全国由计划经济体制逐步转变为社会主义市场经济体制，勘察设计单位体制、机制实行全面改革，走向市场。

企业管理体制改革　1987年，建筑设计单位普遍实行企业化管理，推行技术经济承包责任制。设计单位由国家财政拨给事业费改为独立核算，自负盈亏。对外签订承包合同，按规定收取设计费；对内推行技术经济承包责任制，调动广大设计人员积极性。设计单位实行企业化管理后，进一步提高了设计投标竞争能力。安徽省建筑设计研究院在与省内外实力较强的设计单位竞争中，先后中标承担斯里兰卡高级法院、芜湖市金融大楼、省文艺大厦等工程设计。

1993年，安徽省勘察设计单位实行一业为主，多种经营，不断拓宽服务领域，技术、经营、管理水平和劳动生产率都有很大提高，创作出一大批具有时代特点和地方特色的工业与民用建筑作品。省建筑设计研究院、芜湖市建筑设计院还试行技术经济承包责任制。

1994年，全省勘察设计咨询行业加快改革，形成不同专业、不同等级、结构合理的专业队伍。

1995年起，勘察设计咨询行业继续深化改革，国有勘察设计单位推行技术经济承包责任制取得成效，有60%的勘察设计单位与主管部门签订承包合同，实行“工效挂钩”，充分调动设计人员积极性。加速勘察设计市场培育，省内工程勘察设计单位在上海、广东、江苏等省市设立分支机构50个，设计年产值5000万元。“中美合营安徽史塔宾建筑设计有限公司”的成立，标志着安徽设计行业开始进入国际市场。

企业产权体制改革　2001年，安徽省勘察设计单位体制改革取得突破。省政府办公厅颁发《安徽省工程勘察设计单位体制改革若干意见》，决定将全省工程勘察设计单位由现行的事业性质改为科技型企业，并进行管理体制改革，与政府部门脱钩，22个省直勘察设计院率先在年底前完成改企。

2002年，省直勘察设计单位通过体制改革，由事业单位转变为适应市场经济要求的法人实体和市场主体，活力、竞争力明显增强。勘察设计单位通过资质换证，总量得到控制，质量有所提高。全省勘察设计单位由换证前542个减至463个，部分技术力量不足和存在质量问题、扰乱正常市场秩序的单位被清除出勘察设计市场，勘察设计单位结构趋向合理。换证前甲乙级单位共132个，占总数24.4%，通过换证工作有11个单位晋升为甲级资质，20个单位晋升为乙级资质，丙丁级单位由410个压缩到300个，勘察设计单位整体资质水平和综合素质有明显提高。业务范围进一步拓宽，市场竞争力增强。通过换证工作有53个单位被批准增加业务范围，促进勘察设计市场进一步开放。

2004—2005年，安徽省建筑设计研究院、煤炭部合肥设计院等20余个省直勘察设计单位体制改革第一阶段目标（改企）顺利完成。按照“先改企、后转制”原则，平稳衔接过渡，改革方案全部批准实施，有关政策已基本落实，离退休人员和提前退休人员养老保险手续等已办理完结。各地市对本地区勘察设计单位体制改革进行部署，马鞍山钢铁设计研究院、安庆石化设计院、合肥市市政设计院、马鞍山市建筑设计院等已成功改制，国有资产全部退出，成为职工持股的有限责任公司。

2006—2007年，全省勘察设计咨询行业基本建立“归属清晰，权责分明，保护严格，流转顺畅”的现代产权制度，55%的勘察设计单位在改企基础上进行改制，以提高企业核心竞争力，扩大市场占有率和增强企业活力为目标，结合产权制度改革，完善公司法人治理结构，建立现代企业制度，走上良性发展轨道。

第二节　执业资格认定与考核

1986—2007年，全国快速发展的城乡建设和持续加快的城镇化进程，对勘察设计咨询行业发展和创新型、科技型人才队伍建设提出迫切要求，安徽省扎实推行国家注册执业制度，将其作为加强勘察设计管理、落实工程设计质量责任、提高设计队伍素质的重要措施，积极培育一支勘察设专业技术骨干人才队伍。

执业资格考核认定　1995年，全国开始实行建筑师注册执业制度，省建设厅会同省人事厅等有关单位完成国家一、二级注册建筑师考核认定工作。全省首批获得一级注册建筑师执业资格64人，其中特许7人，考核认定49人，8人经考试获得资格；341人获二级注册建筑师执业资格，其中考核认定328人，13人经考试获得资格。

2001年，共有1100名工程设计人员参加注册建筑师、注册结构工程师考试。全省有210人取得一级注册建筑师资格、877人取得二级注册建筑师资格、673人取得一级注册结构工程师资格。

2002年，省建设厅会同省人事厅组织开展勘察设计注册土木工程师（岩土）考核认定工作，组织并完成注册建筑师、注册结构工程师考核认定收尾工作，全省共有8名建筑师、25名结构工程师取得资格。

2003年，安徽省勘察设计注册工程师管理委员会组织完成全国注册土木工程师（岩土）考核认定及测试工作，安徽省通过考核人员67人。

2003年至2004年，安徽省勘察设计注册工程师管理委员会组织开展注册公用设备工程师、注册电气工程师、注册化工工程师和注册土木工程师（港口与航道工程）执业资格考核认定工作。全省通过考核认定353人，其中：注册电气工程师172人，注册公用设备（动力）工程师52人，注册公用设备（给排水）工程师65人，注册公用设备（暖通）工程师64人，注册化工工程师90人，注册土木工程师（港口与航道工程）15人。

2004年，安徽省注册建筑师管理委员会、安徽省注册结构工程师管理委员会组织推荐本省一级注册建筑师、一级注册结构工程师申请香港注册建筑师、注册工程师学会法定会员。

2005 年,省建设厅会同省人事厅组织开展注册公用设备工程师、注册电气工程师、注册化工工程师和注册土木工程师（岩土、港口与航道工程）等五专业执业资格考核认定收尾工作。全省通过考核认定 72 人,其中:注册电气（供配电）工程师 15 人,注册公用设备工程师 19 人,注册化工工程师 19 人,注册土木工程师（港口与航道工程）2 人,注册土木工程师（岩土）17 人。

2006 年,安徽省勘察设计注册工程师管理委员会组织开展注册机械工程师、注册冶金工程师、注册采矿 / 矿物工程师、注册环保工程师、注册水利水电工程师考核认定及测试工作,全省共有 500 多人申报。组织内地一级注册建筑师、一级注册结构工程师申请香港注册建筑师、工程师学会法定会员工作。

2007 年,省建设厅会同省人事厅组织开展注册土木工程师（道路工程）执业资格考核认定工作,安徽省共 77 人取得勘察设计注册土木工程师（道路工程）资格。

执业资格分类考试　1996 年,根据全国统一部署,安徽省建设厅组织首次全国注册建筑师执业资格考试安徽考点考试考务工作,注册建筑师考试分为一级注册建筑师和二级注册建筑师两个类别。

1997 年,安徽省建设厅组织首次全国注册建筑师、注册结构工程师执业资格考试安徽考点考试考务工作,有 265 人参加一级注册建筑师考试，320 人参加二级注册建筑师考试，449 人参加一级注册结构师考试。

2001 年,安徽省已有 252 人取得一级注册建筑师资格，1036 人取得二级注册建筑师资格，570 人取得一级注册结构工程师资格。

2002 年,共组织 637 人参加全国注册结构工程师考试、418 人参加全国注册岩土工程师考试。

2003 年,全省共组织 2786 人次参加全国注册建筑师执业资格考试（一级 1925 人次,二级 861 人次）;组织 941 人参加全国勘察设计注册工程师执业资格考试（结构工程师一级 485 人,二级 163 人、岩土工程师 293 人）,有 2088 人取得注册建筑师、注册工程师等注册执业资格。全省勘察设计从业人员达 2.1 万人,其中取得高级专业技术职称 5581 人,占 26．6%;取得中级专业技术职称 7192 人,占 34．2%。

2004 年,全省共组织 2759 人次参加全国注册建筑师执业资格考试(一级 1951 人次,二级 808 人次),组织 893 人参加全国勘察设计注册工程师执业资格考试（结构工程师一级 480 人,二级 160 人、岩土工程师 253 人）。

2005 年,共组织 2657 人参加全国勘察设计注册执业资格考试,其中参加全国注册建筑师考试 591 人（一级 403 人,二级 188 人）;参加全国注册结构工程师考试 811 人（一级 652 人,二级 159 人）;参加全国注册岩土工程师考试 194 人;参加全国注册电气工程师考试 491 人、参加全国注册化工工程师考试 110 人、参加全国注册公用设备工程师考试 457 人;参加全国注册港口航道工程师考试 3 人。

2006 年,共组织 2680 人参加注册建筑师、注册工程师全国统一考试,其中参加注册建筑师考试612人、参加注册工程师考试2068人。勘察设计从业人员达2.3万人，其中取得高级专业技术职称6091人，占26.5%；中级专业技术职称7759人，占33.7%。2848人取得注册建筑师、注册工程师等注册执业资格。

2007年，组织全国一、二级注册建筑师，一、二级注册结构工程师、注册岩土、电气、公用设备、化工、港航、环保、水利水电等专业工程师资格考试工作。全省共有4000多人次参加考试。全省勘察设计从业人员2.58万人，其中具有高级职称6750人、中级职称8343人、初级职称5687人，具有各类注册执业资格4170人。为不断提高全省工程勘察设计水平，省建设厅和省人事厅决定开展安徽省工程勘察设计大师评选活动，首批共评选出25名为安徽省工程勘察设计大师。

第三节　技术创新

勘察设计咨询行业注重利用设计手段革新、技术装备更新和技术创新变革来提升设计水平。从计算机推广应用、CAD出图普及到新技术、新工艺、新材料应用，再到科技成果转让，收入不断提高、网络化信息化建设加快，都体现勘察设计单位技术创新发展。

计算机应用与成果　1996年年底，勘察设计单位推广计算机应用，普及CAD技术，并努力向集成化、网络化发展。全省甲级设计单位已达到4～5人一台计算机，乙级设计单位6～7人一台计算机，丙丁级设计单位也配备了相应数量计算机。全省共有CAD工作平台1000多台，计算机绘图率达40%。

2002年，全行业计算机CAD辅助设计达95%，出图率为85%，甲、乙级勘察设计单位全部提前实现甩图板和网络化管理目标。

2004—2006年，全省勘察设计企业拥有计算机3万余台，技术人员一人一机，CAD出图率近100%。勘察设计网络建设发展很快，部分企业实现联网，技术装备达到国内先进水平，该行业已成为省内计算机应用水平起步早、发展快、效益高的先进行业之一。在加大装备投入同时，不断加强建筑产品设计研究，在智能、生态、节能和健康建筑等方面研究取得可喜成果。东华工程科技股份有限公司、合肥水泥研究设计院、机械工业第一设计院、马鞍山钢铁设计研究院等依靠技术创新，形成并不断增强企业核心竞争力，产值、效益快速提高，在全国同行业名列前茅。

创新经费保障　2003年，全年全省科技活动费用支出4918.48万元，承接编制国家、行业、地方标准设计图集、技术标准30项，企业累计拥有专利99项。

2004年，全年全省科技活动费用支出8564.49万元，承接编制国家、行业、地方标准设计图集、技术标准13项，企业累计拥有专利63项。

2005年，全年全省科技活动费用支出8640.66万元，科技成果转让收入2323.05万元，参加编制国家、行业、地方技术标准48项，参加编制国家、行业、地方标准设计10

册，企业累计拥有专利 143 项，企业累计拥有专有技术 824 项，企业获国家级、省部级奖 1110 项。

2006 年，全年全省科技活动费用支出 13738.17 万元，科技成果转让收入 14851.56 万元，参加编制国家、行业、地方技术标准 38 项，参加编制国家、行业、地方标准设计 25 册，企业累计拥有专利 153 项，企业累计拥有专有技术 626 项，企业获国家级、省部级奖 807 项。

2007 年，全年全省科技活动费用支出 17797.97 万元，科技成果转让收入 2714.40 万元，参加编制国家、行业、地方技术标准 40 项，参加编制国家、行业、地方标准设计 23 册，企业累计拥有专利 176 项，企业累计拥有专有技术 620 项，企业获国家级、省部级奖 239 项。

第四节　市场竞争

随着勘察设计单位体制机制改革力度加大和市场开放程度不断提高，市场竞争也日趋激烈。为建立公开、公平、健康、有序的勘察设计市场，营造出良好的竞争环境。勘察设计管理部门在勘察设计企业资质管理、勘察设计人员资格管理、企业信用信息管理等多方面做了有益探索和实践，并制定一套系统、科学、规范的市场准入许可制度。加强勘察设计咨询行业法制体系和诚信体系建设，强化市场监管，规范行为，净化勘察设计市场。

市场管理　1994 年，为适应市场经济发展，转换勘察设计单位经营机制，省建设厅颁发《关于进一步搞活勘察设计单位的若干意见》。同时强化勘察设计质量监督，开展勘察设计单位自查、地市建委（局）检查和省建设厅抽查活动。为进一步规范市场管理，按照国家工程勘察设计咨询行业资格分级标准，对全省 310 个勘察设计单位进行认真核查。

2001—2003 年，全省已有 16 个勘察设计单位通过 1SO 9000 系列标准认证，进一步完善了以企业自律为中心的质量责任制度。勘察设计咨询行业进一步深化改革，继续保持良好发展势头。2001 年实现勘察设计收入 29.9 亿元，比 2000 年增长 51%。

2004—2005 年，全省建立严格的勘察设计市场准入和清出制度，强化资质、资格动态管理，促进勘察设计队伍结构进一步优化。通过严格资质管理，全省勘察设计咨询业逐步完成由数量型增长向质量型增长转变，总体素质和市场竞争力明显增强，保障了勘察设计咨询业持续、稳定、快速发展。全省还开展工程勘察专项治理，各级建设行政主管部门、勘察设计企业通过自查自纠、集中整治和管理创新等，促进全省勘察市场秩序明显好转，基本杜绝了工程不勘察而直接设计现象，无证和超越资质等级承揽业务现象也得到有效遏制。

2006年起，全省开始实行勘察设计市场动态监管，进一步规范勘察、设计市场行为。

严格实行勘察设计单位资质、个人执业资格准入管理，强化勘察设计单位监管工作，加大对勘察设计市场违规问题的投诉受理和查处力度，实施施工图设计文件审查环节和工程质量监督检查环节，在事前、事后对质量双重控制，加强工程建设强制性标准的贯彻实施，保证勘察设计质量。全年审查施工图1.02万个项目，建筑面积6000多万平方米。经审查，发现有违反国家工程建设标准的3.6万处，其中违反工程建设标准强制性条文的5674处。对勘察设计文件中审查出的质量、安全隐患，在工程开工前及时整改，避免了因工程勘察设计问题造成质量事故。在贯彻国家强制性标准、保证公共安全基础上，施工图审查又重点增加了建筑节能等方面内容，制定《安徽省施工图设计文件节能审查要点》，强化建筑节能设计审查。

企业效益 1993年，勘察设计建筑单位全面完成国家及安徽省固定资产投资和更新改造项目的勘察设计任务。全年完成产值近4亿元，比1992年增长40%，人均产值1.5万元。

1994年，全省全年勘察设计收入近2亿元。

1995年，全省勘察设计咨询行业完成施工图设计投资130亿元、建筑面积1800万平方米，勘察设计收入3.6亿元，平均劳动生产率2万元。进一步规范交易行为，有11个地、市建立勘察设计合同签证制度。

1996年，全省共有建筑勘察设计单位588个，其中甲级单位34个，乙级单位85个，勘察设计人员2.20万人。涉及工业与民用建筑、冶金、电力、邮电、化工、煤炭、铁路、公路、市政、纺织、机械、路桥、水利、港航等30多个专业。勘察设计单位完成初步设计投资额104.50亿元，施工图设计投资额150.60亿元，勘察设计总收入4.96亿元。

2001年，全省工程咨询设计完成920亿元固定资产投资工程勘察设计量，营业收入10.1亿元，勘察设计单位人均营业收入4.5万元。

2002年，勘察设计咨询行业完成固定资产投资710亿元，实现勘察设计收入19.8亿元，比2001年增长70%。

2003年，实现勘察设计营业收入29.9亿元，境外收入3796万元，营业税金及附加9340万元。工程设计完成合同7624项，合同额13.6亿元，施工图投资额533.8亿元，施工图建筑面积3363万平方米。

2004年，实现勘察设计营业收入29.7亿元。工程设计完成合同8146项，合同额16.0亿元，施工图投资681.9亿元，施工图建筑面积3586万平方米。当年由中国勘察设计协会、中国工程咨询协会评选的全国工程总承包和项目管理百强企业中，本省有4个勘察设计企业入围。

2005年，全省勘查设计企业440家，从业人员23650人，实现勘察设计营业收入70.5亿元，境外收入7.5亿元。其中人均营业收入29.8万元，居中部第一、全国第八。工程设计完成合同额25.7亿元，施工图投资697亿元，施工图建筑面积4659万平方米。“十五”（2001—2005年）期间，勘察设计咨询行业产值、效益以年均30%以上速度增长。

行业发展速度大于同期 GDP 增长速度,也大于安徽省建设投资规模增长幅度。

2006 年,全省勘查设计企业 438 家,从业人员 25813 人,实现勘察设计营业收入 93.4 亿元,人均营业收入 36 万元,境外收入 9.7 亿元,营业税金及附加 2.4 亿元。工程设计完成合同额 27.5 亿元,施工图投资 709 亿元,施工图建筑面积 4762 万平方米。

2007 年,全省勘察设计咨询行业继续保持良好的发展态势,全省勘查设计企业 434 家,从业人员 26253 人,实现勘察设计营业收入 112.8 亿元,人均营业收入 43 万元,境外收入 13.3 亿元,营业税金及附加 3.2 亿元。工程设计完成合同额 57.5 亿元,施工图投资 643 亿元,施工图建筑面积 6017 万平方米。

第五节　工程建设地方标准

1986—2007 年,全省开展完善工程建设标准化,做好工程建设领域基础性工作,加强工程建设地方标准规范、管理和编制,实施监督和宣传贯彻,促进工程建设技术进步,规范建设市场行为,保证工程质量,防止和杜绝安全事故。

地方标准管理　1987—1990 年,国家相继出台工程建设标准化方面的法律、法规,明确地方标准法律地位,为地方标准编制提供法律依据。其后,国家计委和建设部对工程建设地方标准化工作管理,作出具体规定,以推进工程建设地方标准化规范发展。

1993 年,安徽省人民政府办公厅印发《关于理顺我省建设工程标准定额管理体制的通知》,组建安徽省工程建设标准定额总站(隶属省建设厅领导,县级建制)。主要职责是"负责贯彻执行国家有关工程建设标准规范、技术经济定额的各项方针、政策和法规;组织制定建设项目经济评价方法、评价参数以及各类建设项目的建设标准、建设工期定额和投资估算指标;负责管理投资项目实施的技术标准和经济定额标准"。

2000 年,省政府办公厅《关于印发安徽省建设厅职能配置、内设机构和人员编制规定的通知》,明确省建设厅"组织拟定并监督实施全省工程建设地方标准、全省统一定额、建设项目评价方法、经济参数和建设标准、建设工期定额、建设用地指标;组织拟定厅管各行业工程标准、经济定额和产品标准;监督指导各类工程建设标准定额的实施"。

地方标准编制　1992 年后,省建设厅根据安徽省工程建设需要,围绕全省城乡建设重点专业领域,组织编制多项工程建设地方标准,并根据实际需要,对部分标准进行修编或废止。2002 年,组织对 1995 年以前批准发布的工程建设地方标准和省标准设计进行全面复审。至 2007 年,编制安徽省工程建设地方标准设计共 37 项。

安徽省工程建设地方标准一览表

表 4-1-1

序号	标准名称	标准编号	施行时间
1	民用建筑电话通信设计标准	DB34/062-91	1992.1.1
2	城市住宅建筑信报箱（群）设计标准	DB34/063-92	1992.9.1
3	安徽省工程建设场地抗震性能评价标准	DB34/144-1997	1997.7.10
4	安徽省建筑抗震设计审查规范	DB34/153-1998	1998.7.1
5	安徽省城市住宅设计标准	DB34/T177-1999	1999.2.1
6	多孔砖砌体工程施工及验收规程	DB34/178-1999	1999.2.1
7	混凝土小型空心砌块砌体工程施工及验收规程	DB34/179-1999	1999.2.1
8	硬聚氯乙烯（PVC—U）双壁波纹排水管道工程设计、施工及验收规范	DBJ/T34-202-2000	2000.1.1
9	建筑给水聚丙烯管道（PP—R）工程技术规程	DBJ/T34-203-2000	2000.10.10
10	安徽省民用建筑节能设计标准（居住建筑部分）	DB34/212-2000	2001.2.1
11	安徽省异形柱框架轻质墙结构（抗震）设计规程	DB34/222-2001	2001.10.5
12	钢塑复合工程技术规程	DBJT11-122	2001.11.1
13	贯入法检测砌筑砂浆抗压强度技术规程	DB34/T233-2002	2002.4.20
14	回弹法检测砌体中普通粘土砖抗压强度技术规程	DB34/T234-2002	2002.4.20
15	住宅建筑——太阳热水系统一体化设计安装与验收标准	DB34/T235-2002	2002.6.1
16	安徽省住宅区物业管理规程	DB34/T334-2003	2003.10.1
17	EBM 气溶胶灭火系统设计、施工及验收规范	DB34/T436-2004	2004.6.1
18	IG-541 惰性气体灭火系统设计、施工及验收规范	DB34/T438-2004	2004.6.1
19	七氟丙烷（HFC-227ea）灭火系统设计、施工及验收规范	DB34/T437-2004	2004.6.1
20	SDE 气体灭火系统设计、施工及验收规范	DB34/T439-2004	2004.6.1
21	GRF 薄壁空心管现浇钢筋混凝土空心楼（屋）盖技术规程	DBJ34/T204-2004	2004.7.1
22	安徽省建筑抗震设计审查规范	DB34/153-2004	2004.8.20
23	安徽省城市抗震防灾规划编制技术标准	DB34/462-2004	2004.9.1
24	混凝土多孔砖砌体工程施工及验收规程	DB34/T465-2004	2004.11.1
25	钢筋滚轧直螺纹连接技术规程	DB34/T463-2004	2004.11.1
26	住宅小区安全防范系统设计规范	DB34/T490-2005	2005.3.10
27	脉冲超细干粉灭火装置系统设计、施工及验收规范	DB34/T494-2005	2005.4.10
28	细水雾灭火系统设计、施工与验收规范	DB34/T493-2005	2005.4.10
29	安徽省控制性详细规划编制规范	DB34/T547-2005	2005.11.14
30	剪压法检测混凝土抗压强度技术规程	DB34/T569-2005	2006.2.1

续表 4-1-1

序号	标准名称	标准编号	施行时间
31	住宅小区智能化系统工程设计、验收规范	DB34/T579-2005	2006.2.1
32	安徽省工程建设场地抗震性能评价标准	DB34/T144-2006	2006.2.1
33	微型自动扫描灭火系统设计、施工与验收规范	DB34/T608-2006	2006.6.20
34	桩承载力自平衡法深层平板载荷测试技术规程	DB34/T648-2006	2007.2.1
35	无比钢建筑技术规程	DB34/T647-2006	2007.2.1
36	安徽省建设工程质量检测规程	DB34/T751-2007	2007.3.1
37	安徽省建设工程计算机辅助评标数据交换规定	DB34/T718-2007	2007.8.1

标准实施监督　2000年，省建设厅印发《关于认真贯彻〈工程建设标准强制性条文〉的通知》，要求工程建设各方主体严格执行《工程建设标准强制性条文》，并针对强制性标准实施与监督进行全面宣传贯彻活动。按照建设部要求，组织开展全省工程建设强制性标准轮训工作，先后对城市规划、建筑工程管理人员以及规划、勘察、设计、监理、检测、施工等技术人员进行相关的强制性标准培训。2005年，转发建设部办公厅《关于进一步加强建筑节能标准实施监管工作的通知》，认真实施建筑节能标准，大力推进建筑节能工作；2007年，组织开展《建筑节能工程施工质量验收规范》宣贯培训及实施、监督工作，强化建筑节能管理，保障建筑节能工程质量。

第六节　工程建设标准设计（标准图设计）

标准设计是工程建设标准化的重要组成部分，是工程建设的一项源头性基础工作，作为贯彻执行工程建设标准、规范规程，促进科技成果转化、推广的重要手段和工具，对于保证和提高工程质量，合理利用资源，推广先进技术都具有重要作用。

标准设计管理　1983年，中国建筑标准设计研究所根据城乡建设环境保护部印发《全国建筑标准设计管理办法》要求，于1984年6月下发《建筑标准设计图集制图的若干规定》，明确图集分类和各省（市）标准设计代号。安徽省标准设计代号为：DBJT11。

图集分类一览表

表 4-1-2

专业	建筑	结构	给排水	电气	采暖通风	动力
代号	J	G	S	D	T	R

1992年，为加快安徽省工程建设标准设计工作发展，增强标准设计政策引导和工作力度，安徽省建设厅成立安徽省工程建设标准设计办公室（以下简称“省标办”）。

同年12月，省机构编制委员会印发《关于同意成立安徽省工程建设标准设计办公室的批复》，明确“省标办”为隶属于省建设厅领导的副县级自收自支事业单位。

1992年年底，省建设厅相继印发《关于加强我省工程建设标准设计工作的通知》、《关于编制省工程建设标准设计图集管理办法实施细则》等文件，明确规定：各勘察设计单位有义务承担国家和地方标准设计编制任务，并将标准设计编制作为甲、乙级设计单位资质审查必备条件之一；要求省内各设计、生产、施工和建设单位都必须积极采用。“省标办”借鉴周边兄弟省做法，成立安徽省工程建设标准设计所和安徽省建筑标准设计站，分别负责标准设计图集编制和销售工作，有效地保证标准设计工作顺利开展。

标准设计编制　1992年“省标办”成立后，标准设计工作有序顺利开展。省建设厅每年下达省工程建设标准设计图集编制年度计划，同时推陈出新、坚持开展标准设计修编和废止工作，标准设计工作计划性、针对性、科学性、实用性不断加强。通过开展全省优秀勘察设计项目评选、提高编制人员编制费用等措施，调动标准设计编制单位、人员积极性，提高标准设计编制水平。

1994年6月，“安徽省工程建设标准设计所”更名为“安徽省工程建设标准设计院”，经省编办批准，“省标办”加挂“安徽省建设技术交易中心”。标准设计能力和设计水平得到提升和加强，截至1994年年底，全省标准设计达到36项。

1996年，省建设厅组织审查并颁布13项省标准设计图集。

1999年，省建设厅组织专家完成“管道保温”和“管型铝合金平窗”等4项标准图集编制。

2000年，为加强村镇建设抗震设防管理，组织编制简便易行《村镇居民抗震住房图集》和《村镇居民抗震住房配套构造图集》。

华东地区建筑标准设计协作办公室（简称“华东标办”）由六省一市标准设计责任单位组成，分别是指安徽、江苏、山东、江西、浙江、福建、上海等行政区域。因区域、气候等自然条件相近，标准设计具有一定通用性，通过相互协作，协同编制工作方法，解决编制周期长、编制资金短缺、技术力量有限等诸多客观不利因素，提升标准设计水平。“华东标办”每两年召开一次领导小组会议，共同协商华东地区标准设计工作。通过与华东各省市加强工作联系，实现优势互补，促进安徽省标准设计事业发展。

标准设计应用

2001~2007年，标准设计工作稳步推进，在标准设计编制和标准设计销售稳步发展的基础上，结合建设行业发展实际，创新工作思路，将标准设计工作与施工图审查和建设工业产品登记备案紧密结合起来，切实加强标准设计服务能力。

产品准入登记　建设工业产品准入登记备案管理制度，规范建设工业产品销售市场，防止伪劣产品流入建设行业，危害工程质量；通过标准设计，有重点对具有良好发展和应用前景的四新技术和产品进行标准化设计，促进科技成果转化，培育新兴产业形成和发展。2001—2007年，建设工业产品准入登记备案年均100余项。

施工图审查　2004年建设部颁布《房屋建筑和市政基础设施工程施工图设计文件审查管理办法》,安徽省制定施工图审查制度。同年,省建设厅对现有施工图审查机构进行调整,取消三类审查机构资质,全省现有施工图审查机构35家,其中一类审查机构13家,二类审查机构22家。全省审查专家849人,其中建筑专业127人,结构专业237人,勘察专业113人,其他专业372人。为加强对施工图审查机构管理,安徽省建设厅印发《关于进一步加强施工图设计文件审查机构管理工作的通知》,规范审查机构审查行为,提高审查效能,保证审查质量。

“省标办”发挥自身优势,创新工作思路,成立安徽省施工图审查中心,以专业技术力量和技术优势为全省工程建设质量做好技术服务。2007年,在原有的安徽省施工图审查中心基础上,“省标办”与安徽省建筑设计研究院,共同组建安徽省施工图审查公司,“省标办”在创收经济效益同时,标准设计技术服务能力得到社会化、规模化延伸。

转变模式　2001年,“省标办”转变工作模式,将标准设计编制任务由过去省工程建设标准设计院主要承担,转向由全省甲、乙级设计院共同承担。2002年,组织对1995年以前批准发布省标准设计进行全面复审,废止了省标准设计7项。同时根据科技进步和市场需求,新编及修编《预应力混凝土薄壁管桩》等省标准设计图集10项。截至2007年,标准设计共72项,其中建筑42项、结构12项、给排水10项、暖通3项、电气5项。

安徽省工程建设地方标准设计一览表

表4-1-3

序号	图集名称	统一编号	施行日期
1	室内装修（一）隔断、室内装修（二）木吊顶	DBJT11—15	1990.7.1
2	农用预应力混凝土多孔板	DBJT11—28	1990.11.20
3	工业木门	DBJT11—1	1991.11.10
4	工业木窗	DBJT11—2	1991.11.10
5	混凝土平板	DBJT11—46	1992.4.1
6	民用建筑电话通信	DBJT11—63	1993.5.30
7	重力式挡土墙	DBJT11—34	1993.6.20
8	SBS改性沥青卷材防水构造	DBJT11—66	1993.8.30
9	异型钢管门窗	DBJT11—67	1993.11.5
10	农用预应力混凝土桁条	DBJT11—43	1993.11.30
11	砖砌化粪池图集	DBJT11—36	1994.6.1
12	民用木推拉门	DBJT11—60	1994.12.1
13	彩暖系统、附属设备及保温	DBJT11—83	1995.1.1

续表 4-1-3

序号	图集名称	统一编号	施行日期
14	热交换器选用、安装图	DBJT11—82	1995.2.20
15	电气图形符号及技术资料	DBJT11—90	1995.4.1
16	室内给水排水常用图例及总说明	DBJT11—74	1995.6.1
17	钢筋混凝土矩形屋顶水箱	DBJT11—29	1995.8.1
18	建筑排水用硬聚氯乙烯（PVC-U）管道安装	DBJT11—5	1995.9.1
19	住宅卫生间、厨房	DBJT11—84	1995.9.1
20	建筑电气竖井设备安装	DBJT11—77	1995.10.1
21	塑料管配线安装	DBJT11—86	1995.12.1
22	预应力非煅烧粉煤灰轻骨料混凝土空心板	DBJT11—91	1996.11.1
23	房间空气调节器安装	DBJT11—80	1997.2.1
24	钢管配线安装	DBJT11—92	1997.6.1
25	预应力混凝土多孔板（冷轧带肋钢筋）	DBJT11—96	1997.8.1
26	预应力钢筋混凝土折线型屋架	DBJT11—97	1997.8.1
27	塑料门、塑料窗	DBJT11—98	1997.10.1
28	城市道路	DBJT11—95	1998.3.1
29	建筑卫生设备安装图集	DBJT11—106	1998.12.1
30	管型铝合金平开窗	DBJT11—108	1999.2.1
31	管道保温	DBJT11—107	1999.7.1
32	硬聚氯乙烯给水管安装图集	DBJT11—103	1999.8.1
33	烧结承重多孔砖墙体构造	DBJT11—110	2000.3.1
34	楼地面	DBJT11—111	2000.11.1
35	混凝土小型空心砌块砌体构造	DBJT11—110	2001.3.1
36	围墙、大门、花格	DBJT11—113	2001.5.1
37	非承重粘土陶立砼小型空心砌块砌体构造	DBJT11—71	2001.5.1
38	坡屋面	DBJT11—115	2001.6.1
39	轻质多孔条板隔墙构造图集	DBJT11—118	2001.10.1
40	钢塑复合管道工程技术规程	DBJT11—122	2001.10.1
41	建筑防腐构造图集	DBJT11—89	2001.11.1
42	建筑给水聚丙烯管道（PP—R）安装图集	DBJT11—119	2001.11.1
43	蜂窝内墙板（FW 板）标准图集	DBJT11—121	2001.11.20
44	预应力混凝土薄壁管桩	DBJT11—123	2002.3.1

续表 4-1-3

序号	图集名称	统一编号	施行日期
45	室外工程	DBJT11—25	2002.6.1
46	轻钢龙骨石膏板吊顶	DBJT11—120	2002.8.1
47	硬聚氯乙烯（PVC—U）、聚乙烯（PE）双壁波纹管埋地排水管道工程安装图集	DBJT11—109	2002.8.20
48	弹性水泥防水涂料防水构造	DBJT11—125	2003.4.1
49	不锈钢窗	DBJT11—127	2003.10.1
50	纳米涂料防水及饰面构造图集	DBJT11—128	2003.10.1
51	混凝土预制过梁、雨蓬、检修孔板图集	DBJT11—45	2003.10.1
52	高分子彩色防水涂料防水构造图集	DBJT11—129	2004.5.1
53	SF 防水保温屋面构造	DBJT11—131	2004.5.1
54	承重混凝土多孔砖墙体构造	DBJT11—133	2005.2.1
55	高分子复合防水卷材（园强系列）屋面构造	DBJT11—124	2005.4.1
56	建筑做法说明	DBJT11—134	2005.9.5
57	自粘橡胶沥青防水卷材（BAC.BS—P）和 SPU 防水涂料防水建筑构造	DBJT11—135	2005.10.1
58	屋面	DBJT11—14	2005.10.1
59	住宅防火型烟气集中排放系统（脱卸式止回阀自动隔火装置）	DBJT11—126	2005.10.1
60	气流可控百叶窗	DBJT11—137	2006.1.20
61	轻钢龙骨石膏板隔墙	DBJT11—136	2006.2.1
62	埋地用高密度聚乙烯（HDPE）中空壁缠绕排水管道工程安装图集	DBJT11—138	2006.2.1
63	外墙外保温系统构造图集（二）（HL 复合轻质保温内隔墙板）	DBJT11—139	2006.8.1
64	外墙外保温系统构造图集（一）（园强建筑外墙外保温系统）	DBJT11—140	2006.8.1
65	外墙外保温系统构造图集（三）（KX-1 无机发泡硬质保温隔热板保温系统）	DBJT11—141	2006.8.15
66	外墙外保温系统构造图集（四）挤塑板外墙外保温系统	DBJT11—142	2006.8.15
67	建筑变形缝构造图集（一）、（二）	DBJT11—143	2006.11.1
68	外墙外保温系统构造图集（五）JZ-C（无机活性）保温砂浆建筑构造	DBJT11—144	2006.12.20
69	预制混凝土檩条及坡层面建筑构造	DBJT11—145	2007.5.1
70	饰面	DBJT11—13	2007.8.1
71	AU3- 自粘橡胶改性沥青 PP 胎防水卷材建筑构造图集	DBJT11—146	2007.10.1
72	外墙外保温系统构造图集（七）JA 膨胀玻化微珠保温砂浆外墙外保温系统	DBJT11—148	2007.12.1

第七节 定额管理与造价管理

1993年，安徽省人民政府办公厅印发《关于理顺我省建设工程标准定额管理体制的通知》，撤销省计委定额站（1984年成立）和省建委定额站（1978年成立），将两站成建制合并，重新组建安徽省建设工程建设标准定额总站，编制25人，隶属于省建设厅领导，正县级建制。主要职责是：负责贯彻执行国家有关工程建设标准规范、技术经济定额各项方针、政策和法规，制订本省工程造价管理制度和相应实施办法；组织制订建设项目经济评价方法、评价参数以及各类建设项目建设标准、建设工期定额和投资估算指标；负责管理投资项目实施技术标准和经济定额标准，为全省各类专业定额编制做好规划、协调、监督、服务工作，调解、仲裁有关工程建设方面经济纠纷；负责全省工程建设概预算人员技术培训和资质审查工作；负责全省工程建设人工、材料、机械台班价格和各类具有代表性已完工程造价数据库管理和开发，定期发布市场信息，做好咨询服务工作。随着省级两站合并，安徽省17个地市定额管理机构也相继从计委部门划转合并到建委部门，安徽省定额管理体制彻底得到理顺，为今后定额管理和发展打下基础。

1997年，为适应工程定额管理向工程造价管理过渡，经省建设厅批准成立"安徽省建设工程造价总站"，与"安徽省工程建设标准定额总站"一个机构二块牌子。9月，为加强全省建设工程造价管理，实现"定额管理向工程造价管理过渡"，经省机构编制委员会办公室皖编办〔2007〕164号文件批准，同意将"安徽省工程建设标准定额总站"更名为"安徽省建设工程造价管理总站"。主要职责是：贯彻执行国家有关工程建设标准规范、技术经济定额、工程造价管理法律法规和政策，制订本省工程造价管理制度和相应实施办法；具体承办全省工程造价咨询企业及从业人员资质管理和业务培训工作；组织制订建设项目经济评价方法、评价参数以及各类建设项目建设标准、建设工期定额和投资估算指标等。

工程定额编制 1998年，以建设部1995年《全国统一建筑工程基础定额》（GJD-101-95）为基础，结合《安徽省建筑工程预算定额单位估价表》（1993版），组织编制《全国统一建筑工程基础定额安徽省估价表》及其配套费用定额。

1999年，为规范建筑装饰市场，加强装饰工程造价管理，统一全省装饰工程计价依据，按照建设部建标《关于发布〈全国统一建筑工程基础定额〉（土建）和〈全国统一建筑工程预算工程量计算规则〉的通知》，结合安徽省实际情况，组织编制《全国统一建筑工程基础定额安徽省装饰工程综合估价表》及其配套费用定额。

2000年，为方便招标投标快速报价，简化计量规则，提高编制工效，进一步完善安徽省建筑工程计价依据，参照1998年《全国统一建筑工程基础定额安徽省估价表》，组织编制《全国统一建筑工程基础定额安徽省综合估价表》及其配套费用定额。

2001年，建设部发布《建筑工程施工发包与承包计价管理办法》，对规范建筑工程施工发包与承包计价行为,维护建筑工程发包与承包双方合法权益,促进建筑市场健康发展起到积极作用,同时也为全国计价方式改革打下良好基础。

2003年,国家标准《建设工程工程量清单计价规范》(GB50500-2003)颁布。为做好全省"定额计价"向"清单计价"过渡,省建设厅印发《关于贯彻实施国家标准〈建设工程工程量清单计价规范〉的通知》,要求自2003年7月1日起,凡属全部使用国有资金投资或国有资金投资为主的大型建设工程项目,一律执行国家标准《建设工程工程量清单计价规范》,并严格按该规范要求进行招投标;消耗量定额可参照安徽省现行计价依据中定额含量执行,土建工程消耗量定额参照《全国统一建筑工程基础定额安徽省估价表》(1998)执行。

2005年,在全面贯彻执行国家标准《建设工程工程量清单计价规范》的同时,结合安徽省实际情况,组织编制《安徽省建设工程消耗量定额》和《安徽省建设工程工程量清单计价规范》(DBJ34/T-206-2005)。其中《安徽省建设工程消耗量定额》是"安徽省建设工程工程量清单计价依据"的组成部分,主要由《安徽省建筑工程消耗量定额》《安徽省装饰装修工程消耗量定额》《安徽省安装工程消耗量定额》《安徽省市政工程消耗量定额》《安徽省园林绿化及仿古建筑工程消耗量定额》《安徽省建设工程清单计价费用定额》和《安徽省建设工程清单计价施工机械台班费用定额》等构成。要求凡全部使用国有资金投资或国有资金投资为主的建设工程,应按照《建设工程工程量清单计价规范》要求和《安徽省建设工程消耗量定额》规定,执行工程量清单计价。其他投资建设项目,是否采用工程量清单计价,由招标人自行确定。如采用工程量清单计价招标,应执行清单计价办法和规定。实行工程量清单计价时必须统一项目编码、统一项目名称、统一计量单位和统一工程量计算规则。《安徽省建设工程消耗量定额》从2005年7月1日起在全省范围内施行。2005年7月1日以前已发出招标文件或已签订合同的工程则不作改变。

安徽省建设工程各类定额一览表

表4-1-4　　单位:年

颁布年份	定额名称	颁布单位
1987	安徽省抗震加固预算定额单位估价表	安徽省城乡建设环境保护厅
1989	安徽省房屋修缮工程预算定额(安装工程)	安徽省城乡建设环境保护厅
1989	安徽省建筑工程综合预算定额工料分析表	安徽省计划委员会
1989	安徽省建筑工程综合预算定额单位估价汇总表	安徽省计划委员会
1989	全国统一安装工程预算定额安徽省价目表	安徽省计划委员会
1989	安徽省建筑工程预算定额单位估价表	安徽省计划委员会
1989	安徽省建筑安装工程费用定额	安徽省计划委员会

续表 4-1-4

颁布年份	定额名称	颁布单位
1990	安徽省市政工程预算定额单位估价表	安徽省城乡建设环境保护厅
1990	安徽省市政工程预算定额单位估价表费用定额	安徽省城乡建设环境保护厅
1991	安徽省建筑工程补充预算定额单位估价表	安徽省计划委员会
1991	全国统一安装工程预算定额补充定额安徽省单位估价表	安徽省计划委员会
1991	安徽省仿古建筑及园林工程单位估价表	安徽省城乡建设环境保护厅
1991	安徽省仿古建筑及园林工程单位估价表费用定额	安徽省城乡建设环境保护厅
1991	安徽省抗震加固工程估价表	安徽省城乡建设环境保护厅
1993	安徽省房屋小修（养护）工程工料定额	安徽省建设厅
1993	安徽省房屋修缮该工程预算定额	安徽省建设厅
1993	安徽省房屋修缮该工程预算定额费用定额	安徽省建设厅
1993	全国统一安装工程预算定额安徽省单位估价表	安徽省建设厅
1993	全国统一建筑装饰工程预算定额安徽单位估计表	安徽省建设厅
1993	全国统一建筑装饰工程预算定额安徽单位估计表工料分析	安徽省建设厅
1993	全国统一市政工程预算定额安徽省单位估价表	安徽省建设厅
1993	全国统一市政工程预算定额安徽省单位估价表费用定额	安徽省建设厅
1993	安徽省建筑工程预算定额工料分析表及定型木门、窗预算价格	安徽省建设厅
1995	安徽省安装工程材料价格表	安徽省建设厅
1995	安徽省仿古建筑及园林工程单位估价表	安徽省建设厅
1995	安徽省仿古建筑及园林工程单位估价表费用定额	安徽省建设厅
1997	全国统一建筑工程基础定额安徽省估价表	安徽省建设厅
1997	安徽省建筑安装工程费用定额	安徽省建设厅
1997	全国统一市政工程预算定额安徽省单位估价表	安徽省建设厅
1997	全国统一市政工程预算定额安徽省单位估价表费用定额	安徽省建设厅
1998	安徽省安装工程材料预算价格	安徽省建设厅
1998	全国统一房屋修缮工程预算定额安徽省综合价格	安徽省建设厅
1998	全国统一建筑工程基础定额安徽省装饰工程综合估价表	安徽省建设厅
1998	全国统一建筑工程基础定额安徽省装饰工程费用定额	安徽省建设厅
1998	全国统一建筑工程基础定额安徽省估价表费用定额	安徽省建设厅
1998	安徽省城市市容环境预算定额（试行）	安徽省建设厅
1998	全国统一建筑工程基础定额安徽省估价表工料明细表	安徽省建设厅
1999	全国统一建筑工程基础定额安徽省估价表定型木门窗、屋顶水箱、窨井化粪池预算价格	安徽省建设厅

续表 4-1-4

颁布年份	定额名称	颁布单位
1999	全国统一建筑工程基础定额安徽省综合估价表	安徽省建设厅
1999	安徽省建筑安装工程费用定额	安徽省建设厅
2000	2000 工料明细表	安徽省建设厅
2000	全国统一安装工程预算定额安徽省估价表	安徽省建设厅
2000	全国统一市政工程预算定额安徽省估价表	安徽省建设厅
2000	安徽省仿古建筑及园林工程估价表	安徽省建设厅
2000	安徽省仿古建筑及园林工程估价表费用定额	安徽省建设厅
2000	全国统一建筑安装工程安徽省工期定额	安徽省建设厅
2002	安徽省抗震加固工程估价表	安徽省建设厅
2003	安徽省建设工程补充定额估价表	安徽省建设厅
2005	安徽省建设工程工程量清单计价规范	安徽省建设厅
2005	安徽省建设工程消耗量定额	安徽省建设厅
2005	安徽省建设工程消耗量定额综合单价	安徽省建设厅
2005	安徽省建设工程清单计价费用定额	安徽省建设厅
2005	安徽省建设工程清单计价施工机械台班费用定额	安徽省建设厅
2007	安徽省建筑节能定额综合单价表	安徽省建设厅

工程造价管理　1994 年，各地市建立工程建设材料价格信息网，及时定期发布材料价格信息，全年共发布 89 种工程建设材料 2670 种动态价格。省建设厅为解决安装工程中未计价材料价格方面困难，编制 6 大类 4000 多种常用安装工程材料指导价，供建设、设计、施工单位参照使用。在新修订费用定额中，实行计划利润基础上的差别利润率。国家投资的工程，计划利润率可按定额所列利率执行，非国家投资工程项目，可在计划利润率基础上提高 30%。10 月召开建筑产品价格改革研讨会，围绕建筑产品价格改革，改进工程造价构成，理顺价格和费用关系，实行量价分离，加强动态管理等问题进行研究。根据国务院发布《国务院关于职工工作时间的规定》和省劳动局、省财政厅、省经委联合下发《关于深化企业工资改革适当解决职工工资问题的意见》的精神，经测算将安徽省定额综合工日单价由 9.2 元 / 工日调整为 12.84 元 / 工日。

1995 年，按照建设部确立的“控制量，指导价，竞争费”改革思路，积极推进工程造价改革，强化工程造价管理。修编费用定额：由过去按施工企业资质等级取费改为按工程类别取费；按不同工程类别实行差别利润率；按新费用项目划分规定测算人工费单价；制定《安徽省工程建设造价管理暂行规定》，加强工程造价管理，规范建筑市场计价依据，合理确定和有效控制工程造价，逐步建立政府宏观调控和市场调节相结合机制，提高投资效益；建立健全建设材料价格信息网络，加强工程造价动态管理，全省实行统一材料价格组价原则；统一采集材料品种、规格和计量单位；统一发布上报时间。根据《国务院关于修改〈国务院关于职工工作时间的规定〉的决定》和劳动部《对〈工资支付暂行规定〉有关问题的补充规定的通知》精神，经测算将安徽省定额综合工日单价由 12.84 元 / 工日调整为 13.91 元 / 工日。

1996 年，建设部、人事部《关于印发造价工程师执业资格认定办法的通知》，要求在全国开展造价工程师执业资格首次认定申报工作，安徽省积极参加申报工作，第一批共 16 人通过。根据建设部《工程造价咨询单位资质管理办法（试行）》，在全省开展咨询单位资质申报工作。以上两项制度建立，工程造价管理逐步走向制度化，将过去定额管理模式逐渐过渡为工程造价管理，并将定额管理融入其中。根据省劳动厅关于印发《安徽省地方企业职工工资标准》通知以及省劳动厅、省财政厅《关于对全省企业职工实行工资性补贴的通知》要求，经测算将安徽省定额综合工日单价由 13.91 元 / 工日调整为 17.61 元 / 工日。

1997 年，为适应社会主义市场经济体制，加强工程建设材料价格动态管理，省建设厅出台《安徽省工程建设材料预算价格动态管理暂行办法》，体现出造价管理正逐步由计划经济向市场经济转变。根据建设部《关于做好第二批造价工程师执业资格认定工作的通知》，开展安徽省第二批造价工程师认定申报工作。根据省劳动厅、省财政厅、省地税局《关于增加企业职工工资补贴的通知》精神，经测算将安徽省定额综合工日单价由 17.61 元 / 工日调整为 19.69 元 / 工日。

1998 年，在前两次造价工程师执业资格认定申报基础上，安徽省造价工程师正式实行全国统一考试，标志着安徽省工程造价管理正式迈向执业化管理。

1999 年，为解决安徽省建筑业定额人工费单价脱离建筑市场的实际，结合全国性工资普调，贯彻落实国家对企业职工工资政策，根据省政府办公厅《转发省劳动厅等部门关于做好提高三条社会保障线等有关工作的实施意见的通知》精神，经测算将安徽省定额人工费单价由 19.69 元 / 工日调整为 27.64 元 / 工日（合肥市）、25.84 元 / 工日（其他地、市）、24.55 元 / 工日（县及县级市）。

2001 年，全省建设工程造价管理部门加大管理力度，各项管理逐步走向法制化轨道。建设工程计价依据逐步由预算定额转为以“工程量清单计价”。全省开展工程造价咨询机构与政府部门脱钩改制工作。经过对全省 300 家造价咨询机构严格审查，重新核准 178 家，合并和撤销 122 家。改变工程造价咨询机构散、乱、小状况，达到规模总量控制预定目标，咨询行业整体状况明显改善；企业自主经营、自担风险、自我约束、自我发展、平等竞争环境逐步形成，为独立、客观、公正执业创造条件。为加强建设工程造价管理，规范计价行为，省建设厅制定工程预结算管理、工程类别管理、材料价格信息管理、工程造价咨询单位管理及造价专业人员资格管理等措施。省工程造价管理部门先后举办造价工程师考前培训班和四期造价师初始注册继续教育培训班，对 703 名造价工程师进行初始注册。至年底，全省有造价师800多人，造价员1.2万多人，当年有4000余人参加造价师执业资格考试，分布在建设、施工、设计、监理、造价咨询、造价管理等单位和部门。

2002年，为加强建设工程造价管理，规范建设工程造价计价行为，维护建设工程各方合法权益，经省人民政府第104次常务会议通过，发布《安徽省建设工程造价管理办法》，自2002年7月1日起在全省施行。

2005年，根据财政部、建设部《建设工程价款结算暂行管理办法》和《安徽省建设工程造价管理办法》，省建设厅、省财政厅联合颁布《安徽省建设工程价款结算管理暂行办法》，对维护建设市场正常秩序，弥补建设领域缺少统一的工程价款结算办法，切实解决建设领域拖欠工程款和农民工工资等问题，起到关键作用，同时也适应《建设工程工程量清单计价规范》要求。

2007年，随着安徽省经济不断发展，建筑市场劳务价格（含劳务基本工资、社会保障费用、住房公积金等）有较大幅度上涨，带来定额人工费单价、社会保障等费用上涨。安徽省现行建设工程计价依据中，定额人工费单价应随市场变化而调整。为深入贯彻落实科学发展观，促进安徽省建筑市场有序健康发展，在认真测算基础上，将安徽省建设工程定额人工费单价调整为39元/工日。

第八节　防震减灾

为做好抗震防灾工作，提高城乡建设、工程建设抗震能力和防御地震灾害，安徽省自1977年全面展开建设系统防震防灾工作。当年，经中共安徽省委、省政府批准成立安徽省抗震办公室，隶属于安徽省基本建设委员会，主管全省城乡建设和工程建设抗震防灾工作。1995年机构改革时，划归省建设厅为内设行政职能处室，各地市亦相应成立抗震办公室。

30多年来，安徽省抗震防灾工作坚持“预防为主、平震结合、常备不懈”的方针，由已有工程抗震加固发展到新建工程全面抗震设防，由一般防御到提高城镇综合抗震防灾能力，由城市延伸到乡村、企业，基本实现全过程、多层次、多方面地开展抗震防灾工作，产生了积极的抗震防灾效果。2005年9月，建设部质量司以建质防〔2005〕114号文，将安徽、新疆、北京、江苏等四省市（区）抗震管理工作经验印发全国。

抗震防灾规划　1986—2007年，完成全省58个市县城市抗震防灾规划编制。建设部还分别于1996年、1998年、2000年先后批准合肥市、淮南市、马鞍山市、蚌埠市4个城市抗震设防区划。1999起开展城市建设用地抗震适宜性评价分析，确定工程抗震土地利用分区和技术指标体系，编制土地利用抗震规划，城市抗震防灾规划通过纳入城市控制性详细规划进行实施，提高城市综合抗震防灾能力。同时，多渠道落实抗震加固经费，大中城市及主要部门生命线系统工程和国家重点抗震加固项目，抗震加固任务基本完成。

抗震设防审查 1995年，省建设厅建立全省抗震设防专项审查制度。出台《安徽省新建工程抗震设防管理办法》，新建工程普遍进行抗震设防，通过在规划、设计、施工、监理、竣工验收等基本建设全过程中，对抗震设防质量不合格工程实行“一票否决”制度，依法监督把住抗震设计质量关，保证了新建工程抗震质量，社会效益和经济效益显著。

施工图审查 1997年，建设部将合肥市列为全国设计（抗震）审查试点城市，开始探索建立国家施工图设计文件审查制度。2000年1月国务院颁布《建设工程质量管理条例》，确立了全国施工图设计文件审查制度。8月，随着国家建立施工图设计文件审查制度，安徽省建设厅将一般工程的抗震审查纳入施工图设计审查，作为施工图设计文件审查重要内容，统一报送，统一受理。通过抗震专项审查后，施工图审查机构方可发放施工图审查合格书。超限高层建筑工程的抗震审查，依据《国务院对确需保留的行政审批项目设定行政许可的决定》及建设部《超限高层建筑工程抗震设防管理规定》的有关规定，省建设厅成立“安徽省超限高层建筑工程抗震设防专家委员会”，开展超限高层建筑工程抗震设防专项审查工作。

抗震新技术研究与应用 1997年7月2日，省建设厅和省技术监督局发布《安徽省工程建设场地抗震性能评价标准》，结合安徽的地形地貌、地质构造和场地岩土条件等实际情况，规范管理建设场地抗震性能评价活动；1998年10月25日，省建设厅和省质量技术监督局发布《安徽省建筑抗震设计审查规范》，规范管理安徽省建筑抗震设计审查工作，标志着安徽省抗震设计审查工作步入科学化、规范化轨道。该项研究获得省科技进步二等奖。2000年，按照安徽省人大常委会关于研制推广适应安徽省经济发展水平的新型房屋结构体系建议，省建设厅组织开展异形柱框架轻质墙结构抗震研究，获得省科技进步二等奖。2001年10月17日，省建设厅和省质量技术监督局发布《安徽省异形柱框架轻质墙结构（抗震）设计规程》，10月25日起施行，适应安徽省房地产市场发展需求，提高建筑抗震能力，促进墙体改革和住宅产业现代化发展。

村镇住房建设抗震 1999年4月，安徽省建设厅编制印发《村镇居民抗震住房图集》和《村镇居民抗震住房配套构造详图》。该图集既考虑房屋抗震要求，也充分考虑房屋防洪水浸泡和浪击的要求。全部按照施工图设计深度、要求进行编制，并提供主要建筑经济指标。所选方案均按照经济、安全、适用、美观原则，兼顾农事活动和农民建房模仿性较强的特点，简便易行，既有单建式又有联建式，实用性和可操作性强，便于农民建房参考。

2006年6月20日，国务院在新疆召开“全国农村民居防震保安工作会议”，国务院副总理回良玉在讲话中对安徽省积极推进农村民居防震保安工作给予充分肯定，经建设部推荐、国办同意，确定合肥市在大会上作农村民居防震经验交流发言。为贯彻国务院新疆“全国农村民居防震保安工作会议”精神，协同省地震局拟定《安徽省人民政府关于进一步做好农村民居防震保安工作的通知》，上报省政府印发各地贯彻执行。

2006年，省建设厅选择池州市牛头山镇茶园新村，开展农村民居抗震安全试点工作。按照因地制宜、农民自愿、经济实用、满足抗震安全的原则，通过组织提供全过程规划、勘察、设计和施工的技术指导和服务，采取统一规划、统一设计、加强施工指导、加强质量监督等措施，帮助农民建造抗震性能好、抗灾能力强、经济实用的房屋，引导农民转变建房观念，真正让农民受益，增强农民建房抗震意识。农房方案选取充分考虑农民主观愿望，在专家指导下由农民自主选择采用，调动农民群众抗震积极性，既满足农民生活需求和抗震安全要求，也体现江南民居的地方特色，深受农民欢迎。通过开展农村民居抗震安全试点工作，探索出适合安徽省农村民居抗震能力有效措施。在试点中，认真研究农村民居抗震防灾技术要求，在实践中加以完善，形成符合当地生活习惯和生产要求的农村民居抗震安全技术措施、设计图集、施工技术指南。当年，编印《安徽省新农村建设农村民居地震安全工程试点—池州市贵池区牛头山镇姥山新村抗震安居设计图集和施工技术指南》，为实施农村民居地震安全工程提供参考。

2007年，省建设厅组织力量，开展农村房屋抗震性能现状调查、研究，根据全省地理地貌特征、地震设防区划不同情况，在淮河以北、江淮之间、长江以南和临近大别山区，实地调查和分析，基本摸清当前全省农村房屋建造情况、抗震性能和存在主要抗震安全薄弱环节，并提出提高农村房屋抗震设防水平对策建议。组织编制《安徽省农村房屋抗震技术措施》和《安徽省农村房屋抗震技术规程》，用以指导和帮助农民提高房屋抗震能力，保障抗震安全。

地震应急　1998年起，在一系列抗震技术工作基础上，省建设厅制定出台《安徽省建设系统地震应急预案》。2005年，修订为《安徽省建设系统破坏性地震应急预案》，做好全省建设系统破坏性地震应急工作，最大限度地减轻灾区人民生命财产、房屋建筑和市政公用基础设施损失。

第九节　优秀工程设计

在日趋激烈市场竞争中，安徽省坚持勘察设计要“出设计精品、创徽匠品牌”，积极组织开展优秀工程设计奖评选、推荐工作，涌现出一批国家、省优秀工程设计作品，为提高安徽省勘察设计技术、质量水平起到引领、推动工作，增强勘察设计单位市场竞争力，促进全省勘察设计行业发展。

全国优秀工程设计　1990—2000年，安徽省获建设部评选的各种优秀设计奖共110项，其中，1990年，无为凤凰颈排灌站枢纽取得全国唯一的国家优秀设计金奖。

2001—2006年，安徽省共有34个勘察设计项目获得建设部全国优秀设计行业奖，在中部处于领先水平。其中，2003年度全国优秀工程勘察设计评选活动中，由省建筑设计研究院设计的合肥市第一人民医院外科病房楼工程、合肥梦园小区留谰居组团、省城乡规划院与马鞍山市城乡规划院合作编制的马鞍山市城市总体规划，省城乡规划院编制的泾县云岭镇总体规划，巢湖市村镇设计室编制的巢湖市居巢区中庙镇商业步行街修建性详规，合肥市测绘设计研究院完成的遥感技术在合肥市城市规划建设中的应用等6个项目，分别获部优秀勘察设计三等奖。

2005年度部级优秀勘察设计评选结果，安徽省又有13个项目获奖，其中由省建设厅和省城乡规划设计研究院共同完成的"安徽省城镇体系规划（调整）"项目获优秀城市规划设计一等奖。

安徽省优秀工程设计 安徽省省级优秀工程设计奖由安徽省建设厅组织评选，原则上每两年评选一次。2007年以后，根据中国勘察设计协会、安徽省建设厅的有关要求，安徽省级优秀工程设计奖评选工作由安徽省工程勘察设计协会具体承办。

1987年，全省评出优秀设计奖一等奖（无），二等奖3项，三等奖11项，鼓励奖9项。

1988年，全省评出优秀规划设计奖一等奖2项，二等奖3项，三等奖2项，鼓励奖4项。评出市政园林设计奖一等奖1项，二等奖3项，三等奖2项，鼓励奖2项。

1989年，全省评出优秀设计奖一等奖（无），二等奖1项，三等奖7项，鼓励奖9项。

1991年，全省评出优秀设计奖一等奖7项，二等奖14项，三等奖97项，鼓励奖18项。

1993年，全省评出优秀设计奖一等奖71项，二等奖5项，三等奖7项，鼓励奖10项。

1995年，安徽省优秀勘察设计奖评选，共分为工业项目设计、建筑设计、城市规划、市政公用工程、城镇住宅、村镇设计、标准设计、工程勘察八大类。获奖项目为95项。其中一等奖9项，二等奖13项，三等奖44项，表扬奖29项。

1997年，开展设计创优活动。为了强化设计单位"精品"意识，省建设厅组织全省设计单位开展"出精品""创名牌"活动，全省共评出民用建筑、工业项目、城市规划、市政公用、村镇建设、城市与工程勘察、标准设计7个专业优秀设计85项，其中一等奖10项，二等奖28项，三等奖41项，表扬奖6项。

1999年，举办全省城乡优秀勘察设计评选，共分为：建筑设计、专业设计、工业项目、市政公用、城市规划、村镇建设、城市与工程勘察、标准设计九大类、106个项目获奖。其中一等奖12项，二等奖29项，三等奖46项，表扬奖19项。

2001年，以安徽纪念园合肥馆、沪蓉高速公路高河埠——界子墩段、黟县宏村保护整治规划为代表的134个项目获省优秀勘察设计奖。其中一等奖13项，二等奖34项，三等奖62项，表扬奖25项。

2003年，举办全省城乡优秀勘察设计评选，共分为：建筑设计、住宅设计、专业设计、工程勘察、市政工程、城市规划（含城市测量）、村镇规划、标准设计八大类，共161个项目获奖。其中一等奖22项，二等奖47项，三等奖73项，表扬奖19项。同时开展第一届优秀建筑结构设计评选，获奖项目26项。

2005年，全省开展优秀勘察设计项目评选活动，分建筑工程、专业工程、市政工程、住宅工程、城市规划、村镇建设、专项工程、工程勘察、标准设计九大类，评出优秀勘察设计项目205项。其中，一等奖28项，二等奖66项，三等奖97项，表扬奖14项。同时开展第二届优秀建筑结构设计评选，获奖项目25项。开展优秀暖通空调设计评选，获奖项目25项。

全省城乡建设优秀勘察设计获奖项目一览表

表4-1-5

<table>
<tr><th>年份</th><th>类别</th><th>等级</th><th>获奖项目名称</th><th>完成单位</th></tr>
<tr><td rowspan="27">1995</td><td rowspan="2">工业项目</td><td>二等奖</td><td>马鞍山市炭黑厂搬迁工程设计</td><td>冶金部马鞍山钢铁设计研究院</td></tr>
<tr><td></td><td colspan="2">三等奖6项（略）　表扬项目4项（略）</td></tr>
<tr><td rowspan="3">建筑工程</td><td>一等奖</td><td>人民大会堂安徽厅装修改造</td><td>安徽省建筑设计研究院</td></tr>
<tr><td>二等奖</td><td>三国揽胜宫</td><td>安徽省城乡规划设计研究院</td></tr>
<tr><td></td><td colspan="2">三等奖10项（略）　表扬项目10项（略）</td></tr>
<tr><td rowspan="6">城市规划</td><td rowspan="2">一等奖</td><td>合肥高新技术开发区规划</td><td>合肥市规划设计研究院
合肥市规划处（协作）
合肥市城市改造指挥部（协作）
合肥高新区管委会（协作）</td></tr>
<tr><td>蚌埠市市域规划</td><td>蚌埠市规划设计院</td></tr>
<tr><td rowspan="3">二等奖</td><td>广东吴川县城总体规划</td><td>安徽省城乡规划设计研究院
吴川县规划局（协作）</td></tr>
<tr><td>陇海－兰新地带（淮北区）城镇体系规划</td><td>安徽省城乡规划设计研究院</td></tr>
<tr><td>广东海安白沙湾度假区详细规划</td><td>安徽省城乡规划设计研究院
广东海安开发区管委会（协作）</td></tr>
<tr><td></td><td colspan="2">三等奖10项（略）　表扬项目4项（略）</td></tr>
<tr><td rowspan="6">市政公用工程</td><td>一等奖</td><td>马鞍山市综合交通规划</td><td>马鞍山市城乡规划设计院
东南大学交通运输工程系</td></tr>
<tr><td rowspan="3">二等奖</td><td>阜阳市城市排水工程规划</td><td>合肥市市政设计院
阜阳市规划设计院</td></tr>
<tr><td>阜阳市环卫专业规划</td><td>阜阳市规划设计院
阜阳市环境卫生管理处（协作）</td></tr>
<tr><td>八公山风景名胜区总体规划</td><td>安徽省城乡规划设计研究院</td></tr>
<tr><td></td><td colspan="2">三等奖3项（略）　表扬项目4项）略）</td></tr>
<tr><td rowspan="3">城镇住宅</td><td>一等奖</td><td>琥珀山庄南村群体建筑设计</td><td>安徽省城乡规划设计研究院
合肥市城改指挥部设计室
合肥市建筑设计院</td></tr>
<tr><td>二等奖</td><td>琥珀山庄4-07住宅楼</td><td>安徽省建筑科学研究设计院</td></tr>
<tr><td></td><td colspan="2">三等奖2项（略）</td></tr>
<tr><td rowspan="3">村镇建设</td><td>一等奖</td><td>六安市苏埠镇规划</td><td>安徽省城乡规划设计研究院</td></tr>
<tr><td>二等奖</td><td>繁昌县荻港镇总体规划</td><td>芜湖市规划设计研究院</td></tr>
<tr><td></td><td colspan="2">三等奖2项（略）表扬项目3项（略</td></tr>
</table>

续表 4-1-5

年份	类别	等级	获奖项目名称	完成单位
1995	工程勘察	一等奖	安庆石化总厂丙烯晴纶装置区岩土工程勘察	安徽省建筑勘察设计院
		二等奖	琥珀山庄南村（东南片）岩土工程勘察	安徽省建筑勘察设计院
			三等奖 4 项 （略）表扬项目 4 项 （略）	
	标准设计	一等奖	预应力混凝土空心板	马钢股份有限公司设计院
		二等奖	坡屋面	合肥工业大学建筑工程系
			民用木推拉门	安徽省规划设计研究院
			民用建筑电话通信	安徽省邮电设计院
			三等奖 7 项（略）	
1997	民用建筑	一等奖	黄山玉屏楼（文殊院）	安徽省城乡规划设计研究院 清华大学建筑学院（协作）
			安医附院康复中心	安徽省建筑设计研究院
		二等奖	滁州市老干部局老年大学	滁州市建筑勘察设计院
			合肥市琥珀山庄花园村群体建筑	合肥市城改指挥部规划建筑设计室
			铜陵铜都大厦	安徽省建筑设计研究院
			总参黄山老干部接待中心（翡翠宾馆）	黄山市建筑设计研究院 总参设计研究院（协作）
			安徽省机械贸易中心大楼	安徽省建筑设计研究院
			三等奖共 9 项 （略）表扬奖共 1 项（略）	
	工业建筑	一等奖	五河机械厂“八五” 技术改造	机械部第一设计研究院
		二等奖	邳州水泥厂700t/d 烧成系统改造	国家建材局合肥水泥研究设计院
			安徽省和县跋河防洪闸枢纽工程	安徽省水利水电勘测设计院
			三等奖共 3 项 （略）	
	市政公用工程	一等奖	黄山绿谷风景规划	安徽省城乡规划设计研究院 美国 RTKL 国际设计股份有限公司 （协作）
			黄山莲花峰循环道路工程	黄山风景区规划设计室
		二等奖	铜陵燃气总公司 2000T 液化气贮配站	合肥通用所豪客化工设备工程公司
			宣州市第一水厂技改工程	化工部第三设计院
			合肥市屯溪路桥	合肥市市政设计研究院
			琥珀山庄南村煤气管道施工图设计	合肥市煤气总公司设计研究所
			三等奖共 5 项 （略） 表扬奖共 1 项 （略）	
	城市规划	一等奖	桐城市总体规划	安徽省城乡规划设计研究院
			广州市江高工业区 B13 分区规划	安徽省城乡规划设计研究院

续表 4–1–5

年份	类别	等级	获奖项目名称	完成单位
1997	城市规划	二等奖	铜陵市市容整治规划	铜陵市规划设计院
			安庆市红旗小区规划	合肥市规划设计院
			芜湖市城市消防规划	芜湖市规划设计院
			马鞍山市总体规划	马鞍山市规划设计院
			阜阳市总体规划	安徽省城市规划设计研究中心 阜阳市规划设计院
			合肥市琥珀山庄花园小区规划	合肥市城改指挥部规划建筑设计室
			马鞍山市东苑小区规划	芜湖市规划设计院
			三等奖共 10 项（略）　表扬奖共 2 项　（略）	
	村镇建设	二等奖	凤台县毛集镇总体规划	安徽省建工学院城市规划研究院
			濉溪县临涣城总体规划	淮北市城乡规划设计室
			亳州市双沟镇总体规划	安徽省城乡规划设计研究院
			三等奖共 3 项（略）	
	城市与工程勘察	一等奖	220 千伏宁国－屯溪送变电线路工程勘察	安徽省电力设计院
			合肥五里墩立交桥定点测量	合肥市测绘设计院
		二等奖	合肥大众巷四期工程岩土工程勘察	安徽省建筑工程勘察院
			安徽省电信局第二长途通信枢纽工程勘察	安徽省建筑工程勘察院
			蚌埠市胜利路中段拓宽改造工程测量	蚌埠市测绘设计院
			屯溪老街地形图测量	黄山市勘测设计院
			三等奖共 6 项　（略）　表扬奖共 2 项　（略）	
	标准设计	一等奖	10（6）KV 高压开关柜直流操作二次接线图集号 96D201	煤炭部合肥设计院
		二等奖	AWP 防水涂料、防水构造图集号 95D205	安徽省标准设计研究院
			预应力混凝土多孔板（冷轧带肋钢筋）图集号 97D408	安徽省标准设计研究院
			硬聚氯乙烯排水管安装图图集号 95S201	合肥市市政设计院
			三等奖共 5 项　（略）	
1999	建筑工程	一等奖	安徽省邮电通信调度中心	安徽省建筑设计研究院
			淮北市妇女儿童活动中心	淮北市建筑设计院
		二等奖	合肥工业大学安庆教学点教学楼	合肥工业大学建筑设计研究院
			黄山狮子林饭店	黄山市建筑设计研究院 清华大学建筑设计院
			蚌埠市张公山宾馆	蚌埠市建筑设计研究院

续表 4-1-5

年份	类别	等级	获奖项目名称	完成单位
1999	建筑工程	二等奖	马达加斯加宝葫芦别墅区	安徽省外经建设集团建筑设计院
			寿州宾馆	合肥工业大学建筑设计研究院
			宁波市新晶都酒店	安徽省建筑设计研究院
			中国一汽铜陵轿车服务站	铜陵市建筑设计研究院
			巢湖地区人民医院住院大楼	马鞍山市建筑设计院
			三等奖　13 项（略）　表扬奖　7 项（略）	
	工业工程	二等奖	马钢供气厂35000 立方米 / h 制氧机组工程	马钢股份有限公司设计研究院
			荣事达集团电冰箱厂联合厂房	机械工业第一设计院
			安庆水泥厂600 吨熟料五级预热器旋窑生产线技改	国家建材局合肥水泥研究设计院
			三等奖　5 项（略）　表扬奖　1 项（略）	
	市政公用	一等奖	99 昆明世界园艺博览会安徽园－“徽园” 规划设计	安徽省城乡规划设计院
			淮北市东岗楼立交桥	合肥市政设计院
		二等奖	黄山莲花峰新道管理房设计	黄山风景区规划设计室
			六安国祯燃气公司 1100 吨液化气贮气站扩建工程	机械部合肥通用所豪客化工设备工程公司
			天柱山风景区主峰开发方案研究	安徽省城乡规划设计院
			屯溪机场－黄山汤口公路	安徽省公路勘测设计院
			合肥市合派路（十八里岗－上派）道路工程	合肥市政设计院
			三等奖　8 项（略）　表扬奖　2 项（略）	
	城市规划	一等奖	歙县西堤古村落保护规划	黄山市规划设计院
			芜湖市中山路步行街详细规划	芜湖市规划设计院
			合肥市总体规划	合肥市规划设计院
		二等奖	铜陵市消防规划	铜陵市规划勘测设计研究院
			合肥琥珀潭－黑池坝景区详细规划	合肥市城改指挥部规划建筑设计室
			铜都广场规划	铜陵市规划勘测设计研究院
			芜湖市总体规划	芜湖市规划设计院
			三等奖　6 项（略）　表扬奖 5 项（略）	
	村镇建设	一等奖	铜陵县大通镇移民建镇规划	铜陵市规划勘测设计研究院
		二等奖	肥西县三河镇总体规划	合肥市规划设计院
			广州市天河区石东中心村规划	安徽省规划设计研究院
			三等奖 2 项（略）　表扬奖 1 项（略）	

续表 4-1-5

年份	类别	等级	获奖项目名称	完成单位
1999	城市与工程勘察	一等奖	安徽省邮电通信调度中心主楼	安徽省建筑工程勘察院
			合肥大房郢水库建设用地数字化测量	合肥市测绘设计研究院
		二等奖	黄山玉屏客运索道勘察	安徽省建筑工程勘察院
			合肥市清溪路生活垃圾处理场岩土工程勘察	合肥市勘察院
			合肥经济开发区 GPS 等控网规划	合肥市测绘设计研究院
			中国工行安徽分行办公楼深基支护设计	安徽省建筑工程勘察院
			合肥市五里墩立交桥岩土工程勘察	合肥市勘察院
			三等奖 8 项（略）表扬奖 2 项（略）	
	标准设计	一等奖	预制氰塑保温直埋热力管道安装	煤炭工业部合肥设计研究院
		二等奖	硬聚氯乙烯给水管安装图集	安徽省城乡规划设计研究院
			卫生设备安装	机械部第一设计研究院
			三等奖 4 项（略）表扬奖 1 项（略）	
2001	建筑工程	一等奖	安徽纪念园合肥馆	安徽省建筑设计研究院
		二等奖	铜陵市师范学校图书馆	铜陵市建筑设计研究院
			黄山市示范幼儿园	黄山市建筑设计研究院
			芜湖大众影都	安徽省建筑设计研究院
			安医大第一附属医院十部保健病房楼	安徽省建筑设计研究院
			安徽省体育综合训练馆	安徽省建筑设计研究院
			安徽技术师范学院实验楼	安徽建筑工业学院建筑设计院
			无为县濡须宾馆（现更名为无为宾馆）	安徽省建筑设计研究院
			安徽省林业厅技术管理综合楼	安徽省建筑设计研究院
			皖能大厦	安徽省建筑设计研究院
			三等奖 10 项（略）表扬奖　3 项（略）	
	专业工程	一等奖	沪蓉高速公路高河埠—界子墩段	安徽省公路勘测设计院
		二等奖	安徽响洪甸混合式抽水蓄能电站	安徽省水利水电勘测设计院
			国投新集能源股份有限公司花家湖选煤厂二期工程	煤炭工业部合肥设计研究院
			马钢股份有限公司第四炼铁厂2500立方米高炉煤气余压发电工程	马钢设计研究院有限责任公司
			芜湖电厂气力除灰系统	安徽省电力设计院
			三等奖 7 项（略）　表扬奖 2 项（略）	

续表 4-1-5

年份	类别	等级	获奖项目名称	完成单位
2001	工程勘察	一等奖	上海银霄商厦二期工程	安徽工程勘察院
			中行安徽省分行暨合肥市分行营业楼岩土工程勘察及施工	安徽省建筑工程勘察院
			梅陇城3号地块望族苑B块商住楼	安徽省建筑工程勘察院
		二等奖	合肥市人民广场地下车库基坑支护设计与施工	安徽省建筑工程勘察院
			响洪甸混合式抽水蓄能电站工程地质勘察	安徽水利水电勘测设计院
			芜湖市生活垃圾处理厂	芜湖市建筑设计研究院
			蚌埠市胜利路、解放路互通式立交桥	蚌埠市勘测设计研究院
			铜陵市安居办新苑小区Ⅰ组团	铜陵市规划勘测设计研究院
			三等奖9项（略） 表扬奖4项（略）	
	城市规划（含城市测量）	一等奖	黟县宏村保护整治规划	安徽省建设厅、黄山市规划设计院
			安徽省域城镇体系规划	安徽省城乡规划设计研究院
			芜湖市鸠兹广场规划设计	芜湖市规划设计院
			铜陵市长江西路绿化带规划设计	铜陵市规划勘测设计研究院
			合肥市二、三等GPS控制网测量	合肥市测绘设计院
		二等奖	芜湖市经济技术开发区总规	芜湖市规划设计院
			铜陵市观湖广场规划设计	铜陵市规划勘测设计研究院
			蚌埠市老机场地区控规	蚌埠市规划设计院
			合肥市黄山路城市设计	合肥市规划设计院
			广州市恒福路、永福路环境景观整治规划	安徽省城乡规划设计研究院
			蚌埠市胜利路立交桥测量	蚌埠市勘测设计院
			三等奖12项（略） 表扬奖7项（略）	
	市政工程	一等奖	花山迷窟——新安江风景名胜资源调查评价报告	安徽省城乡规划设计研究院 黄山市规划设计研究院
			九华山百岁宫缆车工程（第二索道一期工程）	安徽省城乡规划设计研究院
		二等奖	铜陵义安园改造园林设计	铜陵市规划勘测设计研究院
			铜陵市液化石油气混空一站	合肥通用所豪克化工设备工程公司
			“庐州府学”大成殿及其附属工程	安徽省园林建设有限责任公司
			合肥市北二环砀山路工程（阜阳北路—张洼路）	合肥市市政设计院
			三等奖10项（略）表扬奖2项（略）	
	村镇规划及建设工程	一等奖	宣州区水东镇总体规划	安徽省城乡规划设计研究院
		二等奖	繁昌县三山镇总体规划	芜湖市规划设计院

续表 4–1–5

年份	类别	等级	获奖项目名称	完成单位
2001	村镇规划及建设工程	二等奖	当涂县博望镇总体规划	安徽建工学院规划设计院
			省龙亢农场总体规划	苏州城建环保学院设计院
			三等奖 12 项（略）表扬奖 3 项（略）	
	标准设计	二等奖	建筑防腐蚀构造图集	东华工程科技股份有限公司
		三等奖	蚌窝内墙板（FW 板）构造图集	合肥市建筑设计研究院
			建筑给水聚丙烯管道（PR–R）安装	安徽省建筑设计研究院
2003	建筑工程	一等奖	芜湖奥林匹克公园主题体育场	芜湖市建筑设计研究院
			合肥第一人民医院外科病房楼	安徽省建筑设计研究院
			清风阁古建工程	安徽省建筑设计研究院
			合肥市新图书馆	安徽现代建筑设计研究院
			中国科学技术大学理化科研中心 1# 实验楼	安徽省建筑设计研究院
		二等奖	安徽省图书馆扩建工程	安徽现代建筑设计研究院
			合肥工业大学新建南区教学楼	合肥工业大学建筑设计研究院
			安徽联通通讯纽楼	安徽省建筑设计研究院
			安徽省黄梅戏剧艺术馆	安徽省建筑设计研究院
			安徽机电学院（现安徽工程科技学院）4# 教学楼	合肥工业大学建筑设计研究院
			芜湖市奥林匹克公园射击馆	芜湖市建筑设计研究院
			合肥国家大学科技园创业孵化中心	合肥市建筑设计研究院
			合肥百大合家福连锁超市配送中心	东华工程科技股份有限公司
			怀宁新县城领导机关大院工程	安徽省建筑设计研究院
			三等奖 14 项（略）表扬奖 2 项（略）	
	住宅及住宅小区	一等奖	合肥太阳岛花园	安徽省建筑设计研究院
		二等奖	梦园小区留澜居组团	安徽省建筑设计研究院
			合肥太阳岛花园 B–5 号楼	安徽省建筑设计研究院
			世纪阳光花园橙阳苑群体建筑	合肥琥珀规划建筑设计研究所
			三等奖 4 项（略）表扬奖 2 项（略）	
	专业工程	一等奖	抚顺石化公司 2.5 吨 / 年甲乙酮工程	东华工程科技股份有限公司
		二等奖	安徽省宣城港口湾水库工程	安徽省水利水电勘测设计院
			国投新集能源股份有限公司新集二矿（原花家湖矿井）	煤炭工业部合肥设计研究院
			中外合资合肥第二发电厂 (2*350MW) 工程	安徽省电力设计院

续表 4-1-5

年份	类别	等级	获奖项目名称	完成单位
2003	专业工程	二等奖	马鞍山钢铁股份有限公司第一烧结厂改建 2*8m2 竖炉球团工程	马钢设计研究院有限责任公司
			三等奖 6 项（略）表扬奖 1 项（略）	
	工程勘察	一等奖	黄山太平索道	安徽省建设工程勘察设计院
			安徽省宣城港口湾水库工程地质勘察	安徽省水利水电勘测设计院
			芜湖市金鼎广场地下室基坑支护工程	安徽省建设工程勘察设计院
			安徽海螺集团池州海螺水泥厂年产 150 万吨水泥厂	安徽省建设工程勘察设计院
		二等奖	蚌埠市电信局通信大楼	蚌埠市勘测设计研究院
			安徽元一房地产发展有限公司元一城市花园高层小区岩土工程勘察	合肥市勘察院
			芜湖市奥林匹克公园体育场	芜湖市勘察测绘设计研究院
			蚌埠市老机场 A1 街坊商住楼	蚌埠市勘测设计研究院
			合肥市人民广场地下停车库岩土工程勘察	合肥市勘察院
			安徽工业大学 38#、39# 教工住宅楼工程勘察	冶金工业部华东勘察基础工程总公司
			三等奖　9 项（略）	
	城市规划（含城市测量）	一等奖	合肥经济圈城镇布局规划研究	合肥市规划设计院
			铜陵市近期建设规划	铜陵市规划院
			宿州市城市总体规划	安徽省城乡规划设计研究院
			延安三山生态绿化景观详细规划	安徽省城乡规划设计研究院
			巢湖半汤新区控规	安徽建工学院规划设计院
			屯溪老街保护整治更新规划	黄山市规划设计院
			遥感技术在合肥城市规划建设中的应用	合肥市测绘设计研究院
		二等奖	淮南市近期建设规划	淮南市规划设计院
			阜阳市颍西分区规划	阜阳市规划院
			肥东县县域城镇体系规划	合肥市规划设计院
			马鞍山市城市总体规划修编	马鞍山市规划院
			亳州城市总体规划	安徽省城乡规划设计研究院
			淮北市华松现代花园规划	淮北市规划院
			阜阳经济技术开发区控规	阜阳市规划院
			宣城市稻香新村详细规划	宣城市规划院
			铜陵市植物园规划	铜陵市规划院
			马鞍山市新城区控制性详规	马鞍山市规划院

续表 4-1-5

年份	类别	等级	获奖项目名称	完成单位
2003	城市规划（含城市测量）	二等奖	江苏省仪征市盛成广场规划设计	芜湖市规划设计研究院
			芜湖市九华广场规划设计	芜湖市规划设计研究院
			合肥市长江中路交通设计	合肥市规划局，同济大学
			阜阳市加油站布点规划	阜阳市规划院
			铜陵市市建社区整治规划	铜陵市规划院
			徽州区呈坎唐模保护规划	黄山市规划设计院
			合肥市二等水准网测量	合肥市测绘设计研究院
			淮南市田家庵地区地籍测量	淮南市规划设计研究院
			三等奖　28 项（略）表扬奖　9 项（略）	
	市政工程	一等奖	安徽省阜阳市城市排水工程专项规划	阜阳市城乡规划设计研究院
			池州市百荷公园规划	池州市规划建筑设计院
		二等奖	合肥市寿春路桥吊杆更换工程	合肥市规划设计研究院
			涂山·白乳泉风景名胜区总体规划	蚌埠市规划设计研究院
			九华山柯村基地中心区控制性详细规划（修编）	安徽省城乡规划设计研究院
			阜阳市园林绿地系统规划	阜阳市城乡规划设计研究院
			三等奖　4 项（略）表扬奖　3 项（略）	
	村镇规划	一等奖（空缺）二等奖	泾县云岭镇总体规划	安徽省城乡规划设计研究院
			巢湖市居巢区中庙镇商业步行街修建性详规	巢湖市村镇设计室
			三等奖　5 项（略）表扬奖　2 项（略）	
	标准设计	一等奖	室外工程	芜湖市建筑设计研究院
		二等奖	混凝土预制过梁、雨蓬、检修孔板图集	芜湖星辰规划建筑设计有限责任公司
			弹性水泥防水涂料构造	安徽省建筑设计研究院
			三等奖 3 项（略）	
2005	专业工程类	一等奖	合肥市大房郢水库工程	安徽水利水电勘测设计院
			安庆长江公路大桥	安徽省公路勘测设计院
			芜湖开发区垃圾焚烧热电厂工程	安徽省电力设计院
			马钢股份公司第三轧钢厂新建彩涂板工程	马钢设计研究院有限责任公司
			蚌埠闸扩建工程	中水淮河工程有限责任公司
			采用新工艺、新技术年产 1000 吨粉末橡胶项目	安徽省化工设计院
		二等奖	合肥至安庆高速公路	安徽省公路勘测设计院
			皖维集团专用码头工程	安徽省港航勘测设计院

续表 4-1-5

年份	类别	等级	获奖项目名称	完成单位
2005	专业工程类	二等奖	淮南矿区瓦斯综合利用监测监控及远程调度信息管理系统工程	煤炭工业合肥设计研究院
			临淮岗洪水控制工程原 49 孔浅孔闸加固改造工程	中水淮河工程有限责任公司
			安徽省芜当江堤加固工程	安徽省水利水电勘测设计院
			合肥至徐州高速公路	安徽省公路勘测设计院
			安徽电信无线市话 (PHS) 一期工程	安徽电信规划设计有限公司
			芜湖绿叶制药有限公司易地 "GMP" 技术改造项目综合制剂厂房工程	安徽省医药设计院
			马鞍山钢铁股份有限公司老线材主体设施改造工程设计	中冶华天工程技术有限公司
			安徽电信 2002 年本地传输网设备扩容工程	安徽电信规划设计有限公司
			220 千伏牛头山变电站	安徽省电力设计院
			合肥至高河埠高速公路合肥南区连接线（包河大道）	安徽省港航勘测设计院
			由 TSC 和同步机无功自动可调技术构成的新型动态滤波补偿系统	煤炭工业合肥设计研究院
			三等奖　12 项（略）表扬奖　5 项（略）	
	建筑类	一等奖	安徽省国际会议展览中心	安徽省建筑设计研究院（与法国欧博城市建筑与规划设计公司合作）
			安徽医科大学第一附属医院医技病房综合楼	安徽省建筑设计研究院
			合肥工业大学翡翠湖校区图书馆	合肥工业大学建筑设计研究院
		二等奖	合肥市科技馆	机械工业第一设计院
			稻香楼宾馆会议中心与东四楼改造工程	安徽省建筑设计研究院（与同济大学建筑设计研究院合作）
			奇瑞汽车特许销售服务店	合肥工业大学建筑设计研究院
			安徽建筑工业学院新区教学主楼	合肥市建筑设计研究院
			徽商故里大酒店	黄山市建筑设计研究院
			合肥网迅软件有限公司科研办公楼	安徽省建筑设计研究院
			稻香楼宾馆临湖俱乐部工程	安徽省建筑设计研究院（与同济大学建筑设计研究院合作）
			芜湖烈士陵园陈列馆	安徽星辰规划建筑设计有限公司
			安徽工业大学东校区教学楼	马鞍山汇华建筑设计有限公司
			安徽工业大学图书馆	马鞍山汇华建筑设计有限公司
			三等奖　16 项（略）表扬奖　3 项（略）	

续表 4-1-5

年份	类别	等级	获奖项目名称	完成单位
2005	城市规划（含城市测量）类	一等奖	安徽省城镇体系规划	安徽省城乡规划设计研究院
			六安市球拍广场规划设计	芜湖市规划设计研究院
			安庆市历史文化名城保护规划	安庆市规划设计研究院
			安徽省京沪铁路沿线经济带城镇布局规划研究	蚌埠市规划设计研究院
			铜陵市城市总体规划	铜陵市规划勘测设计研究院
			淮南市历史建筑保护（紫线）规划	淮南市规划设计研究院
			安徽省皖江城镇带布局规划	芜湖市规划设计研究院
			合肥城市森林公园控制性详细规划	安徽省城乡规划设计研究院
			安庆市城市总体规划	安徽省城乡规划设计研究院
			合肥之窗——城市多媒体地理信息应用	合肥市测绘设计研究院
			芜湖市基础地理信息系统	芜湖市勘察测绘设计研究院
		二等奖	合肥市庐阳区城乡空间一体化发展规划	合肥市规划设计研究院
			合肥市教育设施（中小学布局）规划	安徽省城乡规划设计研究院
			凤台电厂项目选址专题研究	淮南市规划设计研究院
			蚌埠市城市近期建设规划（2003–2005）	蚌埠市规划设计研究院
			安庆市中心区北片控制性详细规划	安庆市规划设计研究院
			六安市滨河公园规划设计	六安市规划设计研究院
			滁州市城市防洪规划	滁州市城乡建设规划设计研究院
			铜陵市螺蛳山广场规划设计	铜陵市规划勘测设计研究院
			歙县县城总体规划	黄山市规划设计院
			全椒县城市总体规划	滁州市城乡建设规划设计研究院
			安庆市经济技术开发区城市色调研究	安庆市规划设计研究院
			天长市城市总体规划	安徽省城乡规划设计研究院
			黟县县城总体规划	安徽省城乡规划设计研究院
			淮南九龙新村详细规划	安徽建苑城市规划院
			安徽省长丰县两湖一湾重建家园规划研究	安徽建苑城市规划院
			安徽省六安中学校园规划	安徽建苑城市规划院
			安庆市中心区南片控制性详细规划	安庆市规划设计研究院
			铜陵市循环经济工业试验园总体规划	安徽省城乡规划设计研究院
			合肥市重点中心镇航空摄影数字化测绘	合肥市测绘设计研究院
			马鞍山市（含当涂县）测区 C、D 级 GPS 控制网测量	马鞍山市测绘院

续表 4-1-5

年份	类别	等级	获奖项目名称	完成单位
2005	城市规划（含城市测量）类	二等奖	蚌埠市 1:1000 数字化测图	蚌埠市勘测设计研究院
			安徽省阜阳市地面沉降测量（2003 年二等水准测量）	阜阳市测绘院
			三等奖　34 项（略）	
	市政工程类	一等奖	九华山五溪至二圣殿公路改建工程	安徽省公路勘测设计院
		二等奖	黄山市城市绿地系统规划	安徽省城乡规划设计研究院
			合肥市城市节约用水规划	合肥市规划设计研究院 合肥市节约用水办公室
			杭州湾新区水厂工程	安徽省城乡规划设计研究院
			六安市城北污水处理厂工程	合肥市市政设计院有限公司
			三等奖 7 项（略）表扬奖 1 项（略）	
	村镇建设类	一等奖	安徽省淮河流域移民建房村镇规划、设计、建设指导手册	蚌埠市规划设计研究院
		二等奖	宁国市港口镇总体规划	中国建筑设计研究院城镇规划设计研究院
			巢湖市居巢区苏湾镇总体规划	巢湖市村镇设计室
			小井庄历史展览馆及中心示范规划设计	合肥秋实城乡规划设计研究所
			三等奖 2 项（略）表扬奖 2 项（略）	
	住宅类	一等奖	梦园小区规划设计	安徽省建筑设计研究院
		二等奖	世纪阳光花园紫阳苑 B-10 号楼	安徽省建筑设计研究院
			合肥金色池塘小区一期	安徽省城乡规划设计研究院
			三等奖 3 项（略）	
	专项工程类	一等奖	合肥工业大学新校区图书馆建筑智能化系统设计	合肥工业大学建筑设计研究院
		二等奖	六安市皖西大戏院加固改造	安徽省建筑科学研究设计院
			金星家园智能化系统工程	合肥三川自控工程有限公司
			合肥工业大学大学生国际学术报告厅装饰设计工程	安徽艺源建筑艺术设计有限责任公司
			三等奖 4 项（略）表扬奖 1 项（略）	
	标准类	一等奖	混凝土多孔砖砌体工程施工及验收规程	安徽省建筑科学研究设计院
			城市控制性详细规划编制规范	安徽省建设厅、安徽建筑工业学院
		二等奖	细水雾灭火系统设计、施工及验收规范	安徽省公安消防总队
			钢筋滚轧直螺纹连接技术规范	安徽省建筑科学研究设计院
			三等奖 6 项（略）	

续表 4-1-5

年份	类别	等级	获奖项目名称	完成单位
2005	工程勘察类	一等奖	徽商、国际大厦基坑支护	安徽省建设工程勘察设计院
			淮河入海水道近期工程淮安枢纽工程	中水淮河工程有限责任公司
		二等奖	安徽华松物业有限公司天徽大厦	安徽省建设工程勘察设计院
			220KV 宁国～万安变Ⅱ回输电线路工程测量	安徽省电力设计院
			淠史杭灌区渠岸滑坡工程地质勘察与评价	合肥工业大学岩土工程勘察设计研究院
			芜湖市长江大桥南岸公路接线立交工程	芜湖市勘察测绘设计研究院
			合肥－杭州公路芜湖至宣州段高速公路详细工程地质勘察	安徽省公路勘测设计院
			合肥市生活垃圾处理项目续建工程施工图阶段工程地质勘察	安徽工程勘察院
			蚌埠市会展中心、图书馆、剧院	蚌埠市勘测设计研究院
			三等奖 13 项（略）表扬奖 2 项（略）	

2003 年安徽省优秀建筑结构设计获奖项目一览表

表 4-1-6

等级	项目名称	设计单位
一等奖	安徽省国际会议展览中心	安徽省建筑设计研究院
	HT-7U 超导托卡马克核聚变实验装置主机厅	安徽省建筑设计研究院
	安徽省气象局多普勒雷达塔工程	安徽省城乡规划设计研究院
二等奖	安徽省财政学校综合楼	安徽省建筑设计研究院
	厦门高崎国际机场指挥塔台	东华工程科技股份有限公司
	合肥市高河埂联合仓库一期改造工程	安徽建筑工业学院建筑设计院
	阜阳商厦三期工程	阜阳市建筑设计研究院
	马钢钢结构分公司生产基地	马钢设计研究院有限责任公司
	洛河电厂 1 号机组（300MW）技改工程锅炉改造	安徽省电力设计院
	丰乐种业大厦	合肥市建筑设计研究院
	105 国道南照集淮河公路特大桥	安徽省公路勘测设计院
	三等奖　11 项（略）表扬奖 4 项（略）	

2005 年安徽省优秀建筑结构设计评选获奖项目一览表

表 4-1-7

等级	项目名称	设计单位
一等奖	阜阳师范学院新校区教学主楼	安徽省建筑设计研究院
	合肥长江剧院	安徽省建筑科学研究设计院
	安医附院医技病房综合楼	安徽省建筑设计研究院
二等奖	合肥 CBD 中央广场	安徽建筑工业学院建筑设计院
	安徽省委大院危旧房改造工程——A、B 幢高层住宅楼	东华工程科技股份有限公司
	中国第二重型机械集团公司重型容器车间	机械工业第一设计研究院
	徽商国际大厦	安徽华盛国际建筑设计工程咨询有限公司
	蚌埠会展中心	中国凯盛国际工程有限公司
	合肥市百花大厦	安徽省建筑设计研究院
	天徽大厦 A 楼（合肥市商业银行）	合肥工业大学建筑设计院
	福特轿车销售服务中心	合肥工业大学建筑设计院
	安徽省新华书店图书批销配送中心	合肥市建筑设计研究院
	三等奖　13 项（略）　表扬奖　7 项（略）	

2005 年全省优秀暖通空调设计获奖项目一览表

表 4-1-8

等级	项目名称	设计单位
一等奖	亳州市行政中心政务中心	安徽建筑工业学院建筑设计研究院
	安徽省国际会展中心	安徽省建筑设计研究院
	安徽省高级人民法院审判综合楼	安徽省城乡规划设计研究院
	九华山聚龙大酒店主楼	安徽省城乡规划设计研究院
二等奖	铜陵电厂四期扩建集控楼空调	安徽省电力设计院
	合肥市第一人民医院外科病房楼	安徽省建筑设计研究院
	安徽剧院装饰、设备更新及贵宾厅工程	安徽省建筑设计研究院
	国风塑业股份有限公司 25000tOPP 生产线—生产厂房	安徽省纺织工业设计院
	郑州工业高等专科学校新校区校园详细规划室外供热管道	合肥工业大学建筑设计研究院
	合肥太阳岛花园	安徽省建筑设计研究院
	浙江海正药业股份有限公司制剂车间	安徽省医药设计院
	三等奖 11 项（略）表扬奖 2 项（略）	

第十节　城市建设档案

20世纪80—90年代,全省各市相继建立城建档案馆,配备装备和管理人员,对城市规划、建设,房地产、建筑等形成的文件、图纸、资料、证件、照片、音像等,进行收集馆藏形成档案,经鉴定、整理后,再服务于城市建设和政府对城市管理。

馆舍与装备　为收集整理城建档案,各市机构设置和人员配备都专有编制,并陆续建立城建档案馆。早在1981年,合肥市、淮南市即建立城建档案馆,其后蚌埠市、淮北市、芜湖市、六安市、黄山市、铜陵市、宿州市、宣城市、亳州市亦相继建立城建档案馆,其中馆舍面积最大的是芜湖市城建档案馆,4000平方米,为国家一级馆。其他市馆,一般都在2000平方米以上。宿州市城建档案馆建立较晚(1999年建成),但发展很快,2005年,已通过省一级城建档案考评定级。2007年,宿州市泗县、灵璧县、埇桥区亦建成城建档案馆,萧县、砀山县城建档案馆也正在积极筹建。

各市城建档案馆建立后,都安装有防火、防盗电视监控自动报警装置和库房温湿度自动控制系统,配备数码摄像机及非线性编辑设备,建立内部管理计算机网络,配有工程复印机、大型扫描仪等设备。有的馆还购置摄像、照相、录音等全套声像设备。

馆藏情况　城建档案馆收藏的档案涵盖城市建设各领域,分为建筑工程管理档案、道路档案、地形图索影、可视化信息查询系统、利用档案信息管理系统等18大类。各市收藏数量不等,至2005年,合肥市馆藏档案8.68万卷,照片0.93万张,图书资料0.34万册,录音242盒,光盘91张,缩微底片0.63万张,专题片28部。芜湖市截至2002年,馆藏档案已达8.17万卷,工程图纸1.51万张,图书0.95万册,资料0.61万册,名人字画51幅,照片3万张,录像带129盒,录音带116盒,专题片13部。蚌埠市至2007年年底,馆藏规划、建筑等档案共4.65万卷、图纸1.4万张、照片2.37万张、图书资料0.63万册。

编研利用　在做好城建档案管理同时,各市大力开发利用城建档案资源,研究本市历史变迁。合肥市利用城建档案先后编写《沧海桑田——世纪回眸看合肥》等9部书籍,全面介绍合肥市历史变迁、发展和城市风采。淮北市城建档案馆副研究员王建设编辑完成80万字、2000余张照片《淮北记忆·档案见证发展》一书,已由中国文联出版社出版发行。1986年以来,铜陵市城建档案馆编印《铜陵市城建志》《铜陵市地名录》和《铜陵古树》等档案著作。

芜湖市利用城建档案,积极开展科研活动,1990年以来,先后承担《城建档案计算机综合通用管理系统》《档案文件微波处理保护机》和《信息技术发展对档案事业宏观管理影响研究》等多项国家级和省级科研课题项目开发,并分别获建设部科技成果三等奖和安徽省科技进步四等奖。合肥市在一环路工程建设中,设计人员通过调阅馆藏档案,确认原有排水系统较为合理,可以利用,仅此一项便节约资金50万元,并缩短设计时间。五里墩立交桥建设中,通过调阅馆藏档案,确定可按七度进行抗震设防,比原设计降低一度，节约投资10%。蚌埠市住建委编制蚌埠市城市抗震规划，需要全市规划区150个点的工程地质报告，城建档案馆在已建工程竣工档案里查询，为其提供137个点工程地质报告成果，仅有13个点在郊区需要钻探，节省勘探费用约100万元。太平街小商品市场突然失火，城建档案馆不到10分钟时间，将该建筑物竣工档案送到现场，利用图纸最快速度的找到消防通道，为快速灭火及时提供服务，并在此后的检测加固和事故处理过程中多次调用该工程档案。淮南市城建档案馆1987年举办"建设工程档案"培训班3期，培训人员131人，向社会有关单位提供利用档案103卷次，复印各类材料5500张，完成编研任务6万字。1981—2005年，接待来馆调阅资料人员计4676人次，提供档案资料0.98万卷，"跟踪服务"16次，复制各类材料0.55万张。业务指导室人员先后60次到旧城改造办公室等单位进行现场审核档案，解答疑难问题。

第十一节　勘察设计单位

安徽省电力设计院　安徽省电力设计院（以下简称"安徽院"）是从事电力工程勘察设计的甲级设计院，成立于1958年，是国家首批颁发的甲级电力勘察设计证书单位。主要承担各种类型、容量发电工程、烟气脱硫工程和各种电压等级输变电工程勘察设计；电力系统规划及设计；电力系统通讯工程设计；市政工程设计；环境污染防治工程测试、评价及设计；消防专项工程设计；石油天然气（油气库）工程设计；工程地质勘察；工程测量；岩土工程；工程水文及气象；以及勘测设计业务范围内工程咨询、项目管理和工程总承包等业务。拥有电力行业设计、建筑行业建筑工程设计、工程咨询、工程总承包、工程勘察综合等8项甲级资质及多项乙级资质，具有对外经济合作经营权。

至2007年，"安徽院"已发展成为专业人才密集、技术装备先进、服务功能多元化大型综合性电力勘察设计企业。有职工500余人，其中高、中级专业技术人员占50%以上，各类注册师占15%以上；拥有600多个网络节点高速企业级计算机网络、大型图文处理系统及先进管理信息系统。1997年通过ISO 9001国际质量体系认证，坚持精心设计，尽心服务，先后有100余项工程获得省部级及以上优秀工程勘察设计奖，其中发电、送电、变电等多项工程获得过国家优秀设计奖项（金、银、铜奖或专项奖）。

"安徽院"在600兆瓦及以上大容量、高参数火力发电机组、燃气—蒸汽联合循环电厂、垃圾焚烧电厂、秸秆电厂、风力电厂、烟气脱硫等发电设计方面，在区域电力规划、超高压输变电工程、大跨越、多回路输电技术、HGIS、GIS、新型构架、数字化变电站等电网设计方面，具备先进设计技术与强大设计能力，具有丰富设计经验和良好业绩，并全面参与特高压交、直流输变电工程勘测设计工作。拥有与综合甲级勘察资质相适应的GPS卫星定位系统、数字化摄影测量系统、全省范围遥感卫星选线平台等现代化勘察装备及技术力量。始终坚持技术创新，积极采用新技术、新工艺、新方法，参与国网典型设计、典型造价、典型设备规范编制工作，努力打造精品工程和企业核心竞争力。为实现国内一流、具有国际竞争力“一强三优”现代设计企业而努力。

“安徽院”先后被授予“全国资源综合利用先进单位”“全国工程建设管理先进单位”“国家一级科技事业档案管理先进单位”“AAA 信用单位”“全国优秀勘察设计院”“华东电力集团双文明单位”“安徽省文明单位”“全国电力行业实施卓越绩效模式先进企业”“全国电力行业用户满意企业”“全国电力行业质量奖”等荣誉称号。

机械工业第一设计研究院　机械工业第一设计研究院（以下简称“第一设计研究院”）1952 年 8 月创建于北京，总部在安徽省蚌埠市，是中国最早建立大型工程设计研究单位之一；至 2007 年已发展成为向国内外顾客提供以设计为龙头的工程建设全方位全过程服务集团性国际工程公司，隶属于机械科学研究总院。职工 700 余人，其中高级工程师以上职称技术人员 230 人，享受国家特殊津贴专家 14 人，拥有国家注册投资咨询工程师、一级注册建筑师等 10 余种注册执业资格人员 200 余人。主营业务范围是工业与民用工程工程咨询、工程设计、工程监理咨询与工程总承包。

建院 50 多年来，在重型机械行业方面承担设计并建成 8 大重机厂中 7 个；在铁路交通方面承担设计并建成机车车辆行业 10 大企业；在工程农机方面，“第一设计研究院”承担设计建成投产或承担技术改造企业有 90 多家；在机械基础件方面，“第一设计研究院”承担设计并建成投产企业有 40 多家；在石油机械、汽车制造行业设计并建成企业近 30 多家，受国家有关部委委托，承担设计 10 多项援外项目。承担并完成国家大、中型重点设计项目 2000 多项；完成科研业务建设成果 1500 多项；设备 1600 多台（套）；完成国家、行业和省部级标准、规范、标准图和通用图 150 项。

“第一设计研究院”自第一届全国科技大会以来，共获得国家、省（部）级三等奖以上的科技进步奖、优秀工程设计奖、优秀工程建设标准设计奖、质量管理成果奖 240 项。其中国家级科技进步奖和优秀工程设计奖 42 项，省、部级科技进步奖和优秀工程设计奖及质量管理成果奖 200 余项。

“第一设计研究院”承担并完成国家、部委重大课题、规划 150 余项。如：30 米大型井式电炉、200 吨真空铸锭设备、天津电梯厂电梯试验塔；全国机械行业推土机、挖掘机、叉车、装载机“六五”至“九五”及 2000 年发展规划；液气密行业“六五”至 2000 年发展规划；港口机械成套设备 2000 年发展规划等。

“第一设计研究院”有“北京中机一院工程设计有限公司”“北京华兴工程建设监理咨询有限责任公司”控股单位，并在北京、深圳、厦门、上海等地设有分院。具有项目咨询、工程设计、施工管理等工程项目总承包全功能和国家甲级资质。

“第一设计研究院”未来总体目标是深化工程建设项目组织实施方式改革，提高工程建设管理水平，保证工程质量和投资效益，规范建筑市场秩序。并将经营重心逐步转移至北京。推进以蚌埠为基地，发挥北京、上海分院平台支撑作用。形成发展铁三角，呼之深圳分院现代活力优势（香港）、厦门分院海峡西岸发展潜力与新观念（台湾）大发展建设格局。

安徽省建筑科学研究设计院有限公司 安徽省建筑科学研究设计院(以下简称“省建科院”)创建于1958年12月,为安徽省建筑行业唯一集建筑科研、建筑设计、工程检测、监理与咨询、项目管理、特种加固等为一体省属综合性科研单位，2007年元月由事业单位改为科技型企业。

2007年，“省建科院”有在册职工277人,其中:安徽省勘察设计大师3人、安徽省有突出贡献中青年专家2人。国家一级注册建筑师8人,国家一级注册结构工程师12人,技术人员240人,中级以上专业技术人员120多人,教授级高工9人,享受国家及省政府津贴专家5人。拥有建设部批准的工业与民用建筑设计甲级资质、房屋建筑工程和市政工程监理甲级资质、工程招投标代理资质、工程造价资质。安徽省建筑工程质量第二监督检测站是经省建设厅批准授权、省质量技术监督局认证的设在该院承担全省建筑工程鉴定法定检测机构,下属法人单位有安徽建科施工图审查公司、《安徽建筑》杂志社、安徽建工司法鉴定中心等10多个。

建院以来,先后取得以明矾石膨胀剂、非煅烧粉煤灰轻骨料为代表一大批优秀科技成果,其中国家发明三等奖1项、省部级科技进步奖45项、地市级等其他各类奖项共90多项。主持并完成省级标准、规程及标准图集编制10多项,同时参与数项国家行业标准编制工作。圆满完成宝达国际商城、博奥丽苑、阿富汗、委内瑞拉使馆等具有较大影响国内和国外各种大型建筑工程设计600多项。在预应力测试技术、裂缝测试技术、幕墙检测技术、结构工程无损检测技术、桩基测试技术、建筑节能检测以及建筑物诊断和加固、混凝土裂缝修补、地下室堵漏等多项技术领域处于国内领先水平。主办国内外公开发行的《安徽建筑》杂志已进入中国核心期刊（遴选）数据库,是中国学术期刊综合评价数据库来源期刊、中国学术期刊（光盘版）全文收录期刊、中国数字化期刊群全文收录期刊和安徽省优秀科技期刊。

“省建科院”始终以促进安徽省建设事业科技进步为己任,以建筑工程为主要研究对象,以应用和开发研究为主,努力成为安徽省建设科技先导,努力在设计、检测、咨询、特种加固等方面提升服务水平和能力。

安徽省建筑设计研究院有限公司 安徽省建筑设计研究院有限责任公司（以下简称“省院”）是由成立于1952年的安徽省建筑设计研究院改制成国有控股有限责任公司,是安徽省内成立最早、规模最大国家甲级综合性建筑设计院,具有建筑工程设计甲级、市政工程设计（给水、排水、热力）甲级、风景园林甲级、工程咨询甲级、工程监理甲级、一类审图机构、城市规划乙级、电力行业变电工程及人防工程乙级、工程造价咨询乙级等资质。承接省内外各类民用和工业建筑的设计、规划咨询、工程建设可行性研究、全过程策划和准备阶段管理、城市设计、控制性详细规划和修建性详细规划、景观设计、工程技术咨询、工程监理等业务。

“省院”设有机电设备设计所、规划景观设计所、建筑方案研究所、绿色建筑研究中心和安徽省升元图文有限责任公司、安徽省施工图审查有限公司、安徽省科信工程监理有限公司、安徽晟元造价咨询有限公司等企业。

“省院”在职职工350余人。其中获安徽省勘察设计大师称号7人,具有正高级、高级职称92人,国家一级注册建筑师、一级注册结构工程师、注册规划师、注册设备工程师、注册电气工程师、注册造价师、注册咨询工程师、注册监理工程师等各类注册工程技术人员118人;设有建筑、结构、防护、电气、动力、电讯、采暖、空调、给排水、建筑经济、室内设计、城市景观设计、建筑节能、建筑智能化、工程咨询、工程监理等专业。

“省院”遵循“适用、经济、安全、美观”设计方针,精心设计、竭诚服务,创作一批构思新颖、功能合理、技术先进优秀勘察设计作品,获省、部级优秀设计奖192项;省、部级科技进步奖、自然科学奖11项;在医院、城市综合体、文教体育、居住区规划和住宅单体等专项设计中积累丰富经验,形成自己特色产品。立足安徽、面向全国、开拓海外,作品分布安徽、上海、北京、浙江、江苏、甘肃、四川、西藏、新疆等地。与美国、西班牙、法国、德国、澳大利亚等多家设计机构建立合作与技术交流关系。

马钢设计研究院有限责任公司(以下简称“马钢设计院”),是马鞍山钢铁股份有限公司控股投资多元化工程技术公司,1999年通过质量管理体系认证,2002年通过安徽省高新技术企业认定,2005年被评为马鞍山市十佳诚信集体,2003—2005年连续获得安徽省第六、第七届省级文明单位称号,2005年还获得全国精神文明工作先进单位殊荣,2006年10月,实施质量、环境和职业健康、安全“三标一体化”管理。

2007年,“马钢设计院”有员工260人,设有8个职能管理部门、8个工程设计研究所和1个工程咨询分公司,配备烧结、球团、机械化运输、炼铁、炼钢、轧钢、工业炉、耐火、规划、机械、热力、燃气、暖通、给排水、电力、电气自动化控制、仪表、电讯、建筑、结构、安全、环境保护、工程经济、技术经济等专业,形成配套完整管理组织结构和专业结构体系。

“马钢设计院”具有国家颁发的冶金、建筑、环境行业工程设计、工程咨询、工程监理甲级设计资质;市政公用事业(给水、排水)、火力发电工程设计、城市规划、工程造价咨询等乙级资质以及第一、二类压力容器和“GB、GC”压力管道设计等资质和商务部颁发的对外经营资格。具备上述资质相应业务范围工程总承包、项目管理总承包资质和能力。

“马钢设计院”经营业务范围主要包括:建设工程前期各阶段咨询服务;国内外大、中、小型冶金企业工厂设计、非标准设备设计;计算机科技服务与硬件配套;建筑工程(含钢结构建筑工程)设计;建设工程监理;工程总承包;项目管理总承包;机电设备配套,设备与材料进出口及劳务派出等。服务范围已从马钢拓展到全国10多个省、市和地区。与国外达涅利、奥钢联、西马克、新日铁、川崎重工、林德制氧、法液空,TEMIC等公司进行过良好技术合作,完成多项工程联合设计。实现经营业务多元化,项目管理信息化,技术装备现代化。

1999年以来,马钢设计院共承揽完成工程设计、工程监理和工程总承包项目1000

多项，成就多项质量优、水平高、投资省、达产快、投运效果好、用户满意的精品工程，形成诸多具有本公司特色和具有较强竞争力成套项目和专有技术。冶金及其配套工程主要包括：90 ～ 380 平方米系列烧结机工程；100 万吨 / 年竖炉球团生产线工程；1000 ～ 2500 立方米系列高炉工程；50 ～ 100 吨转炉及精炼工程；各种规格方坯、异型坯、超大规格圆坯和高效板坯连铸机工程；60 万～ 100 万吨 / 年棒、线、型（H 型钢）、中板材轧钢生产线工程；车轮轮箍压轧加工生产线工程；35 万～ 40 万吨 / 年热镀锌生产线工程；10 万～ 20 万吨 / 年彩涂板生产线工程；1 万～ 4 万立方米 / 时系列制氧机工程；220 吨 / 时全燃高炉煤气锅炉发电工程；高炉余压发电（TRT）工程；烧结废气余热发电工程以及废气、废水、噪音治理等工程成套技术。建筑工程主要包括：钢结构高层住宅体系成套技术和设备研究开发；钢结构单层、多层和高层民用建筑工程（住宅、大型公用建筑、文化体育设施等）；轻型和重型钢结构工业建筑（厂房）工程等。共获得国家级优秀设计和科技成果 3 项，省、部（行业）级优秀设计和科技成果 33 项，专利技术成果 8 项。

安徽省水利水电勘测设计院 安徽省水利水电勘测设计院（以下简称“水利水电院”）始建于 1958 年，其前身为原水利部治淮委员会勘测设计院，是以水利水电勘测、设计、科研为一体的甲级水利水电工程勘察设计单位和综合性技术研究与应用科技型企业。

“水利水电院”在长期的工程实践中造就一支专业配套、技术力量强大的高素质队伍，2007 年拥有各类中高级专业技术人员 400 多人。持有水利水电工程设计、工程勘察综合、工程咨询、招标代理、水资源论证、水保方案编制、水保监测等 10 余项甲级资格证书，以及水运、市政、公路、建筑、电力、风景园林等 10 余个乙级资格证书。1995 年获得对外承包工程经营资格证书，1997 年通过 ISO 9001 质量体系认证，2004 年获安徽省“高新技术企业”认定，2006 年中国勘察设计协会授予“优秀勘察设计企业”称号。

“水利水电院”还先后完成国内外各类大中型水利水电工程千余项，工程涉及防洪、排涝、灌溉、供水、发电、航运、江河治理、水资源优化配置、水环境保护和治理、引调水工程以及港口、路桥、建筑、市政、土地整治等领域，其中有新中国第一座混凝土连拱坝佛子岭水库、全国三大灌区之一淠史杭灌区、为中国承担设计国外最大工程伊朗零号坝水电站以及大规模淮河、长江治理工程等。完成港口湾、大房郢、白莲崖等大型水库设计和临淮岗枢纽、怀洪新河、长江干堤加固等大型防洪工程设计，承担安徽省第一条长距离、大口径临涣输水压力管道、全省水资源综合规划、巢湖水环境综合治理、引江济巢、城市水系生态修复等重大工程规划、设计和前期论证等。完成多项重大水利工程规划设计和科技创新，开展国家重大水专项——巢湖主题《改善湖泊饮用水源地的生态调水技术与方案研究》课题技术研究。共获国家级及省级、部级优秀工程勘测、设计、咨询成果金奖、一、二、三等奖及科学技术奖等 100 多项。

合肥工业大学建筑设计研究院 合肥工业大学建筑设计研究院（以下简称“工大院”）成立于 1979 年，隶属于教育部，持有多项甲级资质证书，包括：建筑行业（建筑工程）甲级、工程咨询甲级、工程总承包甲级、建筑智能化系统工程设计甲级、岩土工程甲级以及城乡规划编制乙级、风景园林工程设计专项乙级、电力行业（变电工程）专业乙级、市政行业（给水工程、排水工程、道路工程、桥梁工程）专业乙级、水利行业（灌溉排涝、河道整治）专业乙级、水利行业（水库枢纽、引调水、城市防洪）专业丙级、公路行业（公路）专业丙级、压力管道 GC（GC2、GC3）、GB（GB1、GB2）。

2007 年，"工大院"有正、副教授及高级工程师 116 名，工程师 62 名。其中安徽省勘察设计大师 5 名，国家一级注册建筑师 23 名，国家一级注册结构师 26 名，国家注册城市规划师 8 名，国家注册咨询工程师（投资）9 名，国家注册公用设备（给排水）工程师 4 名，国家注册公用设备（暖通空调）工程师 4 名，国家注册电气工程师 3 名，国家注册土木工程师（岩土）11 名，国家注册造价工程师 3 名及相当数量博士、硕士研究生。1999 年"工大院"被建设部确认为全国 76 家骨干建筑设计单位之一。承接并完成多项工程勘察设计与监理项目，许多曾获得国家和省、部级奖励，在全国建筑方案竞赛、投标中也多次获奖、中标。

中水淮河规划设计研究有限公司　淮河是新中国成立后第一条大规模综合治理的河流，中水淮河规划设计研究有限公司（原水利部淮委规划设计研究院）伴随着治淮需要而成立，其前身是 20 世纪 50 年代淮委工程部及其后淮委勘测设计院。2003 年 4 月，依照国务院和有关部委文件精神，整体转制成为股权多元化国有企业。拥有 11 种甲级和 2 种乙级资质证书，是全国优秀水利企业及 AAA+ 信用综合性勘察设计研究单位。

中水淮河规划设计研究有限公司（以下简称"中水淮河公司"）作为破解世界水利难题探索和实践者，在 20 世纪 50 年代编制完成《关于治淮方略的初步报告》《淮河流域规划报告》等新中国流域治理水利规划文献，系统地提出科学治理思路，为其后淮河治理打造较坚实基础，推动治淮事业进入以科学规划为基础历史新纪元。完成新中国第一座连拱坝——佛子岭水库等一大批当时国际先进水平大型水利工程勘测设计任务。

改革开放以来，"中水淮河公司"以治淮和南水北调为依托，先后完成淮河流域综合规划、水资源综合规划、防洪规划等流域综合与专业规划；完成世界最复杂调水工程——南水北调东线工程规划及可行性研究；完成亚洲最大水立交——淮河入海水道淮安枢纽工程，以及千里淮河第一大水库——临淮岗洪水控制工程等一系列勘测设计任务。

"中水淮河公司"顺应时代发展和要求，在流域综合治理、工程建设管理等领域不断探索，完成钧瓷之都——河南许昌神垕镇水利综合治理规划、济宁市北湖堤防改造工程景观工程等环境水利工程规划设计；主持制定《河道整治设计规范》《水利水电建设工程验收规程》等一系列重要和关键技术行业技术标准；编制《南水北调工程验收安全评估导则》等国家重点建设项目管理规定。

"中水淮河公司"共获国家及省部级奖 60 余项（次），其中淮河入海水道工程获得新中国成立 60 周年"百项重大经典建设工程"奖，淮河入海水道工程、淮河临淮岗洪水控制工程、蚌埠闸扩建工程等分别获全国优秀工程设计金、银、铜奖，平原河流防洪安全水动力关键技术及工程应用获国家科学技术进步奖二等奖。

安徽省建设工程勘察设计院 安徽省建设工程勘察设计院（以下简称“省建勘院”）成立于1952年，是一家集生产、科研、技术服务为一体省级综合性勘察设计单位。近30年来，在进一步发展工程勘察和工程测绘这两大传统专业基础上，相继拓展地基基础施工、岩土工程设计、建设工程抗震测试、市政工程设计、建筑工程设计、环境工程设计、风景园林设计和城市规划设计，逐步发展成多项专业居于省内行业先进位置、专业品种齐全、业务发展全面综合性勘察设计院。2007年，持有建筑工程设计甲级、市政工程设计甲级、工程勘察综合类甲级、工程测绘甲级、工程勘察和工程设计咨询甲级、风景园林专项甲级、电力行业乙级、环境工程乙级、城市规划乙级、土地规划乙级、水资源论证乙级、地基与基础施工专业承包壹级、施工图审查一类、建设工程节能检测、钢结构检测和地基基础检测、市政路桥检测等资质，获得省建设工程结构可靠性鉴定授权，并被授权为省绿色建筑评价标识技术依托单位及省级民用建筑能效测评机构。

“省建勘院”坚持产品质量创优，20世纪80年代以来，所完成工程共有50余项获省部级优秀勘察设计奖及科学技术奖。主持完成“大吨位桩基静载智能化试验系统研究与应用”项目获省科技进步一等奖。2003年获得省科技进步三等奖；还主持编制《安徽省建设场地抗震性能评价标准》《安徽省重点镇中心镇环境卫生建设技术标准》和《安徽省城市市政基础设施抗震设计审查规范》等多部省地方标准，2005年获得华夏建设科学技术三等奖；主持开发“建设工程场地抗震性能评价软件包”。

“省建勘院”专业配套齐全，技术人才结构合理，中级以上专业技术人员占院职工总数50%以上，其中正高级职称8人，各类注册师占全院职工20%以上。并拥有省“勘察设计大师”3人，省专业学术技术带头人3人，省专业学术技术带头人后备人选2人，建设系统有突出贡献中青年专家3人。

“省建勘院”通过质量、环境、职业健康安全三体系认证，通过合肥市市级企业技术中心认定。先后被建设部评为“全国工程勘察先进单位”“九五全国建设技术创新工作先进单位”和“十五全国建筑业技术创新先进企业”，被中国勘察设计协会评为首批“全国工程勘察与岩土行业诚信单位”、全国“十佳岩土工程企业”及实施信息化建设先进单位，先后获得“安徽省建设系统先进集体”及“安徽省住房和城乡建设系统思想政治工作先进单位”等称号。2000年起连年被评为“守合同、重信用”单位和“三优文明单位”。

安徽省交通规划设计研究院 安徽省交通规划设计研究院（原安徽省公路勘测设计院）成立于1960年，注册资金6000万元，2007年有各类专业技术人员近千人，是拥有国家工程勘察综合甲级、公路行业（公路、特大桥梁、特长隧道、交通工程）设计甲级、市政工程（道路、桥梁、隧道）设计甲级、建筑设计甲级、工程咨询甲级、公路工程试验检测综合甲级以及水土保持和市政行业综合乙级等资质，具有对外承包经营权和公路工程施工总承包资信综合性勘察设计单位。业务范围涉及公路、桥梁、隧道、岩土、建筑、交通及市政等工程规划、勘察、设计、咨询、检测、科研和项目管理等方面。拥有国内一流勘探、试验检测设备和计算机软硬件系统，建立快速高效办公及商务信息化平台。致力于通过持续技术创新为工程建设提供全过程、全方位、多领域集成服务。

安徽省交通规划设计研究院以“打造精品工程，提供卓越服务，注重天人合一，设计现代交通”为使命，拥有近10万千米公路和市政道路、各类建筑小区和换乘枢纽以及以安庆长江公路大桥、马鞍山长江公路大桥、望东长江公路大桥、太平湖大桥等为代表的特大型、高技术、高难度桥梁，以龙瀑隧道为代表单向里程近300千米各类隧道勘察设计骄人业绩；掌握高边坡防护治理、深路堑、岩溶空穴、采空区、软基处理等岩土工程勘察设计以及在道路工程、市政工程、隧道与岩土工程、公共交通、房屋建筑、环境景观、节能照明及工程检测和应用、养护技术研究等领域领先技术；拥有BOT、BT（建设移交）、EPC（工程总承包）总承包项目运营和管理成功经验。工程项目涉及新疆、西藏、湖南、广东、云南、四川等十七个省、自治区以及斯里兰卡、肯尼亚、津巴布韦、老挝、缅甸等国家和地区，形成面向国内外市场多领域、多元化经营格局。

安徽省交通规划设计研究院始终坚持“质量为本、科技兴院”发展战略，致力于建立和实施整合型“一体化”管理体系，注重科技研发和技术创新，1982年以来，获国家、部、省级以上以中国土木工程詹天佑奖为代表的优秀勘察设计咨询和科技进步奖等达200多项，是通过ISO 9001∶2000、ISO 14001和OHSMS 18001三证一体认证的国家高新技术企业。

安徽省化工设计院　安徽省化工设计院成立于1963年，是安徽省较早成立国营设计机构之一，是一家拥有多项资质综合性工程公司。目前具备资质及等级为：工程咨询甲级、化工石化医药行业设计甲级、环境工程专项设计甲级、三类压力容器设计、GB/GC类压力管道设计、安全评价国家甲级、环境影响评价乙级、建筑工程设计乙级、火力发电设计丙级、工程监理乙级等。已经通过ISO 9001质量体系认证。主要从事化工、石化、医药、商物粮、建筑工程、市政工程、环境工程、热力热电等行业领域内建设工程咨询、工程设计、技术咨询与转让、安全评价、环境评价、工程监理、工程项目管理等服务，以及建设工程项目总承包业务。

本院人才荟萃，专业齐全，设备精良，技术先进。拥有专业技术人员170余名，其中：教授及高级工程师49名，工程师54名；国家各类注册工程师127人次，其中：注册化工工程师20名，注册电气工程师3名，一级注册建筑师3名，一级注册结构工程师5名，注册咨询（投资）工程师19名，注册造价工程师3名，注册监理工程师12名，注册安全工程师27名，注册安全评价师20名，注册设备监理师7名，注册公用设备工程师2名，注册机械工程师3名，注册环境影响评价师3名；国家认定高级项目经理、项目经理10余人。

建院46年来，已完成大、中、小型建设工程项目千余项，工程设计与咨询成果多次获省部级优秀工程设计一、二、三等奖，以及国家工程建设质量奖银质奖。设计及项目管理服务活动遍及全国，工程项目涉及印度尼西亚、泰国等多个国家。

安徽省城乡规划设计研究院 安徽省城乡规划设计研究院（缩写 AHGHY 简称“城乡规划院”），是一所具有规划设计甲级、建筑设计甲级、市政设计甲级、工程咨询甲级综合性甲级设计研究咨询机构。主要承担城乡规划、建筑设计、市政设计、工程咨询等业务。AHGHY 是全面质量管理达标和通过 ISO 9001 国际质量管理体系认证单位。2007 年有职工 180 人，各类专业技术人员占 90%，其中：享受国务院及省政府特殊津贴专家 7 名，教授级高级工程师 4 名，高级职称规划师、建筑师、工程师 50 余名，注册城市规划师 34 名，一级注册建筑师 10 名，一级注册结构工程师 9 名，注册咨询工程师（投资）3 名。

建院 20 年共完成 1800 余项各类工程项目设计和研究，创作出大量科技含量高、经济、环境和社会效益良好的工程项目，先后获省（部）级科技进步奖、星火奖及优秀设计奖等近百项。

“城乡规划院”承担和完成城乡规划编制和研究项目 700 余项，主要代表作有：长三角城镇群（安徽部分）规划、安徽省会经济圈发展规划；安徽省城市群空间发展战略及实施路径研究；城市用地竖向规划规范、安徽省设市预测研究、安徽省城市和小城镇可持续发展对策研究、安徽省城镇化发展战略研究等省部级重点科研课题；安徽省城镇体系规划、皖江城市带承接产业转移示范区城镇体系规划、陇海—兰新地带安徽区域城镇体系规划、合肥经济圈城镇布局规划；阜阳、六安等市和广东省湛江市市域城镇体系规划；马鞍山市、安庆市、宿州市、亳州市、广东省湛江市等省辖市城市总体规划以及宁国、天长等设市城市和休宁县、广东吴川县等县城总体规划；亳州、安庆、和县等国家和省级历史文化名城保护规划和玉屏楼等景区规划等。

“城乡规划院”完成建筑设计项目 500 余项，主要代表作有：合肥琥珀山庄住宅小区、南苑小区、上海万泰高级公寓小区、六安东苑小区、蚌埠龙湖小区、张公山小区、宿州银河小区；省财政厅办公大楼、省高级法院审判综合楼、广玉兰宾馆、合肥商业大厦以及安医附院住院部病房主楼、省妇幼保健所医技楼、合肥第一人民医院医技楼、枞阳医院门诊楼等。

“城乡规划院”完成市政设计与咨询可研项目 300 多项，主要代表作有：亳州、宿州、宣州、池州、桐城等城市排水规划，马鞍山市城市绿地系统规划、桐城市城市消防规划等城市专项规划；淮北、旌德等市、县城市供水工程和水工扩建工程可行性研究，淮南、利辛等市、县城市道路工程建设可行性研究，九华山风景区生态环境综合治理可行性研究等。

安徽华盛国际建筑设计工程咨询有限公司 公司创建于 1993 年，是与美国华盛顿马丁 / 唐杰联合建筑事务所（JT Associates in affiliation with STUDIOS Architecture）合作成立（以下简称“华盛咨询公司”）。持有建设部颁发的建筑工程设计甲级资格证书（证书号：110901-sj）以及安徽省建设厅颁发的一类房屋建筑工程施工图设计文件审查机构认定书。是安徽省首家享有中外建筑设计权设计咨询公司。经营范围:小区规划、工业与民用建筑设计、室内设计、景观设计、建筑工程施工图审查业务与建筑工程技术咨询等业务。

2007年,“华盛咨询公司”有专业技术人员120名,下设浙江分公司、上海分公司、五个综合设计专业所以及建筑工程施工图审查公司。其中一级注册建筑师6人、一级注册结构师10人、注册设备工程师3人、二级注册建筑师、结构师6人,高级工程师31人,各专业设计人员92人。还拥有美国注册建筑师、注册工程师、注册设备工程师9人。各专业工种配套齐全,设计人员经验丰富、技术精湛、设计力量雄厚。计算机出图率达100%。配有计算机百余台及各类专业设计软件,并创建自己网站。

“华盛咨询公司”自成立以来,在全国各地承接各类大中型工业与民用建筑项目400余项,设计业务包括金融建筑、办公建筑、商业建筑、教学建筑、医疗建筑、居住建筑、工业建筑、园林建筑、室内设计等,并多次获各类建筑设计奖项。作为中美合资设计机构,拥有现代企业管理体制,一贯坚持以工程质量及科学经济效益为中心,并通过ISO 9001质量管理体系认证,全面强化内部质量管理,以优质后期服务,得到业主高度认可。在坚持质量第一,用户至上一贯原则下,为用户提供功能合理、技术优化、造价合理、优质服务的高品质设计产品。

“华盛咨询公司”美方合伙人唐杰持有美国玛俐蓝州、维吉尼亚州、华盛顿特区注册建筑师执照,在美国从事建筑设计工作30余年。2006年,马丁/唐杰联合建筑事务所又合作成立(JT Associates in affiliation with STUDIOS Architecture)上海办事处,吸纳国际最新设计理念、设计精品成果,引进及应用新技术、新工艺、新材料、新产品、建筑节能、智能设计,提供便捷渠道。

安徽汇华建筑设计有限公司　安徽汇华建筑设计有限公司(原马鞍山市建筑设计院),创始于1957年。其业务遍布北京、南京、苏州、上海、厦门、芜湖等地。主要业务范围包括建筑设计(甲级)、市政设计(乙级)、工程咨询(甲级)。下设机构:综合部、方案创作所、设计一所、设计二所、钢结构所、市政所、宣州分院、巢湖分院、无为分院、图文中心。拥有各类专业人员80余人,其中:具备高级专业技术职称32人,并配有一流技术装备,设计作品已获众多奖项。

因其所具有设计能力和大量优秀作品,汇华设计倍受市场尊崇。先后完成上海安徽裕安大厦、北京安徽大厦、苏州万通大厦、浙江舟山国税局大楼、温岭质量技术监督局大楼、芜湖供电局大楼、马鞍山市政公园、马鞍山采石河景观等一批省内外较有影响工程;在历届优秀建筑设计评选中获得30余项国家、部、省级优秀设计奖,其中马鞍山西湖花园小区获中国土木工程学会颁发的“优秀住宅小区金奖”和“第八届中国土木工程詹天佑奖”。

第二章　建筑管理

伴随着经济社会发展，城乡基础设施建设、房屋建筑快速推进，建筑企业和施工队伍发展迅速，截至2007年，建筑业企业已增至3769家，企业改制不断深化，建筑市场快速发展。各级政府和建设主管部门及时制订相关政策、法规，加强建筑企业资质管理和人员培训，对建设工程推行招投标制度，同时实施工程质量监督和安全生产管理，使建筑市场健康有序发展。

安徽省建设厅提出“打造‘徽匠’新风采，续写建筑新辉煌”理念，要求全省建筑行业广大职工发扬“细腻规范的工作态度，吃苦耐劳的敬业精神，团结协作的合作意识，独具匠心的创新思维”精神，推动安徽建筑业发展。开展全行业青工技能竞赛，产生第一批“徽匠”状元。

第一节　建筑业概况

1986年以来，安徽省建筑业已形成勘察设计、建筑施工、工程监理、建筑机械制造、构配件加工、水泥制品生产、建筑材料供应及教育、科研等比较完整的产业体系，这些都为全省经济建设奠定坚实物质技术基础，建筑业发展带动水泥、钢铁、制造、电力、水利等多个经济门类和行业发展，1995年，中共安徽省委六届二次全会明确把建筑业列入全省国民经济支柱产业，作为新经济增长点加以重点培育。

企业发展　1986年，安徽省全民和城镇集体建筑企业完成施工产值24.72亿元，房屋竣工面积625.26万平方米。1987年，安徽省全民建筑安装企业46家，职工25万人（其中部属企业15万人）；城镇集体及乡村建筑队2299个，职工44万人（其中乡村建筑队33万人）。全省城乡建设系统全民建筑安装企业完成施工产值6亿元，竣工面积170.6万平方米。全省县以上集体企业完成施工产值6.27亿元，竣工面积265万平方米。1989年，安徽省建筑业实现产值33.99亿元，其中全民企业实现25.3亿元，集体企业为8．7亿元。实现施工产值31.91亿元，全年施工面积1176万平方米。1991年，安徽省地方国营施工企业完成产值7.43亿元，比上年增长4.9%；其中施工产值7.13亿元，增长4.8%。全员劳动生产率1.09万元，增长1.5%。全年施工面积347.6万平方米，竣工面积88.1万平方米。全省县以上集体建筑企业全年完成施工产值7.6亿元，全员劳动生产率7909元，竣工面积240.4万平方米。1993年，安徽建筑行业经济效益回升，部分亏损企业扭亏为盈，工程质量和安全生产取得较好成绩。全年建筑行业完成产值180亿元，其中建安产值147亿元，房屋竣工面积650万平方米。1996年，安徽省四级以上建筑业企业1962家，建筑业从业人数达118.25万人，完成建筑业总产值240.55亿元，完成建筑业增加值93亿元，竣工各类房屋建筑面积1975.46万平方米。

拓展建筑市场　1997年，安徽省建筑业企业全年完成建筑业增加值108亿元。对外承包和劳务输出取得可喜成绩。全年出省施工成建制企业达6000余家，加上小规模建筑劳务队伍，出省施工人员达40万人，实现建筑劳务收入28亿元。国际建筑劳务施工人员约800人，实现劳务收入450万美元，比上年增长50%。主要分布马达加斯加、丹麦、基里巴斯、多哥、以色列、缅甸和柬埔寨等国家及中国香港地区。

1999年，安徽省建筑业从业人员148万人，比上年增加5%，各类建筑企业2257家，全社会建筑总产值超过580亿元，建筑业增加值143亿元。全省外出建筑队伍46万人，实现劳务收入33亿元。省建设厅系统对外经援项目营业额超过1亿美元。

2000年，安徽省建筑业完成产值620亿元，增加值160亿元，比上年增长8.2%；从业人员150万人，其中约110万人来自乡镇，全省输出建筑队伍人数达50万人，实现建筑劳务收入35亿元。

2001年，建筑业增加值223.7亿元，占全省GDP6.7%。全年房屋施工面积5140.6万平方米，竣工面积3054.7万平方米。全省成建制建筑劳务队伍输出规模52万人，实现劳务收入38亿元。安徽省建筑企业积极开拓外埠市场，驻京建筑劳务队伍注册人数增加到6.1万人，当年净增1.9万人；省外经建设（集团）公司在非洲建筑市场实施“以马岛为基地，辐射周边国家”。

2002年，安徽省建筑业从业人员155万人，建筑业企业2291家。全年实现建筑业增加值240亿元，占全省GDP7%。建筑业完成利税24. 75亿元，产值利税率5%；房屋施工面积7000万平方米，竣工面积4100万平方米。出省施工建筑劳务人员55万人，实现劳务收入40亿元，主要集中在上海、北京、沿海等经济较发达城市和地区。

2003年，安徽省全社会实现建筑业增加值335亿元，占全省生产总值8.4%。四级及以上建筑业企业实现利税总额28亿元，增长1.7%。施工工程4.9万个，房屋建筑施工面积7417万平方米，增长16.9%；房屋竣工面积4087万平方米，增长6.24%。

2004年，安徽省实现建筑业增加值433.8亿元，比上年增长19.7%，约占全省GDP9%。房屋建筑施工面积8013万平方米，增加649万平方米；房屋竣工面积4265万平方米，增加242万平方米。成建制建筑劳务输出60万人，实现劳务收入47亿元。

2005年，安徽省全社会建筑业增加值401亿元，比上年增长11.5%，占全省GDP7.5%；利税54亿元，增长24.4%；房屋施工面积9610万平方米，增长15%；房屋竣工面积4815.3万平方米，增加56.8万平方米。全省成建制建筑劳务队伍向省外建筑市场输出65万人，建筑劳务收入50亿元。国际工程承包势头良好，安徽建工集团、省外经建设公司等外向骨干企业已进入亚、非10多个国家建筑市场。

企业总量攀升 2006年，安徽省高等级企业快速发展，建筑业总量继续攀升，产业集中度进一步提高，全省等级以上建筑业企业完成产值1139亿元，比上年增长18.2%。一级及以上建筑业企业新签合同额增长49.8%，其中房建新签合同增长31.5%，占新签合同总额49.8%；建筑业产值511.1亿元，增长33.5%，利润增长36.7%。产值超10亿元企业由上年9家增至15家。

2007年，安徽省建筑业企业增至3769家，完成总产值达1486.7亿元，竣工房屋面积5916.5万平方米。全省建筑业完成增加值457.95亿元，占全省GDP的7.4%。为推动安徽省国民经济增长发挥重要作用。

第二节 建筑业体制改革

安徽省建筑行业改革和结构调整，在1986—1992年，以经济承包责任制为特征；1993—2007年，以逐步建立现代企业制度为特征。安徽省许多国有大中型建筑企业在完成股份化、民营化、集团化改组改造同时，加快产业结构调整步伐。传统房屋建筑业向市政、交通、水利、电力等专业建筑业拓展；向房地产、建材、服务业、制造业等相关产业延伸；向钢结构、路桥、防腐保温、装饰装修和智能化等新兴领域进军。基本形成大中小企业合理配置、各类型企业优势互补发展格局。

管理体制改革 1986年，安徽省推行各种投资包干责任制；建立各种形式经济承包责任制；改革用工制度，大量使用临时工、合同工，推行劳动合同制；大力扶持乡村建筑队，发展建筑队伍，全省乡村建筑队职工由1983年17万人增加到33万人；健全管理制度，先后制定营业管理、质量监督和招标投标等一系列规章制度，并加强执法机构建设。

1987年，中共安徽省委、省政府发布《关于进一步落实全民所有制工业自主权、增强企业活力的有关规定》。全省各地、市、县都建立建筑管理机构，有16个地、市和68个县（市）成立建筑工程质量检查监督站，质量监督人员430名，初步形成全省性建筑工程质量管理监督网络。

1988年，省政府发布《安徽省全民所有制工业企业招标承包暂行规定》，确定全民所有制工业企业实行承包经营责任制。建筑市场开放后，农村建筑施工队伍迅猛发展。由于国家投资规模逐步压缩，建筑业形成任务与施工力量不平衡，材料供应与市场需求不平衡，建筑市场竞争激烈，投标压价、拖欠工程款、倒手转包、行贿受贿、偷工减料、工程质量粗糙等现象时有发生。为解决这些问题，加强行业管理，

建筑主管部门采取一系列措施，包括：不再审批新成立的全民建筑企业，从宏观上控制施工队伍增长；拟定《安徽省企业技术资质等级标准》《设备安装企业、机械施工企业技术资审标准》；控制外省施工队伍进入本省；加强建筑业队伍管理，不论是中央部属和省属企业，一律划为属地管理，按照建筑市场管理办法承建任务，从省到县基本

上形成建筑业管理网络。

1989年,建筑业在清理整顿中完善各种形式经营承包责任制，70%建筑企业同主管部门签订承包经营责任制合同,企业内部推广项目经理、单位工程个人全额承包和班组承包等责任制度;全省各级设立建筑工程质量监督站73个,工程质量监督进一步加强。

经营体制改革　1992年,中共安徽省委发出《关于深化改革扩大开放加快经济发展若干问题的决定》。全省建筑业普遍实行各种形式承包经营责任制,其中，“单位工程全额承包”改革是建筑施工企业普遍推行的一种内部经济包干形式。同时,部分中小建筑企业也开展股份制改革试点,在完善经营机制、深化产权制度改革等方面进行积极探索。建筑行业大力推行施工招标承包制,不再实行“限额承包”。安徽省施工企业可在省内流动,不再实行许可证制度。需引进外省施工队伍,由各地市建设主管部门审批。按照优质优价原则,对经地、市以上工程质量监督部门评定的优良工程,给予承包工程造价5%加价。实行施工企业资质动态管理。铜陵市组建跨所有制、跨行业股份制建安企业,在全国同行业引起反响。

1993年,中共十四届三中全会通过的《中共中央关于建立社会主义市场经济体制的若干问题的决定》中,明确提出国有企业建立现代企业制度目标和步骤。安徽省建设厅针对局部出现工程质量下降和装饰工程存在较多质量问题情况,组织开展建筑工程和装饰工程质量大检查,责令部分工程返工,并处理一批企业。10月份,列为全国第二批住宅试点小区合肥琥珀山庄通过建设部验收,工程合格率100%,优良率70%,被评为“住宅工程质量优良小区”;其中306号、307号楼两个单项工程被评为部优“样板工程”

1994年,总结马鞍山、蚌埠市市场交易会经验,逐步建立全省统一建筑市场交易体系。合肥市建立建筑市场交易会制度,其他地市也积极创造条件建立交易会制度,合肥、淮北、淮南、马鞍山、芜湖等市制定规范建筑市场规章。建筑行业狠抓住宅试点小区工程质量。为推广琥珀山庄创优经验,省建设厅在琥珀山庄举办有2000多人参加创优良工程培训班,推动全省创优良工程和优良小区活动开展。省建设厅还组织开展对芜湖、马鞍山、铜陵、合肥市4个全国住宅试点小区工程质量检查,并召开4个市分管副市长参加创优工作会议,以推进住宅小区试点工作开展和工程质量提高。建设部在马鞍山召开住宅试点小区工程质量现场会,马鞍山市珍珠园小区优良施工质量和现场管理,受到高度评价。全省各地市对建筑装饰施工队伍进行认真清理,检查装饰工程质量,并向符合条件的120个装饰企业颁发资质证书。

各地市建立工程建设材料价格信息网,及时定期地发布材料价格信息,全年共发布89种工程建设材料的2670种动态价格。省建设厅为解决安装工程中未计价材料价格方面困难,编制6大类4000多种常用安装工程材料指导价,供建设、设计、施工单位参照使用。省建设厅还对全省1500多个施工企业进行安全资格考核审查、认证和年检,行使安全资格在评优评佳和资质管理中一票否决权。强化行业安全监督管理，控制重大恶性事故发生，减少一般伤亡事故，年万人死亡率为1．17，比1993年下降30%。

企业改制与管理 1995年12月30日，省八届人大常委会第21次会议通过《安徽省建筑市场管理条例》，并规定自1996年3月1日起施行。全省加快大中型国有建筑业企业改制、改组、改造工作。省建总公司经省政府同意筹备组建安徽建工集团，全省已组建各类形式集团企业5家。

全省积极推进项目经理负责制，实行项目经理持证上岗。为改变“以包代管”“转包收益”散乱现象，省建设厅印发《安徽省建筑施工企业项目经理资质管理实施细则》，要求各施工企业承包工程时，必须交给本企业项目经理经营管理，并不得接受挂靠；联合承包必须签订协议，确定一家承包并报建设主管部门备案，不得倒手转包。

在加强建筑市场建设方面，结合贯彻落实建设部“市场治乱”要求，积极推进建筑市场法制化建设。省建设厅组织开展全省工程质量大检查，对4项劣质工程予以通报批评，对3个受检工程全部不合格企业予以资质等级降低一级处罚。

1997年，安徽省建设厅印发《关于加快我省建筑业改革与发展的意见》和《安徽省建筑业企业改革指导意见》，确立建筑企业总体改革思路是：积极推进全省建筑业企业改制，逐步调整、完善建筑队伍结构，使一部分高资质大中型建筑业企业向集团化、总承包企业发展，成为建筑业支柱企业；使大量规模小、低资质中小型建筑业企业向分包企业、劳务企业发展，真正专起来；使一些“名为集体，实为私营”企业，成为民营等非公有制建筑业企业。

1998年，《中华人民共和国建筑法》正式实施。全省各级建筑业管理部门和广大建筑业企业，认真执行《中华人民共和国建筑法》和《安徽省建筑市场管理条例》。为加快有形建筑市场建设，省建设厅在马鞍山市召开“全省有形建筑市场现场会”，印发《安徽省建筑工程质量投诉办法》，使工程质量投诉制度化，推动施工企业全面开展质量创优活动，同时对“黄山杯”奖评定办法进行修订。

1999年，是全国建筑业质量年，全省建筑业采取多种措施，强化质量管理。根据省政府部署，省建设厅布置各地对国有施工企业现状开展调查。全省国有施工企业比重小，仅占全行业的11.5%，从业人员占15.3%，注册资本和资产总额分别占全行业48%和60%。

2000年，安徽省建设厅出台《关于加快我省建筑业企业改革和发展的实施意见》，进一步明确全省建筑业企业改革和发展指导思想，着力推进建筑业国有经济布局战略性调整，促进各种所有制经济共同发展，除省政府批准授权经营国有集团公司外，其他企业国有资产要逐步退出；推进建筑业企业战略性改组，形成综合承包、专业承包和劳务分包三个层次建筑业产业结构；建立和完善现代企业制度，着力转换企业经营机制；加大省外建筑市场开拓力度，加强企业内部管理，改善企业外部环境，提高全省建筑业整体素质和竞争能力。同时，加强对外省进皖施工企业管理，把企业管理、注册管理、工程管理、分包劳务管理等四大考核内容，分成25个子项进行量化打分考核，促进进皖企业规范经营。各地将安全生产与企业资质管理、项目经理管理、招标管理以及“黄山杯”奖、先进单位、先进个人等评比挂钩，切实行使安全生产一票否决权。

2003年，安徽省建设厅印发《关于加快全省建设行业国有集体中小企业改革的意见》。据统计，全省列入省政府改制建筑业企业名单713家，到年底已有415家完成产权制度改革。企业通过改制，实现优势组合、资产重组。安徽水利开发股份有限公司成功挂牌上市，成为安徽省水利系统和建设系统首家上市公司。

2004年，按照省政府统一部署，各地建设行政主管部门积极指导本地建筑业企业加快改革。芜湖市一建公司改制成功，对指导全省国有企业改革具有典型示范意义。到年底，全省已经完成改革建筑业企业398家，占55.7%。通过改革，一批企业快速发展，成为地方优势企业。如安徽鲁班建设集团公司、安徽华力建设集团公司、蚌埠五建等企业，市场份额、信誉度提高，投资、开发、建设等综合能力逐步增强。

安徽省建立专业承包和劳务分包交易有形建筑市场，逐步规范专业承包和劳务分包行为。根据建设部统一部署，顺利完成首批国家注册建造师和省级注册建造师申报、审查工作，全省有262人通过建设部一级建造师审查取得执业资格。

2005年，全省建筑业企业改制进度达71.3%，其中安徽省建设厅所属企业脱钩、改制全部完成，芜湖、巢湖、黄山、马鞍山、合肥、宣城、蚌埠7市建筑业企业改制进度较快。全省尚有23家一级企业、39家二级企业未改制。企业产权制度改革促进建筑业行业结构调整，全省专业承包、劳务分包类企业1939家，占企业总数62.5%，比上年高9.1个百分点。省建筑业协会首次开展全行业“50强”评选活动，入选“50强”企业完成建筑业产值占全省建筑业总产值33%，利润占25%。全年各级质量监督机构监督工程1.68万项，建筑面积7582.32万平方米，工程总投资436.1亿元。

2006年，安徽省建设厅要求全行业按照“安全、合格、满意、精品”四个层次质量目标进行工程质量分类监管。截至2007年，安徽省建筑业企业改革完成面达到80%以上，建筑业所有制结构已形成多种所有制经济类型企业并存格局。

第三节　企业资质管理

1986年开始，建筑行业逐步完善建筑企业资质管理，设置市场准入制度，建立规范有序的建筑市场，推动全省建筑业企业市场拓展和发展壮大。

资质审批　1986年，安徽省建设厅、安徽省乡镇企业局联合印发《安徽省农村建筑企业管理条例》，进一步明确农村建筑企业资质申请和审批，规范农村建筑企业进城管理。

1987—1988年，按照建设部《建筑企业升级实施办法》规定，全省一批建筑企业资质得到晋升，一部分混凝土预制构件企业取得资质。

1989年开始,省、市两级建设行政管理部门按国家统一标准对设计、施工单位进行资质复查。符合标准的企业由省城乡建设环境保护厅统一颁发新《施工企业资质证书》。

1990年,经过资质复审,全省符合建设部资质等级标准施工企业(含部属)共有2422家,职工68万人。其中一级企业39家、16万人,二级企业74家、8万人,三级企业276家、12万人,四级企业640家、18万人,非等级企业约14万人。

1993年,全省有四级以上施工企业1565家,非等级企业1600家,职工共85万人。施工企业主要有三类,一是实行工程项目设计、施工、材料供应等一条龙总承包企业,二是以施工为主体的承包企业,三是以专业分包及提供建筑劳务为主体的劳务型企业。至1995年,省建设厅着力培育发展多元化经济性质施工企业,批准一批二级以下中外合资、民营等经济形式的施工企业资质。

资质标准就位 1995年,根据建设部统一部署,安徽省建设厅对建筑业企业按照新资质标准进行考核就位。按照"稳定现有队伍,控制新增企业,发展专业劳务,创建企业集团"指导思想,印发《安徽省建筑业企业按新的资质标准就位工作实施意见》和具体操作指南。通过清查,全省有建筑业企业3800家,其中一级企业19家(不含国务院各部委所属企业),二级企业197家,三级企业729家,四级企业940家,非等级1924家,从业人数107万人。经考核,报建设部批准获一级资质建筑业企业共27家,其中就位19家,升级8家。

1996年,省建设厅以资质标准就位为机遇,扶持一部分建筑业企业进行资金、人员等方面整合,提升资质等级,增强企业综合实力。建筑业开展建筑企业按新资质标准就位工作。全省建筑业从业人数达118.25万人,四级以上建筑业企业1962家。其中一级企业27家,二级企业230家,三级企业675家,四级企业1030家。按经济类型分:国有企业324家,集体企业1470家,股份制企业76家,中外合资企业85家,其他经济成份企业7家。

1997年,全省建筑业从业人数达134万人,等级以上建筑业企业共2163家,其中一级施工企业32家,二级施工企业267家,三级施工企业761家,四级施工企业1103家。全省开展建筑业企业资质年检工作。经审核,1689家企业合格,占86.1%;235家企业基本合格,占12%;38个企业不合格,占1.9%。同时扶持发展装饰装修施工企业。全面开展施工企业项目经理培训、发证工作,有2253人获得项目经理证书。

1998年,全省建筑业从业人数141万人,比上年增长5.2%;等级以上企业2155家,比上年减少8家。队伍结构改善,一级企业40家,增加8家,二级企业277家,增加10家,三级企业774家,增加13家,四级企业1064家,减少39家。以资质年检为手段,强化动态管理。按照分级管理,三、四级企业委托地市进行年检,一、二级由地市预审后报省建设厅年检。全省应参加年检企业共2053家,经年检吊销、注销企业58家,降级22家,年检合格率为95.7%。省水建公司、安徽湖滨建安公司、合肥泰利美术装饰公司、安徽安兴装饰设计工程公司等9家企业,经建设部批准,核定为一级资质企业。

2000年,全省取得资质证书的各类建筑企业2256家,其中一级企业60家,二级企业319家,三级企业823家,四级企业1054家;工程监理企业发展到91家,其中甲级8家,乙级25家,丙级20家。

新标准实施 2001年,建设部颁布新的《建筑业企业资质管理规定》和《建筑业企业资质标准》,省建设厅印发《安徽省建筑业企业按新资质标准就位的实施意见》。建筑企业、监理企业按照新资质标准就位。为确保各级建筑管理部门在资质就位中秉公办事,全省统一制定资质就位审核责任制度和申报程序向社会公布,广泛接受监督。以往申报资质就位存在"大而全、小而全","大不强、小不专"格局有所打破,"综合承包、专业承包、劳务分包"建筑业社会合作体系开始建立,建筑业结构层次逐步趋向合理。

2002年,安徽省在开展建筑业企业资质就位工作中全力推进企业制度改革和行业结构调整。原有各类建筑业企业3434家,通过资质审查,2291家企业取得新建筑业企业资质。其中,总承包类企业1086家、专业承包类企业1010家、劳务类企业195家。企业数减少1143家,减幅达33%。其中,总承包类企业减幅达39.7%;专业承包类企业减幅达38%。在资质就位工作中,全省共吊销和注销资质不实、管理混乱以及"空壳"企业597家。

2003年,经资质审查,全省有各类建筑业企业2555家,从业人员160万人,特级企业3家,一级企业80家,二级企业476家,三级企业1716家。

2004年,全省有建筑业企业2911家,从业人员162万人。其中总承包特级企业3家,一级企业81家,二级企业531家,三级企业1906家,劳务企业369家,不分级企业21家。各级建设行政主管部门分别向本省建筑业企业和101家外省市进皖建筑业企业,以及2万多名项目经理颁发《业绩信用登记手册》,建立信用登记制度,并以信用履行情况作为企业资质动态管理和个人从业行为考核主要指标。

2005年,全省建筑业从业人员168万人,建筑业企业3101家,比上年增加190家。其中总承包企业1162家,专业分包企业1438家,建筑劳务企业501家。施工承包企业资质等级:特级企业3家,一级91家,二级569家,三级1914家,不分级23家。

2006年,全省建筑业企业3331家,其中,施工总承包特级3家,一级57家,二级332家,三级858家。为进一步培育产业排头兵企业群体,提高产业集中度,建设主管部门鼓励建筑业企业升级晋位,并实施扶持企业加快发展措施。全年审批建筑业企业资质357家,其中新办219家,升级39家,增项99家。继续对外向型企业加大扶持力度,采取措施支持外向型企业直接申报二级,外向项目经理申报考核一、二级建造师。下放资质审批权,全省新成立建筑劳务企业223家,是上年总数2倍多。

2007年,建设部根据建筑业发展和规范建筑市场准入要求,制定下发《建筑业企业资质管理规定实施意见》,安徽省建设厅制定《安徽省建筑业企业资质管理细则》。

第四节　工程招投标管理

在工程建设领域推行招投标制度，有利于建立社会主义市场经济和完善建筑市场运行机制，1984年，招标发包作为建筑业改革突破口开始在全国推行。经过20多年探索、改革和发展，安徽省建设工程招投标管理机构日益健全，相关法规、制度和标准日渐完善，招标代理机构和评标专家队伍不断壮大，统一、开放、竞争、有序的建筑市场逐步形成。

推行招标承包制　1985年，全省建筑行业围绕缩短工期、降低造价、提高工程质量和投资效益，积极推行招标承包制和完善经济责任制。上半年，全省用招投标方式进行承包施工工程占施工总面积7%，实行招标承包工程，造价平均降低5%左右，工期平均缩短6%。合肥、马鞍山、芜湖、淮南、淮北、蚌埠6个省辖市和宿县、六安、滁县3个地区建立招标投标办公室。

1986年，开放建筑市场，开展招标投标竞争。全年地方国营建筑企业招标承包项目234个。

1990年，全省用招投标方式进行承包施工工程占施工总面积20%。

1993年，安徽实行报建制度，促进全省建筑市场发育，初步形成建设单位（发包方）、建设监理和咨询（中介方）、施工企业（承包方）三方同时进入市场格局。合肥、马鞍山、蚌埠市均实行建设工程报建和施工招标投标制度。马鞍山、蚌埠市还建立建筑市场交易会制度，把本市需要建设工程项目放到交易会上公开招标，实行公平竞争，加强公证监督，简化建设程序，得到建设部肯定。

1994年，工程勘察设计行业管理和勘察设计、施工招投标管理体制关系基本理顺。

招投标管理　1996年，省编委批准成立“安徽省建设工程招标投标办公室”，为安徽省建设厅直属事业单位，主要承担建设工程招标投标事务性、技术性、服务性工作和面向社会提供信息和咨询服务工作，并受安徽省建设厅委托承担建设工程招标投标有关具体工作等。17个地市相继组建招标办，半数以上县市组建招标办或有专人管理此项工作，管理网络初步形成。当年全省工程建设招标率达65%，其中合肥、马鞍山、蚌埠、滁州、宣州、庐江、寿县、黄山市黄山区等市县（区）招标率达80%以上。全国37个城市建立有形建筑市场，其中安徽有6市、1县，占18%。为规范招标投标，省建设厅印发《建设工程施工招标评标办法》和《建设工程施工招标标底编制管理办法》等。为宣传招投标法律法规、方针政策，介绍省内外做法、经验和信息，促进招标投标工作，安徽省建设工程招标投标办公室创办《安徽省建设工程招标投标每月情况》月报。

1997年，依据《安徽省建筑市场管理条例》，省建设厅印发《安徽省工程建设施工招标投标管理办法》，招标投标管理得到加强，全省招标投标率明显提高。当年通过各地、市招标办办理招投标项目1739个，招标率为87%。随着六安、巢湖、阜阳等地市相继成立招标机构，全省17个地市、50个县成立招标管理机构，省、地市两级已全部建成，招投标管理体系初步形成，推进有形建筑市场建设。芜湖、滁州市相继成立建设工程交易中心，到年底，8个省辖市建立有形建筑市场。

1998年8月，省建设厅相继出台《安徽省建设工程招标代理单位管理暂行办法》《安徽省建设工程招标评标评委库管理办法（试行）》《安徽省建设工程招标投标监督管理机构廉政勤政和职业道德建设的规定》《关于在建筑工程投标中实行项目经理资质认证制度的通知》和《安徽省建筑工程施工公开招标投标实施办法》等一系列规范性文件，建立全省统一、规范的招投标程序和有关规定。为加快推进有形建筑市场建设，省建设厅还会同省监察厅在马鞍山市联合召开“全省有形建筑市场现场会”，副省长张平到会讲话。12月，省政府颁布《安徽省建筑工程招标投标管理办法》。年底，全省地级市都建立有形建筑市场。全省纳入各级建筑主管部门管理的建筑工程招标项目3454项，招标率达92.6%。

1999年，省政府印发《安徽省工程建设施工招标投标管理办法》，全省地级市和部分县级市建立建设工程交易中心，市场服务体系、交易规则逐步健全完善。省建设厅和省监察厅联合召开全省有形建筑市场工作会议，目的是完善市场建设，规范市场运作，并把它作为工程建设领域反腐败一项重要措施。17个地市有形建筑市场办理招标工程1944项，建筑面积568万平方米，造价总额35.1亿元。首次对全省招标代理机构进行考核，批准62家招标代理企业，其中暂定甲级4家，暂定乙级16家，暂定丙级42家。

2000年，《中华人民共和国招标投标法》正式施行，省建设厅结合全省实际，陆续组织制定《安徽省建设工程招标投标规程（试行）》《安徽省建设工程施工招标文件（试行范本）》《安徽省建设工程施工招标投标评标办法（试行）》和《安徽省建设工程招标评标报告（试行）》等配套措施，有力地推进全省招投标工作法制化、规范化。有形建筑市场不断规范、完善，全省工程招标率进一步提高，当年应招标率和公开招标率分别为99.7%和99.5%。省建设工程招标投标办公室建立全省第一个建设工程招标投标专业网站，落实公开招标工程信息网上发布和工程中标信息网上公示制度。到年底，全省所有市、县均已建立招投标管理机构。

2001—2007年期间，据不完全统计，安徽省经各级建设工程招投标管理机构监督发承包工程32074个，工程造价1046.08亿元。其中应招标工程25273个，工程造价832.65亿元。应招标工程中，实行招标工程25270个，实行公开招标工程15629个，工程造价546.82亿元。工程招标率和公开招标率不断上升，房屋建筑和市政基础设施工程招标率和公开招标率保持100%。共节约投资40.3亿元，创鲁班奖工程项目10个，创黄山杯工程项目267个，各地还创建一批市级优质工程，安全生产平稳，工程质量稳步上升。

规范招投标活动

2001年，在进一步贯彻落实《中华人民共和国招标投标法》，推进建设工程监理招标投标同时，省建设厅制定《安徽省建设工程监理招标投标实施办法》《安徽省建设工程监理招标备案书》和《安徽省建设工程监理招标文件（试行范本）》。规范评标专家队伍建设，保证公正、合理评标、定标，省建设厅还印发《安徽省建设工程招标评标专家名册管理办法》，规定评标专家条件、考核、聘用、管理等。

完善有形建筑市场　根据建设部和省政府统一部署，省建设厅于2001年4月下旬召开全省整顿和规范建筑市场工作会议，开始整顿和规范建筑市场。通过阶段性整顿，纠正、查处一批违法违规行为，全省共查出违法违规行为项目332个次，其中规避招标工程82项。全省进一步落实公开招标工程信息网上发布和工程中标信息网上公示制度，并与建设部和国家计委网站相联，实现网上公开发布。进一步开放建筑市场，从6月1日起，施工企业跨地区投标不再受限制，凡公开招标工程，外地企业可以通过上网查询后报名。进一步落实招标监管机构与有形建筑市场分离，至6月底，合肥、马鞍山、阜阳、宣城、六安等市完成分设，省建设厅成立安徽省建设工程交易中心，至12月底，全省市级有形建筑市场与招标监管机构全部分离。

2002年3月，国务院办公厅转发《建设部、国家计委、监察部关于健全和规范有形建筑市场的若干意见》，省建设厅进一步规范、完善有形建筑市场，10月，省物价局、省建设厅联合印发《关于进一步规范建设工程交易中心交易服务费的通知》，11月，《安徽省实施〈中华人民共和国招标投标法〉办法》颁布。省建设厅通过资格考核，建立首批1297人招标评标专家库，实行“省级管理，各市分册，资源共享”专家持证评标制度。到年底，全省60个县（市）建立有形建筑市场，全省有形建筑市场签订廉政协议1122份，经各级招投标监管机构监督的招标工程1582项，实现应招标率100%，应公开招标率100%。

招投标监管　2003年，全省实施“四查三建两加强”措施，整顿和规范建筑市场秩序。“四查”包括查项目业主是否依法开展招投标活动，查招投标监管机构与有形建筑市场、招标代理机构有无隶属关系或者经济利益关系。各地共查出有违法违规问题工程32个，其中，应招标未招标项目6个。“三建”包括推动建立全省建筑市场主体诚信评价体系和诚信评价发布机制。2003年11月，安徽省建设工程招标投标办公室被建设部评为“全国建筑市场管理先进单位”。

2004年，加强工程招标监管。经省建设厅审查，认定一批招标代理机构，全省已达95家，其中甲级8家、乙级48家、暂定级39家。实行评标专家名册动态管理，取消213名评标专家资格，新增325名，在册评标专家达2158人。各级招投标管理机构重点监控投标资格预审，防止围标、串标、挂靠等行为。根据投诉举报，全省查处招投标活动违法案件7起，其中串通投标3起。

2005年，省建设厅发布《安徽省建设工程消耗量定额》，与省质量技术监督局联合发布安徽省地方标准《安徽省建设工程工程量清单计价规范》（DBJ34/T-206-2005），推行工程量清单计价方式招标。为加强招投标活动监督管理，规范投诉受理工作，省建设厅印发《安徽省房屋建筑和市政基础设施工程建设项目招标投标活动投诉受理工作程序》,明确受理投诉管理机构、承办机构、投诉范围和投诉程序等。省建设厅还对原第二批全省建设工程招标投标专家名册中各类专家403人进行重新考核,符合条件311人,同时完成对第六、七批专家资格考核,新增各类评标专家771人。至年底,全省建设工程招标评标专家名册拥有各类专家2634人,基本满足各类工程评标需要。全省纳入地方招投标机构监管应招标单位工程5042个,应招标工程招标率为100%。其中应公开招标单位工程2554个,公开招标率为100%。

2006年,省建设厅印发《安徽省建设工程评标专家库管理办法》,修改完善评标专家管理制度。工程招标代理机构发展到202家,其中,甲级12家,乙级84家,暂定级106家。为贯彻建设部《关于加快推进建筑市场信用建设工作的意见》,省建设厅组织在全省开展招投标、质量监督、安全监督、施工队伍管理综合执法检查或巡查,实施建筑市场属地管理、层级监督,促进建筑市场秩序根本好转。开展全省房屋建筑和市政工程招投标专项检查,涉及工程项目1783个,建设单位500个、投标单位1046个、工程招标代理机构117个、其他相关单位9个,查出招投标违法违规及其他问题19个,全部责令整改。

招标代理 2007年,省建设厅、省质量技术监督局联合发布安徽省地方标准《安徽省建设工程计算机辅助评标数据交换规定》(DB34/T718-2007),首次以地方标准形式规范安徽省内电子评标过程中计价软件数据交换平台。省建设厅印发《关于进一步推行工程量清单计价的实施意见》,全面推行工程量清单计价方式招标,凡全部使用国有资金投资或国有资金投资为主建设工程,一律按照实行清单计价。全省工程招标代理机构发展到206家,其中甲级16家,乙级89家,暂定级101家,工程招标代理专职从业人员达2836人,形成一个较为良好、有序的招标代理行业体系,推动全省建设工程招标投标工作快速健康发展。6月14日,建设部建筑市场管理司司长王素卿在安徽省专项调研时,对安徽省工程招标代理工作给予充分肯定。截至2007年年底,全省建设工程招标评标专家达3070人,专业门类较全、业务水平较高、人员覆盖面较广的全省建设工程招标评标专家库基本建立。

第五节 工程质量监督管理

1978年,中共十一届三中全会后,从中央到地方都极为重视建筑工程质量,制定“百年大计、质量第一”和“适用、经济、在可能条件下注意美观”“坚固实用、经济、合理、技术先进、方便施工”等建设方针,还颁布一系列技术规定、措施、标准、法规。全省质监部门认真贯彻执行国家和建设部有关工程建设方针、政策,加强质监队伍建设,不断强化质量监督,严格监理、试验检测市场管理,积极研究新情况,解决新问题,质量监督手段和地位逐步加强。全省建设工程基本实行“政府监督、社会监理、企业自检”三级质量保证体系,各级领导和参建单位质量意识得到加强,质量管理工作水平显著提高,全省建设工程总体质量呈稳步提高态势。

质监体系

20 世纪 80 年代初,建设工程质量主要是依靠建设单位自律实现,随着政府对民生工程重视以及工程建设观念更新,工程使用方逐步介入工程建设。20 世纪 80 年代后,质量监督管理由工程施工和建设分级管理责任制,逐步走上施工方、建设方和政府监督第三方介入的质量监督体系。根据国务院《关于改革建筑业和基本建设管理体制若干问题的暂行规定》,1983 年 5 月 7 日,城乡建设环境保护部、国家标准局颁发《建筑工程质量监督站工作暂行规定》,指出要搞好工程质量,一方面要依靠勘察设计、施工、建材等企事业单位,积极推行全面质量管理,搞好质量控制;另一方面必须强化政府对建筑工程质量监督工作。实行政府对工程质量监督是质量管理工作一项重要改革。各省、市、自治区城乡建设主管部门负责本地区所属系统建筑工程质量监督管理工作,各市、县城乡建设主管部门根据需要和条件设质量监督站,在当地标准部门业务指导下,负责本地区建筑工程质量监督工作。其主要任务:监督本地区设计、施工单位承建工程的资格,检查企业工程质量等级,未经其检验合格的工程,不得交付使用,对工程质量低劣的工程,有权责令停工处理,参与重大质量事故处理,负责质量争端仲裁等。

质监站建立　1984 年 10 月 13 日,马鞍山市率先成立质量监督站, 1985 年 4 月,省建设厅、省计划委员会、省建设银行联合发文明确规定:各省辖市工程质量监督站,要在当年 6 月底以前建立起来;行署和基建任务较重的县城,在年底以前要建立起来,负责本地区小型工业与民用建筑监管。1985 年年底,宿县地区、合肥市相继成立工程质量监督站,全省已建质监站 47 家,至 1990 年年底,全省各地、市、县均先后建立建筑工程质量监督站。质量监督网络基本形成。截至 2007 年年底,全省建站 83 个,在编在岗持证监督人员达到 854 人,代表当地政府,实行对工程质量监督管理职能。在施工单位自检,建设单位互检的基础上,建立第三方认证质量监督机构,形成自检、互检和第三方监督相结合的质量监督体系。

质监站职责　1985 年 4 月,省城乡建设环境保护厅、省计委、省建行联合转发建设部《建设工程质量监督站工作暂行规定》,明确指出市、县建筑工程质监站是在当地政府领导下履行工程质量监督的专职机构,工程筹建单位必须在申请开工执照前向质监站提交质量监督委托书,未经质监站核验或核验不合格工程不得交付使用。省建设厅、省计委、省建行分别于 1986 年转发国家计委、建设部、中国建设银行《关于工程质量监督机构监督范围和取费标准的通知》和《补充通知》。1987 年转发建设部《建筑工程质量监督站工作补充规定》。1990 年转发建设部《建设工程质量监督管理规定》,印发《安徽省建设工程质量监督管理实施细则》和《安徽省建设工程质量监督机构及人员考核办法》。1991 年开始实施对城市工程质量监督站考核,整顿提高工作质量,并对工程质量监督站和监督员实施发证和注册工作,持证上岗。1992 年,省建设厅给合肥市等 15 个地市工程质量监督站发放资格证书。这一时期，省、市水利工程质监站、省通讯工程质监站、省交通工程质监站、省电力工程质监站、省煤炭工程质监站也纷纷成立。全省工程质量监督站建立工作基本完成，相关工作规章制度陆续建立。工程质量核验、专项整治工作逐步开展起来，企业建立质量保证体系，质量自控能力提高。

质监站管理　1993 年，省建设厅要求强化质量监督工作，全面提高工程质量监督站人员素质，对全体质监员进行一次轮训，建立起规范化监督工程程序，完善各类报表和质量事故报告制度，按规定收集整理监督档案，规范监督行为，保证监督工作质量，由质监站核验工程质量，并出台《建设（建筑）工程质量监督工作程序与内容（试行）》。

1994 年，是实行工程质量监督制度 10 周年，省建设厅抓住契机，加强对工程质量监督职能履行，并针对当时质量监督工作中存在不正之风等问题，转发建设部《关于对部分工程质量监督站工程质量把关不严的通报》，要求各地质量主管部门督促质监站提高自身工作素质，及时扭转质监工作中把关不严造成不良影响。1995 年，为树立正气，树立质监队伍良好形象，省建设厅通报表彰 166 名质量监督检测人员。

1996 年，成立安徽省建设工程质量监督总站，统一指导全省各地市质量监督站业务工作。

1998 年 3 月，省建设厅布置对建设工程质量监督机构和人员进行考核发证工作。1999 年，公布两批考核合格质监站和质监员名单，并对市政工程质量监督机构开展资格认证工作。1999 年，为表彰先进，促进全省质监工作，省建设厅授予马鞍山市等 7 个市县站“全省先进质监站”荣誉称号，授予濮亚锋等 12 人“全省先进质监员”称号；蚌埠市建筑工程质监站徐巍被建设部授予“全国十佳工程质量监督员”称号，马鞍山市建设工程质监站被建设部授予“全国优秀工程质量监督站”称号。2000 年，公布 3 批考核合格质监站、质监员名单。2001 年，公布 2 批考核合格质监站、质监员名单，并对合肥市市政工程质量监督站等 6 单位市政工程质量监督资格进行认定。

2001 年，省建设厅制定《建设工程质量监督机构、质量监督人员考核管理办法》，开展“质量监督站建设年”活动，加强质监站自身建设，提高执法水平。

2002 年，省建设厅印发《关于开展创建优秀质量监督站、优秀质量监督员活动的通知》。芜湖市质监站等 16 个质监站被省建设厅评为“全省建设行业优秀质量监督站”，黄涛等 44 人获“全省建设行业优秀质量监督员”荣誉称号。另外，有 3 个质监站，4 名质监人员受建设部表彰。2003 年，芜湖市质监站贾晖获全国“五一”劳动奖章，马鞍山市质监站、安庆市质监站等获“人民满意的基层站所”称号。

2003 年 5 月，安徽省建设厅根据省编委批文，正式组建安徽省建设工程质量安全监督总站。8 月 28 日，省质量安全监督总站正式挂牌运作。

2005 年，开展全省工程质量监督机构考核工作，2006 年、2007 年分 2 批公布考核合格的 18 个省辖市工程质量监督机构和 57 个县级工程质量监督机构。

通过开展大量的理论与实践工作，全省质监站的相关硬件设施得到改善，执法水平也有了较大提高。

规范质量检测　2000年，全省建成省市县三级检测网络，对检测人员进行全面培训，规范检测报告、检测资质扩项和不合格报告台账制度，开展“飞行检查”和比对实验。在此基础上，成立安徽省建筑工程质量监督研究会，安徽省建筑工程质量监督检测管理协会，汇集全省勘察设计、建筑施工技术人员中有一定理论知识和实践经验的知名人士，共同研究工程质量问题。

质量监管制度

1986年，省建设厅转发建设部《关于确保工程质量的几项措施》，要求建立企业内部质量责任制，推行样板间制度。出台《安徽省整顿建筑市场暂行规定》。1987年，颁发安徽省第一批市政企业事业单位资质等级证书，开展首批市政施工员培训。1989年，为配合中央治理经济环境、整顿经济秩序、全面深化改革总体要求，成立安徽省治理建设环境整顿建设秩序领导小组，实施对三、四级施工企业整顿，精简不合格人员。1990年提出试行工法制度，开始强化企业内部质量体系。自6月下旬到10月下旬，各地市先后组织工程质量大检查，总合格率按工程数计算为58.8%，按面积计算为64.5%。

强化质量管理　1991年，省建设厅以国务院确定“质量、品种、效益年”为契机，狠抓工程质量尤其是住宅工程质量。并转发建设部《“八五“建设工程质量工作规划》和《施工企业技术进步考核暂行办法标准（试行）》，在施工企业施行项目法和全面质量管理。全省建筑行业实行“总量控制、调整结构、整顿秩序、提高效益”的方针，开展“质量、品种、效益年”活动，建筑行业进一步加强工程质量管理，以质量促效益。全年一、二级工程质量合格率达79.5%，比上年提高3.3个百分点；工程质量优良品率为9.7%。针对住宅工程质量问题多，住户反应强烈情况，建筑管理部门重点检查各地市推荐住宅工程66项、12.67万平方米；其中有18项工程（省辖市8项、地区10项）能够经受严格专业检查，有较高观感分率，部分工程达到优良标准。合肥市和宣城地区被检查的工程质量普遍较好。1992年，省建设厅成立质量领导小组，并要求各地市根据具体情况，建立质量领导小组，协调系统内部工作。

1993年，省建设厅出台《建设（建筑）工程质量监督工作和工程质量报表制度的通知》，全省各地按照要求，抓紧人员培训，规范监督程序。

1996—1999年，省建设厅先后下发《关于实行工程质量等级证书制度的通知》《安徽省建筑工程质量检查员管理办法（试行）》和《关于加强建设工程质量监督站工作的若干意见》，要求进一步突出质量监督工作执法性、技术性、监督性。

规范质量监督　2000年1月30日，国务院发布《建设工程质量管理条例》，明确在市场经济条件下，政府对建设工程质量监督管理基本原则和工程质量监督机构法律地位；确认政府对建设工程质量监督主要手段是施工许可制度、过程监督和竣工验收备案制度。建设部还先后出台《房屋建筑工程和市政基础工程竣工验收备案管理暂行办法》《关于建设工程质量监督机构深化改革的制度意见》《工程质量监督工作导则》等一系列文件。省建设厅也相继印发《安徽省建设（建筑）工程质量监督程序（试行）》《安徽省房屋建筑工程和市政基础设施工程竣工验收与备案管理规定》等规范性文件，要求稳妥推进质监体制改革，由工程质量等级核验制度转变为竣工验收备案制，加强对施工阶段建设活动有关方面质量行为监督，逐步推行质量巡查制度，加大执法力度，试行质量行为不良记录制度。2001年，省建设厅下发《建设工程质量监督机构、质量监督人员考核管理办法》，开展“质量监督站建设年”活动，加强质监站自身建设，提高执法水平。

2002年，省建设厅下发《关于进一步加强工程质量监督工作的意见》。2003年出台《安徽省建设工程检测试验人员管理办法》。2004年出台《安徽省建设工程桩基检测管理规定》。2005年，安徽省启动检测市场改革与检测资质申报工作；省建设厅印发《关于改进住宅工程竣工验收和备案工作的通知》，有针对性地采取措施，改进住宅工程竣工验收工作；推行建设工程质量保证金制度，明确规定金融机构在支付质量保证金时，应经工程质量监督机构书面同意。2006年，省建设厅制定的《安徽省建设质量检测管理规定》和《安徽省建设工程质量检查员管理办法》等规范性文件陆续出台。2007年6月，安徽省人民政府颁布《安徽省建设工程质量管理办法》，该办法创设一系列新的质量管理制度。

质量监督管理

全省建设主管部门在各种有关会议和文件上，一再强调各施工、设计和预制构件等单位要端正业务工作指导思想，坚决纠正片面追求产值、利润，忽视工程质量倾向，认真贯彻“百年大计，质量第一”方针，把提高和确保工程质量当作企业生存和发展大事来抓好，以优质工程提高企业信誉和竞争能力。要求管生产的各级领导必须重视质量，贯彻“谁施工谁负责质量”原则。教育广大职工提高质量意识，牢固树立“对国家负责，为用户着想”职业道德观。并多次抓住质量上好坏典型，大力宣传。通过召开新闻发布会、发通报等方式表彰优质工程和好的施工单位；批评和处罚差的工程和施工单位。采取限期整顿、黄牌警告、降级、取消企业资质等措施，提高建筑工程质量。另外，把工程质量指标列入企业升级，企业承包经营责任制工作目标之中；核定工资包干系数及招标评标作为主要内容等。同时，还加强制度建设，出台一些工程质量管理规定、制度，并经常检查法规执行情况。

建筑市场整顿　按照城乡建设环境保护部《关于认真整顿建筑市场的通知》，1986年，安徽省建设厅颁布《安徽省整顿建筑市场暂行规定》，1989年，安徽省建设厅成立安徽省治理建设环境整顿建设秩序领导小组。全省各地区加强建筑市场管理工作。整顿建筑市场重点放在取缔无证设计、无证施工和越级承担工程任务的行为；查处内外勾结、上下串通、行贿受贿、坑害国家和用户的违法乱纪行为；查处出卖营业执照、企业资格证书的非法转包渔利行为；查处弄虚作假，偷工减料，造成重大质量事故和倒塌事故行为；查处违法经营、非法转包、越级承包工程。通过一系列的整顿措施，全省共查处

贪污受贿、收受回扣案件56件，非法转包工程70项，涉及倒卖材料设备案件6次，出卖营业执照等证件29件，无证设计125项，越级设计64项，无证施工324项，越级施工73项，使用劣质材料或偷工减料造成工程质量低劣或重大质量事故的24项。吊销企业资质证书9例，立案审查28件，涉及人数29人，其中：万元以上经济案件5件。对全省预制构件生产企业进行监督检查，并对生产大型屋面板和多孔板企业进行发放生产许可证审查工作。有200多家企业通过省级复查，近百家企业通过国家复查，领取生产许可证。同时，还加强外地和农村建筑队伍进城施工管理工作。通过整顿，维护建筑市场秩序，促进建筑业发展。

2001年4月，安徽省建设厅召开全省整顿和规范建筑市场工作会议。通过阶段性整顿，纠正、查处一批违法违规行为。全省共查出违法违规行为项目332个次，其中规避招标工程82项，无证或越级承接工程业务施工单位12个，不依法办理工程质量监督72项，不依法办理施工许可148项，不执行工程建设强制性标准18项，对查出问题，省、市、县都进行相应处理。建设部、监察部检查组两次到皖检查全省整顿和规范建筑市场工作，在向省政府反馈意见时指出，安徽该项工作在全国属“好、中、差”三档中好序列。

工程质量检查　1985年，安徽省建设厅成立建筑工程质量大检查领导小组，指导全省开展建筑工程质量年度大检查工作。各地、市、县亦成立相应领导小组。在开展大检查工作前，省建设厅召开全省建筑工程质量电话会议，通报全省工程质量状况，分析工程质量目前存在问题原因和开展大检查工作重要意义，部署工程质量大检查有关事宜。要求全省各地认真组织力量，对正在施工和1984年以来已经竣工工程进行认真检查，采取果断措施，处理好检查出来问题。这次大检查深入全省各地施工、设计和预制构件生产单位，全面检查施工、预制构件生产，设计图纸和在建工程，1984年以来竣工工程、土建工程、水电安装工程等；对农村建筑队伍施工工程，检查更为严格。据统计，全省企业自查单位工程11535项，县复查单位工程3510项，地、市抽查单位工程1452项；设计单位自检设计项目1179个，地、市抽查设计项目1331个；抽查预制构件厂182个。本次检查叫停在建工程56项，建成停用工程15项，加固补强工程192项，推倒重建工程35项。如蚌埠市对4个质量低劣工程决定推倒重建，合肥市对10项施工质量低劣和设计有严重问题工程，在报纸上公开点名，并责令处理。这次大检查共持续2个多月，工作完成后召开总结汇报会，邀请新闻单位参加作报道。以后年份，逐年都进行类似建筑工程质量大检查工作。1990年，组织各地市均先后开展工程质量大检查，并召开全省工程质量检查情况汇报会。共检查等级施工企业657家，涉及1396项在建项目和竣工项目。

装饰装修管理　建筑装饰装修行业在改革开放过程中，从建筑业分离出来，发展成新兴行业。1986年3月，城乡建设环境保护部发出《关于有计划地组建建筑装饰公司的通知》。要求各地组建一批装饰专业公司，首先在京、津、沪和省会城市进行，建筑企业内部也要逐步发展装饰专业队伍或装饰公司。经过20多年快速发展，市场需求旺盛、产业关联度较高。

1993年,安徽省建设厅转发建设部《关于杜绝在工程建设中使用劣质钢筋的紧急通知》和《关于加强对建筑装饰工程质量监督管理的通知》。1994年,又转发《合肥市建筑装饰工程质量检查情况通报》,指出装饰市场混乱,装饰工程质量低劣,应引起高度重视。随后还转发《河南省建筑装饰装修工程质量监督管理办法》,要求各地借鉴河南省经验,整顿装饰市场秩序。1995年,省建设厅转发建设部(司)《关于开展房屋结果工程和装饰工程检查的通知》《关于在工程建设领域开展"一学、五严、一追查"活动的通知》和《关于加强监督管理力度预防重大质量事故的紧急通知》,在全省开展房屋结构工程和装饰工程质量大检查,做出对3家工程检查全部不合格企业降低一级资质处罚。

2000年9月,省人民政府办公厅正式印发《安徽省建设厅职能配置、内设机构和人员编制规定》(简称"三定"规定)。在"三定"规定中,明确将原省轻工总会承担住宅建成后住户室内装饰装修指导职能划入建设行政主管部门。安徽省建设厅按照省政府办公厅通知精神,向全省各市、地建委及有关局转发"三定"规定,并下达《关于归口统一管理装饰装修行业的通知》。明确机构改革后省建设厅是全省室内装饰装修主管部门,室内装饰装修业是装饰装修业一个组成部分,纳入全省装饰装修业管理范畴,实行并轨统一管理。

2002年,经省质量技术监督局核验,安徽省建筑装饰协会领取组织机构代码证(74306321-3)。同年12月,安徽省建设厅印发《安徽省建筑装饰装修管理暂行办法》。随后,合肥、马鞍山、宿州、淮南等市也相继出台《建筑装饰装修管理暂行办法》。

2005—2007年,安徽省开展全省在用建筑幕墙普查工作。

监控体系建立　1996年,鉴于全国范围内住宅工程质量低劣引起群众投诉及工程倒塌事故时有发生,省建设厅相继转发建设部《关于严肃查处质量低劣住宅工程的紧急通知》《各地查处劣质工程情况的通报》和《建筑装饰装修管理规定》,要求各地对前5年竣工住宅工程进行全面回访和复查,公开曝光一批劣质工程,建立"企业内控,社会监理,政府监督,用户评价"监控体系。1997年,建设部下发《开展工程专项治理活动的决定》《关于严肃工程建设重大事故报告和调查处理制度的通知》,并派检查组对安徽等省建筑工程质量进行检查。针对芜湖、蚌埠、巢湖、合肥市和宿松县等地发生工程事故,导致重大人员伤亡,省建设厅在《安徽日报》上及时发布"消除装饰工程隐患的紧急公告",并开展"八五"期间劣质工程普查、幕墙专项检查、建筑工程质量大检查和第四次全省市政工程质量大检查。1998年,省建设厅专门对住宅工程组织质量检查。1999年,重庆綦江县发生跨江人行桥垮塌事故后,省建设厅接紧急通知,立即布置全省工程质量大检查。全省各地进行自查自纠,共检查各类工程项目6564项,重点监督检查4412项,查处有质量问题工程119项,其中存在安全隐患工程18项,上述问题均采取了相应的处理措施,对违法违规行为进行严肃处理。2月12日省政府召开全省

建设工程质量电视、电话会议。3月，省建设厅督察组分3片对全省各地建设工程质量进行检查督促，并针对市政桥梁工程隐患较多的情况，采取相应措施。同年8月，建设部抽查合肥、六安、铜陵三市。省建设厅4个检查组组织对全省建设工程质量暨整顿规范建筑市场情况进行检查。

住宅质量管理　2001年，省建设厅出台《加强住宅工程质量管理规定》和《建设工程质量投诉受理办法》等规范性文件，2001—2003年，连续在全省开展“住宅工程质量管理年”活动。开展钢筋分项工程专项检查和商品混凝土企业专项巡查，推进预拌混凝土应用，从设计、施工、监理等方面对住宅工程质量通病进行全面治理。同时，在巡查中结合工程质量通病治理作重点检查，要求重要工地混凝土计量均要配置自动计量设备，采用塑料钢筋保护层垫块控制。混凝土保护层厚度严格按照规范，使建筑工程现浇混凝土梁板钢筋保护层厚度、现浇混凝土楼板负弯矩钢筋位置、屋面及厕浴间楼面等质量控制措施得到强化和规范。2005年10月，改进住宅工程竣工验收和备案工作新举措开始在全省实施。如住宅工程质量中普遍存在的屋面漏水、装饰粗糙、阳台倒泛水、混凝土结构表面蜂窝、麻面、孔洞、露筋、砖砌体留直搓、砂浆饱满度不高等问题基本得到解决。2007年10月，新修订《安徽省住宅工程质量回访保修与投诉受理办法》出台。通过采取多种措施，在受监工程竣工面积上升情况下，全省工程质量投诉明显下降。

专项治理　2001年，开展6个专项治理活动，2002年扩展到10个专项治理，并试行质量缺陷告知制度和质量信息公告制度，实行现场施工和监理人员胸卡制度，建立竣工工程标识制度。2004年，“安徽省建设工程质量技术网”开通。同时，安徽省建设工程质量安全监督总站开展质量不良行为记录、汇总、上报、公布工作，并在网上按月公布省辖市工程质量监督信息。2006年10月，省建设厅印发《关于加强和改进建设工程质量监督工作的通知》，对“十一五”（2006—2010年）期间工程质量监督工作做出总体部署。2007年8月，组织全省建设工程质量和建设行业安全生产工作执法检查，发出执法建议书26份，并对相关违法违规单位实施行政处罚。

第六节　建筑施工安全生产监督管理

1986—2007年，安徽省建筑施工安全生产监督管理工作，从无到有，从不完善到健康发展，形成比较完善的建筑施工安全生产法律法规体系和比较健全的建筑施工安全生产监管体制机制，建立建筑施工安全技术标准体系和施工安全技术标准，开展创建文明工地和安全质量标准化示范工地（小区）活动，基本形成建筑施工安全生产监督管理体系，初步实现安全工作信息化管理和对施工现场实施安全管理的评价体系。

建筑安全监管体系建立

随着改革开放深入推进，安徽省迎来建设规模持续增长新时期，建筑施工安全生产和监督管理工作，被广泛重视，并取得较大进展。

1986—2007年,全省实施建筑安全生产目标管理工作,落实安全责任制,强化日常监督管理,深入开展建筑安全生产专项治理和建筑安全隐患排查,组织建筑安全生产检查,推进建筑施工安全质量标准化工作,全省建筑安全生产形势基本稳定,建筑施工安全生产总体上始终处于受控状态。安全监管、技术支撑、安全培训和应急救援等体系建设取得进展,"科学发展、安全发展"理念深入人心,建筑安全生产监管能力不断提升,企业安全生产主体责任、政府监管责任和安全生产环境得到进一步落实改善。全省城乡建设投资快速递增,建筑施工安全生产事故总量得到有效控制,建筑业百亿元产值死亡率大幅度下降,全省未发生一次死亡10人以上重大安全事故,事故起数和死亡人数持续下降。

建筑安全监管制度和机构　建设部根据国务院关于安全生产工作实行"企业负责、行业管理、国家监察、群众监督"指示精神,在建设系统建立安全监督机构,开展行业安全管理工作。1993年建设部颁发《建筑安全生产管理规定》,要求地区和县以上城市成立建筑安全监督机构。安徽省各级建设主管部门纷纷成立专门建筑安全监督机构,17个省辖市基本健全建筑安全监督机构,大部分县、区、开发区也相应成立监督站(室)。1994年,全省建筑行业加强安全生产监督管理,实现全年安全生产管理目标。全年因工死亡率控制在0.14‰之内,杜绝三人及其以上死亡重大恶性事故发生。

1997年11月和2002年6月,全国人大常委会先后审议通过并公布《中华人民共和国建筑法》和《中华人民共和国安全生产法》。建筑安全生产管理是这两个法立法重要内容之一,为全面贯彻实施《中华人民共和国建筑法》和《中华人民共和国安全生产法》,加强建筑安全生产管理,省人大常委会于2006年12月颁布《安徽省安全生产条例》,强调加强安全生产监督管理,防止和减少生产安全事故,保障人民生命和财产安全,促进经济、社会协调发展。随后,省财政厅、省安全生产监督局和人民银行合肥中心支行联合印发《安徽省企业安全生产风险抵押金管理实施办法》等法规和规范性文件。要求本省区域内非煤矿山、交通运输、建筑施工等从事生产经营活动企业,应当按照本办法规定存储安全生产风险抵押金。

2000年9月20日,省政府颁布实施《安徽省建筑安全生产管理办法》,对建筑安全生产方针、管理原则、以及建筑安全生产职责、施工现场安全管理、建筑安全生产监督管理等安全生产基本管理制度,作出法律规定,明确指出,建筑施工企业管理人员违章指挥、强令职工冒险作业,因而发生重大伤亡事故或者造成其他严重后果,构成犯罪,依法追究刑事责任。同年,为保证国家和本省制定的安全生产方面法律法规贯彻实施,省建设厅成立安全生产领导小组,并下设建筑安全管理办公室和相应办事机构。

建筑安全目标管理　按照国务院、建设部和省人大常委会、省政府关于建筑安全生产工作一系列部署,安徽省认真实施建筑施工安全生产目标管理,全面落实安全生产责任制,强化日常监督管理。自2001年以来,积极开展建筑安全专项整治和安全隐患排查治理等工作,建筑安全生产形势保持总体基本稳定态势。全省百亿元建筑业产值死亡率各年份分别为:2001 年为 9.9，2002 年为 6.6，2003 年为 4.2，2004 年为 5.4，2005 年为 4.7，2006 年为 3.3，2007 年为 3.0。

为控制建筑施工安全伤亡事故的发生,根据全省建筑安全生产现状，2000 年,省建设厅颁布全省建设行业年度安全生产工作要点和目标管理考核标准,与各市建委签订年度安全生产目标责任书,把规范化管理与建筑安全隐患排查治理工作有机结合起来,强化建筑安全质量标准化。同时,加大责任追究力度,实现由事后追究向事前、事后追究并重转变。全省各地还将安全生产与企业资质管理、项目经理管理、招标管理以及“黄山杯”奖、先进单位、先进个人等工作和评比挂钩,切实筑牢“安全第一、警钟长鸣”的思想,行使安全生产一票否决权。在公正、严格执法的基础上,加大安全生产事故查处力度,严格执行扣证返还程序,提高事故赔偿标准,使事故责任单位和责任人承担更高违法成本。深入开展建筑安全生产宣传教育,大力宣传安全发展的科学内涵和理念,将安全意识转变为安全行为习惯,全面开展分级分类建筑安全教育培训,推行企业全员持证上岗制度。

建筑施工安全技术体系建立

1986—2007 年,建设部组织部分专家、学者和工程技术人员,相继编写建筑安全技术标准规范（共 14 本）,已出版《建筑施工安全检查评分标准》《高处作业安全技术规范》《龙门架、井字架物料提升机、安全技术规范》等标准、规范。1991 年,安徽全面执行《建筑施工安全技术手册》,对全省建筑安全工作促进很大。2004 年,省建设厅发布《安徽省建筑施工现场安全管理资料导则》,规范全省建筑施工现场安全管理资料,提高施工过程中安全管理水平。建筑施工安全技术标准化体系建立,全省安全管理工作从定性管理转变为定量管理。

建筑安全教育培训　1993 年开始,全省开展安全资格考察、审查、认证工作,行使安全资格在企业资质管理中否决权,促进施工企业安全生产基础建设。开展安全生产达标活动和大检查,表彰 43 个安全生产先进企业,推广 47 个单位安全生产先进经验。年内还对 242 个施工企业正副经理和 32 个县建设局分管领导成员进行安全生产方针、政策、管理和技术培训,制定《建筑施工企业安全资格等级标准》《施工（生产）班组安全生产管理规定》和《建筑安全监督管理实施办法》。

2007 年,省建设厅发出《关于做好建筑施工企业主要负责人、项目负责人和专职安全生产管理人员安全生产考核合格证书延期工作的通知》,要求把贯彻落实出台一系列安全生产有关法律法规以及技术标准作为继续教育内容重点,进一步加深建筑施工企业“三类人员”（建筑施工企业主要负责人、项目负责人和专职安全生产管理人员）对安全生产法律、法规及技术标准理解和掌握,同时坚持考核任职制度、特种作业人员持证上岗制度和安全监督人员、项目总监每二年一次规范的安全培训。增强建筑职工安全意识和安全防护能力,减少伤亡事故的发生。加强对农民工安全培训,切实提高农民工特别是建筑、煤矿等高危行业农民工自我安全保护意识和能力,有效保障农民工生命财产安全,促进安全生产形势稳定好转。通知指出,当前农民工整体文化素质较低,安全意识淡薄,给安全生产带来很大压力。全省建筑施工企业要坚持以人为本,依法对农民工定期开展安全培训教育,不断提高农民工安全生产素质,大力推行先培训、后上岗制度。

建筑安全生产许可 2000年9月,省政府颁布实施《安徽省建筑安全生产管理办法》,规定对全省建筑施工企业进行安全资格审查,并作为建筑施工企业资质等级考核、评定的重要依据,未经安全资格审查或审查不合格,不颁发资质等级证书。此后,省建设厅制定新的安全资格审查标准和办法,并结合建筑业企业按新标准资质就位,审查施工企业安全生产状况、安全管理、人员配备、安全生产规章制度、安全教育、安全措施经费投入、施工现场防护水平以及安全效果等。

2004年1月,国务院颁布《安全生产许可证条例》,规定国家对矿山企业、建筑施工企业等生产企业实行安全生产许可制度,并对安全生产许可证颁发和管理作了详细规定。2004年6月,建设部颁布《建筑施工企业安全生产许可证管理规定》,指出建筑施工企业未取得安全生产许可证,不得从事建筑施工活动。省政府建设主管部门负责本行政区域内(不含中央管理的)建筑施工企业安全生产许可证颁发和管理。为此,省建设厅于当年下发《建筑施工企业安全生产许可证管理规定实施意见》,对建筑施工企业安全许可证适用对象和申请安全生产许可证条件、程序及应提供材料等,作具体要求,明确申请材料齐全、符合要求或者按要求全部补正,自收到申请材料或者全部补正之日起为受理;对于隐瞒有关情况或者提供虚假材料申请安全生产许可证,安全生产许可证颁发管理机关不予受理,该企业一年内不得再次申请安全生产许可证。

安徽省实施建筑安全生产许可证制度后,进一步加强对建筑施工企业安全生产监督管理,建立健全安全生产责任制、安全生产教育培训和重大危险源监控等制度;单独设立安全生产管理机构,按规定配备专职安全生产管理人员,有效防止和减少建筑安全生产事故发生。

文明工地创建 建筑施工安全技术标准陆续出台后,建设部在1991年发出通知,要求全国四级以上施工企业要在所属施工现场开展安全达标活动。这是新中国成立以来第一次全面、系统地组织开展施工全过程安全管理工作。为促进安全达标活动开展,全省很多企业成立安全达标工作领导小组,结合实际,制定安全达标规划和目标,分阶段、有步骤地实现施工现场安全规范化和标准化管理,逐步使本地区施工安全工作上台阶,争创高效优质工程。

1991—1995年期间,组织三次全省建筑施工安全大检查,安全达标率逐年增长;1996—2000年期间,省建设厅根据建设部提出的目标,要求每个施工现场都必须按照部颁“标准”规定达到合格。在建设部颁布《关于开展建筑施工安全质量标准化工作的指导意见》后,安徽省全面开展建筑施工安全质量标准化示范工地(之前称“文明工地”)创建工作,省建设厅还制定《安徽省建筑施工安全质量标准化示范工地(小区工程）申报考核办法》。为使安全质量标准化工地创建工作走向深入，树立一批省级安全质量标准化示范工地（小区工程），充分发挥典型示范引路作用，以点带面，带动全省安全质量标准化工作全面开展，全面提高建筑施工本质安全，树立建筑行业良好形象，省建设厅广泛开展安全质量标准化示范工地（小区）工程创建活动。

安徽省创建安全质量标准化示范工地工作坚持以人为本，以构建长效机制减少生产安全事故为目标，深化建筑安全生产隐患排查治理，不断推动安全质量标准化，加强安全管理和监督检查，涌现出一批积极进取、开拓创新、成绩显著的先进单位和优秀项目部。2006—2007 年，全省平均每年创建 100 多个安全质量标准化示范工地，10 多个安全质量标准化示范小区。

第七节　优质工程与用户满意工程

各级政府和建设主管部门关心和重视工程建设，广大工程质量监督单位和质监人员加强质量监管，安徽省工程建设不断取得新进步，工程质量得到很大提高，各市获优质工程、科技示范工程不断增加，截至 2007 年，共有 281 个单位和个人获得省建设厅、各相关地市表彰。

住宅小区创优　1993 年，合肥市琥珀山庄南村夺得建设部住宅小区“金奖”，省建设厅以此为突破口，积极争创国家优良住宅小区工程，及时印发《检查情况通报》，要求各地按《安徽省城镇住宅小区建设试点暂行办法》规定，积极组织参加小区试点，努力抓好住宅小区管理与监督工作。1994 年，省建设厅与合肥、马鞍山两市人民政府制定关于小区建设争创省优、国优小区若干措施，并转发建设部《关于开展创无质量通病住宅工程活动的通知》和《住宅工程初装饰竣工验收办法》。1995 年，合肥市南园新村和马鞍山市珍珠园小区通过质量评审，被授予“省级优良小区”称号，南园新村小学工程荣获建设部施工质量一等奖。1996 年，省建设厅授予合肥南园新村 15 号楼等 16 项工程“省优质工程”称号。

省级优良工程　1993 年年初，省建设厅评定合肥市大众巷 9 号楼 21 项工程为“省级优良工程”，年底又核批 16 项，并表彰 23 位“建筑企业家”和 80 名“建筑管理先进工作者”。1994 年，合肥市四水厂扩建工程净水厂等 20 项工程被批准为“省级优良工程”。1995 年，安徽省建设厅将省优质工程奖命名为“黄山杯”奖，并出台《安徽省建设工程“黄山杯”奖评审办法》。1996 年，开始设立市政工程“银路奖”，开展市政工程质量检查评比活动。当年，省建设厅首次授予合肥市屯溪路 E 段等 7 个项目为安徽省市政工程最高奖——银路奖。1998 年，省建设厅正式出台《安徽省市政工程“银路奖“评选办法》。

全面创优　1998 年 12 月 10 日，省建设厅召开全省中央粮库建设工程质量汇报会，此次会议决定设立特别“黄山杯”奖，用以表彰安徽省在中央粮库建设中质量优质工程。

同月,省建设厅发文在全省开展创建“科技示范工程”“用户满意工程”活动。1999年印发《安徽省科技示范工程管理办法(试行)》,同年8月,第一批创建“科技示范工程”项目公布,蚌埠广电中心等15个项目名列其中;合肥市安居苑小区302号楼等30项工程获安徽省第一批“用户满意工程”称号。2001年,建设工程“黄山杯”奖与市政工程“银路奖”合并为新的建设工程“黄山杯”奖。2002年,省建设厅大力开展“用户满意工程”和精品工程创建活动,出台《安徽省“用户满意工程”评选办法》。2005年出台《安徽省建筑业新技术应用示范工程管理办法》,原《安徽省科技示范工程管理办法(试行)》同时废止。截至2007年,全省共获得30项“鲁班奖”工程,评审并公布457项“黄山杯”奖工程,373项“用户满意”工程,65项省级建筑业新技术应用示范工程,121项省优工程。

评先评优　对工程质量监督,促使建筑企业加强全面质量管理,全省单位工程合格率逐年提高。同时“评先评优”活动开展,大大激励广大设计、施工企业和质量监督人员工作热情,促进工程质量全面提高。

1989年,安徽省第一建筑工程公司承建合肥同步辐射试验室,被评为省施工优质工程和国家“鲁班奖”工程,铁道部第四工程局承建解放军总后勤部汽车综合试验场,通过省级施工优质工程评选,并被建设部授予国家“鲁班奖”工程。近20年来,安徽省除一批建设工程和项目获国优“鲁班奖”和省优“黄山杯”奖外,建设部还表彰安徽工程质量监督工作战线先进单位个人共27次,其中全国优秀工程质量监督站7次,全国优秀工程质量监督员、优秀工作者24人次,邮电部、水利部等上级主管部门和省建设厅还对省内相关行业先进单位与优秀人员进行表彰。

为打造安徽省建筑业企业品牌形象,在安徽省建筑业企业中培育排头兵企业群体,根据2004年安徽省建筑业协会《关于开展“安徽省建筑业企业年度50强”信息发布工作的通知》要求,安徽省建筑业行业推出安徽建筑企业50强,这些企业在优质工程与用户满意工程建设中起到积极作用。

安徽省优质工程、科技示范工程历年获奖情况统计表

表 4-2-1

地区	奖　种	年份															合计
		1994 年前	1994	1995	1996	1997	1998	1999	2000	2001	2002	2003	2004	2005	2006	2007	
滁州市	黄山杯					1	1		3	2	3	2	2		2	2	18
	省级用户满意							1	2	1	3	1			3	2	13
	省级科技示范													1			1
	省优工程		1														1
合肥市	黄山杯			4	3	5	9	9	10	7	9	10	15	12	19	21	133
	省级用户满意							4	5	5	4	4	5	5	7	7	46
	省级科技示范									2	3	2	4	8	7	5	31
	省优工程	9	3	1	16	6		5									40
蚌埠市	黄山杯			1	3	3	3	6	7	6	3	5	5	4	4	5	55
	省级用户满意							2	3	3	2	4	2	3	5	3	27
	省级科技示范									1		1	1	2	2		7
	省优工程	2	2							2	9	2					17
芜湖市	黄山杯			1	2	1	1	2	5	3	4	6	6	5	4	4	44
	省级用户满意							2	4	5	5	5	6	6	6	6	45
	省级科技示范								2	3	3			3		1	12
	省优工程																

续表 4-2-1

地区	奖　　种	年　　份															合计
		1994 年前	1994	1995	1996	1997	1998	1999	2000	2001	2002	2003	2004	2005	2006	2007	
淮南市	黄山杯					2		2	2	2	2	1	1	1	2	1	16
	省级用户满意							2	2	2	1	3	2	3	1	1	17
	省级科技示范								1					1			2
	省优工程	1	2														3
马鞍山市	黄山杯			4	1	3	2	3	3	4	4	4	4	4	6	5	47
	省级用户满意							3	2	2	3	1	2	4	3	5	25
	省级科技示范																
	省优工程	3	1				14		1								19
安庆市	黄山杯												1	2	2	1	6
	省级用户满意												6	3	4	4	17
	省级科技示范													1			1
	省优工程																
宿州市	黄山杯						1		2	2	2	1	2	1	4	6	21
	省级用户满意							1	2	2	1	1	5	6	7	8	33
	省级科技示范													1			1
	省优工程	3	1														4

续表 4-2-1

地区	奖种	年份															合计
		1994年前	1994	1995	1996	1997	1998	1999	2000	2001	2002	2003	2004	2005	2006	2007	
阜阳市	黄山杯						1	2	3	2	2	3	3	1	2	3	22
	省级用户满意							3	4	3	3	3	4	4	5	5	34
	省级科技示范										3				1	1	5
	省优工程	2							3		1						6
亳州市	黄山杯								1	1			1	3	1	1	8
	省级用户满意							1	2	2	1	1	1	2	2		12
	省级科技示范											1	1		1		3
	省优工程																
黄山市	黄山杯								2	1	1				2	1	7
	省级用户满意							1		2	2	1	2	2	2	2	14
	省级科技示范																
	省优工程	2	1														3
淮北市	黄山杯			1			1	2	1	1	2		1	2	2	3	16
	省级用户满意							2	2	2	2	2	1	2	4	5	22
	省级科技示范															1	1
	省优工程	3	2						1								6

续表 4-2-1

地区	奖种	年份															合计
		1994年前	1994	1995	1996	1997	1998	1999	2000	2001	2002	2003	2004	2005	2006	2007	
铜陵市	黄山杯						1	1	2		1		4	2	2	3	16
	省级用户满意								1		4	3	4	4	4	4	24
	省级科技示范														1		1
	省优工程	2	1					1									4
宣城市	黄山杯						1		1	2	2	3	2	2	1	1	15
	省级用户满意							2	2	1	2	3	2			1	13
	省级科技示范																
	省优工程	3	1								1						5
六安市	黄山杯						1		1	2	2	3		3	3	1	16
	省级用户满意							2	2	2	1	2			1	1	11
	省级科技示范																
	省优工程	4	1						1	1	1						8
巢湖市	黄山杯											2	2	2	1	2	9
	省级用户满意							2	1	2	2	1	1				9
	省级科技示范																
	省优工程	1	1								1						3

续表 4-2-1

地区	奖　种	年						份								合计
		1994 年前	1994	1995	1996	1997	1998	1999	2000	2001	2002	2003	2004	2005	2006	2007	
池州市	黄山杯								1		1		1	1	1	3	8
	省级用户满意							2	2	2		2			1	2	11
	省级科技示范																
	省优工程		1								1						2
合计	黄山杯			11	9	15	22	27	44	35	38	40	50	45	58	63	457
	省级用户满意							30	36	36	36	37	43	44	55	56	373
	省级科技示范								3	6	9	4	6	17	12	8	65
	省优工程	35	18	1	16	6	14	6	6	3	14	2					121

安徽省建设工程获“鲁班奖”“黄山杯”奖一览表

表 4–2–2

年份	获黄山杯奖工程	获鲁班奖工程	承建单位	参建单位
1989		合肥国家同步辐射实验室光源区	安徽省第一建筑工程公司	安徽省工业设备安装公司、中国机械工业安装总公司第五安装工程公司
1990		总后勤部汽车试验场高速环道和综合性能试验路	铁道部第四工程局机械筑路工程处（中铁四局集团第一工程公司）	
		京广铁路连（江口）源（潭）段线路工程	铁道部第二工程局	
1994		合肥市第四水厂净水厂	合肥市建筑安装工程总公司	安徽省工业设备安装公司
1995	马钢2500立方米高炉等12项工程	安徽省广播电视中心主楼	安徽三建集团公司	安徽省工业设备安装公司
1996	马鞍山珍珠园市场等9项工程	合肥市琥珀山庄南村住宅小区	合肥市城市改造工程指挥部	安徽省第三建筑工程公司、安徽省第一建筑工程公司、安徽省第二建筑工程公司、合肥市建筑安装工程总公司、合肥市广厦建筑公司、合肥市城市改造工程指挥部办公室设计室、安徽省规划设计研究院、合肥市建筑设计院
		南通醋酸纤维有限公司二期醋片工程	中国化学工程第三建设公司	南通市建筑安装工程总公司
		上海市三林苑小区	上海市广顺房地产开发公司 （上海市开成综合开发总公司）	上海同济建设总公司、安徽省第三建筑工程公司、浙江宏润建设集团股份有限公司、上海同济建设总公司设计院
1997	琥珀山庄南村3A—10#住宅楼等17项工程	合肥铁路新客站主站房	安徽省第二建筑工程公司	安徽省工业设备安装公司
		马鞍山珍珠园住宅小区	安徽省房地产开发公司马鞍山市公司	安徽省第二建筑安装公司、安徽省第三建筑安装公司、马鞍山第一建筑安装公司、安徽省湖滨建筑安装公司、和县第二建筑工程公司、含山县第一建筑工程公司
		安庆石油化工总厂40万吨/年催化裂解联合装置	中国石化第二建筑公司	
1998	宿州宾馆等26项工程	京九铁路阜阳至九江段	中国铁路工程总公司	铁道部第一工程局、铁道部第四工程局、铁道部第五工程局、铁道部电气化工程局
		京九铁路阜阳枢纽工程	中铁四局集团第二工程有限公司	
1999	骆岗机场候机楼改扩建工程等28项工程	安庆石化总厂年产5万吨/年丙烯腈装置	中国化学工程第十一建设公司	安徽省第一建筑工程公司

续表 4-2-2

年份	获黄山杯奖工程	获鲁班奖工程	承建单位	参建单位
2000	1.省农行大厦等34项工程 2.宿州国家粮食储备库等11项工程	合肥市王小郢污水处理厂一期工程	中铁四局集团有限公司	中铁四局集团给排水工程有限公司、中国建筑第七工程局第二建筑公司、合肥建工集团公司
		安徽省邮电通信调度中心	中国建筑第三工程局第一建筑安装工程公司	武汉凌云建筑装饰工程有限公司、深圳新科特种装饰工程公司、中建三局东方装饰设计工程公司
		铜陵长江公路大桥	湖南省公路桥梁建设总公司	
2001	安徽医科大学实验教学楼等36项工程	芜湖长江大桥	中铁大桥局集团有限公司	中铁四局集团有限公司、中铁第十六工程局、中铁一局集团有限公司、中铁第十四工程局
		马鞍山钢铁股份有限公司H型钢厂工程	马钢（集团）控股有限公司建设公司	
2002	安徽工业大学3#学生食堂等40项工程	安徽合肥第二发电厂工程(2×350MW)	安徽电力建设第一工程公司	
2003	安庆合力车桥联合厂房工程等42项工程	安徽省宣城市港口湾水库工程	中国水利水电第十二工程局	浙江江能建设有限公司
2004	合肥高新区产业化服务中心大楼等50项工程	上海大众汽车试验场工程	中铁四局集团有限公司	中铁四局集团第一工程有限公司
		中国科技大学基础科学教学实验中心	中国建筑第八工程局第一建筑公司	
2005	合肥物流中心办公楼等54项工程	福州国检广场主楼	安徽三建工程有限公司	福建六建建工集团公司
		蚌埠城市中心广场会展中心	北京建工集团有限责任公司	浙江精工钢结构有限公司、北京长城民泰工程有限公司、北京建峰建设装饰工程集团
2006	工行安徽省分行暨合肥市分行营业大楼等60项工程	淮河防汛调度设施工程调度楼	南通五建建设工程公司	
2007	安徽出版编辑大厦等67项工程	安徽省电网生产调度楼	中国建筑第五工程局	中国建筑第五工程局建筑装饰公司、安徽省电力工程监理有限责任公司、深圳市洪涛装饰工程有限公司、江苏建业建设集团有限公司
		潞安矿业屯留煤矿主井系统机电安装工程	中煤第三建设公司机电安装工程处	山西煤炭建设监理咨询公司
		国投新集刘庄煤矿工程	中煤建筑安装工程公司、中煤第一建设公司	安徽华夏建设监理有限责任公司、中煤第七十二工程处、中煤第九十二工程处
		临淮岗洪水控制工程	中国水利水电第十一工程局 安徽水利开发股份有限公司 安徽省水利建筑安装总公司	中国水利水电第十三工程局、中水淮河安徽恒信工程咨询有限公司、安徽省水利水电工程建设监理中心、中国水利水电第六工程局

第八节 工程质量检测

安徽省各级建筑工程质量检测机构相继建立,并逐步完善和健全工程质量检测管理,在检测监管、资质认可、计量认证、人员培训、检测收费各方面实行规范化管理。至2007年,安徽省已具备检测各类桩型的承载力和桩身完整性能力。

检测机构

1985年,省建设厅要求各地尽快建立检测机构,并委托安徽省水利科研所承担省工程质量检测中心工作。1986年,省建设厅颁发《安徽省建筑工程质量检测工作暂行条例》, 1989年,省建设厅出台《安徽省建设工程试验单位(室)管理办法(试行)》和《安徽省建设工程试验单位(室)定级升级办法实施细则(试行)》,此后《回弹法规程》安徽地区管理小组成立,全省检测工作进入规范阶段。

资质审批 2003年8月,安徽省建设工程质量安全监督总站挂牌成立,属于省建设厅正处级二级机构,负责全省建设工程质量监督管理专项工作,该站内设检测监管科负责管理建设工程质量检测工作。检测单位资质审批权仍由省市两级建设行政主管部门行使,二级及以上检测单位资质、混凝土搅拌站试验资质由省级行使,三级检测单位资质归市级审批。2004年全省共有工程质量检测单位96家,从事检测工作人员约1400人,当年统计三级及以上检测资质单位检测产值为6846万元,较上年增长24.8%。检测收费按省建设厅与省物价局联合颁布的《建设工程材料检测收费标准》执行。检测单位隶属于市县建设管理部门占82%,隶属于科研院所和高校占14%,隶属于大型国企占4%。按行政区划分为省、市、县三个层次,省级检测单位2家,市级检测单位17家,全省除濉溪、凤台两县外,每县均有一家检测单位承担本县域工程质量检测工作。

检测管理 2005年9月28日,建设部颁布《建设工程质量检测管理办法》(建设部令第141号,以下简称“141号令”),对现行建设工程质量检测管理体制作重大改变,明确工程质量检测机构是具有独立法人资格中介机构,从事工程质量检测要获得行政许可,启动建设工程质量检测市场化改革。规定省建设主管部门负责对本行政区域内质量检测活动实施监督管理,并负责检测机构资质审批,对检测业务统一划分成见证取样、专项检测两大类。当年11月,省建设厅印发《关于贯彻实施〈建设工程质量检测管理办法〉的通知》,对“141号令”颁布前获得省建设厅批准从事检测活动检测单位,进行资质就位工作,至2006年6月底,具有事业性质检测单位和几家大企业检测单位共94家通过资质就位方式获得检测机构资质。2006年7月起, 11家企业试验室以及民营检测机构按照新申报途径获得检测机构资质,当年年底检测机构总数105家。检测产值7808万元,从业人员1497人。

2006年11月,为贯彻“141号令”,省建设厅出台《安徽省建设工程质量检测管理规定》,结合安徽实际指出建设工程检测活动包括检测机构和非检测机构工程质量检测活动，规定检测机构质量检测活动是指：对工程成品、半成品质量性能抽样检测（鉴定），对进入施工现场建筑材料、构配件和设备取样检测（鉴定）。非检测机构工程质量检测活动包括：企业试验活动、监理单位的试验活动等，并对检测机构资质管理作出按其检测能力和业务范围，分为见证取样检测机构资质和专项检测机构资质规定。2007年6月15日，安徽省人民政府发布《安徽省建设工程质量管理办法》，明确工程质量检测机构的责任范围，首次把检测机构作为7方（建设、勘察、设计、施工、监理单位、施工图审查和工程质量检测机构）质量责任主体之一纳入监督管理对象。2007年年底，民营资本继续快速流入检测市场，原来隶属于建筑公司内部试验室也都纷纷改制组建检测机构，当年新增检测机构23家，总数达128家。由于大批新增检测机构涌入，检测业务市场竞争日趋加剧，检测市场也逐渐由检方市场变为委托方市场，在市场开放程度较高地方出现僧多粥少局面。合肥、六安、安庆三市常规建材检测价格下降到标准价8折。2007年统计126家检测产值12500万元，在册人数2328人，其中技术人员占76%，仪器设备1.08万台套，计算机1100多台，实验室累计面积9.6万平方米。

省级检测机构

根据省建设厅建管字〔1985〕156号文件，安徽省成立第一家省级工程质量检测机构——“安徽省建筑工程质量检测中心”，以安徽省水利部淮委水利科学研究院（原为安徽省水利科学研究所）为依托，在全省范围内开展建筑工程质量监督检测工作。该中心下设土木、材料两个检测室，编制26人，其中工程师以上职称的占65%以上。

省检测一站　主要承担全省建筑材料、建筑产品、工程质量、工程安全鉴定及检测技术研究等工作，是安徽省建筑工程（材料、产品）类最高授权法定检测机构。1986年年初，省建筑工程质量检测中心开展桩基静测工作，并对桩基荷载传递机理进行深入研究。1987年，利用水电效应法展开桩基低应变动测研究和测试工作。1989年，省建设厅与省技术质量监督局共同协商，将“安徽省建筑工程质量检测中心”更名为“安徽省建筑工程质量监督检测站”（以下简称“省检测一站”），当年获审查认可项目为四大类10项55个参数，计量认证项目为四大类16项90个参数。1995年通过建设部桩基考核，获得桩基高应变和低应变动测资质，持证检测人员12人，通过历次复查换证。截至2003年，拥有桩基静载设备16套，最大负荷160万千克；动测设备3套，高应变组装锤2.6万千克。“省检测一站”分别于1995年和1999年两次通过复查换证和扩项认证工作，2002年获得省建设厅综合一级实验室和室内环境检测资质。2003年经省高级人民法院确认，取得工程质量司法鉴定资格。2005年，开展既有建筑幕墙工程质量与安全性鉴定工作；2006年，开展建筑节能检测；2007年开展利用湿排粉煤灰配制C80高性能混凝土试验研究工作。

经过20多年的发展，“省检测一站”通过认证、认可项目达到26类201项参数，覆盖了土木工程常用材料、土工、地基、桩基、门窗、装饰装修、构件、室内环境和各种建筑物实体质量检测和安全性鉴定。检测业务范围已涉及到建筑、市政、水利、交通等多个领域。

省检测二站　1992年8月，在合肥地区工程质量检测中心基础上，依据省建设厅建管字〔1992〕477号文，安徽省建筑工程质量第二监督检测站（以下简称"省检测二站"）挂牌成立，挂靠在安徽省建筑科学研究设计院（原名安徽省建筑科学研究所）。"省检测二站"是经省技术监督局计量认证、具有第三方公正地位的法定建筑工程质量检测机构。2001年，综合试验室、建材室和防水室合并成立材料检测所，结构室更名为结构研究检测所，2002年成立地基所，2003年，材料所将涂料、管材两项业务分离出来，成立化学建材所。

"省检测二站"（合肥地区检测中心）于1990年12月首次通过技术监督局计量认证，1995年通过建设部桩基考核，取得桩基高应变和低应变动测资质。1996年和2001年再次通过计量认证复查换证和扩项认证工作。检测范围覆盖房屋建筑、构筑物、市政工程、道路桥梁，涉及勘察、设计、施工、质量验收等多个环节。2001年计量认证项目39类394项参数。2002年，获得省建设厅颁发的建筑施工、市政施工和混凝土预制构件一级试验室资质。2003年10月通过省技术监督局室内环境检测扩项认证；同年，经省司法厅批准成立"安徽建工司法鉴定中心"，并取得建筑工程司法鉴定资格。2006年开展建筑幕墙检测与鉴定，2007年开展建筑节能检测工作。

市级检测机构　随着经济社会高速发展，建筑市场扩大引起工程质量纠纷与投诉增长，需要更多检测机构承担工程材料检验和工程质量检测工作。20世纪80年代，很多地区技术力量薄弱，组建检测机构困难，在省、市建设行政主管部门大力支持下，各地根据实际情况，因地制宜，新组建检测机构，有的利用已有建筑公司试验室设备和技术力量挂牌开展检测工作。1986年7月，宿县地区建筑工程检测站率先成立，2002年，黄山市建设工程质量监督检测中心正式挂牌，全省17个省辖市都先后独立组建检测机构，并通过资质认可和计量认证。各地检测机构不断加强自身建设，始终坚持检测检验工作科学性、公正性和准确性，服务当地工程建设，促进建设事业发展。

检测管理

1985年，建设部颁发《建筑工程质量检测站工作暂行规定》，对检测机构设立、职责和权限都做了明确规定和解释，并出台相关文件，建筑工程质量检测工作步入法制轨道。

制定标准　随着建筑市场蓬勃发展，受经济利益驱使，一些违法违规行为时有发生，为杜绝违法违规行为，规范检测监管工作，省建设厅在调研全省工程质量检测工作情况基础上，于2003年出台《安徽省建设工程检测试验人员管理办法》，2004年出台《安徽省建设工程桩基检测管理规定》，2006年出台《安徽省建设工程质量检测管理规定》，进一步规范全省建设工程质量检测工作开展。2007年，《安徽省建设工程质量检测规程》被安徽省建设厅批准为《安徽省工程质量检测地方标准》，该标准是安徽省第一部全面规范工程质量检测工作地方标准，对全省工程质量检测流程、检测能力要求，计算机辅助管理等作出一系列规定，为规范检测机构、建筑业企业试验室、监理单位平行检验、监督机构监督抽检等检测活动提供依据。作为对检测资质监管补充，省工程质量监督检测协会编写《安徽省建设工程质量检测试验能力评估规则（试行）》，把检测资质监管范围以外检测活动纳入行业协会管理范围，并首次开展检测试验能力评估活动。2007 年起，实施对检测机构“飞行检查”制度，加强对检测机构检测行为监管。对存在问题的检测机构发出整改通知，并将检查情况在全省通报，规范全省检测机构行为。马鞍山、铜陵、巢湖等市工程质量监督机构也分别组织对辖区检测机构和检测市场监督检查，有效遏制检测市场不规范行为的蔓延。

资质认可　1989 年，省建设厅颁发《安徽省建设工程试验单位（室）管理办法（试行）》（以下简称《管理办法》）和《安徽省建设工程试验单位（室）定级、升级办法实施细则（试行）》（以下简称《实施细则》），先后对安庆、马鞍山、淮南、宿州、铜陵等市检测试验单位进行资质认可。1996 年，建设部颁发《建筑企业实验室管理规定》，对企业实验室等级做出明确规定，1997 年，省建设厅对《管理办法》和《实施细则》进行修订，并在全省范围内对检测机构和企业试验室开展资质等级审查工作。截至 2002 年年底，全省通过省、市两级建设主管部门试验室资质认可，检测单位和企业试验室总数 130 多家。1995 年，建设部对全国桩基动测单位开始考核与发证工作。安徽省先后组织 3 批检测单位参加学习与考核，17 家获得桩基低应变动测资质、7 家获得高应变动测资质、3 家获得声波透射法检测资质。2004 年，省建设厅颁发《安徽省建设工程桩基检测管理规定》，对全省桩基检测单位规范运行，确保桩基等隐蔽工程质量提高，推进了检测市场有序竞争。2005—2006 年期间，依托“省检测一站”，安徽省建起自己桩基考核基地，并在 2006 年首次对全省 19 家桩基检测单位开展桩基检测能力验证活动。当年 6 月，按照省建设厅部署，检测机构资质认可工作移交到省政务中心窗口办理，年内安徽省又有 11 家检测机构获得资质认可，次年有 23 家检测机构获得资质认可，至 2007 年年底，全省获得检测资质认可机构总数达到 128 家，全省检测机构资质扩项工作开始，当年有 15 家检测机构实现资质扩项。

计量认证　1985 年，国家颁布《中华人民共和国计量法》，规定对检验机构考核事项的要求。1987 年，国家发布《计量法实施细则》。1989 年，省标准计量局对省建筑工程监督检测站首次进行计量认证和审查认可。1990 年，国家发布《产品质量检验机构计量认证技术考核规范》，对检验机构全面实施计量认证工作。自 1994 年马鞍山市建设工程检测中心通过计量认证后，其他市、县级检测机构亦于 1998 年后先后完成计量认证工作。2001 年，国家技术监督局颁发《产品质量检验机构计量认证／审查评审准则》，对检测机构提出更高要求，全省 70 多家建筑检测中心（站）、实验室，按照“二合一”评审准则要求，对质量手册进行修订和换版，并先后通过复审和监督评审。2006 年 7 月以后，执行省建设厅印发《安徽省建设工程质量检测管理规定》，计量认证不再作为检测机构资质申报或扩项审批前置条件。

技术培训　1995年，省建设厅发布《安徽省建设工程质量检测试验人员管理办法（试行）》，全省范围内检测试验从业人员开始实行持证上岗。为此，需对检测试验从业人员进行培训，省建设工程质量监督研究会，组织有关专家编写《建设工程试验人员培训讲义》，省检测站承担主要培训工作，2001年以前共培训发证1500余人。2002年，由省质安总站组织省内有关专家编著《常用建筑材料与结构工程检测》一书，作为工程检测试验人员培训教材。2003年，省建设厅对《安徽省建设工程质量检测试验人员管理办法（试行）》进行修订，重新发布《安徽省建设工程检测试验人员管理办法》，对检测试验人员技能培训提出更高要求，省质安总站全面负责检测试验人员培训和换证工作，共培训人员1700人次。2004—2005年，全省共培训检测试验人员566人次。2006年，省质安总站对省内有资质单位桩基检测人员进行能力验证，22个单位、168人参加能力考核与验证。同时委托省检测一站、二站组织检测技术培训，培训检测试验人员790人次。2007年，省质安总站牵头编写出版《安徽省建设工程检测人员培训考核指南》，委托省检测一站、二站举办建筑节能检测技术培训1期、常规材料培训3期，共培训700多人次。

检测收费　2001年，省建设厅组织部分检测机构对检测试验项目进行成本核算，制定《安徽省建设工程质量检测和建筑材料试验服务收费标准（试行）》，经省物价局和省建设厅批准，于2001年9月18日实施，2003年1月出台正式收费标准。同年5月，省物价局出台《民用建筑工程室内环境质量检测收费标准》，2006年6月，省物价局发布修订后新版《建设工程质量检测收费标准》，收费项目包括建筑材料、工程实体、室内环境检测，有效期5年。

检测技术发展

工程质量检测具有技术件和专业性特点。随着建筑科学技术进步及经济社会发展，各种现代化技术设备被广泛运用于工程质量检测。安徽省现有检测能力覆盖水泥、集料、混凝土、砂浆、钢筋、砖、瓦、砌块、外加剂、防水材料、涂料、木工、构件、门窗、水电、管材等项目。利用信息技术，实现材料试验数据由人工读取、记录转向由计算机自动采集处理和自动生成报告转变，提高工效，也避免人工操作误差，提高测试精度。

无损检测　20世纪80年代初，省建筑科学研究所对无损检测方法进行研究，建立合肥地区回弹法和综合法测强曲线技术，填补省内技术空白。1985年，建设部批准第一部无损检测标准——《回弹法评定混凝土抗压强度技术规程》。1989年，安徽省成立回弹管理小组，先后组织混凝土回弹法检测1400人次技术培训，无损检测技术在全省普及。1988—1994年，中国工程建设标准化协会先后批准无损检测标准《超声波回弹综合法检测混凝土强度技术规程》《钻芯法检测混凝土强度技术规程》《超声法检测混凝土缺陷技术规程》《后装拔出法检测混凝土强度技术规程》，结构混凝土质量检测技术由单一回弹法扩展为综合法、钻芯法、拔出法等多种测试技术。2004年6月，《建筑结构检测技术标准》实施，安徽省适时开展《建筑结构检测技术标准》培训和宣传贯彻活动,通过对建筑结构检测基本程序、要求、抽样方案、检测方法选用及检测结果评定全过程系统学习,全省建筑结构检测技术水平获得进一步提高。

砌体检测 1988年,“省检测一站”利用建筑研究总院研制冲击法检测砌体砂浆强度,取得很好应用效果。1992年,冶金部颁发《冲击法检测硬化砂浆抗压强度技术规程》,2000年,建设部发布《砌体工程现场检测技术标准》,原位轴压法、回弹法和点荷法三项检测技术开始在多家检测单位应用。2001年,建设部行业标准《贯入法检测砌筑砂浆抗压强度技术规程》颁布实施,“省检测二站”参与编写。2002年,“省检测二站”编制地方标准《回弹法检测砌体中普通砖抗压强度技术规程》颁布实施,安徽省砌体质量检测技术进入一个新阶段。

桩基检测 1986年年初,“省检测一站”开展桩基静载荷传递机理研究与应用;其后,省内多家检测单位进行桩基动测研究和工程桩基检测应用。1995年和1997年,建设部分别发布《桩基低应变动力检测规程》和《桩基高应变动力检测规程》,对全国桩基动测单位进行考核,安徽省有多家检测单位取得桩基高、低应变动测资格。2002年,建设部修订发布《建筑桩基检测技术规范》,使桩基检测规范工作得到进一步加强。2004年3—5月,“省检测二站”采用自平衡法对解放军合肥炮兵学院科学楼4根人工挖孔桩进行深层平板载荷试验,实现桩基自平衡法深层载荷试验技术在工程上应用。

检测发展 1999年,全省开展门窗检测,多家机构购置门窗检测设备并获得相关检测资质;2002年,国家标准《民用建筑工程室内环境污染控制规范》颁布实施,安徽省建设厅及时布置室内环境质量检测工作,并出台相关规定,8家机构首批获得室内环境检测资质;2005年1月,《民用建筑节能管理规定》和《建筑节能工程施工质量验收规范》实施,为保证节能工程施工阶段执行率,提高建筑节能检测能力,省质安总站积极鼓励引导检测机构开展建筑节能检测,2007年首批5家市级检测机构获得节能检测资质。

第九节 外埠建筑市场

1986—2007年,安徽省建筑队伍不断向外拓展建筑业务。面临快速发展的新形势,全省各级建设行政主管部门逐步加强对出省建筑的管理、服务、协调、监督工作,保障建筑企业积极有效地开拓省外乃至国外建筑市场,规范驻外建筑管理工作。

服务建筑输出 1986年,安徽省人民政府驻沪办事处根据上海市外省建筑企业管理处要求,在办事处内设立建筑管理处,统一管理安徽省在沪建筑队伍。根据归口管理原则,驻沪建管处实行双重领导,以省建设厅为主。

1988年,安徽省建筑施工企业进入黑龙江、山西、辽宁、上海、新疆、青海、西藏、湖北等22个省、市、自治区,总数约有3万余人。此后,每年都有建筑企业和施工人员出省分赴全国范围的省市参与当地建筑施工任务。

1992年，根据北京市建委要求，安徽省人民政府办公厅批准省建设厅关于在省政府驻京办事处内设立建筑管理处的报告。

1994年3月，省建设厅印发《安徽省建设厅驻外建筑管理机构管理工作实施意见》。分别对驻外建筑管理机构隶属关系、行政职能、设置条件、经费来源、管理办法及主要任务做出明确规定。

1995年1月23日，安徽省人民政府办公厅转发省建设厅《关于加快我省勘察设计和建筑业发展的报告》。对加快发展建筑业提出八个方面意见，其中，就有大力开拓省外建筑市场，积极扶持贫困县、乡扩大建筑劳务输出。当年，省建设厅采取三大措施，把建筑业"输出兴业"战略纳入建筑业"九五"计划，与"质量兴业""科技兴业"一起，成为安徽建筑业"三大兴业"战略；经报省政府同意出台《安徽省建筑劳务基地县（市）命名办法》，以省政府名义命名建筑劳务基地，推动全省建筑劳务基地建设。经各县人民政府申报，省建设厅审查批准肥东、舒城、桐城、六安、无为、太湖、南陵、阜南8个县（市）成为安徽省人民政府命名第一批省级建筑劳务基地。同时，省建设厅成立安徽省对外建筑管理办公室（简称省外管办），具体负责建筑队伍输出和外来施工企业管理工作。省外管办成立后，首先恢复驻新疆外管机构工作，并将其更名为驻新疆建管处。对已设立驻外建管机构的北京、上海进行调研，指导外管服务工作。此时，安徽省建筑队伍输出规模有较大幅度增长。据16个地市统计，全省成建制各类建筑业企业出省施工达492家，外出职工人数为30.1万人，分布在上海、北京、黑龙江等24个省、市、自治区。其中进驻上海、北京两市的安徽省建筑队伍人数达到7.19万人，比上年增长约40%。

1996年，省建设厅设立驻外机构的上海、北京两地，省内施工企业共完成施工产值(含建筑劳务收入)8.93亿元。安徽进京注册建筑劳务人员达2.87万人，比上年增长22%；建筑劳务收入1.7亿元，增长70%；有8个施工队被北京市命名为青年突击队，使这项认定命名增至28个，先进施工队达22个。安徽进沪企业职工人数3.6万人，完成施工产值(含劳务收入)6.73亿元，比上年增长22%。省建设厅从1996年5月起恢复驻新疆建筑管理处工作，并制定本省施工企业进疆管理办法，与新疆达成3000个建筑劳务合作名额协议。省建设厅于7月和10月派出专人对联合国开发计划署批准投资图门江经济开发区(吉林省延边州)和宁波市两地建筑市场进行考察。

1997年，省建设厅驻北京、上海建筑管理处输出成建制建筑队伍7万人，完成承包额近9亿元，创收入约6亿元。驻新疆建筑管理处为企业疏通渠道，新增进疆建筑队伍5个。10—12月，相继成立省建设厅驻江苏和驻天津市建筑管理机构。

2001—2005年期间，全省加大对建筑劳务输出政策倾斜，扶持培育一批外向骨干龙头企业和驻外工程经济技术管理人才。同时加强驻外建筑管理服务，通过组织多种形式的京皖、沪皖建筑劳务合作洽谈、考察和座谈会等活动，密切与大城市、大市场、大企业联系，扩大劳务输出渠道，促进输出规模增长。

2006年，省建设厅为促进全省建筑业发展的实施打造建筑业"徽匠"新品牌新战略。

全年全省新成立建筑劳务企业223家，是上年总数2倍多。2007年，成建制向国内各大建筑市场输入建筑劳务68万人，创劳务收入53亿元。

安徽省部分年份赴外省施工人数及劳务收入一览表

表4-2-3　　单位：万人、亿元

年份	出省施工人数	实现劳务收入	附　注
1991	38	25	比上年增加26.7%、工程承包额56亿元
1992	20	8	在上海、新疆、北京、宁波、湖北、海南等地设立管理输出办事机构
1995	30.1	15.86	在上海、北京施工产值均较上年增长26.7%，勘察设计也在上海、广州、江苏等地设立50多个分院，创设计收入5000多万元
1996	38	25	人员比上年增长26.2%；收入增长35%
1997	40	28	
1998	42	30	
1999	46	33	
2000	50	35	省建设厅组团赴新疆开展建筑劳务合作洽谈，建立定期联系、交流、回访制度，达成合作量4500人，工程承包额1000多万元
2001	52	38	驻京劳务人员已达6.1万人，全年实现劳务收入4.93亿元
2002	55	40	主要集中在上海、北京及沿海等省市和地区
2003	57		驻北京施工队伍超过10万人
2004	60	47	进京企业达86家，参与了奥运会工程施工，其中合肥京皖、铜陵京安、和县二建、阜阳嘉安、繁昌凯达5企业获“优秀进京施工企业”称号
2005	65	50	
2006			建筑企业在外省完成产值256.3亿元，增长41.8%，省建设厅领导会见北京赴皖考察团一行，签署《京皖建筑劳务合作意向协议书》
2007	68	53	

国际工程承包　1989年，安徽省在斯里兰卡、布隆迪、科威特、伊朗、阿尔及利亚、苏联和联邦德国等施工项目造价9950万美元，其中2000万美元工程是当年新建项目。同年，安徽省组织建筑安装企业开拓国外建筑市场，进入联邦德国、沙特阿拉伯、科威特、斯里兰卡、伊拉克、阿尔及利亚等国家，完成建设项目40个，房屋竣工面积49万平方米，完成施工产值人民币2亿元和6500万美元。建于德国法兰克福市东贝特曼公园内的春华园，由中建园林公司安徽分公司承建，徽州古建筑研究所、徽州古建园林公司分别承担设计和施工。园名“春华”喻义繁荣昌盛。该项目1987年进行方案设计，1988年完成施工图设计和构件预制，1989年9月下旬竣工，德方“给予毫无抱怨的验

收”。春华园建成后参观者络绎不绝，并特别受到情侣们青睐，成为法兰克福市举行婚礼的人最爱拍照的景点。春华园表现的徽州水口园林艺术获得法兰克福市及其市民高度评价，尤其是砖、木、石雕受到特别赞赏。法兰克福市园林局局长弗朗克·布莱肯先生在一封感谢信中说：“这个公园无疑是中国之外的最漂亮的中国园之一。”德国著名园艺学家和知名作家玛丽安娜·鲍榭蒂女士在其所著的《中国园林》一书中辟专节叙述了春华园建造始末，她动情的写到：“人们不仅对程极悦先生的设计，而且对整个施工都很满意。”春华园竣工时，法兰克福市政厅专门升中国国旗一天，以示庆贺。

1994—1996年，出国（境）施工人员500多人，实现劳务收入300万美元，营业额2500万美元；施工项目主要分布在马达加斯加、丹麦、基里巴斯、以色列、缅甸、柬埔寨等国家和中国香港地区。其间施工完成的香港志莲净苑仿唐工程，是一项分三期实施的重建工程，重建重点是第三期志莲净苑主体工程，建筑面积为6698平方米仿唐木结构，由16座殿堂合璧而成的佛寺建筑群，安徽省古建园林市政建设总公司，分包整个志莲净苑仿唐建筑群木质结构制作、安装和铺瓦等工程。1995年年初，组织150人的施工队伍，制作木质结构工程。两年半时间，将6000余平方米的原木，一锯一斧、一凿一刨，加工制作成12万余件木构件。大构件长逾10米，重约数百千克，小构件则在掌中之握，所有加工制作的构件，经武汉测绘大学以电脑和精密仪器测量，其尺寸精度误差均小于允许范围值。1997年3月，进入施工构件组合安装，历时1年，将16座木结构的殿堂组合成建筑群体，即从山门到万佛塔，由南而北，其中包括钟楼、鼓楼、天王殿、大雄宝殿、观音殿、药师殿、念佛堂、藏经楼、普同塔、报本堂、功德堂、祖堂和斋堂等。众多殿堂龛阁、以古朴典雅的回廊萦绕融通，珠联一体，构成了偌大的“四合院”。整个群体给人以幽邃宁静的氛围和庄严肃穆的古刹意境。

1997年，国际建筑劳务大幅增长，出国施工人员800人，实现劳务收入450万美元，比上年增长50%。主要分布在马达加斯加、丹麦、基里巴斯、多哥、以色列、缅甸和柬埔寨等国家及中国香港地区。中国援助马达加斯加体育馆工程，总造价1.31亿元人民币，座位5000个，由安徽省外经建设（集团）有限公司于1994年6月组织施工，历时两年多，提前于1997年3月竣工，被国家经贸委和建设部评为优良工程。中国国务院副总理姜春云和马达加斯加总统拉齐拉卡出席竣工交接仪式。

1998年，国际工程承包取得新进展。安徽省外经建设公司继完成马达加斯加国家体育馆工程建设并被国家外经贸委评为“援外优质样板工程”之后，又顺利承揽总投资为3亿多元多哥体育馆和莫桑比克议会大厦两个援外建设项目。安徽省古建园林公司发挥徽派、仿古建筑等技术特色承建香港志莲净苑大型寺庙群工程，以精湛木制作和园林工艺风格，被香港评为20世纪百年十大优秀建筑，并以较高得分位列第五，2000年，获香港首届优质建筑大奖综合奖项。

2001年，全年完成营业额2000万美元。省外经建设（集团）公司在非洲建筑市场实施“以马岛为基地，辐射周边国家；以施工带动开发，增强整体实力；以经援带动经贸，求得最佳效益”战略，取得较好成效。省建工集团抓住阿富汗战后重建机遇，进入首都喀布尔承包工程。

2005年，国际工程承包稳步发展，实现境外营业额9200万美元。其间，国际工程承包收入累计2.35亿美元，比“九五”末增长228.6%。

2007年，全年新签订境外工程承包合同额12亿美元，增长82.2%，完成境外营业额7.2亿美元，增长70%。安徽省境外工程承包和国际劳务输出规模快速扩张，其中，合肥水泥研究设计院、安徽省建工集团有限公司、安徽省外经建设（集团）有限公司、十七冶金建设公司等4家对外承包工程企业完成营业额4.4亿美元，占全省总量61%。截至2007年，全省有19家企业获取对外承包企业工程和对外劳务合作经营资格，累计完成对外承包工程和劳务合作营业额18亿美元，外派劳务3.3万人次。对外承包工程市场日益扩大，由中东、东南亚为主向非洲、南亚、南美挺进，由初期“借船出海”到分包工程走向自主经营、总承包项目对外承包工程。工程领域从以劳动密集型为主的房建、修路等单纯土建向以技术、资金密集型为主的冶金、石化、建材、水利、电力、通讯等领域发展。外向主导呈多元化发展，涵盖建筑施工企业、科研院所、贸易型和生产型企业等范畴。

第十节　清理拖欠工程款与保护农民工权益

2003年国务院提出用三年时间，整顿解决建设领域拖欠工程款和拖欠农民工工资问题。11月，国务院办公厅印发《关于切实解决建设领域拖欠工程款问题的通知》，2004—2007年，国务院先后五次召开全国清理拖欠工程款电视电话会议，全面部署清欠工作，副总理曾培炎三次出席，并作重要讲话，推动了各地解决建设领域拖欠工程款和农民工工资问题的积极性。在2004年8月23日，国务院召开的第二次全国清理拖欠工程款电视电话会议上，副省长田唯谦代表安徽省在电视电话会议上进行经验介绍。当年，全国共清理拖欠工程款668.92亿元，西藏、安徽、山东、贵州、四川、湖南、河北、云南等8省（区）清欠的比率超过50%。在2007年1月25日国务院召开的第五次全国清理拖欠工程款电视电话会上，建设部部长汪光焘汇报了全国清理拖欠工程款进度情况，全国29个省(区、市)的清欠比例达到95%以上，其中，北京、天津、辽宁、上海、山东、浙江、湖北、安徽、广东、云南等10个省(市)的清欠比例达99%以上。政府投资项目拖欠的705亿元工程款中，已解决700.2亿元，占99.3%，有20个省(区、市)政府投资项目偿付比例达到99%以上，其中云南、天津、浙江、上海、安徽、辽宁、重庆等7个省(市)的政府投资项目已全部偿还。同时建立由建设部牵头解决建设领域拖欠工程款部际工作协商会议机制，制订解决建设领域拖欠工程款工作方案，完善法律法规，指导、督促和检查全国清欠工作开展，从源头上防止发生新的拖欠，保证经济和社会健康发展。省长王金山、副省长田唯谦就解决建设领域拖欠工程款以及农民工工资问题5次在省清欠办简报上作重要批示，推进全省清欠进度。

机构和职责　2004年年初，省建设厅、省劳动和社会保障厅、省发改委、省财政厅等11个省直有关部门建立联席会议制度，共同研究协调解决拖欠工程款以及农民工工资的重大问题和政策，成立安徽省解决建设领域拖欠工程款问题联席会议办公室，办公室设在安徽省建设厅建筑管理处。建设部门负责牵头解决拖欠工程款问题，劳动保障部门负责牵头解决拖欠农民工和职工工资问题。计划部门重点抓好政府投资项目拖欠工程款问题。财政部门结合自身财力筹措资金，制订切实可行的还款计划。人民银行、银监局督促银行业金融机构切实把好工程款拨付关口，做好金融授信工作。教育部门督促大专院校解决教育工程项目拖欠工程款问题。交通、水利部门妥善解决好交通、水利工程项目拖欠工程款问题。国资委督促国有大型企业解决好工业项目建设拖欠工程款问题。监察部门督促有关部门落实行政责任追究制度，切实做好清欠工作。

清欠目标　制订安徽省建设领域清理政府投资工程拖欠工程款计划安排表，计划至2004年年底，解决政府拖欠工程款2.83亿元，至2005年年底，解决政府拖欠工程款9.87亿元，至2006年年底，解决政府拖欠工程款13.40亿元。2004年年底，省政府副秘书长余焰炉在皖能大厦主持召开清欠专题会议，副省长田唯谦代表省政府与各市政府签订《安徽省解决建设领域拖欠工程款和农民工工资问题目标责任书》，把清欠工作纳入政府年度考核范围，要求各级政府对拖欠项目逐个落实，并在2005年年底，各市总解决比例不低于88%，政府投资项目做到基本解决，比例要达到100%，对按时完成省政府确定总目标的，将给予通报表彰；对于未能按时完成省政府确定总目标任务，将给予通报批评，视情况追究责任人行政责任。

完善清欠制度

省清欠办建立清理拖欠工程款和农民工工资问题进展情况相关制度和目标要求，及时向省政府、联席会议成员单位、各市政府等部门通报清欠进展情况。

日报信访制度　2004年，省清欠办建立日报和信访制度，还向社会公布投诉举报电话，设立投诉接待办公室（设在省建设厅信访办）负责接待信访工作。各地政府及建设、劳动保障等有关部门，亦向社会公布举报投诉电话，设立投诉接待窗口，引导农民工依法追讨拖欠工资，引导建筑业企业依法追偿拖欠工程款。三年间，全省累计受理建设领域投诉4697件次，为农民工追回拖欠工资1.75亿元，切实维护了农民工的合法权益。

拖欠项目督办制　2007年春节前，按照省政府统一部署，安徽省建设厅对全省298个存在拖欠农民工工资问题的工程项目（涉及金额4508万元，涉及农民工7709人），采取日报制度跟踪督办，并在省政府规定的2月15日前全部解决。当年3月15日，省清欠办将拖欠工程款的38家项目业主列入“黑名单”，上网公开曝光，并要求限期解决。曝光后，在房地产开发企业中引起震动，还款最快的企业仅在上网曝光后第4天就偿清所欠全部工程款。

建立长效机制　2004年6月,省政府印发《安徽省人民政府关于建立长效机制防止拖欠工程款和农民工工资的通知》,从严格项目审批、落实项目建设资金;严格施工许可证发放、加强资金监管;健全市场信用制度、完善失信惩戒机制;强化劳务分包合同和劳动合同管理、加大工资支付监管力度;加强工程合同管理、严格工程结算和决算;落实责任、严格奖惩等6个方面,提出25条措施和政策。2004年8月,省政府印发《安徽省人民政府办公厅关于进一步做好清理拖欠工程款工作的通知》,要求各市、县和省直有关部门进一步加强对清欠工作领导,认真落实清欠工作目标要求,健全和完善防范拖欠工程款长效机制。11月,省建设厅会同省劳动保障厅印发《安徽省建设领域农民工工资支付保障暂行办法》。2007年2月,省建设厅转发《建设部关于印发〈建筑市场诚信行为信息管理办法〉的通知》,强化建筑市场信用监管,将不良信用行为按照有关规定记录在案,公开曝光,并配合省工商局、银行机构对省政府拟表彰的"守合同重信用"先进单位出具审核意见,实行"清欠"一票否决制度。3月,省建设厅转发建设部关于印发《关于在建设工程项目中进一步推行工程担保制度的意见》的通知。7月,省建设厅会同省劳动保障厅印发《安徽省防止建设领域拖欠农民工工资管理办法》。全省17个市都建立了建设领域农民工工资支付保障金制度。并积极开展专项课题研究。2007年年底,受建设部建筑市场管理司委托,安徽省清欠办承担了《安徽省推行业主工程款支付担保制度研究》课题。对建设工程引入工程担保制度,解决融资、担保,防止拖欠工程款和农民工工资问题,具有参考意义。

清理拖欠

至2003年年底,全省建设领域拖欠工程款97亿元,其中政府投资项目拖欠工程款35.26亿元,房地产开发企业拖欠工程款32.50亿元;拖欠农民工工资9.33亿元,其中2003年当年新增拖欠3.1亿元。2004年,省建设厅梳理出21个省直投资项目,涉及拖欠工程款7000多万元。副省长田唯谦亲自协调,明确责任,落实资金。重点解决北京安徽大厦、上海裕安大厦、合九铁路、合肥市五里墩立交桥的拖欠工程款问题。淮北市政府筹措6000万元,蚌埠市政府一次性筹措3000多万元,淮南市政府筹措1000多万元,专项用于启动解决政府项目拖欠问题。

督察检查　2004年9月下旬,按省政府要求,省发改委、省建设厅、省劳动和社会保障厅组成省级督查组分三组对合肥、蚌埠、阜阳等市县的清欠工作进行督察。2005年4月,省建设厅、省监察厅对阜阳市教育领域拖欠工程款解决情况进行了督察。2005年11月,省监察厅、省建设厅、省劳动和社会保障厅组成督察组对落后于全省平均进度的安庆市、滁州市等9市的政府项目和农民工工资支付情况进行督察。到2006年春节前,16个市先后完成政府投资项目清欠任务,同时保障了农民工当年工资当年结清,不发生新的拖欠问题。2006年4月底,省建设厅、省监察厅、省劳动和社会保障厅为落实中共安徽省委主要领导"定期督察,防止问题积累"的批示精神,组成联合督察组,对合肥市、六安市、淮南市、滁州市工程款及农民工工资支付情况进行督察,并调查建设项目11个，涉及合同金额（或合同决算金额）3.72亿元，其中政府投资项目7个，涉及合同金额（或合同决算金额）1.6亿元。2007年8月，省建设厅会同省劳动和社会保障厅、省总工会联合下发《关于开展建设领域防止工程款和农民工工资拖欠长效机制建设和农民工工资支付情况专项督察的通知》，组织开展全省建设领域使用农民工和工资发放情况检查。

清欠成效　2004年年底，全省共解决中国工程建设网上由施工企业申报的建设领域拖欠工程款达28.5亿元，涉及项目3588个，其中政府投资项目拖欠13.18亿元。总解决比例99.16%，其中政府投资项目解决13.07亿元，解决比例为100%；未解决的建设项目有19个。总体清欠比例在全国居第六位，政府投资项目在全国第六个实现零拖欠目标。据省劳动和社会保障厅统计，2004—2006年，三年间共清理拖欠农民工工资11.45亿元，涉及农民工61.93万人。2007—2008年，共清理拖欠农民工工资3.71亿元，涉及农民工15.27万人。

经验交流　2004年9月，海南省建设厅、劳动及社会保障厅一行五人受海南省政府委托专门到安徽省了解和学习清理拖欠工程款工作经验。云南省建设厅巡视员赵正洪率云南省政府办公厅李炳华等一行7人到安徽省了解和考察工程款清欠工作。12月，人民日报、光明日报等众多中央新闻单位对安徽的清欠措施和成绩进行了专题采访和报道。

第十一节　建筑业企业

安徽建工集团有限公司　安徽建工集团有限公司（以下简称“安徽建工”）成立于1952年3月，是以工程总承包为主，集建筑科研、咨询、监理、设计、房地产开发、公路、桥梁、隧道、港口航道、市政环保、工业设备安装、装饰、建机建材、人才培养、劳务输出等为一体跨行业、跨国经营大型建工企业集团；拥有国家商务部批准境外承包工程、劳务经营权和对外援助成套项目施工任务实施企业资格；具有各种专业资质120多项（其中一级以上资质70多项）。现有国内工程、海外发展两家分公司，15家国有全资子公司，4家控（参）股子公司和1家技师学院。

“安徽建工”成立50多年来，始终恪守“重合同、守信誉”和“质量第一、用户至上”的服务宗旨，承建了大批国家、省、市重点工程和“高、精、尖、特”建设项目，合肥国家同步辐射实验室、安庆石化总厂二期工程、上海三林苑小区、马鞍山珍珠园小区、合肥琥珀山庄、安徽广电中心主楼、福建省检验检疫中心、合肥市铁路新客站主站房、徽州大道南段等一大批工程获国家优质建筑工程奖。60余项成果获国家、省科技进步奖，并拥有10多项国家发明专利，主编多项国家级工法。

伴随着企业发展，“安徽建工”先后获“全国建筑技术创新先进单位”“中国建筑行业企业信誉AAA级单位”“全国建筑系统企业文化建设先进单位”“全国守合同重信用企业”“十五全国建设科技进步先进集体”“全国工程总承包先进企业”“全国建筑业诚信企业”“全国建设系统先进集体”“全国建筑业科技进步与技术创新先进企业”“全国优秀施工企业”等荣誉称号。

安徽富煌钢构股份有限公司 安徽富煌钢构股份有限公司（以下简称“富煌公司”）是安徽富煌集团核心企业，下辖江西省富煌钢构有限公司、安徽富煌钢结构建筑工程设计研究有限公司、上海富煌重钢结构有限公司、北京富煌国际钢结构工程公司、沈阳富煌钢结构工程有限公司、合肥富煌钢结构工程有限公司、安徽富煌钢构股份有限公司门窗分公司等多家分公司。“富煌公司”专业从事钢结构产品设计、制造与安装，是全国钢结构行业中能够承建各类建筑钢结构、桥梁钢结构、电厂钢结构、体育场馆、会展中心、机场等钢结构工程设计、制造与安装骨干企业。

“富煌公司”拥有国家房屋建筑工程总承包一级资质、钢结构专项工程设计国家甲级资质、钢结构工程专项承包国家一级资质、钢结构制作特级资质、跨国经营对外承包资质。“富煌公司”先后承担1000多项钢结构工程设计、制作和安装任务，有多项钢结构工程荣获钢结构行业最高荣誉“中国建筑钢构金奖”和“金钢奖”。连续多年位列全国钢结构行业综合排名前十强。富煌商标被国家工商总局认定为“中国驰名商标”。

中国中铁四局集团有限公司 中国中铁四局集团有限公司为具有综合施工能力大型建筑企业，世界500强企业——中国中铁股份有限公司骨干成员，持有铁路工程总承包特级资质，公路、市政、房建、机电安装工程总承包一级资质，铁路铺轨架梁工程、铁路电务工程、铁路电气化工程、电信工程、公路路基、公路路面、公路交通工程、桥梁工程、隧道工程、建筑装修装饰工程、钢结构工程、消防设施工程、环保工程、水工隧洞工程专业承包一级资质，城市轨道交通工程专业承包资质，特种专业工程资质，环保工程甲级资质，地质灾害治理工程甲级资质，建筑行业（建筑工程）甲级设计资质，国外承包工程资质和对外经营权。

秉承中国中铁“勇于跨越、追求卓越”和中国中铁四局集团“勇于争先、永不满足”企业精神，中国中铁四局集团有限公司先后新建、改建、扩建9800多公里铁路干线、支线，建成12个大型铁路枢纽，并在高速公路、市政、汽车试验场、城市轨道交通、高层建筑、大型厂房、高尔夫球场、电气化工程等施工领域取得辉煌业绩和卓著信誉。公司积极参与国际市场竞争，在20个国家和地区完成或正在施工铁路、公路、房建、水利等工程百余项。先后有15项工程获中国建设工程“鲁班奖”（国家优质工程）；11项工程获詹天佑土木工程大奖；13项工程被评为全国用户满意建筑工程；9项工程获国家优质工程奖；160项工程获省部级优质工程奖。

中国中铁四局集团有限公司为国家高新企业，2007年员工总数2.2万余人，拥有各类专业技术人员1.04万余人，其中具有高中级技术职称人员3800余人。公司连续9次在铁路信用评级中位居A类企业行业，多次获“全国优秀施工企业”称号和“全国五一劳动奖状”。

安徽水建集团　安徽水建集团组建于1969年，2006年12月，企业整体划转至安徽省国有资产管理委员会管理。安徽水建集团下辖控股公司4家，参股公司3家，其中国有控股上市公司安徽水利股份目前共有全资子公司10家，控股公司3家，参股公司3家，分公司11家。拥有四大版块业务：施工建筑、房地产开发、投资（水力发电、酒店）、混凝土制品及其他。安徽水建集团拥有水利水电、工业与民用建筑、公路、城市公用工程施工等四个总承包一级，土石方、公路路面、公路路基工程等三个专业承包一级，以及港口与航道工程施工总承包、园林绿化、建筑装饰装修工程专业承包等三个国家二级资质以及大中型水工金属结构制作与安装资质，并具有对外工程承包经营权。

安徽水建集团承建大批国家、省部级“高、精、尖”工程，代表性项目有临淮岗洪水控制工程、南水北调项目蔺家坝泵站工程、上海中船长兴岛造船基地工程、合肥古井假日酒店、中环广场大厦等。先后获“鲁班奖”1项，国家银质工程奖2项，国家土木工程詹天佑奖1项，大禹奖2项，“黄山杯”奖14个，省级以上质量奖项60项。

安徽水建集团先后获得“全国优秀建筑施工企业”“水利部先进企业”“全国质量管理先进单位”“全省外向型骨干施工企业”“全国自主创新优势企业”等称号，是全省建筑行业首家通过质量、环境、职业健康安全“三位一体”认证的企业。

安徽湖滨建设集团　安徽湖滨建设集团（以下简称“湖滨集团”）创建于1984年，2006年成立安徽湖滨建设集团有限公司，“湖滨集团”下设建筑安装、房地产开发、机械施工、劳务输出、物业管理、市政、装饰以及防水等十余家公司，经营业务遍及全国各地，是经建设部核准的一级房屋建筑施工总承包资质大型建筑施工企业。2007年，“湖滨集团”有各类工程技术和经济管理人才800多名，一、二级建造师和项目经理200多人。

“湖滨集团”先后被授予“全国先进建筑企业”“国家施工质量一等奖企业”“全国守合同重信用企业”“全国优秀施工企业”“国家AAA级资信企业”等称号；连续多届被省、市人民政府评为“明星企业”“质量信得过企业”“安徽省环境保护先进单位”等。获得2项国家优质工程“鲁班奖”，25项部级优质工程，1项上海市优质工程“白玉兰”奖，21项省优质工程“黄山杯”奖。

“湖滨集团”坚守走共同致富道路，始终恪守“以人为本，为顾客创造价值”企业哲学，弘扬“艰苦创业、奋力拼搏、严格管理、真诚合作”企业精神，遵循“铸造时代建筑精品，实行质量终身保修”质量方针，以精细管理、高效服务，为广大客户提供满意精品工程。

第三章　工程建设监理

1988年开始，安徽省推行工程建设监理制度。至2007年，20年来工程监理内涵不断充实，监理内容不断丰富，从负责质量、投资、进度控制和合同管理、信息管理及相关方面协调工作（即三控制、两管理、一协调），到安全管理、节能监管、推行项目管理、工程代建、建立健全建筑市场信用体系建设等，以提高建设水平和投资效益。

第一节　建设监理启动

1986年后，改革开放不断深入，建设项目快速增加，建筑业蓬勃发展，为确保工程质量、投资效益和建设工期，1988年，安徽省开始推行工程建设监理，调集人员，充实技术力量和工程管理人员，组建建设监理企业，实施工程建设监理。

建设监理试点　1988—1992年，安徽省建设厅按照“谨慎起步、法规先导、健康发展”的原则，积极推行工程建设监理制度，首先在部分市开展建设监理试点，随后，要求各地、市积极开展建设监理试点工作。安徽省建设厅还先后印发《安徽省建设监理试行办法》等一系列文件，通过组织申报，全省首批9名早期从事监理工作具有高级职称工程技术和工程管理人员，经建设部核准认定，取得国家注册监理工程师岗位资格。1993年11月，组建安徽省建设监理公司。经省建设厅调集人才资源，充实专业技术力量，该公司被建设部核定为第一批工程建设监理甲级资质企业（为全国54个甲级监理公司之一）。在省市建设行政主管部门指导、支持下，安徽省建设监理公司结合分布各地重点工程项目监理业务，先后在相关地市设置工程监理部，推动全省各地工程建设监理工作发展，并通过不断扶持和培育，使这些监理部逐步发展成熟，演变成当地具有独立法人资格建设监理企业。全省已有监理公司15家，监理人员600人；当年监理项目20多项，投资总额20多亿元，其中涉外项目投资2200万美元。

建设监理推行

经过4年试点，1994年，安徽省建设监理全面推开，合肥、马鞍山、芜湖、蚌埠、六安、铜陵、池州、安庆、宣城等9个地市率先成立工程建设监理企业，其后各市亦陆续设立工程建设监理企业，至2007年实现全省17个市推行监理制度“双零”突破，即消除无监理企业、无监理工程空白地区。

合肥市　1988—1992年，合肥市作为安徽省首批工程建设监理的试点城市，积极推行工程建设监理制度，全面开展建设监理试点工作，探索路子，积累经验。经过试点，1994年，合肥市开始全面推广工程建设监理，监理工作的科学化、现代化、规范化管理也步入轨道，企业队伍不断壮大，至1997年，全市经批准设立的建设监理单位已有10余家，从业人员近千人。在市建设主管部门的领导、管理下，监理行业不断发展壮大，合肥地区工程建设的监理覆盖面不断扩大，同时，监理队伍也受到了培养和锻炼，一些监理企业已具有承担各类工程监理的能力，并涌现出一大批思想作风优良、业务技术精湛的监理工程师。

2001年5月9日，合肥市人民政府颁布《合肥市建设工程监理管理暂行规定》，进一步引导合肥市工程监理工作向程序化、规范化、科学化方向健康发展。2004年年底，合肥市的监理企业已发展到43家，其中甲级11家，乙级15家，丙级19家。12月15日，为顺应监理行业发展需要，合肥市成立建筑业协会监理分会，行业自律工作开始有条不紊的进行。在监理行业快速发展过程中，行业主管部门、建设监理协会始终把培育监理人才作为每年的重要工作任务。精心筹划，精心组织，多渠道、多形式的组织开展监理岗位培训班，先后培训监理业务岗位人员近4000人次，通过培训，不断更新和丰富监理工程师的知识结构和理论基础，有力地促进了监理队伍整体素质的提高。

全市监理的专业类别基本齐全，已涉及房屋建筑工程、市政公用工程、冶炼工程、矿山工程、公路工程、水利水电工程、电力工程、铁路、化工石油工程、机电安装、通信、综合资质等12个资质类别序列，占总资质类别数的80%。

淮南市　1989年起，推行工程建设监理制。2000年，《淮南市工程建设监理条例》出台施行。2007年，全市有监理企业11家，其中甲级2家，乙级4家，丙级5家，另有13家外地监理企业在淮南市开展工作。2000—2007年，全市应监理工程监理率达100%，受监理工程质量普遍提高，监理企业较好地履行了对投资、进度、质量三大控制职责。

芜湖市　1994年，开始按照国际惯例，对工程项目实行监理管理。同年，成立两家工程建设监理公司，开始承接监理业务。自1999年以来，按规定应实行监理的项目受监率逐年增加，2001年达100%。2002年以后，全市监理企业不断发展，至2007年共11家，其中乙级4家，丙级7家；外地到芜湖监理企业7家。持有经注册的国家级监理工程师116人，持有部级监理上岗证人员104人，另有232人在本市各监理单位从事监理工作。

宣城市　1994年3月，以宣城地区建筑规划设计院和宣州市房屋开发公司为基础联合组建全区第一家建设监理公司，1995年，成立宣城地区建设监理有限责任公司。1999年，宣城地区所辖区域，已有6家监理单位，其中丙级2家，临时4家，期末监理人数92人，其中中级以上职称34人，承揽工程投资7564万元。2000年以后，全区监理企业逐步发展，至2007年，监理企业从业人员133人。监理工程数量85个，监理工程面积40万平方米。质量监督范围从单一房屋工程质量监督，扩展到涵盖城市道路、桥梁工程质量监督。工程质量监督覆盖率由1988年不到50%，提高到2007年年末的100%。

铜陵市　1996年，第一家监理公司成立，标志着建设工程管理由政府监督为主向实行工程强制监理和政府监督相结合的工程监管制度转变，弥补了业主、政府监管压力大、效果差的难题。1998年，出台《铜陵市工程建设监理实施细则》，开始逐步推行工程建设监理制度。开展工程建设监理制度的初期，对国家和省、市重点工程，大中型交通、市政工程及住宅小区等工程实行强制监理，对其他工程项目鼓励业主委托监理单位实施监理。当年，有3家监理公司开始规范地开展工程监理业务。2000年开始，全面推行工程建设监理制度。

宿州市　1996年，开始启动建设监理工作，1997年，首家建设监理公司成立后，即对省工商银行宿县地区分行办公楼实行建设监理。为规范建设监理工作，提高工程建设监理水平，保证建设工程质量，充分发挥投资效益，2000年，出台《宿州市建设工程监理管理办法》，2004年，又制定《宿州市建设监理行业自律公约》。经过近10年的发展，监理范围包括房屋建筑工程、市政基础设施工程和装饰装修工程等。至2007年，除砀山县外，各县区均已成立监理公司，全市共有监理企业7家，共有全国注册监理工程师资格人员56人，其中：省级监理师25人，省级监理员260多人。全市监理费合同额1000万元左右。建设监理工作的推行，对提高建设工程质量，促进安全文明生产，推进建设节能和建筑科技工作，发挥了重要作用。

六安市　1996年第一家监理企业成立，工程监理工作从此起步。随着建设工程不断增加，监理行业亦获得相应发展。为加强监理企业和政府主管部门之间的联系，更好地为企业服务，2004年成立市建设监理协会。在宣传国家政策，规范监理市场秩序，提高从业人员素质，维护企业权益等方面开展了一系列工作，为监理行业健康发展，树立企业和从业人员良好的社会形象发挥了积极作用。至2007年，全市共有监理公司6家，其中：乙级资质2家，丙级资质4家，专业涉及房屋建筑、市政公用、水利水电和公路等；全市356人取得监理从业资格，其中：国家级注册监理工程师61人，省级监理师15人，监理员280人。在工程建设中，监理工作为保证工程质量、安全和投资效益作出了很大的贡献。

池州市　1997年，池州市工程建设监理有限公司成立，1998年正式开展工作，随后，贵池区、东至县、青阳县相继成立了监理机构并开展工作。建设工程质量监理制度经过近20年的培育和发展，随着1997年11月《中华人民共和国建筑法》和国务院、国家有关部委及安徽省有关法规规章的实施，进一步明确了工程监理在质量管理、安全生产管理方面的法律责任、权利和义务。为工程监理工作提供了法律保障，工程监理队伍也培育和壮大了。至2007年，池州市有工程监理企业15家（含外市或外省在池州注册的10家），其中，甲级企业9家（均为外市或外省在池州注册的），乙级企业3家（其中1家为外市在池州注册的），丙级企业3家；工程监理企业从业人员500人，注册执业人员300人，注册监理工程师35人，占注册执业人员总数的11.7%，其他注册执业人员有10人，占注册执业人员总数的3.3%。工程监理行业已形成由总监理工程师、专业监理工程师、监理员三个层次人员组成的人才队伍。池州市监理企业承担的省市重要建筑工程、市政重点工程以及安置房、廉租房、住宅小区等工程监理任务，对控制工程质量、投资、进度、安全等发挥了重要作用，促进了池州市创优达标工程、用户满意工程稳步提高。池州市工程建设监理有限公司，连续三年度被授予“安徽省先进监理企业”称号，连续三年度被授予省市“守合同重信用单位”，连续四年度7人次被授予“安徽省优秀总监理工程师”称号，2006年度还获得池州市劳动和社会保障局颁发的“劳动保障诚信A级企业”证书。

马鞍山市　1998年前，建设监理工作开始推行，1995年，制定《马鞍山市建设监理暂行办法》，明确规定马鞍山市范围内的所有在建工程，必须接受监理。随着《中华人民共和国建筑法》《中华人民共和国招标投标法》和《建设工程质量管理条例》相继颁布实施，建设工程监理工作得到全面发展，监理市场得到培育。2000年，对全市范围内应实行监理的工程，实行强制性监理，监理工程范围涉及冶金、矿山、化工、市政、房建等各类大中型工程项目，应实行监理的工程监理覆盖率达到100%。2002年，开始推行房屋建筑工程的关键部位、关键工序旁站监理制。随着全市建设工程监理制的不断发展，工程监理对控制工程投资、工期、质量发挥着越来越重要的作用，并取得良好的经济效益和社会效益。建设工程监理制和监理工程师管理工作始于1992年，经过十几年的发展，全市已组建与锻炼了一支数百人的监理队伍。2007年监理企业达到13家，其中：甲级4家，乙级3家，丙级6家。有国家级监理工程师265人，省级监理工程师33人，省级监理员280人。

黄山市　1998年，成立黄山市建设监理公司和黄山区建设监理公司，随后相继成立3家建设监理公司。2007年，已取得监理资质的企业总数为5家，其中乙级1家，丙级4家，均为股份制企业。全市取得监理岗位证书的人员318人，其中：国家注册监理工程师42人，省级监理师14人，监理员262人。人员涵盖地基基础、建筑、结构、建筑材料、暖通、给排水、建筑电气、机电安装、工程造价、经济等专业，能满足各类工业与民用建筑工程、市政公用工程及建筑装饰工程项目管理的需要。1999—2007年，黄山市建设监理公司先后承担273个工程监理项目，承担建设监理的工程项目总建筑面积191.2万平方米，其中建国商务大酒店监理工程获安徽省“黄山杯”奖，还有24项监理工程获市优质工程奖，并被省工商局评为“重合同、守信用”单位。

蚌埠市　1992年工程建设监理推行，成立蚌埠市工程建设监理公司，开始实施工程建设监理。至2007年，市属监理企业9家，其中甲级2家，乙级1家，丙级6家，在工程施工前，即与监理单位监理人员见面，帮助施工单位解决施工前与施工中的相关问题。

淮北市　2007年，监理企业已发展至7家，其中甲级3家，乙级4家，3家甲级监理企业均拥有双甲级工程监理资质。资质范围涵盖房屋建筑、市政公用工程、矿山工程和水利工程。全市国家级监理注册人员达150人，监理从业人员达600余人。

安庆市　1994年后，新开工工程逐步建立政府监督、企业内控、社会监理、用户评价的质量保证体系，工程监理率达100%。

滁州市　1986年开始推行建设工程监理，并相继成立了工程监理企业8家。1998年起实行建设工程监理制度，由第三方即建设工程监理公司参与工程项目的合同、投资、质量、进度、竣工等监理，2007年，工程监理企业已达9家，其中乙级2家，丙级7家。工程监理面扩大至95%以上，工程质量合格率提高到100%，进入21世纪后，工程质量优良率达到40%。

巢湖市　1999年后，全面推行施工现场施工、监理人员胸卡制度，开展建设监理专项检查，至2007年，监理企业共5家，其中乙级2家，丙级3家。随着监督、监理力度加大，全市工程质量逐步提高。

阜阳、亳州市　2006年，均设立工程建设监理企业和监理员，对所有在建工程全面推行监理制度。亳州市至2007年已有丙级工程建设监理企业4家。

第二节　监理发展历程

1988—2007年，安徽省监理队伍从无到有、从小到大，不断发展壮大。建设监理队伍已初具规模，监理内容涵盖一般工业与民用建筑安装、水利、交通、煤炭、化工、石油、公路、铁路、航天、纺织、矿建、粮建等，监理企业发展基本满足全省工程建设需要。

建设监理机构　自1993年组建安徽省建设监理公司后，各市亦相继组建监理企业，1995年年底，全省已有建设监理单位25家，从业人员近千人，在省内外监理工程面积359万平方米，总投资99.5亿元和4.5亿美元，比上年增长近1倍。1996年5月18日，安徽省建设监理协会正式成立。呼应监理行业发展需要，标志着安徽省建设监理事业进入一个蓬勃发展新阶段。1998年共有929人参加全国监理工程师执业资格考试，合格438人，合格率高于全国平均水平。1999年，为促进全省建设监理事业健康发展，进一步提高监理单位素质和监理工作水平，省建设厅先后发布《安徽省建设监理单位跨地区、跨省经营管理暂行规定》和《关于加强建设监理管理工作的通知》。全省建设监理单位包括各部属驻皖监理单位已发展到45家，其中经省建设厅批准成立的监理单位有37家，从业人员1500人，省级以上监理工程师约220人。截至2007年，全省共有工程监理企业195家，其中甲级企业29家、乙级企业52家、丙级企业114家，企业数量居全国第14位。全省工程监理从业人员14899人，

其中专业技术人员14270人，中高级技术职称人员占57.2%。相关执业资格注册人数达2680人次，其中国家注册监理工程师2108人，注册建筑师、造价师、建造师、咨询工程师等共572人。安徽省监理企业所有制结构亦有很大改善，全省195家监理企

业中，10家属于国有企业,其余均实现产权制度改革。

建设监理运行

为规范工程建设监理,安徽省在推行监理后,相应制定了一些法规文件,对监理范围、监理单位和监理人员行为、监理实施和法律责任等作出系统、全面规定,使安徽省建设监理健康有序发展。

管理法规　1999年8月安徽省人民政府以第117号令发布《安徽省建设工程监理管理办法》(以下简称《管理办法》),明确指出建设工程监理,是指工程监理单位受建设单位委托,依据法律、行政法规及有关的技术标准、设计文件和建设工程承包合同,对承包单位在工程质量、建设工期和建设资金使用等方面实施监督管理的活动。工程监理单位应当遵循客观、公正、科学和诚实信用的原则,依法开展建设工程监理活动。《管理办法》对监理范围和监理内容作了规定,即国家中型以上基本建设工程和国家重点工程;大型公共工程和市政公用工程;住宅小区工程和旧城区连片改造工程;工程投资总额在100万元以上的利用国外贷款、赠款、捐款建设的工程;法律、行政法规规定的其他工程。应当实行监理。监理分为设计阶段、施工准备及施工阶段的监理。设计阶段监理是协助建设单位签订勘察设计合同,并监督合同的实施;核查设计方案和设计结果是否符合有关法律、法规和技术规范。施工准备及施工阶段监理是协助建设单位签订施工合同;确认施工单位选择的分包单位;审查施工组织设计、施工技术方案、施工进度计划、施工质量保证体系和安全保证体系,并监督实施;抽查、核验工程使用的建筑材料、构配件及设备的数量和质量;参与建设工程的竣工验收和工程结算的审查;负责建设工程保修期工程质量状态的检查以及责任鉴定,督促施工单位保修,复核保修结算。《管理办法》强调建设工程监理实行招标投标制度。建设单位应当按照国家和本省有关规定,采取招标投标方式择优选择工程监理单位。建设单位根据需要,可以委托一个工程监理单位承担全部阶段的监理业务,也可以委托几个工程监理单位承担不同阶段的监理业务,但是施工准备和施工阶段的监理只能委托一个工程监理单位承担。对中外合资、外商独资和国外贷款、赠款、捐款建设的工程,委托国外工程监理机构监理的,应当聘请国内工程监理单位进行合作监理,并报省人民政府建设行政主管部门备案。《管理办法》还对工程监理单位的监理资质、法律责任和监理人员的职责等作了具体规定。

政策规定　2000年,安徽省建设厅相继颁发《安徽省建设工程监理规程(试行)》《安徽省建设工程项目总监理工程师资质管理暂行办法》,对工程项目监理机构、监理人员职责及监理程序等作了明确规定。同时还明确了建设工程项目监理实行总监理工程师负责制,要求总监理工程师依据监理单位与建设单位签订的监理委托合同及本企业法定代表人的任命书,在该建设工程项目监理过程中履行相关职责和管理权力。

2001年3月,省建设厅发布《安徽省建设工程监理招标投标实施办法》(以下简称《实施办法》),2003年9月,省建设厅重新修订发布《实施办法》。《实施办法》指出“建设工程监理招标投标活动应坚持公开、公平、公正和诚实信用的原则，不受地区和部门的限制”。明确规定依法必须实行监理的建设工程项目，总投资额在500万元以上或者监理服务的采购单项合同估算价在30万元人民币以上的必须依法实行监理招标：如基础设施、公用事业等关系社会公共利益、公众安全的项目；全部或者部分使用国有资金投资或者国家、省融资的项目；使用国际组织或者外国政府贷款、援助资金的项目；法律、行政法规规定的其他工程。

2001年12月，省建设厅下发《安徽省工程监理企业资质管理实施细则》（以下简称《实施细则》）。引导全省建设监理工作向程序化、规范化、科学化方向发展。《实施细则》强调了对工程监理企业资质管理，规定工程监理企业应当按照其拥有的注册资本、专业技术人员和工程监理业绩等资质条件申请资质，经审查合格，取得相应等级的资质证书后，方可在其资质等级许可的范围内从事工程监理活动。省建筑管理部门负责全省工程监理企业的归口管理工作。省交通、水利、通信等有关部门配合省建筑管理部门实施相关资质类别工程监理企业的管理工作。工程监理企业的资质等级分为甲级、乙级、丙级。甲级工程监理企业可以监理经核定的工程类别中一、二、三等工程；乙级工程监理企业可以监理经核定的工程类别中二、三等工程；丙级工程监理企业可以监理经核定的工程类别中三等工程。此后，各市在建设工程监理方面，严格实行招投标活动，并按监理企业资质等级核定相关类别的建设工程监理。马鞍山、巢湖市基本实行监理工程应招标的百分之百招标。

2002年1月，安徽省建设厅出台《关于加强工程监理人员岗位资格管理的意见》，把监理岗位分成监理工程师和监理员两个层次，取得国家监理工程师执业资格人员，应当按照国家规定的程序办理注册后，方可在工程监理岗位上任职，从事工程监理业务活动。取得“安徽省工程监理人员岗位证书”资格人员可担任监理员岗位工作，同时具备下列条件的，可担任监理工程师岗位工作。即所学专业应当满足监理岗位需要；从事本专业10年以上工作经历；从事过三项以上工程项目的监理；工程技术职称满足具有高级工程师职称的或取得工程师职称三年以上的。

监理企业经营 安徽省实行建设工程监理制度后，提高了工程建设质量和投资效益、缩短建设工期。同时，监理工程量、监理收入不断增加，监理企业呈现健康发展态势。2004年，全省年收入超过1000万元监理企业已达10家，比2002年增加9家，省监理公司以6000多万元、省电力监理公司以5000多万元名列全省同行业前茅，一批监理企业快速发展，工程监理排头兵企业群已形成。省监理公司、安徽电力、马鞍山迈世纪、安徽三元、马钢设计院等监理企业以品牌和特色，积极开拓省外市场，已取得较大市场份额。2006年，开展全省首届建筑监理行业年度10强遴选活动，当选的10强具有较高产业集中度，完成监理合同额占全省监理企业完成总额48.2%，实现监理营业收入占全省行业45.4%；评选22个优秀监理企业和46名优秀项目总监理工程师。根据全国工程监理统计年报，安徽省工程监理行业在全国排位情况是：监理收入排第16位，企业数排名第14位,其中甲级企业数18位,乙级24位,丙级8位。2007年年底,安徽省监理企业已经发展到195家,共拥有355项主、增项专业监理资质,其中甲级专业资质70项,乙级专业资质101项,丙级专业资质184项。具有招标代理资质45家,工程造价咨询资质26家,工程咨询资质6家,工程设计资质2家。全省监理企业承揽合同额达到12.8亿元,其中3.86亿元是招标代理、工程造价咨询、项目管理与咨询服务等业务合同额。全省工程监理企业营业总收入10.29亿元,全国排名第12位;工程监理收入6.51亿元,全国排名第13位。在参加统计的全国6043个建设工程监理企业中,有2家企业综合实力跻身全国百强企业行列,即安徽省建设监理有限公司以排名第43位、安徽省电力工程监理有限责任公司以排名72位进入全国监理企业监理收入前100名,标志着安徽省骨干监理企业经营规模已达到监理行业全国先进水平。

企业管理与成效 2005年后,省建设厅先后下发《关于进一步加强监理企业和监理岗位人员业绩信用登记管理的通知》《安徽省监理企业不良行为暂行考核标准》和《安徽省监理岗位人员不良行为暂行考核标准》等文件,建立全省监理企业和监理人员业绩信用记录制度,对建设工程项目管理重要岗位实行考勤打卡办法,加强对监理行业安全质量法律责任监管,加强对建筑工程节能等新技术、新规范、新工艺监理工作培训指导。通过建设监理协会倡导和鼓励监理行业自律管理,使全省工程监理监管由单一行政手段向行政和市场手段并重转变,取得可喜成绩。截至2007年,全省有8项监理工程获得"鲁班奖"。4年入选"黄山杯"奖工程中,共有125项监理工程获得省优质工程"黄山杯"奖,39家监理企业先后被授予"黄山杯"奖参建单位荣誉。

第三节 部分监理企业

1988年以来近20年,提高了工程建设项目管理科学性和公开性,监理企业亦得到发展壮大,有的已发展成国内优秀企业。

安徽省建设监理有限公司 安徽省建设监理有限公司(原安徽省建设监理公司,以下简称"省监理公司"),自1988年开始,作为建设部率先在全国推行建设监理试点单位,经过5年实践,于1993年挂牌成立,2003年经改制由原安徽省建设监理公司更名为安徽省建设监理有限公司,是国家首批甲级资质监理单位。

经过近20年发展,到2007年,经营范围为:工程建设监理(甲级);工程招标代理(甲级);工程造价咨询(乙级);政府采购代理(甲级)。并开展相应类别建设工程项目管理、技术咨询等业务。

"省监理公司"员工总数600余人,中、高级专业技术人员占80%以上。国家注册监理工程师、注册造价工程师、注册咨询工程师、注册设备工程师、一级注册结构师、一级注册建造师等注册执业资格人员120余名。

"省监理公司"检测设备齐全,拥有全站仪、钢筋混凝土保护层检测仪、公路土工、沥青类检测仪、激光测距仪等各类检测仪器，能够满足监理工程各项检测需要。2001年，通过ISO 9001质量管理体系认证。质量方针是：诚信为本，确保建设单位满意；优质服务，全面实现合同目标。监理足迹踏遍全国十几个省市和地区，监理上千个工程建设项目。监理项目获中国建筑优质工程"鲁班奖"4项、国家工程建设质量奖银奖2项；60余项监理工程分别获得安徽"黄山杯"、江苏"扬子杯"、福建"闽江杯"、合肥"琥珀杯"、苏州"姑苏杯"、镇江"金山杯"等省市优质工程奖。连续多年获"全国先进工程建设监理单位""全国守合同重信用企业"荣誉称号和安徽省、合肥市"重合同守信用""全省双满意工程招标代理机构""全省建筑行业安全生产先进集体"荣誉称号以及江苏、福建等省市以及苏州工业园区"先进监理单位"荣誉称号。多名优秀员工被评为全国和省市"优秀总监理工程师"和"优秀监理工程师"。

2007年，监理合同额首次突破亿元。连续多年被评为安徽省监理行业"十强企业"，并排名第一。在住房和城乡建设部2005年开始的全国工程监理企业监理收入前100名排名中，连续3年位列全国监理百强。

合肥工大建设监理有限责任公司 合肥工大建设监理有限责任公司（以下简称"工大监理公司"），成立于1995年5月，具备多项跨行业监理资质，持有建设部颁发的房屋建筑工程和市政公用工程甲级监理资质、公路工程及水利水电监理资质等；持有交通部颁发的公路工程甲级监理资质、特殊独立大桥专项监理资质；持有水利部颁发的水利工程监理资质和安徽省人防办人民防空工程监理资质。"工大监理公司"以工程建设监理服务为主营业务，包括各类建筑工程、公路桥隧工程、市政公用工程、水利水电工程、机电安装工程等监理服务。随着社会发展需求，2007年公司正式开展工程项目管理业务，为社会提供更广泛技术服务。

"工大监理公司"自成立以来，连续多年被中国机械工业联合会、中国建设监理协会机械分会、安徽省设建厅、安徽省建设监理协会、合肥市建委、合肥市建筑业协会等建设行政和行业主管部门评为部、省、市级先进监理企业，是全国百强监理企业、全国机械先进监理企业、安徽省先进监理企业、安徽省十强监理企业、合肥市先进监理企业、守合同重信用单位。是安徽省首批通过ISO 9001：2000质量管理体系认证、ISO 14001：2004环境管理体系认证、GB/T 28001：2001职业健康安全管理体系认证监理企业。

监理工程获"鲁班奖""詹天佑土木工程大奖"各1项、国家级金奖2项（优秀园林绿化金奖、建筑装饰金奖），部级优质工程3项，省级优质工程30余项，市级优质工程100余项。

2007年，"工大监理公司"有管理和技术人员700余人，其中高级职称占20%，持国家级注册岗位证书近300人（次），包括国家注册监理工程师（建设部、交通部、水利部等颁发）、香港建筑测量师、注册造价师、注册岩土师、注册咨询师、一级注册建造师、一级注册建筑师、一级注册结构师、注册安全工程师等。共有150多人次获得国家级、省（部）级、市级荣誉表彰。

经过10余年发展，已成为国内颇具影响、安徽省实力最强监理公司之一。监理项目遍及皖、浙、苏、闽、粤、辽、鲁、赣、川、青、蒙、疆等地；涉及公共建筑、公寓及住宅工程、学校及体育建筑工程、医院建筑、工业建筑、厂房、装饰及精装修工程、市政道路桥梁、污水处理、环境治理、园林绿化、公路工程、桥梁工程、隧道工程、水利水电等行业。

"工大监理公司"依托合肥工业大学建筑、规划、土木、岩土、环境、机械、工程管理等多学科专业院所，形成高端专家技术资源，充分利用其人才技术和科研成果等优势，获得强大技术支撑；与合肥工业大学建筑设计研究院共同搭建合肥工大建筑技术研发中心平台，参股合肥工大招标咨询公司、合肥工大工程试验检测公司、安徽多维施工图审查公司、安徽长江教育投资公司、安徽三立房地产开发公司等多个产业单位，在多个领域涉猎最新技术观念，竭诚为社会提供建设领域一站式咨询与服务。

安徽省电力工程监理有限责任公司　安徽省电力工程监理有限责任公司（前身是安徽省电力工程监理公司，以下简称"电力监理公司"）于1994年元月成立，"电力监理公司"具有原电力部火电、水电工程监理甲级资质。在省电力公司和董事会关怀和指导下，与时俱进、求真务实、负重拼搏。在监理费收费标准偏低（1992年标准）情况下，各项经营指标不断攀升。

2003—2007年，连续被合肥市工商局评为"重合同守信用"单位，在合肥市建管局组织的合肥市建筑市场先进集体评比中获"优秀监理企业"荣誉称号，为合肥市包河区纳税超百万元企业。连续被评为"安徽省优秀建设监理企业""安徽省建设监理行业10强企业""中国建设监理行业100强企业""安徽省建筑业外向骨干企业""全国优秀监理企业"。

2007年被安徽省人民政府评为"守合同、重信用"单位。监理的安徽省电网生产调度大楼工程获2007年度"中国建筑工程鲁班奖"。

安徽恒正建设工程项目管理有限公司　安徽恒正建设工程项目管理有限公司始建于2003年，是经国家建设行政主管部门批准的项目管理企业，公司管理执行质量、环境、职业健康安全"三标一体"的管理体系，并在行业内率先通过了质量管理体系（ISO 9001）、环境管理体系（ISO 14001）和职业健康安全管理体系（OHSAS 18001）三合一认证。

截至2007年，拥有房屋建筑工程甲级、市政公用工程甲级；水利水电工程丙级；矿山工程乙级、人防工程监理乙级、招标代理乙级、造价咨询乙级、房屋建筑工程施工总承包贰级、市政公用工程施工总承包叁级等资质。公司拥有员工近300人，其中高级工程师62名、中级职称148名；国家注册监理工程师58人，注册造价工程师12人，注册安全工程师5人、注册一级建造师29人，二级建造师25人，其中有20余名总监理工程师获省级优秀监理工程师荣誉。

公司自成立以来，先后承担并完成了500余项各类工程监理项目，遍布16个地区

（淮北、宿州、亳州、马鞍山、滁州、宣城、合肥、阜阳、苏州等地区），累计完成建安工程总造价近 300 亿元，在公共建筑、学校及体育建筑工程、工业建筑及厂房、市政道路、园林绿化、桥梁工程、水利水电、土地整理等多项领域均取得良好的监理业绩。公司所监理的项目有 30 余项获“省级安全标准化工地”，50 余项获“市级安全标准化工地”，20 余项获“市级优质工程奖”“省级住户满意工程”等优质工程。2006 年度获淮北市优秀监理企业。

第四章　徽派建筑

明清时代，徽州富商显贵，为荣宗光祖，炫耀乡里，除购置土地外，纷纷大兴土木，建筑豪华住宅、园林、书院、祠社、学校等。这些建筑，风格独特，布局合理，装饰精致，加之徽州多山富水，盛产竹木，民间又有雕刻、绘画传统，砖、木、石雕别具一格，因而形成颇具地方特色的建筑，被誉为“中国建筑艺术的一大派系——徽派建筑”。徽派建筑之所以享誉数百年而不衰，是因为各级政府重视保护、关注和研究等有关，使安徽建筑界这颗“瑰宝”具有强大的生命力。1986—2007年，在徽派建筑形式继承和发扬方面，进一步作出努力探索和实践，出现不少佳作。这些“新徽派建筑”包括用现代建筑材料兴建仿古建筑、民居建筑和公共设施。根据表现形式，大体上可分为“形态、神韵、意境”三大类。徽派建筑风格不仅在黄山市周边地区有影响，而且已经在国内其他地区产生积极效应。如河南省新县借鉴徽派建筑风格，营造城市建设风貌，取得成功。2005年11月，霍山县派人专程去黄山市学习徽派建筑风格，借鉴徽派建筑实施该县诸佛庵镇老街灾后重建工程。江苏扬州、金陵，浙江杭州、金华，江西景德镇等地，亦是徽派建筑相对密集的城市。1989年，在德国法兰克福市贝特曼公园内建成徽派建筑——春华园，深得国际友人赞誉。

第一节　风格特色

徽派建筑之乡的徽州，地处皖南山区，山地及丘陵占十分之八九。早期，从适应山区生活的实用功能出发，采取的是“干栏式”一类的建筑。其优点是既能防止山区野兽的侵袭，还能防止因潮湿环境而引起的瘴疠之气。“干栏式”建筑以竹子为骨架，以茅草盖顶，时间一长，便干燥开裂，只得拆除重建。唐初，时任江南西道观察使的韦丹采取鼓励政策和优惠政策，并亲自劝导、督促，使砖木结构的瓦屋在徽州民间得到推广。早期的徽派建筑仍保留有“干栏式”建筑的特征，楼下矮小，楼厅宽敞，楼上厅室作为日常生活起居的主要场所。随着砖墙防护的安全性和排水系统的通畅，以及室内木板装修的防潮作用明显，徽州民居建筑才逐步演变为楼下高大宽敞、楼上简易的形式。

形成条件　徽州多山，石材、林木资源丰富，为木构架形式房屋提供了优良的建筑材料，打造了一个个徽派建筑风格的古村落。

古徽州为宗族社会，老百姓聚族而居，宗祠林立。各类祠堂建筑丰富了徽派建筑的内容，体现了徽派建筑卓越的工艺水平。同时，徽商以雄厚的财力在家乡大兴土木，营建住宅、园第、祠堂、牌坊、书院等建筑，既促进地方经济的繁荣，也影响了建筑风格。徽商所引发的村镇大规模建设，使徽派建筑在形式上更具广泛性，功能上更具全面性，装饰上更具艺术性，内涵上更具文化性，将徽派建筑工艺发展到一个新的水平。

徽州是理学之乡，风水理论对徽派建筑艺术和风格形成有着很大影响。许多古村落选址、布局都是在风水先生指点下进行，一般多依山傍水。风水学认为水象征着财富，为留住财气，除选中好水口位置外，还必须建筑桥、台、楼、塔等建筑物，增加锁钥气势，扼住关口。同时，在水口处广栽树木，以达到“藏风聚气”理想追求。建成水口环境，属于村落中公共设施，任何人不得随意破坏，维持良好生态环境。这种水口环境由于山、水、林木、建筑物共同构成精美组合，既有山林野趣，又富有园林意境，因此，被学术界称之为“水口园林”。

建筑风貌

徽派建筑一般都是青瓦、白墙，给人以一种淡雅明快的美感，无论在田园、在山林、在城郊、在河滨，一簇簇青灰色衬托下的洁白建筑群，把环境装扮得更为秀美，体现了徽派建筑的基本风貌和整体美、和谐美。

徽派建筑多依山临水，借助山水形势，自然布局。依山者因山而建，临水者沿水而筑，建筑群与周围环境巧妙结合，形成了优美的村镇风貌。建筑的个体平面比较简单，一般以天井为中心组成的方形或矩形。但这种平面在整体组合上，却有着极大的灵活性，它可因环境之不同，组成各种不同群体平面空间。在立体空间方面也有较大的灵活性，主房与辅助房在层数上常有变化，房屋的进深也多有不同，形成不同高度的山墙面，加之房屋随地形自然起伏，从而形成了丰富多姿、错落有致的群体空间形象。

梁架　徽州民居无论是“抬梁式”还是“穿斗式”的梁架结构，都具有明显的地方特征。用料硕大，特别是横梁，因其粗壮，俗称“冬瓜梁”；又因其形如新月平卧，雅称“月梁”。横梁的选型中部略微起拱，两端雕出花纹，中段常雕刻成多种图案。立柱与石质基础接触处开出利于通气的小木槽，以防止木柱基部因不通气而受潮霉变腐烂。

天井　外观封闭紧凑，内部设天井和庭院，通融开放，是建筑格局中的又一大特色。一般来说，三开间结构都有一天井组合，由三开间基本结构组成相对三间共一天井，相背三间也即“脊翻两堂”则前后各设天井。大户人家往往三开间纵向相连或横向相通组成深宅大院结构。主要房间位于南向，而东西向只是较小的辅助房间，一般为廊屋、楼梯间和储藏间等性质，所以民居的天井多为窄条形。而祠堂建筑大厅前的天井或庭院多为正方形，而且空间很大，使族人聚会时仍然保持空气流通。民居天井庭院在功能上除采光、通风、排水外，还是建筑空间的补充，是与建筑相渗透、融汇的部分。天井院的采光由于天井窄小，且为高墙深院，光线多为二次折射光，很少天然眩光，光线柔和，给人以静谧舒适之感。不少国外建筑专家对徽州民居的天井结构大为赞叹，他们认为这种通过天井采集的透明而静谧的光线，是西欧等建筑所不具备的，因而深深地为看似平常而又平常的天井这种奇妙的建筑空间所魅惑。天井庭院又因具有集聚屋面雨水的功能，称之为“四水归堂”，亦有肥水不外流之寓意。天井庭院是家庭的共享空间，可养花种草，纳凉负暄，亲朋叙谈，是家人共同活动的地方。同时，天井还是联络楼梯、过道及前后其他天井房间的交通枢纽，与厅堂共同组成徽州民居的核心部位。

马头墙　最引人注目的是马头墙的造型，这种建筑形式是将房屋两侧的山墙升高超过屋面及屋脊，并以水平线条状的山墙檐收顶。为避免山墙顶距屋面的高差过大，采取向屋檐方向逐渐跌落的形式，既节约建筑材料，又使山墙面高低错落，富于变化。马头墙的作用原本是为防止火灾蔓延相邻的房屋，所以民间俗称为“风火墙”，又称“封火墙”。马头墙的建筑造型丰富多姿，有阶梯式，层层跌落；有弓形或云形，舒展自如。马头又有文式、武式之分，文式为形如官印的方墩，武式则若高翘的鸢尾。马头墙的运用，不但有效地防止火灾蔓延，而且冲破了一般墙面的单调，增加了建筑的美感。由于村落中古民居的高低、大小不尽相同，马头墙也就随之出现不同的朝向和不同的高度，形成更为丰富的空间变化，起到丰富建筑艺术的效果，成为古民居建筑群体形象的“主旋律”。

三雕　建筑外观朴素简洁，通过对建筑部件、构件的精心装饰，使建筑物更增添了美感。民居一般不加浓漆重彩，而是在门楼、门罩、柱础、梁架、窗户、隔扇、栏板等部位配置各种精美的雕刻，形成一种清丽高雅的建筑装饰风格。雕刻装饰材料有砖雕、木雕和石雕三大类。砖雕大多镶嵌在门罩、窗楣、照壁上，在大块的青砖上镂刻着神态逼真的人物、虫鱼、山水、花鸟、八宝、博古及几何形体。一块块构思精妙的砖雕排列在一起，宛如一幅生动传神的立体画卷。木雕表现在月梁头上的线刻纹饰，平盘斗上莲花墩、花鸟、云锦、屏门隔扇、窗扇和窗下栏板、楼层拱杆栏板、天井四周的望柱头等，内容多为人物、山水、八宝、博古。石雕主要表现在寺庙、祠堂、牌坊、塔、桥、石碑、摩崖石刻及古墓道和民居庭院、门额、栏杆、水池、花台、漏窗、照壁，天井四周、柱础、抱鼓石、石狮等。

第二节　徽派建筑文化研究

明清徽州文风昌盛、教育发达，为丰富建筑内容，提高建筑艺术水平，不少古村落都建有书院、文会、文昌阁、魁星阁、文峰塔等文化教育密切相关的建筑。在大量保存完好古民居建筑中，无论是建筑雕刻装饰还是室内陈设，都体现较高文化素质和文化需求。一座座耸立在大路旁和村口石牌坊，将徽派建筑结构造型、石雕工艺通过不同类型牌坊建筑表现得淋漓尽致。徽派建筑正是以浓郁文化气息别开生面，形成独特建筑艺术风格。

研究成果

1986年以来，省内外一些学者、专家，对徽派建筑文化进行了大量研究，并撰写、发表了一批学术论文，对弘扬徽文化起着很好的促进作用。

论文发表 围绕弘扬徽派建筑文化，安徽从事建筑研究学者们陆续研究发表了一批学术论文。主要有：吴晓勤、陈安生、万国庆《世界文化遗产——皖南古村落特色探讨》，吴晓勤、万国庆、陈安生《皖南古村落与保护规划方法》，程极悦、程硕《徽州传统民居概述》，程极悦《徽州古建筑发展概述》，李业宏、黄益良、马道云《徽派建筑艺术与功能的关系》，姚光钰、刘一举《徽州古村落选址风水意象》，陈琍、马道云、姚光钰《徽州水口园林艺术浅析》均发表于《安徽建筑》；吴晓勤、陈安生、万国庆《皖南古村落申报世界文化遗产方法——以西递、宏村为例》发表于《江淮论坛》；万国庆《西递、宏村及其他历史街区的现状与保护对策》，陈安生《呈坎古村落风水意象评述》，方必晖《屯溪老街店铺建筑特征和模式库的建立》，江涛《屯溪老街历史文化保护区基础设施整治规划研究》均发表于《安徽城市规划》；黄山松《徽派建筑的特色》发表于《华夏纵横》；刘一举、姚光钰《浅析徽州明清民居天井与庭院文化特征》，陈琍《赋予城市建筑地域特色风貌初探》，李祁南、黄宜钺《挥毫泼墨，绘就徽派建筑的新蓝图》，韩毅《功能·形式·空间》均发表于《徽州社会科学》；陈继腾《形象驱动视角下的乡村旅游规划》发表于国家核心期刊《华中建筑》；陈继腾《浅谈徽州文化生态保护实验区的规划与管理》和《加快转型、多元发展、开创勘察设计新时代》发表于《黄山日报》；陈继腾《徽州民居建筑空间的人性意识》和《创造徽派特色的现代国际旅游城市景观》发表于中国人文社会科学核心期刊《学术界》。有的论文还获得不同奖励，如：1987 年陈继腾《发展徽州地方性风景区之我见》获黄山市“我为‘旅、工、农’献计优秀论文二等奖”（一等奖空缺）；1991 年陈继腾《徽州民居建筑空间的人性意识》获黄山市首届科技论文优秀作品三等奖。

中日学者研究古民居 1994 年 9 月，黄山市人民政府秘书长程永革、清华大学教授朱自煊、黄山市城乡建设环境保护委员会有关负责人、黄山市建筑学会有关成员与日本国京都大学艺术系教授大西国太郎、西尾信广等就屯溪老街保护学术研究课题进行会谈。大西先生认为中国政府保护意识强，对保护工作很重视，为合作开展研究提供较好基础；与清华大学朱自煊先生及黄山市城乡建设环境保护委员会专家合作，是一种新尝试；成片保护研究，涉及到街道纵深层次，不但有经营环境，还有生活环境。大西先生还认为对木结构房屋开展大面积保护研究还无先例，如果合作成功，将有重大意义。与会人员就合作开展屯溪老街学术研究项目达成共识，决定由大西先生回国后向日本丰田财团提交申请该项目科研资助金报告。

1995 年 8 月，经初步审查通过后，大西国太郎先生正式向日本丰田财团理事长饭岛宗一提交“丰田财团 1995 年研究助成共同研究者认可书”（以下简称“认可书”），研究课题确定为“关于对中国徽州民居集住空间和街上房屋排列状况的变化及保存再生方法的日中共同研究”。“认可书”中叙述道：“此项研究是以安徽省黄山市屯溪区（原屯溪市）的中心部为对象而进行的研究方法。安徽省被称为徽州民居的宝库，黄山市是其精华部分。所以，涉及屯溪区中心部的徽州民居区域，是我们研究最适宜的地方”。

“认可书”还陈述该研究课题所具有独创性:在认识到亚洲各城市个性消失问题背景下,确定面向21世纪中国城市特性保存为目的的国际研究。这种以传统店铺为对象,分析其变化原因,掌握其变化情况的研究,在中国也属首次。这种把代表中国民居的徽派民居作为群体进行研究,各种传统内部空间,解放后因多家人入住是如何变化的,另外,这种内部变化对于街面景观变化有何影响,在实际调查基础上进行研究,对中国历史区域研究会很有启示。有关称作“新徽派住宅”“新徽派共同住宅”的新居住形式研究和提案,在中国是首次,作为在保存地域个性同时,改善居住环境手法,有很大意义。不仅是街面,还包括弄堂在内广大居民区域保存再生研究提案,在中国是首次,对中国历史地区是有划时代意义,这是对中国各城市具有深刻影响实际研究。由于“认可书”论述精辟,同时由于该研究课题的独创性,在获准率只有百分之五激烈竞争中,该项目终于获得日本丰田财团资助认可。

1996年7月,黄山市建筑设计研究院、黄山市规划设计院有关专家和技术人员在屯溪老街海底巷、渔池巷、李洪巷地域约1万平方米研究试点地段范围内开展研究前期调查,取得一大批精确数据和资料。9月,日本国专家大西国太郎、西尾信广等一行12人、清华大学教授朱自煊等一行5人先后到屯溪,与黄山市建设系统有关工作人员进入研究试点地段,开展现场调研、建筑物实测工作,历时半个月告一段落。中、日合作三方就该试点地段保护、再生构思进行成果交换。

学术交流　黄山市建筑设计研究院和黄山市建筑学会,利用黄山和徽派建筑这两大资源优势,广泛开展国内、国际学术交流,不断开拓视野,提升设计水平。先后邀请世界级建筑大师,美籍华人贝聿铭先生;中国工程院院士、中国建筑西北设计研究院总建筑师张锦秋先生;台大建筑与城乡研究所教授、在国际规划和设计界颇有影响的夏铸九先生等到院作学术指导。2006年10月,与省土木建筑学会共同举办“皖、苏两省建筑设计年会”。2007年,组织参加第三届国际智能、绿色建筑新技术产品博览会,协办“全国地方传统建筑研讨会”。2007年9月,邀请清华大学单德启教授举行“徽派建筑科学保护和利用”专题报告会;台北大学(留法学者)韩选棠教授举行环境艺术设计讲座。

研讨会　1996年6月,在黄山市举行历史街区保护国际研讨会,来自日本、澳大利亚等国家和国内有关建筑规划、设计和文物保护专家、学者共40余人出席会议。会上,黄山市建设委员会负责人就屯溪老街保护、整治工作作了专题发言。与会人员实地考察老街后,进行认真研讨,一致认为,进行历史街区研究,既有助于探究一个地区起因、发展过程及其文化底蕴,也能为当今及后代子孙保存一份极其珍贵和完备的文化遗产,对于一个地区制定整体规划、构筑发展思路有着极为重要的现实意义。建设部常务副部长叶如棠到会并讲话,指出保护历史街区现在已成为保护历史文化遗产重要一环,是保护单体文物、历史街区、历史文化名城这一完整体系中不可缺少的一个层次。当前,要将保护历史街区工作放在突出地位。

2000年6月,召开徽州民居建筑设计研讨会,邀请英国牛津大学鲍·奥利奥教授和东南大学王文卿教授等国内外知名学者与会指导，到会的各地设计专家100多名。

2007年12月，在黄山市举行黄山徽派建筑论坛。本次论坛的主题是“和谐·绿色·徽派特色”，共收到清华大学建筑学院、清华规划院地区建筑和聚落规划研究所、安徽省建筑学会、黄山市建设委员会、黄山市建筑学会、黄山市建筑设计研究院、徽州古建研究所、黄山市城市建筑勘察设计院、黄山市徽州区规划建筑设计室、黄山风景区规划设计室、安徽省徽州古典园林建设有限公司等单位提交论文17篇。在论坛上宣读论文有：清华大学建筑学院教授单德启的《和谐城市和徽派建筑浅议》，安徽省建筑学会张振民教授的《现代城市与历史文脉》，黄山市建设委员会陈安生的《徽派建筑与汉文化圈其它建筑流派之比较》，黄山市建筑设计研究院陈文的《徽派建筑创新实践》，黄山市城市建筑勘察设计院陈继腾的《传承和弘扬徽派建筑》，徽州古建研究所程极悦的《归园与春华园》。

设计活动

弘扬徽派建筑文化，必须坚持弘扬徽派风格。为此，黄山市学术界还做了两件事，一是征集新徽民居设计方案，编集成册提供民居建筑参考；二是开展民居设计大赛，以此提高徽派建筑环境和质量。

建筑风貌定位　在深入进行学术研究和交流基础上，对徽派建筑主要元素马头墙、坡屋面，色彩应体现浅色调白墙、灰瓦基本统一认识。弘扬徽派风格，必须坚持“粉墙、黛瓦、马头墙”三元素和“白墙、灰瓦”主色调不动摇。黄山区做法是坚持色彩控制，以“青砖、白墙、灰瓦”作为主色彩，严禁使用“红、黄、兰”三原色进行外立面处理；坚持马头墙、坡屋面运用；坚持大体量建筑“小化”；坚持地方原材料开发与使用和片区内风格统一协调。2005年，黄山市建筑学会面向全市征集民居设计方案，从市直和各区县推荐选送的110套方案中，选出50套经济适用、符合黄山地域特色风貌的民居建筑设计方案，这些方案既可以单体建设，也可以连体建设，编印成《黄山市新徽民居建筑设计方案集》，由黄山市建设委员会发放至各区县建设局和全市50个建制镇，提供推广使用，为全市村镇建设保持统一建筑风貌提供服务。

民居设计大赛　为加速改善城镇居民居住环境和质量，继承和弘扬徽派建筑文化，努力营造黄山市“蓝天白云、青山绿水、粉墙黛瓦、清新明快”的人居环境，由黄山市人民政府主办、黄山市建设委员会等单位协办，黄山市建筑学会具体承办，于2003年开展面向全国的“21世纪徽派民居”设计竞赛活动。共收到来自清华大学、天津大学、东南大学、武汉理工大学、辽宁、江苏、安徽等省高等院校选送参赛作品，以及黄山市建筑设计研究院、黄山市城市建筑勘察设计院、祁门县建筑设计室、休宁县建筑设计室、黄山市古典园林建设公司选送的参赛作品共37件。经过清华大学及省内教授、专家9人组成评审组评审，有16件作品分别获得一、二、三等奖和优胜奖。获奖作品及赶制的模型，在2003年10月25日开幕的第八届中国黄山国际旅游节暨徽文化节期间，向国内外参加节庆活动来宾和全市人民展出。同时展出精美徽派建筑摄影作品100幅，以及部分徽派建筑装饰工艺木雕、砖雕和石雕实物。所有获奖者均应邀参加颁奖大会，中共黄山市委、市政府领导为获奖者颁奖。获得一等奖是武汉理工大学汪玥的《徽州人家》；获得二等奖是天津大学李鹏的《徽宅》、清华大学李汶的《传统居住空间的复兴》；获得三等奖是黄山市建筑设计研究院洪祖根的《新徽民居》、清华大学陈晶的《青藤映院》、黄山市建筑设计研究院吴建华、程铨的《新徽宅》。

第三节　建筑类型与保护

徽派建筑的艺术风格体现在村落民居、祠庙、牌坊和园林等建筑实物中，自然古朴，隐僻典雅，与大自然保持和谐美。据不完全统计，徽州现有古祠堂、牌坊、民宅、古桥、塔、亭等文物古迹4900多处，其中列为国家和省重点文物保护的有45处。

主要建筑

村落　古村落分为块状聚落、线状聚落和复合式聚落三种形式。块状或不规则多边形的村落，平面的东西轴和南北轴基本相近，或大致呈长方形。有规则的块状聚落，往往内部伴有方格状结构。块状村落，用地紧凑，有利于安排基础设施和公共设施。线状村落也称带状村落，多因靠近水源而沿河岸呈条带状伸展，也有沿河谷阶地或沿山麓延伸的。复合式村落也称混合式村落，新的村落形态发展到一定规模与原先的村落并成一个集镇或一个村落时，即形成了复合形态的村落。古村落选址布局与自然环境融为一体。村落选址依据风水理论，强调天人合一，大多依山临水，既考虑生产、生活上的便利，又突出精神上的需求。古村落建筑群体多由曲折幽深的巷道分割或相通，巷道的宽度一般仅达建筑层高的五分之一左右，少数还不到。形成别具特色的深街幽巷，显得宁静、安详，生活气息浓厚。街巷路面多用青石板或麻石条铺砌，特别显得雅致。西递村的大街小巷均用地产的“黟县青”石板漏窗，以及街头巷尾的石条凳、水井等，展示出古村落的风姿，给人以步移景换的感觉。南屏村的巷道不仅狭窄，而且曲折迂回，犹如迷宫。古村落比较重视村头组景，在进村前的村、郊结合部，利用不同的山势、岗峦、溪流、湖塘，配置以牌坊、桥梁及亭、阁、塔等建筑，加上茂密的树林，形成优美的园林景观，为一村风景最美、最具特色的地方，甚至成为一村的重要标志。

民宅　古民居建筑是砖木结构，以木构架为主体，形成梁架和柱结合在一起的房屋基本框架，内部分隔也是木板、木屏门、木隔扇。柱子基础较为简单，处理灵活。木构架用墙体围护，墙体不承重，为适应防火的需要，围护墙体均高出檐口成为马头式山墙。墙体或为扁砖，或为空斗墙砌成，外用白石灰粉刷。屋面用青色小瓦覆盖，屋脊和山墙顶部直排小青瓦，以备检漏时换瓦所需。采光均以内天井为主，很少有向外开窗，或仅在楼上对外开小窗，起到通风的作用。大门多有装饰，根据不同地位和等级，分别有门楼、门罩、门楣等不同形式。内装饰主要体现在木结构上，除柱外，都能雕刻装饰。民居的基本定式为大厅、穿堂、四合和三间四种。这四种基本定式在具体实施中通过廊、附屋等连接，组合成灵活多变的住宅或住宅群体。大厅为整套住宅的主体，多为明厅，三间敞开。大厅也可用活动隔扇封闭，便于冬季使用。一般大厅设廊，面对天井，但大厅的变化中又分为正中入口处设屏风门，日常从屏风门两侧出入，遇有礼节性活动，则大开屏风门。大厅的变化方式有由边门入口，则天井下方设客房；或者由正门入口，厅下设两厢房。穿堂又名回厅，是"脊翻两堂"的前后厅组合，但后厅明显小于前厅，"穿堂"是指后厅而言。穿堂是由大厅进入内室的过渡建筑，小三间与大厅相背向，由大厅正面隔屏的两侧门进入，较正式三间要小得多，采光的天井也为窄长形。四合式大多是人多的家庭居住，也可以看成是二组三间式相向的组合。具体还可分为大四合与小四合两种。大四合式是上厅与下厅相向，中间是大天井，上厅是三间式，但地坪较高，是为正厅，下厅也是三间式，但进深略浅，地坪较上厅低，上下厅两侧以厢房连接。楼梯间有设在厢房的，也有设在上厅背后的。大四合式上下厅均有楼层，层数可达三层。楼上围绕天井形成回廊，称为"走马楼"。小四合式的上厅三间与大四合式相同，下厅则是平房，进深浅，一般中间明堂不能构成厅，而只能作为通道，两个小房间可住，也可作储藏室，天井较小，不设两厢，楼梯均在上厅背后。三间式是民居中最基本的标准式，一明两暗，带厢房或不带厢房，有楼或无楼，楼梯在明堂背后，两间住房用木板分隔，窗户向天井，厢房用活动木隔扇，房门有的向明堂，有的向厢房，一般可以设两个房门随便使用。在三间式的基础上也有五间式，多为明代建筑，而且只能采取"明三暗五"的方式处理。

祠堂　祠堂有宗祠、支祠、家祠等不同类型，建筑方面也有严格区分，不能随心所欲。宗祠为一族总祠，一般为三进，第一进称仪门，第二进称享堂，第三进为寝室。仪门又称门厅、过厅，祭祀时鼓乐之用。享堂是进行祭祖举行祭祀礼仪和宗族议事场所。寝室用于供奉祖先牌位。支祠是族中一个支派的祠堂，因此在建筑规模上绝对不允许超过宗祠，一般只有享堂和寝室两进。家祠为一家或独家祠，通常与宅居相连，规模更小。除此还有一些特殊形式的祠堂。如行祠、女祠、专祠等。

牌坊　徽州牌坊按功能分为门坊、功德坊、旌表节孝坊三类。牌坊常建于庙宇、祠堂之前，或村头水口处，或跨街而立，骑路而建，与其他建筑物和自然环境在一起，组成优美的文化景观。牌坊按材质分为木牌坊、石牌坊和砖砌坊。明代以前的牌坊都是木牌坊，由于不耐久，容易毁坏，逐渐被石牌坊所取代。砖砌牌坊多结合门楼一起建造。石牌坊都是仿木结构，其中斗拱、梁柱、屋顶等细部做法保留着许多当时木结构建筑特征。石牌坊有门楼式、冲天柱式和四面式三大类。早期石牌坊采用二柱三楼型制，至明弘治年间开始出现四柱三楼式，很快又被更高大的四柱五楼式所取代。明代后期出现的四面式，是徽州石牌坊造型上的一个重大突破。在建筑工艺方面，明代石牌坊皆施斗拱，其具体构造随着时代的发展经历了从整体雕琢到分块拼装的过程。明代柱子皆为方柱抹角，清代几乎为一式方柱。有收分与导角做法，早期明显，至清代不再使用。靠背石早期采用"雕日月卷象鼻格浆腿"，明中叶出现以圆雕狮子代替靠背石，开始为蹲坐式石狮，但这种蹲坐式的石狮形体不利于支撑作用的体现，所以又将其中至少一对石狮作倒立状，使尾部达到一定的高度以支撑石柱；或用一对蹲狮，一对靠背石。明末，靠背石开始简化，一般石坊仅用素板。石坊屋顶早期多为悬山，仿木构之举折作平缓曲线，屋角起翘已有嫩戗发戗的做法，忠实显示了明代木结构屋面的特征。明中叶盛行歇山顶，屋面檐板极平，金板较陡，整个屋面呈折板状。明末以后，屋面坡度显得更加陡峻。石坊的上、下枋明末盛行月梁，丁头拱、花沓也被雀替取代。到清代，有的雀替变成镂空的雕刻装饰构件。石牌坊的雕饰花纹图案大部分都是仿木的彩绘，主要集中在上、下枋，构图颇为自由。图案内容早期多花卉鱼鸟，后来几乎全为双狮戏球、凤凰牡丹、云纹仙鹤之类。

保护措施

政府重视　1986年安徽省人民政府正式确定西递古村落为省级文物保护单位，自1987年起对外开放。20世纪80—90年代，黟县人民政府成立保护规划领导小组，制订村规民约和保护规章，使村民自觉增强保护古民居意识。同时，政府还制定各种保护措施，编制保护规划（西递、宏村古村落保护规划都已制定，得到建设部城市规划司的肯定），多方筹集资金进行保护和维修；成立具有国家资质的古建筑研究所和古建筑白蚁防治所，进行白蚁防治、古建筑维修技术培训指导等。

具体做法　20世纪80年代，黟县人民政府即投入资金抢修古民居15幢、古祠堂3幢和“敬爱堂”“追慕堂”“花厅”古建筑；在主街道设置消防栓，每幢古民居都设置消防灭火器材；严禁机动车辆进村，避免街道道路受损；对古民居采取防腐和白蚁防治措施，并进行封山育林以保护村庄整体风貌；1996—1997年，又投入资金建设和改善排水、供水、电力、电讯等基础设施；同时改善居民居住和生活条件，为居民配发石油液化气灶，改善长期以来烧柴习惯，以保护周边山林植被。

徽派建筑弘扬与整治

为继承和发扬徽派建筑风格，加强徽派建筑风格建设与管理，加快建设具有地方特色的城乡风貌，黄山市人民政府于2005年11月，主持开展一次全市性徽派建筑风格建设与管理调研活动，实地考察黟县、祁门县、休宁县、歙县、徽州区、黄山区等区县。在调研基础上，市政府制定发布《黄山市徽派建筑风格建设管理暂行规定》《黄山市关于保护和弘扬徽派建筑风貌及非徽建筑整改工作指导意见》。2006年4月，在徽州区召开全市弘扬徽派建筑动员现场大会，部署在全市范围内开展“保徽、建徽、改徽行动”。整治非徽建筑以景区景点及周边区域，国道、省道等交通干道两侧，旅游交通道路两侧为重点。

屯溪老街保护　1993年7月，清华大学朱自煊教授主持对1985年屯溪老街保护与更新规划修订工作，共完成老街使用功能变迁图、老街建筑风格与质量评价图、老街三级保护范围图、老街典型建筑图、老街东入口改造规划图、老街立面图和《屯溪老街保护管理条例》起草大纲。在此基础上，形成《屯溪老街保护整治规划》。朱自煊教授强调屯溪老街保护必须坚持“保护、整治、更新”六字方针和整体保护、积极保护两项

原则，严禁大拆大建、拆旧建新。保护分核心保护区、建筑控制区、景观协调区三个层次。坚持环境效益、社会效益、经济效益三统一。朱自煊教授还介绍国外历史街区保护经验，指出屯溪老街保护与整治有些措施超过国外水平。

明园、清园迁建　明园、清园位于徽州区潜口村西两个部分。明园，在徽州区紫霞山，为水香园旧址。1980 年，国家文物部门投资 130 万元，将散落于歙县乡村且濒临消亡的 20 余座明清徽派遗构民居、祠堂、牌坊、戏台、路亭、石桥、古井等其中的明代徽派遗构 13 座，采取原拆原建方法进行搬迁，以山庄形式汇聚潜口，予以集中保护。1984 年开工建设，1999 年 3 月基本竣工。迁建严格按照科学要求，对每一单体进行调查研究，测绘详细结构图纸，拍摄照片，对构件进行编号登记，然后逐件拆卸，易地复原，修旧如旧，并建立较为完备档案。1988 年 1 月被列为全国重点文物保护单位。1991 年 7 月 1 日正式对外开放。清园，位于明园对面观音山，1998 年经国家文物局批准立项。2000 年 3 月开始动工兴建，将分散于徽州区、歙县等地难以就地保护的清代民居精品亦进行异地搬迁，集中保护。占地 1.72 万平方米，总投资 1500 万元，其中省文物局拨款 500 万元。至 2005 年年底，主体工程基本完成，共搬迁修复民居、祠堂、戏台等清代建筑 11 座。现已对外开放。

整改行动　2006 年，全市共调查摸底 2000 多幢非徽建筑，确定整改对象 1500 幢。到年底，全市共投入资金 2000 多万元，整治非徽建筑 900 幢，整改面积 30 万平方米。黄山市建筑设计研究院负责完成黄山市区域内北海路、黄山路、滨江路非徽建筑整改工作；黄山市城市建筑勘察设计院负责延安路非徽建筑整改工作；市建筑学会成员刘一举具体指导中心城区“徽州商场”的“改徽”，均取得较好效果。年终市政府组织评比，市建筑学会成员何红玲指导的休宁县万安新街改徽、市建筑学会成员陈安生指导的徽州区唐模水街改徽双双获得第一名表彰。

第四节　工程设计与创新

为做好徽派建筑文化继承和发扬工作，黄山市人民政府 1999 年颁发《关于弘扬徽派建筑文化、加强规划建设管理暂行规定》，2002 年还印发《关于进一步加强规划建设管理、弘扬徽派建筑文化的通知》，2006 年又发布《关于徽派建筑风格建设管理办法》。各区县人民政府也相应制定本区县弘扬徽派建筑文化规范性文件。如徽州区制定《黄山市徽州区村镇规划建设管理暂行办法》，明确规定：村镇建设必须坚持统一规划、节约用地、因地制宜、量力而行原则，坚持徽派建筑风格。同时，鼓励徽派设计创新，对原有违背徽派建筑风貌建筑实行分期分批整改。祁门县制定《祁门县城整体风貌设计管理暂行规定》，提出弘扬“粉墙黛瓦”徽派建筑文化，营造“青山绿水”自然山水环境，保护具有地方历史文化特色街区，加快建设具有地方特色城镇风貌。黟县出台《关于加强城乡规划建设管理，弘扬徽派建筑文化的通知》。歙县下发《关于加强我县村镇规划编制和加强村镇建设管理工作的通知》,要求全县建筑一律按徽派风格进行设计建设。

设计机构与成果 20世纪50年代以前,徽派建筑由能工巧匠领班建造。建筑物大部分为木结构或砖木结构,一般为平房,少数二层,建筑风格绝大部分为典型徽派民居形式。1958年,成立屯溪市基建办公室,开始有建筑设计。此后,黄山市陆续成立设计、勘察院所多家,有黄山市建筑设计研究院甲级资质一家,安徽省徽州古典园林建筑研究所、黄山市水电勘测设计院、黄山市工程勘察院乙级资质3家,黄山市城市建筑勘察设计院等丙级资质13家。业务遍布黄山市三区四县,设计服务范围还扩大到福建、山东、江西、浙江、上海等省市。1998年以前,黄山市有设计、勘察院(室)20家。2007年,全市共有建筑工程设计、工程勘察院17家,从业人员532人。拥有一级注册建筑师6人,二级注册建筑师24人,一级注册结构师7人,二级注册结构师10人,注册岩土工程师2人。

黄山市建筑设计单位先后承担国家建筑标准设计“地方传统建筑(徽州地区)(GJBT—652)”和安徽省工程建设标准设计“坡屋面(DBJT11—115)”图集编制工作,为弘扬徽派建筑文化提供设计规范。1986 2007年间主要设计项目有:中共黄山市委、市政府办公大楼,市人大常委会、市政协办公楼,黄山市建设银行综合楼,徽州文化园戏楼、茶楼,安徽省中国徽州文化博物馆,屯溪老街店面群整治修复设计,黟县秀里影视基地旅游策划(景观村落建筑设计)。在这些设计中,根据徽派建筑外观、功能等特点,设计形似而神韵建筑作品,用现代建筑材料和建筑技术与创新手法,先后设计建成凤凰山宾馆等一批新徽派建筑群。黄山市人大常委会和黄山市政协办公楼组合建筑群位于市中心城区前园南路,透过大门和花墙,是空阔庭院,正对大门不是建筑物,而是园林式空间,一道曲廊桥将两座对称相向而立的办公大楼连在一起。洁白粉墙,端庄马头,使人充分感觉到徽派建筑神韵。以抽象手法表现徽派建筑理念的花溪饭店主楼,顶部两侧体现马头墙意念;黄山国际大酒店则用通透马头框架来体现;黄山供电局大楼顶部则用浮雕状牌坊梁架结构来反映。此外,还参与外部一些徽派建筑设计,如芜湖市莲塘住宅小区,景德镇锦绣昌南—中国瓷园,山东省滨州市政府接待中心中海一号星,安庆市天柱山风景区长春水库旅游策划,滁州市中原局会议旧址复原设计,明光市抗日民主政府修复设计,河南省商城县金刚台旅游风景区猫耳峰景区旅游规划,安徽省阜阳市颍上管仲文化博物馆等近40项。

主要设计作品简介

徽州文化博物馆 位于黄山市中心城区迎宾大道南侧,与徽州名人园、古生物园相邻。该工程规划用地8万平方米,建筑面积3.2万平方米。是黄山市重要公共文化设施,其建筑体现徽州文化艺术特色和现代科学技术水平,具有徽州地方传统特色和现代建筑风格的徽风博览建筑,是黄山市徽文化旅游重要景点之一,包括多种设施交互式文化资源,是市民和中外游人深入了解和深刻体验徽州文化主题公园。

“锦绣昌南”—中国瓷园　是江西省景德镇市人民政府重点项目工程，集陶瓷制作、旅游休闲、博览展示、创作交流、商务贸易为一体，展示景德镇陶瓷文化艺术特色的综合园区。规划目标是建成21世纪初景德镇最具地方文化和旅游商贸特色品牌项目，全面系统地展示景德镇千年传统手工制瓷风貌。该项目坐落于九景高速、机场路进入城市市区门户区域，迎宾大道南侧秀山丽水之间。黄山市建筑设计研究院和黄山市规划设计院共同承担该项目规划、设计。规划、设计充分发挥得天独厚的自然与人文环境，以人为本，以多种设计手法组织富有人性化的空间，把提升环境吸引力作为创造高品质园区目标，使其作为物质化信息媒介向人们传递其背后商业经营模式和更人性化生活场景。建筑形态、空间走势体现传统“阴阳相抱”原理，使每栋建筑都处在较好环境位置，使整体环境达到相对完美境界。在设计中充分运用中国传统空间中“收效顿曲引，隔敞敛透遮”手法，塑造丰富人文韵味，激发人文环境氛围。园区建筑主要以内天井院落布局为主，结合现代建筑特点，提炼传统建筑符号和形式，形成徽派建筑风貌主体风格。园区内大片集中绿化，不同主题广场和大型水面形成别致景观，展示一个体现江南园林景观、徽州传统商业水街和景德镇陶瓷文化的“锦绣昌南”中国瓷园景观园区形象。

中海一号星　中海一号星是山东省滨州市政府接待中心，集旅游、休闲会议、餐饮为一体小型高级接待用房。“中海一号星”位于滨州市新区四环五海之中海予留直径为118米圆形地块，该地块除西侧有道路相通，西北侧有一个方形留存塔基外，基地四周均临中海水面。其北面可遥看新落成的会议中心和展示中心，东面有飞跨中海南北的雄伟银河双拱桥，南面、西面均为旅游度假、休闲小岛，景观绿地环绕，视线极佳，环境十分优美。总用地面积1.09万平方米，总建筑面积5184平方米（亭台楼阁面积579平方米）。容积率0.475、建筑密度30%、绿地率45%。其总体规划设计，特别是中海七星朝北斗设计构思别具一格，七星分别采用不同建筑设计风格，“中海一号星”采用传统徽州建筑风格作为中国地方建筑风格来展示。“中海一号星”规划设计总体布局充分体现地块得天独厚的环境，利用现有留出的道路入口，圆形地块方形构图，建筑主体尽量北靠，留出南部室外庭园绿地和停车场地，建筑物四周环绕散步小道和植草砖组成，外环为景观绿地，以衬托建筑主体。“中海一号星”建筑物根据功能需求由四部分组成，互相之间既灵活独立又联系紧密，方便使用。总体布局中，南部靠近道路，因此将南片中间设为主入口大堂，大堂西端为普通接待客房，大堂东端为管理用房和厨房，厨房有自己独立出入口且与餐厅联系紧密，视线最好的东、北方向分别布置成会议（宴会中、西餐）厅和总统接待用房，西片则主要布置休闲娱乐用房。各功能用房顺应徽州风水理论中聚气之说自由围合成扩大的天井——内庭院。内庭院又由亭廊相串，将较大内庭分割成大小不等五个内庭，五个内庭将通过不同徽州造园手法形成不同庭院景观。行走在亭廊内步移景异，留存塔基上设计建造双层圆形亭阁，以对应天圆地方之说。“中海一号星”建设基地所处自然环境及项目本身功能特点显示它本身对内对外均具有最佳景观视线和被外围观赏的观象。特别是位于银河双拱桥可俯视“中海一号星”全貌，展现其独特地方建筑风貌，成为一组景观建筑。因此徽派建筑象征性文化内涵及建筑语汇运用，成为本建筑创作关键点。本方案选取徽派建筑中最典型语言符号加以运用，让人很容易联想到徽州古村落聚合形象，印象深刻的吊脚楼、景观连廊、层层迭落的马头山墙，丰富细部装饰尽显徽派建筑文化绝活——砖、木、石雕，而整体形态和现代材料的运用又不失现代建筑风貌，整幢建筑负阴饱阳融古雅、简洁、富丽的地域美饰为一体，成为较典型现代徽派景观建筑。

水墨宏村　规划总用地 18.73 万平方米、建筑面积 15.16 万平方米、建筑密度 32.3%、绿地率 31.9%。位于黄山市黟县盆地北，东傍新安江上游末支——西溪河、羊栈河，与世界文化遗产宏村隔河相望。是当地主要旅游服务设施基地重要组成部分。特殊区位和保护发展要求确定水墨宏村建设必须满足遗产保护要求，扎根于地域文化和自然环境，注重与宏村协调发展，相辅相成、相得益彰。构建于数百年形成以传统环境营造理念控制的宏东、宏西共荣、共生的天、地、人、“神”合一完整村庄格局。突显徽文化主题，营造不同地域文化交流平台。主要是聚落、建筑于山水结合；亲切宜人建筑于聚落空间体量、尺度；清新淡雅建筑色彩；少而景于地方文脉相同装修与装饰。充分体现具有独特中国徽州建筑于院落环境的邻里生活化特征和环境风貌。向世人呈现出“曲水流韵乡土风，七星捧月又一村”的诗情画意。

徽派新建筑　徽派建筑是珍贵的文化遗产，徽派建筑工艺是徽州古代劳动人民智慧的结晶，不少专家、学者和建筑师们都进行了大量的研究和探索，在传承文明，保持地方特色建筑风格，享受现代生活同时，创造徽派新建筑。影响最大的是德国法兰克福市的“春华园”建设工程，园中的庭院、楼阁均以徽州古建筑形象充分展示，还建造石牌坊一座，徽派建筑造型和工艺得到国际建筑界和中国古建专家的肯定。1999 年，昆明世界园艺博览会安徽省展区“徽园”，是按照徽州水口园林意境进行设计，配置以牌坊、亭阁、小桥、半亭、回廊、轩等建造的。昆明“徽园”工程在评比中获得“世博会”组委会颁发的设计、施工、布展等金、银、铜 40 余个奖项。2000 年，安徽省在合肥市兴建“徽园”，其中黄山市园区除了形象化展示黄山群峰（飞来石）和太平湖（水塘）外，刻意营造的是徽派建筑精品，有祠堂型“徽商馆”，有水街、牌坊和水口亭。歙县“徽园”是 20 世纪末仿建精品，在规模和技艺上都取得了突出成果。歙县“徽园”，遵循“注重历史、立足环境、求精求美、突出特色”原则，利用古城西墙构筑，占地两公顷，建筑面积 1.8 万平方米。“徽园”集徽州牌坊、祠堂、民居古建“三绝”之大成，融徽州砖、木、石“三雕”工艺之精华。“徽园”的建成，一方面使其与原徽州府衙、小北街、大学士坊、陶行知纪念馆、斗山街联成一体，有利于历史文化名城保护与整治；另一方面，充分展示徽派建筑工艺等得到很好的继承，在不破坏传统建筑形态原则下，采用现代建筑材料为梁架，但在部、构件及装饰部位，坚持采用原构件或仿构件，以保持徽派建筑的原真性。

在弘扬徽派建筑文化多年实践中，黄山市涌现出一批徽派建筑风格新街区、新农村。它们是：黄山区汤口镇山岔村上张村民组翡翠新村、甘棠镇庄里新村；谭家桥镇长源村江家新村；徽州区龙井水街、黄山路、滨河路、文峰路；潜口镇潜口农民新村；休宁县城新区开发、齐云山镇滨河街改造；祁门县凤凰新村住宅小区、金东大市场、文峰小区、野林山庄、闪里镇铜锣湾新区；黟县宏村镇排林农民新村和金家岭农民新村等。

第五节　建筑设计企业

黄山市建筑设计研究院　该院设计作品多次在建设部和省、市获奖。其中：黄山狮林饭店获 1999 年度建设部表扬奖；黄山市示范幼儿园获 2001 年度建设部优秀设计三等奖；黄山管委会、集团公司、股份公司办公楼等获全国优秀工程勘察设计行业奖——建筑工程三等奖。中共黄山市委、市政府办公大楼、会堂、屯溪机场候机室、徽商故里大酒店等 14 个项目及黄山市城市建筑勘察设计院设计的黟县西武乡集镇建设规划、黄山市阜安新区详细规划等 4 个项目获省建设厅表彰。黄山市工商银行金融大楼、屯溪老街三江聚饭店、江心洲宾馆等 13 个项目及黟县龙江乡集镇建设规划、屯溪地区 20 世纪 90 年代住宅获市（地）表彰。

安徽省徽州古典园林建设公司　是省内最早成立的一家集科研、设计、施工、建材为一体综合型国家二级古建园林专业施工企业，主要承担徽派古建筑修缮、复原和园林、旅游及仿古建筑设计施工任务，有较高建造水平和独特工艺技术，先后承担诸多国家级文物保护单位修缮复原工作。主要代表工程有：歙县渔梁坝，寿县通淝门，徽州区“清园”建筑群，亳州花戏楼，徽州区老屋阁，合肥李鸿章享堂墓园，芜湖广济寺东西配殿，黟县赛金花故居园林建筑，杭州雷峰塔砖雕，黄山世纪广场石雕园，歙县徽园。公司还代表安徽省建筑骨干力量出境顺利完成香港“志莲静苑”和德国法兰克福市“春华园”工程，并得到国际友人和古建专家的赞誉和褒奖。

第五篇　房地产业与住房保障

1978年以前,住房建设基本上由国家投入实行低租金福利分配制度,无法实现良性循环,建设规模有限,城镇居民住房非常困难,房地产业长期停滞不前。

1980年,邓小平关于建筑业和住房问题的谈话发表后,安徽住宅与房地产业突破计划经济体制禁锢,启动旧城改造,推行住宅建设“统一规划、综合开发、配套建设”机制,房地产业重新起步和发展。

1986年,实施土地使用制度改革,安徽省建设厅下发文件,规定在坚持土地公有制前提下,实行所有权和使用权分离,逐步变无偿、无限期使用为有偿、有期限使用。1988年,住房制度改革在全省推行。在总结蚌埠市房改试点经验基础上,陆续出台一系列分期分批、积极稳妥和深化城镇住房制度改革的方针、政策,并规定从1999年起,全省全面停止住房实物分配,逐步实行住房分批货币化。2002年,全省各市县住房分配货币化方案全部出台并实施。

在实施住房分配货币化同时,建立和完善以经济适应住房为主多层次城镇住房供应体系。省政府发出通知,坚持住房商品化基本方向,以启动居民住房消费为主要任务,不断完善政策,大力培育房地产市场,商品房市场迅速扩大,个人购房成为主流,住房私有化率不断攀升。

1995年起,又启动安居工程,建立和完善廉租住房和经济适应住房制度,保障城镇低收入家庭基本住房需求。为扩大住房建设资金来源,安徽省还实施住房公积金制度,积累住房建设资金,提高职工购房能力,切实改善城镇居民居住条件。同时加强房地产开发、房地产市场交易、产权产籍等方面管理,促进住房与房地产业健康有序发展。

第一章　住宅与房地产业

新中国成立至20世纪70年代，安徽省住宅与房地产业长期处于停滞萎缩状态，城镇居民住房十分困难，1978年年底，全省城镇居民人均居住面积仅3.9平方米。中共十一届三中全会后，社会主义市场经济体制确立，以住房制度改革为推进，安徽省房地产业逐步发展壮大，房地产开发速度加快，内资外资共同投入发展，住宅和房屋施工面积不断增加，商品房销售呈不断上升趋势，至2007年，全省城镇人均住房建筑面积达25.5平方米。与此同时，房地产开发、房地产市场和交易管理等制度不断建立和完善，住宅和房地产业呈良性发展态势。

第一节　发展概况

20世纪80年代，安徽住宅与房地产业突破计划经济体制禁锢，开始萌芽复苏。随着住房制度改革不断深入和城市房地产综合开发步伐加快，住房商品化也迅速推进，房地产市场和交易管理，被各级政府列为议事日程，并制订出一系列管理措施，促进安徽住宅与房地产业发展。

综合开发制度确立　20世纪70年代，全省以统一建设住宅为主，将国家和地方财政用于建设投资交由统建办公室统一建设和分配；同时组织企业集资“统建”，合肥、芜湖、蚌埠、安庆、淮南、马鞍山、铜陵、阜阳、六安等9个城市先后成立住宅统建办公室，“统建”生产出来的产品，用来进行无偿分配，资金主要来源于财政投入，“统建”自身无法实现良性循环，没有余力按小区规划进行大规模开发建设。

1980年，邓小平关于发展建筑业和住房制度改革的谈话，首次提出住房可以买卖的商品经济思想，在中共中央和中共安徽省委、省政府有关住房商品化思想指导下，1981—1982年，安徽城市住宅统建办公室纷纷转为开发公司（仍挂住宅统建办公室牌子，实行一套机构、两块牌子）。1983—1984年，合肥市长江路西段改造和金寨路北段改造，在全国率先拉开旧城改造序幕，首创“统一规划、合理布局、综合开发、配套建设、商品化经营”城市房地产综合开发模式。安徽住宅与房地产业开始突破长期以来计划经济体制禁锢，从停滞状态进入萌芽复苏阶段。城市房地产综合开发加快城市建设步伐、促进住房商品化。1980—1986年，全省综合开发出售给单位商品房193万平方米，收回资金5.79亿元；出售给个人6万平方米，收回资金1800万元。1986年，全省城镇居民人均居住面积达到6.59平方米。

产业体系形式

在明确住房商品性基础上,住房制度改革实质性启动。改革指导思想是积极改革低租金、高补贴住房制度,使住房建设资金实现良性循环,加快城市住房建设步伐,促进合理消费结构和产业结构形成。

住房结构变化　1988年9月5日,安徽省人民政府印发省房改领导小组《关于在全省城镇分期分批推行住房制度改革的实施方案》。从改革公房低租金制度着手,把当时实际用于职工建房、修房资金的大量暗贴转化为明补,并逐步纳入职工工资;将住房固定资产投资计划管理体制改为商品生产指导性计划管理体制,并通过财政、工商、金融、物价和房地产管理等方面配套改革,理顺和建立住房基金,建立和开放房地产市场,发展房地产金融业和房地产业,使房地产开发建设、经营、维修、服务,达到企业化、社会化和商品化。同时,做好调查测算工作,没有列入第一批房改的市、县,开展职工住房情况和工资情况调查摸底等准备工作,也可先实行新房新租、旧房超标准加租,以及集资建房、组织建房合作社、出售旧房等单项改革。为配合住房制度改革,经省体改办确定为住房制度改革试点城市,专业银行可以设立房地产信贷部,信贷部可以对外挂牌,但不发给经营金融业务许可证。1989年,省辖市和地辖市全部进行住房制度改革,县城、建制镇和独立工矿区改革面达到50%以上。1990年,全省城市、县城、建制镇和独立工矿区公房全部推行房改。

规划用地　1990年10月,安徽省城乡建设环境保护厅转发建设部关于贯彻国务院国发〔1990〕31号文件精神,加强城市规划、房改和房地产业行业管理通知,规定在确定实行土地使用权出让试点城镇,城市规划主管部门应在市、县人民政府统一组织下,根据城市总体规划和详细规划,按照合理用地、节约用地原则,提出出让地块位置、范围、用途、规划实施进度要求,以及其他规划控制指标;按《城市规划法》规定核发建设用地规划许可证和建设工程规划许可证,坚持放线、验线制度,在出让、转让土地使用权过程中,城市规划主管部门应加强对规划实施指导和监督,城市建设、城市综合开发和房地产管理等主管部门要加强工作管理。

调整公房租金　1991年,省政府转发《国务院关于继续积极稳妥地推进住房制度改革的通知》,提出分步提租、出售公房、新房新制度、集资合作建房等多种形式推进房改思路。调整现有公有住房租金,有计划、有步骤地提高到成本租金。在起步时,考虑到居民承受能力,可以采取分步提租办法。新建公有住房实行新租金标准。对多占住房,要加收租金。出售公有住房,凡按市场价购买公房,购房后拥有全部产权。职工购买公有住房,在国家规定住房面积以内,实行标准价,购房后拥有部分产权,可以继承和出售;超过国家规定住房标准部分,按市场价计价。各城镇售房价格要加强管理,售房价格由省人民政府审批。严禁以过低价格出售公有住房。这一时期,安徽省个人购买商品房比例从1986年5.46%增加到1991年的18.65%,房地产业作为国民经济一个独立产业开始形成。

住宅市场机制 1993年，全国社会主义市场经济体制正式确立，住房制度改革由试点转入全面推行。11月23日，安徽省人民政府下发《关于加快发展房地产业若干问题的通知》，对发展房地产业指导思想、目标和措施，如何做好房地产业管理等予以明确规定。1993年9月25日，安徽省建设厅、安徽省土地管理局、安徽省工商行政管理局、安徽省税务局联合转发《国家四部委〈关于加强房地产市场宏观管理促进房地产业健康持续发展的意见〉的通知》。要求全省各地加强对房地产开发经营机构管理、加强对商品房预售管理、加快解决困难户住房步伐、提高城镇居民居住水平、加强对国有土地出让地块前期开发管理。

1994年7月，国务院发布《关于深化城镇住房制度改革的决定》，第一次明确提出城镇住房制度改革是经济体制改革重要组成部分，从而加快全省住房商品化、社会化进程。1995年1月1日，《中华人民共和国城市房地产管理法》开始在全国施行。该法对房地产开发以及房地产交易予以明确界定。3月2日，安徽省人民政府转发省建设厅《关于加快城镇住房建设的报告》。对提高居民住房整体水平，加快城镇住房建设问题提出八条意见，主要内容有：制订好住房建设发展规划、建立经济适用住房和商品房供应两种基本体系、多方式供应房源、多渠道筹集住房建设资金、对建设中低收入住房困难户住房给予政策扶持、做好经济适用住房价格管理工作、抓好住宅小区试点工作。以发展住宅产业化为方向，大力推进体制改革与科技进步，加强对住房建设工作领导与管理。这一阶段，公有住房提租逐步向成本租金过渡；公有住房出售从标准价逐步过渡到以成本价出售并逐年提高；鼓励单位组织职工集资建房，从部分集资逐步过渡到由职工全额集资；住房公积金制度也从部分市县实施，逐步向全省推开。到1998年，全省公房平均租金从改革前0.07元/平方米提高到1.35元/平方米，提租面71.17%；出售公有住房成本价583.51元/平方米，累计出售面积6464.35万平方米；住房公积金累计归集22.18亿元，市县实施面100%，实施职工207.87万人，职工实施面63%。

1996年，面对亚洲金融风波，国家把住宅产业作为国民经济新的增长点。省政府相继印发《关于进一步加快城镇住宅建设的决定》和《关于开拓城镇住宅市场的具体实施意见》，促进全省住宅与房地产业发展。1998年，全省房地产开发投资57.82亿元，占全社会固定资产投资比例7.93%。

产业地位提升 1998年7月，国务院发布《关于进一步深化城镇住房制度改革加快住房建设的通知》，全面停止住房实物分配，逐步实现住房分配货币化，同时建立和完善以经济适用住房为主多层次城镇住房供应体系。全省按照省人民政府《关于印发深化城镇住房制度改革加快住房建设实施方案的通知》精神，坚持住房商品化基本方向，以启动居民住房消费为主要任务，不断完善政策，大力培育房地产市场。2003年8月，国务院《关于促进房地产市场持续健康发展的通知》明确提出，房地产业作为国民经济支柱产业，促进房地产市场持续健康发展是保持国民经济快速发展有力措施。在一系列政策推动下，安徽省商品房市场需求迅速扩大，个人购房成为主流，占比上升到90%以上。

2003年，全省房地产业增加值已达到166亿元，占全省地区生产总值4.2%；完成房地产开发投资240.65亿元，占全社会固定资产投资16.29%，比1998年提高8.36个百分点；房屋施工面积、新开工面积和竣工面积分别为3140.10万平方米、1655.56万平方米和1326.61万平方米，比1998年分别增长1.56倍、1.76倍和1.39倍；商品房销售面积1093.27万平方米，其中，住宅销售面积906.35万平方米，分别比1998年增长1.70倍和1.57倍。城镇居民人均住宅建筑面积达到20.75平方米；住房私有率超过87%，其中，原有私房占16.34%、房改私房占58.63%、商品房占12.39%，2007年，全省房地产开发企业实现营业利润28.23亿元；上缴经营税收及附加40.44亿元，完成土地购置170.6亿元。全省房地产业实现增加值294.99亿元，占第三产业增加值10.3%；占全省地区生产总值4%。全省城镇居民人均住房建筑面积25.5平方米，比2003年增加4.75平方米。住宅私有率超过90%。房地产业已发展成为安徽省国民经济支柱产业。

宏观调控

2003年下半年和2004年上半年，全国范围内较明显出现投资过热，开发区圈占土地热，钢材、水泥等建筑材料价格过快上涨，煤、电、油、运全面紧张等经济过热现象。2004年4月，国务院发布《关于调整部分行业固定资产投资项目资本金比例的通知》，将房地产开发项目（不含经济适用房项目）资本金比例由20%及以上提高到35%及以上，同年6月，国务院办公厅发出《关于控制城镇房屋拆迁规模严格拆迁管理的通知》，要求认真落实中央宏观调控政策措施，合理确定拆迁规模和建设规模，确保2004年房屋拆迁总量比2003年有明显减少，凡拆迁矛盾和纠纷比较集中地区，除经济适用住房和廉租住房项目外，一律停止拆迁。

遏制投机炒房 2005年3月，中国人民银行发出《关于调整商业银行住房信贷政策和超额准备金存款的通知》，取消住房贷款优惠政策，调控开始偏向需求方面。同月，国务院办公厅下发《关于切实稳定住房价格的通知》，提出抑制房价过快上涨八条措施（简称"国八条"）。同年5月，国务院办公厅转发建设部等七部门《关于做好稳定住房价格工作意见的通知》，要求做好供需双向调节，遏制投机性炒房，控制投资性购房，鼓励普通商品住房和经济适用住房建设，合理引导住房消费，促进住房价格基本稳定和房地产业健康发展八条意见（即"新国八条"）。同时取消培育新的经济增长点时期出台的一些搞活房地产市场优惠政策，并提出一些严厉政策措施，包括对个人购买住房不足2年转手交易全额征收营业税，禁止期房转让即禁止"炒楼花"，实行实名制购房。5月27日，国家税务总局、财政部、建设部发出《关于加强房地产税收管理的通知》，进一步细化稳定住房价格相关意见。安徽省积极贯彻落实国家宏观调控政策，在以稳定住房价格为主房地产市场调控措施实行后，安徽省住房销售价格上涨过快势头得到有效遏制，房地产市场宏观调控政策成效渐显。

解困政策　2007年8月，国务院发布《关于解决城市低收入家庭住房困难的若干意见》，指出“住房问题是重要的民生问题”，要切实加大解决城市低收入家庭住房困难工作力度，把解决城市低收入家庭住房困难作为政府公共服务一项重要职责，加快建立健全以廉租住房制度为重点、多渠道解决城市低收入家庭住房困难政策体系。明确规定地方各级人民政府，要切实落实廉租住房保障资金，把解决城市低收入家庭住房困难有关工作情况，纳入对城市人民政府政绩考核之中，对工作不落实、措施不到位地区，要通报批评，限期整改，并追究有关领导责任。11月，建设部等九部门发布《廉租住房保障办法》，建设部等七部门发布《经济适用住房管理办法》，进一步明确解决城市低收入家庭住房困难有关政策问题。安徽省各地普遍开展低收入家庭住房状况调查，逐步建立低收入家庭住房档案。绝大多数城市进一步建立健全廉租住房制度，改进和规范经济适用住房制度，廉租住房保障资金逐步得到落实，廉租住房和经济适用住房建设用地供应有保证。

第二节　城市房屋拆迁法规

在城市建设和房地产开发过程中，城市房屋拆迁占很大比重。根据有关法律、法规，拆迁人是指取得房屋拆迁许可证的建设单位或者个人；被拆迁人是指被拆除房屋及其附属物的所有人（包括代管人、国家授权的国有房屋及其附属物的管理人）和被拆除房屋及其附属物的使用人；城市房屋拆迁单位，是指依法取得房屋拆迁资格证书，接受拆迁人委托，对被拆迁人进行拆迁动员，组织签订和实施补偿、安置协议，组织拆除房屋及其附属物的单位。县级以上地方人民政府房地产行政主管部门或者人民政府授权的部门（以下简称房屋拆迁主管部门），负责本行政区域城市房屋拆迁单位管理工作。

拆迁管理

1991年3月，国务院发布《城市房屋拆迁管理条例》（以下简称《条例》），5月，安徽省人民政府发出《关于贯彻国务院〈城市房屋拆迁管理条例〉有关问题的通知》规定：任何单位或者个人需要拆迁房屋，必须持国家规定批准文件、拆迁计划和拆迁方案，向房屋拆迁主管部门提出拆迁申请。房屋拆迁需要变更土地使用权，必须依法取得土地使用权。实施房屋拆迁不得超越经批准拆迁范围和规定拆迁期限；当地人民政府可以组织统一拆迁，也可以由拆迁人自行拆迁或者委托拆迁。有条件的城市和城市中实行综合开发的地区，应当实施统一拆迁。在房屋拆迁公告规定或者《条例》有关规定裁决作出拆迁期限内，被拆迁人无正当理由拒绝拆迁，县级以上人民政府可以作出责令限期拆迁决定，逾期不拆迁，由县级以上人民政府责成有关部门强制拆迁，或者由房屋拆迁主管部门申请人民法院强制拆迁。

拆迁单位资格　1991年7月，建设部发布《城市房屋拆迁单位管理规定》，设立房屋拆迁单位必须具备下列条件：有上级主管部门同意组建的批准文件；有明确名称、组织机构和固定办公场所；有与承担拆迁业务相适应自有资金和技术、经济、财务管理人员。房屋拆迁主管部门应当对申请设立房屋拆迁单位进行资格审查，对审查合格单位颁发房屋拆迁资格证书（以下简称“资格证书”）。未经批准发给“资格证书”单位不得接受委托拆迁。

管理细则　1992 年 7 月，安徽省人民政府发布《安徽省城市房屋拆迁管理实施细则》，1997 年 12 月和 2001 年 2 月，省人民政府先后两次作修订，重新发布，对有关拆迁问题作出更详尽规定。

1993 年 1 月，国家物价局、财政部下发《关于发布城市房屋拆迁管理费的通知》，对经批准拆迁的单位和个人实施房屋拆迁管理，并按规定收取拆迁管理费，用于房屋拆迁管理工作，并对房屋拆迁管理费作出规定。10 月，安徽省建设厅下发《关于认真执行〈城市房屋拆迁管理工作考核标准〉的通知》，要求执行建设部房地产业司制定的《城市房屋拆迁管理工作考核标准》，同时，转发建设部关于做好城市被拆迁居民安置工作紧急通知，高度重视城市被拆迁居民安置工作。

1995 年 8 月，安徽省建设厅下发《关于转发建设部加强城市房屋拆迁管理工作的通知》，要求各地城市房屋拆迁要按计划进行，依法行政，切实加大拆迁管理力度，抓好重点工程拆迁管理工作，为城市建设服务，合理确定拆迁补偿安置标准。

2001 年 6 月，国务院修订发布新的《城市房屋拆迁管理条例》（以下简称《条例》），要求城市房屋拆迁必须符合城市规划，有利于城市旧区改造和生态环境改善，保护文物古迹。拆迁范围确定后，拆迁范围内单位和个人，不得进行下列活动：(1) 新建、扩建、改建房屋；(2) 改变房屋和土地用途；(3) 租赁房屋。《条例》规定拆迁人与被拆迁人应当就补偿方式和补偿金额、安置用房面积和安置地点、搬迁期限、搬迁过渡方式和过渡期限等事项，订立拆迁补偿安置协议。拆迁租赁房屋，拆迁人应当与被拆迁人、房屋承租人订立拆迁补偿安置协议。拆迁补偿安置协议订立后，被拆迁人或者房屋承租人在搬迁期限内拒绝搬迁，拆迁人可以依法向仲裁委员会申请仲裁，也可以依法向人民法院起诉。诉讼期间，拆迁人可以依法申请人民法院先予执行。被拆迁人或者房屋承租人在裁决规定搬迁期限内未搬迁，由房屋所在地市、县人民政府责成有关部门强制拆迁，或者由房屋拆迁管理部门依法申请人民法院强制拆迁。《条例》还规定实施强制拆迁前，拆迁人应当就被拆除房屋有关事项，向公证机关办理证据保全。

2003 年 5 月，省政府出台《安徽省城市房屋拆迁管理办法》（以下简称《办法》），原《安徽省城市房屋拆迁管理实施细则》同时废止。《办法》规定，拆迁人应当依法对被拆迁人给予补偿、安置；被拆迁人应当服从城市建设需要，在规定搬迁期限内完成搬迁。拆迁房屋单位取得房屋拆迁许可证后，方可实施拆迁。房屋拆迁许可证，应当向房屋所在地市、县人民政府房屋拆迁管理部门申请领取。房屋拆迁管理部门应当在发放房屋拆迁许可证同时，将房屋拆迁许可证中载明的建设项目名称、拆迁人、拆迁范围、拆迁期限、拆迁补偿安置标准等事项，以房屋拆迁公告形式予以公布。并及时向被拆迁人做好宣传、解释工作。《办法》还就拆迁管理和法律责任等作详细规定。

拆迁补偿与安置

1991年5月,安徽省人民政府发出关于贯彻国务院《城市房屋拆迁管理条例》(以下简称《条例》)有关问题通知规定,拆迁人应当对被拆除房屋及其附属物所有人(包括代管人、国家授权国有房屋及其附属物的管理人)给予补偿,在房屋拆迁主管部门公布规定拆迁期限内,拆迁人应当与被拆迁人依照《条例》规定就补偿、安置等问题签订书面协议。补偿、安置协议应当规定补偿形式和补偿金额、安置用房面积和安置地点、搬迁过渡方式和过渡期限、违约责任和当事人认为需要订立其他条款。

补偿原则　1991年省政府通知规定:拆除违章建筑、超过批准期限临时建筑不予补偿;拆除未超过批准期限临时建筑给予适当补偿;拆迁补偿实行产权调换、作价补偿,或者产权调换和作价补偿相结合形式。产权调换面积按照所拆房屋建筑面积计算;作价补偿金额按照所拆房屋建筑面积重置价格结合成新结算;拆除用于公益事业房屋及其附属物,拆迁人应当按照其原性质、原规模予以重建,或者按照重置价格给予补偿,或者由城市人民政府按照城市规划统筹安排。拆除非公益事业房屋附属物不作产权调换,由拆迁人给予适当作价补偿。对被拆除房屋使用人安置地点,应当根据城市规划对建设地区要求和建设工程性质,按照有利于实施城市规划和城市旧区改建原则确定。对从区位好地段迁入区位差地段的被拆除房屋使用人,可以适当增加安置面积。

2003年5月,省建设厅发出关于贯彻实施《安徽省城市房屋拆迁管理办法》通知,对被拆迁房屋用途和建筑面积认定,以被拆迁房屋房地产权证等有效房屋产权证明标注的用途和建筑面积为准。对1990年4月1日《中华人民共和国城市规划法》施行前,已改变房屋用途并以改变后用途延续使用,根据房屋所有权人申请,经负责房屋产权登记管理部门变更登记,按照改变后用途认定。

补偿评估　被拆迁房屋的货币补偿金额根据房地产市场评估价格确定。房地产市场评估价格由具有法定资格的房地产评估机构以设区的市人民政府公布的货币补偿基准价为依据,结合被拆迁房屋的区位、用途、建筑面积、建筑结构、成新等因素评估确定。房地产评估机构由拆迁当事人协商确定;协商不成的,由房屋拆迁管理部门采取随机抽取方式确定。评估所需费用由拆迁人承担。货币补偿基准价由设区的市人民政府房屋拆迁管理部门会同价格、土地等行政主管部门确定,报本级人民政府批准。

被拆迁房屋的房地产市场评估价格实行公示制。房地产评估机构应当将被拆迁人姓名、被拆迁房屋门牌号、评估因素、评估依据、评估价格等主要情况在被拆迁地段公布。实行房屋产权调换的,拆迁人应当向被拆迁人提供不少于被拆迁房屋原建筑面积的安置房,并由拆迁人和被拆迁人按照规定,计算被拆迁房屋补偿金额和安置房价格,结算产权调换差价。拆迁人提供安置房应当符合国家质量安全标准;属于新建安置房的,应当符合设计规范要求,并经验收合格。被拆迁人属于生活特殊困难户,其被拆迁住宅房屋的人均建筑面积低于所在地市、县城市人均建筑面积的,实行产权调换时,拆迁人应当提供不低于所在地市、县城市人均建筑面积的房屋作为安置房。安置房价格高于被拆迁房屋价格的，被拆迁房屋和安置房不结算产权调换差价。

安置原则　拆迁住宅公房，房屋承租人按照房改政策享有购房权利，房屋承租人购房后，拆迁人应当对其按照被拆迁人予以补偿、安置。房屋承租人按照房改政策不享有购房权利，也未与被拆迁人达成解除租赁关系协议，拆迁人应当对被拆迁人实行房屋产权调换。产权调换的房屋由原房屋承租人承租，被拆迁人应当与房屋承租人重新订立房屋租赁合同。拆迁管理部门代管房屋，代管房屋有使用人，应当实行房屋产权调换；代管房屋无使用人，由代管人选择补偿安置方式。代管人选择房屋产权调换，产权调换房屋仍由代管人代管；选择货币补偿，货币补偿金额由代管人专户存入银行。被拆迁人选择房屋产权调换，住宅房屋过渡期限不得超过 18 个月，非住宅房屋过渡期限不得超过 24 个月。拆迁人应当在规定过渡期限内将被拆迁人或者房屋承租人安置完毕。拆迁住宅房屋，过渡期限内周转房可以由被拆迁人或者房屋承租人自行解决，也可以由拆迁人提供。被拆迁人或者房屋承租人有权选择过渡方式，拆迁人不得强迫或者拒绝。拆迁人提供周转房，被拆迁人或者房屋承租人应当在得到安置房后 4 个月内腾退周转房。

拆迁人应当对住宅房屋被拆迁人或者房屋承租人支付搬迁补助费。拆迁非住宅房屋，拆迁人应当补偿被拆迁人或者房屋承租人下列费用：（1）按照国家和省规定货物运输价格、设备安装价格计算设备搬迁和安装费用；（2）无法恢复使用的设备按照重置价格结合成新结算的费用；（3）因拆迁造成停产、停业适当补偿。

鉴定专家库　2004 年 3 月，省建设厅印发《安徽省城市房屋拆迁估价鉴定暂行规则》（以下简称《规则》），省建设行政主管部门按照《规则》，结合全省实际组建鉴定专家库。市、县房屋拆迁管理部门根据当事人申请，在当事人监督下，从省建设行政主管部门按区域组建的专家库中，随机抽取若干名专家，组成鉴定委员会并依照《规则》进行估价鉴定。每次组建鉴定委员会应另外抽取 2 名专家作为候补。鉴定委员会应有 3 名以上（含 3 名）单数专家组成，具体组成应根据申请鉴定被拆迁房屋建筑面积、鉴定工作复杂程度确定鉴定委员会人员数量，其中必有 1 名法律专家。

法律保障

1991 年以来，为规范城市房屋拆迁管理，确保拆迁工作有序进行，国务院、省政府、建设部和省建设厅相继颁布城市房屋拆迁规章、规定，指导和规范城市房屋拆迁及拆迁补偿、安置。

国务院条例　2001 年 6 月，国务院对 1991 年 3 月发布的《城市房屋拆迁管理条例》进行修订，规定未取得房屋拆迁许可证，擅自实施拆迁的，由房屋拆迁管理部门责令停止拆迁，给予警告，并处已经拆迁房屋建筑面积每平方米 20 元以上 50 元以下罚款。拆迁人以欺骗手段取得房屋拆迁许可证，由房屋拆迁管理部门吊销房屋拆迁许可证，并处拆迁补偿安置资金 1% 以上 3% 以下罚款。拆迁人违反规定，由房屋拆迁管理部门责令停止拆迁，给予警告，可以并处拆迁补偿安置资金3%以下罚款；情节严重，吊销房屋拆迁许可证。接受委托拆迁单位违反本条例规定，转让拆迁业务，由房屋拆迁管理部门责令改正，没收违法所得，并处合同约定拆迁服务费25%以上50%以下罚款。

建设部规定　2003年12月，建设部颁布《城市房屋拆迁行政裁决工作规程》规定，拆迁人与被拆迁人就搬迁期限、补偿方式、补偿标准以及搬迁过渡方式、过渡期限等原因达不成协议，当事人可申请裁决。房屋拆迁管理部门受理房屋拆迁裁决申请后，应当按照下列程序进行：（1）向被申请人送达房屋拆迁裁决申请书副本及答辩通知书，并告知被申请人的权利；（2）审核相关资料、程序的合法性；（3）组织当事人调解。房屋拆迁管理部门必须充分听取当事人意见，对当事人提出事实、理由和证据进行复核；对当事人提出合理要求应当采纳。房屋拆迁管理部门不得因当事人申辩而做出损害申辩人合法权益裁决。拆迁当事人拒绝调解，房屋拆迁管理部门应依法作出裁决。（4）核实补偿安置标准。当事人对评估结果有异议，且未经房屋所在地房地产专家评估委员会鉴定，房屋拆迁管理部门应当委托专家评估委员会进行鉴定，并以鉴定后估价结果作为裁决依据。鉴定时间不计入裁决时限。（5）经调解，达成一致意见，出具裁决终结书；达不成一致意见，房屋拆迁管理部门应当作出书面裁决。部分事项达成一致意见，裁决时应当予以确认。书面裁决必须经房屋拆迁管理部门领导班子集体讨论决定。行政裁决应当自收到申请之日起30日内做出。当事人对行政裁决不服，可以依法申请行政复议或者向人民法院起诉。行政强制拆迁应当严格依法进行。强制拆迁时，应当组织街道办事处（居委会）、被拆迁人单位代表到现场作为强制拆迁证明人，并由公证部门对被拆迁房屋及其房屋内物品进行证据保全。

省政府规定　1991年5月，安徽省人民政府发出关于贯彻国务院《城市房屋拆迁管理条例》有关问题通知规定，对有下列行为之一，由房屋拆迁主管部门予以警告、责令停止拆迁，并可处以罚款：（1）未取得房屋拆迁许可证或者未按房屋拆迁许可证规定擅自拆迁；（2）委托未取得房屋拆迁资格证书单位拆迁；（3）擅自提高或者降低补偿、安置标准，扩大或者缩小补偿、安置范围。拆迁人无正当理由超过规定拆迁期限或者擅自延长过渡期限，由房屋拆迁主管部门对拆迁人予以警告，并可处以罚款。被拆迁人违反协议，拒绝腾退周转房，由房屋拆迁主管部门对被拆迁人予以警告、责令限期退还周转房，并可处以罚款。辱骂、殴打房屋拆迁主管部门工作人员，阻碍房屋拆迁主管部门工作人员执行公务，由公安机关依照治安管理处罚法规的规定处罚；构成犯罪的，由司法机关依法追究刑事责任。

省建设厅规定　2003年5月，省建设厅出台《安徽省城市房屋拆迁管理办法》规定，有下列行为之一的要予以处罚：（1）未取得房屋拆迁许可证，擅自实施拆迁；（2）以欺骗手段取得房屋拆迁许可证；（3）未按房屋拆迁许可证确定的拆迁范围实施拆迁；（4）委托不具有拆迁资格的单位实施拆迁；（5）擅自延长拆迁期限；（6）接受委托的拆迁单位转让拆迁业务。房地产评估机构未按照本办法规定，对被拆迁房屋进行评估，评估结果无效,由房屋拆迁管理部门责令重新评估,并可处1万元以上3万元以下罚款;情节严重,报请颁发资质证书部门降低其资质等级或者取消其资质。房屋拆迁管理部门及其工作人员有下列行为之一,对直接负责的主管人员和其他直接责任人员给予警告或者记过处分;情节严重,给予记大过直至开除处分;构成犯罪,依法追究刑事责任:(1)违反规定核发房屋拆迁许可证以及其他批准文件;(2)核发房屋拆迁许可证以及其他批准文件后不履行监督管理职责或者对违法行为不予查处;(3)未按本办法规定发布房屋拆迁公告;(4)作为拆迁人或者接受委托实施拆迁;(5)违法作出拆迁裁决;(6)违法实施强制拆迁。

第三节 房地产开发与企业管理

1986年,住房制度改革在蚌埠试点后,房地产综合开发迅速兴起,各地纷纷成立房地产开发公司,进行房地产综合开发,为规范房地产开发行为,净化房地产开发秩序,安徽省和建设部先后颁布房地产开发公司资质管理和开发项目管理方面规定,使房地产开发一开始即规范运行。

企业资质

1988年7月,安徽省城乡建设环境保护厅、安徽省工商行政管理局发出《关于对城镇建设综合开发公司进行资质审查的通知》,对开发公司资质审批程序、必须具备的条件和等级标准做出规定。10月,安徽省城乡建设环境保护厅发出《城镇建设综合开发公司资质条件补充规定》,开发公司原则分为四个等级,其中,一级开发公司必须具备年开发建成房屋面积能力10万平方米以上;自有开发资金不少于400万元;具有3名高级工程师、5名以上专业配套工程师,2名经济师(其中1名高级经济师)、2名会计师(其中1名高级会计师),3名以上助理会计师。四级开发公司只适用于县、镇,不适用于城市。

1990年1月,安徽省城乡建设环境保护厅在转发建设部1989年9月《关于颁布城市综合开发公司资质等级标准的通知》时指出,从1990年7月1日起,按建设部统一标准,重新对全省从事城市建设综合开发(房地产综合开发)公司资质审查认证。1991年1月开始执行国家新的统一资质标准。其中,一级开发企业必须具备以下全部条件:自有流动资金1000万元以上(包括1000万元);固定职工人数100人以上(包括100人);有职称的技术人员50人以上(包括50人);设有高级工程师职称的总工程师,设有经济师以上职称的总经济师,设有会计师以上职称的总会计师,技术、经济、统计、财务等各业务负责人具有相应专业中级以上职称;具有5年以上从事综合开发经历;独立承担过1个建筑面积为30万平方米以上居住区或3个建筑面积为10万平方米以上住宅小区开发建设任务,并已竣工交付使用,连续4年建筑合格品率达100%,无重大事故记录。

四级开发公司，只允许在20万人口以下小城市和县镇设立。安徽省四级开发公司必须具备以下全部条件：自有流动资金50万元以上（城市公司80万元以上）；固定职工人数10人以上（城市公司15人以上）；有职称的技术人员3人以上（城市公司具备2名工程师、2名助理工程师，1名会计师、2名助理会计师）；工程技术负责人具有建筑或结构专业助理级或中级以上职称，财务负责人具有助理会计师以上职称。

经过资质审查，1990年，全省房地产开发公司数量由原来245家减少为187家，其中，属于全民所有制169家、集体所有制18家；取得一级开发资质10家、二级开发资质7家、三级开发资质28家、四级开发资质30家，取得临时证书112家（临时三级43家、临时四级69家）。

1993年11月，建设部发布第28号令，决定自1993年12月1日起施行《房地产开发企业资质管理规定》，1989年9月23日建设部发布《城市综合开发公司资质等级标准》同时废止。房地产开发企业按资质条件划分为五个等级。

资质一级企业　自有流动资金2000万元以上，注册资金不低于2000万元；有职称的建筑、土木工程、财务管理、建筑或房地产经济类专业管理人员不得少于40人，其中具有中级以上职称管理人员不得少于20人；设有高级工程师职称的总工程师、高级会计师职称的总会计师、经济师以上（含经济师）职称的总经济师。工程技术、经济、统计、财务等业务负责人具有相应专业中级以上职称；具有5年以上从事房地产开发经历；近3年累计竣工30万平方米以上房屋建筑面积，或与此相当房地产开发投资。连续4年建筑工程质量合格率达100%，优良率达20%以上。

资质二级企业　自有流动资金1000万元以上，注册资金不低于1000万元；有职称的建筑、土木工程、财务管理、建筑或房地产经济类专业管理人员不得少于20人，其中具有中级以上职称管理人员不得少于10人；工程技术、经济、统计、财务等业务负责人具有相应专业中级以上职称；具有3年以上从事房地产开发经历；近3年累计竣工15万平方米以上房屋建筑面积，或与此相当房地产开发投资。连续3年建筑工程质量合格率达100%，优良率达10%以上。

资质三级企业　自有流动资金500万元以上，注册资金不低于500万元；有职称的建筑、土木工程、财务管理、建筑或房地产经济类专业管理人员不得少于10人，其中具有中级以上职称管理人员不得少于5人；工程技术、财务负责人具有相应专业中级以上职称，其他业务负责人具有相应专业助理以上职称，配有初级以上职称专业统计人员；具有2年以上从事房地产开发经历；累计竣工5万平方米以上房屋建筑面积，或累计完成与之相当房地产开发投资。建筑工程质量合格率达100%。

资质四级企业　自有流动资金200万元以上，注册资金不低于200万元；有职称的建筑、土木工程、财务管理、建筑或房地产经济类专业管理人员不得少于5人；工程技术负责人具有相应专业中级以上职称，财务负责人具有相应专业初级以上职称，配有专业统计人员。

资质五级企业 自有流动资金不低于30万元。

资质审批 房地产开发企业资质等级实行分级审批制。一级房地产开发企业由省、自治区、直辖市建设行政主管部门初审，报建设部审批；二级以下企业由省、自治区、直辖市建设行政主管部门审批。经资质审查合格的企业，由资质审批部门发给资质证书。五级企业只限于在本地区范围内村镇从事房地产开发经营。

非生产型综合公司、信托投资公司自有资金达到2亿元以上，其中自有流动资金达到1亿元以上；中央各部门所属工程建设公司达到建筑工程资质一级、自有资金1亿元以上，其中自有流动资金达到5000万元以上；地方工程建设公司达到建筑工程资质一级、自有资金5000万元以上，其中自有流动资金达到300万元以上，经省以上建设行政主管部门批准可兼营房地产开发经营业务，但不定资质等级。以开发项目为对象从事单项房地产开发经营的项目公司（包括外商独资、中外合资、合作企业）不定资质等级，由项目所在地建设行政主管部门根据其项目规模审定其资金、人员条件，并核发一次性资质证书。

2001年4月，安徽省建设厅发出《关于外资投资我省房地产开发经营业务资质管理等有关问题的通知》。允许省外具有一、二级资质等级的房地产开发企业到安徽省设立分公司从事房地产开发经营项目。同时按照综合开发、配套建设原则，对外来企业实行明确地块分项目单项管理，在设区的市开发经营，其首期投入资金应不少于500万元，在县级市及县人民政府所在地开发经营，其首期投入资金应不少于200万元。

清理整顿

1990年12月，安徽省人民政府办公厅转发《国务院办公厅转发建设部〈关于进一步清理整顿房地产开发公司意见的通知〉》时指出，解决公司过多、过滥和名不副实问题，使公司数量与房地产开发实际需要相适应，重新审核所有房地产开发公司经营资格。

企业组建 1992年6月，安徽省城乡建设环境保护厅、安徽省工商行政管理局下发《关于房地产开发有关问题的通知》，允许各地在巩固现有房地产开发企业同时，根据房地产开发发展实际需要，有计划、有条件地组建新的房屋、土地开发公司。鼓励组建以现有房地产开发企业为核心，吸收设计、施工单位和建材厂家参加的联合企业集团。12月，省计划委员会、省对外经济贸易委员会、省建设厅、省土地管理局印发《关于外商投资房地产开发若干问题的意见》，对利用外资进行房地产开发总原则、外商投资房地产开发项目应具备条件、外商投资房地产项目审批权限、外商投资房地产开发项目等予以规定，进一步促进安徽省吸引外商投资开发房地产。

规范开发行为 1993年1月，安徽省建设厅、安徽省工商行政管理局下发《关于房地产开发企业管理的通知》，要求贯彻执行建设部和国家工商行政管理局文件精神，强化对房地产开发企业管理，有利于房地产市场健康发展。

1995年2月，安徽省建设厅、安徽省工商行政管理局下发《关于房地产开发公司登记和管理有关问题的通知》，对房地产开发公司设立、登记以及相应的开发资质问题进行规定，规范房地产开发行为，净化房地产开发秩序。3月，为加强对房地产开发管理，规范房地产开发行为，保障房地产开发当事人合法权益，省建设厅下发《安徽省实施〈城市房地产开发管理暂行办法〉细则》，进一步规范房地产开发方面法律和政策问题。

2002年4月，安徽省建设厅转发建设部《关于规范房地产开发企业开发建设行为的通知》，要求加强房地产开发项目管理、加强房地产开发项目建设程序管理、加强房地产开发项目建设和预售管理、加强房地产开发企业资质动态管理、加快房地产开发企业信用制度建设。下半年，省建设厅按照建设部统一部署，组织开展全省房地产开发执法检查活动，重点对《城市房地产开发管理条例》《商品房销售管理办法》《安徽省城市房地产开发管理办法》等政策制度落实情况进行抽查。

2004年4月起，省辖市新设立房地产开发企业资质条件比照《房地产开发企业资质管理规定》三级资质条件审核；县及县级市新设立开发企业注册资本仍按过去有关规定执行。住所在县及县级市开发企业暂定资质期限届满可以申请核定四级资质；住所在省辖市的开发企业则应申请核定三级资质，不得申请核定四级资质。住所在省辖市，过去已经取得房地产开发四级资质，应在年底前按三级资质条件补充注册资本和专业技术人员。开发项目资本金不低于项目总投资35%，项目资本金由项目所在地房地产开发主管部门进行审查后，出具审查意见。开发企业在办理新开工项目手续时，还必须提交已竣工项目没有存在拖欠工程款问题承诺书。如存在弄虚作假行为，一经发现，房地产开发主管部门要停止项目执行，撤销所办许可手续。9月，省建设厅发出《关于加强城市房地产开发管理工作的通知》指出，房地产开发项目竣工交付使用前，开发建设单位应当组织验收，在依法向工程质量、城市规划、消防、人防等有关部门办结单项验收手续后，向房地产开发主管部门办理验收备案手续，备案通过后，方可交付使用。未进行验收备案或验收备案不合格的竣工开发项目不得交付使用；房地产管理部门不予办理产权登记。擅自交付使用的，根据《城市房地产开发经营管理条例》等有关法律、法规给予处罚。

外资准入和纳税　2006年7月，建设部出台《关于规范房地产市场外资准入和管理的意见》，规范外商投资房地产市场准入；加强外商投资企业房地产开发经营管理；严格境外机构和个人购房管理。境外机构在境内设立分支、代表机构（经批准从事经营房地产业的企业除外）和在境内工作、学习时间超过一年的境外个人可以购买符合实际需要的自用、自住商品房，不得购买非自用、非自住商品房。12月，国家税务总局发出《关于房地产开发企业土地增值税清算管理有关问题的通知》。符合下列情形之一的，纳税人应进行土地增值税清算：房地产开发项目全部竣工、完成销售；整体转让未竣工决算房地产开发项目；直接转让土地使用权。

综合开发和住宅建设

1990年12月，安徽省人民政府办公厅转发省建设厅《关于加强城市综合开发工作意见的通知》,要求各地按照城市总体规划、土地开发利用规划和近期建设规划,编制城市建设综合开发近期建设计划;积极鼓励支持综合开发,统筹安排综合开发区的城市基础设施、各类房屋和配套设施建设。争取到1995年,大中城市住宅综合开发率达到80%以上,其他城市达60%以上。从1991年起,城市建设综合开发按建设项目进行管理,制订房屋拆迁办法和商品房价格管理办法,加强对城市住宅小区管理,建立健全住宅区管理法规,做到有法可依,有章可循。

商品住宅建设　1991年1月,省计委、省建设厅、省建行、省审计局、省统计局、省物价局转发国家计委、建设部等部门《关于加强商品住宅建设管理的通知》(以下简称《通知》),《通知》指出,商品住宅投资包括:开发区内征地、拆迁、改造、翻建实际费用;商品住宅建筑安装工程;开发区红线内市政配套;为开发区内商品住宅配套的非经营性公用服务网点。商品住宅建设投资是整个固定资产投资组成部分,实行指令性计划。《通知》规定,从1990年起,所有商品住宅建设项目(包括续建、新建项目),建设时都要列入商品住宅建设投资规模,严禁搞计划外商品住宅开发建设。开发区总建筑面积20万平方米以上或总投资1亿元以上(含20万平方米、1亿元)规划开发项目,由省、自治区、直辖市和计划单列市计委(计经委)上报,建设部初审后,由国家计委审批;20万平方米以下或总投资1亿元以下项目,由省、自治区、直辖市和计划单列市计委(计经委)审批。国家鼓励私人购买商品住宅,对私人购买商品住宅应优先安排。开发公司不得在计划外擅自出售商品住宅。商品住宅价格制定应以成本为主要依据,严格按照国家有关作价办法。商品住宅开发公司必须按国家规定缴纳投资方向调节税。从1990年起,建立单独商品住宅统计制度。

经济房建设　1992年6月,为鼓励城镇职工、居民投资合作建造住宅,省住房制度改革领导小组、省城乡建设环境保护厅、省税务局转发国务院住房制度改革领导小组、建设部、国家税务局下发的《城镇住宅合作社管理暂行办法》,该办法对住宅合作社性质、任务作了规定。1994年,建设部、国务院住房制度改革领导小组、财政部下发《城镇经济适用住房建设管理办法》。1995年6月26日,安徽省建设厅、安徽省住房制度改革领导小组、安徽省财政厅印发《安徽省城镇经济适用住房建设管理实施办法》,对城镇经济适用住房建设管理实施中进一步明确,推动各地经济适用住房建设和管理。

住宅小区建设　1994年5月,安徽省建设厅下发《关于印发〈安徽省城镇住宅小区建设试点暂行办法〉的通知》。要求通过试点达到两个目标:符合国家标准,在不增加或略增加造价前提下,依靠科技进步,做到建设规划布局合理、设计新颖、功能齐全、设施配套、质量优良、环境优美,并具有时代精神和地方特色住宅小区,实现经济社会和环境效益统一;摸索出一套小区建设立项规划、勘察设计、施工等方面经验,树立各具特色住宅小区样板,提高城市住宅小区建设及城市建设整体水平。通过开展"节能省地环保型"住宅建设项目试点,引导国家康居示范工程建设,推动住宅性能认证、产业化基地建设,在全省形成一批康居示范工程和新型住宅小区,如马鞍山市西湖花园小区和

淮南市劳动村等。

住宅产业化　1996年11月，建设部住宅建设小组发布《住宅产业现代化试点技术发展要点》（试行）。指出，推进住宅产业现代化，应积极采用现代科学技术，以工业化、社会化生产方式，组织住宅集约化开发、商品化经营和物业管理，加快改造传统住宅产业。安徽在进行住宅产业现代化试点时，遵循国家有关节能、节水、节地、节材和保护环境资源方针政策，以科技进步为核心，围绕住宅质量、功能、建造速度和效益，有计划、有步骤提高规划、设计、施工科技水平，加快协调体系发展，大力组织和扶持住宅部件系列化开发、集约化生产、配套化供应，有序地构建产业化、社会化、现代化住宅建设新体制。

2004年，安徽省人民政府下发《关于促进房地产市场持续健康发展的通知》提出，为推进住宅产业现代化，要求制定和完善住宅产业经济、技术政策，鼓励企业研发和推广先进适用建筑成套技术、产品和材料，推动住宅产业技术进步。完善住宅性能认定、住宅产品认证和淘汰制度，保证住宅质量。

2005年9月，建设部在合肥经济技术开发区召开“国家住宅产业化基地工作会议”，专家组经过考察，并对可行性报告进行全面论证，最终一致认为：合肥经济技术开发区具备建立“国家节能省地型住宅产业化基地”条件，批准合肥经济技术开发区为建设国家住宅产业化基地。该基地主要是以政府为背景，制订住宅产业化推进机制（优惠政策），建立以企业为龙头研发基地，建设以新技术应用为特点的住宅示范工程等方式，开展住宅产业化建设。该基地按照“四节一环保”原则，在区内规划建设一个产业园区，打造全国住宅产业化基地；建立一批示范点，形成全国住宅产业化示范基地；建立一个研发中心，形成全国住宅产业化产品开发和理论研究中心；建立一个物流与信息平台，打造全国住宅产业化物流与信息平台之一。至2007年，已有康拜环保秸秆板项目、蒙达科技园等企业入区建设，总投资10亿美元的中国阳光集团也已签约，一大批住宅产业化及关联企业正在积极商谈。与此同时，中国建材研究总院合肥研发中心和合肥建材质量检测中心已在建设中。以住宅产业化生产、研发、示范、物流基地建设为核心的合肥经济技术开发区国家住宅产业化基地，将快速形成节能省地型住宅及相关产业集群，成为合肥市乃至安徽省新经济增长点。

开发项目管理

根据《国务院关于固定资产投资项目试行资本金制度的通知》，从1996年开始，对各种经营性投资项目，包括国有单位基本建设、技术改造、房地产开发项目和集体投资项目，试行资本金制度，投资项目必须首先落实资本金才能进行建设。在投资项目总投资中，除项目法人（依托现有企业扩建及技术改造项目，现有企业法人即为项目法人）从银行或资金市场筹措债务性资金外，还必须拥有一定比例资本金。投资项目资本金，是指在投资项目总投资中，由投资者认缴的出资额，对投资项目来说是非债务性资金，项目法人不承担这部分资金任何利息和债务；投资者可按其出资比例依法享有所有者权益，也可转让其出资，但不得以任何方式抽回。作为计算资本金基数总投资，是指投资项目固定资产投资与铺底流动资金之和，具体核定时以经批准的动态概算为依据。投资项目资本金占总投资比例，根据不同行业和项目经济效益等因素确定。2002 年 12 月，省建设厅和省政府法制办发出通知，要求建立房地产开发项目资本金制度，明确规定，资本金占项目总投资比例为 35%。

项目招投标　1998 年 1 月，安徽省建设厅印发《安徽省城市房地产开发项目招标投标管理暂行办法》，明确城市规划区内国有土地上进行房屋及其市政、公用配套设施综合开发，向具有房地产开发资质企业（以下简称开发企业）公开招标，通过公开、公平、公正竞争，择优选择开发企业承担房地产开发项目建设。市、县房地产开发主管部门，应根据城市总体规划、年度建设用地计划、房地产开发年度计划和市场供求等情况，确定房地产开发招标项目，经招标投标领导小组研究后报当地人民政府批准。房地产开发项目招标有公开招标、邀请招标、议标等几种形式。中标开发企业必须自接到中标通知书之日起五日内，与房地产开发主管部门签订房地产开发项目建设合同，逾期未签定，房地产开发主管部门有权取消其中标资格，并依次另行择优选定开发企业。

编制开发规划　2002 年 12 月，省建设厅、省人民政府法制办公室发出《关于贯彻实施〈安徽省城市房地产开发经营管理办法〉的通知》，要求依法编制房地产开发规划和年度计划；做好房地产开发项目用地出让或者划拨前建设条件审核；严格控制零星建设房地产开发项目；加强房地产开发项目竣工验收工作。加强对房地产经营管理，转让房地产开发项目，受让人应当为依法成立并具有相当资质房地产开发企业。

商品房销售　加强商品房预售管理，规范预售许可发证程序；依法规范商品房销售管理，切实保护商品房购买者合法权益，房地产开发企业预售商品房时，应当公布有关事项。当事人双方应当签订书面合同。商品房交付使用时，房地产开发企业应当向购买人提供住宅质量保证书和住宅使用说明书。在规定保修期内，房地产开发企业应当按照住宅质量保证书约定，承担商品房保修责任；如果购买人认为商品房主体结构质量不合格，可以向工程质量监督单位申请重新核验，经核验，确属主体结构质量不合格，购买人有权退房，给购买人造成损失，房地产开发企业应当依法承担赔偿责任。

2007 年 10 月，省建设厅颁发《安徽省住宅工程质量回访保修和投诉受理办法》，对工程质量回访、工程质量保修、保修单位、工程质量缺陷、工程质量投诉、工程质量保修期等作出明确规定。

第四节　房地产市场与产权管理

20 世纪 80 年代，房屋商品化后，房地产买卖、租赁等市场交易行为开始发生，房地产产权管理被提上日程，1986 年，安徽在全省开展新中国成立以来第一次房屋产权登记发证工作，并根据建设部通知，加强房地产产权产籍管理。1991 年年底，全省首次登记发证工作基本结束。

土地使用

为改革城镇国有土地使用制度，合理开发、利用、经营土地，加强土地管理，促进城市建设和经济发展，国家和安徽省对土地使用制定了相应的政策规定，以促进房地产市场持续健康发展。

土地有偿使用　1986年10月，安徽省城乡建设环境保护厅颁发《安徽省征收私人占用城镇国有土地使用费暂行办法》。在坚持土地公有制前提下，所有权与使用权分离，逐步变无偿、无限期使用为有偿、有限期使用。实行土地批租，即土地使用权出让。1988年4月，七届全国人大常委会第一次会议通过宪法修正案，规定土地使用权可以依照法律规定转让。9月，国务院发布《城镇土地使用税暂行条例》，将土地使用费改为土地使用税，安徽省随之对各市、县、建制镇、工矿区范围内使用土地单位和个人征收土地使用税，各地制定的土地使用费办法同时停止执行。当年，安徽省还开展土地使用权出让和转让试点。同年12月，《中华人民共和国土地管理法》也作相应修改，规定国家依法实行国有土地有偿使用制度。

1990年5月，国务院发布《城镇国有土地使用权出让和转让暂行条例》，对土地使用权出让、转让、出租、抵押、终止以及划拨土地使用权等问题作明确规定。同时还发布《外商投资开发经营成片土地暂行管理办法》，允许外商从事土地成片开发经营活动。合肥、芜湖等市相继开展土地使用权出让试点工作。

土地招标拍卖　1993年11月，中共十四届三中全会通过《中共中央关于建立社会主义市场经济体制若干问题的决定》提出，要规范和发展房地产市场，实行土地使用权有偿有限期出让制度，对商业性用地使用权出让，要改变协议批租方式，实行招标、拍卖。建立正常的土地使用权价格市场形成机制。控制住房用地价格，促进住房商品化和住房建设发展。

2002年7月，国土资源部颁布《招标拍卖挂牌出让国有土地使用权规定》，安徽省商业、旅游、娱乐和商品住宅等各类经营性用地，开始施行以招标、拍卖或挂牌方式出让。

用地调控监管　2003年9月，国土资源部发出《关于加强土地供应管理促进房地产市场持续健康发展的通知》，要求各地充分发挥土地供应对房地产市场调控作用，切实加强对房地产开发土地供应调控，进一步完善房地产开发土地供应政策，加大对房地产开发用地监管力度。

2004年3月，国土资源部、监察部发出《关于继续开展经营性土地使用权招标拍卖挂牌出让情况执法监察工作的通知》，要求各地在2004年8月31日前将历史遗留问题界定并处理完毕。8月31日后，不得再以历史遗留问题为由，采用协议方式出让经营性土地使用权。此举被业内称为“8·31大限”。4月，国务院办公厅发出《关于深入开展土地市场治理整顿严格土地管理的紧急通知》，要求切实落实最严格的耕地保护制度。

2006年5月，国土资源部发出《关于当前进一步从严土地管理的紧急通知》，要求充分发挥土地供应调控作用，从严审批各类非农建设用地，确保房地产调控土地政策落到实处，严肃查处违法违规用地。8月，国务院发布《关于加强土地调控有关问题的通知》。11月，财政部、国土资源部、中国人民银行发出《关于调整新增建设用地土地有偿使用费政策等问题的通知》，将新增建设用地土地有偿使用费提高一倍。

2007年1月，国家税务总局发出《关于房地产开发企业土地增值税清算管理有关问题的通知》，将1993年出台的土地增值税从“预征”变为“清算”，即开始实行实质性征收。

房屋交易管理

20世纪80年代，随着房屋商品属性确认，安徽省不同所有制之间、地区之间、行业之间房地产交易、租赁和调换限制被逐步取消。1985—1987年，有20多个市县建立房地产交易管理机构，负责公、私房交易管理。

机构及收费　为加强城镇房地产管理，确认房产产权及房屋占用城镇国有土地使用权归属，及时掌握房产产权、土地使用权变化情况，1988年1月，省建设厅、省财政厅、省司法厅、省公安厅联合颁布实施《安徽省城镇房产产权登记发证暂行办法》。5月，安徽省建设厅发出《关于加强房地产市场管理工作的通知》规定：无论是公房或者私房买卖、转让都必须到房地产管理机关登记、取证，无所有权证房屋不得进入市场。8月，安徽省建设厅转发建设部关于建立健全房地产交易所通知，规定全省房地产交易机构名称统一为“房地产交易所”，要求房屋所有权和土地使用权转移，产权产籍相互印证，以及评估、登记等法律程序上的需要，公有和私有新旧房屋出售、拍卖等应一律在房地产交易所进行。

1990年，马鞍山市建立房地产交易市场，提供服务，展示行情，当年一年交易122起，收税费9.82万元。1990年3月27日，省建设厅、省物价局、省工商局、省财政厅、省司法厅、省房改领导小组等6单位联合下发《安徽省房地产市场管理暂行办法》，对全省房地产市场作出统一规定，各市县应建立房地产交易管理所（1988年8月的机构名称房地产交易所加了“管理”二字），配备必要管理人员，属事业性质，经费自收自支，独立核算，隶属于房地产管理部门，负责房地产市场管理。并规定房屋交易管理费收取，除交易双方按国家规定交纳契税外，还应交纳一定的交易管理费。出售房屋，按评估价2.5%交纳，买卖双方各负担一半；出租生产经营性用房，按年租金额2%交纳，租赁双方各负担一半；房产分割、交换，按评估价的1%收取，双方各负担一半；房产赠与、继承，按评估价1%收取，由受赠人、继承人负担；对房地产开发经营单位出售商品房，其市场交易管理费可适当减收，减少幅度由各行署、市物价部门会同房地产管理部门制订。对房地产交易市场价格实行国家定价、国家指导价、市场调节价三种价格管理形式。1990年1月，省建设厅转发建设部《关于房地产市场管理、产权管理创全国先进水平考核标准和办法》。要求各市县于每年末按照国家考核标准和办法结合年终工作总结进行考核。各行署、省辖市每年向省建设厅推荐1～2个单位参加全省先进单位评比，省建设厅将从中评选1～2个单位报建设部。

1986—1991年，全省共办理房屋买卖、租赁、抵押、单项评估、互换、分家析产、赠与、土地使用权转让等手续4.5万多起，面积270万平方米，成交额5亿元，征收税费1000多万元，管理覆盖面为50%。

市场体系　1992年11月，国务院发出《关于发展房地产业若干问题的通知》，首次勾画出房地产市场体系框架：房地产一级市场即土地使用权出让；房地产二级市场即土地使用权出让后房地产开发经营；房地产三级市场即投入使用后房地产交易，以及抵押、租赁等多种经营方式。

1994年7月，八届全国人大常委会通过《中华人民共和国城市房地产管理法》，自1995年1月1日起施行，该法明确房地产开发用地、房地产开发经营、房地产交易、房地产权属登记管理等法律规定。特别提出要建立五项制度：国家依法实行国有土地有偿、有限期使用制度；国家实行房地产价格评估制度；国家实行房地产成交价格申报制度；国家实行房地产价格评估人员资格认证制度；国家实行土地使用权和房屋所有权登记发证制度。同时，首次对房地产中介服务机构的构成、设立条件和资格认证等制度作出规定。同月，安徽省转发国务院《关于深化城镇住房制度改革的决定》（以下简称《决定》），确定房改根本目的是：建立与社会主义市场经济体制相适应的新的城镇住房制度，实现住房商品化、社会化；加快住房建设，改善居住条件，满足城镇居民不断增长的住房需求。《决定》首次提出建立以中低收入家庭为对象、具有社会保障性质的经济适用住房供应体系和以高收入家庭为对象商品房供应体系；建立住房公积金制度；发展住房金融和住房保险，建立政策性和商业性并存住房信贷体系。在公有住房出售方面，提出向高收入职工家庭出售公有住房实行市场价，向中低收入职工家庭出售公有住房实行成本价。在住房建设方面，提出加快经济适用住房开发建设，房地产开发公司每年建房总量中，经济适用住房要占20%以上，鼓励集资合作建房，继续发展住房合作社，加快城镇危旧住房改造。

1998年4月，中国人民银行下发《关于加大住房信贷投入，支持住房建设与消费的通知》，指出“为促进城镇住房制度改革，把住宅业培育为新的经济增长点，中国人民银行决定进一步加大住房信贷投入，支持住房建设和消费。”5月，安徽省人民政府颁布《安徽省职工所购公有住房上市交易管理暂行办法》，明确职工所购公有住房包括职工按房改政策购买的公有住房、职工按国家优惠政策购买的经济适用房、安居房、解困房均可上市交易。上市交易形式包括出售、交换、出租和抵押。7月，国务院发布《关于进一步深化城镇住房制度改革加快住房建设的通知》，宣布从1998年下半年开始停止住房实物分配，逐步实行住房分配货币化。稳步推进住房商品化、社会化，逐步建立适应社会主义市场经济体制和中国国情的城镇住房新制度。

租售房纳税　1999年1月，安徽省物价局、安徽省财政厅发出《关于调整房屋产权登记收费标准的通知》。7月,财政部、国家税务总局发出《关于调整房地产市场若干税收政策的通知》,规定对个人购买并居住超过一年(含一年)普通住宅,销售时免征营业税;个人购买自用普通住宅,暂减半征收契税;对居民个人拥有普通住宅,在其转让时暂免征收土地增值税。8月,为加强房屋租赁市场管理,省人民政府第37次常务会议通过《安徽省城市房屋租赁管理办法》。房屋租赁是指房屋所有权人作为出租人将其房屋及其附属物出租给承租人使用,由承租人向出租人支付租金行为。12月,财政部、国家税务总局、建设部发出《关于个人出售住房所得征收个人所得税有关问题的通知》,为鼓励个人换购住房,规定对出售自有住房并拟在现住房出售后1年内按市场价重新购房的纳税人,其出售现住房所应缴纳的个人所得税,视其重新购房价值可全部或部分予以免税。

2000年7月,省地方税务局、省建设厅发出《关于做好房屋租赁登记备案和税收征管工作的通知》。要求各级地税部门和房地产管理部门要加强联系,积极配合,建立定期房屋租赁资料互换制度,使双方及时全面地掌握辖区内房屋租赁情况。建立房屋租赁税收委托代征代缴制度,各级地税部门在直接做好房屋租赁税收征管工作同时,可根据本地实际情况,将单位和个人出租、转租房屋所涉及房产税、营业税、土地使用税、个人所得税、印花税、城建税和教育费附加等各项税收,委托当地房地产管理部门代征代缴。12月,《安徽省城市房地产交易管理条例》开始施行。房地产交易,包括房地产转让、房地产抵押和房屋租赁。城市房地产交易管理采取由一个部门统一管理原则。省、市、县人民政府建设行政主管部门、土地行政主管部门依照省人民政府规定职权划分,各司其职,密切配合,管理本行政区域内房地产工作。经省人民政府批准,市、县人民政府由一个部门统一负责城市房地产交易管理工作。

2006年9月,安徽省地方税务局出台《安徽省个人出租房屋税收征管暂行办法》。明确出租房屋的个人,为房屋租赁业税收纳税义务人。将承租房屋转手再出租,对转租人不征收房产税。个人出租房屋取得应税收入是指出租房屋所取得全部收入,包括货币收入、实物收入和其他形式收入。同一纳税人出租两处及两处以上房屋,其收入应合并计算。个人出租房屋,营业税税率为5%,房产税税率为12%。其中:个人出租住房,营业税税率减为3%,房产税税率减为4%。

2007年11月,省地税局下发《安徽省房地产税收一体化管理实施办法》,明确房地产税收一体化管理主要内容包括四部分:土地使用权取得环节税收管理、房地产开发环节税收管理、房产交易环节税收管理和房地产保有环节税收管理。房地产税收一体化管理实施要点是:部门协作、信息共享、先税后证、以票控税、源泉控管。各级税收征收机关要积极争取当地政府重视和支持,与国土、建设、规划、发改委、房管、监察等部门密切协作,严格落实"先税后证"和"以票控税"制度,确保房地产税收及时足额征收入库;建立和完善涉税信息传递机制,实现房地产涉税信息互通共享。

贷款管理 从2003年下半年开始,政府从土地、信贷两个闸门入手控制房地产投资过快增长。6月后，按照中国人民银行发出《关于进一步加强房地产信贷业务管理的通知》（银发〔2003〕121号，以下简称“121号文”），加强房地产开发贷款管理，严格控制土地储备贷款发放，规范建筑施工企业流动资金贷款用途，加强个人住房贷款管理等。“121号文”对房地产业界触动很大，一些房地产开发企业资金链因此断裂。同年8月后，按照国务院发布《关于促进房地产市场持续健康发展的通知》，提出房地产业作为国民经济支柱产业发展的重要意义，细化出台促进房地产市场持续健康发展措施，对符合条件的房地产开发企业和房地产项目继续加大信贷支持力度。

2007年9月，中国人民银行、中国银监会发出《关于加强商业性房地产信贷管理的通知》，重申“121号文”和《商业银行房地产贷款风险管理指引》有关规定，并将“121号文”中的“加强房地产开发贷款管理”改为“严格房地产开发贷款管理”。对已利用贷款购买住房、又申请购买第二套（含）以上住房的，贷款首付款比例不得低于40%；12月，发出《关于加强商业性房地产信贷管理的补充通知》，明确以户为单位的第二套住房认定标准。

规范交易秩序　2006年5月，国务院办公厅转发建设部等部门《关于调整住房供应结构稳定住房价格意见》通知（简称“国六条”）。要求各地区特别是城市人民政府切实负起责任，把调整住房供应结构、控制住房价格过快上涨纳入经济社会发展工作目标责任制。建设部等三部门随之发出《关于进一步整顿规范房地产交易秩序的通知》。11月，省建设厅、省发改委、省工商局、省物价局四部门联手开始为期一年查处严重影响房价稳定的房地产开发企业囤积土地、炒楼花、炒楼号，捂盘惜售、哄抬房价，发布虚假信息和广告、违规销售、欺诈等违规行为，以进一步整顿规范房地产交易秩序。

2007年10月，国家发展改革委、商务部发布《外商投资产业指导目录（2007年修订）》，对2004年11月发布的《外商投资产业指导目录（2004年修订）》在房地产方面作了三点修订：在鼓励外商投资产业目录中删除“普通住宅的开发建设”；在限制外商投资产业目录中增加“房地产二级市场交易及房地产中介或经纪公司”；在限制外商投资产业目录中删除“大型主题公园的建设、经营”。另外，在限制外商投资产业目录中仍保留“土地成片开发（限于合资、合作）”“高档宾馆、别墅、高档写字楼和国际会展中心的建设、经营”。

房屋产权管理

1987年，安徽省人民政府办公厅向各行署、各市、县人民政府、省政府有关部门发出通知，根据城乡建设环境保护部统一部署，省人民政府同意，在全省城镇开展房屋所有权登记发证工作。登记发证工作范围，包括城市、县城、建制镇和独立工矿区所有房屋，由各级建设部门和房地产管理部门具体负责实施，登记发证所需经费从收取登记发证费中解决；今后新建房屋，所有者应在房屋竣工交付使用时，即办理所有权登记领证手续。

登记发证机构　1987年，安徽省房产产权登记发证办公室成立，办公室主任由省

建设厅副厅长丁捷担任，省建设厅、省财政厅、省司法厅各有一名处长任副主任。1987年，省建设厅转发城乡建设环境保护部下发的《城镇房屋所有权登记暂行办法》。同年，省建设厅根据建设部规定，在全省统一制发所有权证式样、规定了统一填写要求，后来又要求各市县落实城镇房屋所有权登记发证工作所需测绘保障任务。各市县根据省里统一部署，先后组建以分管市（县）长为组长的登记发证领导小组及其办公室。

产权证发放　1988年1月，省建设厅、省财政厅、省司法厅、省公安厅联合印发《安徽省城镇房产产权登记发证暂行办法》，对登记范围、登记办法、发证作了具体规定。从1986—1988年，省建设厅先后发文，要求各市、县建设（房管）部门在近两三年内把登记发证工作作为一项重要任务来完成，搞好试点并充分利用房屋普查人员，抽调精干人员来开展工作。登记发证工作政策性和技术性都很强，工作程序要做到登记收证，即检验证件，填写申请书、墙界表，收取证件。勘丈绘图，对已申请和尚未申请登记的房产，以产权人为单位实地进行勘察、丈量，核实，绘制分户平面图。产权审查，对申请产权人提供的资料进行初审、复审、审批，即三审确认。公告发证，对审查确认产权的房屋由登记发证办正式公告，在一定时间无异议即准予发证，绘制权证，按照缮证、绘图、校对、送印顺序完成制证、收费发证工作。1989年8月，为了扩人影响，马鞍山市举行“全市城镇房地产权登记首次发证大会”。1990年6月，安徽省城乡建设环境保护厅转发建设部关于巩固房屋所有权登记工作成果，进一步加强房地产产权产籍管理通知，根据建设部要求，1990年内要基本完成这项工作。为确保全省房产登记发证质量并为今后转入产权产籍日常管理打下良好基础。8月，省建设厅、省城镇房屋产权登记发证办公室联合印发《安徽省城镇房屋所有权登记发证工作检查验收办法》，规定检查验收方法和内容，要求申请书项目填写差错率、缮证项目填写差错率均不超过3‰，从检查验收情况看，上述两个差错率各市县都能达到或低于3‰。1991年年底，全省首次总登记发证基本结束（少数市县延长到1992—1993年），已登记房屋建筑面积1.66亿平方米，占1985年普查数93%。

登记建档　2000年12月，安徽省建设厅发出关于启用房地产权属证书通知。根据建设部《关于安徽省制作和颁发统一房地产权证的批复》规定，房地产权属证书由建设部统一监制，安徽省建设厅统一组织印制，各市、县负责房地产交易管理部门统一发放，其他任何制作和发放方式，均属无效。登记发证中产生大量产籍资料（包括图、表、证、档、卡、册），连同房屋普查和其他有关资料，是产权产籍管理基础，所以各市县在登记发证结束前后，就逐步转入产权产籍整理建档工作，并纳入房地产管理部门一项重要基础工作。

2007年10月，建设部印发《房屋权属登记信息查询暂行办法》。该办法明确，房屋权属登记信息，包括原始登记凭证和房屋权属登记机关对房屋权利记载信息。房屋原始登记凭证包括房屋权利登记申请表，房屋权利设立、变更、转移、消灭或限制具体依据，以及房屋权属登记申请人提交的其他资料。房屋权属登记机关对房屋权利的记载信息，包括房屋自然状况（坐落、面积、用途等），房屋权利状况（所有权情况、他项权情况和房屋权利的其他限制等），以及登记机关记载的其他必要信息。已建立房屋权属登记簿（登记册）地方，登记簿（登记册）所记载信息为登记机关对房屋权利记载信息。

第五节　房屋管理

各级政府对房屋安全鉴定、维修管理作出一系列规定。住房制度改革后，商品房销售发展很快，住房私有化率不断增加，建设部和安徽省陆续出台商品房销售、房改售房与物业管理衔接工作通知，并制订物业管理实施方案，加强对物业管理企业资质管理。2003年，开始实施国务院颁布的《物业管理条例》，随后建设部还印发《业主大会规程》《业主临时公约（示范文本）》等。安徽省政府和国家有关部门还就物业管理费等作出明确规定。

房屋维修

1986年，建设部颁布《房屋完损等级评定标准》《危险房屋鉴定标准》（CJ31-86），安徽省各地房地产管理部门据此开展自管房和部分社会房屋安全鉴定和修缮管理工作。

危房鉴定　1989年11月，建设部发布《城市危险房屋管理规定》，提出市、县人民政府房地产行政主管部门应设立房屋安全鉴定机构，负责房屋安全鉴定，并统一启用“房屋安全鉴定专用章”。对被鉴定为危险房屋的，一般可分为以下四类进行处理：（1）观察使用。适用于采取适当安全技术措施后，尚能短期使用，但需继续观察的房屋。（2）处理使用。适用于采取适当技术措施后，可解除危险的房屋。（3）停止使用。适用于已无修缮价值，暂时不便拆除，又不危及相邻建筑和影响他人安全的房屋。（4）整体拆除。适用于整幢危险且已无修缮价值，需立即拆除的房屋。经鉴定属危险房屋的，鉴定机构必须及时发出危险房屋通知书；属于非危险房屋的，应在鉴定文书上注明在正常使用条件下有效时限，一般不超过一年。鉴定机构可以收取房屋安全鉴定费。房屋所有人对危险房屋能解危的，要及时解危；解危暂时有困难的，应采取安全措施。房屋所有人对经鉴定的危险房屋，必须按照鉴定机构处理建议，及时加固或修缮治理；如房屋所有人拒不按照处理建议修缮治理，或使用人有阻碍行为的，房地产行政主管部门有权指定有关部门代修，或采取其它强制措施。

安徽省各地房屋安全鉴定机构以科学、认真、负责的态度，兢兢业业、实事求是地开展工作。据不完全统计，1990—2007年的18年间，全省房屋安全鉴定专业机构累计对7.3万个项目、9.2万幢、建筑面积达5500万平方米的房屋进行使用安全性鉴定，督促改造危旧房近7300万平方米。保障全省各类房屋住用安全，促进房屋有效利用，加快城市危旧房屋改造步伐，推动城市建设和发展

修缮管理　1990年6月，建设部印发《关于房地产经营、维修、管理企业划分类型

试行标准的通知》,要求坚持政企分开,企业规模同政府机关行政级别脱钩。按企业房屋综合经管面积、固定资产原值、总产值3项因素,将企业分为大型一类、大型二类;中型一类、中型二类;小型一类、小型二类、小型三类。

1991年7月,建设部颁发《城市房屋修缮管理规定》。房屋修缮是指对城市(国家按行政建制设立的直辖市、市、镇)已建成房屋进行拆改、翻修和维护;房屋所有人,是指持有房屋产权证直管公房管理单位、自管房单位和私房所有人。修缮房屋是房屋所有人应当履行的责任。租赁房屋修缮,由租赁双方依法约定修缮责任。直管公房修缮资金筹措,可以通过下列途径:(1)房租收入中应当用于房屋修缮的部分;(2)从城市维护建设资金中适当划拨;(3)本系统多种经营收入部分盈余;(4)法规和政策允许用于房屋修缮的其他资金。单位自管房修缮资金,由单位自行解决。私有房屋修缮资金,由房屋所有人自行解决。用于出租私有房屋,其所有人筹集修缮资金确有困难的,按照《城市私有房屋管理条例》有关规定执行。从事房屋修缮业务企事业单位,应当向当地人民政府房地产行政主管部门申请办理资质登记,并按照批准资质等级承接修缮任务。已取得施工企业《资质等级证书》或《资质审查证书》的单位,从事房屋修缮业务,可以不另行领取资质证书,但应当向当地人民政府房地产行政主管部门办理核准等级手续。

1997年4月,安徽省建设厅转发建设部《关于加强公有住房售后维修养护管理工作的通知》,要求各级房地产管理部门做好公有住房维修养护管理工作。

维修基金　1998年11月,建设部制定《住宅共用部位共用设施设备维修基金管理办法》,明确指出共用部位是指住宅主体承重结构部位(包括基础、内外承重墙体、柱、梁、楼板、屋顶等)、户外墙面、门厅、楼梯间、走廊通道等。共用设施设备是指住宅小区或单幢住宅内,建设费用已分摊进入住房销售价格的共用上下水管道、落水管、水箱、加压水泵、电梯、天线、供电线路、照明、锅炉、暖气线路、煤气线路、消防设施、绿地、道路、路灯、沟渠、池、井、非经营性车场车库、公益性文体设施和共用设施设备使用的房屋等。凡商品住房和公有住房出售后都应当建立住宅共用部位、共用设施设备维修基金。维修基金使用执行《物业管理企业财务管理规定》,专项用于住宅共用部位、共用设施设备保修期满后大修、更新、改造。商品住房在销售时,购房者与售房单位应当签定有关维修基金缴交约定。购房者应当按购房款2%～3%比例,向售房单位缴交维修基金。售房单位代为收取维修基金属全体业主共同所有,不计入住宅销售收入。公有住房售后维修基金来源于两部分:一是售房单位按照一定比例从售房款中提取,原则上多层住宅不低于售房款的20%,高层住宅不低于30%。该部分基金属售房单位所有。二是购房者按购房款2%比例向售房单位缴交维修基金。售房单位代为收取维修基金属全体业主共同所有,不计入住宅销售收入。维修基金应当在银行专户存储,专款专用。为保证维修基金安全,维修基金闲置时,除可用于购买国债或者用于法律、法规规定其他范围外,严禁挪作他用。维修基金明细户一般按单幢住宅设置。业主委员会成立后,经业主委员会同意，房地产行政主管部门将维修基金移交给物业管理企业代管。物业管理企业代管维修基金，应当定期接受业主委员会检查与监督。

2007年1月，安徽省人民政府颁发《安徽省物业专项维修资金管理暂行办法》。物业专项维修资金，是指业主交存专项用于物业保修期满后物业共用部位、共用设施设备维修和更新、改造资金。住宅物业、住宅小区内非住宅物业或者与单幢住宅楼结构相连非住宅物业的业主，应当按照本办法规定交存物业专项维修资金。业主交存物业专项维修资金属业主所有。物业专项维修资金管理，实行专户存储、专款专用、业主决策、政府监督原则。县级以上地方人民政府财政、审计等有关部门应当按照各自职责，做好物业专项维修资金监督工作。

物业管理

2004年12月，省人大常委会第十三次会议审议通过《安徽省物业管理条例》（以下简称《条例》），规定自2005年5月施行，《条例》指出物业管理是指业主与选聘的物业管理企业，按照物业服务合同约定，对房屋及配套设施设备和相关场地进行维修、养护、管理，维护相关区域内环境卫生和秩序的活动。并规定省人民政府建设行政主管部门负责本省行政区域内物业管理活动的监督管理工作，市县（市）人民政府房地产行政主管部门负责本行政区域内物业管理活动的监督管理工作，县级以上人民政府的其他有关部门，应当依照各自的职责分工，密切配合，做好有关管理与监督工作。

住宅小区管理　1994年3月，建设部制定的《城市新建住宅小区管理办法》开始施行。该办法对住宅小区前期管理、住宅小区管理委员会、物业管理公司权利和义务等进行规定。11月，安徽省建设厅转发建设部房地产业司〔94〕建房物字第21号、34号通知，要求高度重视《城市新建住宅小区管理办法》贯彻实施。房地产主管部门指导与监督房地产开发企业、物业管理企业和其他小区管理单位搞好小区管理工作。

1995年4月，省建设厅转发建设部《全国优秀管理住宅小区标准》及有关考评验收工作通知，对优秀住宅小区标准予以量化。9月起，施行建设部颁发的《建筑装饰装修管理规定》，要求新建、扩建、改建工程和对原有房屋等建筑物、构筑物进行装饰装修均按规定执行。

1996年8月，省物价局、省建设厅联合发文，对物业管理服务收费实行统一政策、分级管理。规定各级物价部门为物业管理服务收费主管部门。同时对物业管理服务收费利润率等予以规定。10月，省建设厅下发《关于加快推行住宅小区物业管理体制若干问题的通知》，印发《安徽省优秀管理住宅小区标准》，要求各地物业管理企业均按优秀住宅小区标准，加强量化管理，争先创优。

装饰装修管理　1997年4月，建设部组织制定《家庭居室装饰装修管理试行办法》，提出凡承接家庭居室装饰装修工程的单位，应当持有建设行政主管部门颁发的具有建筑装饰装修工程承包范围的“建筑业企业资质证书”。对于承接家庭居室装饰装修工程个体装饰装修从业者，应当持所在地乡镇以上人民政府有关主管部门出具的务工证明、本人身份证、暂时居住证,向工程所在地建设行政主管部门或者其指定的机构登记备案,实行“登记注册、培训考核、技能鉴定、持证上岗”制度。进行家庭居室装饰装修,不得随意在承重墙上穿洞、拆除连接阳台门窗的墙体、扩大原有门窗尺寸或者另建门窗;不得随意增加楼地面静荷载,在室内砌墙或者超负荷吊顶、安装大型灯具及吊扇;不得任意刨凿顶板、不经穿管直接埋设电线或者改线;不得破坏或者拆改厨房、厕所地面防水层,以及水、暖、电、煤气等配套设施;不得大量使用易燃装饰材料等。

管理企业职责　1997年8月,省建设厅下发《安徽省物业管理企业资质管理暂行规定》,该规定指出,物业是指各类房屋及其相应配套公有设施、设备和公共场地。物业管理是指依委托管理合同,对各类房屋和配套设施及场地统一进行专业化、社会化修缮、维护及其他与之相关的服务。同时对物业管理企业设立以及企业资质等级标准进行规定。同月,建设部发出《关于加强商品房销售、房改售房与物业管理衔接工作的通知》,该通知指出,房地产开发企业出售商品房和公有住房管理单位出售公有住房时,应重视物业管理工作。要制订出物业管理实施方案,及时选聘物业管理企业,签订物业管理合同,按照规定程序进行工程验收,公房出售要严格按照建设部《关于加强公有住房售后维修养护管理工作的通知》要求,建立住宅共用部位和共用设施设备维修养护专项基金,并制订管理办法。商品房销售中,房屋共用部位和共用设施设备维修养护专项基金提取、使用与管理,也应作出明文规定;一些开发企业在售房时已从售房价款中提取该项基金,应在商品房购销合同中说明。该项基金要专户存入银行,不得挪作他用。需要使用时,由物业管理企业作出使用计划,经业主委员会审定。确保工程质量,并做好物业管理接管验收工作。售房单位售房前,要制定《业主公约》。10月,安徽省人民政府发布《安徽省城市住宅区物业管理暂行办法》。对业主大会及业主委员会组成及权利、业主公约、物业管理企业职责等进行规定。

企业财务　1998年3月,建设部颁布《物业管理企业财务管理规定》,对代管基金使用和物业管理企业营业收入作了明确规定。代管基金是指企业接受业主管理委员会或者物业产权人、使用人委托代管房屋共用部位维修基金和共用设施设备维修基金,代管基金作为企业长期负债管理。营业收入是指企业从事物业管理和其他经营活动所取得各项收入,包括主营业务收入和其他业务收入。主营业务收入是指企业在从事物业管理活动中,为物业产权人、使用人提供维修、管理和服务所取得收入,包括物业管理收入、物业经营收入和物业大修收入。6月,国家电力公司发布《关于对新建居民住宅供电设施收费及管理的意见》,规定新建居民住宅,实行“一户一表”抄表到户方式进行管理,以保障用电安全,规范电费收费行为,提高服务质量,减轻居民负担。

岗位培训　1999年1月,实行《全国物业管理从业人员岗位证书管理办法》,规定全国物业管理从业人员岗位证书是全国物业管理从业人员参加岗位培训合格证书和上岗资格证书,限持证者任职期间使用。证书由建设部人事教育司统一印制,加盖建设部人事教育司证书专用章和住宅与房地产业司公章。证书在全国范围内通用。物业管理企业经理证书由具有物业管理企业经理培训资格培训机构直接向建设部人事教育司、住宅与房地产业司申领。物业管理企业部门经理、管理员证书由各省、自治区、直辖市建委（建设厅），各计划单列市建委（房管局）统一到建设部人事教育司领取，各培训机构向各地建委（建设厅）教育主管部门和房地产主管部门申领。

2000年1月，开始实施建设部颁布的《物业管理企业资质管理试行办法》，将物业管理企业分为一级、二级、三级三个资质等级和临时资质。

资质一级企业　注册资本500万元以上；具有中级以上职称管理人员、工程技术人员不少于30人，企业经理取得建设部颁发的物业管理企业经理岗位证书，80%以上部门经理、管理员取得从业人员岗位证书；管理两种类型以上物业；管理各类物业建筑面积，分别占下列相应计算基数百分比之和不低于100%。计算基数是：（1）多层住宅200万平方米；（2）高层住宅100万平方米；（3）独立式住宅（别墅）15万平方米；（4）办公楼宇、工业区及其他物业50万平方米。20%以上管理项目需获得建设部授予的“全国城市物业管理优秀住宅小区（大厦、工业区）”称号，20%以上管理项目获得省级城市物业管理优秀住宅小区（大厦、工业区）称号；具有健全企业管理制度和符合国家规定财务管理制度；建立维修基金管理与使用制度。

资质二级企业　注册资本300万元以上；具有中级以上职称管理人员、工程技术人中不少于20人，企业经理取得建设部颁发的物业管理企业经理岗位证书，60%以上部门经理、管理员取得从业人员岗位证书；管理两种类型以上物业；管理各类物业建筑面积分别占计算基数百分比之和不低于100%。计算基数是：（1）多层住宅80万平方米；（2）高层住宅40万平方米；（3）独立式住宅（别墅）6万平方米；（4）办公楼宇、工业区及其他物业20万平方米。10%以上管理项目获得建设部授予“全国城市物业管理优秀住宅小区（大厦、工业区）”称号，10%以上管理项目获得省级城市物业管理优秀住宅小区（大厦、工业区）称号；具有健全企业管理制度和符合国家规定财务管理制度；建立了维修基金管理与使用制度。

资质三级企业　注册资本50万元以上；具有中级以上职称管理人员、工程技术人员不少于8人，经理取得建设部颁发的物业管理企业经理岗位证书，50%以上部门经理、管理员取得从业人员岗位证书；有委托物业管理项目；具有比较健全企业管理制度和符合国家规定财务管理制度；建立了维修基金管理与使用制度。新设立物业管理企业应按有关规定，到当地县级以上人民政府物业管理行政主管部门申请领取临时资质证书后，方可从事物业管理业务。临时资质证书有效期为一年。有效期满后，物业管理企业向物业管理行政主管部门申请三级资质评定，未获通过，物业管理行政主管部门应当取消其从事物业管理业务资格。

2004年5月，建设部发出《关于物业管理企业资质管理有关问题的通知》，要求按照《中华人民共和国行政许可法》和《物业管理企业资质管理办法》规定，依法审批物业管理企业资质。申报一级资质物业管理企业，将申报材料提交省、自治区建设厅或直辖市房地局，省、自治区建设厅或直辖市房地局应对企业有关情况进行审查，提出审查意见，并在规定期限内将申报材料和审查意见一并报送建设部核批。

安全防范　2001年7月，省建设厅、省公安厅、省民政厅转发建设部、公安部、民政部关于加强居民住宅区安全防范工作协作配合切实保障居民居住安全通知，要求物业管理企业要提高居民住宅区安全防范服务能力和水平。在巩固新建住宅小区实施物业管理取得成效基础上，对旧住宅小区、已售公房、直管公房和机关、企业事业单位办公及生活服务用房等，有重点、有步骤地推进社会化、专业化、市场化物业管理体制，努力扩大物业管理覆盖面，进一步发挥物业管理在协助维护居民住宅区治安秩序中的积极作用。要加强对物业管理工作监督，规范服务行为，提高物业管理企业安全防范服务水平。要增强责任意识，主动配合有关部门完善居民住宅区安全防范体系，推动安全防范综合措施落实。

规范服务　2001年11月，省建设厅、省物价局下发《安徽省住宅区物业管理服务等级标准》（试行）通知。物业管理服务分为一级、二级、三级、四级共四个等级。等级划分以住宅区物业管理服务水平为依据，具体评定包括：房屋及设施设备维修养护、安全防范、绿化环卫、多种经营服务和小区文体活动服务、服务质量效果等项内容以及硬件环境、物业管理企业、业主委员会等相关内容。11月，省建设厅还下发《安徽省物业管理投诉受理办法（试行）》，规定市、县房地产管理部门应当设立投诉受理机构，配备专职或兼职工作人员，接受业主、业主委员会、物业使用人投诉。房地产管理部门投诉受理机构名称、办公地点和投诉电话应当向社会公布。物业管理投诉应坚持分级原则，就地依法解决原则。

业主大会　2003年9月，开始施行国务院制定的《物业管理条例》（以下简称《条例》）。《条例》规定，房屋的所有权人为业主。物业管理区域内全体业主组成业主大会，并选举产生业主委员会。业主大会制定、修改业主公约和业主大会议事规则；选聘、解聘物业管理企业。业主大会作出决定，必须经与会业主所持投票权二分之一以上通过。业主大会作出制定和修改业主公约、业主大会议事规则，选聘和解聘物业管理企业，专项维修资金使用和续筹方案的决定，必须经物业管理区域内全体业主所持投票权三分之二以上通过。业主委员会是业主大会的执行机构，代表业主与业主大会选聘的物业管理企业签订物业服务合同；业主委员会主任、副主任在业主委员会委员中推选产生。

2003年，建设部印发《业主大会规程》。规定一个物业管理区域只能成立一个业主大会，业主大会自首次业主大会会议召开之日起成立。该规程对业主大会履行的职责等作了明确规定。

2005年5月，安徽省人大常委会颁布施行《安徽省物业管理条例》，对业主享有的权利、业主大会组成和职责及业主委员会职责等，作了更详细规定，亦规定“一个物业管理区域成立一个业主大会”，对尚未成立业主大会，建设单位应当引导业主按照规定召开首次业主大会会议。业主大会会议分定期会议和临时会议，业主大会定期会议应当按照业主大会议事规则规定召开。业主委员会应当在业主大会会议召开15日前通知全体业主，并将业主大会会议讨论的事项以书面形式在物业管理区域内公告。《条例》还对业主大会议事规则、业主大会的决定、业主公约及有关法律、法规等作出规定。

2007年10月，开始施行国务院修改后的《物业管理条例》（以下简称《条例》）。《条例》规定业主大会会议应当有物业管理区域内专有部分占建筑物总面积过半数业主且占总人数过半数业主参加。业主大会决定《条例》第十一条第（五）项和第（六）项规定的事项，应当经专有部分占建筑物总面积三分之二以上的业主且占总人数三分之二以上的业主同意；决定《条例》第十一条规定的其他事项，应当经专有部分占建筑物总面积过半数的业主且占总人数过半数的业主同意。

此外，根据《中华人民共和国物权法》有关规定，将“物业管理企业”修改为“物业服务企业”，将“业主公约”修改为“管理规约”，将“业主临时公约”修改为“临时管理规约”，并对个别条文的文字作了修改。

服务项目收费

1997年8月，建设部发出《关于加强商品房销售、房改售房与物业管理衔接工作的通知》指出，售房单位与购房人在签订房屋购销合同时，已确定物业管理实施方案的售房单位或物业管理企业应向购房人公布物业管理项目和服务收费标准，明确双方责权利关系，物业管理企业不得违反规定随意加收物业管理费用，购房人也要按规定交纳物业管理费用。物业管理企业对住用户提供的特约有偿服务要实行明码标价，定期向业主公布收支状况，接受业主监督。

服务收费　2001年4月，安徽省人民政府发出《关于〈安徽省物业管理服务收费暂行办法〉的通知》规定，物业管理服务收费，是指物业管理企业接受业主委员会或者业主、非业主使用人委托，对城市住宅区和非住宅区内房屋建筑及其附属共用设施设备、场地等进行日常管理、养护、维修并提供其他相关服务所收取费用。物业管理服务收费根据提供服务性质和特点，分别实行政府定价、政府指导价和市场调节价。物业管理企业为业主、非业主使用人提供公共性服务和公共代办性服务收费，实行政府定价或者政府指导价；为业主、非业主使用人提供特定服务收费，实行市场调节价。实行政府定价或者政府指导价的物业管理服务收费标准，由市、县人民政府价格行政主管部门按照国家规定成本构成，结合本地经济发展水平与物业管理市场发育程度制定，经本级人民政府物业管理主管部门会签后公布。物业管理企业与业主委员会或者业主、非业主使用人按照政府定价确定收费标准，或者在政府指导价规定幅度内协商确定具体收费标准，报市、县人民政府价格行政主管部门核定后执行。实行市场调节价物业管理服务收费标准，由物业管理企业与业主委员会或者业主、非业主使用人协商确定。物业管理公共性服务收费，应当根据合理负担原则，按照物业管理范围内业主或者非业主使用人所占房屋建筑面积分摊。物业管理企业与业主委员会或者业主、非业主使用人，应当依法订立载有物业管理服务收费项目、收费标准和收费办法的物业委托管理合同。住宅共用部位共用设施设备维修基金按照国家和本省有关规定筹集、使用与管理。业主、非业主使用人应当按照物业委托管理合同规定,按时缴纳物业管理服务费;不按规定缴纳物业管理服务费,物业管理企业有权按照物业委托管理合同规定予以追缴。对住宅区内五保户和生活水平在最低生活保障线以下的住户,经业主委员会认定,可以减缴或者免缴物业管理公共性服务费。物业管理企业应当按照物业委托管理合同规定,向业主、非业主使用人提供质价相称的物业管理服务;收取相应物业管理服务费,并将收费项目、收费标准、收费范围及服务内容在营业场所或者收费地点公布,接受业主委员会或者业主、非业主使用人监督。物业管理企业应当每季度或者每半年向业主委员会或者业主、非业主使用人公布物业管理服务费收支账目以及物业管理年度计划执行情况等,接受其监督。

收费许可 2001年11月,省物价局、省建设厅发出《关于〈安徽省城市物业管理服务收费实施细则〉的通知》规定,物业管理服务收费根据所提供服务性质和特点等不同情况,分别实行政府定价、政府指导价和市场调节价。物业管理企业为业主、非业主使用人提供公共性服务和公共代办性服务收费,实行政府定价或政府指导价。为业主、非业主使用人提供特定服务收费,实行市场调节价。物业管理综合服务费、区内停车场(包括泊位停车,下同)、车辆停放服务费,实行政府定价。物业管理区内采暖费、供冷费、公共代办服务费实行政府指导价。物业管理企业提供特定服务,除政府价格主管部门另有规定外,实行市场调节价。物业管理综合服务费,实行分等定价。物业管理综合服务费构成:管理服务人员工资、福利;公共设施、设备日常运行养护费用;绿化管理费;清洁、保洁卫生费;安全防范及公共秩序维护费;办公费;物业管理企业固定资产折旧费;法定税费;合理利润。普通住宅区利润率不超过3%;高级公寓、别墅不超过5%;办公、写字、商住楼及商业用房不超过8%。物业管理服务收费实行收费许可证制度,物业管理企业收费前,按分级管理原则,到价格主管部门申领"安徽省经营性服务收费许可证",亮证收费。收费时使用税务票据。

2004年7月,国家发展改革委、建设部下发《关于〈物业服务收费明码标价规定〉的通知》,规定物业管理企业向业主提供服务(包括按照物业服务合同约定提供物业服务以及根据业主委托提供物业服务合同约定以外的服务),应当实行明码标价,内容包括:物业管理企业名称、收费对象、服务内容、服务标准、计费方式、计费起始时间、收费项目、收费标准、价格管理形式、收费依据、价格举报电话12358等。实行政府指导价的物业服务收费应当同时标明基准收费标准、浮动幅度,以及实际收费标准。物业管理企业在其服务区域内显著位置或收费地点,可采取公示栏、公示牌、收费表、收费清单、收费手册、多媒体终端查询等方式实行明码标价。物业管理企业接受委托代收供水、供电、供气、供热、通讯、有线电视等有关费用的,也应当实行明码标价。物业管理企业根据业主委托提供物业服务合同约定以外服务项目,其收费标准在双方约定后应当以适当方式向业主进行明示。

第二章 住房保障

1986年，安徽省蚌埠市被国家列为首批三个住房制度改革试点城市之一。1988年，安徽省人民政府在总结蚌埠市试点经验基础上，印发《关于在全省城镇分期分批推行住房制度改革的实施方案》。1992年，安徽省住房制度改革领导小组出台《安徽省城镇推行住房制度改革的意见》，并开始实施住房公积金制度。截至1995年6月，全省所有市、县房改方案全部出台实施。1995年，安徽省人民政府印发《关于认真实施国务院关于深化城镇住房制度改革决定的通知》，把稳步出售公房作为主要任务全面推行。1998年，安徽省人民政府印发《深化城镇住房制度改革加快住房建设实施方案的通知》，决定从1999年起，全省各市县全面停止住房实物分配，逐步实行住房分配货币化。2002年，全省78个市县住房分配货币化方案全部出台实施。2007年8月，国务院发布《关于解决城市低收入家庭住房困难的若干意见》，10月，省政府出台《关于解决城市低收入家庭住房困难的实施意见》，进一步建立健全城市廉租房制度，改进和规范经济适用房制度，加快集中成片棚户区改造，积极推进旧住宅区综合整治，多渠道改善农民工居住条件，城镇住房保障政策体系初步建立。

第一节 住房制度改革

安徽省住房制度改革起步于1986年，首先在蚌埠市开展试点，然后总结经验，逐步推开，向纵深发展，通过建立新制度，稳步向前推进。

住房制度改革试点 1986年，在蚌埠市住房制度改革试点中，便积极探索建立住房体制改革新路子，基本做法是："提租发券，空转起步"。即把公房租金提高到准成本租金标准，按照职工标准工资一定系数发放住房券。并采取"以证代券，差额结算，沉淀统筹，纳入住宅基金"流转形式，通过调整租金，形成合理房屋租卖比价。同时提供多种优惠，鼓励职工私人购买住宅。经国务院批准，成立蚌埠市住房储蓄银行。蚌埠市住房制度改革试点，推进全省、全国住房制度改革发展。

1988年，安徽省人民政府确定合肥、芜湖、铜陵、安庆、六安市和芜湖县、界首县为全省第一批改革试点市县。同时，通过在全省范围内开展多种形式宣传发动，使住房制度改革目的、意义、方针、政策、任务和具体做法家喻户晓，增强改革透明度，争取全社会对改革支持，动员群众踊跃投身改革。第一批试点市县都进行房改前期调查测算工作，取得大量数据，为本地区房改方案制订提供可靠依据。特别是一些试点市县和相当一部分企业，都坚持进行多方面和多形式住房改革试验。蚌埠市作为全国第一批试点城市，运转情况一直正常，在遇到经济滑坡等困难时也未停步，全面进入实转。马鞍山、淮南、亳州、阜阳等市亦拟定房改方案，并选择一些单位进行单项房改试点。

从几年实践情况看，进展还是较缓慢，对旧住房制度体制没有大触动。1991 年，安徽省人民政府转发国务院《关于继续积极稳妥地进行城镇住房制度改革的通知》。确定房改方案基本原则是：逐步实现住房商品化和自住凭其力，改变低租金、无偿分配住房制度；建立国家、集体、个人三结合筹资建设住宅机制，改变由国家、集体包下来建房办法。

综合配套改革　1992 年，安徽省住房制度改革领导小组在总结试点经验后，出台《安徽省城镇推行住房制度改革的意见》。这是安徽省第一个房改实施方案。其基本原则是：坚持国家、集体、个人三者共同负担原则；坚持租、售、建、管并举原则；坚持在统一政策下因地制宜、分散决策原则；坚持机制转换原则。具体内容是：提租发补贴、推行公积金、出售公有住房、有偿住公房、集资合作建住房、建立住房基金。房改步骤是：1992 年，全省所有公有住房租金都进行调整；合肥等省辖市综合配套房改方案出台实施；各地区选择一、两个市、县以及有条件的城镇实行全面综合配套改革；其余城镇，可以有重点地选择单项改革。

为配合房改实施，安徽省住房制度改革领导小组、中共安徽省委宣传部还印发《安徽省住房制度改革宣传提纲》，宣传对现行住房制度改革的必要性和重大意义。首先从住房建设资金严重匮乏、城镇住房供需矛盾十分突出、造成消费结构不合理以及现行住房制度滋长住房领域不正之风等方面，分析现行住房制度存在弊端及解决这些问题根本途径，就是要进行住房制度改革；同时宣传住房制度改革重大意义就在于有利于加快住房建设、实现小康水平居住目标；有利于解决住房分配中不正之风；有利于消费结构和产品结构调整；有利于减轻企业负担，促进生产力发展。并要求每个市、县房改方案，都要广泛听取各方面群众意见，必要时可交给群众讨论，让房改政策符合民意。

1993 年 5 月，合肥市出台《合肥市住房制度改革实施方案》，初步建立以“提租发补贴、配房交保证金、出售公有住房、实行公积金制度、集资合作建房”为主要目标的房改基本框架，全面推进房改进程。

1995 年 6 月，全省所有市、县房改方案全部出台实施，综合配套改革全面起步。

深化住房制度改革　1995 年，安徽省人民政府先后印发《关于认真实施国务院关于深化城镇住房制度改革决定的通知》《安徽省住房资金管理暂行办法》和《安徽省城镇公有住房出售管理办法》三个文件，对住房制度改革中相关问题作出明确规定，全省住房制度改革迈入规范有序、快速推进、向纵深发展历史时期。这个时期全省房改基本内容概括为“三改四建”。

“三改”即把住房建设投资由国家、单位统包体制改变为国家、单位、个人三者合理负担体制；把各单位建设、分配、维修、管理住房体制改变为社会化、专业化运行体制；把住房实物福利分配方式改变以按劳分配为主货币工资分配方式。

“四建”即建立以中低收入家庭为对象、具有社会保障性质经济适用住房供应体系和以高收入家庭为对象商品房供应体系；建立住房公积金制度；发展住房金融和住房保险，建立政策性和商业性并存住房信贷体系；建立规范化房地产交易市场和发展社会化房屋维修、管理市场，逐步实现住房资金投入产出良性循环，促进房地产业和相关产业发展。

各地根据《国务院关于深化城镇住房制度改革的决定》和安徽省政府文件要求，进一步修改原有房改方案，按照市报省、县（市）报市逐级批准后执行。并结合当地实际，制订房改实施细则和涉及房改有关规定。在国家和省一系列政策措施推动下，安徽省住房制度改革逐步向纵深发展。

1995—1997年三年内，从调整租金、出售公房、新房新制度等方面开始推动房改进程。公有住房提租逐步向成本租金过渡，公有住房出售从标准价逐步过渡到以成本价出售并逐年提高，鼓励单位组织职工集资建房，从部分集资逐步过渡到由职工全额集资，住房公积金制度也从部分市县实施，逐步向全省推开，改变房改进展缓慢状况。

停止住房实物分配 1998年，安徽省人民政府为严格贯彻落实《国务院关于进一步深化城镇住房制度改革加快住房建设的通知》，印发《深化城镇住房制度改革加快住房建设实施方案》的通知，提出全面停止住房实物分配，逐步实现住房分配货币化，同时建立和完善以经济适用住房为主多层次城镇住房供应体系。从1999年起，全省各市、县已按照国务院和省政府要求，全面停止住房实物分配，过去由单位建、购住房福利分配给职工的实物分配形式已被全面禁止。按照国务院文件确定“房价收入4倍比”原则实行住房补贴，实行住房补贴目的是：停止住房实物分配，在完善住房公积金制度基础上，通过发放住房补贴，逐步实行住房分配货币化，并与住房公积金、个人住房贷款等政策相配套，提高职工购房支付能力，加快实现住房商品化、社会化，逐步建立适应社会主义市场经济体制的城镇住房制度。各市县结合当时当地经济适用住房价格、职工家庭收入和财政承受能力等因素测算本市县住房补贴标准。安徽省人民政府于2002年之前，将全省78个市县政府上报深化房改实施方案和发放住房补贴具体办法全部批复。这是住房分配制度实物分房转为货币分房重大突破，房改由此迈入住房分配货币化、建立住房新制度阶段。

住房分配货币化 住房分配货币化，即住房分配形式由实物分配改变为货币分配，分配对象上，由以家庭为对象分配住房改变为以职工为对象分配货币。安徽省为使住房分配货币化制度重大改革实施到位，相继出台一系列配套文件。省房改领导小组会同省监察厅、省建设厅、省财政厅印发《关于当前城镇住房制度改革有关问题的通知》，着重明确实施住房分配货币化过渡期一些政策界限。如对突击分房、低价售房处罚；出售公有住房行为必须经当地房改办批准；在过渡期竣工的单位公有住房出售政策；超面积购房价格确定方式;集资建房作为货币化一种方式及相关政策界限等,都作了较明确规定。安徽省政府又进一步印发《关于实施城镇住房分配货币化工作有关问题的通知》,以省政府名义要求市、县各级政府进一步加大力度,推动住房分配货币化改革。省房改领导小组会同省财政厅印发《关于进一步落实住房补贴资金加快住房分配货币化的通知》,明确住房补贴资金渠道,财政从原有住房建设资金渠道、房改房和经济适用住房上市交易时上缴的土地收益、城市住房基金中,安排住房补贴资金;单位住房补贴资金要立足于原有住房资金转化和公有住房出售收入,企业住房补贴资金不足部分可在成本中列支。鉴于企业房改特殊性,省建设厅经调研并借鉴有关企业经验,会同相关部门印发《关于进一步深化企业住房制度改革加快解决职工住房问题指导意见的通知》,指导企业采取不同模式推进住房分配货币化改革。住房制度改革主要是引导居民消费结构调整,提高居民住房消费意识,同时带动住宅业以及与住宅相关的建筑业、建材业等相关行业发展,进而使房地产业亦成为国民经济支柱产业。

2003年,安徽省住房制度改革领导小组办公室印发《关于进一步做好住房分配货币化实施工作的通知》,对现阶段实施住房分配货币化工作进行再部署。重点对审批发放住房补贴、回收挤占挪用售房款、审批集资建房、建立职工个人住房档案等具体工作提出要求。各级党政机关,尤其省直和各市直机关,在实施住房分配货币化改革中,发挥带头作用,要充分利用党政机关售房款充裕,补贴资金有保障优势,率先对补贴对象发放住房补贴;企业可以因地制宜采取灵活补贴办法,既可以比照机关办法实行统一标准补贴,也可以一次性定额补贴,或为贷款购买住房职工提供部分贴息等。对新建企业职工或单位新招聘职工,也可以用提高职工住房公积金单位缴存比例方式实施。加强对集资建房工作指导,严格按照国家和安徽省有关政策规定,规范报批程序,在集资建房标准和土地来源等方面严格把关,杜绝违规操作。防止单位借集资建房名义搞变相住房实物分配;落实住房补贴资金来源要从狠抓售房款回收工作入手,挤占挪用售房款至今仍未归还,各地要认真组织追还到位,被住房建设项目占用售房款要采取措施促消变现,回笼资金,继续挪用的,按有关规定进行处罚。建立职工个人住房档案,首先要立足于原有房改资料收集和整理,把职工按房改政策购买公有住房、承租公有住房、发放住房补贴和参加集资建房等情况一一归入档案,着眼于建立职工在房改过程中享受各项房改政策情况的完整档案;通过统计分析,了解职工无房、缺房数量和分布情况,掌握补贴资金所需数量和解决渠道,弄清财政供给单位补贴资金缺口,专项向政府汇报,要求财政分年度安排。

2004年,安徽省人民政府印发《关于促进房地产市场持续健康发展的通知》,提出落实资金兑现住房补贴、规范集资建房、加快清理出售公有住房、加强住房公积金归集使用管理等深化房改新举措。

公有住房出售　随着住房制度改革不断深化,公有住房出售在全省推行。蚌埠市从1988年起,即开始以优惠办法向住户出售公有住房,并规定根据个人所付房款比例,可拥有75%～96%不同比例房屋产权。1992年后各市陆续启动公有住房出售，其出售价格由各地自行确定，合肥等市还明确规定，公有住房出售价格为市场价、成本价或标准价。向高收入职工家庭出售公有住房实行市场价；向中低收入职工家庭出售公有住房实行成本价或标准价。引导、鼓励职工以成本价购买住房。有条件的单位可以实行成本价。职工工资收入较低的单位，可以实行标准价，向成本价过渡。按成本价或标准价出售公有住房，符合购房条件的家庭，每户限购规定的相应标准面积内住房一次一套。有两地住房的，只能选择一地购一套住房。购买超过规定相应标准面积住房，超出标准的面积，按市场价计价。合肥市还规定，1992年新建公有住房建筑面积每平方米250元，砖木结构住房标准价建筑面积每平方米为240元。1991年及以前年度建成公有住房在此价格基础上每年扣减2.5%，但最低价格每平方米建筑面积不得低于120元。1997年出售公有住房一律按成本价。砖混结构成套住房成本价定为每平方米建筑面积738元，并给予1993年前职工工龄、住房成新、付款方式等相关政策性折扣。1999年，出售公有住房仍按成本价。砖混结构成套住房成本价提为每平方米建筑面积760元。职工购房可以一次性付款，也可以分期付款。公有住房实际售价，是以其成本价或标准价为基价，根据住房结构、装修设施、层次、朝向及地段等调节因素综合计价。职工以成本价购买住房，产权归个人所有，一般居住5年后可依法进入市场，在补交土地出让金或所含土地收益和按规定交纳有关税费后，收入归个人所有。职工以标准价购买住房，拥有部分产权，即占有权、使用权、有限收益权和处分权，可以继承。产权比例按售房当年标准价占成本价比重确定。存量公有住房改革从根本上改变城镇住宅产权结构。少数未出售的公有住房均实现租金改革，平均租金由0.95元/平方米，提高到2002年年底2.04元/平方米，租金支出已达到城镇双职工家庭平均收入7%。同时制定和完善对各类困难群体租金减、免、补政策。全省已出售公有住房约占公有住房总量90%，基本完成城镇住房产权结构由公有向居民家庭私有转变，城镇住房已成为居民家庭中最大私有财产之一。

提租补贴 在房改实施过程中，各市以改变低租金、无偿分配为基本点，对所有公房租金进行调整，逐步将公有住房租金提高到成本租金水平，实现住房资金投入产出良性循环，推进住房商品化、社会化进程。1993年5月，合肥市具体做法是公有住房提租发补贴，坚持国家、集体、个人三者共同合理负担和“多提少补”原则提高租金，对公有住房租金由1992年平均每平方米使用面积不到0.10元，经过四次调整，直到现在每平方米1.65元（新房和腾空的成套旧房1.85元），提租面近95%。在提高租金标准同时，相应给予职工适当住房补贴和减免。使原来住房暗补，逐步转化为明补，纳入职工工资。对家庭确有困难离退休职工和部分困难企业职工住房租金给予适当减免。

住户在取得住房租赁使用权后，需交纳保证金。租赁保证金交纳额按住房建筑面积计算，房改起步阶段暂定为新建房屋每平方米不低于20元，腾空后重新使用的住房每平方米不低于15元，并根据房屋结构、层次及所处地段等因素进行增减；租赁保证金作为住户取得该住房租赁使用权有效证据，比照银行活期存款利率结算利息，不计复利，五年后一次还本付息。住房产权单位收取租赁保证金，须及时纳入单位住房基金，统一管理、定向使用。

第二节　保障房建设

为加快建立住房保障制度，进一步推进住房分配货币化实施，各级房改部门在做好住房货币补贴等房改工作同时，逐步将工作重点转向住房保障制度建立。

安居工程　1995年，国务院住房制度改革领导小组制订国家安居工程实施方案，国家安居工程系指纳入国家住房建设计划，住房直接以成本价向中低收入家庭出售，并优先出售给无房户、危房户和住房困难户，不售给高收入家庭。安居工程建设用地，一律由政府按行政划拨方式供应，安居工程项目享受免收水利基金、交通建设基金、土地有偿划拨费、市政基础设施配套费、商业网点建设基金、教育基础设施费、土地登记发证费，拆迁管理费、煤气增容费、房屋产权产籍登记费等28项优惠政策。

合肥市是首批国家安居工程实施城市之一，合肥市政府出台《合肥市安居工程建设暂行办法》《合肥市安居工程住房销售管理办法》等规定。按照"造价不高水平高，标准不高质量好，面积不大功能全，占地不多环境美"要求建设安居工程。1995年，国家下发给合肥市安居工程建设计划指标25万平方米，贷款规模指标8000万元。通过计划调整，项目嫁接，当年完成25.4万平方米、3600余套。1996年，建设规模18万平方米，贷款规模6000万元，当年新开工面积29万平方米，竣工面积19万平方米，2884套。合肥市在实施国家安居工程的同时，实施省安居工程"422"计划。即营造400幢楼、兴建20个住宅小区、解决2万户中低收入家庭住宅问题。至年底，完成25.54万平方米，91幢3554户，超额完成计划任务。安居工程建设缓解合肥市中低收入家庭住房矛盾，取得一定社会效益和环境效益。

经济适用住房　1998年，国家开始实施经济适用住房建设计划，原国家安居工程建设计划并入其中。1998年至2006年，全省共开发建设经济适用房1750万平方米，占住宅竣工面积16%，完成投资177亿元，约有23万户中低收入家庭通过购买经济适用房解决了住房困难，极大地缓解了居民住房紧张状况，并为平抑市场房价发挥了积极作用。经济适用住房是指建设用地实行行政划拨，享受政府扶持政策，以微利价格向中低收入家庭出售普通商品住房。经济适用住房项目享受15项优惠政策。即免收土地有偿划拨费、商业网点配套费，按50%收取土地管理费、市政基础设施配套费等。2004年，建设部等部委《经济适用住房管理办法》印发后，安徽省逐步停止下达经济适用住房相关建设计划，改由各市县政府根据自身实际需要，制订本地区经济适用住房建设计划。全省经济适用住房投资规模和供应总量逐年减少，且多数地方经济适用住房被定向用于拆迁安置，进入市场销售的量极少，多数低收入家庭仍难以通过经济适用住房解决其住房困难问题。随着住房制度改革深化，住房市场化进程加快和住房供应体系发展，经济适用住房供应范围和享受对象等作了调整，由住房供应主体，调整为政府提供政策优惠，限制设计、建设标准、销售价格以及上市交易条件等，面向城市低收入住房困难家庭供应具有保障性质的政策性商品住房。经济适用住房销售基准价格和浮动幅度，按照《经济适用房价格管理办法》规定确定；其租金标准由有定价权的价格主管部门会同经济适用住房主管部门在综合考虑建设、管理成本和不高于3%利润基础上确定。经济适用住房包括集资、合作建房。

集资合作建房 停止住房实物分配、实行住房分配货币化之后，在符合城市总体规划和坚持节约用地前提下，已建立住房公积金制度的单位可利用存量土地，支持、鼓励单位组织职工集资合作建住房，以加快住房建设和危旧房屋改造，推动住房制度改革。集资、合作建房单位只允许收取规定的管理费用，不得有利润；参加集资建房对象，必须限定在本单位无房户和符合市、县人民政府规定的住房困难家庭。凡已经享受房改政策购房、购买了经济适用住房或参加了集资、合作建房人员，不得再次参加集资、合作建房。集资建住房，可采取全部集资和部分集资两种形式。全部集资是指所建住房本身造价全部由职工个人支付；部分集资是指单位和职工个人筹集资金合计不低于所建住房本身造价70%，其中职工个人集资不低于所建住房本身30%。1998年后，全部采取全额集资。集资建住房重点是解决无房户和住房特殊困难户住房问题，遵循职工自愿，谁集资谁使用以及一户限集资一套住房原则。住房建成后，集资建房单位对住房和职工个人所筹集资金，可采取两种形式处理。一种是不退还集资本息，以标准价出售给集资建房职工；一种是还本不付息，以息抵租，由集资职工个人租用。如果超过规定面积标准，超出部分一律按届时市场价格评估计价。职工对全额集资并按实际成本价购买集资所建住房，拥有全部产权，可按有关规定进入市场。在补交土地使用权出让金或所含土地收益和按规定交纳有关税费后，收入归个人所有；在同等条件下，集资建住房单位有优先购买、租用权。

2006年11月，省建设厅出台《安徽省集资建房管理暂行办法》，指出集资建房，是指经市、县人民政府批准，住房困难户较多、无住房补贴资金的工矿区和困难企业组织符合享受房改政策职工，利用单位自用土地进行全额出资建房。集资建房是经济适用住房组成部分，应当纳入当地经济适用住房建设计划管理。

廉租住房

在开展住房状况调查基础上，为稳步扩大廉租住房制度覆盖面。2001年12月，省政府出台《安徽省城镇廉租住房管理办法》，并根据国家有关文件精神，先后印发有关方针政策，省建设厅还会同有关部门先后制定、转发《城镇最低收入家庭廉租住房管理办法》《城镇最低收入家庭廉租住房申请、审核及退出管理办法》和《关于切实落实城镇廉租住房保障资金的通知》等。2003年12月，建设部、财政部、民政部、国土资源部、国家税务总局发出《城镇最低收入家庭廉租住房管理办法》，自2004年3月1日起施行。要求建立和完善城镇廉租住房制度，保障城镇最低收入家庭基本住房需要。城镇最低收入家庭人均廉租住房保障面积标准原则上不超过当地人均住房面积60%。在各级政府重视下，各地认真贯彻国家有关廉租住房制度要求，结合实际情况，积极推进廉租住房制度建立，为改善城镇最低收入家庭住房条件发挥作用。2006年年底，17个省辖市全部建立廉租住房制度。全省有12326户最低收入家庭按当地廉租住房政策规定，通过领取租赁补贴、实物配租、租金核减，以及在旧城改造拆迁中“双困户”实行最低面积安置补偿政策等方式改善居住条件。合肥市主要通过货币方式发放租金补贴解决最低收入家庭住房困难，租金补贴每人每月每平方米7元，每人配租面积10平方米。

建设资金　截至2006年，全省累计筹集廉租住房资金10693万元，其中：财政预算资金697万元，土地出让净收益计提资金3000万元，公积金增值收益用于廉租住房补充资金3297万元，其他渠道资金3699万元。地方政府利用住房公积金增值收益，进行廉租住房制度建设已经起步。2003年6月，合肥市住房公积金管理委员会决定从全市住房公积金增值收益中，拿出100多万元用于发放廉租住户住房补贴，惠及500多户家庭。芜湖、淮南、亳州、滁州、淮北、铜陵等市还明确规定土地出让净收益的5%用于廉租住房建设；

动态管理　截至2006年，全省住房困难户数312492户，其中：低保家庭户数130405户，最低收入家庭户数6533户，低收入家庭户数175554户。符合廉租住房家庭106910户。建立低保住房困难户档案，初步实现住房档案动态管理，实现建制镇最低收入家庭廉租住房申请、审核及退出管理。各市在摸清廉租住房户数基础上，将廉租住房制度建设作为城市住房建设规划编制重要内容，通过编制和公布住房建设规划，明确“十一五”（2006—2010年）期间，特别是近两年廉租住房建设目标，纳入当地“十一五”发展规划和近期建设规划，为廉租住房建设确定方向。省政府出台《安徽省城镇廉租住房管理办法》后，合肥、芜湖、马鞍山等三个城市还将廉租住房工作纳入政府目标责任制或年度政府重点工作。

保障制度建立　2006年，全省开展对最低收入家庭住房状况调查，摸清各地最低收入家庭人数、住房状况等详细资料，并建立住房保障对象档案，为推进住房保障制度建立和研究制订有关政策提供翔实、有力依据。在推进廉租住房制度同时，全省各地采取多种措施，着力改善住房困难家庭居住条件。在加大棚户区和危旧房改造力度同时。各地通过摸底调查，对可整治的旧住宅区、采取政府投入与社会力量相结合方式，有计划、有步骤地分批组织实施房屋维修养护、配套设施完善、环境整治和建筑节能改造。

2007年8月，国务院发布《关于解决城市低收入家庭住房困难的若干意见》，要求切实加大解决城市低收入家庭住房困难工作力度，把解决城市低收入家庭住房困难作为政府公共服务一项重要职责，加快建立健全以廉租住房制度为重点、多渠道解决城市低收入家庭住房困难政策体系。地方各级人民政府要切实落实廉租住房保障资金，把解决城市低收入家庭住房困难有关工作情况，纳入对城市人民政府政绩考核之中。

2007 年 10 月 30 日，省政府印发《关于解决城市低收入家庭住房困难的实施意见》，要求多渠道改善农民工居住条件。用工单位要向农民工提供符合基本卫生和安全条件居住场所。农民工集中的开发区和工业园区，应按照集约用地原则，集中建设向农民工出租的集体宿舍，但不得按商品住房出售。城中村改造时，要考虑农民工居住需要，在符合城市规划和土地利用总体规划前提下，集中建设向农民工出租集体宿舍。有条件地方，可比照经济适用住房建设相关优惠政策，采取政府引导，市场运作，建设符合农民工特点的住房，以农民工可承受合理租金向农民工出租。11 月，建设部、国家发改委等七部门发布《经济适用住房管理办法》，12 月 14 日，省建设厅、省发改委等 11 部门转发建设部等九部门印发的《廉租住房保障办法》，住房保障制度初步建立。

第三节　住房公积金

住房公积金是单位及其在职职工缴存的长期住房储金，属于职工个人所有。住房公积金制度是住房制度改革重要内容和中心环节，是住房分配货币化一种形式，也是住房保障制度重要组成部分，还是改善城镇居民住房条件有效途径。安徽省住房公积金制度伴随着城镇住房制度改革深化，得到健全和发展。

制度建立　自 1991 年上海市在全国率先建立住房公积金制度以来，合肥、铜陵等市于 1992 年先后试点，实施住房公积金作为城镇住房制度改革组成部分。1994 年，国务院印发《关于深化城镇住房制度改革的决定》，确立全面推行住房公积金制度。1995 年，安徽省政府印发《关于认真实施国务院关于深化城镇住房制度改革决定的通知》，要求所有党政机关、群众团体、企事业单位各类在职职工，均按照“个人存储、单位资助、统一管理、专项使用”原则，交纳住房公积金，住房公积金缴交比例由 1993 年 3% 提高到 1995 年 5%。有条件的行政机关、企事业单位经批准可高于 5%。外商投资企业及其中方职工住房公积金缴交率在 7% ~ 10% 之内。特困企业，经职工代表大会通过，经批准后，可按不低于 3% 缴交率交纳或暂予缓缴。2005 年，建设部、财政部、中国人民银行确定单位和职工缴存比例不应低于 5%，原则上不高于 12%。住房公积金制度在全省得到全面实施。

住房公积金制度，作为转变住房分配体制重要内容和城镇住房制度改革中心环节，得到地方政府响应。1996 年年底，全省所有市县已全部建立住房公积金制度。住房公积金制度建立，积累住房资金，提高职工购、建住房能力，促进住房建设。在住房供应紧张、住房建设资金短缺情况下，为解决群众住房问题，一些单位开始尝试集资建房，一些地方政府实施安居工程，住房公积金主要用于发放住房建设贷款，特别是单位建房、安居工程、经济适用住房等项目贷款，大大缓解住房建设资金和住房供给短缺矛盾。随着个人日益成为住房市场消费主体，住房公积金首先调整贷款投向，由以开发建设贷款为主，转变为专向个人住房消费贷款，起到住房信贷导向作用。以个人住房贷款为主，政策性和商业性并存的住房金融体系逐步形成。

规范管理　住房公积金制度建立，除具有住房资金积累、周转，更重要是促进政策性抵押贷款制度建立，实施“低存低贷”，开展住房公积金个人住房贷款，增强缴存住房公积金职工购建住房能力。1997年，安徽省池州行署办公室印发《池州地区参加房改职工购自住房房改基金贷款试行办法》，在全省率先试点开展住房贷款，当时在全国也是为数不多的地方开展住房贷款业务。为推进住房贷款业务开展，1998年，安徽省出台《安徽省城镇职工个人住房公积金（委托）贷款暂行办法》，对贷款对象与条件、贷款程序、贷款额度与期限和利率、贷款抵押与偿还等，作出具体规定，各地还先后制定出地方性住房公积金贷款实施办法等，全省住房公积金个人住房贷款业务，全面推进实施，增加职工购买自住住房能力，促进房地产业发展。1999年，为加强对住房公积金管理，维护住房公积金所有者合法权益，促进城镇住房建设，提高城镇居民居住水平，国务院颁布《住房公积金管理条例》，对住房公积金缴存、提取、使用、监督等加以规范，进一步推进住房公积金制度实施，全国住房公积金管理已纳入法制化轨道，进一步确立住房公积金制度建立，保障住房公积金制度健康持续稳定发展。

为进一步加强住房公积金管理，解决住房公积金使用和管理中存在的问题，健全住房公积金管理体系，2002年，国务院修订《住房公积金管理条例》，下发《国务院关于进一步加强住房公积金管理的通知》。安徽省按照国务院要求，对住房公积金管理机构进行调整，各市均组建住房公积金管理委员会，作为住房公积金管理决策机构。住房公积金管理机构从房改、财政等部门分离出来，按照精简、效能原则，设立住房公积金管理中心，直属城市人民政府不以营利为目的的独立事业单位，依法独立履行住房公积金管理运作。同时，撤并县（市）和行业住房公积金管理机构，上划管理权限，并相应设立分中心和管理部。住房公积金管理实行“住房公积金管理委员会决策、住房公积金管理中心运作、银行专户存储、财政监督”。管理中心在对分中心和县级管理部实行内部授权基础上，基本实现决策、管理、制度和核算“四个统一”。省级建设行政主管部门设立专门监管机构，并与负有监督职能的财政、监察、审计和人行、银监等部门，组成省住房公积金行政监督工作联席会议制度，协调和解决重大问题，加强行政监督。全省管理机构调整和基本理顺，为住房公积金制度推进实施，政策有效执行，资金有效使用和安全管理，业务快速发展，提供有力组织保障。

业务发展　为促进住房公积金制度实施，规范住房公积金管理运作，依据国务院《住房公积金管理条例》以及国家有关住房公积金政策规定，安徽省建设厅等单位先后制定《安徽省城镇职工个人住房公积金（委托）贷款暂行办法》《住房公积金管理有关问题的指导意见》《加强住房公积金行政监督的通知》《加强住房公积金管理部管理工作若干意见》和《安徽省住房公积金业务管理工作考核办法》等一系列政策规章，全省各地结合实际，完善住房公积金归集、提取、贷款、核算等操作规范和多层次政策制度体系，初步实现住房公积金依法管理、规范运作管理制度，促进住房公积金各项业务快速发展和扩展。截至2007年年底，全省有270.2万职工建立住房公积金账户，实缴职工达243.9万人，累计归集住房公积金468.5亿元，职工购建自住住房等提取住房公积金181.5亿元，25.35万户职工家庭使用住房公积金个人住房贷款228.39亿元，支持职工家庭解决基本住房问题，改善住房条件。住房公积金得到有效运用，实现保值增值，使用率、运用率、个贷率分别达到74.7%、58.6%、56.5%。全省累计从住房公积金增值收益中提取廉租住房补充资金达2.4亿元，有效启动和推进廉租住房补贴工作。

单位：万元

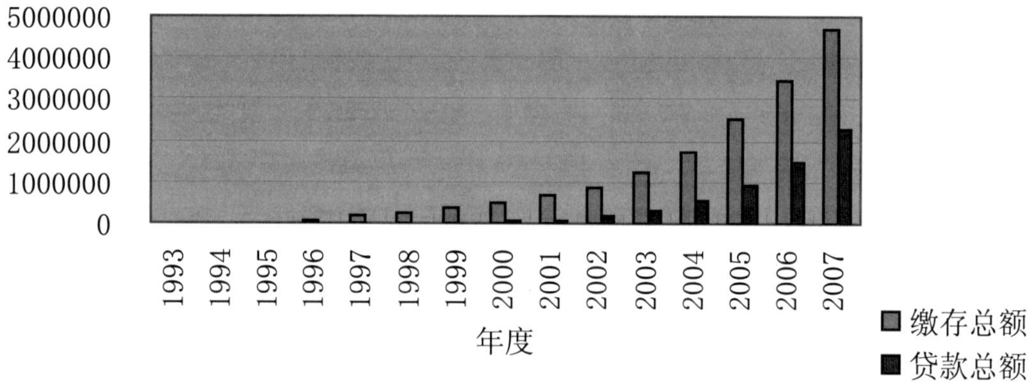

图5-2-1　安徽省住房公积金缴存贷款情况

第六篇　风景名胜区建设与管理

风景名胜区是国家依法设立的“具有观赏、文化或者科学价值,自然景观、人文景观比较集中,环境优美,可供人们游览或者进行科学、文化活动的区域”。风景名胜区是国家公共资源,具有生态、游憩、景观、科教、经济等功能。风景名胜区事业是国家公益事业。

自1982年国家建立风景名胜区制度以来,安徽省风景名胜区遵循“科学规划、统一管理、严格保护、永续利用”基本原则,经历初始设立、快速发展、全面提升三个重要发展历程,风景名胜事业不断发展壮大。为保护自然文化遗产、改善城乡人居环境、维护安徽生态安全、弘扬历史文化、推动社会经济发展、丰富群众文化生活等发挥极为重要作用,安徽省在全国风景名胜区事业发展中位居先进行列。截至2007年,安徽省共有国家级风景名胜区10处,省级风景名胜区28处,风景名胜区总面积达3500平方千米,占全省面积2.35%。

第一章 风景名胜区设立

安徽省地形地貌形态多样，季节气候特征明显，留存众多颇具价值自然景观；安徽历史悠久，文化底蕴深厚，古皖文化、老庄文化、三国文化、宋明文化、新安文化、桐城派文化等文脉清晰，遗存大量具有地域特色人文景观。为掌握全省风景名胜资源状况，从1978年开始，历时三年，开展全省风景名胜资源调查，于1987年整理完成《安徽省风景名胜资源调查评价报告》。在此基础上，按照国家规定，省政府分别于1988、1993、2002、2005年，分四批向国务院申报国家级风景名胜区，国务院分五批审定公布安徽省7个国家级风景名胜区，分别为1988年琅琊山，1994年齐云山，2002年采石、巢湖、花山谜窟—渐江，2004年太极洞，2005年花亭湖。同时，省政府分别于1987、1998年分两批审定公布省级风景名胜区，共35处（其中7处风景名胜区已成为国家级风景名胜区）。1990年，黄山风景名胜区申报世界文化与自然遗产获得成功，极大地提高安徽省风景名胜区知名度，扩大安徽省对外影响。全省形成世界遗产地、国家重点风景名胜区、省级风景名胜区、市（县）级风景名胜区有机组合体系。

第一节 国家级风景名胜区

安徽风景名胜区资源十分丰富，继20世纪80年代黄山、九华山、天柱山被国务院列为首批国家级风景名胜区之后，1988年8月，琅琊山又被国务院批准为国家级风景名胜区。当年，4个国家级风景区接待游人183.3万人次，经营收入3278万元。1994—2005年，齐云山、采石矶、巢湖、花山谜窟—渐江、太极洞、华亭湖等6处被国务院批准为国家级风景名胜区。至2007年，安徽省共有10个国家级风景名胜区。

安徽省国家级风景名胜区一览表

表6-1-1

序号	名　称	所在地	国务院批准时间（年）
1	黄　山	黄山市	1982
2	九华山	池州市	1982
3	天柱山	潜山县	1982
4	琅琊山	滁州市	1988

续表 6-1-1

序号	名　称	所在地	国务院批准时间（年）
5	齐云山	休宁县	1994
6	采　石	马鞍山市	2002
7	巢　湖	合肥市、巢湖市、庐江县	2002
8	花山谜窟—渐江	黄山市屯溪区、歙县	2002
9	太极洞	广德县	2004
10	花亭湖	太湖县	2005

黄山风景名胜区　位于黄山市境内，南北长约 40 千米，东西宽约 30 千米，总面积约 1200 平方千米，其中 160.6 平方千米精华部分被划为黄山风景区。1982 年黄山被国务院命名为首批国家级风景名胜区。

黄山原名“黟山”，因山峰和岩石遥望青黑而得名。后因传说轩辕黄帝曾在此炼丹成仙，唐玄宗在唐天宝六年（公元 747 年）把“黟山”改为“黄山”。黄山集天下名山之大成，以奇松、怪石、云海、温泉、冬雪“五绝”闻名于世，境内群峰竞秀，叠嶂争奇，有千米以上高峰 88 座。“莲花峰”“光明顶”“天都峰”三大主峰，海拔都超过 1800 米。明代大旅行家徐霞客曾两次登临黄山，并赞叹道：“薄海内外无如徽之黄山，登黄山天下无山，观止矣！”。

黄山生态环境绝佳，森林覆盖率达 84.7%，植被覆盖率高达 93.4%。黄山空气和水质常年保持国家一级一类标准。据统计，黄山有高等植物 222 科，827 属，1805 种，著名的有黄山松、黄山杜鹃、天女花、木莲等，其中被列入国家三级以上保护珍稀濒危植物有 21 种，野生脊椎动物有 297 种，属国家二级以上保护珍稀动物有 32 种。

黄山文化遗迹众多，现有摩崖石刻 280 多处，古道、古桥、古寺、古亭等古建筑近百处，黄山登山古道及古建筑和黄山摩崖石刻群已被国务院列入全国重点文物保护单位。历代文人雅士在观赏黄山美景同时，留下浩如烟海文学作品，流传至今就多达 2 万多篇（首）。明末清初，渐江、石涛、梅清等人师法自然，创立以黄山为主要表现对象的山水画派，历经数百年而不衰。

黄山地质遗迹丰富，集八亿年地质史于一身，融峰林地貌、冰川遗迹于一体，兼有花岗岩造型石、花岗岩洞室、泉潭溪瀑等丰富而典型地质景观。千百万年来，大自然鬼斧神工造就黄山雄奇险幻景色，被世人誉为“天下第一奇山”。

在邓小平“把黄山的牌子打出去”指示发出后，黄山管理者们加大黄山旅游设施建设和文明管理力度，黄山名声享誉海内外。1990 年 4 月，联合国教科文组织世界文化遗产委员会派其官员吉姆·桑塞尔博士赴黄山考察后，于当年 12 月将黄山列为世界文化和自然遗产名录，成为当时世界第 17 处双遗产。

九华山风景名胜区 位于安徽省池州市境内，是以佛教文化和自然与人文胜景为特色山岳型国家级风景名胜区，是中国佛教四大名山之一、国家首批自然与文化双遗产地。景区规划面积120平方千米，保护面积174平方千米，由11大景区组成。九华山天开神奇，清丽脱俗，是大自然造化的精品，有“莲华佛国”之称。境内群峰竞秀，怪石林立，九大主峰如九朵莲花，千姿百态，各具神韵。连绵山峰形成天然睡佛，成为自然景观与佛教文化有机融合典范。景区内处处清溪幽潭、飞瀑流泉，构成一幅幅清新自然山水画卷。还有云海、日出、雾松、佛光等自然奇观，气象万千，美不胜收。

九华山以地藏菩萨道场驰名天下，享誉海内外。九华山现存寺庙99座，僧尼近千人，佛像万余尊。九华山历代高僧辈出，从唐至今自然形成15尊肉身，现有5尊可供观瞻，其中明代无瑕和尚肉身被崇祯皇帝敕封为“应身菩萨”，1999年1月发现仁义师太肉身是世界上唯一比丘尼肉身。九华山文化底蕴深厚。晋唐以来，陶渊明、李白、费冠卿、杜牧、苏东坡、王安石等文坛大儒游历于此，吟诵出一首首千古绝唱，黄宾虹、张大千、刘海粟、李可染等丹青巨匠挥毫泼墨，留下一幅幅传世佳作。唐代大诗人李白三上九华，写下数十首赞美九华山不朽诗篇，尤其是“妙有分二气，灵山开九华”诗句，成了九华山“定名篇”。九华山现存文物2000多件，历代名人雅士诗词歌赋500多篇，书院、书堂遗址20多处，其中唐代贝叶经、明代大藏经、血经，明万历皇帝圣旨和清康熙、乾隆墨迹等堪称稀世珍宝。九华山下，地藏菩萨铜像高99米，游客服务中心大楼建成使用，沿街商铺鳞次栉比，构成生机、活力旅游画面，旅游个性化、人格化、主题化得到充分体现。

九华山亦于1982年被国务院命名为首批国家级风景名胜区。根据《九华山风景名胜区总体规划》及《九华街区整治规划》，风景区管理机构已搬至山下柯村新区办公，九华街恢复“莲华佛国”氛围。

天柱山风景名胜区 位于安庆市潜山县境内，规划面积82.46平方千米。全山分为八大景区和三个外围景点，有45峰、17岭、18崖、22洞、86怪石、18瀑、17泉。海拔1100米炼丹湖为全国第三大高山平湖；山麓石牛古洞摩崖石刻数量多，品位高，冠盖全省。有植物119科，千种以上，主景区森林覆盖率达95%；珍稀动物数十种。为古皖文化荟萃地，人文景观博大精深。道教尊天柱山为第14洞天、57福地；佛教禅宗二祖、三祖曾在此往来驻锡；唐佛光寺、南梁山谷寺显赫一时；李白、白居易、苏轼、王安石、黄庭坚等文人墨客存留近400方摩崖碑刻，集历代文学和书法之精华；薛家岗古文化遗址，将新石器时期原始风光重现。天柱山自然景色奇绝，自然风光雄奇灵秀，雾潮云海，瑰丽壮观，兼具黄山之雄奇、庐山之幽秀。既有奇松怪石、飞瀑流泉，又有峡谷、幽洞、险关、古寨。这里植被繁茂、物产丰富，珍贵植物有香果树天女花、鱼鳞木、珍珠黄杨、云锦杜鹃等，珍稀动物有花面狸、琴鸟、娃娃鱼等数十种。主峰海拔1485米，奇峭峻拔，直插云天。水资源十分丰富，冠盖全国名山。1982年天柱山被国务院命名为首批国家级风景名胜区。

琅琊山风景名胜区　位于滁州市，1988年8月被国务院批准为国家级风景名胜区。风景名胜区规划面积115平方千米，原则上划分有醉翁亭景区、琅琊寺景区、凤凰湖景区、龙华寺景区、丰乐亭景区、普贤庵景区、清流关景区、龙尾山景区8个景区。主景区森林覆盖率98%，植物资源丰富，有“天然药圃”之称。琅琊山特有珍稀树种琅琊榆、醉翁榆苍劲挺拔；琅琊溪淙淙流淌，让泉、濯缨泉等山泉散布林间；归云洞、雪鸿洞、桃源洞、重熙洞等洞洞神奇，九洞十八泉处处引人入胜。清幽而淡雅、蔚然而深秀自然景色与宏丽人文景观（名人、名文、摩崖石刻、唐寺、宋亭、古关、古道等）交相辉映而彰显得天独厚，独树一帜，引历朝历代文人墨客、达官显贵前来游山赏景、探古访幽、赋诗题咏，留下大量卓越文化遗产和胜迹，为中外游人向往琅琊山“六名”文化胜境。其中唐建琅琊寺为皖东著名佛寺和游览胜地，亦是汉族地区佛教全国重点寺观之一；宋建醉翁亭、丰乐亭并称姊妹亭，因北宋大文豪欧阳修被贬滁州自号“醉翁”并著散文名篇《醉翁亭记》《丰乐亭记》扬名海内外，醉翁亭被誉为“天下第一亭”，名列全国四大名亭之首。

齐云山风景名胜区　古称白岳，位于黄山市休宁县，总面积110.4平方千米，是中国四大道教名山之一，1994年被国务院批准为国家级风景名胜区。齐云山发展历史悠久，文化内涵丰富，艺术观赏性强，科研价值较高，在江南众多风景名胜区中别具一格，具有较强区域互补性。清乾隆皇帝誉称为：“天下无双胜境，江南第一名山。”与湖北武当山、四川鹤鸣山、江西龙虎山并称为“中国道教四大名山”。今亭台、楼阁、宫观、院房遍布全山，有宫、殿、院、坛、阁等108处，道观27处，道房12家，神像130余尊。主要有玄天太素宫、玉虚宫、真武殿、天官府、真仙洞府、长生房、梅轩道院、太微道院、镜台道院、望仙亭、三天门等，其中太素宫、玉虚宫最为壮观。齐云山现保存摩崖石刻和碑刻537处，其书法艺术流派纷呈、风格各异，草、行、隶、篆兼备，有的雄劲豪放，有的柔婉秀丽，有的刚劲傲骨，有的飞龙走凤，或以气取胜，或以姿见长，更以刻工精湛娴熟，不失原作神韵，成为金石艺术珍品，堪称“书法奇苑”。尤以“天开神秀”“齐云胜景”“亘古奇观”“寿”及一天门碑林、唐寅碑为突出，令人叹为观止。

采石风景名胜区　位于马鞍山市西南5千米处长江东岸，南接著名米乡芜湖，北连六朝古都南京，峭壁千寻，突兀江流，历史悠久，名胜众多，素有“千古一秀”之美誉。居中国著名“长江三矶”之首。东起锁溪河，西达大江，界定面积约80公顷，是一座自然景观和人文景观相结合的天然公园。绝壁临江，水湍石奇，历来又以其山水之险、风物之秀独领风骚，被誉为“天下第一矶”。“采石山水甲江南”，李白曾多次登临吟咏，留下许多不朽篇章，最终长眠于附近青山。唐代元和年间，这里就建起太白楼。登楼远眺，千里长江，尽收眼底，素有“风月江天贮一楼”之称。千百年来，有许多文人墨客来此凭吊，寻幽探胜。2002年5月，经国务院审定公布为第四批国家级风景名胜区。

巢湖风景名胜区　位于安徽省中部，江淮丘陵南部，因湖呈鸟巢状，故名。湖水面积800多平方千米，是中国五大淡水湖之一。巢湖素以优美绮丽风光而闻名，湖面烟波浩淼，帆樯如画，姥山矗立于湖心，湖光山色交相辉映。巢湖水域面积约三分之二隶属于安徽省巢湖市，巢湖市地处合宁芜金三角腹地，区位条件优越，交通便利，巢湖市景点有一半以上分布在巢湖沿岸，与巢湖水体形成众星捧月之势。其中有和县龙潭洞猿人遗址、项羽乌江拔剑自刎处、三国名将周瑜墓、宋代大书法家米芾“米公祠”、唐代诗人刘禹锡“陋室”等著名人文景观。巢湖风景名胜区拥有自然景点80多处、人文景观56处、三大温泉和国家级、省级和县级重点文物保护单位近百处，其资源构成全、品味高、特色明、容量大，揽湖光、山色、温泉、溶洞、奇花、林海等自然景观于一体，融名人、故居、古庙、古塔、古墓、古人类文化遗址等人文景观于一身，汇集众多人类自然和文化遗产。2002年，经国务院审定公布第四批国家级风景名胜区。

花山谜窟——渐江风景名胜区　位于黄山市境内，2002年5月经国务院审定公布第四批国家级风景名胜区，地跨中心城区和歙县行政辖区两镇一乡（屯溪区屯光镇、歙县王村镇和雄村乡）。景区规划区域范围为南起麻雀山，北至雄村、浦口湾，东部紧靠规划建设中的徽杭高速公路，西至屯溪篁墩、歙县烟村一带，规划面积61.2平方千米。景区内36个自然村散布于渐江水系两岸，人口约3.5万人。景区资源类型丰富，品位较高，其资源特色概括为石窟奇观、江水婉约、环境优良、人文荟萃。各级景点共有73处，其中自然风景资源19处，人文风景资源54处。最为突出景观是70余个大小不同古代人工石窟，主要分布在花山东北部和烟村沉坑坞。根据总体规划要求，风景区分为观光体验区、科考保护区、文化休闲区、历史风貌区、生态保育区五个功能区。

太极洞风景名胜区　位于广德县东北部，皖苏浙三省交界处，是华东地区最大喀斯特溶洞群，太极洞主洞呈六层台阶式地质演变，洞内总面积14万平方米，长5400余米，入洞厅高旷宽广可容千人，然后“两仪攸分”似太极阴阳，西为旱洞，东为水洞。太极洞内钟乳石林立、碑刻众多，集岩溶景观、人文景观、地质遗迹于一体，或独自成景、或群聚成画，特别珍贵是洞内有范仲淹留下“翠然岩”真迹，明代文学家冯梦龙在《警世通言》中将其与钱塘江潮、登州海市、雷州换鼓并称为“天下四绝”。2007年10月成立管理机构太极洞风景区管委会，副处级建制。太极洞风景区规划面积22平方千米，跨皖、苏、浙三省（其中浙江4平方千米，江苏3.6平方千米，安徽14.4平方千米）。2004年，被国务院批准为国家级风景名胜区。

花亭湖风景名胜区　位于大别山南麓，长江北岸，距太湖县城4千米。2005年被国务院批准为国家级风景名胜区。是一个以水景为主体，以独特自然和人文景观为特色综合性风景区。景区规划面积257平方千米，分为花亭湖、龙山、西风禅寺、佛图寺、狮子山五大景区和汤湾温泉疗养度假区。花亭湖自然景观清新绚丽，集湖光、山色、温泉于一体。近100平方千米湖面水质清澈，碧波荡漾；湖中岛屿大小高低，相映成趣；湖岸迂回曲折，港湾幽深；四周山峦起伏，林木葱茏；汤湾温泉可饮可浴，被誉为“吴楚第一泉”。赵朴初先生游览花亭湖后，挥毫写下“神驰远景无疆，仅尽情领受，千重山色，万顷波光”赞美诗句。

第二节　省级风景名胜区

安徽省风景名胜工作起步于20世纪80年代，安徽省建设厅会同有关部门，组织专家对全省风景名胜资源开展系统调查，进行科学分析评价，提出《安徽省风景名胜资源调查评价报告》，1987年，省人民政府决定，将下列21处列为第一批省级风景名胜区：休宁县齐云山、滁州市琅琊山、金寨县天堂寨、（巢湖市、合肥市、庐江县）巢湖、枞阳县浮山、宿松县白崖寨、太湖县花亭湖、马鞍山市采石矶、宣州市敬亭山（含龙泉洞、白云洞）、南陵县西山、黄山市及泾县太平湖、贵池县齐山—秋浦仙境（包括齐山、万罗山、四岭水库、秋浦河、大王洞等）、石台县溶洞群（包括蓬莱洞、紫云洞等）、宿松县小孤山、凤阳县凤阳山（包括凤阳山水库、韭山洞、禅窟洞等）、怀远县涂山—白乳泉、广德县太极洞、霍山县南岳山—佛子岭水库、舒城县万佛山（柱头尖）—龙河口水库、肖县皇藏峪、（寿县、淮南市、凤台县）八公山（包括夹山口和茅仙洞等）。此后，齐云山、琅琊山、巢湖等6处风景区，经国务院批准、升格为国家级风景名胜区。1998年，安徽省人民政府审定并公布第二批太龙山等13处省级风景名胜区。全省省级风景名胜区共28处，风景区总面积达3500平方千米，占全省面积2.35%，进入全国风景名胜大省行列。

安徽省省级风景名胜区一览表

表6-1-2

序号	名　称	所在地	省政府批准时间（年）
1	天堂寨	金寨县	1987
2	浮　山	枞阳县	1987
3	白崖寨	宿松县	1987
4	敬亭山	宣城市	1987
5	西　山	南陵县	1987
6	太平湖	黄山市、泾县	1987
7	齐山—秋浦仙境	池州市	1987
8	石台溶洞群	石台县	1987
9	小孤山	宿松县	1987
10	凤阳山	凤阳县	1987
11	涂山—白乳泉	怀远县	1987
12	南岳山—佛子岭水库	霍山县	1987
13	万佛山—龙河口水库	舒城县	1987
14	皇藏峪	萧县	1987

续表 6–1–2

序号	名　　称	所在地	省政府批准时间（年）
15	八公山	寿县、淮南市、凤台县	1987
16	大龙山	安庆市	1998
17	颍州西湖	阜阳市	1998
18	龙须湖	郎溪县	1998
19	铜锣寨	霍山县	1998
20	大华山	六安市	1998
21	合肥环城公园—西郊	合肥市	1998
22	紫蓬山	肥西县	1998
23	五　柳	宿州市	1998
24	凤凰山	铜陵市	1998
25	司空山	岳西县	1998
26	大历山	东至县	1998
27	龙子湖	蚌埠市	1998
28	汤　池	庐江县	1998

天堂寨风景名胜区　位于金寨县西南部，集国家森林公园、大别山国家地质公园主园区、国家 AAAA 级旅游景区、国家级自然保护区为一体。天堂寨古称“多云山”，景区内常年云雾缭绕、俊峰林立、群瀑飘逸。最高峰海拔 1729.13 米，为大别山主峰之一，古称“吴楚东南第一关”；景区内有大小瀑布 108 道，其中落差达 50 米以上 18 道。“山中一夜雨，到处是飞瀑”，甚为壮观。峡谷内，山体雄浑，溪水幽深。森林覆被率 96.5%，是一座天然大氧吧，被誉为“华东最后一片原始森林”。天堂寨脚下南河村，是远近闻名长寿村，这里，星罗棋布古民居、原始古朴的民间风情，更让人留连忘返。1987 年列为省级风景名胜区。

浮山风景名胜区　位于皖中偏西南、长江北岸白荡湖滨，南距枞阳县城 36 千米，北与巢湖地区庐江县交界，最高峰海拔 165 米，面积 15 平方千米。该景区以独特火山地质地貌、摩崖石刻、河湖风光而著称于世。张公岩景区是浮山主景区之一，此处集宗教遗迹、火山岩洞、摩崖石刻于一体。浮山旅游资源丰富，自然景观以火山地貌为其主要特色，植被繁茂，人文景观独特，儒、佛、道“三教”荟萃，历史悠久，名士辈出。浮山因其“东西南北皆水汇”“山浮水面水浮山”而得名。其主要景区面积 76.6 平方千米，1987 年列为省级风景名胜区，2001 年被列为国家地质公园。

白崖寨风景名胜区　位于宿松县城西北趾凤乡境内，距县城 25 余千米。主峰雁恋坡海拔 476 米，窄径凌空，飘崖百例。“南国小长城”白崖寨就盘卧于向崖山上。寨墙环绕东峰、西峰、西阳尖、雁恋坡、大印坡五大山峰,长达5千米,逶迤起伏,巍峨壮观,宛如长城。白崖寨始建于元末,明、清时期作过维修与扩建,有近700年历史。寨墙由大方块石砌成,高3米、宽1米,长5千米多,寨城四周建有5座城门。1987年10月被定为省级风景名胜区。

敬亭山风景名胜区　敬亭山位于宣州城北5千米水阳江畔,1987年列为省级风景名胜区。原名昭亭山,晋初为避晋文帝司马昭名讳,改称敬亭山,属黄山支脉,东西绵亘百余里,大小山峰60座,主峰名一峰,海拔317米。南齐诗人谢朓《游敬亭山》诗有“兹山亘百里,合沓与云齐,隐沦既已托,灵异居然栖”的描绘;唐代李白先后7次登临此地,且留有“相看两不厌,只有敬亭山”“山不在高,有仙则名。”宣城解放前夕,敬亭山建筑毁坏殆尽,解放后新建和复建山门坊、古昭亭坊、昭亭、太白独坐楼、先贤祠、翠云庵、绿雪茶社、昭亭湖等大小景点24处。

西山风景名胜区　位于南陵县,西山风景区又名丫山风景区。1987年被列为省级风景名胜区,国家AAAA级旅游景区。面积约为20平方千米,区内奇峰异石和溶洞、清泉、瀑布融为一体,景色秀丽。有形态各异奇峰60余座,如丫字峰、美人峰、狮子峰、蝙蝠峰等;也有数不胜数异石遍布各处,如大神龟、八戒石、蟾蜍观天、犀牛望月、熊猫嬉叶、双燕呢喃、百猴朝圣等更是妙趣横生。西山石景袖珍性、盆景型堪称一绝。

太平湖风景名胜区　位于黄山区西北部,介于黄山、九华山之间,1987年列为省级风景名胜区。是安徽省实施“两山一湖”(黄山、九华山、太平湖)旅游发展战略重要内容。太平湖风景区总面积312.9平方千米,水域面积88.6平方千米,最大蓄水量为24亿立方米。太平湖风景区先后获得中国最美地方、国家湿地公园、中国热点湖泊旅游胜地、全省文明旅游景区等称号。

齐山—秋浦仙境风景名胜区　位于池州市区东南部,包括省级风景名胜区齐山和平天湖及其周边区域,总规划面积42.9平方千米。1987年列为省级风景名胜区。

齐山—平天湖旅游区依山傍水,风景宜人。“水如一匹练,此地即平天,耐可乘明月,看花上酒船”。这是唐代大诗人李白夜游平天湖留下千古绝句。平天湖如一位静静少女守护在池城东边,水域面积11平方千米,是杭州西湖1.5倍,绿水映青山,烟波浩茫茫。

石台溶洞群风景名胜区　位于石台县境内,1987年列为省级风景名胜区,同时也是省级地质公园。目前在牯牛降、九华山之间已发现溶洞100多个,是名副其实溶洞之乡。瑰丽奇特喀斯特地貌溶洞群以蓬莱仙洞、慈云洞、鱼龙洞为代表,被誉为“艺术洞窟”。三洞风格迥然、大异奇趣;蓬莱仙洞气势恢弘、景观奇绝;慈云洞钟乳集中、琳琅满目、步步是景;鱼龙洞幽深莫测、水景交融、乘舟而入、如进迷宫。

小孤山风景名胜区　又名小姑山,位于宿松县城东南65千米长江之中,1987年列为省级风景名胜区。南与江西省彭泽县仅一江之隔,西南与庐山隔江相望,是万里长江绝胜,江上第一奇景,被誉为长江绝岛,原是长江中一座石屿,开始形成于第四纪冰川时期。相传大禹治水至此刻石记功，秦始皇东巡，勒中流砥柱于石上。

凤阳山风景名胜区 位于凤阳县南部，总面积达55平方千米，1987年被列为省级风景名胜区。区内集青山、绿水、秀湖、奇洞、迷谷、古寺于一体，区内地质遗迹景观具有独特的典型性、稀有性、完整性、自然性、文化性，以湖光山色、溶洞奇观、迷谷殊景，历史遗迹（遗址）和水上游乐、森林度假等自然、人文为主风景区。

涂山—白乳泉风景名胜区 位于蚌埠市，跨禹会区和怀远县两地，以涂山为主体的“涂山—白乳泉风景名胜区”。1987年列为省级风景名胜区。风景区由涂山、荆山、淮河、涡河、天河、茨河等自然景观天然构成，总面积123平方千米。涂山、荆山夹淮对峙，具有“雄、奇、险、秀、幽、旷”六大特色。山、峰、洞、涧、峡、泉、滩、河、林、禽等与湖光景色融为一体，既有北方山地之雄浑，又有南国水乡之秀媚。明大学士宋濂游涂荆两山时赞誉：“临濠古迹，惟涂、荆二山最著。”

南岳山—佛子岭水库风景名胜区 位于六安市霍山县，1987年列为省级风景名胜区。佛子岭水库是淮河支流淠河东源东淠河上游一大水库，淮河流域第1座钢筋混凝土连拱坝大型水利枢纽工程。水库大坝坐落在佛子岭镇南2.5千米处，故得此名。据清光绪31年（公元1905年）霍山县志记载，此地原称“佛寺岭”，佛子岭之名即自“佛寺岭”演化而得。水库兴建于1952年1月，竣工于1954年11月。水库集水面积1840平方千米，以防洪为主，控制淠河洪水，削减洪峰，减轻淮河中下游洪水负担，并结合蓄水灌溉、发电，改善航运，发展渔业。枢纽工程包括大坝、溢洪道、输水钢管及发电站4部分；最大坝高原为74.4米，坝顶长510米。发电站装机7台，共3.1万千瓦，年发电量9350万千瓦时。有效灌溉面积已接近33万公顷，以灌溉水稻为主。1983年大坝加高1.5米，最大坝高为75.9米，总库容4.96亿立方米。为配合佛子岭水库梯级开发，1956—1958年，于其上游新建集水面积570平方千米磨子潭水库，总库容3.37亿立方米。

万佛山—龙河口水库风景名胜区 位于舒城县境内，1987年列为省级风景名胜区。中国首批“国家水利风景区”，曾获“全国部门造林绿化400佳”荣誉称号和安徽省“九五”旅游接待贡献奖。中外游客对她有“安徽千岛湖”之誉，每年接待游客人次已跻身安徽省风景名胜区前列。万佛湖风景区是以万佛湖为中心湖泊型观光风景区，景区面积299平方千米，湖面50平方千米，容水8.2亿立方米。

皇藏峪风景名胜区 位于宿州市萧县境内，1987年列为省级风景名胜区。总面积31平方千米，景区内有地球同纬度保存最完好落叶阔叶林带，动植物种类繁多，总面积20平方千米，山、水、泉、涧等自然景观浑然一体，小气候明显，素有“幽谷圣地”“淮海佳境”之称。名胜古迹和人文景观有汉高祖刘邦称帝前为躲避秦追兵藏身皇藏洞，以及美人洞、果老洞、仙人床、拔剑泉、苏轼祈雪处、闵子祠等，山中瑞云寺为安徽省佛教重地。

八公山风景名胜区 八公山位于淮南市八公山区与寿县交界处。1987年列为省级风景名胜区。是一座历史文化名山，由40余座山峰叠嶂而成，方圆200余平方千米，主峰海拔241.2米，景色优美，风光秀丽。1600多年前发生在这里以少胜多世界著名战役“淝水之战”，留下“风声鹤唳、草木皆兵”千古佳话；2000多年前，汉淮南王刘安招贤纳士，编著一代名篇《淮南子》，第一次整理编定二十四节气，发明名扬四海美食——豆腐，演绎出“一人得道，鸡犬升天”神话故事；形成于8亿年前“淮南虫”化石，是迄今为止世界上发现最早古生物化石，被国际地质学界誉为“蓝色星球”上生命之源。2000年，中科院考古队在八公山又发现古猿化石，距今300多万年，是中国迄今为止发现最早古猿化石。八公山风景区主要景观有：汉淮南王宫、升仙台、淝水之战遗址、白塔寺、白塔、青琅玕馆，石林、忘情古、森林浴场、红叶谷、岚香湖度假村等，将为旅客提供一处休闲度假、宗教朝圣、观光修学旅游好去处。

大龙山风景名胜区　位于安庆城北，距市区15千米，为城廓之天然画屏。1998年列为省级风景名胜区。其山自西向东绵亘起伏，山势雄伟，秀嶂叠峙，蜿蜒似龙，而得名龙山。周围25千米，景区面积120余平方千米，呈南北走向，横跨市郊和怀宁、桐城二县。龙山四面环水，东依石塘湖，南临长江，西饮石门湖，北靠菜子湖。龙山蕴藏有丰富铜、铁、铅、磷、石棉、明矾等矿藏。山上多峰、多壑、多洞、多景。古人赞其美为“独不类他山”。大龙山有92峰、82岩、72岭、62洞、36壑、108奇石，还有乌龙溪、白龙溪、黄龙溪、赤龙溪四大溪流和六条瀑布。龙山风景区有景点200多处，其中人文景观35处。

颍州西湖风景名胜区　位于阜阳市颍泉区境内，1998年列为省级风景名胜区，景区规划面积24.32平方千米，湖面5.74平方千米，是一个以历史文化为核心、集生态湿地旅游、休闲度假、会议餐饮为主题旅游观光休闲。主要有清涟阁、九曲桥、女郎台、醉仙居、紫竹苑、西湖碑林、百花园、兰园、怡园、梳妆台等二十多个景点。

龙须湖风景名胜区　位于郎溪县城关东北部5千米，1998年列为省级名胜风景区。龙须湖水库丰水期水面面积可达266.8万平方米，水库总库容325万立方米，是一座具防洪、供水、灌溉、养殖、旅游等综合效益于一体中型水库。龙须湖风景区是以龙须湖水库为中心、四周丘岭环绕的景区。远看景区，烟波浩淼，龙须湖犹如一块翡翠镶嵌在蜿蜒起伏峻岭之中。近看景区，湖边亭台楼阁让人感受分外惬意，特别是湖水荡漾的浪花、湖面吹起的清风，更使人有超凡脱俗之感。湖中心600平方米飞来岛如一叶漂浮湖面小舟。

铜锣寨风景名胜区　位于安徽霍山县，1998年列为省级风景名胜区。东临大别山第一高峰白马尖，西望天堂寨，南接湖北旅游胜地桃花冲和四大发明家之一毕升的故里，北依新中国第一座大坝佛子岭水库和汉武帝敕封过的小南岳；省道318线和209线交贯其境，主峰海拔1096米。铜锣寨是因公元前122年汉武帝巡视衡山国（今霍山县）梦见一轮明月化作铜锣落于此山而得名。

大华山风景名胜区　位于六安市金安区东河口镇境内，西临南岳山，南望万佛湖，距六安市区约56千米，1998年列为省级风景名胜区。景区主要由云峰寺、映狮湖、金狮寨、二天门、嵩寮岩等景区（点）组成，景区内人文景观和自然生态、地貌奇观资源交相辉映，具有很高文化、科学、游览、观赏价值。大华山集自然风光、佛宗道场之特色，禅寺、古枫、圣泉、怪石依山取势，曲径辗转迂回，掩映在苍松翠柏之中，晨钟暮鼓，香烟缭绕，形成特有佛国情调。

合肥环城公园—西郊风景名胜区 位于合肥市内，是在原环城林带基础上建设形成带状敞开式公园。1998 年被列为省级风景名胜区。她抱旧城于怀，融新城之中，城中有园，园中有城，绿树碧水宛如丝带，束在新城旧市之间，被人们誉为“翡翠项链”。连接城区内几个块状绿地，如“项链上的明珠”，为合肥市获得“园林城市”奠定基础，1986 年被建设部评为中国优秀设计、优质工程一等奖，并被全国统编中学地理教科书引为范例。公园总长 8.7 千米，面积 137.6 万平方米，其中水面 52.6 公顷，陆地 85 公顷，根据不同地段历史人文和自然条件形成不同特色六个景区：纪念宋代清官包拯、弘扬包公文化包公文化园；以水景为特色银河景区；以动物雕塑为特色西山景区；以现代化大型广场设施为特色琥珀潭景区；以自然野趣为特色环北景区；以提供娱乐服务为中心环东景区。如今环城公园已成为环绕古城合肥一处不可多得美景胜地，同时也成为提升合肥城市品位和形象的一道靓丽风景线。

紫蓬山风景名胜区 又名李陵山，位于合肥市西郊、肥西县农兴镇南，距离合肥市区约 20 千米，有“森林大道”相通，自清代开始便有“庐阳第一名山”之称。1998 年列为省级风景名胜区。东西绵延 25 千米，面积达 120 平方千米，包括紫蓬山、千字山等大小山峰 100 余座，为大别山余脉。紫蓬山景区环境优美，有着合肥后花园美誉，风景区内森林面积达 3333.33 万余平方米，覆盖率高达 99%，百年以上松树、栎树达 1000 多株；野生动植物资源丰富，被誉为鸟的天堂，现有鸟类 120 多种；名胜古迹众多，为合肥市近郊面积最大旅游胜地。

五柳风景名胜区 位于宿州市市区北约 30 千米夹沟镇，处于徐州、淮北、宿州三市中心，总面积 35 平方千米，这里以“山青、水秀、洞奇、泉灵、稻香”而闻名，1998 年列为省级风景名胜区。景区南、西、北三面环山，植物种类繁多，气候宜人。主景区内龙泉湖碧波荡漾、水质甘甜、岸边垂柳、龙柏、雪松相托，景色非常秀丽；景区盆山洞内石笋、石柱千奇百怪，给人以丰富想象；五柳矿泉丰富，著名有呵泉、龙泉、珍珠泉等，属优质矿泉水；优质矿泉水润育著名夹沟香稻米，宋代至明、清朝为皇宫“贡米”，素有“一家煮饭十家香，十家煮饭香满庄”之誉。

凤凰山风景名胜区 位于铜陵县顺安镇南部，1998 年列为省级风景名胜区。凤凰山形胜凤凰，由横山、面山、灵风山、潭山、金山等构成。境内山清水秀，风景如画，是铜陵家喻户晓旅游胜地。早在明朝“景泰”年间，诗人周铎就书写“庐外山高播半天，石也孤井聚甘泉，凤凰一饮千年后，尚有遗迹万古传”等十六首“凤凰八景”组诗赞美过凤凰山。主要景点为凤凰山牡丹园、相思树、滴水崖、凤凰落脚石、金牛洞古采矿遗址、金榔古树名木、陈翥墓、大明寺（王荆公书堂）等等。

司空山风景名胜区　位于岳西县城西 40 千米店前、冶溪两镇交界区，1998 年列为省级风景名胜区。据《太湖县志》记载：世传周朝“淳于司空居此”，山因之得名。山上有传衣石，为释教二祖慧可传衣处，并有“二祖禅堂”。司空山，方圆 35 千米，主峰海拔 1227 米，远看若横立云天庞然大物。县志形容司空山“一峰玉立，丹壁鬼工。仰望端岩，如画屏照海。西瞻卓绝，若峭笔插天。迤东绕北，则移步换形，变幻莫测。”隋唐期间，这里拥有 1800 多间寺舍，后大半遭兵灾，然石坊、石槽却劫而未毁。司空山自南北朝以来就是高僧名士流连之胜地。唐诗仙李白卜居司空山吟诗赞道：“断岩如削瓜，风光破崖绿。天河从中来，白云涨川谷。”披阅史料，唐至德二年（公元 757 年）李白随永王李举兵东征而获罪后，一为避难，再则久慕司空胜境，遂隐居山中。后人纪念李白，建“太白书堂”。今司空山左山坳幽壑溪畔即书堂旧址。附近岩壁上刻有李白所作《避地司空原言怀》诗篇，还有明进士罗汝芳镌刻“太白仙踪”四个斗字以及他的“莫题诗”警世句。南宋端宗景炎二年（公元 1277 年）安抚使张德兴和潜山野人寨农民起义军首领刘源聚会司空山，在此协力抗元，并建“朝天宫殿”。太平天国优秀将领陈玉成亦率部于司空山练兵、扎营。司空山誉为“英雄山”的历史将永远代代相传。沧桑迁变，昔时遗迹尚存“洗马池”“刀枪洞”“张德兴石刻”和宋末所筑司空山“石寨”。司空山唐宋胜迹闻名遐迩，古八景“太白书堂”“银河夜月”“南崖瀑布”“赤壁丹砂”“北岭松风”“二祖禅刹”“乌牛古石”“洗马春池”显现司空山气韵万千生动图景。

大历山风景名胜区　位于东至县城尧渡镇北 12 千米处 206 国道旁，1998 年列为省级风景名胜区。大历山又名舜耕山，远古时期舜帝初耕于此，贤名远扬，尧帝前来访，请求舜下山辅佐朝政，舜始不肯，并愠怒而去。后尧帝再三恳请，舜感其诚，出山理政。后人为纪念尧舜二帝求贤、躬耕胜迹，命此山为舜耕山，命尧帝渡河处为尧渡。唐宋以后，道、佛两教徒来此建庙立祠，先后建造尧祠、舜祠、寻真观、草规庵等庙，供奉尧舜塑像。无数文人墨客前来寻幽访胜，吟诗作赋，写景抒怀。现在山上有法藏寺，殿内常住僧尼 10 余人，每年接待四方游客在 10 万人以上。

龙子湖风景名胜区　位于蚌埠市东郊曹山和雪华山之间，呈两山夹一湖独特风月貌，1998 年列为省级风景名胜区。风景区以自然山水为依托，兼有人文景观，是具有综合游憩功能省级风景名胜区。规划总面积 51.4 平方千米。淮河支流龙子河流经此地，水面宽阔，传说明太祖朱元璋少时在此撑船，船篙落水化为龙，故称龙湖。湖东曹山又名双龙山，相传曹操曾在此屯兵。曹山南麓还有明朝大将汤和墓。20 世纪 60 年代经全民义务植树，实现荒山绿化。1973 年先后建成双龙桥、珍珠桥和环湖路。1975 年辟为风景区，1977 年正式开发。该风景区水色俱佳，水面面积 353 公顷。

汤池风景名胜区　位于庐江县西部，地处大别山东部余脉，与六安地区舒城、安庆市桐城接壤，属丘陵地带。1998 年列为省级风景名胜区。自然风光优美，湖光、山色、翠林、温泉、人文景观众多，古有张良隐居地、王安石濯足赋诗；近有叶挺渡江留佳句，著名新四军江北指挥部座落于此。享有“温泉古镇、名茶之乡”称誉。

第二章 风景名胜区规划、建设、保护

1990年以后，安徽省加强风景名胜区资源保护和管理，同时按照规划，开辟一批新景点，并完善基础设施，改善服务质量，逐步提高接待能力。部分省级风景名胜区建设初具规模，开始对外开放，接待游客。全省风景名胜区按照“严格保护、统一管理、合理开发、永续利用”方针加强资源保护，发展旅游经济，取得显著成效。1999年，全省风景名胜区建设投资完成近10亿元，风景区旅游直接收入达6亿多元，成为全省和地区经济新增长点。

第一节 法规制度建设

安徽省结合自身实际，不断探索，初步形成具有本省特色、行之有效的风景名胜区法规建设，分别制定《黄山风景名胜区管理条例》和《安徽省九华山风景名胜区管理条例》。有关地方政府还配套制定一系列风景名胜区规划建设管理、接待服务管理、文明创建等规章（规定），使风景名胜区管理有法可依，有章可循。

黄山风景名胜区管理条例 为加强对黄山风景名胜区保护和管理，安徽省人大常委会在深入调研基础上，于1989年4月，省七届人大常委会第十次会议审议并通过《黄山风景名胜区管理条例》（以下简称《条例》），这是全国第一部专门针对一个风景名胜区“量身定做”的省级行政法规，以法律形式规定黄山风景区资源保护、开发建设、管理体制等事项，使黄山保护管理等工作走上法制化轨道。《条例》于1997年11月2日经安徽省八届人大会常委会第三十四次会议进行第一次修订，2006年6月29日，经安徽省十届人大常委会第二十四次会议进行第二次修订。

《条例》明确黄山风景名胜区管委会对160.6平方千米规划范围实施统一管理，黄山市人民政府市长兼任管委会主任。《条例》进一步规范黄山规划建设管理程序，规定黄山风景名胜区内因保护或者管理确需建设工程，由管委会根据批准的风景名胜区规划，编制计划，经黄山市人民政府审查后，报省建设行政主管部门批准后方可实施。

黄山风景名胜区管委会依照《条例》对黄山实行管理，至2007年，继取得“卫生山”“安全山”“文明山”称号后，又获省政府授予“文明风景名胜区”称号，并成为“中国世界遗产管理先进单位”，在全国十大“文明风景旅游示范点”排名第一。

安徽省九华山风景名胜区管理条例 进入21世纪后，在总结全省风景名胜区管理工作经验基础上，为进一步加强对九华山风景名胜区管理、保护和利用，开发以佛教文化和自然景观为特色风景名胜资源，2002年9月29日，安徽省九届人大常委会第三十二次会议通过《安徽省九华山风景名胜区管理条例》（以下简称《条例》）。《条例》分总则、资源与环境保护、规划与建设、管理与服务、法律责任、附则6章34条，于2003年1月1日施行。

《条例》明确九华山风景名胜区管委会对120平方千米规划范围实施统一管理，池州市人民政府副市长兼任管委会主任。《条例》规定九华山风景名胜区内寺庙新建、重建、改建、扩建等，应当经省人民政府宗教事务管理部门审查同意，由管委会组织编制规划设计，经池州市人民政府审查后，依法报省人民政府建设行政主管部门批准后方可实施。

《条例》颁布实施，逐步理顺九华山风景名胜区管理体制，强化对风景名胜区统一管理，进一步规范风景名胜区规划建设管理程序，促进九华山风景名胜区事业科学发展。

合肥环城公园管理办法　20世纪70年代末，中共安徽省委书记万里提议建设合肥环城公园，20世纪80年代中期，为适应城市文明建设，合肥市政府加大资金投入，全面兴建环城公园，昔日护城河逶迤绕城，今朝建设以带串块，连接老城内逍遥津、包河、杏花公园、环北、环东景区于一体，形成敞开式公园。跨包河、银河、鱼花塘、黑池坝、琥珀潭诸水两岸，波光树影，掩映成趣，抱旧城于怀，融新城之中，形成"园在城中、城在园中、园城一体、城园相融"特色，被喻为合肥市的"翡翠项链"。1985年，国务院常务副总理万里为"环城公园"题写园名。1986年，获建设部当年唯一"优秀设计、优质工程"一等奖。

1987年10月，为加强合肥环城公园保护和管理，合肥市九届人大常委会第三十次会议审议通过《合肥市环城公园管理办法》（以下简称《办法》），1987年12月，安徽省六届人大常委会第三十三次会议批准，2007年6月，合肥市十三届人大常委会第三十四次会议修订，2007年8月，安徽省十届人大常委会第三十二次会议批准，自10月1日起施行。

《办法》明确环城公园管理坚持科学规划、严格保护、永续利用、服务公众原则。规定合肥市建设、规划、市容、国土、工商、环保、公安、城市管理行政执法等有关部门，应按照各自职责，负责环城公园有关监督管理工作。环城公园规划按照法定程序编制、修订。《办法》还规定，环城公园内进行各项建设活动，应当符合环城公园规划，经市园林部门审核后，依照有关法律、法规的规定办理审批手续后方可实施。

《办法》规定，环城公园内的水体和植被、野生动物、地形地貌等自然景观以及园林建筑、文物古迹、历史遗址等人文景观及其所处的环境，均属风景名胜资源，应当严格予以保护。在环城公园内进行有关活动，应当经市园林部门审核后，依照有关法律、法规的规定办理审批手续。

合肥市人民政府严格按照《办法》规划、建设和管理，取得一定成绩。1988年秋，在全国首届公园工作会上，环城公园负责人在会上作经验介绍，并为1992年合肥市被授予首批园林城市称号奠定基础。

第二节　规划编制

1978年，中共安徽省委书记万里亲自邀请清华大学、同济大学知名专家、学者分别承担黄山、九华山风景名胜区总体规划编制工作，高质量完成《黄山风景名胜区总体规划》《九华山风景名胜区总体规划》。随后，安徽省建设厅组织各风景名胜区管理机构，分别与清华大学、同济大学、东南大学、天津大学及其他省内外高水平设计单位，在资源调查、分析、评价和规划设计等方面保持密切联系，帮助风景名胜区进行技术性工作。1988年以后，《黄山风景名胜区总体规划》《九华山风景名胜区总体规划》《天柱山风景区总体规划》《琅琊山风景区总体规划》和《齐云山风景名胜区总体规划》相继得到国务院原则同意并批准实施。

2002—2005年，省建设厅组织各风景名胜区积极与清华大学规划设计研究院、同济大学规划设计研究院、中国城市规划设计研究院等国内知名规划设计编制单位联系，开展总体规划修编工作。2007年，黄山、九华山风景名胜区总体规划已相继经国务院同意并批准实施。全省已完成包括黄山、九华山、天柱山、齐云山、巢湖、采石、花山谜窟—渐江、太极洞、花亭湖、浮山、天堂寨、八公山、万佛山—万佛湖、白崖寨、大龙山、涂山—白乳泉、龙子湖、敬亭山、凤阳山、小孤山、颍州西湖、铜锣寨、大华山、南岳山—佛子岭、司空山、汤池、五柳等国家级、省级风景名胜区规划，累计达51处，规划文字达26万余字，规划图纸近500幅，大部分已按规定程序批准实施。

黄山风景名胜区　1981年，正式委托清华大学编制《黄山风景名胜区总体规划》，1982年1月，完成黄山总体规划编制，1988年7月，经国务院原则同意，建设部以（88）建城字第113号文件予以批复。围绕第一轮总体规划，先后完成《温泉小区详细规划》《云谷寺小区详细规划》《松谷小区（芙松地段）详细规划》《钓桥小区详细规划》《北海小区（包括西海）详细规划》和《玉屏小区及部分节点详细规划》编制。2002年7月，安徽省人民政府决定由黄山市政府正式委托上一轮黄山规划编制单位清华大学修编新一轮总体规划。此次修编，由两院院士吴良镛领衔，联合中国科学院等部门专家进行协作攻关，累计近百余人次参加。先后十易其稿，比较了数十种方案。至2004年6月，编制工作基本完成，10月22日，通过省建设厅组织修编评审会，12月底，省政府将第二轮《黄山风景名胜区总体规划》上报国务院审批。2007年3月，经国务院同意，由建设部以建城函〔2007〕110号文予以批复。在新一轮总体规划批复后，黄山风景名胜区相继编制完成《云谷景区详细规划》《钓桥景区详细规划》《玉屏景区详细规划》；开展《总体规划实施策略与机制研究》《景区环境容量研究》；编制完成《温泉地段综合整治规划》《南大门综合整治控制性详细规划》和《环境卫生专项规划》等。

九华山风景名胜区　1979年委托上海同济大学建筑系编制《九华山风景名胜区总体规划》，1986年经省政府原则通过上报国务院，1988年经国务院同意、建设部批准实施。2002年，九华山风景名胜区管委会开始委托省城乡规划院对总体规划进行修编，2007年4月12日，经国务院同意，建设部正式批准《九华山风景名胜区总体规划（修编）》（包括《九华乡控制性详细规划》《九华街区整治规划》《佛光大道沿线地区控制性详细规划》三个专题）。根据总体规划，相继编制《柯村基地中心区控制性详细规划》《99米地藏菩萨露天铜像景区详细规划》《闵园景区详细规划》《花台景区详细规划》《白云地段详细规划》《方家至桥庵地段详细规划》《九华山老田吴家、柯村老街保护规划》《九华乡戴村、拥华等居住点详细规划》《凤凰松等地段环境整治方案》和《花台游客分中心立体停车楼建筑设计方案》等。同时按照美好乡村建设要求，还先后组织编制《九华山风景区代村村庄建设规划》《二圣宋村村庄建设暨环境整治规划》《柯村村庄建设暨环境整治规划》《老田村庄建设暨环境整治规划》《二圣车站组环境整治方案》和《中闵园村庄建设暨环境整治规划》。

第三节　重点项目建设

在实施规划过程中，国家级和省级风景名胜区都注重把握工程项目建设重要环节，依据规划，大至公路、景区道路、缆车（索道）、宾馆，小至售票房、公共厕所等，在项目选址，建设规模，建筑形式、功能及色彩等方面详细论证，力求与周围环境相协调。形成按规划项目上报—选址定点批复—方案设计—方案批复—施工图设计—施工管理程序，维护规划权威性和严肃性。

黄山风景名胜区

在加强资源保护同时，加大对基础设施和服务设施投入，高标准、高质量进行景区供电、道路、缆车、供水等基础设施以及北海、狮林、玉屏等接待设施建设和改造，搬迁原服务队，累计已完成投资15亿多元。对北海、排云楼、天海、玉屏楼等地段和节点进行综合改造，历年来累计拆除临时建筑3万多平方米。对部分建筑（太平索道上站、北海职工公寓等）屋顶及外墙色彩在征求原设计部门意见基础上，作适当处理，景区游览环境明显改善。

云谷景区整治　依据新一轮总体规划与云谷景区详细规划，自2006年起，对云谷景区进行环境整治，主要是对云谷索道实施改线建设，拆除原竹木临时建筑，建成云谷综合管理房和云谷职工公寓，完成黄山地质博物馆建设以及云谷室外环境整治。通过云谷景区环境综合整治，使云谷景区交通组织更加顺畅，景观环境更加和谐，文化底蕴进一步凸显。

钓桥景区建设　按照新一轮总体规划与钓桥景区详细规划，相继投入5000余万元

完善钓桥景区游道、车行道、通信光缆等一批基础设施建设，增加建设西海大峡谷地轨缆车。通过一系列基础设施建设，使钓桥景区可游览条件进一步改善，游客产品选择进一步丰富，整个景区游览容量进一步拓展。

南大门整治　作为风景区主入口南大门地段，存在入口形象不佳、景观风貌杂乱、功能配置不全、交通组织不畅等诸多问题。依据新一轮总体规划与《南大门地段综合整治控制性详细规划》，围绕打造黄山首道风景线目标，逐步对南大门地段进行整治，项目总投资 2.4 亿元，拆除旧建筑 2 万多平方米，至 2007 年整治已基本完成。

数字黄山建设　为进一步提升景区数字化管理水平，以数字化、信息化提升保护管理，2006 年起，黄山风景区管委会围绕“一个中心，三大平台、五大系统”总体构架，不断推进数字黄山建设，包括投资 3000 多万元高标准建设目前国内景区一流的“保护管理指挥调度中心”，建立一套覆盖全山、具有实时监控、电子门禁、GPS 定位、网上观景等功能数字化监控、指挥系统，在全国率先完成覆盖景区数字化地形图测绘工作，建成黄山风景名胜区基础地理信息系统（GIS），在此平台基础上建成景区规划建设管理、文化遗产、自然遗产、地质遗迹等专项数据库以及景区规划管理信息系统。

防火水网工程　为从根本上解决火灾扑救难题，在全国同类景区中率先推进高山防火水网建设，实现黄山风景区森林防火科技化和现代化，成为景区资源和生态保护重要里程碑。一期累计投入 1600 万元，建成总长达 13.9 千米高山防火水网，基本实现核心景区主要景点和游道全覆盖。

雷电预警工程　黄山风景区海拔较高，属于雷电事故高发区域。为加强遗产地管理，保护游客生命安全，实施雷电预警防范系统工程建设，覆盖核心景区范围内主要景点和游道。

九华山风景名胜区　结合柯村基地下迁和创建国家文明风景名胜区，九华山管委会重点整治九华街区，管理机构和部分接待设施及居民住宅按照规划建设，旅游商品相对集中在集贸市场定点销售。全力推进九华街区环境整治和管理机构下迁工程，2006 年 7 月，顺利完成党工委、管委会及直属机构下迁，随后，国税、地税、公路、电信等驻山单位纷纷迁入九华新区。注重道路、供电系统改造，进行百岁宫地面缆车、聚龙大酒店建设和改造，同时规划进行寺庙维修，柯村基地已基本建成，地藏菩萨露天铜像建设工作稳步推进。

2006—2007 年，加快拆迁整治步伐，累计投入近 10 亿元，拆除各类有碍景观的建筑物近 20 万平方米。对拆除地段进行精雕细琢、绿化美化，形成芙蓉、九莲等生态休闲广场，建成虎形山、百岁山庄等生态停车场。投资 1000 余万元，实施九华街区步行道改造，完成迎仙桥地段综合整治，建成 4 个相对独立休闲广场，实现人车分流。完成祇园寺至百岁宫、肉身殿沿线和凤凰松至天台沿线环境综合整治，拆除摊点及建筑物 1 万余平方米。拆除肉身殿北大门地段 1.4 万余平方米建筑物。实施东崖广场、闵园尼庵群和电影院市场环境整治。99 米地藏菩萨露天铜像景区顺利开园。提升风景区新农村建设水平，促进城乡统筹协调发展，按照统一设计、统一风貌、统一施工原则，广泛开展“美化家园、从我做起”农户庭院绿化美化活动，全面清除视觉“垃圾”，整治村庄道路、雨污水、院墙、猪栏、厕所等附属用房，实施景观绿化、美化、亮化工程，彻底改变“室内现代化、室外脏乱差”现象，实现以点带面、以点扩面。

天柱山风景名胜区　加强茶庄接待区和马祖庵景区环境整治，引导居民进行产业结构调整。虎头崖、龙潭河景区、茶庄接待区规划在上报建设部待批过程中，天柱山管委会严格执行国家有关规定，控制景区项目建设，认真做好居民思想工作，配合景区建设。

此外，对琅琊山、齐云山、大龙山、花亭湖、颍州西湖、龙子湖、敬亭山等风景区，按照风景区规划和城市规划有机结合，加强项目管理。琅琊山风景名胜区，在中共滁州市委、市政府支持下，坚决取缔景区周边开山取石经营行为，并对琅琊寺按原貌进行维修。齐云山风景名胜区，按照规划，在严格控制居民人数前提下，对月华街景区进行环境综合治理。

第四节　风景名胜区整治与管理

中共安徽省委、省政府为加快旅游经济发展战略部署，按照科学规划、统一管理原则，组织进行并积极开展区域旅游发展规划，加快风景名胜区规划实施进程和景区、景点的基础设施建设。

完善景区建设　20世纪90年代以来，相继开展黄山温泉地段改造、九华山管理机构下迁、九华山地藏菩萨露天铜像建设，天柱山马祖庵景区、茶庄接待区建设，琅琊山景区整治，齐云山大门入口地段整治等项目进展顺利。同时注重开发新景区，扩大旅游容量，如黄山西海魔幻世界、九华山花台景区、柯村景区、天柱山龙潭河景区等，风景区游览环境明显改善。实施监管信息系统建设，多数风景名胜区已建立网页，黄山风景区实施“数字黄山”工程已取得阶段性成果，在建设部2项监测核查中均名列第一。

景区综合整治　2006年，省政府把全省国家级风景名胜区综合整治作为政府年度工作目标考核内容，省人大常委会对风景名胜区进行执法调研，监督各级政府及有关部门加强风景名胜资源保护和管理。为把风景区环境综合整治落到实处，各景区从成立工作机构、制订目标、保障经费、完善制度、严格执法等方面入手，确保环境综合整治扎实开展，重点是依法查处各类违规违章建设。巢湖风景名胜区结合合肥市“大拆违”，彻底拆除景区内遗留违章、危旧建筑；采石风景区投资6000万元，启动锁溪河环境综合整治等重点工程，有效改善景区游览环境；黄山、齐云山、九华山等风景区根据总体规划对现有部分核心景区进行环境综合治理。在抓好景区违章建筑强拆同时，各景区还开展交通客运市场秩序、游览导购秩序专项整顿，进一步改善景区游览环境。为提升风景区形象，根据《国家重点风景名胜区标志、标牌标准》和风景名胜区总体规划，黄山、九华山等风景区编制的《风景名胜区标志、标牌规划》已实施，齐云山、天柱山、琅琊山、采石、太极洞、花山谜窟－渐江等风景区现状标牌、标志重新进行清理，巢湖、花亭湖风景区将风景区标志、标牌及景区主入口指示牌设置等作为重点实施。各风景区还依据国家法律、法规，对景区内广告牌、店招牌实行统一管理，做到与景容、风貌、环境相协调。

各风景区按照建设部要求，划定核心保护区、完善风景名胜区管理机构、拆除违章建筑、规范路标路牌、加强信息系统建设，风景区环境面貌进一步改善，风景名胜资源得到有效保护。

第五节　资源保护

1986—2007年期间，安徽省在风景区整治时，注意资源保护，因历史形成有碍观赏建筑进行拆除或整治改造时，坚持加强引导，组织风景区内单位和居民参与风景资源保护，不断提高单位和居民保护意识。截至2007年，在游客年均递增12%以上，旅游收入年均增长20%以上情况下，尚未出现严重破坏风景名胜资源恶性事件，全省风景区生态环境得以保持并向良性方向发展。景区森林覆盖率有较大提高，物种资源多样性得到切实保护。

保护和建设　20多年来，旅游事业大发展，安徽省风景名胜区多数还成为各级爱国主义教育、科学研究、文化活动重要基地，对外开放重要窗口。各地在坚持各风景区风景资源保护同时，重视景点合理开发，加强景区设施维护和建设，发展旅游经济。据不完全统计，到2006年年底，全省风景区已完成建设维护投资近40亿元，大大改善风景区游览和接待条件。风景区已成为全省和各地区新经济增长点之一。

黄山风景区在采取一系列措施，切实保护好珍贵资源，在全国风景名胜区中，建成首家高山防火水网、大气自动监测站、雷电预警监测系统，率先实施景点轮休、污水统管、“净菜上山，洗涤下山”等制度。成功移植“笔花松”，实行古树名木挂牌管理、分级保护，室外全面禁烟，人工降雨、增雪作业先进保护措施，取得明显成效。

科学管理　2006年，黄山投资3000多万元高标准建设目前国内景区一流的“保护管理指挥调度中心”，建立一套覆盖全山、具有实时监控、电子门禁、GPS定位、网上观景等功能数字化监控、指挥系统，实现景区保护管理质的飞跃。同时，黄山风景区还坚定不移走国际化道路，先后加入世界自然保护联盟、世界旅游业理事会、全球可持续旅游委员会、亚太旅游协会等权威国际组织，获全球旅游目的地管理奖、首届“PATA中国旅游社会责任最佳实践奖”等一系列国际大奖。参与起草、制订《全球目的地管理标准》，拥有国际话语权，作为亚太地区唯一单位入选“全球目的地可持续旅游标准实验区”。加强与世界旅游组织合作，积极推进“世界遗产地可持续旅游发展黄山观测区”建设。与美国黄石国家公园、加拿大班芙国家公园结对，学习借鉴国际先进规划理念和保护经验。

各地还采取一系列保护措施，对超负荷游览景区进行总量控制，对条件成熟景区进行合理开发，对条件尚不具备景区暂缓开发。黄山、九华山、天柱山等风景名胜区在高峰时段，对重点地段组织游客单向流动游览；部分风景区对具有突出景观价值景物，采取特别措施加强保护等。对风景区生态环境、生物物种资源等开展长期调查研究和监测工作。

第七篇　建设行业科技与法治建设

1986—2007年，随着改革开放政策的不断深化，建设行业科技与法治建设方面得到快速发展和增强。坚持建设科技与经济建设相结合，加大高新技术开发应用力度，在提升传统行业整体水平同时，注重信息技术与传统产业相结合，积极引进和推广适合中国建筑业发展的先进技术，同时开发新技术、新设备，一批大型现代最先进的施工机械设备投入使用，地下工程深基础施工技术、超高层钢结构和劲性钢筋混凝土结构等应用技术达到或接近国际先进水平。安徽科技进步对建设事业发展贡献率和科研成果推广转化率均不断提高，推动企业技术进步和技术创新。建筑节能和可再生能源技术得到推广并采用。截至2007年，已有34项工程列入国家及省建筑节能试点示范工程项目。安徽省建设厅根据全省建设事业发展进程，制定并出台一批地方建设法规、规章和部门规范性文件，通过不断加强全系统依法行政工作和法治宣传教育工作，使全省住房和城乡建设事业沿着法治化轨道有序发展。

第一章 建设科技

1986年后，安徽省建设系统紧紧抓住改革开放政策以来建设事业发展的机遇，以构建“政策环境、科技攻关、成果转化、建筑节能”四个专项创新体系为中心；组织拟订全省建设行业科技发展战略、规划、技术政策和科技体制改革方案；编制和组织实施行业重点科技发展项目计划；组织重大科技项目研究开发；编制技术引进规划、计划和引进项目消化、吸收、创新工作；管理行业科技成果，指导重大科技成果转化推广工作；负责建设科技发展基金和科技经费管理；指导岗位培训、职业技能培训与鉴定工作；编制并组织实施建设系统教育培训规划。通过组织各项科技发展战略与规划，促进在建设行业形成科研、开发、生产、推广应用机制，形成“一条龙”效应，并形成配套的科技进步政策与法规体系。至2008年，建设事业重要领域科技成果推广转化率达到80%，在全省城镇新建建筑中已实施50%节能设计标准。

第一节 科技发展与规划

建设科技工作坚持与经济建设相结合，采取一系列有效措施，在住宅产业化、水工业、城市防灾减灾、计算机应用技术等领域取得一批重大科技攻关成果，预应力、减震隔震、大跨度空间结构等技术达到国际领先水平。

行业科技创新 全面提高建设行业科学技术水平，安徽省提出要加大高新技术开发应用力度，提升传统行业整体技术水平；注重信息技术与传统产业嫁接，推进建设行业信息化进程。加大建设行业信息基础设施建设投入，推进建设行业和企业信息化进程。加速技术改造，提高建筑工业化水平。积极引进和推广适合中国建筑业发展的先进适用技术，在消化吸收基础上，研究开发适应不同地域特点的功能优、成本低、效率高工业化建筑体系和成套技术。不断完善工程建设技术标准和质量标准体系，推广应用现代化生产组织方式和经营管理模式，提高建筑业管理水平和综合竞争实力。积极采用先进适用技术，提高市政公用事业技术水平和服务质量。结合城市基础设施现代化建设需要，加强对市政公用企业技术改造，推广智能化技术在市政公用事业生产组织和经营管理中应用，提高技术水平和服务效率。推进住宅产业现代化，培育国民经济新增长点。对住宅建设中通用技术和高新技术及产品进行系统整合和集成研究，提高技术产品成套率，并通过示范工程和产业化基地建设，加速住宅产业现代化进程，营造安全、优美、舒适的人居环境。重点开发新型住宅结构体系和与之相配套的住宅节能体系及新型建筑材料，开发一批具有自主知识产权的住宅关键技术和配套设备。

完善科技体系　2006年，省建设厅出台《安徽省建筑节能试点示范工程管理办法》，启动安徽省建筑节能专项示范工程，并确定合肥市为首批试点城市，推进可再生能源建筑应用示范建设。开发推广建筑节能新技术新产品，实施建筑节能产业化，积极推广先进适用的建筑节能技术、产品、材料和设备，开展关键技术攻关和技术集成。开发数字化应用技术和商品化专业软件，积极培育建设信息产业。以加速产业化发展为目标，重点开发建设行业信息化、数字化关键技术，着力培育集成化专业软件开发生产能力，逐步形成具有一定规模的建设信息产业。完善化学建材产业体系，进一步推进化学建材产业化进程。1999年，开展跨部门跨行业联合，贯彻执行《关于加强技术创新推进化学建材产业化的若干意见》，建立健全化学建材技术创新体系，支持、帮助有关部门和单位以发展塑料管道、塑料门窗、新型防水材料、建筑涂料为重点，通过引进、消化、吸收和自主开发，研究开发新技术、新产品，积极拓展应用市场。提高城市环卫技术装备水平，发展环卫产业。研究开发城市生活垃圾无害化处理和资源化利用新技术新设备，重点开发垃圾焚烧炉成套技术设备、垃圾填埋污染控制技术和专用材料、固体废弃物分选技术和设备、垃圾衍生燃料技术与工艺设备等。开展利用生物工程技术处理城市生活垃圾适用技术与成套设备研究，同时加大先进适用技术和设备推广力度，逐步形成具有一定产业规模综合化、集成化专用设备制造和产品生产能力。

第二节　技术项目研发

安徽省建设厅在科研开发上通过技术创新、提升建设科技信息化水平，适应行业发展需要，相继出台《安徽省建设科技成果鉴定管理办法》《安徽省建设新技术新产品推广证书管理办法》和《安徽省建设领域可再生能源新技术示范建设实施方案》等规范性文件。

新技术新工艺

在国家、行业标准基础上，各施工企业结合自身技术优势和特点编著企业《施工工艺标准》，用以指导施工。安徽建工集团等大型企业还主编或参编《建筑材料术语》《钢筋混凝土筒仓施工及验收规范》和《维勃稠度仪》等国家或行业标准，展示安徽省建设企业形象和科技实力。

科技水平提高　工程设计水平和建造能力不断提高，大型特大型施工机械设备快速更新，地下工程与深基础施工技术，超高层钢结构、劲性钢筋混凝土结构和钢管混凝土结构应用技术，预应力混凝土和特种混凝土，轻钢大跨度空间结构、膜结构，以及建筑节能技术，建筑物检测、加固、纠偏及改造技术等多个领域达到或接近国内或国际先进水平。“长江中路交通改善设计研究”等多个项目获得建设部华夏科技奖，“F型钢承口钢筋混凝土排水管（顶管）”“混凝土多孔砖砌体工程施工及验收规程”等10余项目获得省科技进步奖。“安徽省建筑能耗分析及节能措施研究”“钢框架－支撑结构设计新方法与抗震性能研究”“合肥市智能公交系统示范工程”等17个项目列入建设部科学技术计划项目。。

科研成果　建设领域科研进展，不断推动建设科技进步，建设行业技术实力有显著提高，一些单项技术已跻身国内先进水平。全省建设系统建立健全科技成果和新产品鉴定推广应用体制，并逐步形成省、市两级科技成果鉴定、推广应用网络。《安徽省建设新技术新产品推广项目》中，有多项新技术新产品成果得到推广应用。“十一五”期间，安徽省共有376项新技术新产品列入推广范围。“滩涂海域区承台装配式钢筋混凝土底板钢套箱围堰技术研究”“桩承载力自平衡法深层平板载荷测试技术规程”“城市道路水泥混凝土路面再生利用技术的研究”等73项新技术通过成果鉴定和推广应用。

全省建设科技成果推广转化率达到80%。引导企业自主开发“KX无机发泡自保温砌块”“蒸压粉煤灰加气混凝土砌块”“空调水源热泵技术”“超宽桥面部分斜拉桥悬灌施工技术”等建设行业新材料、新工艺。全省建筑工程新型墙体材料应用比例达35%。加快对节能减排产品、太阳能技术研究，研制出“太阳能红外控制LED公用灯”“非逆变太阳能光伏电完全照明系统”等相关节能应用技术，这些技术大部分已在实践中应用，收到良好效果。仅安徽建工集团有限公司有40余项成果获国家、省科技进步奖；9项工程获中国建筑工程质量最高奖——鲁班奖；100余项工程获省（市）级建筑工程质量奖。

国家水体污染治理专项研究　“十一五”期间国家投入数十亿元，全面启动实施“国家水体污染控制与治理科技重大专项”。安徽省建设厅协调合肥、巢湖两市建设、规划等相关部门，联合同济大学开展巢湖污水治理项目申报工作，“巢湖流域城市水污染控制及水环境治理技术集成与综合示范”项目，成功申报并组织实施“国家水体污染治理重大科技专项”，是安徽省建设领域承担的国家级重点科研示范项目。通过水专项研究和示范，带动合肥市和巢湖市城市水环境整治工程建设，形成一个“技术支撑、机制保障、系统管理”的巢湖流域城市及城镇群协同控污技术、经济、政策法规保障体系，保障城市水环境质量持续改善，创建人水和谐的城市水环境管理模式，为实现巢湖流域水环境质量持续与全面改善及功能提升提供技术支撑，为国家中部地区城市水体污染控制系统提供示范。

第三节　建筑节能研究与应用

在建设科技支持下，全省建筑节能研究开发与应用得到快速发展。2007年后，开展《安徽省建筑能耗现状分析及节能措施研究》课题活动，通过对安徽省部分城市民用建筑能耗现状进行认真调查，获取建筑基本信息数据和典型建筑能耗数据，在对数据进行科学分析处理基础上，获得安徽省建筑能耗现状及能耗影响因素，提出切合安徽省实际节能措施，同时出台“十一五”建筑节能发展规划。

绿色建筑评价研究　21 世纪初，在借鉴国内外绿色建筑指标体系基础上，安徽建筑工业学院对安徽省绿色建筑现状进行调查与分析，针对安徽省具体情况，系统提出绿色建筑内容和重点。围绕建筑规划、建筑材料、运营管理等内容，建立科学的绿色建筑评估体系，形成绿色建筑定量化评价指标体系，并提出实施方案，以提升安徽建筑业科技创新水平。该项目研究从地域、气候、经济、文化四个座标上，既考察安徽住宅类绿色建筑评价指标体系，又考察安徽公共类绿色建筑评价指标体系，填补安徽省绿色建筑指标体系构建空白。

节能专利　经检索和调查统计，全省建设行业涉及建筑节能领域发明专利呈逐年上升发展趋势，1986—2007 年，安徽省建筑节能专利项目达到 33 个（见附表 1-3-1），彰显了安徽省在建设科技上的自主创新实力和水平。

安徽省建筑节能专利申请一览表

表 7-1-1

编号	名　称	申请时间（年）	申请（专利权）人
1	非煅烧粉煤灰轻骨料及其制作方法	1986	安徽省建筑科学研究所
2	膨胀珍珠岩空心砌块及其制备	1989	常学宏
3	全自动长寿命低能耗安全标志灯	1990	张俊兴
4	防水保温泡沫塑料板材及其应用	1992	曹剑等
5	一种建筑用防水隔热绝缘粉及其制造方法	1992	华东冶金学院
6	轻质复合多孔隔墙板	1994	周内辉
7	粉煤灰混合料的基础材料	1994	蔡善壁
8	轻质碎砖混凝土砌块	1994	蚌埠新型墙体材料厂
9	空调器	1994	孔凡让等
10	高效防水保温膏	1996	杨文荣
11	节能建筑物料混和成浆机	1996	洪长东
12	植物纤维水泥复合板热压生产方法	1999	邹菁
13	多功能金属管型窗	1999	汪尧
14	轻质隔热混凝土	1999	丁鸿生
15	一种含有废弃短纤维建筑材料及其制造方法	2000	黄绍棠
16	建筑物集中采暖系统户用热能消耗精密智能计量仪	2000	程骥生
17	多孔复合墙板及其加工工艺	2001	徐灿

续表 7–1–1

编号	名　称	申请时间（年）	申请（专利权）人
18	一体化复合板式太阳能	2001	孙善骏
19	屋面外防水材料	2002	李星飞
20	一种真空热管	2002	吴锡波
21	多功能隐形窗	2002	张杰
22	高强度防渗透内墙	2003	安徽华运陶瓷有限公司
23	低成本水性环保功能涂料	2003	中国科学技术大学
24	珍珠岩板及其制作方法	2005	张居德
25	用高钾钠含量磷石膏制纸面石膏板的方法及所用添加剂	2006	铜陵化学工业集团有限公司
26	一体化集热瓦	2006	孙善骏
27	一种无机保温隔热板的制备方法	2007	吴家根
28	发泡混凝土砌块自动化生产线	2007	合肥中科大新材料有限公司
29	河砂焙烧砖	2007	沈如会
30	建筑外墙体保温隔热用的砂浆	2007	韩玉霞
31	垂直速降兼能量回收电梯之方法	2007	郁荣
32	一种钢管 –FRP 管内填混凝土组合结构	2007	合肥工业大学
33	一种中空双层 FRP 管混凝土组合结构	2007	合肥工业大学

被动式节能研究　安徽建筑工业学院启动“建筑空间被动式设计与适宜技术集成研究及示范”课题研究，通过对“夏热冬冷地区建筑节能关键技术集成及示范”和“建筑空间被动式设计与适宜技术集成研究及示范”课题研究，依托安徽省夏热冬冷地区典型建筑气候特征，研究新型住宅体系及建筑空间被动式设计、两淮矿区废弃物资源利用建筑节能材料、铝合金聚氨酯外墙保温装饰一体化、外墙保温装饰一体化建筑节能评价与标准等，进行建筑空间被动式设计与适宜技术集成，并进行示范工程建设。

科技创新

科研机构在政府和企业支持下，积极开展建筑节能创新基础性研究开发，完成“建筑节能关键问题与保障机制研究”。依托省内有关高等学校、科研院所和企事业单位科技实力，发展建立多个科技创新平台，成立“建筑节能研究中心”，重点研发“节能管理技术”“节能规划与设计”“建筑结构”“绿色与智能建筑”“建筑节能材料”“建筑节能设备技术”等。同时开展“安徽省建筑能耗分析及节能措施研究”“安徽省机关办公建筑及大型公共建筑能耗调研方案”“降低大型公共建筑空调系统能耗的关键技术研究”“夏热冬冷地区居住建筑围护结构节能检验评定标准研究与编制”等课题研究，为政府及其职能部门决策提供依据。

安徽省建筑节能科技创新平台一览表

表 7-1-2

编号	名　称	依托单位	类　别
1	建筑节能研究及服务中心	安徽省建筑设计研究院	科研中心
2	生物质洁净能源实验室	中国科技大学	省级重点实验室
3	建筑节能安徽省工程研究中心	安徽建筑工业学院	省级工程中心
4	教育部建筑节能工程研究中心	安徽建筑工业学院	国家级工程中心
5	城市固废处理与资源化利用安徽省工程技术研究中心	合肥学院	省级工程中心
6	教育部光伏系统工程研究中心	合肥工业大学	国家级工程中心
7	建筑节能检测中心	安徽省建筑科学研究设计院	科研中心
8	中德安徽建筑节能技术平台	省建设厅、合肥学院等	中外合作
9	国家建筑节能产品质量监督检验中心	省产品质量监督检验研究院	国家中心
10	安徽省建筑节能与科技协会（建筑节能专业委员会）	高校、科研机构、企业	中介服务机构

成果推广　截至 2007 年，建设科技新技术、新工艺、新设备和新材料等“四新”技术研究和开发呈现出发展趋势，全省建设行业共组织开展节能技术研究与开发 200 多项，其中通过省建设厅组织鉴定的有 145 项。为更好地使全省建设科技成果得到及时转化。安徽省建设厅还组织成立“安徽省建设科技专家委员会”，开展建设科技鉴定、咨询等活动，定期发布安徽省建设科技新技术、新产品技术信息和推广应用项目目录，指导全省建筑节能科技创新工作开展。通过一系列科技成果推广，新型墙材产品、外墙外保温系统技术、围护结构自保温系统、太阳能热水器系统、太阳能光伏电照明系统、节能灯具系列产品、PVC 冷热水管产品、节能门窗等建筑节能新技术、新产品均在实际中得到广泛应用。

建筑节能　依据“以点带面，因地制宜，试点示范，逐步推进”的工作思路，建筑节能工作重点放在主抓试点示范工程上，以推动全省建筑节能工作全面开展。

2006年，获批建设的“国家级合肥经济技术开发区节能省地型住宅产业化示范园”，地处合肥市经济技术开发区，结合合肥市政府“节能、节地、节水、节材、环保”建设规划设想，建设健康人性化的现代高尚住宅小区，为合肥市经济技术开发区较大规模开发项目。2007 年，省建设厅会同省发改委、省经信委联合开展以“四节一环保”为核心节能省地环保型（绿色建筑）住宅建设试点示范工作，共有 20 个项目列入试点，全部进入实施阶段，建筑节能综合技术应用能力持续提高。全省“十一五”期间开展建筑节能工作以来，共有 34 项工程列入国家及省建筑节能方面试点示范项目。

安徽省建筑节能试点示范工程项目一览表

表 7-1-3

示范类型	时间	工程名称	申报单位
财政部、建设部可再生能源建筑应用示范项目	2006 年	科学家花园	中国科学院合肥物资科学研究院
	2007 年	黄山市“市民中心游泳馆”	黄山市民中心工程筹建处
		淮南市“海创福海园”	安徽海创房地产开发有限公司
		安庆市“香樟里·那水岸”	安庆市新文采置业有限公司
建设部计划试点示范工程	2006 年	铜陵世界花园三期三批住宅	铜陵华源房地产开发有限责任公司
		安徽铜陵中房豪庭	铜陵市房地产开发总公司
“十一五”国家科技支撑计划“可再生能源与建筑集成技术示范工程”项目	2007 年	合肥市“金水·童话名苑”	安徽省金水房地产开发有限公司
安徽省建筑节能试点示范工程计划项目	2006 年	阿尔卡迪亚 A4 地块一期工程	荣盛房地产发展有限公司蚌埠分公司
		西湖花园 . 东晖苑 KC 组团	马鞍山西湖房地产开发公司
		秀水山庄	安徽省铜陵市房屋土地开发公司
		明日 . 世纪花园	宿州明日房地产开发有限公司
		同科 . 城市花园	安徽同科置业有限责任公司
		亳州供电公司住宅楼	亳州供电公司
	2007 年	奥韵康城	芜湖明远爱法置业发展有限公司
		阿尔卡迪亚 A4 地块二期工程	荣盛房地产发展有限公司蚌埠分公司
		大学生活动中心	安徽建筑工业学院
		奥韵康城	芜湖明远爱法置业发展有限公司
		巴黎春天	元太置业（合肥）有限公司
		磬苑小区	合肥丹霞房地产开发公司
		嘉应·茗阳水岸	合肥嘉应房地产开发有限公司
		万振·逍遥苑	合肥万振房地产开发有限公司
		颐和花园·庐阳佳苑	合肥市庐阳房地产开发公司
		蓝溪·都市家园	滁州宇达物业开发有限公司
		铜冠花园	铜陵有色铜冠房地产集团有限公司

续表 7-1-3

示范类型	时间	工程名称	申报单位
安徽省节能省地环保型住宅项目	2007 年	汇景花园南苑	池州市汇景房地产开发有限公司
		相山庭院	淮北市万马房地产开发有限公司
		东方名城	六安市天银置业有限公司
		金山花园北区	蚌埠房地产（集团）有限公司
		丽晶佳苑三期	阜阳市义耕置业有限公司
		河滨花园	池州市牯牛降房地产开发有限公司
		阿尔卡迪亚	荣盛房地产发展有限公司蚌埠分公司
		大学生活动中心	安徽建筑工业学院
		城发·琥珀名城 A 区	合肥城建发展股份有限公司
		海创·福海园	安徽海创房地产开发有限公司

“十一五”期间,《安徽省节约能源条例》出台,全省各市相继建立设计、审图、施工、监理、检测、质量监督等环节监管体系,执行国家规定的 50% 节能标准，2007 年省建设厅被省政府授予安徽省“节能目标超额完成奖”先进单位。

第四节　新结构、新技术成果

F 型钢承口钢筋混凝土排水管（顶管） 安徽省水泥制品厂江转运、袁之宏、孙义平、彭宗红、王忠东、芮晓玲、王在标、谢正成等,依据《混凝土和钢筋混凝土排水管》GB/T11863—1999、《顶进施工法用钢筋混凝土排水管》JG/T640—1996 要求,自行研制 F 型钢承口钢筋混凝土排水管（顶管）,为市政建设、污水治理等开发生产新型建材产品。主要用于污水、引水及农用排灌等重力流介质输送,产品指标符合 GB/T11836—1999、JG/T640—1996、Q/ASZ02—2005 规定,其规格齐全,柔性接口施工方便,楔形橡胶圈密封性好,适用于挖槽施工和顶进施工。目前生产 F 型钢承口混凝土排水管有 Φ800 毫米—Φ2800 毫米,有效长度为 2000 毫米、2500 毫米、3000 毫米,也可按用户要求生产。“F 型钢承口混凝土排水管（顶管）”成果获 2004 年安徽省科技进步三等奖,用于安徽省合肥、芜湖等许多重点工程和其他市政等工程中。

水泥混凝土路面再生利用　合肥工业大学扈惠敏、李德章、柳炳康、葛斌、詹炳根、李宏卓、朱朝晖、杨伟、孙业香、冯金良、宋满荣、李殿忠、付佳丽、付万德等,在城市道路水泥混凝土路面再生利用技术研究中,对合肥市拟改建水泥混凝土路面破损面板取样、分析基础上,提出废旧水泥面板破碎方式,对破碎后旧水泥混凝土再生集料技术性能进行检测、分析,并使用再生集料进行二灰土、水泥稳定碎石配合比设计,提出旧水泥混凝土废料破碎工艺要求及使用再生集料的道路基层配合比设计与施工工艺指南。

安庆香樟里·那水岸住宅小区 总建筑面积约19.67万平方米,工程于2005年9月开工,分两期建设。香樟里·那水岸建设过程中,建设单位按照省地节能环保型国家康居示范工程技术要点要求,结合当地实际情况,采用多项技术集成与产业关联度较高的成套技术:中高层住宅采用短肢剪力墙结构体系,便于室内空间使用,提高住宅利用率;在当地率先使用技术较为成熟的EPS外墙外保温系统和倒置式XPS屋面保温系统;采用60系列断桥铝合金中空玻璃和部分(二期沿街楼栋)双层中空玻璃窗及保温门,取得较好节能效果,达到并超过当地节能标准要求;在当地率先使用包括温差循环、故障报警、智能控制等功能在内的高层高效联集式太阳能与建筑一体化热水系统;采用室内新风系统,有效改善室内空气环境;充分利用市政管网水压实现高层分层供水,节约能源;采用NARS水景水质处理技术达到节水、环保目的;采用有机垃圾生化处理技术,减少垃圾排放,保护环境。通过新技术研究和应用,按15年使用期保守测算,建设单位、施工单位、业主共实现经济效益3971.95万元,小区先后获国家康居示范工程、全国建筑业新技术应用示范工程、建设部可再生能源利用示范工程等多项荣誉。

超宽桥面部分斜拉桥悬灌施工 中铁四局集团有限公司于2005年开展“超宽桥面部分斜拉桥悬灌施工技术”项目,该项目针对深水裸岩不利地质条件,采用抛填土袋进行人造覆盖层施工,解决钻孔平台和钢护筒定位难、不稳固难题;针对岩层坚硬且不平整的地质条件,采取二次插打钢护筒和钢护筒跟进工艺,解决钢护筒埋深难题,防止串孔、塌孔事故发生,确保成孔质量。施工中采用组合式三角挂篮施工,通过对主桁架截面合理配置、三组主桁架合理布置,能够满足部分斜拉桥有索区和无索区梁段施工;同时为保证预应力管道压浆密实,采用真空压浆技术,确保孔内压力达到1.0兆帕斯卡左右,压浆密实,拉索钢绞线采用环氧喷涂钢绞线,具有使用寿命长、易更换、挂索方便等优点。通过采用蜂窝状曲管(分丝管)新型索鞍构造,成桥后在管口灌注环氧砂浆防止拉索滑移,确保索鞍结构附近混凝土受力均匀,结构应力符合要求。

特大型钢结构井架加工与竖立工艺 中煤矿山建设集团(以下简称“中煤集团”)“特大型钢结构井架加工与竖立工艺研究应用”科研项目,通过对井架吊装工艺和竖立机具进行创新改革,掌握了特大型井架加工与竖立技术。2007年,其关键技术装置“矿用大型钢井架吊装专用机具”获得国家发明专利。该成果运用于山西屯留煤矿主井高76.8米,重1234吨井架吊装,创当时井架吊装世界纪录,该立井系统机电安装工程获2007年度国家优质工程“鲁班奖”。“中煤集团”采用该技术吊装了高95米、重1310吨的安徽口孜东煤矿主井井架,再次刷新世界纪录。该技术已被授予中国施工企业科技成果一等奖。“中煤集团”与国投新集、安徽理工大学等单位共同合作完成的“两淮矿区复杂地层条件下深大井筒特殊法凿井关键技术与应用”项目获国家科技进步二等奖,该成果已经应用于两淮矿区15个煤矿45个井筒,创造国际上钻井直径最大(10.8米)、穿越冲积层最厚(584.1米)、国内最大钻深(660米)钻井工程新纪录。

第二章　法治建设

全省建设领域法治建设，在建设事业体制改革和社会主义法治建设发展中兴起完善。建设事业深入发展，相关法律知识日益普及，建设领域法治建设也不断提高。

1994 年 4 月，省建设厅设立体改法规处，2000 年 9 月，改设政策法规处。主要职责是组织拟定厅管各行业方针政策和改革方案，并指导实施；组织研究重大综合性政策问题，起草重要文稿；拟定地方建设立法规划和计划，组织法规和规章起草、审查、报批；指导建设行政执法、行政执法监督、行政复议和行政诉讼工作；指导建设系统法治建设和法治宣传教育工作。

第一节　行业分类法规

省建设厅根据经济社会发展需要，结合建设行业重点工作和发展规划，科学拟定厅管各行业方针政策。

城乡规划　安徽省建设厅内设机构城乡规划处担负全省城乡规划工作。为做好全省城乡规划工作，省建设厅于 1991 年提请省人大常委会颁布《安徽省实施〈中华人民共和国城市规划法〉办法》《安徽省村镇规划建设管理条例》等法规。2006 年和 2007 年，分别提请省政府颁布《安徽省城市规划管理暂行办法》和《安徽省省域城镇体系规划实施办法》等规章。

建筑业　省建设厅内设机构建筑管理处担负全省建筑业管理工作。为做好全省建筑业管理工作，省建设厅分别提请安徽省人大常委会和省政府颁布《安徽省建筑市场管理条例》《安徽省建筑工程招标投标管理办法》《安徽省建设工程勘察设计管理办法》《安徽省建设工程监理管理办法》《安徽省建筑工程施工许可管理暂行办法》《安徽省建筑安全生产管理办法》《安徽省建设工程造价管理办法》和《安徽省建设工程质量管理办法》等多部法规、规章，以指导和规范全省建筑市场。

城市建设　省建设厅内设机构城市建设处担负全省城市建设管理工作。为加强城市建设方面各项工作，省建设厅提请安徽省人大常委会和省政府颁布实施《安徽省城市建设监察条例》《安徽省市政设施管理条例》《黄山风景名胜区管理条例》《安徽省九华山风景名胜区管理条例》《安徽省城市市容和环境卫生管理条例》《安徽省燃气管理条例》《安徽省城镇供水管理办法》《安徽省城市节约用水管理办法》《安徽省城市污水处理费管理暂行办法》和《安徽省关于违反建筑市场管理法律法规行政处分规定（试行）》等多部法规、规章。

住宅房地产业 省建设厅内设机构住宅与房地产处担负全省住宅与房地产行业管理工作。省建设厅在全省建设系统大力宣传住宅与房地产业相关法律法规，如《中华人民共和国城市房地产管理法》《物业管理条例》《城市房地产开发经营管理条例》和《城市房屋拆迁管理条例》等，指导和规范全省房地产市场，开展全省住宅与房地产行业各项管理工作。

村镇建设 省建设厅内设机构村镇规划建设处担负全省村镇规划建设管理工作。省建设厅组织全省建设系统干部职工深入学习.宣传国务院《村庄和集镇规划建设管理条例》和《安徽省村镇规划建设管理条例》等相关法律法规，更好地指导和规范全省村镇建设管理工作，切实改善村镇环境。

勘察设计咨询 省建设厅内设机构勘察设计与标准定额处担负全省勘察设计咨询等相关工作。省建设厅率先在国内编制完成地方标准《安徽省公共建筑节能设计标准》，修编完成《安徽省居住建筑节能设计标准》，已通过专家评审，达到国内领先水平。

第二节 法规、规章与规范性文件

省建设厅作为全省建设行政主管部门，其立法项目主要包括拟由省人民代表大会及其常务委员会制订全省建设系统地方性法规项目、拟由省政府制订政府规章项目、拟以省政府及其办公厅名义印发规范性文件项目。省建设厅制订立法规划和计划，紧紧围绕安徽省建设事业发展五年规划和省建设厅近期重点工作主题，选择立法项目。在突出安徽省地方特色前提下，优先考虑已列入中共安徽省委、省政府战略决策内容，上位法地方实施办法，已实施的下位法上升立法层次项目。

1986—2007年，省建设厅共提请省人大常委会出台地方建设法规11件，提请省政府出台地方建设规章26件，发布部门规范性文件380件。

地方性法规

黄山风景名胜区管理条例

安徽省实施《中华人民共和国城市规划法》办法

安徽省村镇规划建设管理条例

安徽省建筑市场管理条例

安徽省市政设施管理条例

安徽省城市建设监察条例

安徽省城市房地产交易管理条例

安徽省九华山风景名胜区管理条例

安徽省城市市容和环境卫生管理条例

安徽省物业管理条例

安徽省燃气管理条例

地方政府规章

安徽省城市建设管理规定（2001 年废止）

安徽省城镇私有房屋管理实施办法

安徽省城镇供水管理办法

安徽省城镇公有房屋管理办法

安徽省城镇个人自建住宅管理办法（2004 年省政府令第 172 号废止）

安徽省城市房屋拆迁管理实施细则（2004 年省政府令第 172 号废止）

安徽省液化石油气管理办法（2006 年安徽省燃气管理条例废止）

安徽省城市管道燃气管理暂行办法（2006 年安徽省燃气管理条例废止）

安徽省城市节约用水管理办法

安徽省城市住宅区物业管理暂行办法

安徽省城市市容和环境卫生管理暂行办法

安徽省城市房屋产权产籍管理办法

安徽省建筑工程招标投标管理办法

安徽省建设工程勘察设计管理办法

安徽省建设工程监理管理办法

安徽省城市房屋租赁管理办法

安徽省建筑安全生产管理办法

安徽省城市房地产开发经营管理办法

安徽省建设工程造价管理办法

安徽省城市房屋拆迁管理办法

安徽省城市公共客运交通管理办法

安徽省城市污水处理费管理暂行办法

安徽省城市规划管理暂行办法

安徽省物业专项维修资金管理暂行办法

安徽省建设工程质量管理办法

安徽省省域城镇体系规划实施办法

第三节　法制宣传教育

1990 年，省普法办对全省各市和省直各单位进行“一五”普法检查验收，对检查中发现的问题限期补学补差。是年，省建设厅通过上级“一五”普法验收。

1991 年，“二五”普法工作启动。成立普法领导小组，召开“二五”普法动员大会。

落实各单位在组织建设、规定规划、宣传发动、教材征订、培训普法骨干和选择试点单位等6个方面工作，为“二五”普法全面开展奠定基础。

1995年，针对4年来普法情况，在全省建设系系统内开展查漏补缺，本着“缺什么、补什么”原则，进行补课，实现普法工作各项目标。为搞好普法验收，成立普法验收领导小组，拟定验收方案和评分标准，认真开展验收工作。

1996年，“三五”普法工作启动。作为实施建设事业“九五”计划、“三五”普法、依法治省规划第一年，早启动、抓头年、开好局、起好步，是1996年安徽省建设体改与法制工作基本要求，指导思想是：认真贯彻全省建设工作会议、全省政府法制系统工作会议和全省体改工作会议精神，坚持城乡建设与法制建设统一，坚持改革开放与法制建设统一，促进城乡规划建设管理、房地产和建筑业管理法制化进程，促进和保障建设事业健康发展。

2000年，是“三五”普法全面实施最后一年。安徽省建设厅作为全国31个省、市、自治区中唯一的一个省级建设主管部门，被中共中央宣传部、司法部联合授予“全国‘三五’普法宣传教育先进单位”称号，被建设部授予“全国建设系统‘三五’普法及依法治理先进单位”称号，被中共安徽省委、省政府授予“‘三五’普法先进单位”称号。是年，省建设厅通过上级“三五”普法验收。

2001年，“四五”普法工作启动。为巩固“三五”普法成果，提高全省建设系统干部职工法律素质，保障建设事业“十五”计划实施和实现“加快发展，富民强省”目标要求，结合贯彻建设部及省“四五”普法规划要求和省建设系统实际，制订省建设系统法制宣传教育第四个五年规划，部署当年“四五”普法宣传工作。

2005年，是“四五”普法最后一年，也是检验“四五”普法规划能否全面落实重要一年。高标准、高要求开展“四五”普法总结验收，是省建设厅工作重中之重。结合省司法厅工作部署，紧紧围绕建设工作各项工作任务，充分发挥法制宣传职能作用，以建设法治社会、构建和谐社会为目标，以促进建设系统“三个文明”建设全面发展为出发点，坚持和落实科学发展观，整合资源，创新形式，加大力度，全面提升全系统干部职工法律素质，为创建文明法治环境和全面建设小康社会作出贡献，为全面完成本系统“四五”普法任务划上圆满句号和开创“五五”普法新局面奠定坚实基础。8月，按照“四五”普法规划要求，全省建设系统积极开展“四五”普法检查验收工作，制订安徽省建设系统“四五”普法总结验收工作方案，并安排部署全省建设系统“四五”普法宣传月活动。

2006年，“五五”普法工作启动。省建设厅印发“五五”规划，要求全省各级建设行政主管部门和各建设企事业单位切实做好法制宣传教育和依法治建工作。

第四节　建设监察与执法队伍

为加大建设监察工作力度，省建设厅根据已有的法规、规章，对城市建设、房地产、建筑业等行业进行执法监察，确保建设事业健康有序发展。

建设监察　1997年，全省各级建设监察机构及专业管理机构，共实施建设法规监督检查任务50多万次，进行专项执法检查105次，查处规划违法案件1.8万余件；查处市容环卫违法案件万余件；查处液化石油气市场违法案件千余件；查处房屋租赁违法案件2000余件。全面进行建设工程项目执法监察，查处多起建筑质量和安全事故，进行勘察设计质量大检查，通报批评33个、限期整顿8个、停业整顿5个勘察设计单位。执法力度加大，规范建设市场秩序，促进各项建设工作任务顺利完成。特别是建设监察队伍严管重罚破坏城市市容、环境卫生的违法行为，在文明城市创建工作中发挥主力军作用，促进文明城市创建目标顺利实现。1998年，为提高全省监察队伍业务素质和水平，做到严格执法、规范执法、文明执法，组织省辖市建设监察队伍进行"会考"和"军训"。

执法队伍　2001年，为规范建设监察行为，提高建设监察水平，根据《安徽省城市建设监察条例》和《安徽省建设监察评议考核办法》规定，省建设厅对1999—2000年度各市、县建设监察工作进行评议考核。同年3月，省建设厅为加强对建设监察队伍监督管理，提高依法行政水平，促进文明执法、规范执法，根据《安徽省城市建设监察条例》规定，建立建设监察特邀监督员制度，从社会各界聘请一批建设监察特邀监督员。要求各市、县建委、有关局及其建设监察队伍，应当自觉地接受监督员指导和监督。对监督员提出问题和反映情况，应当虚心接受，认真答复。要积极支持特邀监督员工作，为监督员开展工作提供必要条件。

2003年，省建设厅为规范建设监察行为，提高建设监察水平，根据建设部要求，按照省人大常委会颁发的《安徽省城市建设监察条例》和《安徽省监察评议考核办法》规定，组成3个检查组，采取检阅队伍、听汇报、查资料、看现场、提问题方式，对地级市建设监察组织2002—2003年度建设情况、监察职责履行情况、行政案件办理质量等方面，进行全面评议考核。地市级建设主管部门按照省建设厅评议考核办法对所属县（市）建设监察组织进行评议考核。评议考核结果为：优秀等次43名，良好等次67名，合格23名。

2004—2007年，省建设厅每年都对各县、市建设行政主管部门的法制工作开展情况进行年度考评，并将考评结果在厅网站上予以公布。考评内容涵盖法制机构建设，普法宣传教育，行政许可、审批，行政处罚，执法监督，行政法制监督，规范性文件制订和专项执法检查等各项依法行政相关内容。

第五节 行政执法

加强行政执法工作，1997年，安徽省建设厅在全省建设系统开始推行行政执法责任制。要求各地市建委、有关局根据本单位执行法律、法规职责，明确本单位及其工作人员执法责任，完善执法规范，建立错案和执法过错追究制度，做到执法主体明确、责任落实。同年3月，印发《安徽省城市规划行政执法责任制试点方案》通知。与此同时，省建设厅成立"安徽省城市规划行政执法领导小组"，胡生春任组长，王茂新任副组长，范毓灼、袁昌文为成员，厅体改法规处为办事机构，黄显鸿、钱界殊、郭佑芹为工作人员。要求各试点城市均要成立相应的领导和办事机构，确定专人负责该项工作。并于同年10月，印发《安徽省建设厅行政执法责任制分解方案》通知。

1999年，安徽省人民政府发布《安徽省行政执法过错责任追究暂行办法》，省建设厅根据要求，进一步加强和规范全省行政执法机关和行政执法人员行政执法行为。

行政执法体制演变 安徽省建设行政执法队伍经历从无到有建设过程。依据相关法规，1999年之前成立的队伍称为市容委；至2000年《安徽省城建监察条例》实施后，在执法队伍机构设置、名称、执法主体、依据、人员等方面均进行规范；随后建委、规划、市容、园林、房地产等行业形成专业执法队伍；2006年省政府出台《安徽省城市管理领域相对集中行政处罚办法》，规定将涉及建设类的市容环境卫生、城市规划、城市绿化、市政管理类行政处罚权归城市综合管理行政执法部门行使。

行政执法管理 20世纪90年代初，全省建设系统为不断提高行政执法人员法律素质，开始组织各类法律培训。1993年，省人民政府办公厅印发《安徽省行政执法证件管理暂行办法》，要求各级行政执法机关行政执法人员必须经过基本法律和专业法律知识考试，并经资格审查合格后，方能持证上岗。1997年，安徽省人民政府发布《安徽省行政执法人员资格认证和行政执法证件发放管理办法》，进一步规范和加强行政执法人员管理。省建设厅法规处主要负责相关法律知识培训，如《中华人民共和国建筑法》《安徽省城市建设监督条例》《中华人民共和国行政许可法》《中华人民共和国行政处罚法》《安徽省行政执法监督条例》《安徽省行政执法人员资格认证和行政执法证件发放管理办法》等。此后，全省各级建设部门都建立制度，定期或不定期开展法律、法规知识培训，并结合新颁布的法律法规规章进行专业法培训。学习法律法规已在全省建设系统行政执法人员中普遍开展，作为提高自己依法行政业务能力重要内容。

行政执法指导 20世纪90年代起，全省建设系统行政执法机关推行行政执法指导，始终立足于"职权所能、社会所愿、政府所想、法律所许"，严格把握"立足职能、全面导入、因事制宜、和谐监管"基本要求，坚持依法行政，依法治建。同时，在具体行政执法指导工作中，根据不同管理对象和管理行为，紧密围绕监管工作中重点、难点、热点、薄弱环节等问题，根据被指导项目性质、特点，选择相应指导方式，以达到行政执法指导最佳效果。

行政执法监督　1996年,省建设厅为加强全省建设行政执法监督工作,促进建设管理活动依法行政,切实落实建设法制监督机构依法监督职责,根据《安徽省行政执法监督暂行办法》规定,决定在全省建设系统推行建设行政执法监督员制度,发放《安徽省建设行政执法监督证》。2000年,安徽省人民政府发布《安徽省行政执法督查办法》(以下简称《办法》),省建设厅要求全省建设部门执法机关认真学习该《办法》,并严格做好全省建设系统行政执法监督工作,确保各级建设执法机关在法定职权范围内行使行政执法权。

行政复议　1990年,国务院发布《行政复议条例》(1994年修订,以下简称《条例》)。为全面贯彻实施该《条例》,省建设厅发出《关于贯彻实施〈行政复议条例〉的通知》,要求各行署、省辖市建委(局)认真搞好《条例》学习、宣传工作,提高思想认识,加强复议机构和队伍建设,加强程序制度建设,认真做好案件受理、审理等工作,依法及时解决行政争议。

1992年,省建设厅转发建设部关于建设系统行政复议管辖专题调研通知。要求各行署、省辖市建委(局)根据文中要求认真做好辖区内行政复议管辖调研工作,并对《关于建设系统行政复议管辖的若干规定》进行研究,提出修改意见。

1999年10月1日,《中华人民共和国行政复议法》开始实施,同年10月10日,安徽省人民政府发布《安徽省行政复议程序暂行规定》,据此省建设厅要求进一步规范全省建设系统行政复议工作,切实维护公民、法人和其他组织合法权益。

省建设厅自2003年1月1日至2006年6月30日,共收到行政复议申请82件,受理80件,年均受理约23件。受理案件中申请人为公民63件(含公民集体申请复议7件),申请人为法人17件。结案情况为:维持52件,撤销15件,改变具体行政行为7件,复议中止2件,尚未办结4件。同期省建设厅只有一起由建设部受理复议案件,无行政诉讼案件。

第八篇　机构队伍

20世纪80年代中期前，为适应计划经济模式，安徽省城乡规划建设管理归属于安徽省基本建设委员会，随着改革开放不断深入发展，市场经济在全国推行，1983年机构改革时，组建安徽省城乡建设环境保护厅，1992年后，为加强全省环境保护工作，在安徽省建设厅加挂了安徽省环境保护局牌子。1994年机构改革时，中共安徽省委、省政府决定组建安徽省建设厅（省政府组成部门）和安徽省环境保护局（省政府直属机构），建设、环保分离后，两单位职能也作了相应调整和转变，省政府办公厅印发《安徽省建设厅职能配置、内设机构和人员编制方案》，明确安徽省建设厅应加强的职能和应取消、弱化和转移的职能，并根据职能转变，设置机关内相应职能处室。全省各地、市机构设置由各地、市根据其工作情况自行决定，除设有环境保护局外，有的设有建设局、规划局、市容局和房地产管理局，各不相同，均属各地市领导。

在队伍建设方面，除直接负责管理安徽省建设厅机关队伍建设外，作为全省建设行业主管部门，还负责全省行业内技术职称评审和全省行业职工技能培训等工作，不断提高建设行业职工队伍业务素质和技能。

第一章　机构设置

20世纪80年代中期，安徽省建设行政主管部门机构设置，基本上与国家、建设部门机构相统一，名称为安徽省城乡建设环境保护厅（简称省建设厅），机关内部处室设置含城乡建设和环境保护，管辖的业务范围较广。进入20世纪90年代，为加强全省环境保护工作，将建设和环保分离，1994年机构改革时，设安徽省建设厅（省政府组成部门），管辖的业务范围相对减少，主要集中在全省城乡规划建设、建筑业、住宅房地产业和相关的科技及法制建设。

第一节　机构沿革

安徽省建设行政主管部门机构，随着经济建设发展需要而设置。20世纪80年代中期之前，安徽省基本建设委员会统管全省建设、环保工作，1983年，组建安徽省城乡建设环境保护厅，1994年，为适应改革开放形势发展和理顺全省城乡建设工作秩序，建设和环保分离，设安徽省建设厅，另独立设置安徽省环境保护局。

安徽省城乡建设环境保护厅（1983.5—1992.8）

1983年5月，机构改革撤销安徽省基本建设委员会、安徽省环境保护局和安徽省城市建设局，组建安徽省城乡建设环境保护委员会，1983年7月，省委同意设立安徽省城乡建设环境保护厅（省建设厅）。内设办公室、计划财务处、建筑管理处、设计科技处、城市规划处、城市建设处、房地产管理处、村镇建设处、环境管理处、大自然保护处、抗震办公室、对外经济联络办公室、人事教育处、劳动工资处、老干部处、监察室、直属机关党委。主要任务是贯彻执行中共中央、国务院和中共安徽省委、省政府的有关方针、政策和指示，根据安徽省社会、经济发展计划，组织指导安徽省城市、县镇、乡村规划和建设，防治环境污染和破坏，为城乡人民创造良好的生产和生活环境。

安徽省建设厅（1992.8—2007.12）

1992年8月，为加强安徽省环境保护工作，将安徽省城乡建设环境保护厅更名为安徽省建设厅，另挂安徽省环境保护局牌子，即一个机构、两块牌子。在原有内设处室设置基础上，增设环境综合处和建设项目环境保护处。另将环境管理处更名为污染管理处。

1994年4月，中共安徽省委、省政府实施机构改革，保留安徽省建设厅为省政府组成部门,安徽省环境保护局独立设置,为省政府直属机构。按照转变职能、理顺关系、精兵简政、提高效率的原则,结合省建设厅的实际情况,确定其职能配置、内设机构和人员编制方案。

职能转变　省建设厅应加强的职能有:研究制定全省工程建设、城市建设、村镇建设、建筑业、房地产业、市政公用事业、风景名胜事业的发展战略和长期规划,推动行业改革与发展;加强城镇规划、工程建设、城乡建设和建设行业法制工作与行政执法监督;管理、培育和发展建筑市场、房地产市场、规范市场行为,发挥市场机制作用,指导和推进城镇住宅建设,研究制定国家公务员住宅控制标准和解决社会低收人者住宅的有关政策。

应取消、弱化和转移的职能主要有:将属于地市的职能下放给地市,包括一般市政公用工程项目的审批;设计、施工单位承接任务按照优胜劣汰的原则进行双向选择,不再实行限额承包的办法;落实企业转换经营机制条例规定的经营自主权,取消评优和达标升级活动,确需保留的授权或委托有关协会办理。

主要职责　研究制订全省工程建设、城市建设、村镇建设、建筑业、房地产业、市政公用事业的政策、法规以及相关的发展战略、改革方案和中长期规划、年度计划,并指导实施。

组织实施工程建设实施阶段的国家标准、全国统一定额和行业的标准定额;组织制定全省建设项目可行性研究经济评价方法、经济参数、建设标准、建设工期定额、投资估算指标、建设用地指标和工程造价管理制度。

负责全省工程建设和城乡建设勘察设计、建筑施工的招标投标行业管理工作,拟订工程建设设计、施工招标投标有关法规并组织实施,指导与监督有关设计、施工的招标投标活动;综合管理全省工程监理工作;指导和规范建筑市场;负责工程勘察设计、建筑安装的行业管理;监督检查工程质量及施工安全。

负责全省城市规划管理工作,参与制订全省国土规划、区域规划工作;会同有关部门审查报批全省历史文化名城及历史文化保护区;指导管理城市勘察和市政工程测量工作;管理城市建设档案工作。

负责全省城市市政、公用事业的建设和管理工作;指导全省城市供水、排水、道路、燃气、供热、公共客运交通、园林绿化、市容、环境卫生、雕塑工作;主管全省风景名胜区工作;综合管理城市计划用水、节约用水和城市规划区地下水资源开发利用和保护工作;指导城市综合整治、城建监察和防洪排涝工作。

负责房地产行业管理;指导城镇土地使用权有偿转让、房地产开发经营、房屋商品化工作,规范房地产市场;指导和推进城镇住宅建设;负责指导住房制度改革。

负责全省村镇规划、建设工作;指导村镇的综合开发和村镇建设社会化服务工作。

制订全省建设行业科技发展规划、计划和技术经济政策,组织重大科技项目攻关和科技成果转化、推广,指导与管理技术引进工作。

制订全省建设行业人才培养规划,指导职工队伍培训和继续教育;管理厅属学校。

管理全省城镇建设及工业与民用建筑抗震设防工作,负责结合民用建筑修建防空地下室计划、标准、技术指导和监督检查。

管理建设行业对外经济技术合作,指导企业开拓国外建筑市场和房地产市场,开展对外工程承包、房地产和劳务合作业务。。

管理直属单位人事、劳资工作;指导建设行业体制改革、劳动工资、社会保险、劳动标准及专业技术职务评聘工作。

承办省政府交办的其他事项。

内设机构与职能　根据上述职责,省建设厅设13个职能处(室)和机关党委。

办公室:协助厅领导组织管理机关工作,协调机关各处室的工作关系;制订厅机关各项工作制度,起草有关文件和报告;负责会议组织、文电处理、档案、信访、保卫、保密及机关行政事务管理工作。

综合计划处:组织制订全省建筑业、房地产业和市政公用事业、风景名胜事业的发展战略、中长期规划;组织编制行业技术引进规划、计划和年度固定资产投资计划、利用外资计划、技改计划和物资计划,并按规定办理有关项目立项的审查、审批与申报工作;协同有关部门研究制定建筑机械、城建机械、建筑金属结构、建筑金属制品和市政公用车辆设备发展规划;组织落实有关计划统计、财务会计的改革措施和规章制度,归口管理有关行业统计、信息工作;管理和指导机关和直属单位的国有资产、专项资金及财务工作;管理行业产品许可证工作。

体改法规处:研究制订有关行业体制改革中长期规划和工作要点,组织法规和规章等起草、审查、协调和报批;负责建设法规解释、清理、汇编工作;综合管理建设行政执法、行政执法监督、行政复议和行政诉讼工作;指导建设系统法制建设和法制宣传教育工作。

设计科技处:组织制订全省建设行业科技发展战略、规划、技术政策和科技体制改革方案;编制和组织实施行业重点科技发展项目论政,参与编制技术引进规划、计划和引进项目等消化、吸收、创新工作,指导重大科技成果等转化推广工作,负责技术科技发展基金和科技经费等管理;综合管理全省工程建设和城乡建设勘察设计工作;研究制订勘察设计行业发展规划、有关政策及改革方案;制订全省工程勘察设计、咨询单位和设计为主体的各类工程公司资格各类办法并监督执行;组织标准设计的编制、推广和应用;制订工程勘察设计招标、投标管理办法并监督执行;负责城市建设档案管理工作。

建筑业处:研究制订全省建筑业的发展规划和有关政策法规,对建筑业实行行业管理;培育建筑劳务和材料设备供应等生产要素市场,对建筑安装、建筑装修、建筑制品等企业进行资格审查;制订建筑业技术进步、质量管理、安全施工等规章制度,并监督执行;开拓国际建筑市场,发展技术承包和劳务合作;综合管理工程监督工作,指导施工招标投标活动和工程(产品)质量监督、检测工作;负责全省建设行业安全生产的监督管理;管理工程建设标准定额和工程造价等工作。

城市建设处:研究制订全省城市建设和市政公用事业发展战略、中长期规划;指导全省城市供水、燃气热力、市政设施、公共客运交通、园林、绿化、市容和环卫工作;管理全省风景名胜区工作;指导城市综合开发、城市环境综合治理、城建监察和防洪排涝工作;组织制订城建行业的技术标准和对城建企业进行资质审查;负责管理全省城市计划用水、节约用水、城市规划区地下水资源的开发、利用和保护工作;负责城市规划区和风景名胜区内的生物多样性保护工作。

城市规划处:指导城市规划、城市勘察和市政工程测量工作;检查和监督城镇体系规划、城市规划的编制和实施;负责城市总体规划审查报批,会同有关文物主管单位对历史文化名城进行审查报批;参与编制国土规划、区域规划和重大建设项目选址工作。

房地产业处:负责全省房地产业行业管理,研究拟订相关政策、法规和发展规划;管理城镇土地使用权有偿转让和开发利用工作,规范房地产市场;指导房地产开发经营、房屋商品化、城市房屋拆迁、房产登记发证和物业管理工作;指导和推动城镇住宅建设,综合管理国家公务员和社会低收入者住宅建设工作,指导城镇住房制度改革。

村镇建设处:研究拟订县城以下建制镇、集镇和村庄建设政策、法规,组织编制全省村镇建设发展规划,指导村镇统一开发、综合建设,组织村镇建设试点,配合有关部门搞好村镇建设用地管理工作。

对外经济合作处:贯彻执行外经工作方针、政策、规章、制度、办理有关行业国际科技交流、工程承包、劳务合作、贷款、赠款、国际组织的事务,负责出国团组和有关合作项目的报批工作。

房改办公室:贯彻实施国家房改方针、政策和法律、法规,拟订本省房改地方法规、行政规章和方案,并组织实施;会同有关部门拟订全省房改资金筹集、使用、管理等有关规定,并组织实施。

抗震人防办公室:综合管理城镇建设及工业与民用建筑的抗震设防工作,负责结合民用建筑修建防空地下室的计划、标准、技术指导和监督检查;加强对抗震设防和抗震加固的质量监督,参与重大工程设计的抗震安全审查,参与省组织的重大建设项目和国家重点抗震加固工程的验收和重大工程抗震质量事故调查处理。

人事教育处:负责机关和直属单位的人事及机构编制管理工作;编制并组织实施建设系统教育培训规划,管理厅属学校的有关工作;指导行业的专业技术职务评聘及劳动工资工作;负责机关离退休人员管理工作。

机关党委:负责厅机关及直属单位的党群工作。

人员编制和领导职数　厅机关行政编制为106名(含纪检、监察、审计编制)。其中,厅长1名,副厅长4名,总工程师1名;处级领导职数30名(含副总师2名、机关党委专职书记1名)。

纪检(监察)、审计等机构设置和领导职数,按有关规定执行。

1998 年 2 月，增设建筑安全处，为内设处室。

2000 年机构改革中，安徽省建设厅内设办公室、综合计划处、政策法规处、勘察设计与标准定额处（抗震人防办公室）、建筑管理处（建筑安全办公室）、城乡规划处、城市建设处（风景名胜区管理办公室）、村镇建设处、住宅与房地产业处、住房制度改革办公室、科技教育处、人事处、离退休工作处。

职能调整　划出的职能：将测绘行业行政管理职能，交由省国土资源厅承担；将组织制订有关的计划统计、财务会计的改革措施和规章制度职能，交由省统计局和财政厅承担；将城市规划区地下水资源的管理职能，交由省水利厅承担；将燃气用具的生产管理以及产品生产许可证管理职能，交由省经济贸易委员会和省质量技术监督局承担；将城市防洪职能，交由省水利厅承担；将建筑机械行业规划和行业管理职能，交由省经济贸易委员会承担。

划入的职能：原省轻工总会承担的住宅建成后住户室内装饰装修的指导职能；组织协调建设企业参与国际工程承包和建筑劳务合作。

转变的职能：统计事项，委托有关事业单位承担；工程建设标准定额、建设项目可行性研究经济评价方法、经济参数、建设标准、建设工期定额、建设用地指标和工程造价管理制度的编制和修订的具体工作，委托直属研究机构和有关社会中介组织承担。

省建设厅的主要职责是：

研究拟定全省城市规划、村镇规划、工程建设、城市建设、村镇建设、建筑业、住宅房地产业、勘察设计咨询业、市政公用事业和风景名胜事业的政策、法规，以及相关发展战略、改革方案和中长期规划、年度计划并指导实施，进行行业监督管理。

负责全省城市规划、村镇规划、城市勘察和市政工程测量工作；负责城市总体规划、区域规划和省域城镇体系规划的审查报批；参与编制全省国土规划、区域规划和重大建设项目选址；参与土地利用总体规划审查；承担对历史文化名城相关的审查报批和保护监督工作；管理城市建设档案。

组织实施工程建设实施阶段的国家标准、全国统一定额和行业标准、经济定额；组织制订工程建设实施阶段的地方标准，由省质量技术监督局统一编号并发布；组织制订和发布全省统一定额和行业标准、经济定额地方标准；组织制订全省建设项目可行性研究经济评价方法、经济参数、建设标准、建设工期定额、建设用地指标、投资估算指标和工程造价管理制度。上述凡由省级组织制订的标准、定额、指标、参数等，均经省发展改革委员会等部门会签后发布。监督指导各类工程建设标准定额的实施。

管理全省建筑活动；负责全省工程建设和城乡建设的勘察设计、建筑施工、建筑安装和住宅装饰装修等行业管理工作；规范建筑市场，指导监督建筑市场准入、工程招投标、工程监理以及工程质量，监督管理全省建设系统的生产安全；拟定勘察设计、施工、建设监理和相关社会中介组织管理的法规和规章并监督指导；组织协调建筑企业参与国际工程承包、建筑劳务合作。

负责全省城市、村镇建设的指导和管理工作；指导全省村镇建设的综合开发和村镇建设的社会化服务工作；管理城市供水节水、燃气、热力、市政设施、公共客运、园林、市容、环境卫生和雕塑工作；管理城市规划区的绿化工作；指导全省风景名胜区管理工作，负责对全省风景名胜区及其规划的审查报批和保护监督工作；指导城市规划区内地下水开发利用与保护；指导城市市容环境治理和城建监察。

负责全省住宅建设和城镇住房制度改革工作；负责住宅和房地产业行业管理；指导城镇土地使用权有偿转让和开发利用工作；指导、规范房地产市场。

负责制定各类房屋建筑及其附属设施和城市市政设施建设工程的抗震设计规范；指导城市地下空间开发和利用。

制订全省建设行业科技发展规划、计划和技术经济政策；组织重大科技项目攻关和成果推广，指导与管理重大技术引进和创新工作。

制订全省建设行业人才培养规划；指导全省建设行业职工队伍培训和继续教育工作。

管理建设行业对外经济技术合作和外事工作；指导企业开拓国外建筑市场和房地产市场。

负责建设行业科技人才队伍建设、专业技术、职称评审和执业资格管理工作；指导建设行业体制改革。

参与重大建设项目稽察特派员的有关工作。

承办省政府交办的其他事项。

内设机构与职能调整　根据上述职责，省建设厅设12个职能处（室）：

办公室：协助管理厅机关日常工作；负责文电处理和对外联络、新闻宣传、重要会议的组织协调、机关文书档案、行政财务和信访工作；负责厅机关并指导直属单位的保卫、保密工作。

综合计划处：编制行业发展战略、中长期规划、年度计划和固定资产投资计划、利用外资计划、技改计划和物资计划，并按规定办理有关项目立项的审查、审批与申报工作；管理行业的统计、信息工作；管理和指导机关和直属单位的国有资产、专项资金及财务工作。

政策法规处：组织拟定厅管各行业方针政策和改革方案并指导实施；组织研究重大的综合性政策问题，起草重要文稿；拟定地方建设立法规划和计划，组织法规和规章的起草、审查、报批；指导建设行政执法、行政执法监督、行政复议和行政诉讼工作；指导建设系统法制建设和法制宣传教育工作。

勘察设计与标准定额处（抗震人防办公室）：拟定全省工程勘察设计咨询市场规章制度并监督执行；提出工程勘察设计咨询业改革方案、产业政策、规章制度、技术政策；组织全省工程建设标准设计的审定、编制、推广和应用；会同有关部门负责城市总体规划中抗震专项规划的编制并监督实施；负责指导各类房屋建筑及其附属设施和城市市政设施的建设工程的抗震加固工作；拟定各类房屋建筑及其附属设施和城市市政设施的建设工程抗震设计规范；指导城市地下空间的开发利用；负责城市建设档案的管理工作；组织拟定并监督实施全省工程建设地方标准、全省统一定额、建设项目评价方法、经济参数和建设标准、建设工期定额、建设用地指标；拟定工程造价管理的规章制度；组织拟定厅管各行业工程标准、经济定额和产品标准；指导产品质量认证工作；监督指导各类工程建设标准定额的实施；拟定工程造价咨询单位和勘察设计咨询单位的资质标准并监督执行；按有关规定，组织勘察设计咨询业和工程造价专业技术人员执业资格注册工作。

建筑管理处（建筑安全办公室）：研究拟定全省建筑业的发展规划，对建筑业实行行业管理；指导和规范全省建筑市场，拟定规范建筑市场各方主体的市场行为以及工程招标投标、建设监理、建筑工程质量、合同管理和工程风险管理、建筑安全生产的规章制度并监督执行；组织或参与工程重要质量、安全事故的调查处理；负责装饰装修的行业管理工作；负责本行业对外经济合作工作，组织协调建筑企业参与国际工程承包、建筑劳务合作；提出建筑业中长期规划、改革方案、规章、技术政策；对建筑施工企业、建筑安装企业、装饰装修企业、建筑制品企业、建设监理单位进行资格审查，制定相应的资质管理办法并监督执行；按有关规定，组织施工、监理等专业技术人员执业资格注册工作。

城乡规划处：研究拟定全省城市发展战略及城市、村镇规划的政策和规章制度；组织编制和监督实施全省城镇体系、村镇体系规划；参与土地利用总体规划的审查工作；负责省政府交办的城市总体规划的审查报批，承担对历史文化名城相关的审查报批和保护监督工作；指导全省城市雕塑工作；指导全省城市规划执法监察；指导城市和村镇规划、城市勘察和市政工程测量工作；拟定规划单位的资质管理办法并监督执行；按有关规定，组织城市规划专业技术人员执业资格注册工作。

城市建设处（风景名胜区管理办公室）：研究拟定城市建设和市政公用事业的发展战略、中长期规划、改革措施和规章；指导全省城市供水节水、燃气、热力、市政设施、公共客运、园林、市容和环卫工作；管理城市规划区的绿化工作；指导全省风景名胜区的管理工作；负责对全省风景名胜区及其规划的审查报批和保护监督工作；指导城市综合开发、城市市容环境治理、城建监察工作；组织制定城建行业的技术标准和负责对城建企事业单位进行资质审查；指导城市规划区和风景名胜区内生物多样性工作；指导城市规划区内地下水的开发利用与保护。

村镇建设处：研究拟定县城以下建制镇、集镇和村庄建设的政策、法规，组织编制全省村镇建设的发展规划；负责全省城市化战略的拟定并监督实施；指导村镇的统一开发、综合建设，组织村镇建设试点；会同有关部门搞好村镇建设用地管理工作。

住宅与房地产业处：负责全省住宅与房地产业行业管理；指导、规范房地产市场；指导城镇土地使用权有偿转让和开发利用工作；拟定住宅建设与房地产业的中长期规划和科技发展战略、产业政策和规章；拟定住宅建设、房屋拆迁、房地产开发、房地产市场、房地产评估、房屋产权登记发证、房屋产权产籍管理和物业管理的规章制度并监督执行；指导全省住宅建设和住房供应政策的实施；负责房地产开发企业、物业管理企业、社会中介服务机构的资质管理工作；按有关规定，组织房地产估价专业技术人员执业资格注册工作。

住房制度改革办公室：贯彻落实国家和省关于推进城镇住房制度改革的方针、政策和措施；拟定本省房改的地方法规、行政规章和方案；指导全省城镇住房制度改革工作；会同有关部门拟定全省房改资金的筹集、使用和管理等有关规定，并组织实施；负责住房公积金和其他房改基金的政策指导并监督使用。

科技教育处：指导全省建设科技、教育和培训管理工作；组织拟定全省建设行业的科技发展战略、规划、技术政策和科技体制改革方案；编制和组织实施行业重点科技发展项目计划；组织重大科技项目研究开发；参与编制技术引进规划、计划和引进项目的消化、吸收、创新工作；管理行业科技成果，指导重大科技成果的转化推广工作；负责建设科技发展基金和科技经费的管理；指导岗位培训、职业技能培训与鉴定工作；编制并组织实施建设系统教育培训规划。

人事处：负责厅机关、直属事业单位的人事劳资和机构编制管理工作；组织实施建设行业工程劳保费标准和职业技术标准、规范；指导行业的专业技术职称评审和科技人才队伍建设工作，负责行业的专业技术人员执业资格统一管理工作；指导建设行业劳动工资工作；归口管理与外国政府、民间和国际组织以及香港、澳门特别行政区、台湾地区的合作与交流，负责出国（境）团组和有关合作项目的报批工作。

离退休工作处：负责机关离退休人员的服务管理工作。

人员编制和领导职数　厅机关行政编制56名。其中：厅长1名，副厅长4名，总工程师1名；处级领导职数24名（含副总工程师2名和机关党委专职副书记）。

离退休工作处编制单列6名，其中处级领导职数1名。

机关后勤行政管理服务人员编制单列9名。

机关党委办事机构，纪检（监察）机构编制，按有关规定执行。

2001年6月，为加强建筑安装和装饰行业管理，在建筑管理处（建筑安全办公室）加挂装饰装修办公室牌子。

2007年12月，安徽省建设厅增设内设机构——安徽省建设稽查局，处级建制，局长按副厅级高配。

安徽省建设厅领导成员一览表

表 8-1-1

单　位	姓　名	职　务	任职时间
安徽省城乡建设环境保护厅	孙继怀	厅长	1983.07–1984.10
	陈圣杰	副厅长	1983.07–1984.10
	杨传德	副厅长	1983.08–1986.09
	史　进	副厅长	1983.08–1989.01
	许鸣天	副厅长	1983.08–1992.08
	王明濂	总工程师	1983.08–1991.10
	陈圣杰	厅长	1984.10–1987.05
	杨传德	副厅长	1983.08–1986.09
	史　进	主持厅工作副厅长	1987.05–1988.03
	许鸣天	副厅长	1983.08–1992.08
	丁　捷	副厅长	1984.08–1990.05
	江宇明	副厅长	1987.10–1992.06
	孙继怀	厅长	1988.03–1992.08
	许鸣天	副厅长	1983.08–1992.08
	丁　捷	副厅长	1984.08–1990.05
	江宇明	副厅长	1987.10–1992.06
	潘天声	副厅长	1989.01–1992.06
	许钟秀	副厅长	1990.05–1991.03
	李祖顺	副厅长	1991.10–1992.06
	杨永康	总工程师	1991.10–1992.06
安徽省建设厅（安徽环境保护局）	许鸣天	厅长	1992.08–1994.04
	江宇明	副厅长	1992.06–1996.11
	潘天声	副厅长	1992.06–1994.04
	李祖顺	副厅长	1992.06–1994.04
	谢志平	副厅长	1992.12–1994.04
	杨永康	总工程师	1992.06–1993.03
	杨永康	副厅长、总工程师	1993.03–1996.08
	高国梁	副厅级调研员	1992.06–1993.07
	杨万青	副厅级调研员	1993.04–1994.04

续表 8-1-1

单　位	姓　名	职　务	任职时间
安徽省建设厅	许鸣天	厅长	1994.04-1996.04
	谢志平	副厅长	1994.04-1996.04
	潘天声	副厅长	1994.04-1995.01
	李祖顺	副厅长	1994.04-2000.03
	胡生春	纪检组长	1995.06-2006.09
	谢志平	厅长	1996.04-2006.01
	杨永康	副厅长	1996.08-1998.07
	陈素伟	副厅长	1997.06-2006.04
	李玉华	副厅长	2000.03-
	李　建	副厅长	2000.08-
	吴晓勤	副厅长	2000.11-
	张文起	总工程师	1996.08-2000.03
	张文起	助理巡视员	2000.03-2001.10
	张文起	总工程师	2001.10-2002.03
	陈爱民	副巡视员	2003.07-2007.04
	倪　虹	厅长	2006.01-
	陈素伟	巡视员	2006.04
	陈爱民	副厅长	2007.04-
	仲亚平	总工程师	2007.04-
	盛大全	纪检组长	2007.08-

第二节　直属事业单位

1986—2007 年，安徽省建设厅直属事业单位变化较大，原先因沿袭安徽省基本建设委员会一些职权，直属事业单位有城乡规划、设计、工程建设、房地产、环境保护、测绘和中等专业学校及职工医院。后来随着经济建设形势的变化，机构设置也有所调整，一些单位相继划归别的部门所属，截至 2007 年，省建设厅直属事业单位共有 10 个单位。

安徽省建设干部学校　1980 年 2 月，经省编办同意成立安徽省基本建设干部培训班，县级建制，定事业编制 25 名。1984 年 4 月，安徽省基本建设干部训练班更名为安徽省城乡建设环境保护干部学校。1995 年 12 月，厅直属事业单位分类管理后，安徽省城乡建设环境保护干部学校更名为安徽省建设干部学校，列入全额预算管理事业单位序列，县级编制，核定事业编制 20 名，其中：领导职数 3 名、专业技术人员 13 名、行管人员 3 名、工勤人员 1 名。其主要职责是:负责全省建设系统中层以上干部、职工岗位培训工作。

安徽省城乡规划院 1981 年 10 月,经编办同意成立安徽省城市规划设计院,县级建制,暂定企业编制 150 名。1984 年 3 月,安徽省城市规划设计院更名为安徽省城乡规划设计研究院。1995 年 12 月,厅直属事业单位分类管理后,安徽省城乡规划设计研究院列入差额预算管理事业单位序列,县级建制,核定事业编制 150 名,其中:领导职数 5 名、专业技术人员 117 名、行管人员 12 名、工勤人员 16 名。主要职责是:负责承担城乡规划、工民建筑设计、园林规划设计、给排水工程设计及大中型项目选址、技术咨询等。2002 年 7 月,省城乡规划设计研究院在剥离工程勘察设计职能及机构后,更名为安徽省城乡规划院,重新核定全额事业编制 40 名,其中处级领导职数 4 名,专业技术人员 32 名,工勤人员 4 名。主要承担全省城乡规划发展战略及城市规划建设有关政策拟制,区域规划、城市规划行业技术标准和规范的制订,以及城市总体规划、控制性规划、专业规划、风景名胜区和省旅游区规划编制工作。同时,将原省城乡规划设计研究院承担工程勘察设计职能机构剥离出来,改为企业,150 名事业编制被省编办收回。

安徽省建设工程质量安全监督总站 1986 年 5 月,经省编办批复,核准省城乡建设环境保护厅对外经济联络办公室事业编制 7 名。1995 年 12 月,撤销省建设厅对外经济联络办公室。1996 年 5 月,为充分利用和发挥省建设厅对外经济联络办公室这块牌子,更好地开展对外经济合作,便于对外承包工程项目,促进安徽省外向型经济发展,经省编办同意恢复省建设厅对外经济联络办公室,县级建制,列入自收自支事业单位序列,核定事业编制 7 名（其中:领导职数 2 名）。主要职责是:负责争取国家经援和对外经济技术合作项目并具体组织实施,承担对外工程承包、劳务合作及国际贸易进出口任务。2002 年 12 月,经省编办同意撤销省建设厅对外经济联络办公室,成立安徽省建设工程质量安全监督总站,处级建制,列入自收自支事业单位管理序列,核定事业编制 7 名（所需编制从原省建设厅对外经济联络办公室事业编制中解决）,其中站长、副站长各 1 名,专业技术人员 5 名。其主要职责是:负责全省建设工程质量安全监督和技术检测工作;承担国家和省重点工程质量和建筑生产安全监督、施工许可、质量检测、竣工验收备案等工作。

安徽省工程建设标准设计办公室（安徽省建设技术交易中心） 1990 年 12 月,经省编办同意成立安徽省工程建设标准设计办公室,副县级事业单位,核定领导职数 1 名,编制自定,实行企业化管理,独立核算,自负盈亏,其所需人员经费通过自收自支解决。1994 年 6 月,成立安徽省建设技术交易中心,与安徽省工程建设标准设计办公室一个机构两块牌子。安徽省建设技术交易中心主要职责和任务:规范建设技术市场交易行为,对进入安徽省建设行业的建筑产品、技术进行检测、鉴定、公布、推广;承担全省建设技术市场中介代理、咨询服务、法律服务,推动安徽省建设技术市场健康发展。1995 年 12 月,安徽省建设厅直属事业单位分类管理后,安徽省工程建设标准设计办公室(安徽省建设技术交易中心)列入自收自支事业单位序列,副县级建制,核定事业编制15名,其中:领导职数1名、专业技术人员11名、行管人员2名、工勤人员1名。其主要职责是:负责全省工程建设标准设计的规划、研究、推广、使用和管理;负责对进入安徽省建设行业的建筑产品、技术进行检测、鉴定、公布推广,承担建设技术市场的中介代理、咨询服务等。

安徽省住宅产业化促进中心　1992年11月,经省编办同意成立安徽省房地产业职工培训中心筹备办公室,隶属于安徽省建设厅领导,暂不定机构规格,筹备期间定事业单位编制6名,其所需人员经费通过自收自支解决。1995年12月,安徽省建设厅直属事业单位分类管理后,安徽省房地产业职工培训中心筹备办公室列入自收自支事业单位管理序列,核定事业编制6名,其中:专业技术人员5名、工勤人员1名。其主要职责是:负责省房地产业职工培训中心的筹建工作。2007年2月,为促进安徽省住宅新技术集成运用,推动住宅建设向现代工业化、产业化生产方式转变,经省编办同意将省房地产职工培训中心更名为安徽省住宅产业化促进中心,列入自收自支事业单位管理序列,处级建制,核定事业编制6名,其中主任、副主任各1名,专业技术人员4名。其主要职责是:组织开展全省住宅建设新工艺、新材料、新产品的技术研发、应用推广、技术服务和信息交流工作;组织开展住宅性能及部品的评估、认定工作;负责康居示范工程和住宅产业化试点工程的组织实施及相关技术服务工作。

安徽省建设工程造价管理总站　1993年9月,为加强和改善安徽省建设工程标准定额管理工作,改变职能交叉重叠的现状,根据省政府第十二次省长办公会议决定,撤销省计委基本建设标准定额站和省建设厅省建设工程标准定额站,将原两站成建制合并,重新组建安徽省工程建设标准定额总站,隶属于省建设厅领导,县级建制。1995年12月,厅直属事业单位分类管理后,安徽省工程建设标准定额总站列入自收自支事业单位序列,县级建制,核定事业编制25名,其中:领导职数3名、专业技术人员20名、行管人员1名、工勤人员1名。2007年8月更名为安徽省建设工程造价管理总站,其主要职责是:负责贯彻执行国家有关工程建设标准规范、技术经济定额各项方针、政策和法规,制订本省工程造价管理制度和相应实施办法。组织制订建设项目经济评价方法、评价参数以及各类建设项目建设标准、建设工期定额和投资估算指标等。

安徽省建设厅机关服务中心　1995年12月,厅直属事业单位分类管理后,为积极推进机关后勤服务机构改革,实现后勤服务工作社会化,在原机关幼儿园、招待所、印刷厂、房屋维修队的基础上,组建安徽省建设厅机关服务中心,列入自收自支事业单位序列,核定事业编制82名,其中:专业技术人员16名、行管人员10名、工勤人员56名。其主要职责是:负责统一管理机关后勤服务工作。2007年8月,根据中共安徽省委办公厅、省政府办公厅皖办发〔2005〕26号文件规定,省建设厅机关服务中心实施整体转企改制。

安徽省建设工程招标投标办公室　1996年11月,经省编办同意成立安徽省建设工程招标投标办公室，列入自收自支事业单位，不定机构系列，核定事业编制 8 名（其中主任 1 名、副主任 1 名）。其主要职责是：依据国家和省有关建设工程招标投标政策、规定，主要承担建设工程招标投标的事务性、技术性、服务性工作和面向社会化提供信息和咨询服务工作；并受省建设厅委托承担建设工程招标投标有关具体工作等。

安徽省建设信息中心 1996 年 11 月，经省编办同意成立安徽省建设信息中心，不定机构规格，列入自收自支事业单位序列，核定事业编制 8 名（其中：主任 1 名、专业技术人员 5 名、管理人员 2 名）。其主要职责是：负责全省建设信息收集、整理、分析和利用；负责建立全省建设行业数据库和信息网络；负责城建行业计算机信息管理自动化技术的研制、开发、推广应用，提供建设信息咨询中介服务等。

安徽省建设厅建设服务中心 2007 年 8 月，经省编办同意成立安徽省建设厅建设服务中心，正处级建制，列入自收自支事业单位序列，核定事业编制 11 名，其中领导职数 3 名（主任 1 名、副主任 2 名），其主要职责是：承担安徽省驻外省市建筑企业的联络、协调和服务工作；负责统一管理厅机关后勤服务工作。

2005 年 12 月，安徽省建筑设计研究院整体并入安徽省国有资产管理委员会、安徽省建筑工程勘察院整体并入安徽省旅游局。

2006 年 3 月，安徽城市建设学校、安徽建筑工程学校整体并入安徽广播电视大学。

第二章　人才队伍建设

1994年机构改革后，根据省政府对省建设厅职能转变规定，省建设厅负责厅机关和直属单位人事管理，编制并实施建设系统教育培训计划，指导行业专业技术职务评审等。对机关公务员队伍录用，在中共安徽省委组织部和安徽省人事厅共同组织指导下，按照《中华人民共和国公务员法》规定的“公开、平等、竞争、择优”原则，面向社会公开考试择优录用公务员，截至2007年，安徽省建设厅共录取公务员19名。对公务员队伍坚持年度考核，对获得优秀等次的公务员进行通报表彰。同时，做好干部的职务任免、挂职锻炼等工作。

第一节　技术职称评审

技术职称是人事管理制度重要组成部分，也是人才评价的重要手段。1978年，中共十一届三中全会后，改革开放逐步深入，经济不断发展，社会不断进步，社会主义市场经济逐渐深化和完善，市场竞争日趋激烈，科学技术与管理的竞争、人才资源素质及如何使用人才资源的竞争加快。技术职称评审工作被广泛重视，安徽省建设厅在这政策性强、涉及面广、关系到广大专业技术人员切身利益中，坚持调动和保护专业技术人员积极性，坚持按中央和安徽省的有关政策、规定，稳妥地开展技术职称评审工作，1986—2007年期间，省建设厅会同省人事厅评审通过建设工程系列非国有中级职称9760人，高级职称1840人；社会化中级职称605人，高级职称3426人。

评审制度　1986年，在经济体制改革和科技、教育体制改革开展时，《中共中央关于科技体制改革的决定》颁布实施，中共中央、国务院同意中央职称改革领导小组提出的《关于改革职称评定、实行专业技术职务聘任制度的报告》，重新启动职称改革工作。实行专业技术职务聘任制度，并相应地实行以职务工资为主要内容的结构工资制，使专业技术职务任职资格与专业技术职务以及工资待遇等挂钩。在专业技术职务聘任工作过程中，当时政策不够配套，部分单位矛盾突出，遂于1989年至1990年停止工作进行整顿。1991年，安徽省人事局转发人事部《〈企事业单位评聘专业技术职称若干问题暂行规定〉的通知》并制定一系列配套文件，各系列职务经常化评聘工作实施意见也相继下发执行，重新开始一年一度职称评聘工作，全省职称改革工作进入正常化评聘时期。1993年7月，第八届全国人大常委会第二次会议通过的《中华人民共和国科学技术进步法》第四十一条规定:国家实行专业技术职称制度。科学技术工作者可以根据其学术水平、业务能力和工作实绩,取得相应的职称。

评审类型 全省建设工程类专业技术职称评审工作,以服务经济建设为主线,平稳推进,健康发展,为全省经济发展提供有力的技术和智力支持。在全省形成一支结构相对合理、专业基本齐全、素质比较优良的专业技术人员队伍。截至2007年年底,安徽省建设工程类职称评审主要分为社会化和非国有两种类型。社会化职称评审包括:结构工程（建筑工程）、建筑学、给排水（含给排水工程、水质监测）、城市规划、建筑机械、市政道路桥梁、勘测（含岩土工程、水文地质勘察和工程测量）、城镇燃气工程、暖通空调、建筑电气、工程造价、城市园林、白蚁防治等13个专业;非国有职称评审包括:结构工程（建筑工程）、建筑学、给排水（含给排水工程、水质监测）、城市规划、建筑机械、市政道路桥梁、勘测（含岩土工程、水文地质勘察和工程测量）、城镇燃气工程、暖通空调、建筑电气、工程造价、城市园林、白蚁防治、建筑防腐等14个专业。专业技术职务实现正常化评聘制度,自1986年首次职称评聘之后,绝大多数符合条件的专业技术人员被评聘了相应的专业技术职务,广大专业技术人员学术技术水平和价值得到公正评价和社会认可。在提高专业技术人员社会地位,激发专业技术人员积极性,吸引人才,留住人才方面发挥了作用。基本实现职称评审工作规范化、制度化。结合安徽省人事厅印发的《安徽省专业技术资格评审实施细则（试行）》《安徽省工程系列专业技术资格评审标准条件（试行）》等文件规定，2006年6月和12月,省建设厅会同省人事厅分别出台《安徽省工程系列专业技术资格评审标准条件（试行）》《安徽省非国有经济组织建设工程专业技术资格评审标准条件（试行）》等规范性文件,通过专业技术职称评审,加强建设工程类专业技术人才队伍建设,为全省经济社会又好又快发展提供了积极智力支撑。

第二节 职业教育、职工岗位技能培训

安徽省从1996年开始推行建设行业岗位培训和职业技能鉴定制度,提高从业职工整体岗位技能水平,同时推进职工岗位技能培训工作,并先后制定《安徽省建设劳务资格培训和鉴定试点工作计划》《安徽省建设职业技能岗位培训规划》《关于加强建设职业技能岗位培训、鉴定工作的意见》等文件,出台了一系列配套制度和管理办法,确定培训目标、培训内容及培训方式和要求等,使教育培训工作逐步走上制度化、规范化、科学化发展轨道。

截至2007年年底,安徽省已建立建设行业职业技能培训基地32个,完成建设职业技能培训及鉴定30万人,初步形成一支以技师为龙头、高级工为骨干、中级工为主体的职工队伍,一线操作人员素质大大提高,关键岗位持证上岗率达到80%以上。

职业资格管理

2002年,安徽省建设厅制定《安徽省建设行业职业资格证书制度管理办法》（以

下简称《证书管理》),以加快提高建设行业职工队伍素质,保证建设工程、产品、服务质量和安全生产,促进建设事业健康发展。

职业资格　《证书管理》指出,职业资格是指对从事建设行业某一职业所必备的学识、技术和能力的基本要求。建设行业职业资格通过学历认定、资格考试、专家评定、职业技能鉴定等方式进行评价,对合格者授予职业资格证书。同时指出建设职业技能培训和鉴定是指对建设行业从业人员,进行职业培训和关键岗位、技术工种(职业)等级(包括初级、中级、高级、技师、高级技师)的考核。在建设行业实施职业资格证书制度,其范围是:各类企、事业单位施工、生产、服务的技术工种。技术工种(职业)的目录根据《中华人民共和国职业分类大典》和《中华人民共和国职业分类目录》确定。建设行业劳务普工和关键岗位的持证按建设部有关文件规定执行。建设行业生产操作人员的职业资格通过建设职业技能培训和鉴定的方式评定。本《办法》适用于全省范围内建设职业资格证书和建设职业技能培训和鉴定的管理。

省市职责　《证书管理》规定,省建设行政主管部门负责全省建设行业职业资格证书制度的组织实施工作。其职责是:制定建设行业职业资格证书制度的具体实施办法;审查建设职业技能鉴定机构;培训、认定建设职业技能鉴定考评员资格;组织实施建设职业技能培训与鉴定工作;颁发《职业资格证书》。

市级建设行政主管部门职责是:制定本市建设行业职业资格证书制度的培训与鉴定计划并组织实施;筹建与所鉴定工种相适应鉴定机构和场地,并组织申报;选拔建设职业技能鉴定考评员人选;组织实施中级工以下的建设职业技能培训与鉴定工作;负责培训、鉴定合格人员的汇总、申报工作;负责《职业资格证书》的发放工作。

职业培训　安徽省各级建设行政主管部门重视职业资格培训工作,并都十分重视建筑劳务培训基地建设,经常深入实地了解培训基础设施建设、队伍培训和学员输出转移情况,帮助指导和解决存在的问题。2005年,省建设厅先后组织、召开全省建设职业技能培训与鉴定工作座谈会,听取各方对职业技能培训和鉴定工作的意见和建议,确立"先培训、后就业,先培训、后上岗,先培训、后输出,先培训、后鉴定"的原则,部署开展职业技能培训与鉴定工作。省内以合肥、淮南等地为试点,选取木工、瓦工等常见工种,进行培训与鉴定,积累经验。合肥市还开展常见工种的职业技能大赛,起到较好的推动和典型示范作用。

安徽省各级建设主管部门结合行业特点,采用多渠道、多形式、多层次的培训方法,不断加强技能培训力度。采取集中与分散相结合、长期与短期相结合、基地办学与流动办学相结合、基础培训与高技能人才培训相结合的方式,通过开展特色培训,全省专业施工队伍不断发展壮大,进一步巩固了市场优势。同时积极开展建设系统各行业工种、岗位特别是1986年以来发展较快的工种、岗位的培训规范、大纲、教材、题库以及继续教育科目的开发、编写与修订工作。常用九个工种教材已编写完毕。

通过制定一系列规范性文件,召开多种形式座谈会,组织经验交流,印发宣传材料等措施，积极宣传建设职业技能岗位培训与鉴定工作的重要意义，取得企业和职工理解和支持，有力地推动全省建设职业技能岗位培训与鉴定工作深入开展。

教育管理 2005年，安徽省建设厅为切实加强机关政风建设和行业协（学）会自律工作，规范建设教育培训管理，确保培训质量，制定《安徽省建设厅教育培训管理办法》（以下简称《教育办法》）。

《教育办法》指出，规范建设教育培训管理的指导思想是；通过规范培训管理，认真治理整顿“乱办班、乱收费、乱发证”的“三乱”行为，减轻企事业单位和个人负担，增加培训费用使用透明度，逐步建立规范、开放、有序的教育培训长效机制，确保培训质量，促进建设行业职工队伍素质稳步提高。

《教育办法》适用于建设厅机关各处室、厅直单位及厅直属学会、协会（以下简称培训项目单位）等面向建设行业组织开展的各类教育培训活动。所称建设教育培训是指按上级政府和部门规定，以提高建设行业从业人员技能和专业素质为目的开展的各类教育培训活动，包括执业资格培训、职业资格培训、继续教育培训、岗位培训、职业技能培训以及应急性培训等各类培训班。省建设厅科技教育处负责全省建设教育培训归口管理工作，人事处负责干部教育培训和专业技术人员继续教育培训的归口管理工作，厅机关相关处室负责对培训工作进行专业方面的业务指导。建设教育培训实行审批与备案制度，厅属单位、厅属协（学）会举办各类培训均需填写培训办班审批表，相关业务处室审查，报分管副厅长审查批准，送科教处备案，以便掌握培训情况。未经批准，各培训项目单位不得擅自决定培训办班。除行政许可外，一般不以厅或处室名义举办培训班；能一次培训完成的，不应分成多次培训。培训项目单位按规定确需组织对本行业从业人员进行培训办班的，应认真填写审批表中所列的办班依据（省建设厅及上级主管部门要求办班的规定文件）、培训收费标准、课程设置、课时安排和使用教材、教学师资情况、培训地点、时间等内容。为减轻企业和参加培训人员的负担，减少工学矛盾，举办各类培训班应根据各市报名人数，就近就地进行，也可以到基层、到企业上门培训。

《教育办法》规定，培训项目单位应做到：培训单位应根据上级有关规定和行业必需确定培训内容，安排培训计划报批；根据批准的培训项目做好编制教学大纲、准备教材、选聘授课教师等各项准备工作；培训结束后按教学大纲要求统一命题，印制试卷，组织考试、阅卷、评分、统计造册、办理证书发放等事宜，加强培训过程的管理，切实提高培训质量；由科教处负责管理的岗位培训、职业技能培训与鉴定需要发证的，培训班结束后，培训项目单位填写发证汇总表、考试成绩，报科技教育处统一编号，核发相应证书；各培训单位年终要对全年培训工作进行总结，内容包括办班次数、培训名称、培训人数、发证情况、经费收支等情况，报分管厅领导并送厅综合计划处、监察室、科技教育处备案。

为减轻企事业单位经济负担，《教育办法》严肃要求，禁止办班乱收费，各类培训收费标准按财政、物价部门有关规定执行，尚无规定的，按照行业自律标准或者指导性标准收费。培训经费由培训项目单位统一收取,培训单位应严格执行国家财经纪律,健全财务制度,规范财务账册,认真做好会计核算工作。同时严明培训办班纪律,为加强教育培训工作的监督管理,厅科技教育处会同综合计划处、监察室对建设教育培训办班过程进行监督、抽查、评估,建立考核管理机制。检查考核中若发现违反培训规定的行为,违反财经纪律的报厅长办公会议研究,做出相应处理,并追究相关负责人责任。任何单位或者个人对建设教育培训活动的违法违纪行为,均有权向建设教育培训监督管理部门举报。

农民工培训　1994 年,安徽省建设厅制定《安徽省建筑劳务基地管理实施办法》,加强农民工培训管理,改变农村富余劳动力自发无序向建筑劳动力转化状况, 1996 年经省政府同意印发《安徽省建筑劳务基地县(市)命名办法》。组织指导开展建筑劳务基地建设,重点是突出“六化”建设,即培训基地化,建制专业化,输出定向化,流动有序化,信息网络化,后勤服务化。主要任务是培育有特色、有品牌、有优势的成建制从业队伍。截至 2007 年,全省共建成劳务基地县 14 家,其中国家级建筑劳务基地 1 家,一些大中型建筑业企业、建筑劳务企业也分别在部分乡镇建立了建筑劳务基地。全省 55% 的建筑劳务用工来自基地,在 60 万劳务输出队伍中, 80% 来自建筑劳务基地。总结 10 多年来建筑劳务基地建设经验,全省改变了过去行政审批、政府包办的做法,通过市场作用,引导建立乡镇建筑劳务基地。这些建有基地乡镇,有的是乡镇政府主动出面建设,有的是施工企业或中心城市的建筑劳务企业自行与乡镇挂钩建立,或组成建筑劳务公司,或组成建制队。经乡镇建筑劳务基地培训的农民工,便于供需双方直接对接,减少中间层次。

第三节　先进集体和劳动模范、先进工作者

1986—2007 年,在改革开放方针指引下,安徽省住房和城乡建设事业发展迅速,取得骄人成就,也涌现出一大批先进单位、模范班组和劳动模范、先进工作者。据有资料统计,1997—2007 年的 11 年时间内,被国务院命名的全国劳动模范和先进工作者 6 人;人事部、建设部等中央有关部、委(办)命名表彰的全国建设系统各项工作先进单位、模范班组 76 个(次);全国建设系统劳动模范和先进工作者 121 人(次);被中共安徽省委、省政府命名表彰的全省建设系统各项工作先进单位、模范班组 95 个(次),安徽省劳动模范和先进工作者 118 人(次);被安徽省人事厅、建设厅及安徽省有关厅局命名表彰的全省建设系统各项工作先进单位、模范班组 639 个(次),全省建设系统劳动模范和先进工作者 484 人(次)。光荣出席党的十七大代表 2 人。

1997—2007年获中央部门和安徽省人民政府表彰的全国、全省劳动模范、先进个人人员名单

1997年

（一）建设部表彰的全国建设系统优秀思想政治工作者

淮南市　孙光秀

蚌埠市　张胜利

（二）安徽省人民政府表彰的安徽省劳动模范

合肥市　彭冬生　迟建平　龚海宏　窦庆淮　王桂荣

芜湖市　肖同海　童有才　徐家凤

蚌埠市　王慎义　许有雄　黄玉兰

淮南市　胡学玉　岳　超　代　勇

马鞍山市　杨纯模　杨声琴　王贵汉　朱继来

淮北市　李子明

铜陵市　马国玉

安庆市　吴根喜

滁州市　李宏祥

阜阳市　吴治华　薛环银

宿州市　孙成环

六安市　张光洲

巢湖市　王华清

池州市　王国门

省工业设备安装公司　刘广成

1999年

（一）人事部、建设部表彰的全国建设系统劳动模范

马鞍山市　申荣仕

芜湖市　宣典锁　刁志强

淮南市　郑礼年

淮北市　葛士丰

滁州市　李成贵

宿州市　胡永祥

蚌埠市　王本来

安庆市　焦庆祝
六安市　张开元
合肥市　张家渠　黄先锁
池州市　梅阳林
安徽第二建筑工程公司四分公司　程正祥
安徽第七建筑安装总公司　路　明

（二）人事部、建设部表彰的全国建设系统先进工作者

亳州市　马洪涛
阜阳市　邹中杰
巢湖市　王子洲
黄山市　徐普来
铜陵市　范典明
宣州市　何志超
安徽省建筑工程勘察院　徐文根

（三）建设部表彰的全国建设系统精神文明建设工作先进工作者

合肥市　迟建平
淮北市　赵　斌
芜湖市　肖同海

2001 年

（一）建设部表彰的全国建设系统精神文明建设先进工作者

安庆市　王宜同
合肥市　吴祥华
蚌埠市　丁锦绣
安徽省建设厅文明办　刘世才

（二）建设部表彰的全国建设系统思想政治工作优秀研究会干部

合肥市　孙家余
铜陵市　钱济贫（优秀研究成果奖）

2002 年

（一）安徽省人民政府表彰的安徽省劳动模范

合肥市　王雪琴　徐　辉　黄长华　徐圣贵

淮北市　赵　斌
阜阳市　王颖州
淮南市　王清国　郑传联
芜湖市　刘卫娣
宣城市　张述芳
铜陵市　陈建平　陶　泽
滁州市　周项法
黄山市　江国强
安徽华力建筑工程有限公司　常前仓

（二）安徽省人民政府表彰的安徽省先进工作者
合肥市　解春生　锁孝杰　裴玉顶
亳州市　李云峰　段　晔
宿州市　李　伟
蚌埠市　郝素梅　尤国保　王功华
巢湖市　蔡纯生
马鞍山市　李　玉　严加云
九华山风景区管委会　王金贵
安庆市　韩桂兰　许　鹏　赵五银　何洪流
黄山市　吴文斌　姚桂萍

2003 年

（一）人事部、建设部表彰的全国建设系统劳动模范、先进工作者
合肥市　吴正亚　郑　权　张圣东　高国忠
淮北市　胡　奎
亳州市　孙文军
宿州市　贾　林　杨玉萍
蚌埠市　岳在文　苏兆群　李　伟
阜阳市　李德明　朱道平
淮南市　王玉路　胡学玉
滁州市　邵长财　孙庆林
六安市　苏胜安
马鞍山市　许克福　程冬保　胡明柱
巢湖市　丁学福
芜湖市　柏胤木　夏登彬　徐昌华　杨彩云　钱发荣

宣城市　顾权魁
铜陵市　王　斌
池州市　张端平　韩小梅
安庆市　王宜同　张文生
黄山市　胡国桢
九华山风景区管委会　柯　彬
安徽省建工集团三建公司　杨德辉
安徽省第二建筑工程公司　崔　俊
安徽省城乡规划设计院　成祖德

（二）建设部表彰的全国建设系统精神文明建设先进工作者
马鞍山市　仇传友
六安市　邬宗传
合肥市　王爱华

（三）建设部表彰的全国建设行业技术能手
合肥市　徐　辉　姚力群
淮北市　李子明
安徽三建集团　李朝进

（四）中华全国总工会表彰的全国五一劳动奖章
芜湖市　贾　晖
宣城市　汪仲华

2004 年

（一）中国建设职工思想政治工作研究会表彰的全国建设系统思想政治工作先进工作者
合肥市　胡杏初
安徽省建工集团　段　海

（二）中共安徽省委、省政府表彰的省劳动模范
宣城市　汪仲华

2005 年

（一）国务院表彰的全国劳动模范和先进工作者

合肥市　徐　辉　迟建平
黄山市　魏向海
阜阳市　徐永涛
安徽建工集团　李朝进
中铁四局　程聚生

（二）团中央、建设部等八部委表彰的第四届全国优秀进城务工青年
安徽省中坚建筑劳务有限责任公司　吴士伦

2007 年

（一）中央精神文明建设指导委员会表彰的全国道德模范
合肥市　徐　辉

（二）人事部、建设部表彰的全国建设系统劳动模范
合肥市　方东生
亳州市　王远增
阜阳市　蒋海林
淮南市　张永强
铜陵市　张海波
安庆市　张宝明
安徽省建筑设计研究院　左玉琅
安徽三建工程有限公司　张　斌

（三）人事部、建设部表彰的全国建设系统先进工作者
合肥市　许才义　石新民
淮北市　朱东升
宿州市　王旭东　吴　康
蚌埠市　张　震　王　宏
淮南市　马传利
滁州市　袁家金
六安市　郑安民
巢湖市　张小樵
马鞍山市　周天鑫
芜湖市　许金南
宣城市　钟雪林

铜陵市　张梦生
池州市　胡昌根
黄山市　吴家浩

（四）建设部表彰的全国建设系统精神文明建设先进工作者

合肥市　张长淮　戴立群　徐　辉
阜阳市　陈继民
淮南市　宋在芹
滁州市　潘素芝

（五）安徽省人民政府表彰的安徽省劳动模范

合肥市　李　进　程立萍　李祥兵　沈良红　李善生
淮北市　余德礼
亳州市　吴纪侠
宿州市　夏本亚
蚌埠市　刘开慧　蔡　云
阜阳市　答朝荣
淮南市　黄传霞　朱满伦　胡冠永
滁州市　王青武
六安市　汪维德　沈贤军
马鞍山市　刘　霞　张恒明
巢湖市　王腊玉　邢应菊
芜湖市　胡红斌　孔令华　田晓龙
宣城市　郑先平
铜陵市　全军民
安庆市　孙　玲　蔡光铭　苏绍英　刘长春　陈守明
黄山市　余锦年　吴松南　姚卫宪　祁辉煌
九华山闵园供水分公司　袁志刚
安徽建工集团公司　胡运成
安徽路桥集团公司　杨树升
中煤三建二十九处　周树清
中城建第七工程局　高继忠
中国化学工程第三建设公司　宗维东

（六）安徽省人民政府表彰的安徽省先进工作者

合肥市　黄德清　张长淮　朱庆涛

淮北市　王小勇

亳州市　薛　冰

阜阳市　张志刚

淮南市　阎　述

芜湖市　朱志福　丁继根　石圣伯

宣城市　徐志宏

铜陵市　吴　震

池州市　桂冬英

（七）光荣出席中共十七大代表

李朝进　安徽建工集团三建公司机修工

答朝荣　阜阳市公交总公司乘务员

第三章　社团简介

1986年以来，安徽省建设厅所属行业相继成立、并经安徽省民政厅批准的社团组织——协会、学会。这些社团组织都是本行业内企事业单位、科研院所及大专院校志愿组成，遵守国家法律、法规及各项方针政策，在行业与政府之间起桥梁和纽带作用，研究政府对本行业发展方面的新动向、新措施，及时通报企事业和有关单位，促使企事业深化改革，推动行业发展。

第一节　安徽省建筑业协会

安徽省建筑业协会（英文译名为Anhui Construction Industry Association，缩写为AHCIA）创建于1986年12月20日（以下简称协会）。

协会宗旨　联合全省建筑业企事业单位，坚持服务，维护企业合法权益，加强行业自律，推动建筑市场诚信体系建设，行业技术进步，企业改革发展，建筑职工队伍素质提高和省际合作交流，推进行业健康发展，为安徽省建筑业持续健康发展，为振兴安徽省经济做出积极贡献。

历届会长、秘书长

第一届理事会（1986年12月20日），会长：陈圣杰，秘书长：高国梁；

第二届理事会（1994年1月18日），会长：杨永康，副会长兼秘书长：高国梁；

第三届理事会（2002年10月26日），会长：杨永康，副会长兼秘书长：刘梅生；

第四届理事会（2007年7月13日），会长：李　建，副会长兼秘书长：王茂新。

业务活动　打造“徽匠”品牌，组织开展建设工程及建筑业企业创优评优推优活动；提高企业综合实力，开展专业技术培训；加大信息交流面，编写内刊《安徽建筑业信息》服务会员并进行省内外交流；提升安徽建筑队伍整体素质，开展建筑业企业文化建设活动；开展行业调研，反映诉求，努力为企业创造良好外部环境；加强协会自身建设，不断提高服务质量。1995年被中国建筑业协会授予“全国建筑业先进协会”称号；1999年被中国施工企业管理协会授予“优秀建筑业协会”称号；2007年被安徽省民政厅评为“安徽省示范行业协会”。

第二节　安徽省建筑装饰协会

安徽省建筑装饰协会（英文译名为 Anhui Building Decoration Association，缩写为 ABDA）创建于 1988 年 12 月 24 日（以下简称协会）。

协会宗旨　以经济建设为中心，遵守宪法、法律、法规和国家政策，在建设有中国特色社会主义市场经济体制过程中，联合全省从事建筑装饰工程企事业单位，与时俱进，开拓创新，为促进全省建筑装饰业健康有序发展，全面建设小康社会做出积极贡献。

历届会长、秘书长

第一届理事会（1999 年 9 月 2 日），会长：王金平，秘书长兼法人代表：李增堂；

第二届理事会（2004 年 5 月 8 日），名誉会长：刘梅生，会长：王金平，秘书长兼法人代表：陈幼年；

第三届理事会（2007 年 10 月 22 日），会长：王茂新，秘书长兼法人代表：王晓魁。

业务活动　组织评选安徽省建筑装饰工程奖并推荐申报全国建筑工程装饰奖、评选安徽省建筑装饰工程优秀项目经理，两年一次评审安徽省优秀建筑装饰企业；开展行业培训和注册建造师继续教育等。

2004 年，协会被中国建筑装饰协会评为全国建筑装饰行业优秀协会，2006 年被中国建筑装饰协会评为全国建筑装饰行业信息化先进单位，2007 年被安徽省民政厅评为“示范行业协会”，

第三节　安徽省房地产业协会

安徽省房地产业协会（以下简称协会，英文名称：Real Estate Association of Anhui Province，缩写：REAAP）成立于 1987 年 12 月。

协会宗旨　坚持国家改革开放的各项方针政策，遵守宪法、法律、法规，遵守社会道德风尚，协助政府加强行业管理，传达政府政策意图，反映行业的愿望和要求，在政府和企业间起桥梁和纽带作用，维护企业合法权益，为企业创造公平、公正竞争环境，提高行业自律水平。

历届会长、秘书长

第一届理事会（1987 年 12 月），会长：丁　捷，副会长兼秘书长：李祖顺；

第二届理事会（1990 年 11 月），会长：许钟秀，副会长兼秘书长：李祖顺，（1992 年 3 月），会长：李祖顺，副会长兼秘书长：於宏轩；

第三届理事会（1996 年 05 月），会长：李祖顺，副会长兼秘书长：李怀贞，（2001 年 3 月），会长：李玉华，副会长兼秘书长：李怀贞；

第四届理事会（2004 年 8 月），会长：李玉华，副会长兼秘书长：张启兵。

业务活动　配合政府主管部门，组织召开不同类型的有政府业务主管部门及相关部门参加的研讨会、调研会、座谈会、协作会和博览会等，推广绿色建筑技术，推进城镇化发展战略；探讨和推进安徽省房地产业管理、改革与发展，研究相关的政策法规，组织学术交流，开展咨询考察和节能省地环保培训工作。

开展课题调研，了解行业发展趋势，调查企业经营状况，及时了解宏观调控政策贯彻执行情况，研究分析存在问题，及时为管理部门制订有针对性和科学性政策提供依据。邀请行业内专家学者，积极开展行业培训，组织各种形式的培训百余期，面授与网络教育相结合，送教上门，已培训约 1.8 万余人。

1992 年 3 月，经省计委批准，在黄山市屯溪区兴建"安徽省房地产职工培训中心"，所需经费由省房协会员单位筹集，1999 年 9 月 28 日建成投入使用。在省建设厅法规处的指导下，由省房协和黄山市房管局根据公司法的有关规定，注册了"黄山市九州大酒店"，面向本省和全国提供行业培训服务，受到行业内外广泛欢迎。目前已挂牌"安徽省房地产职工培训中心""全国房地产估价学会、经纪人学会培训中心"。

推荐企业参加由中国房地产业协会主办的"年度房地产诚信企业"评奖和"广厦奖"评比活动，倡导房地产企业诚信自律，提升安徽省房地产企业整体形象。

充分发挥协会刊物《安徽房地产》杂志和皖房网（www.ahfdc.com.cn）的功能和作用，开展房地产法规政策、经验成果、活动信息等内容的宣传服务，着力提高行业资讯更新速度和质量。

积极完成行业主管部门交办的各项工作，承担全省房地产开发、物业管理、房地产产权和市场管理、拆迁、住房保障、公积金和住宅产业化等方面统计报表汇总、审核和上报工作，为省建设厅相关部门研判市场发展形势，制订措施，提供有力的数据支持。

协会已发展成为拥有房地产开发、物业管理、房地产权属和市场管理、房改和住房保障、住房公积金、住宅产业化、国有土地上房屋征收和房屋安全与鉴定八个专业委员会，会员单位总数近千家，个人会员数 500 余人。

协会始终坚持民主办会、服务会员、管理公开，不断完善各项管理制度，在规范管理上下功夫，为政府、为企业双向服务。省房协先后被评选为行业的"全国先进民间组织""全国先进行业协会""安徽省优秀社会团体""全国房地产估价行业贡献奖单位"以及安徽省"百优社会组织"等。

第四节　安徽省建设行业安全协会

安徽省建设行业安全协会（以下简称协会）成立于 1993 年 3 月 26 日。由从事建筑行业安全管理工作及设计、科研、大专院校等部门、单位和建筑施工、房地产开发、城市公用等企事业单位组成。

协会宗旨　以从事建设行业安全活动为主的群众性、非营利性社会组织，目的是为调动建设行业广大职工积极性，动员各方面力量，共同推动建设行业安全的科学管理和技术进步，保护职工在生产过程中人身安全。

积极参与构建和谐有序社会实践，遵守国家宪法、法律、法规，遵守社会道德风尚；落实党和国家安全生产方针、政策、依靠科技进步，促进建设行业安全科学管理，发挥桥梁纽带作用，维护会员单位合法权益，为建设行业安全生产服务。保障生产安全，为深化改革创造安定条件，减少负效应；开展安全专业活动，推进建设行业安全管理工作；发挥参谋助手和桥梁、纽带作用，在行政主管部门领导下，结合工作重点，配合行政管理部门落实国家安全法规、标准到基层，深入群众和生产一线，调查了解安全情况和职工意见、要求；承担行政管理部门交办工作任务，为增强行政主管部门对建筑行业安全决策和调控能力当好参谋，做好服务工作。

历届会长、秘书长

第一届（1993 年 3 月），名誉会长：许鸣天，会长：李祖顺，常务副会长兼秘书长：刘世才，第一届理事共计 184 名，其中常务理事 50 名；

第二届（1998 年 5 月），名誉会长：谢志平、李祖顺，会长：刘世才，秘书长：施立生，第二届理事共计 271 名，其中常务理事 36 名；

第三届（2007 年 10 月），会长：陈幼年，秘书长：施立生，第三届理事共计 121 名，其中常务理事 39 名。

业务活动 加强行业安全生产监督管理，建章立制、开展安全生产培训教育和安全检查，创建安全文明工地，传播安全生产信息，组织各种经验交流活动。推动施工安全生产基础建设和施工现场标准化建设，为全省实施建筑业企业安全资格认证提供服务，得到建设部部长侯捷肯定及表场。组织调查研究，学习考察，参与安全生产工作检查及组织全国施工安全文明工地考核申报，推广标准化安全防护用品，传递安全生产信息，广泛开展安全生产咨询服务，交流推广安全生产管理经验和先进技术，加强自身建设。

第五节 安徽省工程勘察设计协会

安徽省工程勘察设计协会（英译名：Engineering Prospecting and Design Association of Anhui Province，缩写为 EPDAAH）创建于 1993 年，原名为安徽省建筑勘察设计协会，1997 年改为安徽省工程勘察设计协会（以下简称协会）。会员由持有国家正式颁发的勘察设计证书的勘察设计单位、地市和省直部门从事勘察设计管理工作的技术人员、长期从事勘察设计，现已离退休而热心勘察设计事业的知名人士、相关注册专业人士组成。

协会宗旨 以邓小平理论为指导，坚持四项基本原则和党的基本路线，贯彻执行国家各项方针政策和法律法规，围绕提高工程投资效益，促进科技进步开展各项活动，在政府和会员单位之间发挥桥梁和纽带作用，协助政府搞好行业管理，努力为会员单位服务，维护会员单位合法权益，推动全省勘察设计事业发展。

历届会长、秘书长

第一届理事会（1993年），会长：许鸣天，副会长兼秘书长：李　贞；

第二届理事会（1997年），会长：谢志平，副会长兼秘书长：李　贞；

第三届理事会（2001年），会长：谢志平，副会长兼秘书长：宋直刚；

第四届理事会（2007年），会长：谢志平，副会长兼秘书长：陈东明。

业务活动　对勘察设计体制改革、促进技术进步和科学管理、提高投资效益等方面问题，开展调查研究，为政府决策提供建设性意见，为会员单位提供服务；开展行业基本情况调查，收集研究省内外行业基础资料，为制订行业发展规划和技术经济政策提供依据；开展勘察设计人员培训活动，举办各种技术业务培训和研讨班，协助会员单位进行人才开发；编辑出版有关刊物和资料，组织信息交流，宣传党和国家有关工程建设方针、政策；交流和推广勘察设计先进经验，组织技术开发和业务建设，协助会员单位拓宽业务领域和开展多种形式协作；积极发展同国外勘察设计组织联系，开展国际间经济技术和管理等方面合作与交流活动；分析研究勘察设计单位技术装备状况，协助会员单位改善提高技术装备水平；协调勘察设计单位之间相互关系，宣传职业道德，严肃行规行约，协助政府监督勘察设计单位执行有关法令，维护会员单位合法权益。建立安徽勘察设计信息网（http://www.ahkcsj.com.cn/），利用协会网站发布各类信息，方便会员单位信息交流。

2001年创办协会刊物《城建档案》，季刊，内部发行。2004年更名为《工程建设与档案》，季刊；2006年更名为《工程与建设》，双月刊。现已成为覆盖建设工程全行业科技期刊，为中国核心期刊（遴选）、《中国学术期刊（光盘版）》全文收录期刊、《万方数据库——数字化期刊群》入编期刊、《中文科技期刊数据库》来源期刊、《书生数字期刊》入编期刊、中国报刊订阅指南信息库收录期刊。

第六节　安徽省建设科技教育协会

安徽省建设科技教育协会（英文译名为Anhui Province Association of Construction Scientific Technology and Education，缩写为AHACSE）1996年7月5日召开第一届理事会，正式成立（以下简称“协会”）。

协会宗旨　贯彻落实党和国家科技教育方针政策，遵守中华人民共和国宪法、法律、法规和社会道德规范。维护会员合法权益，以经济发展为中心，组织开展建设科技教育调查研究，促进建设科技教育合作与交流、工作咨询和社会服务。为提高建设科技水平和建设职工队伍素质，推动全省建设事业健康发展。

历届会长、秘书长

第一届（1996年），会长：陈爱民，秘书长：张行远；

第二届（2001年），会长：李建，秘书长：张行远；

第三届（2007年），会长：马前光，秘书长：刘　兰。

业务活动　协会成立以来，积极对今后建设科技发展方向，建设人才总量、结构、分布以及重点岗位、关键部门人才需求进行调研、预测。多次与省劳动和社会保障部门商讨在建设行业生产操作人员实行职业资格证书制度，狠抓落实，深化劳务培训工作。组织有关单位编写木工、瓦工、钢筋工、抹灰工、混凝土工、架子工等九个工种考评员培训教材。在企业需求、个人自愿基础上，根据岗位证书制度要求，建设各行业专业人员按照规定程序，专业教育标准及职业实务要求，进行职业岗位资格培训，建立起适应行业发展需要的职业岗位培训体系，使建设教育培训工作主动为从业资格、职业岗位资格服务。积极拓宽专业岗位目录，配合新规范、新技术、新知识推行，对一些岗位从业人员适时组织短期适应性培训，使建设职工尽快胜任所在岗位。

积极组织会员单位参加其他相关建设行业协会活动，编印安徽建设教育简报，积极宣传建设教育必要性、实用性，及时将有关政府文件、现代科技信息、建设教育经验、技术论文和国际国内建设教育动态传达到广大会员单位和建设教育工作者；定期通报教育培训工作信息。

积极宣传国家节能产业政策、法规和相关激励措施，为开发、建设单位提供节能新技术、新产品信息，为研发、生产单位提供市场需求信息。积极给建设单位提供节能技术支持，组织有关科研单位解决节能技术难题，为节能研发单位寻找项目研究资金，建立建设科技研发、应用绿色通道；全力发展太阳能等可再生能源建筑应用，使可再生能源建筑应用规模化、产业化，尽力推动安徽省建设科技进步，做到研究单位、生产应用企业和建设主管部门“共赢”。

安徽省建设科技教育协会在省建设厅指导下，围绕安徽省建设事业中心工作，积极开展学术研究、协作交流、咨询服务等各类活动，充分发挥参谋、助手、桥梁、纽带作用。

通过努力，增强与其他省市建设教育工作交流协作，加强对全省建设教育工作指导服务。并通过积极宣传和咨询服务等途径，加强联系，相互激励，调动建设教育工作者积极性和创造性，提高建设行业专业技术人员专业素养，推动全省建设教育事业发展。

第七节　安徽省建设监理协会

安徽省建设监理协会（英文名称：Anhui Association of Engineering Consultants 简称：AAEC）成立于1996年5月18日（简称协会）。

协会宗旨　服务经济建设，遵守宪法、法律、法规和国家政策，信守社会道德，贯彻执行政府有关方针政策，维护会员的合法权益，及时向政府有关部门反映会员的要求和意见，热情为会员服务，引导会员遵循“守法、诚信、公正、科学”的职业准则，为中国社会主义现代化建设事业、工程建设监理行业发展和提高安徽省工程建设水平而努力工作。

历届会长、秘书长

第一届（1996 年 5 月），会长：杨永康，副会长兼秘书长：李增堂，2000 年 2 月一届四次常务理事会选举吴晓勤为会长；

第二届（2002 年 11 月），会长：吴晓勤，常务副会长：杨永康，秘书长：周铁钧；

第三届（2007 年 11 月），会长：李建，副会长兼秘书长：周铁钧。

业务活动　配合安徽省建设厅及时宣传贯彻《房屋建筑工程施工旁站监理管理办法（试行）》《建设工程安全生产管理条例》《关于培育发展工程总承包和工程项目管理企业的指导意见》《民用建筑节能条例》《注册监理工程师继续教育暂行办法》《监理取费新标准》以及《建设工程监理合同》（示范文本）政府制定的一系列法规、规章和相关政策；协助起草编制《安徽省民用建筑工程节能监理工作导则》《安徽省建设工程安全生产监理工作导则》（试行）送审稿；参与监理企业资质升级、增项申报材料审查和监理工程师及监理员岗位资格换证注册初审；组织贯彻实施《安徽省监理企业和监理专业技术人员业绩信用登记管理暂行办法》。对符合条件人员发放业绩信用手册，同时定期对业绩信用手册进行复查；收集“监理收费标准”“新资质管理办法”“建设工程监理合同示范文本（意见稿）”“关于推进大型工程监理单位创建工程项目管理企业的指导意见”、监理工程师制度等一系列座谈会反馈意见；参与建设部主持《建设监埋管理条例》起草工作。

深入企业开展调研活动，听取监理企业意见，了解企业诉求，共商解决问题办法，传达有关方针政策，对即将出台的有关监理方面条例规定等，征求各方面意见并及时反馈到各有关部门，提出解决方案和建议，为政府制定政策提供依据，发挥“双向服务”作用；关注维护监理企业合法权益，对安全事故处理出现不合理、不公正现象，监理人员在正常工作中人身安全受到损害，监理招投标中出现违规等，协会都要派员或发函进行干预；加大培训力度，提高监理人员素质。按照中建监协统一布置，对安徽省注册监理工程师进行继续教育，采取网络与面授方法开展继续教育，编写“安徽省建设工程监理人员岗位实用教材”，保证监理员岗位培训的教学质量。

利用网站发布各类信息，建立监理企业 QQ 群，方便会员单位获取各类信息，出刊《安徽建设监理》，提高安徽监理形象，加强工程监理指导。

2007 年，协会被安徽省民政厅授予“安徽省示范行业协会”称号。

第八节　安徽省建设法制协会

安徽省建设法制协会（英文译名：Anhui Construction Legislation Institution 缩写：ACLI）成立于 1991 年 8 月。

协会宗旨　遵守宪法、法律、法规和国家政策，遵守社会道德风尚，团结和组织全省住房和城乡建设系统会员，致力于推进全省建设系统的法治建设，协助政府部门开展法制工作，在政府和会员间起到桥梁作用，为全省建设事业健康发展服务。

历届会长、秘书长

第一届（1991年），会长：谢志平，秘书长：邬祖德；

第二届（1996年），会长：胡生春，常务副会长（法人代表）王茂新，秘书长：黄显鸿；

第三届（2001年），会长：仲亚平，常务副会长（法人代表）景焰，秘书长：张亚平；

第四届（2007年）会长：景焰，秘书长：张亚平。

业务活动 积极开展政策法规研究，为建设立法做好服务。1998年12月，在滁州召开建设法制研讨会，对如何做好建设工作提出很多、很好建议和意见。2003年，在黄山屯溪召开研讨会，着重对建设系统贯彻实施《中华人民共和国行政许可法》进行专题研究。

精心组织建设立法调研，努力当好参谋和助手。受安徽省建设厅委托，参与建设立法论证、起草工作；充分征求广大会员意见，认真调查研究，根据建设系统实际需要，制订建设系统中长期立法规划，编制建设法律法规框架。

组织建设法规知识培训，提升人员素质。受安徽省建设厅委托，组织年度建设行政执法人员资格认证考试工作。1998年至2007年，共约2.5万人次参加建设行政执法人员资格认证法律知识培训，通过这一方式提升全省建设行政执法人员执法水平和依法行政意识。

加强建设法制宣传，服务建设事业。参与编写各类建设普法教材、新法规释义等法制宣传图书数十种，印发10万余册。组织行政执法骨干和普法宣传员3000多人次，多次参与组织大型现场法制宣传活动和报刊、广播电视普法宣传，向社会宣传建设法律法规，增强依法治建意识，促进全省建设事业发展。

提供法律咨询，增强协会凝聚力。编辑《建设与法》简报近80期，及时为广大会员提供最新法规和政策信息、提供案例指导和交流工作经验。接待、提供法律咨询2000多人次，帮助会员依法办事、依法经营、依法行政。同时，及时反映会员意见、建议和要求，帮助会员解决一些具体问题，努力发挥协会桥梁纽带作用，进一步增进协会凝聚力。

第九节 安徽省安装协会

安徽省安装协会是经安徽省民政厅批准设立的社会团体法人单位（以下简称协会），成立于1987年，并取得社会团体法人登记证书（社证字第0121号），业务主管部门为安徽省建设厅。

协会宗旨 坚持党的基本路线，自觉遵守国家法律法规和政策，遵守社会道德风尚，促进安装业的发展和进步，协助政府进行行业管理，反映企业意愿，维护会员的合法权益,发挥政府与企业间的桥梁和纽带作用。

历届理事长、秘书长

第五届(2006年),理事长:王绳潜,副理事长兼法人代表:汪黎明,副理事长兼秘书长:舒天义。

由于协会成立时间长,人员变动大,原有资料流失,只列出第五届理事会领导名单。

业务活动 根据省安装企业实际,提供信息和建议,研究探讨行业发展方向,协助政府主管部门制订行业发展规划和有关法规,当好政府助手。

组织企业协商订立行业公约,职业道德准则,维护会员的合法权益;加强会员单位之间横向联系。开展多种形式联合,努力开展安装业务、经营管理、科技成果、工程质量等方面经验交流和咨询服务活动;开展安装行业创优评比活动,促进安装施工企业不断提高安装工程质量;从实际出发,争取多种形式,举办适合行业需要的各类专业技术和人员资质培训班,提高企业素质和管理水平;举办各种专业讲座、学术讨论、积极与国内外同行广泛联系合作和交流;编辑出版刊物、资料、加强信息交流;承办政府有关部门、其他团体、各会员单位委托办理的事项。

第十节 安徽省建筑工程招标投标协会

安徽省建筑工程招标投标协会(以下简称协会),英文名为Anhui Construction Engineering Tendering Association,缩写为AHCETA,成立于2003年8月30日,是由全省从事建设工程招标投标工作的管理机构、招标代理机构自愿组成的全省性、行业性、非营利性社会团体。协会下设秘书处、行业发展部、投诉协调部、培训咨询部、宣传信息部。截至2007年年底,协会拥有单位会员206家,理事会成员126人。

协会宗旨 遵守宪法、法律、法规和国家政策,遵守社会道德风尚,在建立有中国特色社会主义市场经济体制进程中,在中国加入世贸组织的新历史条件下,联合全省建设工程招标投标工作的企事业单位,开展调查研究,促进合作与交流,提高建设工程招标投标水平,发挥政府与中介服务、企业之间的桥梁、纽带作用,在工程建设领域培育和发展公开、公平、公正竞争的市场机制,为全省建设工程招标投标事业健康发展做出贡献。

历届理事长、秘书长

第一届(2003年8月),理事长:周元楼,秘书长:张有祝;

第二届(2007年8月),理事长:周元楼,秘书长:张有祝。

业务活动 积极为会员和行业服务。在全省定期组织开展“优秀评标专家”评

选活动、“双满意工程招标代理机构”创建活动;组织制定《安徽省工程建设项目招标代理行业诚信自律公约》,在全省推行工程招标代理从业人员业绩信用登记手册制度;组织编写《建设工程招标投标法律法规规章文件汇编》和《建设工程招标投标程序指南》,发送各会员单位使用;定期组织召开建设工程评标专家座谈会;协办《安徽省

建设工程招标投标每月情况》。承担全国行业课题研究任务，完成《如何正确理解“经评审的投标价格最低”的内涵，怎样正确操作与评定》报告；承办中国土木工程学会建筑市场与招标投标研究分会四届二次理事会议。

积极协助政府做好行业管理和政策研究工作。参与建设部《建设工程施工合同（示范文本）》的修订工作；受建设部建筑市场管理司委托，完成了《影响施工招标投标公正性重点环节研究》《房屋建筑和市政基础设施工程评标办法及程序研究》课研报告；参与《建设部关于加强房屋建筑和市场基础设施工程项目施工招标投标行政监督工作的若干意见》起草工作。协助省建设厅开展工程招标代理机构资格认定工作，参与《安徽省建设工程计算机服务评标数据交换规定》《安徽省建设工程评标专家库管理办法》《安徽省工程量清单计价方式招标评标办法导则（试行）》等安徽省地方标准、省建设厅规范性文件的调研和起草工作。

第十一节　安徽省建设专业技术协会

安徽省建设专业技术协会，英文译名为 Anhui Provincial Associtіon of Construction Technology，缩写为 AHACT。

协会宗旨　贯彻落实党和国家科技教育方针政策，遵守宪法、法律、法规和社会道德规范。团结组织全省建设专业技术人员，开展学术研究、协作交流、专业培训和社会服务，积极推进建设行业人才资源开发，维护全省建设专业技术人员合法权益，为提高建设专业技术人员素质，促进安徽经济建设快速发展作出积极贡献。

协会业务主管部门是省建设厅，登记主管部门是省民政厅，接受省建设厅和民政厅的业务指导和监督检查。

历届会长、秘书长

第一届（2001 年 12 月），会长：盛文俊，秘书长：陈扬年；

第二届（2007 年 12 月），名誉会长：倪虹、程桦，会长：陈扬年，秘书长：张卫华。

业务活动　从建设事业实际出发，宣传、贯彻执行国家和安徽省的有关建设专业技术人员管理的法规政策，对全省建设领域的专业技术人员政策法规的制定提出建议，并协助省建设厅人事处做好有关工作；开展建设行业专业技术人员基本情况调查研究，提出发展规划建议，为省建设厅提供决策依据，为会员和会员单位提供有效服务；受省建设厅人事处的委托，负责有关的科研管理、教材编写等工作；与有关部门配合，积极开展建设专业技术人员业务培训及咨询工作，探索提高建设专业技术人员素质的途径。

第十二节　安徽省城镇供热协会

安徽省城镇供热协会（英文名称为 Anhui District Heating Association）成立于 2006 年 6 月，取得安徽省民政厅颁发的社证字第 0936 号《社会团体法人登记证书》，社团代码 79358848-0。主管部门为省建设厅，业务范围：调研、交流、协调、培训、咨询、服务。

协会宗旨　宣传、贯彻国家和安徽省城镇供热方面有关方针、政策、法规，沟通政府主管部门与供热行业之间的联系，发挥桥梁和纽带作用，交流经验，传播信息，维护会员合法权益，促进行业之间横向联系，加强行业管理，遵守社会道德风尚，推动城镇供热事业迅速发展。

历届会长、秘书长

第一届（2006 年），会长：吴祥华，常务副会长、法人代表：盛世福，秘书长：赵洪海。

业务活动　协会成立以来，各会员单位积极参与和大力支持，广泛开展会员间交流、团结互助，争取行业政策，促进安徽省热电联产集中供热事业发展。针对安徽省内热电行业发展面临的政策瓶颈，每年组织开展行业企业调研，收集企业关心的共性问题和困难，积极向政府建言献策，争取煤热联动、煤炭采购、发电上网价格等政策；针对安徽省内热电行业发展趋势、技术应用、管理提升等主题，利用每年协会年会等平台，开展横向交流，实现资源共享、信息互通。

第十三节　安徽省燃气协会

安徽省燃气协会（Anhui Gas Association）成立于 1992 年（以下简称协会），协会以安徽省燃气企业为主体，有关单位或个人自愿参加组成的行业性、地方性和非营利性社会团体。

协会宗旨　遵守宪法、法律和法规，遵守社会道德风尚。贯彻执行党和国家的方针、政策，发挥桥梁纽带作用，促进行业科学管理和技术进步，维护会员合法权益，为安徽省燃气事业发展服务。

历届理事长、秘书长

第一届（1992 年），理事长谢志平，秘书长孙江；

第二届（1997 年），理事长管早临，秘书长袁昌文；

第三届（2002 年），理事长仲亚平，秘书长盛世福；

第四届（2007 年），理事长仲亚平，秘书长赵新泽。

业务活动　向政府主管部门反映会员愿望和要求，协助政府主管部门贯彻执行燃气行业政策和法律法规；组织交流和推广会员单位在生产经营、企业管理、内部改革、产品开发、科研和技术进步、多种经营、企业发展和精神文明建设等方面经验；开展燃气行业基础资料收集、统计和调查研究，为制订发展燃气事业方针、政策、法规等提供依据，并编辑出版协会刊物和信息资料；开展有关燃气规划、设计、建设和管理等咨询服务；采取多种形式为企业培训各类人员，指导、帮助企业改善经营管理，提高企业素质；积极参与全省、市、县燃气规划、天然气利用规划编制、咨询和技术审查，为规范和指导城市燃气尤其是天然气的建设和发展提供技术支持；承办政府主管部门、社会团体和会员委托的其他事项。

第十四节　安徽省城镇供水协会

安徽省城镇供水协会（Water Supply Association of Anhui Province）（以下简称协会），成立于1985年。

协会宗旨　遵守宪法、法律、法规，坚持社会主义方向，贯彻执行国家有关城市供水、节水规划、建设、管理的方针政策；协助政府搞好行业管理，在政府和会员之间发挥桥梁和纽带作用，维护会员的合法权益，努力为会员服务；围绕行业改革与发展，提高工程投资效益，促进科技进步开展各项活动，推动城镇供水事业发展。

历届会长、秘书长

第一届(1985年)，会长：许鸣天，秘书长：何玉麟；

第二届(1988年)，会长：许鸣天，秘书长：饶文吉；

第三届(1992年)，会长：许鸣天，秘书长：樊亚卿；

第四届(1996年)，会长：谢志平，秘书长：袁昌文；

第五届(2001年)，会长：谢志平，秘书长：仲亚平；

第六届（2006年），会长：仲亚平，秘书长：李长青，（2007年）刘梅生。

业务活动　组织会员学习、贯彻执行党和国家有关城镇供水、节水的方针政策；

开展调查研究和行业统计工作，搜集整理行业基础资料，为政府决策提供建设性意见，为企业经营管理提供服务；协助政府主管部门拟定行业发展规划和有关政策、法规、标准，制订行规行约，搞好行业管理，维护行业利益；总结、交流、推广城镇供水经营管理、科学技术以及城镇节水等方面的先进经验，推进企业改革和技术进步；研究、探讨行业精神文明建设和思想政治工作，教育职工爱岗敬业，树立良好的职业道德，做好窗口行业服务工作；受政府主管部门委托，承担资质审查、水质检查等具体工作，组织或参与供水工程设计方案审查、工程验收，组织供水行业新技术、新工艺、新材料、新设备及供水产品鉴定和推广应用工作；开展技术、管理咨询服务活动，组织行业内经济联合、省内外技术协作、技术经济情报及信息交流；发展与国外同行业民间组织联系，开展国际间经济技术和管理等方面合作与交流活动；编辑出版会刊、简报和有关信息资料，宣传行业法规、政策，传播行业信息。

组织、指导供水行业人才培训工作，举办各种技术业务培训和研讨班，提高企业管理人员和职工素质；向政府主管部门反映会员的建议和意见，承担政府有关部门委托的任务。

在省建设厅和省社会组织管理局的正确领导下，在各会员单位大力支持下，紧紧围绕“以人为本、构建和谐社会”的中心主题，认真学习实践科学发展观，贯彻执行党和国家有关供水节水方针政策；以确保供水安全为重点，加快城镇供水设施建设，努力提高供水质量与服务水平；努力探索企业制度革新、管理创新，促进行业技术进步；充分发挥行业协会的作用，为企业提供交流平台、促进行业自律、维护企业合法权益，努力为会员单位服务，为全省城镇供、节水事业的改革和发展做出贡献。

第十五节　安徽省市政工程协会

安徽省市政工程协会（以下简称协会），成立于1989年。

协会宗旨　遵守宪法、法律、法规和国家政策，遵守社会道德风尚，坚持社会主义市场经济改革方向。贯彻执行国家有关市政建设和管理的方针政策，协助政府主管部门搞好行业管理，面向基层，为促进交往，推动技术进步，提高经济效益，繁荣市政行业服务。发挥政府与企事业间的桥梁和纽带作用，贯彻政府的政策意图，积极维护行业利益，反映行业愿望，为市政行业提供各种服务。

历届理事长、秘书长　（由于人员变动频繁，资料遗失，历届任职人员不详。）

业务活动　开展全年创优评奖各项工作。坚持引导企业创优质工程，鼓励市政企业争创省优“黄山杯”奖、国家鲁班奖和市政金杯奖，树立企业品牌形象。在实施创优过程中，继续做好重点创优项目的跟踪落实、技术咨询和指导，并在适当时间，组织创优项目企业走出去，参观学习外地创优经验，推动企业发展；推动企业诚信建设和行业自律机制建设。根据当前国家要求，建立诚信体制大政目标。把推进和谐发展与技术进步作为企业诚信和自律机制建设的中心内涵，弘扬正能量，促进健康向上的核心价值观和企业文化发展；开展全省市政优秀企业和优秀市政建造师（项目经理）评选表彰和上报工作。继续开展全省市政工程优秀施工企业和优秀项目经理评选活动。为企业树形象创品牌提供平台，并从中向中国市政工程协会推荐优秀项目经理（注册建造师）、优秀市政施工企业、优秀市政施工企业经理。

贯彻落实国务院办公厅《关于做好城市排水防涝设施建设工作的通知》，根据其对城市排水防涝设施建设、管理的意见和要求，配合各市政主管部门，增强做好汛前排水防涝检查整改工作的敏感性和主动性，认识城市排水防涝工作的重要性和紧迫性，吸取历次城市内涝灾害教训，参与制订和完善城市排水防涝应急预案，建立健全应急处理的技防、物防和人防措施，保障市政设施安全运行，提高城市排水防涝应急处置能力。

为全省污水处理设施建设提供技术指导和培训服务。协助省建设厅开展城市污水处理厂污泥处置和污水再生利用技术研究，为上级主管部门提供运行培训、业务合作，工程质量检查等技术指导和服务；配合省建设厅标准定额处举行装配式检查井标准培训和推广工作，配合有关部门完成排水统计年鉴工作；完成行业主管部门交办的市政（园林绿化）临时建造师继续教育培训工作，帮助取得注册资格的市政建造师（含临时）到期后得到延续注册。

召开协会理事大会和常务理事会；开拓视野，加强调研，组织协会有关理事单位到省内外考察学习城市市政设施管理及市政生态环境建设；开展以绿色照明、城市排水、污泥处理处置等工作为主的各专业委员会的各类活动；完成协会财务审计和网上社团登记年检工作；充分发挥《安徽市政》会刊的宣传和交流作用。做好协会重大活动、重要事件的“大事记”和声像记录，把上级的文件精神和要求及时通报各会员单位，充实行业管理、技术交流、先进经验介绍及产品推介等相关内容。继续完善轮流协办等制度，开展优秀通讯员评选活动，调动会刊通讯员投稿积极性，提高办刊质量。

第十六节 安徽省城市规划学会

City Planning Associan of Anhui Province，缩写为CPAA，成立于2000年5月20日（以下简称学会），是安徽省城市规划行业、大专院校及有关部门自愿参加而组成的全省性、行业性和学术性非营利性社团组织。

学会宗旨 遵守宪法、法律、法规和国家政策，遵守社会道德风尚，团结和组织全省住房和城乡建设系统城市规划行业会员，致力于推进城市规划行业发展，维护行业利益，开展城乡规划法规、理论研究和学术交流，提高理论和实践水平，协助政府部门开展城市规划工作，在政府和会员间起桥梁纽带作用，为促进安徽省社会、经济和城市规划建设事业健康有序发展服务。

在安徽省建设厅及有关部门关怀下，遵守国家法律、法规和有关方针、政策，以推进全省城乡规划事业建设为目标，认真完成上级部门交办的各项任务，积极为会员单位服务，加强行业自律管理和内部组织建设，积极发挥行业优势，不断拓展学会业务活动，为打造和树立行业品牌形象，扩大学会影响作出努力。

历届理事长、秘书长

第一届（2000年），理事长：张文起，秘书长：范毓灼；

第二届（2007年），理事长：吴晓勤，秘书长：高冰松。

业务活动 根据中国城市规划协会总体部署及原则要求，自2001年起每两年举办一次“安徽省优秀城乡规划设计奖评选”，至2007年已成功举办六次，累计收到申报评优项目900多项，经过专家评选、网上公示等一系列规范、公平、公正评选，有300多项获“安徽省优秀城乡规划设计奖”，其中参加国家评选项目有80多项。

注重对国内外城市规划新政策、新理论、新技术和优秀城市规划设计成果资料搜集整理，及时推介成功经验和最新技术，为苏滁产业园、阜阳市、蚌埠市城市总体规划等多个地方提供城市规划政策与技术咨询服务，邀请国内城市规划行业知名专家和学者进行咨询论证、研讨，提出多项有针对性建议，协助解决工作中难题，使得各地城市总体规划更加科学、合理、完善，为顺利通过省政府审批，起到积极促进作用。承担多项本省重大建设项目选址论证报告及专家审查会组织工作，主动为项目建设单位服务，协助、指导他们做好申报工作，为省级核发规划选址意见书提供技术支撑和服务。

自2002年起，学会积极参与省社科联等部门组织的课题研究，组织会员单位先后申报40多项研究课题，部分课题已批准立项，并按期完成研究报告，报省社科联等单位批准结项。

附　　录

关于印发《安徽省城镇推行住房制度改革意见》的通知

皖政〔1992〕44号

各行署、各市、县人民政府，省政府各部门、各直属单位：

《安徽省城镇推行住房制度改革的意见》，业经国务院住房制度改革领导小组批准，现印发给你们，请认真贯彻执行。

各地要根据《安徽省城镇推行住房制度改革的意见》，抓紧制定本地城镇住房制度改革实施方案及其配套政策。蚌埠市、铜陵市、芜湖县、怀远县要做好与《安徽省城镇推行住房制度改革的意见》的政策衔接工作，继续深化改革。

城镇住房制度改革政策性强，涉及面广。各地务必要加强领导，精心组织实施；有关部门要团结协作，密切配合，保证我省城镇住房制度改革顺利进行。

安徽省人民政府

1992年7月6日

安徽省城镇推行住房制度改革的意见

建国以来，我省城镇住宅建设投资达108亿元，建成住宅1亿平方米，城镇居民的住房条件得到了改善。但由于现行的低租金、实物分配的住房制度存在着严重的弊端，住房建设和维修资金严重匮乏，城镇住房供需矛盾十分突出，到1990年底，全省城市中仍有缺房户15．82万户，人均居住面积仅6．4平方米，低于全国平均水平。我省要在本世纪末使人民的居住水平达到小康目标，仅维持现有的资金渠道和建设规模是难以实现的。因此，必须通过住房制度改革，动员各方面力量，加快住房建设，改善城镇居民的居住条件。根据国家十年规划和“八五”计划纲要、国务院国发［1991］30号、国办发［1991］73号文件精神，借鉴兄弟省、市的有益经验，立足本省经济发展的实际，对在全省城镇推行住房制度改革提出以下意见。

一、目标

住房制度改革的根本目的是：缓解城镇居民住房困难，不断改善住房条件，正确引导消费，实现住房商品化，发展房地产业。要从调整公房租金着手，将现行的实物福利分配改变为货币工资分配，把住房的建设、分配、交换、消费纳入有计划商品经济的轨道，实现住房资金投入产出的良性循环。为此，我省住房制度改革分阶级目标是：

（一）“八五”目标。以改变低租金无偿分配为基本点，公房租金力争达到维修费、管理费、折旧费三项因素计租水平；力争城镇人均居住面积达到7. 5平方米，住房成套率达到40%～50%；解决人均居住面积3～4平方米以下的特困户的住房问题；建立起城市、单位、个人三级住房基金。

（二）“九五”目标。公房租金努力达到维修费、管理费、折旧费、房产税、投资利息等五项因素的成本租金水平；城镇人均居住面积达到8平方米，住房成套率达到60%以上，危房、棚户基本得到改造，房屋完好率达到80%；基本解决人均居住面积在4～6平方米以下的居住困难户的住房问题，建立和健全住房资金的融资体系，发展房地产市场，初步形成住房商品化机制。

（三）远期目标。下个世经开始，随着经济发展和人民生活水平提高，住房租金要达到八项因素（成本租金加土地使用费、保险费、利润）的商品租金水平，每户有一套舒适的住房，实现住房商品化。

二、基本原则

坚持国家、集体、个人三者共同负担的原则。保持并拓宽现有建房资金渠道和建设规模，发挥各方面的积极性，加快住房建设步伐。

坚持租、售、建、管并举的原则，形成一个提租促售、筹资建房、统一管理、活而有序的联带序列。

坚持在统一政策下因地制宜、分散决策的原则。结合本省实际量力而行，分步实施。

坚持机制转换的原则。改变现行的住房计划。建设、分配、管理体制，形成新的运行机制。

三、主要内容

我省住房制度改革的主要内容是：提租发补贴、推行公积金、出售公有住居、有偿住公房、集资合作建住房、建立住房基金。

（一）提租发补贴

房改的核心是合理调整公房租金，使租售比价趋于合理，本着“多提少补”的原则，相应发给职工住房补贴。

1. 提租补贴的范围和标准

城镇公有住房（含政府直管和单位自管公房）的租金都必须按阶段目标分步调整，

相应给职工按月工资（或离退休金）的一定比例发补贴。

在起步阶段，提租到维修费一项因素水平时，发补贴比例不超过3%；到1993年底前，须提租到维修费、管理费两项因素水平，发补贴比例不超过5%。新增租金中，职工负担部分不低于25%。凡高出上述提租水平的不得再降低。发补贴后，原住房补贴相应取消。

有条件的市、县和单位可加快提租补贴的步伐。

2. 新房新租的超标加租

按照新房新租的要求，新房的租金标准应高于旧房的提租标准。1992年1月1日起，职工、居民新租住新、旧公有住房要实行新租金标准，平均每平方米使用面积月租金不低于维修费、管理费两项因素水平。

在低租金向成本租金过渡阶段，要严格按中共安徽省委办公厅、安徽省人民政府办公厅印发的皖办发［1989］23号文规定，对超标准住房在执行新租金的基础上加收租金。

3. 减免补规定

房租提高后，对老红军或其配偶，住房符合规定标准的，净增加的租金全免；抗日战争时期参加革命工作的职工或其配偶，住房符合规定标准的，净增加的租金50%免交。以上减免也可以相应补贴冲抵。

享受离休待遇的人员或其配偶、享受国家定期抚恤的孤老优抚户、享受社会福利的社会救济户，住房符合规定标准，提租后增支过多的，可给予一定时期（不超过5年）的适当减免或补助。但必须严格控制，并履行报批手续。

1992年1月1日以后新租住公房的，不实行减免补。

4. 补贴资金的来源

住房补贴首先立足于原住房资金的转化，不足部分，经各级财政部门核定，企业可进入成本；行政事业单位列入财政预算；差额预算事业单位按差额比例分别比照全额预算单位和企业开支渠道列支；自收自支事业单位比照企业开支渠道列支。

1992年起，新房实行新租所发生的补贴资金，企业可全部进入成本，行政事业单位列入财政经费预算。

（二）推行公积金

公积金是一种义务性的长期储蓄，目的在于逐步实现职工自住其力，扩大住宅建设资金的融通，加快住宅建设。

1. 在职的固定、合同制职工（三资企业里的外籍职工除外）和所在单位各按职工月工资的一定比例缴存公积金，全部归职工个人所有。

2. 起步阶段公积金的缴存率，个人和单位各按3－5%，以后随着经济的发展和个人收入的变化进行调整。

3. 公积金实行分段计息，五年以内比照活期储蓄利率计息；五年以后，根据情况适当调整利率。

4. 公积金的来源，个人承担的部分由个人支付；单位提供的部分，原则上从单位原有住房资金和自有资金中解决，对于需在成本中列支和预算中安排的部分，由各级财政部门核定和安排。

5. 公积金的使用：

（1）个人的使用。公积金只能定向用于购买自住房、建造自住房、私房翻建和大修理。直系亲属积存的公积金可以互相借用。住房的内部装修、养护、租用住房的租金、认购住宅建设债券等不能动用公积金。

职工如出售动用公积金购买的住房，须将原购买住房时动用的公积金如数存入原公积金的户名内。

职工离退休或出国定居，积存的公积金本息返还本人。工作调动时，公积金随工资关系结转。职工的职期间去世，结存的公积金可依法继承。

（2）单位的使用。各单位建造住房，在原有渠道的住房资金不足时，可向当地住房金融机构，以贷款形式有偿使用本单位职工的公积金，并定期归还。

（三）出售公有住房

城镇、独立工矿区内，单位自管和房地产管理部门直管的公有住房，除当地政府认为不宜出售的以外，均可出售。在城镇有常住户口的职工、居民，可向所在单位或现住房的产权单位申请购买住房。

公有住房的出售价格分为标准价和市场价。新住房的标准价是住房本身建筑造价加征地、拆迁补偿费。在起步阶段，有条件的单位可考虑适当负担征地拆迁补偿费。旧住房的标准价是重置价成新折扣计价。产权单位出售住房的价格，须经当地评估机构评估，国有资产、房地产和物价管理部门核定。各市、县的售房办法，须报省人民政府审批。严禁贱价出售公房。

职工购买规定面积标准以内的住房，按标准价计价，每户只能享受一次。超出标准面积的部分，按市场价计价。

购买公有住房既可以一次性付款，也可以分期付款。分期付款的，首次付款额不得低于房价款的30%，余款由购房户向银行申请长期抵押贷款或分期付款，按月偿还本息，交款年限，新房最长不超过20年，旧房最长不超过15年。

购买公有住房后，可以免购住宅建设债券，但职工仍须缴存住房公积金。

按标准价购买公有住房，购房者拥有部分产权，可以使用、继承，不能赠与，付清房款后允许按规定出售，原产权单位或房管部门有优先购买权。售房收入按产权比例进行分配。

产权单位以标准价出售公有住房，免交营业税；固定资产投资方向调节税（指新建住房）适用零税率；购买自住房者个人出资部分，免交房产税、土地使用税和一次性契税。

向职工、居民出售公有住房回收的资金，除还贷和一部分建立公共部位维修基金外，必须全部纳入住房基金；所有权不变。

企业出售公有住房部分产权后，对尚存部分的固定资产，可以继续提取折旧费和大修理费。

（四）有偿住公房

在达到成本租金之前，租住公房的职工有义务按规定认购住房建设债券。

根据住房的建筑面积、质量、楼层、朝向以及所在地段等因素，确定认购住房建设债券的标准，每年随物价指数的变动而调整。1992 年新分配住房的认购数，每平方米建筑面积城市不低于 20 元；县镇不低于 15 元。住户一次性认购。现住户认购与否由各市，县人民政府确定。

住房建设债券实行低利率，不计复利，五年后一次还本付息。

不具备发行住房建设债券的地区和单位，可参照认购住房建设债券的标准，采取交纳租赁保证金的办法。

（五）集资、合作建住房

集资建房一般是单位投资一部分、银行贷款一部分、职工个人出资一部分。个人出资部分一般不低于建筑单方造价的 20%。住房建成分配时，可将个人集资款转为住房建设债券（租赁保证金）或作为购房预付款。

合作建房是住宅合作社组织城镇居民、职工投资合作建造住房，以个人投资为主，政府辅以优惠政策，民建公助，产权属于各投资者。

建房控制标准，集资建房的，按国家规定的住房建筑标准；合作建房的，人均建筑面积一般不超过 20 平方米。

对集资、合作建房，各地要在资金、政策上给予扶持，并按国家规定减免有关税费。

（六）建立住房基金

要建立城市（县镇）、单位、个人三级住房基金。立足于原有住房资金的转化，把基建投资中的住房投资划转出来，并把住房的修缮拨款固定下来，划入城市住房基金；把企业用于生产和住房消费的资金分列，使企业住房基金规范化；通过逐步提高公房租金、推行公积金、发行住房债券或收取租赁保证金和组织住房储蓄等形式，增大个人筹资在住房投资中的比重。各市、县都应在当地房改领导小组的领导下，由财政会同有关部门核定和划转住房资金，分别计入各级住房基金，并存入当地政府委托的住房金融机构，专项用于住房的建设、维修管理和补贴，不得挪作他用。

省、市、县住房制度改革领导小组下设住房资金管理中心。按其责任和权力相一致的原则，加强对住房资金使用的统一管理。具体管理办法由省房改领导小组组织有关部门制定。

房改信贷资金的经办机构。政策性住房信贷业务，可由政府委托专业银行设立房地产信贷部代理。也可以利用蚌埠住房储蓄银行的区域性功能，在蚌埠市域范围设立住房金融代办机构办理。经营性住房信贷业务，允许多家专业银行经营。接受委托的专业银行，要实行政策性与经营性业务分别管理、分别设帐、分别核算，并接受当地住房资金管理中心和人民银行的监督、指导。房地产信贷部和住房银行，实行地方政府和人民银行双重领导。

办理政策性信贷业务的房地产信贷部和住房银行实行独立核算，自主经营，自负盈亏，自求平衡，就地纳税，经营收益归入住房基金。

住房资金的所有权者、房地产信贷部（或房行）、住房资金管理中心三者之间的存贷利率和利息结算办法由省房改领导小组另定。

四、步骤和要求

（一）步骤

1992 年，全省所有公有住房租金都应进行调整；合肥等省辖市的综合配套的房改方案要出台实施；各地区要选择一、两个市、县以及有条件的城镇实行全面综合配套改革；其余的城镇，可以有重点地选择单项改革。1993 年底前，各市、县的综合配套改革都必须起步。

蚌埠市、铜陵市和芜湖县、怀远县在原方案的实施中，要注意总结经验，不断完善，做好政策的衔接，积极深化改革。

（二）要求

1. 各级政府应把房改纳入“八五”和今后十年经济体制改革计划和规划，成立由各有关部门负责同志参加的住房制度改革领导小组，由政论主要负责同志担任组长。成立房改办公室，确定合理的编制，抽调得力人员抓具体工作。

2. 各级宣传部门和新闻单位要大力宣传住房制度改革，采取多种形式，宣传房改的重要性、必要性和有关的方针、政策，增强广大职工的改革意识和提高思想认识。各级人民政府在制定房改方案时要广泛听取群众意识，必要时开展全民大讨论和进行模拟运转。还要耐心细致地做好思想政治工作，特别要教育广大党员和干部以身作则，起模范带头作用。在实施中要及时协调解决出现的困难和问题，对在房改中以权谋私、弄虚作假、搞不正之风的，一经发现要严肃处理。

3. 在同一市、县内的房改政策和实施步骤应当统一。所有单位不论隶属关系，都应服从当地人民政府对房改的统一部署。对在不同市、县、单位出现的交叉辐射问题，要坚持后改的支持先改的，改革步子小的支持改革步子大的。职工家庭成员在不同市、县工作的（含离退休人员），其所在单位一律按照职工住房所在地的房改办法办理。

4. 加强房地产市场管理。所有住房的交易活动、售价评估，都必须按国家和省的有关规定办理。对倒卖房地产、私自转租、转让公有住房，从中牟利的各种非法活动，坚定查处打击。严格控制住房造价，制止各种不合理的摊派，为住房制度改革创造良好的市场环境。

5. 省房改领导小组要会同体改、建设、财政、计划、金融、劳动、人事、工商、税务、物价、土地和国有资产管理等部门，按照本意见，抓紧制定具体的配套文件和实施细则。各行署、市、县人民政府要按照国家和省的规定，抓紧制定实施方案。省辖市和行署的方案报省人民政府审批，县和县级市的方案，由省辖市和行署审批，并报省住房制度改革领导小组备案。因特殊情况需要突破省的统一规定和政策界限时，须经行署、市人民政府审查同意，报省人民政府批准，

本意见由省住房制度改革领导小组负责解释。

国务院关于深化城镇住房制度改革的决定

（国发〔1994〕43号）

为贯彻落实《中共中央关于建立社会主义市场经济体制若干问题的决定》，深化城镇住房制度改革，促进住房商品化和住房建设的发展，特作如下决定：

一、城镇住房制度改革的根本目的和基本内容

（一）城镇住房制度改革作为经济体制改革的重要组成部分，其根本目的是：建立与社会主义市场经济体制相适应的新的城镇住房制度，实现住房商品化、社会化；加快住房建设，改善居住条件，满足城镇居民不断增长的住房需求。

（二）城镇住房制度改革的基本内容是：把住房建设投资由国家、单位统包的体制改变为国家、单位、个人三者合理负担的体制；把各单位建设、分配、维修、管理住房的体制改变为社会化、专业化运行的体制；把住房实物福利分配的方式改变为以按劳分配为主的货币工资分配方式；建立以中低收入家庭为对象、具有社会保障性质的经济适用住房供应体系和以高收入家庭为对象的商品房供应体系；建立住房公积金制度；发展住房金融和住房保险，建立政策性和商业性并存的住房信贷体系；建立规范化的房地产交易市场和发展社会化的房屋维修、管理市场，逐步实现住房资金投入产出的良性循环，促进房地产业和相关产业的发展。

（三）城镇住房制度改革要坚持配套、分阶段推进。近期的任务是：全面推行住房公积金制度，积极推进租金改革，稳步出售公有住房，大力发展房地产交易市场和社会化的房屋维修、管理市场，加快经济适用住房建设，到本世纪末初步建立起新的城镇住房制度，使城镇居民住房达到小康水平。

二、全面推行住房公积金制度

（四）实行住房公积金制度有利于转变住房分配体制，有利于住房资金的积累、周转和政策性抵押贷款制度的建立，有利于提高职工购、建住房能力，促进住房建设。所有行政和企事业单位及其职工均应按照"个人存储、单位资助、统一管理、专项使用"的原则交纳住房公积金，建立住房公积金制度。

（五）住房公积金由在职职工个人及其所在单位，按职工个人工资和职工工资总额的一定比例逐月交纳，归个人所有，存入个人公积金帐户，用于购、建、大修住房，职工离退休时，本息余额一次结清，退还职工本人。目前单位和个人住房公积金的缴交率分别掌握在5%，已超过这个比例的可以不变。外商投资企业及其中方职工的住房公积金缴交率，由各省、自治区、直辖市人民政府确定。

（六）企业为职工交纳的住房公积金，从企业提取的住房折旧和其他划转资金中解决，不足部分经财政部门核定，在成本、费用中列支。行政事业单位为职工交纳的住房公积金，首先立足于原有住房资金的划转，不足部分，全额预算的行政事业单位由财政预算拨付；差额预算的事业单位按差额比例由财政预算拨付；自收自支事业单位比照企业开支渠道列支。职工的住房公积金本息免征个人所得税。

（七）按照责权利一致的原则，建立和完善住房公积金管理制度，加强住房公积金的管理。各市（县）人民政府负责制定住房公积金的归集、使用、管理等有关具体规定，审批住房公积金的使用计划和财务收支预决算。各市（县）人民政府可以设立专门的住房公积金管理机构，负责住房公积金的归集、支付、核算和编制使用计划等管理工作，住房公积金的存贷款等金融业务一律由当地人民政府委托指定的专业银行办理。受委托的专业银行根据当地人民政府批准的住房公积金使用计划，审定、发放和回收贷款。住房公积金要专款专用，严禁挪作他用。财政、审计、监察部门要加强监督管理。

三、积极推进租金改革

（八）要在职工家庭合理住房支出范围内加大租金改革力度。到2000年，住房租金原则上应达到占双职工家庭平均工资的15%。按上述办法测定，租金水平已达到或超过折旧费、维修费、管理费、贷款利息、房产税5项因素成本租金水平的，按成本租金或市场租金计租。

（九）各地要根据实际情况制定并公布2000年以前租金改革规划。租金提高的幅度和次数，要与当地居民的收入水平相适应，要根据物价指数控制目标统筹安排。有条件的市（县）或单位，应结合实际情况，较快实现向成本租金和市场租金的过渡。

（十）在租金水平达到成本租金以前，新建公有住房和腾空的旧住房租金标准可以高于同期现住房的租金标准。各市（县）人民政府还可以对职工承租新建公有住房和腾空的旧住房交纳租赁保证金和认购住房债券(资讯，行情)作出具体规定。

（十一）租金调整后，对离退休职工、政府民政部门确定的社会救济对象和非在职的优抚对象等，各省、自治区、直辖市人民政府可根据情况制定减、免、补的具体办法。

（十二）住房在规定标准之内的职工家庭，用规定的个人合理负担部分加上全部住房补贴，仍不足支付房租的，差额可由其所在单位适当给予补助。企业和自收自支事业单位的补助金在单位住房基金中列支；其他行政事业单位的补助金应先在单位住房基金中列支，不足部分经同级财政部门核定，在城市住房基金（未建立城市住房基金的，在同级财政预算）中列支。

（十三）加强对租金收入的管理。租金收入归产权单位所有，纳入单位住房基金，用于住房维修、管理、建设和城镇住房制度改革。

四、稳步出售公有住房

（十四）城镇公有住房，除市（县）以上人民政府认为不宜出售的外，均可向城镇职工出售。职工购买公有住房要坚持自愿的原则，新建公有住房和腾空的旧房实行先售后租，并优先出售给住房困难户。

（十五）向高收入职工家庭出售公有住房实行市场价，向中低收入职工家庭出售公有住房实行成本价，成本价应包括住房的征地和拆迁补偿费、勘察设计和前期工程费、建安工程费、住宅小区基础设施建设费（小区级非营业性配套公建费是否列入成本由各地自行确定）、管理费、贷款利息和税金等 7 项因素。旧房的成本价按售房当年新房的成本价成新折扣（折旧年限一般为 50 年）计算，使用年限超过 30 年的，以 30 年计算；经过大修或设备更新的旧房，按有关规定评估确定。目前以成本价售房确有困难的市（县），可以实行标准价作为过渡。出售公有住房的成本价和标准价由市（县）人民政府逐年测定，报省、自治区、直辖市人民政府批准后公布执行。

现行售房价格已高于规定的标准价起步水平的，不应再降低价格。

公有住房的出售，应坚持先评估后出售的原则。住房的实际售价应根据所处地段、结构、层次、朝向、设施和装修标准等因素区别计价。

（十六）标准价按负担价和抵交价之和测定。一套 56 平方米建筑面积标准新房的负担价，1994 年应为所在市（县）双职工年平均工资的 3 倍。经济发展水平较高的市（县）应高于 3 倍，具体倍数由省、自治区、直辖市人民政府确定。双职工年平均工资按当地统计部门公布的上年职工平均工资乘以 2 计算。抵交价按双职工 65 年（男职工 35 年，女职工 30 年）内积累的由单位资助的住房公积金贴现值的 80% 计算。

旧房的负担价按售房当年新房的负担价成新折扣（折扣年限一般为 50 年）计算，使用年限超过 30 年的，以 30 年计算；经过大修或设备更新的旧房，按有关规定评估确定。旧房的抵交价，可根据使用年限适当降低，但最多不能低于新房抵交价的 80%。

（十七）职工购买现已住用的公有住房，可适当给予折扣，1994 年折扣率为负担价的 5%，今后要逐年减少，2000 年前全部取消。

售房单位应根据购房职工建立住房公积金制度前的工龄给予工龄折扣。每年工龄折扣的数额，按抵交价除以 65（男职工 35 年，女职工 30 年）计算。离退休职工购房计算工龄折扣的时间，按国家规定的离退休年龄计算。

（十八）职工按成本价或标准价购买公有住房，每个家庭只能享受一次，购房的数量必须严格按照国家和各级人民政府规定的分配住房的控制标准执行，超过标准部分一律执行市场价。

（十九）售房价格要逐步从标准价过渡到成本价。当年的标准价要根据各市（县）职工上年平均工资增长的水平、单位发给住房补贴和资助职工建立住房公积金年增长水平确定，一年一定；新房负担价与双职工家庭年平均工资的倍数，要逐步提高，2000 年以前达到 3.5 倍。各市（县）要从本地实际出发，加快标准价向成本价的过渡。

（二十）付款方式。职工购房可以一次付款，也可以分期付款。售房单位可对一次付款的购房职工给予一次付款折扣，折扣率参考当地购房政策性贷款利率与银行储蓄存款利率的差额，以及分期付款的控制年限确定。实行分期付款的，首期付款不得低于实际售价的30%，分期付款的年限一般不超过10年，分期交付的部分要计收利息，单位不得贴息，利率按政策性抵押贷款利率确定。经办政策性住房金融业务的银行，应充分利用政策性住房资金，向购房职工提供政策性抵押贷款。

（二十一）明确产权。职工以市场价购买的住房，产权归个人所有，可以依法进入市场，按规定交纳有关税费后，收入归个人所有。

职工以成本价购买的住房，产权归个人所有，一般住用5年后可以依法进入市场，在补交土地使用权出让金或所含土地收益和按规定交纳有关税费后，收入归个人所有。

职工以标准价购买的住房，拥有部分产权，即占有权、使用权、有限的收益权和处分权，可以继承。产权比例按售房当年标准价占成本价的比重确定。职工以标准价购买的住房，一般住用5年后方可依法进入市场，在同等条件下，原售房单位有优先购买、租用权，原售房单位已撤销的，当地人民政府房产管理部门有优先购买、租用权。售、租房收入在补交土地使用权出让金或所含土地收益和按规定交纳有关税费后，单位和个人按各自的产权比例进行分配。

（二十二）发展房地产交易市场，规范住房交易行为。职工购买住房，都要由房产管理部门办理住房过户和产权转移登记手续，同时要办理相应的土地使用权变更登记手续，并领取统一制定的产权证书，产权证书应注明产权属性，按标准价购买的住房应注明产权比例。出租和出售、赠与、继承及以其他形式转让所购住房，应按国家规定交纳有关税费。要加强市场管理，规范交易程序，完善税收制度，坚决查处倒卖房产牟取暴利等违法行为。

（二十三）加强售后房屋维修、管理服务，发展社会化的房屋维修、管理市场。职工购买的住房，室内各项维修开支由购房人负担。楼房出售后应建立共用部位、共用设施的维修基金。改革现行城镇住房管理体制，发展多种所有制形式的物业管理企业和社会化房屋维修、管理服务。

（二十四）加强售房款的管理。国有住房的出售收入按住房产权关系和一定比例上交同级财政和留归单位，分别纳入各级住房基金；其他公有住房出售收入，归单位所有，纳入单位住房基金。售房款要全部用于住房建设和城镇住房制度改革，严禁挪用。

五、加快经济适用住房的开发建设

（二十五）各地人民政府要十分重视经济适用住房的开发建设，加快解决中低收入家庭的住房问题。经济适用住房建设用地经批准原则上采取行政划拨方式供应。

对经济适用住房建设项目，要在计划、规划、拆迁、税费等方面予以政策扶持。各级建设行政主要部门要切实组织好经济适用住房建设的实施工作。金融单位在信贷等方面应予以支持。房地产开发公司每年的建房总量中，经济适用住房要占20%以上。在建房、售房等方面，对离退休职工、教师和住房困难户应予以优先安排，具体办法由各省、自治区、直辖市人民政府制定。

（二十六）鼓励集资合作建房，继续发展住房合作社，在统一规划的前提下，充分发挥各方面积极性，加快城镇危旧住房改造。

六、做好原有政策同本决定的衔接工作

（二十七）要做好与原有售房政策的衔接。已出售的公有住房均须按照售房当年的售价占成本价的比重明确个人拥有的产权比例；经购房人同意也可按成本价补足房价款及利息后，原购住房产权归个人所有。1994 年 1 月 1 日至本决定发布之前出售的公有住房，一律按本决定规定的售房政策进行规范。

（二十八）原有关文件规定出售公有住房的标准价和最低价一律停止执行。

（二十九）要继续做好原住房资金转入各级住房基金的核定、划转工作。划转的资金和原有的住房补贴，要逐步理入职工工资或用于列支公积金。

七、加强领导，统筹安排，积极推进城镇住房制度改革

（三十）加快住房建设和推进城镇住房制度改革是各级人民政府的重要职责。各地人民政府要加强领导，健全工作机构，全面规划，统筹安排，兼顾长期目标和阶段性目标，加快推进城镇住房制度改革。

（三十一）各省、自治区、直辖市人民政府要根据本决定规定的统一政策，结合本地区社会经济发展水平，因地制宜，不断完善城镇住房制度改革方案，并按年度报国务院住房制度改革领导小组备案；各市（县）的城镇住房制度改革实施方案需报省、自治区、直辖市人民政府批准后执行。要加强对各市（县）房改工作的检查督促，保证国家房改政策的贯彻落实和房改工作健康推进。所有单位，不论隶属关系，都应执行所在市（县）人民政府对房改工作的统一部署和规定。

（三十二）企业房改是城镇住房制度改革的重点，各级人民政府要为房改创造条件。有条件的国有大中型企业，应结合企业经营机制转换和劳动工资制度改革，建立现代企业制度，把住房开发建设、分配、管理和维修服务等社会职能逐步从企业中分离出去，加快实现住房的商品化、社会化。

（三十三）国务院住房制度改革领导小组要分类指导，在全面推进城镇住房制度改革的基础上，注意抓好大城市的住房制度改革；要会同有关部门，及时总结经验，不断完善政策规定和配套措施，抓紧立法工作，协调解决深化改革中的矛盾和问题。有关房改工作的配套文件，要尽快制定，抓紧下发。国务院各有关部门要各司其职，各尽其责，相互配合，保证城镇住房制度改革的顺利实施。

（三十四）要认真做好房改的宣传工作。各级新闻单位要加强舆论引导，广泛宣传深化城镇住房制度改革的目的、意义、政策和实施步骤，引导广大干部、群众转变观念，提高认识，积极参与城镇住房制度改革。

（三十五）要严肃房改纪律，严格执行国务院的统一政策。各级监察部门要加强纪律监督、检查，对不执行国家统一政策、低价售房、变相增加优惠和以权谋私等违法、违纪行为要严肃查处。

（三十六）军队系统住房制度改革方案，由中央军委审批。

（三十七）本决定自发布之日起实行。原有的房改政策和规定，凡与本决定不一致的，一律以本决定为准。

安徽省人民政府关于认真实施《国务院关于深化城镇住房制度改革决定》的通知

皖政〔1995〕7号

各行署，各市、县人民政府，省政府各部门、各直属机构：

为认真实施《国务院关于深化城镇住房制度改革的决定》（国发〔1994〕43号，以下简称《决定》），结合我省实际，特作如下通知：

一、深化城镇住房制度改革的重要意义和基本内容

住房制度改革是经济体制改革的重要组成部分。建立与社会主义市场经济体制相适应的新的住房制度，实现住房商品化、社会化，是加快住房建设，改善居住条件，满足城镇居民不断增长的住房需求的根本途径。

房改的基本内容可以概括为“三改四建”。三改即把住房建设投资由国家、单位统包的体制改变为国家、单位、个人三者合理负担的体制；把各单位建设、分配、维修、管理住房的体制改变为社会化、专业化运行的体制；把住房实物福利分配的方式改变为以按劳分配为主的货币工资分配方式。“四建”即建立以中低收入家庭为对象、具有社会保障性质的经济适用住房供应体系和以高收入家庭为对象的商品房供应体系；建立住房公积金制度；发展住房金融和住房保险，建立政策性和商业性并存的住房信贷体系；建立规范化的房地产交易市场和发展社会化的房屋维修、管理市场，逐步实现住房资金投入产出的良性循环，促进房地产业和相关产业的发展。

新的城镇住房制度的建立，是一项长期、复杂的系统工程，需要综合配套改革、分阶段、有步骤地推进。近期的主要任务是全面推行住房公积金制度，积极推进租金改革，稳步出售公有住房，大力发展房地产交易市场和社会化的房屋维修、管理市场，加强资金管理和运用，发展住房金融，加快经济适用住房建设，到本世纪末初步建立起新的城镇住房制度，使城镇居民住房达到小康水平。

二、全面推行住房公积金制度

1. 所有党政机关、群众团体、企事业单位各类在职职工（外资企业的外籍员工除外），均按照“个人存储，单位资助，统一管理，专项使用”的原则，交纳住房公积金。

2. 住房公积金起步阶段，职工个人和所在单位各按职工个人工资和职工工资总额的5%交纳；少数困难企业，经当地房改部门批准，可按不低于3%的比率交纳，1997年前必须达到5%；外商投资企业及其中方职工的住房公积金交纳率各掌握在7－10

%之内,已超过这个比例的可以不变。单位和个人交纳的公积金均归职工个人所有,存入个人公积金帐户。职工离退休或出国定居结存的公积金本息返还本人;工作调动时,公积金随工资关系结转。职工在职期间去世,结存的公积金可依法继承。

公积金存储实行分段计息,5年以内比照银行活期存款利率计息。5年后根据情况适当调整。

公积金交纳率随经济发展、职工收入增加进行调整。

3. 住房公积金用于购、建、大修住房。职工可直接使用家庭积累的住房公积金,资金不足的可以抵押贷款形式使用住房公积金,但最高不超过购、建住房款的70%,贷款期不超过10年,逐月分期归还,到期还完本息。

单位购、建住房可以贷款形式有偿使用本单位职工公积金,最多不超过本单位交纳余额的85%。对少数住房困难户较多的单位,经当地房改部门批准,可在此基础上增加一定的额度,贷款期限2—3年。

职工利用公积金购买的住房出售后,要将动用的公积金如数存入公积金的户名内。

4. 住房公积金个人交存部分,由职工个人支付;企业为职工交存的住房公积金,从企业住房基金中解决,未建立住房基金的,从企业提取的住房折旧和其他划转资金中解决,不足部分经同级财政部门核定,在成本、费用中列支;行政、事业单位为职工交存的住房公积金,从单位住房基金中解决,未建立住房基金的,首先立足于单位原有住房资金的划转,不足部分,全额预算的行政、事业单位由财政预算拨付,差额预算的事业单位按差额比例由财政预算拨付;自收自支事业单位比照企业开支渠道列支。职工的住房公积金本息免征个人所得税。

5. 公积金要专款专用,不准挪作它用。

三、积极推进租金改革

1. 加大租金改革力度。1996年、1998年,住房租金原则上达到占双取工家庭平均工资的5%、8%;2000年大于10%,争取达到15%。各地可据此制定和公布租金调整计划。租金水平已达到或超过折旧费、维修费、管理费、投资利息、房产税5项因素成本租金水平的,按成本租金或市场租金计租。房屋实际租金按房屋结构、地段、层次、朝向、设备等因素,适当调节。有条件的市、县或单位,可以加快提租步伐。

2. 在低租金向成本租金过渡阶段,执行省政府《关于干部住房标准和分配办法的暂行规定》(皖政〔1982〕10号)规定的职工住房面积标准。有技师、高级技师职称的工人,比照同级技术职称的住房标准。超过标准的面积(多处有住房的应合并计算面积),按成本价计租。

3. 租金收入归产权单位所有,纳入单位住房基金,用于住房维修、管理、建设和住房制度改革。

4. 在租金未达到成本租金之前,1992年1月1日以后分配的住房,其租金标准可以高于同期现住房的租金标准,并实行有偿住房,认购住房建设债券或交纳租赁保证金。具体规定由市、县人民政府制定。

住房建设债券或租赁保证金，按活期存款计算，不计复利，5年后一次还本付息。

各单位收取的住房建设债券或租赁保证金，纳入单位住房基金，用于住房建设。

5. 租金调整后，住房符合规定标准的下列住户给予减免：老红军，净增加的租金全免；

抗日战争时期参加革命工作的职工，净增加的租金50%免交。对其他离退休职工、政府民政部门确定的社会救济对象和非在职的优扶对象等，适当减免或补助。具体办法由市、县人民政府制定。

6. 住房在规定标准内的职工家庭，用规定的个人合理负担部门加上原有的全部住房补贴充抵，仍不足支付房租差额部分，可由其所在单位适当给予补助。企业和自收自支事业单位的补助金在单位住房基金中列支；行政单位和其他事业单位的补助金应先在单位住房基金中列支，不足部分可在城市住房基金中列支，未建立城市住房基金的，在同级财政预算中列支。

四、稳步出售公有住房

1. 城镇、独立工矿区的公有住房，除县以上人民政府认为不宜出售的外，均可出售。城镇有常住户口的职工或居民，可向所在单位或现住房的产权单位，申请购买公房。购房坚持自愿的原则，每个家庭只能享受一次购一套标准面积的住房；两地有住房，只能选择一地购一套住房。购房面积超过省政府《关于干部住房标准和分配办法的暂行规定》（皖政〔1982〕10号）规定的控制标准的，按市场价计价。

2. 出售公有住房分别实行市场价、成本价或标准价。向高收入职工家庭出售公房实行市场价、向中低收入职工家庭出售公房实行成本价。成本价包括住房的征地和折迁补偿费、勘察设计和前期工程费、建安工程费、住宅小区基础设施建设费、管理费、贷款利息和税金等7项因素。目前以成本价售房确有困难的市、县，可以实行标准价过渡。鼓励职工以成本价购买住房。出售公房的成本价和标准价，由市、县房改办会物价、房地产等有关部门测算，一年一定，经市、县人民政府审核，报省人民政府（附测算成本价、标准价等有关资料证明）批准后公布执行。县（市）须经地、市房改领导小组复核。

3. 标准价按负担价和抵交价之和测定。一套砖混一等结构的56平方米建筑面积标准新房的负担价，1994年应为所在城市双职工年平均工资的3倍计算（双职工年平均工资按当地统计部门公布的上年职工平均工资乘以2）。随着职工收入逐年提高，新房负担价与双职工家庭年平均工资的倍数逐年提高，2000年以前达到3.5倍。抵交价按双职工65年（男职工35年，女职工30年）内积累的由单位资助的住房公积金贴现值的80%计算。

4. 旧房的负担价，按出售当年新住房的负担价成新折扣（折旧年限一般为50年）计算，使用年限超过30年的，以30年计算，经过大修或设备更新的旧房，按有关规定评估确定。旧房的抵交价，可根据使用年限适当降低，但最多不能低于新房抵交价的

80%。

5. 职工购买现已住用的公房，可适当给予折扣。1994年折扣率为负担价的5%，以后逐年减少，2000年前全部取消。

售房单位对购房职工在建立住房公积金制度前的工龄给予折扣，每年工龄折扣的数额，按抵交价除以65（男职工35年，女职工30年）计算，离退休职工购房计算工龄折扣的时间，按国家规定的离退休年龄计算。

6. 公有住房的出售应遵循先评估后出售的原则。住房的实际售价根据所处地段、结构、层次、朝向、设施和装修等因素区别计价。

现行售房价格已高于规定标准价起步水平的，不应再降低价格。

7. 职工购房可以一次性付款，也可以分期付款。售房单位可对一次性付款的购房职工给予一次付款折扣，折扣率参考当地购房政策性贷款利率与银行储蓄存款利率的差额，以及分期付款的控制年限确定，1995年底前最多不得超过应付房款的20%，1996年底前最多不超过15%。分期付款的期限一般不超过10年，分期付款的首期付款不得低于实际售价的30%，余款部分在规定的限期内按月偿还本息，单位不得贴息。购房职工可向所在单位设房改资金专户的银行申请抵押贷款。

8. 职工以市场价购买的住房，产权归个人所有，可依法进入市场，按规定交纳有关税费后，收入归个人所有。

职工以成本价购买的住房，产权归个人所有，一般居住5年后可依法进入市场，在补交土地出让金或所含土地收益和按规定交纳有关税费后，收入归个人所有。

职工以标准价购买的住房，拥有部分产权，即占有权、使用权、有限的收益和处分权，可以继承。产权比例按售房当年标准价占成本价的比重确定。职工以标准价购买的住房，一般居住5年后方可依法进入市场，在同等条件下，原售房单位有优先购买、租用权，原售房单位已撤销的，当地人民政府房地产行政管理部门有优先购买、租用权。其售、租房收入在补交土地使用权出让金或所含土地收益和按规定交纳有关税费后，单位和个人按各自的产权比例进行分配。

9. 做好与原有售房政策的衔接。已出售的公有住房均须按照售房当年的标准价占成本价的比例明确个人拥有的产权比例；超过省原规定优惠政策的要严格进行纠正。经购房人同意，也可按成本价补足房价款及利息后，原购房产权归个人所有。1994年1月1日至《决定》发布之前出售的公有住房，一律按《决定》及本通知的售房政策进行规范。以上工作必须在1995年9月底前完成，并由省房改领导小组组织审计、物价、国有资产，监察等部门检查验收。

10. 职工购买公有住房，须个人申请，售房单位向房改办申报（国有住房产权不明确的，需报同级国有资产部门界定），经有房地产评估资格的单位评估，房改办会物价、房地产和国有资产管理部门审批，并到房地产管理部门办理住房产权过户和产权转移登记手续，同时要办理相应的土地使用权变更登记手续，并领取统一制定的产权证书。

产权证书应注明产权属性，共有产权的应在产权证书上注明各产权者的产权比例。租、售、赠与、继承及其它形式转让所购住房，按国家和当地人民政府规定交纳有关税费。

11. 加强售后维修、管理服务，发展社会化住房维修和管理市场。住房出售时应确定维修服务的管理部门，未确定前，仍由原产权单位负责。可提取适当的售房款建立维修基金，用于支付共用部位、共用设施的维修养护，不足部门由产权占有者按比例分摊。职工购买住房后，室内各项维修开支由购房者负担。改革现行住房管理体制，发展多种所有制形式、多层次的社会化物业管理企业。

五、加强住房资金管理，发展住房金融

1. 所有房改方案出台实施的地、市、县都要设立住房资金管理中心，与同级房改办合署办公，代表政府管理公积金和房改归集的其它资金。城市住房基金由财政部门管理，行政事业单位住房基金按预算外资金管理办法管理，但要积极创造条件，向集中管理过渡。

2. 住房资金管理中心和财政部门在政府委托承办房改金融业务的专业银行设立独立的房改资金专户，各类住房资金均存入专户。坚持专户存储，集中使用的原则，保证住房资金的专款专用。

3. 省政府负责制定住房资金的归集、使用、管理等有关规定，各级房改领导小组审定住房资金的使用计划和财务收支预决算。各级房改领导小组委托住房资金管理中心和财政部门，具体负责住房资金的归集、支付、核算。各级房改为编制使用计划。同级财政、审计、监察等部门进行监督。

各地、市、县住房资金管理中心每年的资金预决算，要报省住房资金管理联合中心备案，并报同级财政部门备案。

4. 国有住房的出售收入，按住房产权关系和一定比例上交同级财政和留归单位，分别纳入各级住房基金。具体比例由省房改领导小组商有关部门另行制定。其它公有住房出售收入，归单位所有，纳入单位住房基金。

5. 严格住房资金使用的审批手续。住房资金必须用于住房建设、维修及房改支出等，对房改先进单位要优先安排。暂时闲置的资金可用于购买国债，使资金增值。要加强对住房资金的审计工作，严禁挪用。

6. 各级政府要继续做好原住房资金转入各级住房基金的核定、划转工作。划转的资金和原有的住房补贴，逐步纳入职工工资或用于列支公积金。把基建投资中的住房投资和住房修缮拨款划转出来，纳入城市住房基金，由财政部门管理，待房改深化后逐步理顺。企业住房基金和其它资金分列，实行单独管理。各级财政部门要按照房改政策，做好划转和进入成本、费用部分的核定工作。

7. 住房资金的存贷等金融业务，由当地人民政府委托指定的专业银行办理。政府下达委托书，住房资金管理中心与承办房改金融的单位签定协议，明确双方的义务和责任等。承办房改金融业务的单位根据当地人民政府批准的住房资金使用计划，审定、发放和回收贷款，并本着“服务房改、利归地方”的原则，努力提高服务质量，保障房改工作的顺利进行。凡经办政策性住房金融业务的银行，应充分利用政策性住房资金，向购房职工提供低息抵押贷款。用于住房建设的住房资金不受信贷规模控制。已建立住房储蓄银行的，住房资金管理与房改金融业务按本通知执行。

住房资金的存贷利率和利息结算等金融管理办法由省房改领导小组会同省人民银行等部门另行制定。

六、加快经济适用住房建设

1. 地方人民政府要制定经济适用住房建设计划，优先安排建设用地，以行政划拨方式供应，并在计划、规划、拆迁、税费等方面予以政策扶持。结合城市规划和旧城改造，合理布局，综合开发，建设便于社会管理的住宅小区。

2. 经济适用住房开发建设，主要利用地方政府用于住宅建设的资金，以贷款形式使用房改归集的资金，政策性贷款，同时可以收预付款、集资、发行债券和积极争取外资等形式筹集资金。

3. 经济适用住房售价以保本微利为原则，由建设行政主管部门会同物价等部门核实，报市、县政府批准执行。所获利润用于经济适用住房再建设，实行滚动发展。

4. 经济适用住房，主要是为参加房改资金统一运转的单位提供房源，出售对象是中低收入家庭。目前，首先解决住房困难户、缺房户和无房户，对离退休职工、教师应予优先安排。

5. 各地房地产开发公司每年建房总量中，经济适用住房要占２０％以上。

继续发展集资建房、合作建房、安居工程等，形式多种方式解决城镇职工住房问题。

6. 经济适用住房开发建设的具体管理办法，由省建设厅会同有关部门另行制定。

七、统一政策，加强领导，全面推进住房制度改革

1. 各级人民政府要加强领导，健全房改工作机构；要根据《决定》和本通知确定的房改目标、基本内容和任务，兼顾长期目标和阶段性目标，全面规划、统筹安排、分步实施。

2. 在房改领导小组统一领导下，各有关部门要从有利于支持和推动房改工作出发，各尽其责，密切配合，保证城镇住房制度改革的顺利实施。

3. 各地要根据《决定》和本通知完善城镇住房制度改革方案。房改方案已出台实施的地、市、县，要进一步修改原有的房改方案，地、市报省政府批准；县（市）报地、市批准，并报省政府备案。房改方案尚未出台的地、市、县要制定方案，报省政府批准后出台实施。

建立审批备案制度。各地可结合当地实际，积极探索推进房改工作的方法和措施。凡需突破国家和省政府统一政策的，要经当地政府审定后，报省人民政府批准。各地、市、县制定房改的实施细则和涉及房改有关的规定，必须报省房改领导小组备案。

原有关文件规定出售公有住房的标准价和最低价，一律停止执行。

4. 所有单位（不论隶属关系），都应执行所在地人民政府对房改的统一部署和规定。对在不同市、县及单位出现的交叉辐射问题，要坚持后改的支持先改的，改革步子小的支持改革步子大的。职工家庭成员在不同市、县工作的（含离退休人员），其所在单位一律按照职工住房所在地的房改规定办理。

5. 为企业房改创造条件，逐步把企业所承担的住房建设、分配和维修管理职能推向社会，加快实现住房商品化、社会化。

6. 建立房改统计制度和会计核算制度，加强调查研究，为制定房改政策和规定提供依据。

7. 各新闻单位要加强房改舆论引导，采取多种形式，广泛宣传加快城镇住房制度改革的目的和意义，宣传《决定》的基本内容、任务、主要政策和实施步骤。

8. 严肃房改纪律，严格执行国务院和省规定的统一政策。各级物价、财政、国有资产、审计、监察部门，要加强对房改政策执行的监督、检查，对不执行国家和省统一政策，低价售房、变相增加优惠和以权谋私等违法、违纪行为，要严肃查处，并严格纠正。

9. 原有的房改政策和规定，凡与《决定》和本通知不一致的，一律以《决定》和本通知为准。

10、本通知所规定事项从即日起实施。

安徽省人民政府

一九九五年二月六日

安徽省村镇规划建设管理条例

《安徽省村镇规划建设管理条例》于1991年12月23日经省七届人大常委会第二十七次会议通过,并于1992年4月1日开始实施。1997年11月2日省八届人大常委会第三十四次会议通过了《安徽省村镇规划建设管理条例》的第二十四条、第二十六条、第二十八条的修正案。以下是省人大常委会通过的修订后的《安徽省村镇规划建设管理条例》。

第一章　总　则

第一条　为了加强村镇规划建设管理,改善村镇环境,促进社会主义物质文明和精神文明建设,根据国家法律、法规的有关规定,结合我省实际,制定本条例。

第二条　本条例适用于村庄和农村集镇的规划建设管理。

城市规划区内的村镇规划建设管理,按照《中华人民共和国城市规划法》和《安徽省实施 < 中华人民共和国城市规划法 > 办法》执行。

第三条　村镇建设必须坚持统一规划、节约用地、因地制宜、量力而行的原则,做到经济效益、社会效益和环境效益的统一。

第四条　县级以上地方人民政府建设行政主管部门,负责本行政区内的村镇规划建设管理工作。

第五条　乡(镇)人民政府负责本乡(镇)的村镇规划建设管理工作。主要职责是:

(一)贯彻执行村镇规划建设管理的法律、法规;

(二)组织编制、申报和实施村镇建设规划;

(三)负责村镇环境保护;

(四)建立并管理村镇规划建设档案。

乡(镇)人民政府应有专人负责村镇规划建设的日常管理工作。

第二章　规　划

第六条　乡、集镇、村庄应当分别编制乡域总体规划、集镇建设规划和村庄建设规划，县级以上地方人民政府建设行政主管部门应当给予指导。

第七条 村镇建设规划应当以国民经济和社会发展规划、城镇体系规划为依据，与国土规划、区域规划、江河流域规划、土地利用总体规划相协调。

第八条 村镇建设规划应做到合理布局、抗御灾害、有利生产、方便生活。

村镇建设规划应充分利用原有村镇宅基地、空闲地和荒地，严格控制占用耕地。

零星分散的居民点，提倡适当集中。

第九条 乡域总体规划和集镇建设规划，经乡（镇）人民代表大会审议通过，报县级人民政府批准；村庄建设规划经村民代表会或村民大会通过，由所在乡（镇）人民政府审查批准，报县级人民政府备案。

第十条 乡域总体规划的内容包括：乡行政区域内村庄和集镇的布局、性质、规模、发展方向；交通、供电、供水、邮电、能源、文教卫生等生产和生活服务设施的配置；主要生产项目的安排等。

第十一条 集镇建设规划和村庄建设规划的内容包括：村镇规模、发展方向；住宅、公共建筑、生产建筑、绿化、基础设施等项目建设的布局；近期建设计划等。

第十二条 严格控制在行蓄洪区和低洼易涝地区规划建设村镇。现有村镇，可迁移的，应逐步迁移；不能迁移的，应有防洪涝设施。

第十三条 严格控制在现有生产矿井、在建矿井及国家已批准建设的规划矿区范围内规划建设村庄和集镇。

第十四条 不得跨公路规划建设村庄和集镇，或以公路作为镇内道路。在公路一侧规划建设村镇、集贸市场的，其建筑物边缘与公路边沟外缘的间距为：国道不少于20米，省道不少于15米，县道不少于10米，乡道不少于5米。

历史形成的跨公路村镇，应根据具体情况逐步调整改造。

第十五条 村镇规划一经批准，必须严格执行。确需修改的，按本条例第九条的规定办理。

第三章 建 设

第十六条 在村镇范围内新建、扩建、改建的建筑物、构筑物，必须符合村庄和集镇的建设规划。

第十七条 在村庄、集镇范围内进行建设的单位或个人，应申领建设用地规划许可证和建设工程规划许可证。

需申请用地的，按《中华人民共和国土地管理法》和《安徽省实施＜中华人民共和国土地管理法＞办法》的规定办理。

第十八条 村镇房屋所有权人，应当按规定向乡（镇）人民政府领取房屋所有权证。

第十九条 村镇建设规划实施前原有的建筑和设施，与村镇建设规划不一致的，应逐步调整改造。因建设需要必须拆除的,应按期拆除,建设单位应给予合理补偿。

第二十条　村镇内较大的公共建筑、生产建筑和其它多层建筑,应由持有相应资质证书的设计单位、建筑企业进行设计和施工。

第二十一条　村镇应按规划植树造林、种植花草,美化环境。

第二十二条　保护村镇生态环境,防治污染,严格保护水源。有污染的企业应限期治理,新建企业的防治污染措施应与生产项目同时设计、同时施工、同时投产。

第二十三条　进行村镇建设应当依法保护风景名胜和文物古迹。

第四章　法律责任

第二十四条 "在村庄、集镇规划区内,未按规划审批程序批准或者违反规划的规定进行建设,严重影响村庄、集镇规划的,由县级人民政府建设行政主管部门责令停止建设,限期拆除或者没收违法建筑物、构筑物和其他设施;影响村庄、集镇规划,尚可采取改正措施的,由县级人民政府建设行政主管部门责令限期改正,并处以工程造价 5%以下罚款。

农村居民未经批准或者违反规划的规定建设住宅的,乡级人民政府可以依照前款规定处罚。"

第二十五条　违反本条例第十九条规定,在实施规划过程中,其建筑和设施需要拆除且给予合理补偿的单位和个人,经说服动员仍拒不拆除的,由乡(镇)人民政府责令限期拆除。

第二十六条 "有下列行为之一,由县级人民政府建设行政主管部门责令停止设计或者施工、限期改正,并可对第(一)、(二)、(三)项违法行为处以工程总造价 5%至 10%的罚款;对第(四)项违法行为处以工程总造价 3‰的罚款:

(一)未取得设计资质证书,承担建筑跨度、跨径和高度超出规定范围的工程以及二层以上住宅的设计任务或者未按设计资质证书规定的经营范围,承担设计任务的;

(二)未取得施工资质等级证书或者资质审查证书或者未按规定的经营范围,承担施工任务的;

(三)未按有关技术规定施工或者使用不符合工程质量要求的建筑材料和建筑构件的;

(四)未按设计图纸施工或者擅自修改设计图纸的。

取得设计或者施工资质证书的勘察设计、施工单位,为无证单位提供资质证书,超过规定的经营范围,承担设计、施工任务或者设计、施工的质量不符合要求,情节严重的,由原发证机关吊销设计或者施工的资质证书。"

第二十七条　违反本条例第十四条、第二十二条、第二十三条规定的,按法律、法规的有关规定处罚。

第二十八条 “有下列行为之一的，由乡级人民政府责令停止侵害，可以处以100元以下罚款；造成损失的，应当承担赔偿责任：

（一）损坏村庄和集镇的房屋、公共设施的；

（二）乱堆粪便、垃圾、柴草，破坏村容镇貌和环境卫生的。”

第二十九条 当事人对行政处罚决定不服的，可在收到处罚决定通知之日起十五日内，向作出处罚决定的机关的上一级机关申请复议；对复议决定不服的可以在接到复议决定之日起十五日内，向当地人民法院起诉；当事人也可以在接到处罚通知之日起十五日内，直接向人民法院起诉。逾期不起诉又不履行的，由作出处罚决定的单位申请人民法院强制执行。

在诉讼期间，工程建设应当暂停。

第三十条 妨碍、抗拒村镇规划建设管理人员执行公务，违反治安管理规定的，由公安部门依据《中华人民共和国治安管理处罚条例》的规定予以处罚。

第三十一条 规划建设管理人员应当廉洁奉公，热心为群众服务。凡索贿受贿、徇私舞弊、玩忽职守的，由所在单位或其上级主管部门视情节轻重，给予行政处分；构成犯罪的，依法追究刑事责任。

第五章 附 则

第三十二条 本省过去有关村镇规划建设管理的规定，凡与本条例有抵触的，按本条例执行。

第三十三条 本条例实施中的具体问题，由省建设行政主管部门负责解释。

第三十四条 本条例自1992年4月1日起施行。

安徽省人民政府关于印发《深化城镇住房制度改革加快住房建设实施方案》的通知

皖政〔1998〕32号

各行署，各市、县人民政府，省政府各部门，各直属机构：

现将《深化城镇住房制度改革，加快住房建设实施方案》（以下简称《实施方案》）印发给你们，请认真贯彻执行。

住房是人民群众最基本的生活需求，住房制度改革是当前城镇居民最关心的问题之一的。深化城镇住房制度改革和加快住房建设，对于改善人民生活，扩大内需，保持社会稳定，促进国民经济持续快速健康发展都具有十分重要的意义。各地各有关部门要按照《国务院关于进一步深化城镇住房制度改革，加快住房建设的通知》（国发[1998]23号）和此《实施方案》的精神，结合本地实际，制定具体的实施办法，积极稳妥地组织实施，切实搞好城镇住房制度改革和住房建设工作。

安徽省人民政府

一九九八年八月二十日

深化城镇住房制度改革加快住房建设实施方案

为进一步深化我省住房制度改革，加快住房建设，根据《国务院关于进一步深化城镇住房制度改革，加快住房建设的通知》（国发〔1998〕23号，以下简称《通知》）精神，结合我省实际，制定本实施方案。

一、指导思想、目标和基本原则

（一）深化城镇住房制度改革的指导思想是：稳步推进住房商品化、社会化进程，逐步建立适应社会主义市场经济体制要求和我省省情的城镇住房新制度；加快以经济适用住房为主的住房建设，促使住宅业成为新的经济增长点，不断满足城镇居民日益增长的住房需求。

（二）深化城镇住房制度改革的目标是：停止住房实物分配，逐步实行住房分配货币化；建立和完善经济适用住房为主的多层次城镇住房供应体系；发展住房金融，培育和规范住房交易市场。

（三）深化城镇住房制度改革工作的基本原则是：坚持在国家和省统一政策目标指导下，地方分别决策，因地制宜，量力而行；坚持国家、单位和个人合理负担；坚持“新房新制度、老房老办法”，平稳过渡，综合配套。

二、停止住房实物分配，逐步实行住房分配货币化

（四）1998 年下半年开始，全省城镇停止住房实物分配，逐步实行住房分配货币化，具体时间、步骤由市、县人民政府根据本地实际确定，但停止住房实物分配的时间最迟不得超过 1998 年 12 月 31 日。停止住房实物分配后，新建经济适用住房原则上只售不租。职工购房资金来源主要有：职工工资，住房公积金，个人住房贷款，以及有的地方由财政、单位原有住房建设资金转化的住房补贴等。

在确定停止住房实物分配时间之前，单位已开工建设并于 1999 年 12 月底前竣工交付使用的住房，既可按照《国务院关于深化城镇住房制度改革的决定》（国发〔1994〕43 号）的规定向职工出售，亦可按照方案的规定由职工购买。

（五）全面推行和不断完善住房公积金制度。进一步提高住房公积金的归集率，增加归集额。住房公积金的缴交基数，按职工本人上年度月平均工资计算，逐年作出调整。到 1999 年底，职工个人和单位住房公积金的缴交率不低于 5%，有条件的市、县或单位可以适当提高。

继续按照“房改领导小组决策，中心运作，银行专户，财政监督”的原则，加强住房公积金的管理和制度建设。建立职工个人住房公积金帐户和个人公积金查询系统，逐步实行住房公积金管理规范化、科学化、电算化，完善社会、个人对住房公积金的监督制度。

（六）停止住房实物分配后，房价收入比（按当地一套建筑面积 60 平方米的经济适用住房的平均价格与双职工家庭年平均工资之比计算）在 4 倍以上，且财政、单位原有住房建设资金可转化为住房补贴的市、县，可以对无房和住房面积未达到规定标准的职工实行住房补贴。住房补贴的具体办法，由市、县人民政府根据本地实际情况制定，报省人民政府批准后执行。

三、建立新的住房供应体系，大力发展经济适用住房

（七）对不同收入家庭实行不同的住房供应政策。最低收入家庭租赁政府或单位提供的廉租住房；中低收入家庭购买经济适用住房；其他高收入家庭购买、租赁市场价商品住房。住房供应政策和具体办法，由市、县人民政府制定。

（八）市、县人民政府或单位要采取措施，以满足最低收入家庭最低居住需求为原则,通过腾退旧公有住房或兴建廉租住房,为最低收入家庭提供廉租住房。廉租住房租金实行政府定价,具体标准由市、县人民政府制定,报省人民政府备案。

（九）调整住房投资结构,重点发展经济适用住房,加快解决城镇住房困难居民的住房问题。经济适用住房出售价格实行政府指导价,按保本微利原则确定。经济适用住房的成本包括征地和拆迁补偿费、勘察设计和前期工程费、建安工程费、住宅小区基础设施建设费（含小区非营业性配套公建费）、管理费、贷款利息和税金等 7 项因素,开发利润控制在 3%以下。

（十）经济适用房建设要坚持合理利用土地、节约用地的原则。市、县人民政府确定的经济适用住房建设项目用地在建设用地年度计划中统筹安排,并采取行政划拨方式供应。

（十一）市、县人民政府要从本地实际出发,制定扶持经济适用住房建设的政策。要控制经济适用住房设计和建设标准,切实降低征地和拆迁补偿费;理顺城市建设配套资金来源,控制开发建设利润。停止征收商业网点建设费,不再无偿划拨经营性公建设施。

（十二）各地要采取有效措施,取消各种不合理收费,努力降低住房建设成本,使经济适用住房价格与中低收入家庭的经济承受能力相适应。各地一律不得在省人民政府规定的收费项目和标准之外另行增加收费项目或者提高收费标准。在省人民政府规定的收费项目内,但当地尚未开征的收费项目也不得开征。

（十三）经济适用住房的开发建设应实行招投标制度,用竞争方式确定开发建设单位。严禁非法转让开发项目的开发经营权,严格限制工程环节的不合理转包,加强对开发建设单位的成本管理和监控。

（十四）大力建设住宅小区,严格控制零星住房建设。从现在起,任何单位和个人不得再新征土地零星建设住房。在符合城市总体规划和坚持节约用地的前提下,允许单位利用存量土地,组织职工全额集资建房和合作建房,多渠道加快经济适用住房建设。

（十五）完善住宅小区的竣工验收制度,推行住房质量保证书制度和住房使用说明书、住房设备及部件的质量赔偿制度以及质量保险制度,提高住房工程质量。

（十六）经济适用住房建设要注重节约能源,节约原材料。应加快住宅产业现代化的步伐,大力推广性能好、价格合理的新材料和住宅部件,逐步建立标准化、集约化、系列化的住宅部件生产和供应方式。积极推进与住房建设相关产品、设备、构配件升级换代,在同等质量、同等价格的条件下,应优先使用省内产品。

（十七）建立购买经济适用住房和承租廉租住房的申请、审批制度。具体办法由市、县人民政府制定。

四、继续推进现有公有住房改革

（十八）按照《国务院关于深化城镇住房制度改革的决定》（国发［1994］43 号,

以下简称《决定》)，继续推进租金改革。租金改革要考虑职工的承受能力，与提高职工工资相结合，又要考虑与住房货币化的目标相一致，使租售比价趋于合理。租金提高后，对家庭确有困难的离退休职工、民政部门确定的社会救济对象和非在职的优抚对象等，各市、县可根据实际情况制定减、免政策。

（十九）按照《决定》规定，继续出售现有公有住房，规范出售价格。从1998年下半年起，出售现有公有住房取消标准价，实行成本价，并逐步与经济适用住房房价相衔接。要保留足够的公有住房最低收入家庭廉价租赁。各市、县每年的公有住房出售价格，报经省人民政府审批后执行。

校园内不可分割及封闭管理的住房不能出售，教师公寓等周转用房不得出售，具体办法按教育部、建设部有关规定执行。

其它不宜出售的公有住房，按《安徽省城镇公有住房出售管理办法》（皖政［1995］9号）有关规定执行。

五、培育和规范住房交易市场

（二十）允许职工所购公有住房和经济适用住房上市交易。各地要根据《安徽省职工所购公有住房上市交易管理暂行办法》（皖政［1998］21号）等有关政策法规，抓紧制定住房交易管理实施办法，并建立健全职工所购公有住房和经济适用住房上市交易准入制度。

（二十一）在近期内，各地要对城镇职工家庭住房状况进行认真普查，建立健全个人住房档案。

房地产管理部门在核发或换发全国统一的房屋产权证时，要严把房屋产权审核关，对违反房改政策规定购买的住房，不予办理产权过户、发证手续。

房地产管理、监察等部门要向社会公布违规违纪购房、售房举报电话，设立举报箱，建立健全广泛的群众监督制约机制。对售房购房和房屋产权证发放中的各种违规违纪行为，要从严处理。

六、加快发展住房金融，支持住房建设和个人住房消费

（二十二）扩大个人住房贷款的发放范围，所有商业银行在所有城镇均可发放个人住房贷款。取消对个人住房贷款的规模限制，适当放宽个人住房贷款的贷款期限。

（二十三）调整住房公积金贷款方向，贷款主要用于职工个人购买、建造、大修理自住住房。积极开展个人购房公积金贷款业务，大力开展住房公积金贷款与商业银行贷款相结合的组合住房贷款业务。住房资金管理机构和商业银行要简化手续，提高服务效率。

（二十四）对经济适用住房开发建设贷款，实行指导性计划管理。商业银行在资产负债比例管理范围内，优先发放经济适用住房开发建设贷款，落实国家指导性贷款计划。

（二十五）鼓励商业银行加大信贷投放，对落实国家指导性贷款计划和发放个人住房贷款工作做得好的银行，各地应在住房资金存款方面给予倾斜。

（二十六）完善住房产权抵押登记制度，发展住房贷款保险，防范贷款风险，保证贷款安全。

七、加强住房物业管理

（二十七）加快改革现行的住房维修、管理体制，建立业主自治与物业管理企业专业管理相结合的社会化、专业化、市场化的物业管理体制。市、县人民政府要根据国家、省有关法规和政策规定，制定实施办法。

（二十八）加强住房售后的维修管理，建立住房公用部位、设备和小区公共设施专项维修资金，并健全业主对专项维修资金管理和使用的监督制度。对旧住宅小区，各地应按照市、县、区政府和原产权单位共同负担的原则，筹集旧小区整治资金，做好小区整治工作，为实行物业管理创造条件。

（二十九）大力发展物业管理企业，培育物业管理市场。通过政策扶持等措施，积极培育一批物业管理骨干企业，实行规模经营，降低经营成本。积极引入竞争机制，实行公开招投标制度，选择物业管理企业，把物业管理推向市场，促进管理水平的提高。规范物业管理行为，督促物业管理企业向住户提供质价相符的服务，纠正只收费不服务或多收费少服务的行为。

八、加强领导，严肃纪律，保证住房制度改革和住房建设的顺利实施

（三十）各级人民政府要把进一步深化城镇住房制度改革和加快住房建设工作列入重要议事日程，加强领导，精心组织，狠抓落实。根据国务院《通知》和本方案要求，制定适合本地的具体方案，报省人民政府批准后实施。

（三十一）加强住房制度改革的舆论宣传，积极引导城镇居民树立住房新观念，支持和参与住房制度改革，保证城镇住房制度改革的顺利实施。

（三十二）严肃纪律，加强监督检查。对违反国务院《通知》和本方案规定，继续实行无偿实物分配住房，低价出售公有住房，变相增加住房补贴，用成本价或低于成本价超规定面积标准出售、购买公有住房，公房私租牟暴利等行为，各级监察部门要严肃查处。

（三十三）各级人民政府、各单位要加强对住房公积金和公有住房出售收入的使用管理，不得挪用。财政、审计、监察、房改等部门要严加监督。

（三十四）本方案由省住房制度改革领导小组负责解释。

（三十五）本方案自发布之日起实行。原有的有关政策和规定，凡与本方案不一致的，一律以本方案为准。

安徽省建筑工程招标投标管理办法

（安徽省人民政府令第111号，经安徽省人民政府令第143号、安徽省人民政府令第221号修改，1998年12月21日发布施行。）

第一章 总 则

第一条 为了加强建筑工程招标投标管理，维护建筑市场秩序，保障建筑工程招标投标各方的合法权益，根据《中华人民共和国建筑法》和有关法律、法规，结合本省实际，制定本办法。

第二条 本办法所称建筑工程，是指建筑各类房屋及其附属设施以及安装与其配套的线路、管道、设备的工程。

本办法所称建筑工程招标投标，是指建筑工程项目总承包、勘察、设计、施工、监理的招标投标。

第三条 基础设施、公用事业等关系社会公共利益、公众安全的建筑工程，全部或者部分使用国有资金投资或者国家、省融资的建筑工程，使用国际组织或者外国政府贷款、援助资金的建筑工程，包括工程的勘察、设计、施工、监理以及与工程建设有关的重要设备、材料等的采购，达到下列标准之一的，必须进行招标：

（一）施工单项合同估算价在100万元人民币以上的；

（二）重要设备、材料等货物的采购，单项合同估算价在50万元人民币以上的；

（三）勘察、设计、监理等服务的采购，单项合同估算价在30万元人民币以上的；

（四）单项合同估算价低于第（一）、（二）、（三）项规定的标准，但项目总投资额在500万元人民币以上的。

依法必须招标的建筑工程，有《安徽省实施〈中华人民共和国招标投标法〉办法》第六条规定情形的，可以不进行招标。

第四条 建筑工程招标投标应当遵循公开、公正、公平等竞争的原则，择优选择中标单位。

地方各级人民政府及其有关部门不得滥用行政权力，限定建设单位将招标的建筑工程发包给指定的承包单位。

第五条 省人民政府建设行政主管部门对本省行政区域内建筑工程招标投标活动实施统一监督管理。

县级以上地方人民政府建设行政主管部门按照招标投标管理权限与建筑工程立项审批权限相一致的原则,分级负责建筑工程招标投标管理工作。省重点建筑工招标投标活动由省人民政府计划行政主管部门按照省人民政府规定的职责负责管理。

第二章　招　标

第六条　建筑工程招标应当采取公开招标或者邀请招标的方式。

公开招标是指由建设单位向社会发布招标公告,具备投票条件的单位均可以投标。

邀请招标是指由建设单位邀请 3 个以上具备投标条件的单位投标。

第七条　建筑单位可以自行组织招标,也可以委托具备相应资质条件的建筑工程招标代理机构代理招标。

第八条　依法必须进行招标的建筑工程施工项目,建设单位自行组织招标的,应当符合国家规定的条件,并在发布招标公告或者发出投标邀请书的 7 日前,向工程所在地县级以上地方人民政府建设行政主管部门备案,报送下列材料:

(一)按照国家有关规定办理审批手续的各项批准文件;

(二)证明其具有编制招标文件和组织评标能力的有关材料;

(三)法律、法规、规章规定的其他材料。

第九条　建筑单位应当按照规定编制招标文件,并报建筑行政主管部门备案。

招标文件应当详细说明招标工程的主要技术要求、合同的主要条款、评标的标准和方法以及开标、评标、定标的程序等内容。

第十条　招标单位对已发出的招标文件进行必要的澄清或者修改的,应当在招标文件要求提交投标文件截止时间至少 15 日前,以书面形式通知所有招标文件收受单位,并同时报工程所在地县级以上地方人民政府建设行政主管部门备案。该澄清或者修改的内容为招标文件的组成部分。

第十一条　建设单位应当根据招标文件编制标底。

财政性资金投资建设的建筑工程,标底价超过建筑工程概算时,建设单位应当按照基本建设管理权限报有关部门批准。

建筑工程招标标底在编制和备案过程中,应当予以保密;在开标前应当予以密封保存,任何人不得泄露。

第十二条　建设单位可以将建筑工程的勘察、设计、施工一并招标发包给一个工程总承包投标单位,也可以将建筑工程勘察、设计、施工的一项或者多项招标发包给一个承包投标单位;但是,不得将应当由一个承包单位完成的建筑工程肢解成若干部分招标发包给几个承包单位。

第十三条　建设单位及其工作人员在建筑工程招标中不得收受贿赂、回扣或者索取其他利益。

第三章 投 标

第十四条　依法设立的勘察、设计、施工和监理单位，均可参加与其资质等级许可范围相适应的建筑工程的投标。

两个以上不同资质等级的单位实行联合共同投标的，应当按照资质等级低的单位业务许可范围参加投标。

第十五条　投标单位申请参加投标时，应当根据招标公告或者投标邀请书的要求，向建设单位提供营业执照、资质等级证书等文件，由建设单位进行资格审查。

第十六条　投标单位经资格审查合格后，应当向建设单位领取招标文件，并按照招标文件的要求编制投标书，在规定时间内密封送达建设单位。

投标单位需要更正、补充已提交的投标书的，应当在投标截止日期前向建设单位提交正式的更正、补充文件。

第十七条　投标单位需要将建筑工程中的部分工程分包给其他具有相应资质的单位的，应当在投标中注明需要分包的工程和分包单位的确定方式等有关内容。

第十八条　投标单位送达投标书时，应当向建设单位交纳投标保证金。投标保证金不得超过建筑工程投标总价的 2%，并且最高不得超过 80 万元。

投标单位未中标的，其交纳的投标保证金由建设单位在确定中标单位后 5 日内退还；已中标的，其交纳的投标保证金由建设单位在签订建筑工程承包合同后 5 日内退还。

第十九条　投标单位及其工作人员不得利用向建设单位及其工作人员行贿、提供回扣或者给予其他利益等不正当手段承揽工程。

第四章 开标、评标和定标

第二十条　建设工程招标的开标、评标和定标，由建设单位依法组织实施，并接受建设行政主管部门和其他有关部门的监督。

第二十一条　建设单位应当按照招标文件规定的时间召开开标会议，宣布评标、定标办法，当众启封、宣读投标书，并公布标底。

建设单位因特殊情况需要延期召开开标会议的，延期不得超过 10 日，并提前通知投标单位。

第二十二条　有下列情形之一的，投标书无效：

（一）未密封的；

（二）未加盖单位印章和法定代表人印章的；

（三）未按照招标文件要求编制或者字迹模糊、辨认不清，以及有实质性内容修改而未加盖印章的；

（四）逾期送达的；

（五）投标单位递交两份以上内容不同的投标书，未声明哪一份有效的。

第二十三条　开标会议结束后，建设单位应当按照招标文件规定的时间召开评标会议，评标会议采取保密方式进行。

第二十四条　评标由评标小组负责。

建设单位应当在召开开标会议前成立评标小组。评标小组由建设单位代表和建设单位聘请的具备相应资格的专家、工程技术人员组成，总有数为5人以上的单数，其中受聘的专家和工程技术人员不得少于三分之二。

建设工程招标投标监督管理人员以及与投标单位有复写关系的人员，不得参加评标小组，不得参与评标活动。

第二十五条　评标小组应当遵循公正、合理、科学的原则，按照评标标准和程序对投标书进行综合评价，向建设单位提出中标候选单位。

第二十六条　建设单位根据定标办法，在评标小组提出的中标候选单位内确定中标单位。

开标到定标的期限不得超过10日。

第二十七条　建设单位应当在确定中标单位后7日内发出中标通知书，同时抄送未中标单位。

依法必须进行招标的项目，招标单位应当自确定中标单位之日起15日内，向建设行政主管部门提交招标投标情况的书面报告。

第二十八条　中标通知书发出后15日内，中标单位与建设单位应当按照招标文件、投标书的内容和国家有关规定签订建筑工程承包合同，并将承包合同副本报建设行政主管部门备案。

第二十九条　中标通知书发出后，中标单位拒绝签订建筑工程承包合同的，其交纳的投标保证不予退还；给建设单位造成损失的，中标单位应当负责赔偿。建设单位拒绝签订建筑工程承包合同的，应当向中标单位双倍返还投标保证金，并赔偿中标单位由此造成的损失。

因拒绝签订建筑工程承包合同导致建筑工程发包承包关系未成立的，建设单位应当重新组织招标。

第三十条　禁止中标单位将其承包的全部建筑工程转包给他人或者肢解以后以分包的名义分别转包给他人。

禁止中标的总承包单位将建筑工程分别包给不具备相应资质条件的单位。禁止分包单位将承包的建筑工程再分包。

第五章　法律责任

第三十一条　违反本办法规定，有下列行为之一的，由建设行政主管部门责令停止违法行为，并依照《中华人民共和国招标投标法》的规定给予处罚：

（一）建筑工程应当招标而未采用招标形式发包工程的；

（二）泄露标底的。

第三十二条　建设单位违反本办法规定，有下列行为之一的，由建设行政主管部门责令改正或者责令停止违法行为，处以建筑工程造价 0.5% 至 1% 的罚款，罚款不得超过 3 万元：

（一）将建筑工程发包给不具有相应资质条件的投标单位的；

（二）将建筑工程肢解招标发包的；

第三十三条　中标单位违反本办法规定，将承包的建筑工程转包或者非法分包的，由建设行政主管部门责令改正，并依照《中华人民共和国招标投标法》的规定给予处罚；情节严重的，由工商行政管理机关吊销营业执照。

第三十四条　在建筑工程招标投标过程中索贿、受贿、行贿，构成犯罪的，依法追究刑事责任；不构成犯罪的，由建设行政主管部门依照《中华人民共和国招标投标法》的规定给予处罚，并提请有关部门对直接负责的主管人员和其他直接责任人员给予行政处分。

第三十五条　地方各级人民政府及其有关部门违反本办法规定，限定建设单位将实行招标的建筑工程发包给指定的承包单位的，由上级机关责令改正，并对直接负责的主管人员和其他直接责任人员予行政处分；构成犯罪的，依法追究刑事责任。

第三十六条　建筑工程招标投标监督管理人员在建筑工程招标投标中玩忽职守、滥用职权、徇私舞弊，构成犯罪的，依法追究刑事责任；不构成犯罪的，依法给予行政处分。

第六章　附　则

第三十七条　本办法规定由建设行政主管部门行使的行政管理职权和行政处罚权，建设行政主管部门可以委托建筑工程招标投标管理机构行使。

第三十八条　本办法自发布之日起施行。

安徽省建筑安全生产管理办法

安徽省人民政府令第125号

《安徽省建筑安全生产管理办法》已经2000年9月12日省人民政府第63次常务会议通过，现予发布施行。

省长　许仲林

二〇〇〇年九月二十日

第一章　总　则

第一条　为了加强建筑安全生产管理，保障人身和财产安全，根据《中华人民共和国建筑法》和有关法律、法规，结合本省实际，制定本办法。

第二条　在本省行政区域内从事建筑活动，应当遵守本办法。

本办法所称建筑活动，是指各类房屋建筑及其附属设施的建造和与其配套的线路、管道、设备的安装活动。

第三条　建筑安全生产管理贯彻安全第一、预防为主的方针，坚持管生产必须管安全和谁主管谁负责的原则。

第四条　各级人民政府及其有关部门应当鼓励开展建筑安全生产的科学技术研究，推广使用先进技术，实行建筑安全生产的科学管理和标准化管理，提高建筑安全生产管理水平。

第五条　任何单位或者个人对违反建筑安全生产法律、法规和规章的行为，有权进行检举、控告。

第六条　县级以上地方人民政府建设行政主管部门负责本行政区域内建筑安全生产的管理工作，并依法接受安全生产综合管理部门对建筑安全生产的指导和监督。

第二章　建筑安全生产职责

第七条　建设单位应当向建筑施工企业提供保障施工安全的水文、地质、地下管线等资料和必要的安全防护条件，并履行下列职责：

（一）在施工开始前，组织勘察设施和施工单位进行勘察设计文件的安全技术交底；

（二）按照规定向建筑施工企业支付安全技术措施专项经费；

（三）监督建筑施工企业按照国家规定的建筑安全规程和技术规范组织施工，发现问题提出整改意见，对拒不改正的，可向所在地县级以上地方人民政府建设行政主管部门反映情况，要求调查处理。

第八条　建筑工程设计单位应当按照国家规定的建筑安全规程和技术规范提供设计图纸，保证工程的安全性能，并协助建筑施工企业制定施工安全技术措施或者方案。

第九条　建筑施工企业应当依法加强对建筑安全生产的管理，建立健全安全生产责任制度，严格执行安全生产的法律、法规、规章和标准，做到安全生产和文明施工。

建筑施工企业的法定代表人是本企业安全生产的第一责任人，对本企业的安全生产负责。

第十条　建筑施工企业应当建立健全劳动安全生产教育培训制度。建筑施工企业的法定代表人、负责人和安全生产管理人员，应当首先接受安全生产知识教育，掌握安全生产方面的法律、法规和规章等有关知识。

建筑施工企业应当按照规定对从事特种作业的人员进行就业前的职业性健康检查。经检查合格的人员，应当接受专业培训、考核，取得特种作业资格后，方可上岗作业。

第十一条　建筑施工企业应当按照规定使用安全技术措施专项经费，并向施工人员提供符合国家规定的安全生产条件和劳动防护用品。

第十二条　建筑施工企业的职工代表大会或者职工大会，应当定期讨论安全生产工作，发挥职工对安全生产的监督作用，依法保障职工的生命安全和人身健康。

建筑施工企业的法定代表人应当定期向职工代表大会或者职工大会报告安全生产工作，接受职工的监督。

第十三条　建筑施工企业必须为从事危险作业的职工办理意外伤害保险，支付保险费。

第三章　施工现场的安全管理

第十四条　建筑施工企业在编制施工组织设计时，应当根据建筑工程的特点和施工现场的作业条件，制定相应的安全技术措施；对专业性较强的工程项目，应当编制专项安全施工组织设计，并采取安全技术措施。

第十五条　施工现场安全由建筑施工企业负责。实行施工总承包的，由总承包单位负责。分包单位向总承包单位负责，服从总承包单位对施工现场的安全生产管理。

第十六条　施工现场实行封闭管理，建筑施工企业应当按照规定在施工现场周围设置围档。高层和临街的建筑施工，应当采用密目网或者其他装置进行遮护。

施工现场对毗邻的建筑物、构筑物和特殊作业环境可能造成损害的，建筑施工企业应当采取安全防护措施。

第十七条　施工现场的道路应当平整、畅通，并设置交通指示标志。通过危险的地段应当悬挂警戒标志，夜间设置红灯示警。

在车辆、行人通过的地方施工，应当对沟、坑、井等进行覆盖，并设置施工标志和防护设施。

第十八条　施工现场的施工区域和非施工区域应当隔开。建筑施工企业为职工提供的临时住所和饮食等应当符合安全、卫生的要求。

第十九条　建筑施工企业应当在施工现场设置安全防护设施，并符合下列规定：

（一）根据建筑工程的施工进度，及时调整和完善安全防护设施；

（二）在施工现场的事故易发区域，设置专项的安全防护设施，并设立醒目的警示标志；

（三）根据季节或者天气特点，设置或者调整专项的安全防护设施。并进行相应的安全检查。

第二十条　建筑施工企业安装、使用施工机械、机具和电气设备，应当遵守下列规定：

（一）安装前应当按照规定的安全技术标准进行检测，经检测合格后方可安装；

（二）使用前应当按照规定的安全技术标准进行安全性能试验，经验收合格后方可使用；

（三）使用期间应当指定专人负责维修、保养，保证其完好、安全。

第二十一条　建筑施工企业应当遵守施工现场电气安全保护和消防安全的有关规定，并符合下列要求：

（一）用电作业应当符合施工现场临时用电安全技术规范；

（二）用火作业应当符合消防技术标准和规范，并保证消防设施完好、有效。

第二十二条　建筑施工企业在施工过程中，应当根据施工组织设计和施工进度，向不同工种的施工人员进行专项的安全技术交底。

第二十三条　建筑施工企业的职工应当按照施工安全技术标准和本工种的安全操作规程进行施工作业，发现施工现场安全异常情况，应当立即采取有效的防护措施，并向安全生产管理人员报告。

建筑施工企业的职工对影响身体健康的作业程序和作业条件，有权提出改进或者改善的建议；对企业管理人员违章指挥、强令冒险作业的，有权拒绝执行和检举、控告。

第二十四条　建筑施工企业应当加强对施工现场的安全巡视和检查，督促施工人员遵守建筑生产的安全操作规程和技术标准，发现安全事故隐患以及违反施工安全技术规范或者安全操作规程的行为，及时予以制止或者纠正。

第二十五条　建筑工程施工过程中发生的伤亡事故的报告和处理，按照国家和本省有关规定执行。

第四章 建筑安全生产的监督管理

第二十六条 建设行政主管部门应当对建筑安全生产法律、法规和规章的执行情况进行监督检查，对违反建筑安全生产法律、法规和规章的行为，应当责令改正，并依法予以处理。

建设行政主管部门对有关建筑安全生产方面的检举、控告，应当按照规定进行调查处理，并将处理结果及时告知检举、控告的单位或者个人。

第二十七条 建筑行政主管部门应当按照规定，对建筑施工企业进行安全资格审查，并作为建筑施工企业资质等级考核、评定的重要依据；未经安全资格审查或者

审查不合格的，不予颁发资质等级证书。

第二十八条 建筑行政主管部门应当做好本行政区域内建筑施工企业职工伤亡事故的统计、报告工作，并定期发布建筑行业安全生产动态。

第五章 法律责任

第二十九条 建筑施工企业违反本办法规定，有下列行为之一的，由县级以上地方人民政府建设行政主管部门责令改正或者限期改正；拒不改正的，可以处于1000元以上5000元以下的罚款，对直接负责的主管人员和其他直接责任人员处于500元以上1000元以上的罚款；

（一）未按照规定在施工现场设置安全防护设施的；

（二）未按照规定安装、使用施工机械、机具和电气设备的。

第三十条 建筑施工企业违反本办法规定，对建筑安全事故隐患不采取措施予以消除的，由县级以上地方人民政府建设行政主管部门责令改正，可以处以5000元以上1万元以下的罚款；情节严重的，报请颁发资质证书的部门责令停业整顿，降低资质等级或者吊销资质证书；构成犯罪的，依法追究刑事责任。

建筑施工企业的管理人员违章指挥、强令职工冒险作业，因而发生重大伤亡事故或者造成其他严重后果，构成犯罪的，依法追究刑事责任。

第三十一条 建筑施工企业违反本办法规定，给他人财产、人身造成损害的，应当依法承担赔偿责任。

第三十二条 建设行政主管部门的工作人员在建筑工程安全生产管理工作中玩忽职守、滥用职权、徇私舞弊，构成犯罪的，依法追究刑事责任；未构成犯罪的，依法给予行政处分。

第六章 附 则

第三十三条 本办法应用中的具体问题,由省人民政府建设行政主管部门负责解释。

第三十四条 本办法自发布之日起施行。

安徽省人民政府关于印发《安徽省城镇化发展纲要（2001—2010年）》的通知

各市、县人民政府，省政府各部门、各直属机构：

《安徽省城镇化发展纲要(2001-2010年)》(以下简称《纲要》)已经省政府常务会议讨论通过，现印发给你们，请认真贯彻执行。

城镇化战略是省委、省政府确定的四大发展战略之一。全面实施城镇化战略，加快城镇化发展，是全面推进我省经济结构调整和加快现代化建设的重要抓手，是实现“加快发展、富民强省”目标的重要途径。

《纲要》总结了我省城镇化发展基本现状，提出了2001-2010年我省城镇化发展的指导思想、基本原则、发展目标、主要政策和重点工作。各地要根据《纲要》的要求，结合本地实际，解放思想，突出重点，抓紧制定本地推进城镇化实施意见，报省城镇化工作领导小组办公室备案。各地、各部门要以“三个代表”重要思想为指导，进一步转变观念，统一思想，增强使命感和责任感，各负其责，形成合力，认真落实《纲要》提出的各项任务，共同推进我省城镇化发展，为实现“加快发展、富民强省”的宏伟目标而努力奋斗。

安徽省人民政府

二〇〇一年十一月五日

安徽省城镇化发展纲要（2001—2010年）

为适应经济和社会发展的需要，更好地实施城镇化战略，不断提高我省城镇化水平，根据《安徽省国民经济和社会发展第十个五年计划纲要》和《安徽省城镇体系规划》，特制定本纲要。

一、城镇化基本现状

（一）城镇化水平稳步提高

到2000年，全省设市城市22个、建制镇917个，比1978年分别增加12个和800多个。城市非农业人口100万人以上的大城市从无到有，100一50万人的大城市4座，50一20万人的中等城市8座，20万人以下的小城市9座，万人以上的建制镇292个。到2000年，全省城镇居住人口由1978年的595万人增加到1665万人，城镇化水平由12.6%提高到27.81%，年均增加0.7个百分点。其中，近十年的城镇化水平增长较快，由1990年的17.84%上升到2000年的27.81%，十年间提高9.97个百分点，高于全国同期平均水平0.11个百分点。

（二）城镇基础设施不断完善

与1978年相比，到2000年底，城市供水普及率达95.78%，提高了23个百分点；供气普及率达76.95%，提高了7 4个百分点；全省城市道路总长达595千米，增长近9倍；城市下水道总长度达4200千米，增长近12倍。建设了一大批城镇基础设施，增强了城镇集聚和辐射功能，城镇面貌发生了巨大变化。

（三）城镇住房建设发展较快

城镇人均住房建筑面积由1978年的6.6平方米，增长到2000年的16.8平方米。城镇居住环境显著改善，住宅小区建设在全国处于先进水平，涌现出合肥市捞由山庄和安居苑、马鞍山市珍珠圆、淮北市黎国和安庆市红旗小区等一批全国优秀住宅小区。

但是，由于受思想观念、经济实力、产业结构、建设资金、区划管理等多种因素的制约，与先进省份相比，我省城镇化发展差距较大，主要表现在：一是城镇化水平偏低。根据第五次全国人口普查统计，到2000年，我省城镇化水平为27.81%，比全国城镇化平均水平低8.28个百分点。二是各地城镇化发展很不平衡。到2000年底，淮南、马鞍山、铜陵等市城镇化水平达到50%以上，而宿州、六安、亳州、巢湖、宣城、阜阳等市的城镇化水平都在22%以下。三是中心城市发展缓慢，集聚辐射功能较弱。合肥、芜湖等市城镇化水平仅为40%左右，全省22个城市中缺乏具有较强带动和辐射力的大城市，合肥市的首位度仅为1.2，难以发挥省域中心城市的集聚辐射带动作用。

二、城镇化发展的指导思想、基本原则和预期目标

（一）指导思想

以邓小平理论、江泽民同志“三个代表”重要思想为指导，紧扣“加快发展，富民强省”这一主题，围绕经济结构战略性调整这条主线，遵循城镇化发展的客观规律，统筹规划，分类指导，因地制宜，有序推进，走大中小城市和小城镇协调发展的城镇化道路，增强城镇要素集聚和辐射功能，全面实施城镇化战略，提高城镇发展水平和居民生活质量，加快全省城镇化进程。

（二）基本原则

1. 现代化导向的原则。全面推进城镇发展由量的扩张转向质的提高，从产业结构、基础设施、市场体系、科教文卫、生活环境和城镇管理等方面，全面推进城镇现代化进程。

2. 可持续发展的原则。重视水土资源保护和集约利用，实现人口、资源、环境和经济社会的持续协调发展；注重历史文化遗产保护和生态环境建设，加强污染防治；坚持资源开发和节约并举，提高资源利用效率，为城镇化持续发展留有足够的空间和资源。

3. 城镇化和工业化相互促进的原则。正确处理城镇化和工业化两者关系，实现工业化推动城镇化，依托城镇化提升工业化。通过城镇化引导要素集聚、合理调整产业结构和布局，促进工业现代化和国民经济信息化。以产业支持城镇化，防止简单拼凑、盲目片面追求城镇人口的规模扩张。

4. 科教兴皖的原则。充分发挥城市的科教优势，多渠道增加科教投入，加强高新技术研究；加快科技进步，提高国民经济各部门技术装备水平和科技管理水平，促进高新技术产业化。继续加强基础教育，加快发展高等教育，大力发展职业教育和成人教育，提高城乡人民的知识技能和文化素质。

5. 改革推动、开放带动的原则。进一步深化改革，消除影响城镇化发展的体制性、政策性障碍，充分发挥市场机制作用，促进非农产业向城镇集聚、资源合理配置和人口合理迁移。同时，以开放促发展，积极引进国内外资金、技术和管理经验，带动产业发展和城镇建设。

6. 统筹规划、分类指导的原则。推进城镇化进程是经济结构、城乡结构、地区结构等合理调整的过程，必须加强政府宏观调控，依法制定和认真执行城镇规划，因地制宜，分类指导，科学合理地确定本地城镇化发展目标和工作重点。

（三）发展目标

1. 城镇化水平稳步提高。到 2005 年，全省城镇人口达 2000 万人左右，城镇化水平达到 34%，每年提高 1 个百分点以上，有条件的地区要加快发展；到 2010 年，全省城镇人口达 2700 万人左右，城镇化水平达 40%左右。

2. 城镇经济实力明显增强。进一步发挥省会城市和区域中心城市的集散、辐射、管理、服务和创新等功能。到 2005 年，城镇居民人均GDP达到 1400 美元以上，第三产业增加值占GDP的比重达到 35%以上，高新技术产业增加值占工业增加值 25%以上。

3. 基础设施建设不断完善。建成比较完备的交通、通讯、供水、供电、供气、污染治理、生态环境保护和防灾减灾等现代化城镇基础设施体系，基本满足经济发展和人民生活水平提高的需要。

4. 科学文化建设明显加强。教育、科技、文化、卫生、体育等社会发展主要指标，达到同期全国平均水平。城镇居民的文化素质和文明程度明显提高，文明城镇创建全面步入良性循环。

5. 城镇管理体系不断完善。应用现代化管理手段，加强城镇社区管理；不断建立健全适应社会主义市场经济和经济全球化发展要求的法规体系和运行机制，努力促进城镇管理逐步走向法制化、信息化、科学化的轨道。

6. 基本形成完善的城镇体系。优化城镇空间布局，基本形成以省会城市为中心，其它省辖市为骨干，县城（含县级市）为纽带，中心建制镇为基础的规模等级有序、空间布局合理、功能优势互补、城乡协调发展的省城城镇体系，并将其融入以上海为龙头的长江三角洲城市圈的格局之中。

三、城镇化建设的主要政策

（一）实行积极的人口迁移政策，切实落实户籍制度改革措施

县级市市区、县人民政府驻地城镇以及县以下小城镇，全面推行小城镇户籍管理制度改革，取消“农转非”指标和进城落户指标；进一步放宽引进人才户口迁移管理限制，凡属于省辖市急需的优秀人才、紧缺人才，凭本人与用人单位签订的聘用（劳动）合同，允许本人及其配偶、未成年子女在城市落户；全面实行在城市投资、兴办实业、购买商品房人员登记常住户口的政策；鼓励偏远山区、库区农民下山脱贫，并把下山脱贫与小城镇建设有机结合起来；对符合条件落户的人员，各地、各部门均不得收取城镇增容费或其他类似费用。

（二）深化土地制度改革，充分利用好城镇土地资源

加强建设用地宏观调控，根据我省土地后备资源分布不均和区域经济发展不平衡的现状，实行跨地区调剂建设用地指标和占补平衡的政策。全省建设用地指标，除确保国家和省重点建设项目外，优先安排给各级中心城市和中心建制镇。盘活城区存量土地，有条件的城市可建立土地收购储备制度，增强政府对土地市场的调控能力。

进一步加大农村土地整理力度，对按规划集中迁建的农村居民点和工业企业，已经退宅还田、退地还耕的面积，可在新址等量置换农用地作为新的建设用地。农村土地整理新增耕地，可根据国家有关政策规定，折抵建设占用耕地指标。引导乡镇企业向城镇工业园区集聚。

在稳定农村土地集体所有、家庭承包经营政策的基础上，按照“自愿、依法、有偿”原则，加快建立有效的土地使用权流转机制。进城农民土地承包权可以保留，鼓励在不改变土地用途的前提下，用租赁、参股等多种方式有偿转让土地经营权。要研究制定进城农民宅基地异地置换政策。

（三）健全社会保障体系

建立独立于企业事业单位之外、资金来源多元化、保障制度规范化、管理服务社会化的社会保障体系。完善社会救济制度，鼓励和发动民间组织、企业、个人和海外组织采取独资、合资。民办公助等形式兴办老年公寓等各类民政社会福利事业。进城农民在城镇企业就业的、转为城镇户口后从事个体劳动的，参加城镇企业职工养老保险。推行劳动预备制度，建立城乡统一的劳动力市场，规范企业用工行为，组织新生劳动力和其他求职人员进行职业培训或职业教育。

（四）不断深化改革，建立多元化筹资机制

按照统一规划、特许经营、有序竞争、加快发展的要求，深化城镇市政公用事业投融

资体制改革，大力推行城镇建设投资主体多元化、项目运营企业化、设施享用商品化。按照市场经济规律，改革城镇公用事业价格收费制度。合理安排资金，分步推进基础设施建设，实现城镇基础设施和产业集聚的协调发展。

坚持政府主导、市场运作的原则，规范经营城镇建设用地，使城镇土地收益成为城镇建设的主要资金来源。除国家法律、法规明确规定外，大力吸引社会资本、民间资本、私人资本和境外资本等投资城镇基础设施建设。有条件的城镇可组建城镇建设投资公司，经批准可发行债券，鼓励通过产权市场进行企业存量资产转让、重组、出售、拍卖，扩大直接融资渠道。金融部门要增加对城镇重点基础设施建设项目的信贷投资。积极扶持具备条件的城镇市政公用企业成为上市公司。

（五）深化行政管理体制改革，努力提高工作效率

进一步完善城镇行政管理体制，切实加强城市管理，充分发挥基层社区组织在城市管理中的作用，鼓励和支持群众参与城市社区管理。市辖区、街道和居委会要把主要精力集中到区街管理、环境整治、社会治安和社会服务上。对具备条件的县，要积极争取撤县建市。对部分经济实力较强的县级市，经批准可赋予地级市的经济和社会管理权限；重点发展的中心建制镇，经批准可赋予县级经济和社会管理权限。在科学规划论证的基础上，经批准，合理调整行政区划。

（六）努力增加财政投入，实行重点扶持政策

各级政府要随着财力的增加，调整支出结构，逐年加大对小城镇建设的投入，每年安排一定的专项资金以投资、贴息和补助等方式，用于小城镇特别是中心建制镇的公用基础设施建设。编制规划和信息网络建设。要切实用好城市建设资金。

四、城镇化发展的重点工作

（一）科学完善省城城镇体系，走大中小城市协调发展的道路

1. 进一步优化省域城镇空间布局。加快皖江城镇带和皖中城镇群的发展，重点发展区域中心城市，加强对各城镇空间布局、区域资源配置利用、基础设施共建和生态环境保护等协调，建立起以快速交通体系为依托，省辖市为节点，城镇群为网络，各级城镇有序发展，组合有序、功能互补的“二线三片”省城城镇空间布局。

“二线”是皖江城镇带和京沪铁路城镇带。以芜湖、马鞍山、宣城、铜陵、池州、安庆等市为重点，以长江为纽带的皖江城镇带，是我省城镇化水平较高和最发达的城镇密集地区；以蚌埠、淮北、宿州、淮南、滁州等市为重点，以京沪铁路和合徐高速公路为依托的京沪铁路城镇带，是我省城镇化水平较高和较发达的城镇密集地区。

“三片”是皖中城镇群、皖西北城镇群和黄山旅游城镇群。以合肥市为中心，六安、巢湖市为次中心，以放射状铁路、高速公路为发展轴的皖中城镇群，是我省城镇化发展水平较高和发达的城镇密集地区；以阜阳、亳州市为重点，以众多铁路和高速公路为纽带的皖西北城镇群，是我省城镇化发展潜力较大的地区；以黄山市屯溪区为中心的皖南旅游城镇群，是我省独具特色的旅游城镇群。

2. 优先发展省会城市。加快合肥现代化中心城市的建设步伐，强化省域中心城市的集聚辐射带动功能，逐步把合肥市建设成为以高新技术产业为主的现代化大城市、全国重要的科研教育和高新技术产业基地，成为具有跨省域影响力和较强创新能力的省城中心城市。到2005年，城市人口达到200万人以上；到2010年，达到250万人以上。

3. 重点发展省辖市。蚌埠、芜湖要充分利用交通枢纽的优势，实现产业规模、经济规模和人口规模的聚集，扩大城市集聚辐射功能；淮北、淮南、马鞍山、铜陵等工矿城市要大力调整产业结构，培育城市现代服务业，拓展城市发展空间，增强城市集聚辐射功能；亳州、宿州、阜阳、滁州、六安、巢湖、宣城、池州、安庆、黄山等市，要充分发挥各自优势，加快城市基础设施建设，增强城市集聚辐射功能。到2010年，淮北、淮南、蚌埠、芜湖城市人口达到100万人以上，阜阳、滁州、马鞍山、铜陵、安庆城市人口在100—50万人之间，亳州、宿州、六安、巢湖、宣城、池州、黄山城市人口在50—20万人之间。

4. 积极发展县级市和县城。选择区位和基础条件较好、发展潜力大的县级市和县城，发展成为新兴的市域中心城市。其他县城充分利用各自的区位、交通、旅游、特色资源等优势，发展具有市场竞争力的特色产业，增强县域中心城镇集聚辐射功能，促进县域城镇化健康发展。到2010年，力争县（市）城市人口有10个左右达到20—15万人，20个左右达到15—10万人，其余多数达到10—5万人。

5. 加快发展中心建制镇。进一步加快全省200个中心建制镇建设，完善城镇基础设施和公共服务设施，积极发展乡镇工业小区和民营企业园区，选准产业发展主攻方向，充分发挥对周边乡镇带动作用，促进小城镇发展从数量型向质量型转变。到2010年，全省中心建制镇城市人口有15个左右达到5万人以上，15个左右达到3万人以上。

（二）切实加强和改进城镇规划工作，充分发挥规划的指导作用

1. 切实加强区域城镇体系规划工作。认真实施《安徽省城镇体系规划》，加强对重点城镇发展地区、重点建设项目、重要自然和风景名胜资源建设的协调，优化全省城乡空间布局。抓好城镇密集地区城镇群或城镇带规划，切实解决跨行政区域基础设施共建、资源共享、环境共保。区划调整等问题，实现资源合理配置和区域共同协调发展。加快市、县域城镇体系规划编制工作，合理确定城镇的数量和空间布局，明确城镇化发展目标和发展重点，充分发挥规划在城镇合理发展、建设和管理中的指导作用。

2. 认真做好城市总体规划编审工作。城市总体规划是指导城市合理发展、建设和管理城市的主要依据，在市、县域城镇体系规划指导下，各市、县要及时调整完善好城市总体规划。城市总体规划要以城市竞争力、产业发展和居住环境为重点，处理好城市与区域、局部和整体、近期和远期、经济社会发展和环境保护、城市发展和耕地保护的关系，注重保护历史文化名城和历史文化保护区。

3. 加强城市详细规划和专业规划编制工作。各地要加快编制城市详细规划的进度，提高规划覆盖面，优化城镇土地和空间资源配置，指导城镇的各项建设。省级以上各类开发区、历史文化保护区、规划建筑面积10万平方米以上的住宅小区和城市行政、商贸、体

育、文化中心等规划设计要实行多方案竞选，切实提高规划设计水平和质量。切实加强城市道路交通、园林绿化、市容环卫等专业规划编制，更好地指导城市建设和管理。

4. 完善城镇规划实施的监督机制。编制和实施城市规划是各级政府的重要职责，要列入政府的重要议事日程，切实加强领导。城市规划是城市建设和管理的重要依据，要建立城市规划公告制度和建设工程竣工规划验收制度，强化规划管理，增强规划制定和实施的透明度，提高公众参与程度，促进规划全面实施。

（三）加快基础设施建设，增强城镇集聚功能

1. 努力建设现代化的综合交通体系。按照《安徽省国民经济和社会发展第十个五年计划纲要》要求，着眼于发展大交通，建设大网络，强化骨架和枢纽，完善系统，优化结构，形成以省会城市和地级市为枢纽、中小城市为节点，干支衔接，畅通便捷，铁、公、水、空、管配套协调发展的综合交通体系，以适应省域城镇体系发展的需要。城市交通要根据城市发展规模和功能布局，加快建设城市综合交通运输系统；要特别重视城市对外交通和内部道路的协调衔接，搞好过境交通和连接高速公路、铁路、港口、机场等大交通网络的快速通道建设。合肥等百万人口以上城市要规划建设轨道交通，逐步形成现代化城市交通格局。

2. 积极推进信息化建设。加强信息基础设施建设，健全信息网络体系，加快建设高速宽带传输网络。加强信息技术在国民经济各产业和社会各方面的应用，积极发展信息产业，充分发挥信息技术的倍增效应，以信息化推进工业化，促进城镇化快速发展。全省信息化网络在技术、性能、规模和可靠性、实用性上争取进入国内先进行列，合肥建成全省信息中心港。

3. 进一步加强城镇供水、供电、供气系统建设。切实保护和合理利用水资源，按照水利、航运、防洪、给水、排水和环保等方面对水资源的要求，统筹安排水资源，增强城镇供水能力。提高供水质量，努力满足城镇现代化建设需求。运用市场机制，推进城镇密集地区区域供水工程建设。城市供水普及率，2005 年达到 98.5%，2010 年达到 99%。

推进居民用电抄表到户，进一步提高城镇供电质量。

继续发展城市供气，提高民用燃气普及率。大中城市要稳步发展管道燃气，有条件的城市要充分利用好西部天然气，小城市和城镇以液化石油气为主。逐步以天然气取代煤制气和液化石油气。城市燃气普及率，2005 年达到 90%，2010 年达到 95%以上。

4. 建设安全可靠的城市防灾系统。各级城镇都要加强防洪设施建设，达到国家规定的相应等级防洪标准，合理确定长江、淮河、巢湖等流域的防洪标准；切实加强地质灾害防治工作，城市重要设施、新建改建重点工程，要严格按照抗震标准建设；加强城市公共消防设施和人民防空设施建设，形成平战结合的人防体系。

5. 建设优美和谐的城市生态系统。建设完善的城市排水系统，大中城市要逐步实行雨污分流，各级城镇均应配套建设污水处理设施，提高污水集中处理率；加强城市垃圾无害化处理设施建设。到 2005 年，城市工业废水处理率达 100%，城市垃圾无害化

处理率达52.5%，城市生活污水集中处理率50万人口以上的城市达60%以上，其他城市达45%；到2010年，城市垃圾无害化处理率达70%以上，城市生活污水集中处理率达到60%以上，县城达到45%以上。

城市绿化做到“点、线、面、环”有机结合，“乔、灌、花、草”合理配置，努力营造人和自然和谐相处、具有特色的城镇生态环境。到2005年，城市绿地率达30%，建成区绿化覆盖率达35%，人均公共绿地达8.5平方米；到2010年，城市绿地率达35%，建成区绿化覆盖率达40.5%，人均公共绿地达10平方米。

（四）调整优化产业结构，增强城镇辐射带动功能

1. 加快产业结构调整。继续强化农业的基础地位，积极推进农业和农村经济结构调整，大力发展乡镇企业，加速农业科技进步，发展优质高效农业，推进农业产业化经营，加快农业现代化进程。加快改造提高传统工业，发展壮大支柱产业，提高工业竞争力；积极调整城市工业布局，把提升产业层次与加快开发区建设、老城区改建结合起来。加快培育高新技术产业，充分发挥中心城市人才、技术等优势，通过合资、合作等多种途径，抓好高新技术与资本的结合，在电子信息、生物工程与新医药、新材料、节能与环保等领域，努力优先发展一批高新技术产品，形成新的经济增长点。

2. 加快发展服务业。努力把旅游业培育成为新的支柱产业，重点发展“两山一湖”（黄山、九华山、太平湖）旅游经济，建设旅游中心城市、旅游城市和特色旅游镇三级旅游城镇网络。大力发展社区服务业，健全社区服务网络。培育现代服务业，提高传统服务业的水平；发展信息、金融、保险、会计、评估、咨询、会展、物业管理、法律服务、技术开发等行业；积极引导和支持非义务教育、体育、非基本医疗服务和文化出版等产业发展，鼓励发展大众文化娱乐设施和产品。进一步培育要素市场，加快资本、技术、人才、商品等市场建设。

3. 加快发展房地产业和建筑业。以建设经济适用住房为重点，健全商品房、经济适用住房、廉租房供应体系；进一步深化城镇住房制度改革，落实住房分配货币化政策。适应加快城镇化发展的需求，搞好城市房地产综合开发，不断完善建筑业和房地产市场体系和管理体系，促进房地产业和建筑业的健康发展；搞好城镇房地产连片开发，带动城镇基础设施和商贸文化娱乐设施的建设与改造，为建筑业发展提供广阔空间和持久动力。到2005年，城镇人均住房建筑面积达20平方米以上，住宅成套率达到80%以上；到2010年，城镇人均住房建筑面积达23平方米以上，住宅成套率达到85%以上。

（五）发展各项社会事业，提高城镇文明程度

1. 大力发展科技事业，增强城市创新功能。建立适应市场经济和现代化建设要求的科技新体制，增强城市科技创新能力；建立以企业为主体、高校和科研院所为依托、技术引进与自主开发相结合的技术创新体系，推动企业成为技术创新主体；优化科技资源配置，鼓励支持科研机构以不同形式进入企业或转变为科工贸经济实体，鼓励引导科研人员创办科技型企业；加快建立面向中小企业的科技服务体系，建立国家级或省级行业

科技开发中心，加快合肥、芜湖科技创新中心建设。

2. 加快发展教育事业，提高市民文化素质。继续深化教育体制改革，鼓励和支持社会力量采取多种形式办学；进一步调整城乡学校布局，优化教育资源配置；高标准普及九年义务教育，加快普及高中段教育。多层次、有重点地发展各类教育，大力发展高等普通教育和高等职业教育；运用函授和远程教育等形式，大力发展成人教育、继续教育和职业技术培训。高度重视人才资源开发。

3. 加强文化建设，提高城市文化品位。按照有效保护、合理利用、科学管理的原则，充分挖掘国家级、省级历史文化名城以及历史文化保护区的文化内涵，保护历史文化遗产，弘扬传统文化和地方特色文化。重视城镇博物馆、图书馆、展览馆、影剧院、文化活动中心等大型公共文化设施的建设。抓好新闻出版和广播电视事业，丰富市民的精神生活，增强市民的文明意识。

4. 大力发展卫生、体育、计生、社会福利等社会事业。建立健全方便、优质、高效、价廉的城乡社区医疗保健服务网络，实现人人享受卫生保健；完善体育设施网络，省会城市要拥有可承办全国性大型运动会的体育场馆，其他城镇要加快完善群众性体育活动设施；加强人口与计划生育工作，抓好社区计划生育管理；加强社会福利设施建设，逐步实现城市公用设施“无障碍”；适应人口老龄化的趋势，统筹安排城市社区老年活动中心等建设。

（六）切实加强领导，积极推进城镇化进程

1. 切实加强对城镇化工作的组织领导。各地、各有关部门要把实施城镇化战略，作为实现国民经济社会发展目标的重要抓手，摆上重要议事日程，切实加强领导，建立健全实施城镇化战略的协调领导机构；主要领导要亲自调查研究，认真抓好重要规划和政策的制定和实施，积极协调城镇化发展过程中出现的问题。要组织领导干部进行专题培训，增强城市规划意识，提高城镇管理水平。

2. 建立健全城镇建设和管理的法制体系。加强城镇建设和管理的地方立法工作，不断建立健全实施城镇化战略的法规体系。加大执法力度，做到有法必依、执法必严、违法必究，建立良好的城镇工作、生活秩序；加大执法监督力度，规范行政执法行为，严格按法定程序和权限管理城镇的政治、经济、文化事务，保护公民的合法权益，维护社会公共利益，努力促进城镇建设和管理逐步走向规范化、法制化的轨道。

3. 建立民主和科学的决策机制。实施城镇化战略事关全局，要进一步搞好宣传发动，引起全社会关注，达成社会共识。对城镇规划的制定和实施，要发扬民主，科学论证，避免和减少失误。鼓励公众参与城镇化建设。建立城镇化发展的激励机制和竞争机制，建立科学的评价体系，促进全省城镇化快速、健康发展。

2002年1月17日

安徽省人民政府令

第145号

《安徽省建设工程造价管理办法》已经2002年3月19日省人民政府第104次常务会议通过,现予公布,自2002年7月1日起施行。

省长　许仲林

二〇〇二年五月二十日

安徽省建设工程造价管理办法

第一条　为了加强建设工程造价管理,规范建设工程造价计价行为,维护建设工程各方的合法权益,根据《中华人民共和国建筑法》等有关法律、法规,结合本省实际,制定本办法。

第二条　在本省行政区域内编制和确定建设工程造价,实施对建设工程造价的监督管理,应当遵守本办法。

交通、水利等专业建设工程造价的编制、确定及监督管理,按照国家有关专业建设工程造价管理规定执行。

第三条　本办法所称建设工程造价,是指建设工程从筹建到交付使用所需的全部工程费用,包括建筑安装工程费、设备购置费及其他相关费用。

第四条　县级以上地方人民政府建设行政主管部门对本行政区域内的建设工程造价实施监督管理。

省及设区的市人民政府建设行政主管部门所属的建设工程造价管理机构(以下简称工程造价管理机构)具体负责建设工程造价的管理工作。

第五条　建设工程造价的计价依据包括工程投资估算指标、概算定额、预算定额、工期定额、费用定额、人工单价、设备预算价格、材料价格等，或者工程量清单计价办法。

第六条　建设工程造价的计价依据，由省人民政府建设行政主管部门根据国家统一的预算定额、经济指标和工程量计算规则等组织制定，经省人民政府发展计划等行政主管部门会签后公布。

第七条　建设工程投资估算，应当依据投资估算指标等计价依据以及建设期间价格变动等因素编制。

第八条　建设工程概算，应当依据初步设计和概算定额等计价依据以及建设期间价格变动等因素编制。

经批准的建设概算，应当包括建设工程设计范围内建设工程从筹建到交付使用所需的全部工程费用。

第九条　建设工程施工图预算，应当在建设工程概算范围内，依据施工图、预算定额以及工程类别等编制。

第十条　建设工程依法实行招标发包的，招标标底应当依据预算定额、工程类别等编制，或者采用工程量清单的形式编制。

建设工程依法实行直接发包的，工程预算造价由发包、承包双方当事人在建设工程施工图预算的基础上，结合建设期间价格变动等因素确定。

第十一条　建设工程类别由工程造价管理机构核定，具体核定办法由省人民政府建设行政主管部门根据国家有关规定制定。

第十二条　建设工程的发包、承包双方当事人应当依法在施工合同中约定建设工程造价及其调整内容和方式。

全部或者部分使用国有资金投资或者国家融资的建设工程，发包、承包双方当事人在合同中约定的工程造价，应当报相应的工程造价管理机构备案。

第十三条　建设单位要求承包单位按照国家和省规定的工期提前竣工或者工程质量超过国家和省规定的标准而增加的工程造价，应当在施工合同中约定。

第十四条　建设工程施工中对工程造价进行调整的，应当有发包、承包双方当事人或者工程监理人员签字的书面材料。

全部或者部分使用国有资产投资或者国家融资的建设工程，建设单位在调整工程造价时，应当报相应的工程造价管理机构备案；财政性资金投资的建设工程，建设单位在调整工程造价前，应当按照规定报原项目审批部门或者财政部门批准。

第十五条　建设工程竣工结算，应当以施工合同约定的工程造价为基础，结合合同约定的调整内容进行编制。

第十六条　建设工程投资估算、概算、施工图预算、招标标底和竣工结算，应当按照国家规定委托工程造价咨询机构编制或者由有编制能力的单位编制。

第十七条　承包单位应当自建设工程竣工验收合格之日起30日内向建设单位提交竣工结算。建设单位应当自收到建设工程竣工结算之日起，按照下列规定作出审核

结论:

（一）建设工程造价在1000万元以下的,在30日内作出审核结论;

（二）建设工程造价在1000万元以上5000万元以下的,在60日内作出审核结论;

（三）建设工程造价在5000万元以上的,在90日内作出审核结论。

建设单位可以委托工程造价咨询机构对建设工程竣工结算进行审核。

第十八条　全部或者部分使用国有资金投资或者国家融资的建设工程竣工结算,建设单位应当自审核完毕之日起5日内,按照建设工程管理权限报相应的工程造价管理机构备案;财政性资金投资的建设工程竣工结算,应当按照规定报相应的财政部门批准。

第十九条　建设工程价款的拨付,由发包、承包双方当事人按照国家有关规定在合同中约定。发包单位应当按照合同的约定,及时拨付工程价款。

第二十条　建设单位和承包单位对建设工程的竣工结算有争议的,经协商一致,

可以共同向工程造价管理机构书面申请调解。

工程造价管理机构应当自受理调解申请之日起30日内进行调解。经调解达成协议的,工程造价管理机构应当制作调解书,调解书送交当事人后生效,当事人应当自觉履行调解协议。

调解期限届满未达成协议或者调解书生效后任何一方当事人不履行调解协议的,工程造价管理机构不再调解,当事人可以向人民法院提起诉讼或者依法向仲裁机构申请仲裁。

第二十一条　从事工程造价咨询活动的机构,应当具有相应的资质,并在资质核定的范围内从事工程造价咨询活动。

从事工程造价咨询活动的人员,应当具有建设工程造价工程师执业资格或者造价专业人员资格。

第二十二条　违反本办法第十二条第二款、第十四条第二款、第十八条规定的,由县级以上地方人民政府建设行政主管部门责令限期改正;逾期未改正的,处以1000元以上1万元以下的罚款,并向本级人民政府监察行政主管部门通报有关情况。

工程造价管理机构在审查全部或者部分使用国有资金投资或者国家融资的建设工程竣工结算时,发现建设单位和承包单位勾结故意虚报工程造价的,由县级以上地方人民政府建设行政主管部门责令退回虚报的工程价款,对建设单位和承包单位各处以2万元以上3万元以下的罚款,并向本级人民政府监察行政主管部门通报有关情况;构成犯罪的,依法追究刑事责任。

第二十三条　违反本办法第十六条　规定的,由县级以上地方人民政府建设行政主管部门责令限期改正,处以1万元以上2万元以下的罚款。

第二十四条　工程造价咨询机构有下列行为之一的,由县级以上地方人民政府建设行政主管部门责令停止违法活动,处以1万元以上3万元以下的罚款;情节严重的,

报请颁发资质证书的部门降低资质等级或者注销资质证书；

（一）超越资质核定的范围从事工程造价咨询活动的；

（二）故意少算、高估冒算工程造价的；

（三）串通虚报工程造价的；

（四）涂改、出租或者转让资质证书的。

第二十五条　未取得建设工程造价工程师执业资格或者造价专业人员资格，从事工程造价咨询活动的，由县级以上地方人民政府建设行政主管部门责令停止违法活动，处以 5000 元以上 1 万元以下的罚款。

第二十六条　建设工程造价管理人员玩忽职守、滥用职权、徇私舞弊的，依法给予行政处分；构成犯罪的，依法追究刑事责任。

第二十七条　本办法所称的“以上”，不含本数；“以下”，含本数。

第二十八条　本办法自 2002 年 7 月 1 日起施行。

安徽省人民代表大会常务委员会公告

（第 51 号）

《安徽省物业管理条例》已经 2004 年 12 月 23 日安徽省第十届人民代表大会常务委员会第十三次会议通过，现予公布，自 2005 年 5 月 1 日起施行。

安徽省人民代表大会常务委员会

2004 年 12 月 23 日

安徽省物业管理条例

（2004 年 12 月 23 日安徽省第十届人民代表大会常务委员会第十三次会议通过）

第一章　总　则

第一条　为了规范物业管理活动，维护业主和物业管理企业的合法权益，改善人民群众的生活和工作环境，根据有关法律、行政法规，结合本省实际，制定本条例。

第二条　本条例适用于本省行政区域内物业管理活动及其监督管理。

本条例所称物业管理，是指业主与其选聘的物业管理企业，按照物业服务合同约定，对房屋及配套的设施设备和相关场地进行维修、养护、管理，维护相关区域内的环境卫生和秩序的活动。

第三条　省人民政府建设行政主管部门负责本省行政区域内物业管理活动的监督管理工作。

市、县（市）人民政府房地产行政主管部门负责本行政区域内物业管理活动的监督管理工作。区人民政府应当确定一个部门负责本行政区域内物业管理活动的监督管理工作。

县级以上人民政府的其他有关部门，应当依照各自的职责分工，密切配合，做好有关管理与监督工作。

第四条　县级以上人民政府应当扶持物业管理行业逐步建立专业化、社会化和市场化的物业管理机制，提高物业管理水平。

物业管理企业按照国家和省有关规定享受第三产业优惠政策。

第五条　街道办事处、乡镇人民政府应当协助有关行政主管部门对物业管理活动进行监督，协调物业管理与社区建设之间的关系。

居民委员会、村民委员会和业主大会、业主委员会、物业管理企业应当依照各自职责，互相支持和配合，做好社区管理、社区服务与物业管理工作。

第二章　业主、业主大会及业主委员会

第六条　房屋所有权人为业主。

物业管理区域内全体业主组成业主大会，并选举产生业主委员会作为业主大会的执行机构。业主大会应当代表和维护物业管理区域内全体业主在物业管理活动中的合法权益。

第七条　业主除享有国务院《物业管理条例》规定的权利外，还享有以下权利：

（一）向业主委员会和物业管理企业提出建议或者质询；

（二）推选业主代表，享有被推选权；

（三）依法使用物业共用部位、共用设施设备的权利；

（四）要求其他业主、物业使用人停止违反共同利益的行为。

业主除履行国务院《物业管理条例》规定的义务外，还应当配合、支持物业管理企业按照业主公约、物业管理服务合同和物业管理制度实施的物业管理活动。

第八条　业主大会除履行国务院《物业管理条例》规定的职责外，还行使下列职权：

（一）决定物业管理区域内关系业主利益的重大事项；

（二）批准业主委员会章程；

（三）听取和审查业主委员会的工作报告；

（四）改变和撤销业主委员会不适当的决定；

（五）审核批准业主委员会的工作经费。

第九条　业主委员会除履行国务院《物业管理条例》规定的职责外，还行使下列职权：

（一）经业主大会批准，审议物业管理企业制定的物业管理区域内的管理方案、物业管理区域内配套工程和重大的维修工程项目年度计划；

（二）经业主大会批准，审议物业管理区域内物业管理服务费的收取标准。

业主委员会履行下列义务：

（一）执行业主大会的决议、决定；

（二）遵守和履行物业服务合同；

（三）对物业管理企业的合法经营和管理活动予以支持和配合；

（四）对物业管理企业不合法、不适当的行为予以监督制止。

第十条　一个物业管理区域成立一个业主大会。

物业管理区域的划分应当充分考虑共用设施设备、建筑物规模、社区建设、规模经营、方便管理、降低管理成本等因素，按照以下规定进行：

（一）新建住宅小区，包括分期建设或者由两个以上单位开发建设的，应当按照小区整体规划设计范围划分为一个物业管理区域；

（二）新建住宅小区内的非住宅物业应当与住宅小区划分为同一个物业管理区域；

（三）住宅建筑规模在2万平方米以下的，按照街区道路等自然边界围合的区域，可以将几个住宅区划分为一个物业管理区域；

（四）商贸、办公、医院、学校、工厂、仓储等非住宅物业及单幢商住楼宇具有独立共用设施设备，并能够封闭管理的，可以划分为一个物业管理区域。

本条例施行前已经建成并实施物业管理的住宅物业，可以继续作为一个独立的物业管理区域。

第十一条　业主筹备成立业主大会的，应当在物业所在地的县级人民政府物业管理行政主管部门和街道办事处、乡镇人民政府的指导下，由业主代表、建设单位和物业所在地居民委员会组成业主大会筹备组，负责业主大会筹备工作。业主大会筹备组成员名单应当以书面形式在物业管理区域内公告。

业主大会筹备组应当自组成之日起30日内组织业主召开首次业主大会会议。首次业主大会会议一般应当制定业主公约和业主大会议事规则，选举产生业主委员会等。

第十二条　对尚未成立业主大会，有下列情形之一的物业管理区域，建设单位应当引导业主按照规定召开首次业主大会会议：

（一）入住率达到50%以上的；

（二）首批物业交付满2年，并且入住率超过30%的；

（三）首批物业交付满3年的。

第十三条　业主在首次业主大会会议上的投票权，按照下列规定确定：

（一）住宅物业按照一套房屋计一投票权；

（二）非住宅物业按照建筑面积每200平方米计一投票权；建筑面积200平方米以下，有房地产权证的，每证计一投票权。

第十四条　业主委托代理人参加业主大会会议的，应当出具书面委托证明。

物业管理区域内业主人数较多的，可以以幢、单元或者楼层等为单位，推选业主代表参加业主大会会议，并告知业主委员会。

推选业主代表参加业主大会会议的，业主代表应当于参加业主大会会议前，就业主大会会议讨论的事项书面征求其代表的业主意见；对需业主投票表决的，业主赞同、反对或者弃权的具体意见应当经本人签字后，由业主代表在业主大会会议投票时如实反映。

第十五条　业主大会会议分为定期会议和临时会议。

业主大会定期会议应当按照业主大会议事规则的规定召开。有下列情形之一的，业主委员会应当及时组织召开业主大会临时会议：

（一）有 20%以上业主提议的；

（二）发生重大事故或者紧急事件需要及时处理的；

（三）业主大会议事规则或者业主公约规定的其他情形。

业主委员会未按照上述规定及时组织召开业主大会临时会议的，物业所在地的县级人民政府物业管理行政主管部门应当督促业主委员会召开业主大会临时会议。

第十六条　业主委员会应当在业主大会会议召开 15 日前通知全体业主，并将业主大会会议讨论的事项以书面形式在物业管理区域内公告。

第十七条　业主公约应当包括以下内容：

（一）物业的名称、地点、面积及户数；

（二）业主大会的召集程序及决定物业区域内重大事项的方式；

（三）公共场所及共用设施设备状况；

（四）业主使用其物业和物业管理区域内公共场所及共用设施设备的权益；

（五）业主参与物业管理的权利；

（六）业主对业主委员会及物业管理企业的监督权；

（七）物业维修、养护和管理费用的缴纳、使用、监管；

（八）业主在本物业管理区域内应遵守的行为准则；

（九）违反业主公约的责任；

（十）其他有关事项。

第十八条　业主大会议事规则应就以下事项作出约定：

（一）业主大会的议事方式；

（二）业主大会的表决程序；

（三）业主投票权确定办法；

（四）业主委员会的组成和委员任期；

（五）其他有关事项。

第十九条　业主公约、业主大会议事规则自业主大会通过之日起生效，并由业主委员会在物业管理区域内公告。

第二十条　业主大会的决定、业主公约、业主大会议事规则对物业管理区域内的全体业主具有约束力。

业主大会的决定、业主公约、业主大会议事规则违反法律、法规的，物业所在地的县级人民政府物业管理行政主管部门应当责令限期改正或者予以撤销，并通告全体业主。

第二十一条　业主委员会委员应当符合下列条件：

（一）本物业管理区域内具有完全民事行为能力的业主；

（二）遵守法律、法规和规章；

（三）遵守业主大会的决定、业主公约、业主大会议事规则，模范履行业主义务；

（四）热心公益事业，责任心强，公正廉洁，具有业主公信力；

（五）具有一定的组织协调能力和必要的工作时间。

第二十二条　业主委员会应当自选举产生之日起3日内召开首次业主委员会会议，推选产生主任1人、副主任1至2人。经业主大会同意，业主委员会可以聘请执行秘书，负责处理业主委员会日常事务。

业主委员会应当自选举产生之日起30日内，将业主大会会议的决定、业主公约、业主大会议事规则以及业主委员会组成人员名单等材料报物业所在地的县级人民政府物业管理行政主管部门备案，并告知相关的居民委员会。

前款规定的备案事项发生变更的，业主委员会应当在30日内书面告知物业所在地的县级人民政府物业管理行政主管部门。

第二十三条　业主委员会任期一般为三年，其组成人员可以连选连任。业主委员会任期届满前，应当召开业主大会会议进行业主委员会的换届选举；逾期未换届的，物业所在地的县级人民政府物业管理行政主管部门应当督促其换届。

业主委员会任期届满后，应当将其保管的档案资料、印章及其他属于全体业主所有的财物移交新一届业主委员会。

第二十四条　业主委员会委员有下列情形之一的，经业主大会会议通过，其业主委员会委员资格终止，并以书面形式在物业管理区域内公告：

（一）因物业转让、灭失等原因不再是业主的；

（二）无故缺席业主委员会会议连续3次以上的；

（三）因疾病等原因丧失履行职责能力的；

（四）因犯罪正在受到刑事追究的；

（五）以书面形式向业主大会提出辞职的；

（六）拒不履行业主义务的；

（七）其他原因不宜担任业主委员会委员的。

经业主委员会或者20%以上业主提议，认为有必要增减或调整业主委员会委员的，由业主大会会议作出决定，并以书面形式在物业管理区域内公告。

第二十五条　业主大会、业主委员会开展工作的经费，以及业主委员会委员的补贴和执行秘书的酬金，由全体业主承担，其筹集、管理和使用办法由业主大会确定。

前款规定的费用的筹集和使用情况，业主委员会应当定期以书面形式在物业管理区域内公告，接受业主的监督。

第三章 前期物业管理

第二十六条 住宅物业的建设单位，应当在销售物业前通过招投标的方式选聘具有相应资质的物业管理企业实施前期物业管理；投标人少于3个或者住宅物业面积在5万平方米以下的，经物业所在地的县级人民政府物业管理行政主管部门批准，可以采用协议方式选聘具有相应资质的物业管理企业。

第二十七条 建设单位在销售物业前，应当依照省人民政府建设行政主管部门公布的业主临时公约示范文本，制定业主临时公约。临时公约不得侵害物业买受人的合法权益。

物业买受人在与建设单位签订物业买卖合同时，应当就遵守业主临时公约予以书面承诺。

在首次业主大会通过的业主公约生效后，业主临时公约即行失效。

第二十八条 建设单位与物业买受人签订物业买卖合同时，应当向物业买受人明示前期物业服务合同及物业管理企业、服务标准、收费标准、计费方式和起始时间等内容。

前期物业服务合同作为物业买卖合同的附件，经物业买受人签字确认，对物业买卖双方和物业管理企业具有约束力。前期物业服务合同可以约定期限；约定期限未满，业主委员会与物业管理企业签订的物业服务合同生效的，前期物业服务合同终止。

第二十九条 业主依法享有的物业共用部位、共用设施设备的所有权或者使用权，建设单位和物业管理企业不得擅自处分。

第三十条 在规划、设计房地产项目时，应当统筹规划、合理布局共用配套设施和物业管理服务设施，并按照不低于物业总建筑面积的3‰配置物业管理用房，具体比例由市、县人民政府根据本地区实际情况确定。

建设单位销售物业时，应当在销售场所将物业管理用房和物业共用部位、共用设施设备予以公示，并向物业买受人提供书面公示材料。办理物业承接验收手续时，建设单位应当在县级以上地方人民政府物业管理行政主管部门的监督下，向物业管理企业移交物业管理用房和物业共用部位、共用设施设备及相关资料。物业管理企业应将移交结果向全体业主公示。

前期物业服务合同终止时，物业管理企业应当将物业管理用房和物业共用部位、共用设施设备及相关资料交还业主委员会。

第三十一条 物业管理区域内物业竣工验收合格并交付使用后，建设单位应当按照国家规定的保修期限和保修范围，承担物业的保修责任。

建设单位提取的物业工程质量保修金，应当专户存储，专项用于物业保修期内的维修，并接受业主和业主委员会的监督。物业工程质量保修金具体提取的比例与管理使用办法，由设区的市人民政府制定，报省人民政府建设行政主管部门备案。

第四章　物业管理服务

第三十二条　物业管理企业应当按照国家规定，具备相应的资质。

从事物业管理的人员应当按照国家规定，取得职业资格证书。

第三十三条　物业管理企业的权利：

（一）根据有关法律、法规规定和物业服务合同，对物业及其环境、秩序进行管理；

（二）依照物业服务合同和有关规定收取管理费用，并取得合理的利润；

（三）制止违反物业管理规定的行为；

（四）选聘专营企业承担专项经营业务；

（五）法律、法规规定或业主大会授予的其他权利。

物业管理企业的义务：

（一）以为业主服务为宗旨，注重社会效益和经济效益；

（二）履行物业服务合同，提供安全防范、卫生保洁、共用部位及设施设备维修养护等服务；

（三）定期公布物业管理服务费和维修资金的使用情况；

（四）接受业主委员会和业主的监督；

（五）组织、协助有关部门提供社区服务，开展社区文化活动；

（六）法律、法规规定或物业服务合同约定的其他义务。

第三十四条　业主委员会应当与业主大会选聘的物业管理企业订立书面的物业服务合同。

物业服务合同应当对下列事项进行约定：

（一）物业管理区域范围及基本情况；

（二）物业管理事项；

（三）物业服务质量标准；

（四）物业服务费用；

（五）双方的权利义务；

（六）专项维修资金的管理与使用；

（七）物业管理用房的配置、使用、维修和管理；

（八）物业服务合同期限；

（九）违约责任；

（十）物业服务合同终止、解除条件；

（十一）其他约定的事项。

第三十五条　物业服务合同签订前，业主委员会应当将拟签订的物业服务合同在物业管理区域内公示，充分听取业主意见后，再提交业主大会通过。物业服务合同内容如需变更的，业主委员会应当将变更的内容在物业管理区域内公示，并按照业主大会规定的程序确认变更合同。

第三十六条　物业服务合同期限届满前3个月，物业管理企业应当与业主委员会协商续约事宜。双方续约的，应当重新签订物业服务合同；不再续约的，业主大会应当及时选聘其他物业管理企业。

物业服务合同期满不再续约或者解除物业服务合同的，原物业管理企业应当在合同终止之日起10日内，向业主委员会移交下列资料和财物：

（一）国务院《物业管理条例》第二十九条第一款规定的资料；

（二）物业管理用房和物业共用部位、共用设施设备；

（三）有关代管的物业管理的款项及其他应当移交的票据和账册。

业主大会重新选聘物业管理企业后，业主委员会应当将前款所列资料和财物移交重新选聘的物业管理企业，原物业管理企业应当与新选聘的物业管理企业做好物业管理交接工作。

第三十七条　物业管理用房的所有权属于业主。未经业主大会同意，物业管理企业不得改变物业管理用房的用途。

第三十八条　物业服务收费应当遵循合理、公开以及费用与服务水平相适应的原则，区别不同物业的性质和特点，由业主和物业管理企业按照国家和省物业服务收费办法，在物业服务合同中约定。

物业发生转移或者灭失的，业主或者物业使用人应当结清物业服务费用。

第三十九条　物业管理区域内，供水、供电、供气等单位应当对最终用户实行装表到户、收费到业主。

供水、供电、供气、供热、通讯、有线电视等单位可以委托物业管理企业代收有关费用，并按约定支付手续费。

物业管理企业接受委托代收前款费用的，不得向业主收取手续费等额外费用。

第四十条　县级以上地方人民政府物业管理行政主管部门应当建立物业管理投诉受理制度，对业主、业主委员会、物业使用人和物业管理企业在物业管理活动中的投诉，应当自收到之日起15日内进行调查、处理，并将调查或者处理结果答复投诉人；属于其他部门职责的，物业管理行政主管部门应当当场告知投诉人向有关部门投诉。

第五章　物业的使用与维护

第四十一条　物业管理企业应当对业主装饰装修房屋进行指导和监督。

业主或者物业使用人装饰装修房屋，应当事先告知物业管理企业；物业管理企业应当将房屋装饰装修中的禁止行为和注意事项告知业主或者物业使用人。

第四十二条　物业出租的，业主应当在签订物业租赁合同后，将物业承租人、出租期限、物业服务费用交纳的约定等情况书面告知业主委员会和物业管理企业。

第四十三条　物业使用中禁止下列行为：

（一）拆改房屋承重结构；

（二）侵占、损坏物业的共用部位、共用设施设备；

（三）违法搭建建筑物、构筑物；

（四）擅自改变房屋用途或外貌，影响他人生活、工作或市容环境的；

（五）违反规定摆摊设点、占道经营；

（六）违反规定倾倒垃圾、污水和杂物；

（七）在建筑物、构筑物上涂写、刻画或者违反规定悬挂、张贴宣传品；

（八）违反规定停放自行车和机动车辆；

（九）堆放易燃、易爆、剧毒或者含有放射性物质的物品，排放有毒、有害物质或者发出超过规定标准的噪音；

（十）法律、法规和规章禁止的其他行为。

违反前款规定的，业主、业主委员会、物业管理企业有权予以制止。

第四十四条　住宅物业、住宅小区内的非住宅物业或者与单幢住宅楼结构相连的非住宅物业的业主，应当按照国家有关规定交纳专项维修资金。

专项维修资金属业主所有，专项用于物业保修期满后物业共用部位、共用设施设备的维修和更新、改造，不得挪作他用。

专项维修资金的管理，实行专户存储、统一管理、按幢设账、核算到户的原则，具体使用和续筹方案由业主大会按照国家有关规定决定。业主委员会应当每半年向业主公示专项维修资金的使用情况。

市、县（市）人民政府物业管理行政主管部门应当按照国家有关规定，建立健全专项维修资金使用和管理制度。

第四十五条　物业维修、更新、改造费用，按照下列规定承担：

（一）保修期满后物业自用部位和自用设备的维修、更新、改造费用，由业主承担；

（二）保修期满后物业共用部位和共用设施设备的日常运行、维护费用，在业主缴纳的物业服务收费中支出；维修、更新、改造费用，在专项维修资金中列支，根据受益对象，由本幢、本单元物业业主或者物业管理区域内全体业主按照各自拥有的物业建筑面积的比例承担；

（三）物业共用部位、共用设施设备属人为损坏的，其维修、更新费用由责任人承担。

第四十六条　物业共用部位、共用设施设备维修、更新时，相邻业主、物业使用人应当予以配合；因相邻业主、使用人阻挠维修、更新造成其他业主、使用人财产损失的，责任人应当负责修复或者赔偿。因物业维修、更新造成相邻业主、使用人的自用部位、自用设备损坏或者其他财产损失的，责任人应当负责赔偿。

第四十七条　利用物业共用部位、共用设施设备进行经营性活动的，应当在征得相关业主、业主大会、物业管理企业的书面同意后，由物业管理企业向有关部门办理报批手续。在扣除物业管理企业代办费用后，应当将业主所得收益百分之三十用于补贴物业管理公共服务费，百分之七十纳入专项维修资金，但业主大会另作决定的除外。

第四十八条　供水、供电、供气、供热、通讯、有线电视等单位，应当依法承担物业管理区域内相关管线和设施设备维修、养护的责任。

前款规定的单位委托物业管理企业代为维修、养护的，应当签订委托合同，并支付相应的维修、养护费用。

第六章　法律责任

第四十九条　有下列行为之一的，依照国务院《物业管理条例》的规定处罚：

（一）住宅物业的建设单位未通过招投标的方式选聘物业管理企业或者未经批准，擅自采用协议方式选聘物业管理企业的；

（二）擅自处分属于业主的物业共用部位、共用设施设备的所有权或者使用权的；

（三）不移交有关资料的；

（四）未取得资质证书从事物业管理的；

（五）建设单位在物业管理区域内不按照规定配置物业管理用房的；

（六）物业管理企业聘用未取得物业管理职业资格证书的人员从事物业管理活动的；

（七）挪用专项维修资金的；

（八）未经业主大会同意，物业管理企业擅自改变物业管理用房的用途的。

第五十条　违反本条例第四十三条规定，有下列行为之一的，物业管理行政主管部门应当责令限期改正，并可以按照以下规定处以罚款；给他人造成损失的，责任人应当依法予以赔偿：

（一）拆改房屋承重结构的，处以五万元以上十万元以下罚款；

（二）占用房屋共用部位、公共场地的，个人处以一千元以上五千元以下罚款，单位处以五万元以上十万元以下罚款；情节严重的，个人处以五千元以上一万元以下罚款，单位处以十万元以上十五万元以下罚款；

（三）损坏共用设施设备的，处以一万元以下罚款。

违反本条例第四十三条第四项规定的，由业主委员会根据业主公约约定进行协调、处理；协调处理不成的，由物业行政主管部门会同其他有关行政主管部门责令限期改正，恢复原状；情节严重的，物业行政主管部门可处以五千元以上二万元以下的罚款。

违反本条例第四十三条第三项、第五项、第六项、第七项、第九项、第十项规定的，由公安、规划、环保、市容环卫、园林等行政主管部门按照国家和省有关规定予以处罚。

第五十一条　违反本条例规定,县级以上地方人民政府物业管理行政主管部门或者其他有关行政主管部门及其工作人员有下列情形之一的,由有关行政机关或者监察机关责令改正;对直接负责的主管人员和其他直接责任人员依法给予行政处分;构成犯罪的,依法追究刑事责任:

(一)违法干预业主依法成立业主大会和业主委员会的;

(二)违法实施物业管理行政许可的;

(三)违反物业管理投诉处理规定的;

(四)对违反物业管理规定的行为,不依法查处的;

(五)有滥用职权、徇私舞弊、玩忽职守等其他行为的。

第七章　附　则

第五十二条　本条例下列用语的含义是:

(一)"自用设备"是指一套房屋户门以内,由业主、物业使用人自用的门窗、卫生洁具及水、电、气户表以内的管线等设施;

(二)"自用部位"是指一套房屋户门以内,由业主、物业使用人自用的部分(包括一楼房屋业主自用的天井、庭院等);

(三)"共用部位"是指房屋主体承重结构部位(包括基础、内外承重墙体、柱、梁、楼板、屋顶等)、户外墙面、门厅、楼梯间、走廊通道等;

(四)"共用设施设备"是指物业管理区域内建设费用已分摊进入房屋销售价格的共用上下水管道、落水管、水箱、加压水泵、电梯、天线、照明、锅炉、消防、绿地、道路、路灯、渠、池、湖、井、露天广场、非经营性车场车库、公益性文体器械与场所及其使用的房屋等。

第五十三条　本条例自2005年5月1日起施行。

安徽省人民代表大会常务委员会公告

（第六十八号）

《安徽省燃气管理条例》已经2006年4月21日安徽省第十届人民代表大会常务委员会第二十三次会议通过，现予公布，自2006年7月1日起施行。

安徽省人民代表大会常务委员会

2006年4月21日

安徽省燃气管理条例

（2006年4月21日安徽省第十届人民代表大会常务委员会第二十三次会议通过）

第一章 总 则

第一条 为了规范燃气管理，保障公共安全和公民生命财产安全，维护燃气用户和燃气企业的合法权益，促进燃气事业健康发展，根据有关法律、行政法规，合本省实际，制定本条例。

第二条 本条例适用于本省行政区域内燃气的规划、工程建设、经营、使用和燃气器具的销售、安装、维修，以及有关的管理活动。

第三条 发展燃气事业，应当遵循统一规划、配套建设的原则。燃气的经营和使用，应当坚持安全第一、预防为主的方针，做到保障供应、规范服务、方便用户。

第四条 县级以上人民政府应当采取措施，逐步普及燃气使用，优先发展管道燃气，加强燃气安全使用教育，提高燃气管理水平。

第五条 省、设区的市、县（市）人民政府建设行政主管部门负责本行政区域内燃气管理工作，安全生产监督管理、质量技术监督、公安消防、城市规划、环境保护、工商、价格等有关行政主管部门按照各自职责，依法做好燃气管理的有关工作。

第二章　规划与建设

第六条　设区的市、县（市）人民政府建设行政主管部门应当会同有关部门，根据当地经济、社会发展需要和城市总体规划编制燃气专业规划，经上一级建设行政主管部门组织论证后，报本级人民政府批准并组织实施。

设区的市、县（市）人民政府建设行政主管部门应当根据城乡统筹、布局合理的原则，按照燃气专业规划的要求，对瓶装燃气供应站点进行城乡统一规划，报本级人民政府批准。

第七条　城市新区开发和旧区改建，应当按照燃气专业规划，配套建设燃气设施或者预留燃气设施配套建设用地。预留的燃气设施配套建设用地，未经法定程序批准不得改变用途。

在管道燃气供气规划区域内，新建、改建、扩建市政工程和居民住宅等，应当配套建设管道燃气设施，并与主体工程同时设计、同时施工、同时竣工验收。

第八条　燃气工程的设计文件，应当符合国家有关标准，并按照建设项目管理权限报建设行政主管部门审查批准。

燃气工程建设项目应当依法进行环境影响评价和安全评价，配套建设相应的安全设施。安全设施应当与主体工程同时设计、同时施工、同时投入生产和使用。

第九条　燃气工程的勘察、设计、施工、监理必须由依法取得相应资质等级的单位承担。达到国家和省规定规模标准的燃气工程，应当依法实行招投标。

第十条　燃气工程竣工后，建设单位应当按照国家有关规定组织验收，并报建设行政主管部门备案；未经验收或者验收不合格的，不得交付使用。

燃气工程竣工验收后，建设单位应当按照国家有关档案管理的规定，收集、整理燃气工程建设项目的文件资料，建立燃气工程建设项目档案，并及时向所在地城建档案管理机构移交。

第十一条　燃气工程的建设资金可以按照国家和省有关规定，采取企业投资、国内外贷款、发行债券等多种渠道筹集。

鼓励国内外企业和其他组织以及个人投资建设燃气工程。

第三章　经营管理

第十二条　燃气企业应当具备国家规定的条件，经所在城市的市人民政府建设行政主管部门批准，取得燃气经营许可证。燃气经营权应当通过招标投标等公开、公平的方式取得。

燃气企业、瓶装燃气供应站点从事气瓶充装活动的，应当依法取得气瓶充装许可证。

第十三条　瓶装燃气供应站点应当符合瓶装燃气供应站点布局规划，并具备下列条件，经所在地县（市）以上人民政府建设行政主管部门批准，依法取得瓶装燃气经营许可证：

（一）有符合国家有关标准的燃气设施；

（二）有与经营规模相适应的资金和管理人员、技术人员；

（三）有固定的、符合安全条件的经营场所；

（四）有防泄漏、防火、防爆的安全管理制度和措施；

（五）有与经营规模相适应的抢险、抢修人员和设备；

（六）法律、法规规定的其他条件。

设立燃气汽车加气站，还应当有符合国家有关标准的储存、充装设备。

第十四条　燃气经营许可证的有效期为20年，瓶装燃气经营许可证的有效期为4年。有效期届满，需要继续从事燃气经营的，持证企业应当在许可证有效期届满30日前向建设行政主管部门提出申请。

第十五条　燃气企业、瓶装燃气供应站点应当遵守有关服务标准和规范，公布并履行服务承诺。

第十六条　燃气企业、瓶装燃气供应站点应当建立燃气质量检测制度，保证燃气质量和供气压力符合国家规定的标准；与用户就燃气质量和供气压力有特别约定的，从其约定。

瓶装燃气企业充装燃气时，应当先抽出燃气钢瓶的残液后再行充装，充装的燃气不得超过国家规定的允许误差，并对充装后的燃气钢瓶进行角阀塑封，标明充装单位和投诉电话。燃气钢瓶的实际充装重量低于额定充装重量时，瓶装燃气企业应当明示实际充装重量。

质量技术监督行政主管部门应当依法对燃气的质量和计量进行抽查，并向社会公布抽查结果。

第十七条　燃气企业、瓶装燃气供应站点应当保证燃气正常供应，不得擅自停止供气、更换气种或者迁移燃气供应站点；确需停止供气、更换气种或者迁移燃气供应站点的，应当报经核发燃气经营许可证或者瓶装燃气经营许可证的建设行政主管部门批准。

管道燃气企业因燃气工程施工、设施检修等情况，需要降压或者暂停供气的，应当提前2日通知用户并公告；因不可抗力或者供气设施抢修等紧急情况，需要降压或者暂停供气的，应当及时通知用户，同时向建设行政主管部门报告。引起停止供气的原因消除后，管道燃气企业应当尽快恢复供气，并在恢复供气之前及时通知用户。恢复供气应当在6时至20时之间进行。

第十八条　燃气企业、瓶装燃气供应站点应当建立用户档案，设置用户联系、咨询和抢修抢险电话，并向社会公布。抢修抢险电话应当有专人24小时值班。

第十九条　燃气价格及服务收费项目、标准的制定，应当遵守价格法律、法规的规定。确定与调整燃气价格及服务收费项目、标准，应当依法听证。

对不符合法律、法规和省以上价格行政主管部门规定的相关燃气服务费，燃气用户有权拒付。

第四章　使用管理

第二十条　管道燃气企业应当履行普遍服务的义务。对提出使用管道燃气并符合使用条件的用户，管道燃气企业应当与其签订供用气合同，明确双方的权利、义务及违约责任，不得拒绝供气。

第二十一条　居民用户户内管道燃气设施由管道燃气企业负责维护和管理；非居民用户与管道燃气企业有约定的，从其约定。

用户要求安装、改装、拆除户内管道燃气设施的，应当经管道燃气企业同意，由管道燃气企业组织施工，所发生的工本费由用户承担。其他燃气设施的改动，应当符合国家规定的条件，并由燃气企业向设区的市、县（市）人民政府建设行政主管部门提出申请，由建设行政主管部门依照规定的程序批准。

燃气企业根据前款规定收取工本费的，应当向用户出具工本费清单。

第二十二条　管道燃气的用气量，应当以法定计量检定机构检定合格的燃气计量表的记录为准。用户对管道燃气计量表准确度有异议的，可以委托法定计量检定机构检定。经检定的管道燃气计量表，其误差在法定范围内的，检定费用由用户支付；其误差超过法定范围的，检定费用由管道燃气企业支付，并由管道燃气企业免费更换合格的燃气计量表，退还多收取的燃气费。

用户对检定结果有异议的，可以向质量技术监督行政主管部门投诉。

第二十三条　管道燃气用户应当按时交付燃气费。逾期不交付的，管道燃气用户应当按照约定支付违约金。经管道燃气企业催告，在供用气合同约定的期限内仍不交付燃气费和违约金的，管道燃气企业在书面通知用户 5 日后，可以暂时停止供气。

用户交付所欠燃气费后，管道燃气企业应当立即恢复供气。

第二十四条　管道燃气用户需要更名、过户、销户的，应当向管道燃气企业办理变更或者销户手续，结清燃气费。

第二十五条　用户有权就燃气、燃气器具及有关服务的质量、价格标准等事项向有关企业、建设行政主管部门或者有关行政主管部门查询，有关企业或者部门应当及时答复。

建设行政主管部门或者有关行政主管部门应当建立举报和投诉制度，公开举报和投诉电话、信箱或者电子邮件地址。建设行政主管部门或者有关行政主管部门应当自接到举报或者投诉之日起 7 日内处理，并答复举报、投诉者；对不属于本部门职责范围内的，应当及时转送有关行政主管部门，并告知举报、投诉者。

第五章　燃气器具管理

第二十六条　燃气器具应当附有产品合格证和安全使用说明书，并经法定检验机构对其气源适配性进行检验，检验结果由建设行政主管部门定期向社会公布。任何单位和个人不得强制用户购买其指定的燃气器具。

第二十七条　燃气器具销售企业应当在销售地设立维修站点，向用户提供维修服务，并明示服务收费标准。

第二十八条　燃气器具安装、维修企业依法取得建设行政主管部门颁发的资质证书后，方可从事燃气器具的安装、维修活动。

燃气器具安装、维修企业应当按照国家有关规定，对从事安装、维修活动的作业人员进行岗位培训，培训合格后方可上岗。

第二十九条　燃气器具安装、维修企业应当遵守下列规定：

（一）按照国家有关标准安装、维修燃气器具，材料和配件符合国家有关标准；

（二）不得擅自移动燃气计量表和公用燃气设施；

（三）向用户提供安装、维修凭证；

（四）设定不低于1年的安装保修期。

第六章　安全管理

第三十条　燃气企业的主要负责人应当对企业生产安全全面负责。

燃气企业应当建立安全管理责任制度，健全安全管理措施，发现事故隐患应当及时排除。

第三十一条　燃气企业应当向用户提供服务手册，宣传安全使用燃气的规则和常识，指导用户安全使用燃气。

第三十二条　设区的市、县（市）人民政府建设行政主管部门应当会同城市规划、公安消防等部门按照国家有关标准划定燃气设施安全保护范围，并由燃气企业设置明显的安全警示标志。在燃气设施安全保护范围内，禁止下列行为：

（一）修建建筑物和构筑物；

（二）存放易燃易爆物品或者倾倒、排放腐蚀性物品；

（三）开挖沟渠、挖坑取土；

（四）擅自移动、覆盖、涂改、拆除或者损坏燃气设施的安全警示标志；

（五）擅自进行焊接、烘烤、爆破等危害燃气设施安全的作业；

（六）在燃气设施上牵挂电线、绳索或者晾晒衣物；

（七）危害燃气设施安全的其他行为。

在燃气设施安全保护范围内,确需进行可能影响燃气设施安全作业的,作业单位应当经燃气企业同意,并采取相应的安全保护措施。由于作业不当造成燃气设施损坏的,作业单位应当协助燃气企业进行抢修;造成经济损失的,应当承担赔偿责任。

第三十三条　建设工程开工前,施工单位应当向燃气企业或者城建档案管理机构查明地下燃气设施的有关情况,燃气企业或者城建档案管理机构应当在接到查询后3日内给予书面答复。

建设工程施工可能影响燃气设施安全的,施工单位应当与燃气企业协商,采取相应的安全保护措施后方可施工。

第三十四条　重型车辆或者大型施工机械需通过地下铺设有燃气管道的城市非机动车道时,应当事先征得燃气企业的同意,并在通行地段修建承重过桥或者采取其他安全保护措施。

第三十五条　燃气压力容器、压力管道及其安全附件,经法定检验机构检验合格后,方可使用。

燃气钢瓶应当按照国家有关规定定期送法定检验机构检验。未经检验或者检验不合格的,不得使用。

第三十六条　燃气企业、瓶装燃气供应站点应当按照国家有关规定,定期对燃气设施进行检测、维护,对达到使用年限的燃气设施及时更新,保障燃气设施安全运行。管道燃气企业对燃气用户设施每年至少检查一次。燃气企业工作人员检查时,应当主动出示有效证件;发现用户违反安全用气规定的,应当予以劝告。

第三十七条　瓶装燃气企业、瓶装燃气供应站点应当遵守下列规定:

（一）不得用改装、报废、非法制造的燃气钢瓶和超期限未检验或者检验不合格的燃气钢瓶充装燃气;

（二）不得违反国家有关安全标准超量向燃气钢瓶充装燃气;

（三）不得用贮罐、槽车直接向燃气钢瓶充装燃气或者用燃气钢瓶相互灌装燃气;

（四）存放燃气钢瓶的场所与公共建筑和居民住宅建筑的距离符合国家有关安全管理的规定。

第三十八条　用户应当配合燃气企业进行燃气安全检查,严格遵守安全用气的规定,并不得实施下列行为:

（一）加热、摔砸、曝晒燃气钢瓶或者使用时倒卧燃气钢瓶;

（二）自行倾倒燃气钢瓶残液或者用燃气钢瓶相互灌装燃气;

（三）涂改燃气钢瓶检验标记;

（四）擅自拆卸、改装燃气钢瓶瓶阀、附件;

（五）擅自安装、改装、拆卸室内管道燃气设施或者进行危害室内管道燃气设施安全的装饰、装修等活动;

（六）盗用或者转供管道燃气；

（七）实施危害燃气使用安全的其他行为。

第三十九条　运输燃气应当使用符合国家和省规定的专用运输车辆,并遵守国家和省有关安全管理的规定。

第四十条　县（市）以上人民政府建设行政主管部门或者其他有关行政主管部门依法对燃气企业进行燃气安全监督检查时,对于不符合国家有关安全标准的设施、设备、器材等,应当暂时封存,并在15日内依法作出处理决定。

第四十一条　县(市)以上人民政府应当组织建设、安全生产监督管理、公安消防、环境保护等部门建立燃气安全应急救援联动机制。

省人民政府建设行政主管部门应当制定全省重大燃气事故应急救援预案,设区的市、县(市)人民政府建设行政主管部门应当制定本行政区域内燃气事故应急救援预案,报本级人民政府批准后实施。

燃气企业应当根据所在地建设行政主管部门制定的应急救援预案,制定本企业燃气事故应急救援预案。

第四十二条　任何单位和个人发现燃气事故隐患时,有权向燃气企业、瓶装燃气供应站点或者所在地建设、安全生产监督管理、公安消防、环境保护等部门报告。燃气企业、瓶装燃气供应站点或者有关部门接到事故隐患报告后,应当立即处理,不得推诿。

第四十三条　发生燃气事故,燃气企业、瓶装燃气供应站点应当立即组织抢险抢修,并按照国家有关规定报告当地人民政府及建设、公安消防、安全生产监督和其他有关行政主管部门。

处理紧急燃气事故时,对影响抢险抢修的其他设施,燃气企业可以采取必要的应急措施,并妥善处理善后事宜。

发生伤亡、严重环境污染等重大燃气事故时,有关地方人民政府和负有安全生产监督管理职责的部门的负责人接到报告后,应当立即赶赴事故现场,组织抢修、救援。

第七章　法律责任

第四十四条　违反本条例第八条第一款、第十条第二款规定,燃气工程的设计文件未经建设行政主管部门审查批准,或者燃气工程竣工验收后,建设单位未按照规定移交燃气工程建设项目档案的,由县（市）以上人民政府建设行政主管部门依照《建设工程质量管理条例》的有关规定处罚。

违反本条例第十二条、第十三条规定,未取得燃气经营许可证或者瓶装燃气经营许可证,擅自从事燃气经营活动的,由县（市）以上人民政府建设行政主管部门依照《无照经营查处取缔办法》的有关规定处罚。

第四十五条　违反本条例第十七条第一款规定，未经批准擅自停止供气、更换气种或者迁移燃气供应站点的，由县（市）以上人民政府建设行政主管部门责令改正，可处以 1000 元以上 5000 元以下罚款；情节严重的，可处以 5000 元以上 2 万元以下罚款。

第四十六条　违反本条例第二十条规定，管道燃气企业拒绝给供气区域内符合供气和用气条件的用户供气的，由县（市）以上人民政府建设行政主管部门责令改正，可处以 5000 元以上 2 万元以下的罚款。

第四十七条　违反本条例第二十九条第（一）、（二）、（四）项规定，不按照国家有关标准安装、维修燃气器具，材料和配件不符合国家有关标准，或者擅自移动燃气计量表和公用燃气设施，或者设定安装保修期低于 1 年的，由县（市）以上人民政府建设行政主管部门责令改正，可处以 1000 元以上 5000 元以下的罚款。

第四十八条　违反本条例第三十二条第二款第（一）项规定，在燃气设施安全保护范围内违法修建建筑物、构筑物的，由县（市）以上人民政府城市规划行政主管部门责令限期拆除；逾期不拆除的，依法申请人民法院强制执行。违反本条例第三十二条第二款第（二）项、第（五）项规定，在燃气设施安全保护范围内存放易燃易爆物品或者倾倒、排放腐蚀性物品，或者擅自进行焊接、烘烤、爆破等危害燃气设施安全作业的，由县（市）以上人民政府建设行政主管部门责令改正，可处以 500 元以上 3000 元以下罚款；情节严重的，处以 3000 元以上 2 万元以下的罚款。违反本条例第三十二条第二款第（三）项、第（四）项、第（六）项规定，在燃气设施安全保护范围内开挖沟渠、挖坑取土，或者擅自移动、覆盖、涂改、拆除或者损坏燃气设施安全警示标志，或者在燃气设施上牵挂电线的，由县（市）以上人民政府建设行政主管部门责令改正，可处以 100 元以上 500 元以下的罚款。

第四十九条　违反本条例第三十七条规定的，由县（市）以上人民政府建设行政主管部门责令改正，处以 2000 元以上 1 万元以下的罚款。

第五十条　违反本条例第三十八条第（一）项、第（二）项、第（三）项、第（四）项、第（五）项、第（六）项规定的，由县（市）以上人民政府建设行政主管部门责令改正，对居民用户可处以 100 元以上 500 元以下的罚款，对非居民用户可处以 1000 元以上 5000 元以下的罚款。

第五十一条　燃气企业、瓶装燃气供应站点有下列行为之一的，由核发燃气经营许可证或者瓶装燃气经营许可证的建设行政主管部门依法吊销燃气经营许可证或者瓶装燃气经营许可证；构成犯罪的，依法追究刑事责任：

（一）擅自转让、出租燃气经营许可证或者瓶装燃气经营许可证的；

（二）存在重大安全隐患，拒不整改的；

（三）因管理不善，发生重大质量、生产安全事故的；

（四）擅自停业、歇业，严重影响社会公共利益和公共安全的；

（五）法律、法规规定可以吊销燃气经营许可证或者瓶装燃气经营许可证的其他情形。

管道燃气企业燃气经营许可证被吊销的，所在地建设行政主管部门应当采取应急措施，保证供气。

第五十二条　燃气企业、瓶装燃气供应站点违反燃气价格和服务收费管理规定，或者供气合同中存在侵害用户合法权益内容的，由价格、工商等相关行政主管部门依照有关法律、法规的规定予以查处。

第五十三条　县（市）以上人民政府建设行政主管部门和其他有关行政主管部门及其工作人员在燃气监督管理活动中，有下列行为之一的，对直接负责的主管人员和其他直接责任人员依法给予行政处分；构成犯罪的，依法追究刑事责任：

（一）对不符合国家规定的燃气工程设计文件审查批准的；

（二）未经招标或者不根据招标结果择优确定燃气企业、瓶装燃气供应站点经营者的；

（三）对不符合规定条件的燃气企业、瓶装燃气供应站点，颁发燃气经营许可证或者瓶装燃气经营许可证的；

（四）对违反燃气质量、安全、价格等规定的行为不依法查处的；

（五）对燃气事故不依法、及时进行调查处理的；

（六）从燃气监督管理工作中谋取非法利益的；

（七）其他不履行监督管理职责的行为。

第八章　附　则

第五十四条　本条例下列用语的含义是：

（一）燃气，是指供给生产、生活使用的液化石油气、人工煤气、天然气等气体燃料的总称；

（二）燃气企业，是指从事燃气生产、储存、输配、供应的企业，包括管道燃气企业、瓶装燃气企业；

（三）瓶装燃气供应站点，是指为用户供气的瓶组气化站、瓶装供应站（瓶装燃气换气点）、燃气汽车加气站等；

（四）燃气设施，是指专用于燃气生产、储存、输配、供应的各种设施及其附属设备，包括气源厂、门站、气化站、混气站、储配站、调压站、计量站、供应站、加气站、各种燃气管网及其附属设施的总称，以及用户户内燃气计量表、金属管道和阀门等燃气设施；

（五）燃气工程，是指燃气设施的新建、改建、扩建工程；

（六）燃气器具，是指使用、充装燃气的炉具、取暖器、热水器、沸水器、冷暖机、烘烤器、燃气钢瓶、调压器等产品。

第五十五条　企业、事业单位为生产、生活配套自建的燃气设施建设项目管理和安全管理,以及采用管道集中供应的沼气、秸秆气管理,参照本条例执行。

第五十六条　本条例具体应用中的问题,由省人民政府建设行政主管部门负责解释。

第五十七条　本条例自 2006 年 7 月 1 日起施行。《安徽省液化石油气管理办法》和《安徽省城市管道燃气管理暂行办法》同时废止。

安徽省省域城镇体系规划实施办法

安徽省人民政府令第 208 号

《安徽省省域城镇体系规划实施办法》已经 2007 年 12 月 19 日省人民政府第 60 次常务会议通过，现予公布，自 2008 年 2 月 1 日起施行。

第一章　总　则

第一条　为了实施省域城镇体系规划，引导本省城镇化协调持续健康发展，根据《中华人民共和国城乡规划法》等有关法律、法规，结合本省实际，制定本办法。

第二条　本办法适用于省域城镇体系规划的实施及其监督管理。

第三条　省域城镇体系规划是编制省内各级城市、镇总体规划，有效保护和利用各类自然和人文资源，综合安排基础设施建设，引导本省城镇化发展的重要依据。

省内城镇空间布局和规模控制、重大基础设施布局、生态建设与环境保护、资源开发等，应当符合省域城镇体系规划。

第四条　省人民政府城市规划委员会应当督促有关部门按照各自职责实施省域城镇体系规划，并负责协调省域城镇体系规划实施中的重大问题。

省人民政府城市规划委员会办公室设在省人民政府城乡规划行政主管部门，负责省人民政府城市规划委员会日常事务。

第五条　省人民政府城乡规划行政主管部门负责省域城镇体系规划的实施工作，主要职责是：

（一）建立健全省域城镇体系规划实施的激励与约束机制；

（二）监督、检查省域城镇体系规划的实施；

（三）指导省域城镇体系规划确定的区域空间管治分区的管理，依法核发建设项目选址意见书；

（四）组织编制与实施有关跨设区市专项规划，指导区域性基础设施和公共服务设施的建设；

（五）组织省域城镇体系规划的修编。

第二章　规划的实施

第六条　省人民政府城乡规划行政主管部门应当依据省域城镇体系规划，组织编制跨设区的市城镇密集地区的区域性城镇体系规划，以及指导区域性基础设施和公共服务设施建设的区域绿地、供水、排水和污水处理等专项规划，报省人民政府批准后实施。

第七条　省人民政府有关部门应当依据省域城镇体系规划和区域性城镇体系划，

以及城镇建设管理的实际需要，组织编制区域交通、水资源开发利用、生态环境保护、电力、通信、防灾等涉及空间资源利用的专项规划，并在报审批机关批准前征求省人民政府城乡规划行政主管部门的意见。

区域交通、供电、供水、供热、供气等建设项目选址应当符合城镇空间布局的要求，并征求所经过的市、县人民政府的意见。

第八条　市、县人民政府应当依据省域城镇体系规划和区域性城镇体系规划，组织编制本行政区域内的城市、镇总体规划。已批准的城市、镇总体规划与省域城镇体系规划、区域性城镇体系规划不一致的，应当按照法定程序进行调整或者修改。

市、县人民政府应当依据省域城镇体系规划确定的区域空间管治分区，组织或者参与编制本行政区域内空间管治分区规划，确定区域内空间资源管理的措施，引导和控制区域开发建设活动。

第九条　市、县城镇化水平、城市性质、城市规模、城市发展方向、需要严格保护和控制开发的地区、城市基础设施和公共服务设施建设水平，应当依据省域城镇体系规划和区域性城镇体系规划确定。

第十条　县级以上地方人民政府民政行政主管部门提出行政区划调整方案时，应当征求本级人民政府城乡规划行政主管部门的意见。

调整行政区划应当与省域城镇体系规划、区域性城镇体系规划确定的城镇空间布局和规模控制相一致。

第十一条　县级以上地方人民政府国土资源、林业、环境保护、建设、城市规划等部门依法划定基本农田保护区、自然保护区、水源保护区、蓄滞洪区、风景名胜区以及其他生态敏感区等需要严格保护和控制开发的区域时，应当与省域城镇体系规划相协调。

第十二条　各类开发区以及工业园区、科技园区、度假园区、大学城的选址和布局，应当符合省域城镇体系规划和区域性城镇体系规划以及所在城市总体规划。

第十三条　县级以上地方人民政府国土资源行政主管部门对省域城镇体系规划和区域性城镇体系规划确定的基础设施和公共服务设施建设用地，应当统筹安排，列入计划供应。

禁止擅自改变省域城镇体系规划和区域性城镇体系规划确定的基础设施和公共服

务设施建设用地的用途。

第十四条　各类重大建设项目的选址应当依据省域城镇体系规划、区域性城镇体系规划和所在城市总体规划。因特殊情况，其选址与省域城镇体系规划、区域性城镇体系规划和所在城市总体规划不一致的，城乡规划行政主管部门应当组织论证；论证后认为确需按所选地址建设的，应当先按照法定程序调整规划，并将建设项目纳入规划中，一并报规划原批准机关批准。

前款所称重大建设项目包括：

（一）省域城镇体系规划划定的重要区域空间管治分区内或者跨设区的市的建设项目；

（二）区域性的交通、能源等基础设施建设项目；

（三）对区域自然环境与资源的开发利用和保护产生重大影响的建设项目；

（四）对区域人文环境资源的保护和利用产生重大影响的建设项目。

第十五条　建设项目选址意见书核发实行分级管理。

按照国家规定需要有关部门批准或者核准的建设项目，以划拨方式提供国有土地使用权的，建设单位在报送有关部门批准或者核准前，应当按照下列规定申请核发选址意见书：

（一）需报省级以上人民政府有关部门批准或者核准的项目，由项目所在地市、县人民政府城乡规划行政主管部门提出审查意见，报省人民政府城乡规划行政主管部门核发选址意见书；

（二）需报市、县人民政府有关部门批准或者核准的项目，由项目所在地市、县人民政府城乡规划行政主管部门核发选址意见书。

第十六条　鼓励建立城镇密集区或者跨行政区域的整体协调发展机制。

有关市、县人民政府应当按照区域协调发展、区域设施共建共享、区域环境共同保护的原则，就省域城镇体系规划的实施、重大建设项目的建设、相邻区域的规划管理等事项进行协商，引导和促进区域整体协调发展。

第三章　规划的修改

第十七条　省域城镇体系规划的编制机关，应当组织有关部门和专家定期对规划的实施情况进行评估，并采取论证会、听证会或者其他方式征求公众意见。编制机关应当向规划的原审批机关提出评估报告，并附具征求意见的情况。

第十八条　省域城镇体系规划在实施中有下列情形之一的，编制机关应当组织修改：

（一）全国城镇体系规划发生变更，提出修改规划要求的；

（二）行政区划调整，确需修改规划的；

（三）因国务院或者省人民政府批准重大建设工程，确需修改规划的；

（四）经评估确需修改规划的；

（五）规划的审批机关认为应当修改规划的其他情形。

第十九条　编制机关对省域城镇体系规划进行修改的，应当先对规划的实施情况进行总结，对修改的必要性进行论证，并向原审批机关提出专题报告。修改后的省域城镇体系规划，应当按照法定程序报批。

第四章　监督检查

第二十条　省人民政府城市规划委员会应当组织有关部门建立健全省域城镇体系规划实施的动态监控信息系统，加强对城乡建设活动、空间资源保护与合理利用的动态监管。

第二十一条　市、县人民政府应当加强对省域城镇体系规划、区域性城镇体系规划在本行政区域内实施情况的监督检查，并向上一级人民政府及其城乡规划行政主管部门报告监督检查情况。

第二十二条　省人民政府城乡规划行政主管部门对市、县人民政府违反省域城镇体系规划和区域性城镇体系规划的行为，应当及时提出纠正意见，督促有关市、县人民政府予以纠正。

第二十三条　县级以上地方人民政府城乡规划行政主管部门对省域城镇体系规划和区域性城镇体系规划的实施情况进行监督检查时，有权采取下列措施：

（一）要求有关单位或者个人提供与监督检查事项有关的文件和资料，进行查阅或者复制；

（二）要求有关单位或者个人就监督检查事项涉及的有关问题作出说明，并根据需要进入现场进行勘查；

（三）责令有关单位或者个人停止违反省域城镇体系规划和区域性城镇体系规划的行为。

任何单位和个人不得阻挠或者拒绝县级以上地方人民政府城乡规划行政主管部门对省域城镇体系规划和区域性城镇体系规划实施情况的监督检查，并要如实提供有关资料。

第二十四条　县级以上地方人民政府城乡规划行政主管部门在对省域城镇体系规划和区域性城镇体系规划的实施情况进行监督检查时，发现国家机关工作人员违法，依法应当追究行政责任的，应当向其任免机关或者监察部门提出处分建议。

第二十五条　公民、法人和其他组织均应当遵守省域城镇体系规划和区域性城镇体系规划，服从规划管理，并有权就涉及其利害关系的建设活动是否符合规划的要求向县级以上地方人民政府城乡规划行政主管部门查询，对违反规划的行为进行举报。

县级以上地方人民政府城乡规划行政主管部门应当公开举报电话、信箱或者电子邮件地址，受理有关违反省域城镇体系规划和区域性城镇体系规划行为的举报，并依法调查处理。

第五章　附　则

第二十六条　本办法自2008年2月1日起施行。

图表索引

插图索引

表格索引

编纂始末

根据省政府和省地方志编纂委员会统一部署，第二轮《安徽省志·城乡建设志（1986—2007）》编纂工作在厅领导的高度重视和支持下，在省志办业务部门的指导和帮助下，在各处室、部门和厅直属单位等的合力协作下，志书编纂工作全程经历了制定方案、谋篇布局、动员部署、资料征集、各篇分纂、志稿总纂、征求意见、评议送审，最后会审等步骤环节，其间历时八载。全书共设8篇23章126节，内设（彩）图片、附录等内容，本志全面、客观的记载了1986—2007年安徽省城乡建设与发展的历程、变化和成就，全书共约80万字。

2008年初，省建设厅成立了编纂委员会，由厅长任主任，各位副厅长任副主任，机关各处室、厅直单位主要负责人为委员，日常工作由厅办公室负责。编委会下设编辑室，并精心选调编纂人员、落实办公地点和办公条件。2008年5月，志书编纂大纲几经讨论修改后报省地方志办公室审查确认后，厅机关召开动员大会，分解任务，全面组织实施。2010年12月，为进一步提高志书编纂质量和撰稿人员业务素质，举办了志书编纂业务培训会，诚邀省地方志办公室有关领导和专家到会授课，厅机关各处室、厅直单位负责人及所有编纂人员参加了培训。在志书编纂过程中，编纂人员做到学习业务与推进工作相结合、确保质量与保持进度相结合，认真研读有关业务知识，不断提高志书编纂的能力和水平。

2012年春，由于厅机关人员变动较大，为确保志书编纂工作扎实推进，厅领导及时调整编纂委员会组成成员，地方志工作由副厅长吴桂和分管。3月，副厅长吴桂和主持召开编纂工作推进会，机关各处室与厅直属单位负责人参会。会上重申了修志工作的重要性，明确指出志书是传世之作，一定要经得起历史检验，并强调在确保志书质量的前提下，加快编纂进度。会后各处室、各单位把修志工作纳入日常工作组成部分，在做好本职工作同时，加大撰稿力度，安排专人加班加点按照编纂大纲的要求，广泛收集资料精心编写，有的是处室负责人亲自执笔。与此同时，重新抽调人员充实厅地方志编辑室力量。4月以后，志书编纂工作进入正常运转。编辑室将本志稿编纂大纲重新梳理分类，调整篇、章、节和条目的编排，并改进工作方法，与机关各处室、厅直属单位和各市住建部门加强联系，抓紧撰稿和编纂。2012年10月，本志完成初稿编纂，并印发各处室和离退休人员征求意见，在征得反馈意见后进行修改完善的基础上形成评议稿。志书编纂工作进度得以跃居进位直至志书出版，这与几任厅长和各位副厅长对本志编纂工作的重视与支持、倾心关注；与机关各处室和厅直属各单位通力协作，积极组稿撰写；与各省辖市住房和城乡建设部门积极配合；与厅机关离退休老同志热心参与等各个方面息息相关、密不可分。

2013年4月8日，《安徽省志·城乡建设志（1986—2007）》评稿会召开。省志办副主任吴静，副巡视员王守亚，省志办王晖、吴良琴、朱海滨及省直有关部门陈一胜、张敏、汪琼、毛志遂、张文培、吴光华、洪曙光等专家学者及原副厅长杨永康积极参与评议。4月下旬，副厅长吴桂和主持召开各处室负责人会议，对4月8日评稿会提出的意见和建议，就本志篇目调整、内容补充、修改完善等工作进行研究布置，经梳理分类并报经省志总编室审议确定后再着手修改。全书概述由本志编辑室集体撰写，第一篇城乡规划分别由江莹、卢立新编纂；第二篇城市建设分别由赵新泽、尹宗军编纂；第三篇村镇建设由卢立新编纂；第四篇建筑业分别由江冰、李长青、程东海、丁金颖、颜大为编纂；第五篇房地产业与住房保障分别由张启兵、张宇洁、叶雪清、刘家祥、陈琳编纂；第六篇风景名胜区建设与管理由赵新泽编纂；第七篇建设行业科技与法治建设分别由朱力、齐悦编纂；第八篇机构队伍由林志诚、刘浩然和各协会、学会编纂。合肥市外事侨务办公室曹建社、安徽大学外语学院傅悦、省志办杨永成对目录进行英语翻译。本志稿由姚继冬、於宏轩负责总纂，谈善群、夏涛、曹丹勇、吴晓、陆应晖编排校对。

在本志编纂过程中得到省直有关单位、省地方志办公室资料处和各市住建部门的大力支持和配合。2012年7月，省地方志办公室主任朱文根、副主任吴静到厅机关指导地方志编辑工作。2013年12月，送审稿报省志办审阅，本志特约编辑朱海滨、省志处处长吴良琴、省志办副巡视员王守亚对志稿进行审阅后，于2014年2月，对本志编辑人员进行面对面指导，提出具体修改补充意见。2014年9月，本志稿报送北京方志出版社进行审核。至12月，反馈了审核意见。本志编辑根据出版社反馈意见再进行修改。2015年2月15日，春节前夕，省志办主任朱文根、副主任王守亚和省志处处长吴良琴、本志特约编辑朱海滨；省住建厅厅长侯淅珉、办公室主任石勇、副调研员曹丹勇及编辑室於宏轩、谈善群等对本志完成了最后的会审工作，双方主要负责人在样本书上签字，同意《安徽省志·城乡建设志（1986—2007）》印刷。

作为《安徽省志》宏篇巨著的其中一部，省住房与城乡建设厅在承编《城乡建设志》中倾力打造、精心著述，可谓来之不易，弥足珍贵。由于编者水平有限，不足之处，敬请读者指正。最后，对关心、支持、帮助本志编纂工作的各单位、各部门和各位领导、同志，在此一并致以衷心感谢！

编　者

二〇一五年二月